장춘진인
서유기

長春眞人
西遊記

장춘진인
서유기

왕역평·두효군 지음

이화영·전관화 옮김

덥봄

도가道家 문화의 역사는 유구하고 그 영향력은 매우 심대하다. 도가사상은 이미 세상 사람들의 몸과 삶에 녹아들었고, 노자의 《도덕경》道德經은 전 세계에서 세 번째로 많은 출판물로 기록된 바 있다. 이것은 사람들이 '도'道에 대해 얼마나 많은 갈증을 가지고 있는지 알 수 있는 증거다. '도'는 하늘이 있기 전에 생겨났고 특정 국가나 집단에 속한 것도 아니다. 도는 천지만물의 법칙이다.

도법의 전승은 수천 년 동안 쉬지 않고 이어져 왔다.

당나라 때 한반도에서 태어난 신라인 김가기金可記는 종남산終南山에서 종리권鍾離權을 만났다. 종리권 조사는 김가기가 도와 인연이 많은 것을 알고 그에게 도가 법술인 《청화비문》青華秘文, 《영보필법》靈寶畢法, 《내관옥문보전》內觀玉文寶篆, 《천둔연마법》天遁煉魔法 등의 경서를 전수했다. 김가기는 이렇게 종리권 조사에게 구결口訣을 전수받고, 3년 간의 수련을 거친 후 단丹을 완성했다.

도를 닦아 신선이 되려면 기회와 인연을 겸비해야 한다! 독자들이 구처기 조사의 이야기를 읽을 수 있는 것도 어떤 의미에서는 일종의 기회이자 인연이다.

구처기와 칭기즈칸은 중국 역사, 나아가 세계사에서 매우 유명한 인물이다. 이 책의 중심은 전진교全眞敎 용문파龍文派 개산조사開山祖師 구처기가 일대 영웅 칭기즈칸에게 전쟁을 멈추고 어진 정치를 베풀 것을 권고하는 내용이다.

팔백 년 전, 이지상李志常 조사는 《장춘진인서유기》長春眞人西遊記를 저술했고, 이 대작은 《도장》道藏에 수록되었다. 이지상 조사는 구처기 조사의 서행에 동행한 21명의 제자 중 한 사람이지만 송도안 조사와 함께 진해성鎭海城에 남았다. 그렇다면 이지상 조사는 그 이후 구처기 조사의 행적에 대해 어떻게 알았는지 의문이 생길 것이다. 물론 그는 구처기 조사에게 칭기즈칸과의 만남에 대한 내용을 전해 들었다. 이지상 조사의 주요 임무는 구처기 조사의 식사와 숙소를 책임지는 것, 그리고 여정을 기록하는 것이다.

이 책의 내용은 무엇에 근거한 것인가? 그것은 저자 왕역평이 자신의 큰 스승과 두 명의 사부로부터 전해 들은 이야기다. 왕역평은 십 대 초반의 나이에 스승들을 모시고 수련을 시작했다. 용문파 제16대 전승자인 큰 스승 장합도張合道, 용문파 제17대 전승자인 사부 왕교명王敎明과 가교의賈敎義 등 세 분은 모두 매우 엄격했다. 하지만 스승들은 선조들에 관한 이야기를 할 때면 완전히 다른 사람이 된 듯 웃음꽃을 활짝 피웠다. 어린 시절 힘들게 수련한 뒤 스승과 사부의 이야기를 듣는 것은 가장 즐거운 시간이었다. 스승들은 노자와 장자, 헌원황제軒轅黃帝와 팔선八仙, 남북오조南北五祖와 칠진七眞에 관한 이야기를 들려주었고, 당연히 구처기 조사에 대한 이야기를 가장 많이 전해주었다. 구처기 조사는 왕중양 조사에게 의발衣鉢을 이어받았고 용문파를 창시했다. 그 후 조도견趙道堅 조사는 구처기 조사의 의발을 이어받아 용문파의 첫 번째 전승자가 되었다. 이 책의 필자 왕역평 역시 전진교 용문파의 18대 전승자다.

전승 제자는 다른 제자와 같지 않다. 전승 제자는 반드시 '3령'三令을 장악해야 한다. 즉 전교령傳敎令, 전대령傳代令, 비법전결령秘法傳訣令 등이 있어야 한다. 전승 제자가 아닌 일반 제자는 이 '3령'을 동시에 장악할 수 없다. 예를 들어 윤지평 조사는 전대령을, 이지상 조사는 전교령을 구처기 조사로부터 받았다. 이렇게 전승 제자는 다른 제자들과 사명이 다르다. 당연히 전승 제자는 도문道門 내부에서 입으로 전해지는 진실한 공법과 역사를 전승받는다.

이지상 조사의 저술《장춘진인서유기》는 매우 모호하고, 그 이면에 숨겨진 사실을 이해할 수 있는 사람은 매우 적다. 애초에 구처기는 칭기즈칸을 죽이려고 했고 칭기즈칸도 구처기 조사를 죽이려고 했으나 후에 이 두 사람은 좋은 친구가 되었다. 따라서 어떤 내용은 글로 쓸 수 없었고, 심지어 구처기 조사도 이에 대한 언급을 꺼렸다. 그래서《장춘진인서유기》에 기재된 내용만으로는 구처기 조사의 서행西行에 대한 자세한 실상을 알기 어렵다. 따라서 이지상 조사의 기록만 가지고는 일대천교一代天驕 칭기즈칸이 구처기 조사의 간언에 따라 살생을 멈추고 자비를 베풀었다는 결론을 내릴 수 없다. 그러나 역사는 칭기즈칸이 확실히 구처기 조사의 간언에 따라 살생을 멈추고 자비를 베풀었다는 사실을 우리에게 분명히 알려주고 있다.

그렇다면 어떤 이야기가 숨겨져 있을까? 이에 대해 비록 이지상 조사는 기록하지 않았으나 구처기 조사의 서행 이야기는 용문파 내부에서 전승자들에게 대대로 내려와 전해졌고 단절된 적이 없다. 전진교가 칭기즈칸을 암살하라는 명령을 내렸다는 것은 사실인가? 구처기 조사는 왜 길을 우회해서 북상했는가? 또한 서행 과정에서 어떤 시련을 겪었을까? 야율초재가 지은 《현풍경회록》玄風慶會錄은 '구처기와 칭기즈칸의 만남'龍馬會에서 어떤 내용을 숨겼을까? 구처기 조사는 어떤 방법으로 일대 영웅 칭기즈칸을 완전히 정복했는가? 왜 구처기 조사와 칭기즈칸은 같은 해, 같은 달, 같은 날에 죽었는가?

여러 해 동안 필자는 이 책의 내용들을 마음속에 묻어 두었다. 8백 년이라는 긴 시간이 흘렀고, 이제는 당연히 구처기 조사의 이야기를 세상에 명백하게 밝혀야 할 것이다!

시중에는 구처기와 칭기즈칸에 관한 다양한 저서들이 많다. 그러나 이 책의 내용은 구전되어 내려온 실제 이야기라는 점에서 그런 책들과는 다르다.

칭기즈칸이 비길 데 없는 거대한 제국을 건설한 것을 두고 사람들은 그를 살육의 대명사로 여겼으나 이는 매우 잘못된 생각이다. 이 책을 읽고 칭기즈칸에 관해 새로운 사실을 알고 완전히 이해할 수 있기를 바란다. 미국이 칭기즈칸의 국가 체제를 완전히 모방했다고 말할 수는 없으나, 미국 대통령들은 칭기즈칸 몽골의 통치구조와 쿠릴타이 총회의 영향을 받았다고 인정했다. 그는 각 시대의 국가와 군인들이 가장 존경하는 신과 같은 존재이다.

도교 경전 《태을금화종지》太乙金華宗旨는 전 세계에 영향을 미쳤고, 구처기는 《태을금화종지》의 깊은 정수를 얻었다. 그래서 책에서 다루어진 판타지는 모두 용문파의 실제 공법이다. 본서는 역사 이야기를 중심으로 전개했기 때문에 수련 방법에 대해서는 자세히 설명하지 않았다.

구처기 조사가 풍찬노숙을 하면서 불원만리 아프가니스탄 히말라야에 도착해 칭기즈칸에게 살육을 중단할 것을 설득한 사건은 수천만 명의 목숨을 구했을 뿐만 아니라 간접적으로 유럽의 르네상스를 구한 것이기도 하다. 그 역사적 공적은 영원히 기억될 것이다.

8백 년 전, 구처기 조사의 이념은 '하늘을 따르고 세상과 창생을 구제'하는 것이었다. 팔백 년 후 우리의 사명은 역사를 거울삼아 인류의 평화와 장생, 그리고 영생을 실현하는 것이다.

대한민국 더봄출판사와 김덕문 대표의 전문적인 도움과 성원에 감사드린다.

번역자 이화영 교수와 전관화 선생의 전폭적인 협조에 감사드린다.

대한민국에서 《장춘진인서유기》가 출간된 것을 축하하며 세계인이 손을 잡고 인류의 평화와 행복에 공헌하기 위해 힘을 보태자.

2024년 7월, 중국 대련에서
저자 왕역평

　왕역평 스승께서는 지난 세기말부터 한국의 도반들에게 수련을 지도해 오셨고, 특히 2011년부터는 몸소 한국으로 오셔서 1년에 한두 차례씩 가르침을 전수해 주시고 있다.

　이 책을 대하면서 그동안 우리가 스승께 배운 공부들은 약 팔백여 년 전 도의 조상들이 당시 전쟁의 화마 속에서도 그 법맥을 지키고 발전시켜온 소중한 자산이라는 것을 알게 되었고, 그 어느 하나도 소홀하게 익혀서는 안된다는 것을 새삼 느끼게 되었다. 특히 지난 십수 년간 스승께 배운 공법 하나하나가 어떤 의미를 담고 있는지, 조사께서 어떤 상황에서 이 공법들을 활용하셨는지를 알게 된 순간 벅차오르는 감동을 누를 수 없었다.

　현재 왕역평 스승께서는 세계 여러 나라에서 많은 도우들을 지도하고 계시지만 어떤 인연에서인지 특히 한국을 더 많이 사랑하신다. 이는 당신의 일 년 스케줄이 확정된 상황에서 더 이상 쪼갤 수 없는 시간을 기꺼이 한국의 도반을 위해 내어주셨다는 사실로 미루어 짐작할 수 있다.

특히 본문을 읽으며 새롭게 알게 된 것은 난세에 도인들은 보이지 않는 곳에서 세상의 안위를 위해 고군분투한다는 사실이다. 특정한 상황마다 불현듯 구처기 조사와 왕역평 스승의 모습이 오버랩되는 듯한 느낌을 받았다.

이번에 스승께서 세상에 최초로 공개하신 역사의 비밀과 도존道尊들의 이야기를 통해 수련에 대한 의미와 소중함을 다시 한 번 깨닫게 되는 계기가 되었다.

왕역평 스승께, 그리고 그동안 함께 공부할 수 있게 해준 한국의 도반들께 머리 숙여 진심으로 감사를 드린다.

2024년 7월

옮긴이 이화영

차례

한국어판서문   5

옮긴이의 말   10

들어가는 글   15

제1장 | 중화 대지에 풍운이 일다   21

제2장 | 일곱 송이 연꽃이 운명으로 피어나다   38

제3장 | 반계에서 용문이 만세의 도를 이루다   66

제4장 | 세상을 제도하고 중생을 구제하러 산에서 나오다   98

제5장 | 일곱 문파가 한 줄을 이끌다   126

제6장 | 추살령을 멈추고 생명을 살리다   143

제7장 | 비밀리에 대방산을 찾아 진짜 용맥을 알아내다   171

제8장 | 용문龍門의 무예 시합이 신통을 드러내다   187

제9장 | 세 황제가 다투어 신선을 만나려고 하다   221

제10장 | 연산燕山에서 북쪽 사막을 무정하게 바라보다   245

제11장 | 야호령에서 망자의 원혼을 보다   287

제12장 | 바람이 불어와 풀이 누우니 훈훈하다   307

제13장 | 과거로 돌아가 회상하고 궁극을 추구하다   327

제14장 | 은혜와 원수는 반드시 갚는다   345

제15장 | 하늘의 채찍으로 사악함을 후려치다   373

제16장 | 해가 뜨는 곳에서 해가 지는 곳까지 달려가다   398

제17장 | 하늘과 땅을 경모하고 귀신을 경배하다   416

제18장 | 꿈속의 천둥이 잠을 깨우다   438

제19장 | 천리에 도관道觀이 우뚝 솟다   457

제20장 | 구고九苦가 하늘의 명을 받아 신선이 되다   477

제21장 | 하얀 눈이 내려 길을 찾기 어렵다   497

제22장 | 각지에서 고수들이 모여들어 무예를 펼치다   517

제23장 | 웃으며 다섯 개의 관문을 넘고 군주를 만나다   546

제24장 | 분신으로 나타나 생각을 바꾸고 장생을 논하다   574

제25장 | 친히 도를 묻고 진심을 드러내다   599

제26장 | 칭기즈칸, 황금 호두패를 구처기에게 내리다   629

제27장 | 민생을 위해 무위법無爲法으로 기우제를 지내다   654

제28장 | 도처에 도관을 세우니 세상에 정이 두루 넘치다   667

제29장 | 같은 날 함께 죽는다는 약속을 웃으며 지키다   687

제30장 | 영원한 최고의 신선 장춘진인   735

부록·1 | 구처기 대사기丘處機大事記   752

부록·2 | 칭기즈칸 대사기成吉思汗大事記   759

부록·3 | 노자의 '도'道와 세계관에 대한 초론初論   766

후기   779

한 시대의 위인 마오쩌둥毛澤東은 일찍이 중국 역사의 획을 그은 영웅들을 이렇게 평가했다.

진시황과 한무제는 문장이 부족했고,
당태종과 송태조는 경망스러웠고,
일세의 군주 칭기즈칸은 활을 당겨 독수리를 쏘는 것밖에 몰랐다……

칭기즈칸成吉思汗에 대한 마오쩌둥의 이 설명만으로도, 그의 마음속에 자리한 칭기즈칸의 위치가 어떤지 충분히 알 수 있다.

그러나 칭기즈칸은 단지 활만 잘 쏜 군주가 아니라 유라시아 대부분을 정복한 제왕이다. 외국의 몇몇 학자들은 그를 근대의 창조자라고 부르기도 한다. 칭기즈칸은 실크로드를 아시아에서 유럽까지 확장해 중국의 인쇄술과 화약, 나침반을 서방세계에 전했다. 그는 종교의 자유, 정·교 분리를 제창했고, 이는 미국의 〈독립선언문〉 및 헌법 제1장에 지대한 영향을 끼쳤다.

세계사의 시각에서 보면 그는 확실히 만고의 황제라고 할 만하다. 그래서 마오쩌둥은 '일대천교'^{一代天驕}[1]의 영광을 칭기즈칸에게 주었는지 모른다.

그런 칭기즈칸이기에 살육은 불가피했다. 그와 그의 자손들은 무수한 사람들을 죽이고 유라시아 대륙을 점령했다. 속국을 포함한 원나라의 통치 면적은 3,500만 평방킬로미터에 달했다. 그리고 칭기즈칸 가문의 유전자를 가진 약 3천만 명의 사람들이 현재 세계 각지에 퍼져 있다. 이런 칭기즈칸의 영향력은 중국은 물론 전 세계의 제왕들을 월등하게 능가한다고 할 수 있다.

보르지긴 테무진은 1162년 5월 31일(음력 4월 16일)에 태어나 1227년 8월 25일(음력 7월 12일)에 사망했다. 그는 몽골제국의 칸이며, 존호는 '칭기즈칸'이다. 칭기즈칸이란 몽골어로 '강력한 군주'라는 뜻이다. 그는 세계사에서 가장 걸출한 정치가이자 군사전문가다. 1162년(송나라 고종 소흥 32년, 금나라 세종 대정 2년) 사막 이북의 초원 오논강 상류지역(현재 몽골 켄트주)에서 태어나 테무진이라는 이름을 얻었다. 1206년 봄에 칭기즈칸은 대몽골국을 건국하고 여러 차례 대외전쟁을 일으켜 중앙아시아의 페르시아지역, 동유럽의 흑해 해변을 정복했다. 그리고 1227년, 그는 서하 정벌에 나섰다.

이 책의 주인공인 칭기즈칸을 "단지 활을 당겨 독수리를 쏘는 것밖에 모른다."는 말로 평가하는 것은 그를 의도적으로 폄훼한 것이다. 그렇다면 칭기즈칸이라는 역사적 인물을 어떻게 평가할 것인가? 영웅이란 한 가지

---

[1] '일대천교'란 옛날 한민족이 흉노족의 왕을 일컫던 말이었으나 흉노가 없어진 후로는 소수민족의 군주에 대한 전칭으로 뜻이 바뀌었음. 그러니 '일대천교'란 일세를 풍미한 군주라는 뜻.

면모만 있는 것이 아닌 법이니 조급하게 단정 짓지 말고 천천히 평가해보자.

이 책의 또 다른 주인공은 구처기丘處機다.

구처기(1148~1227)의 자는 통밀通密이고, 도호는 장춘자長春子다. 등주 서하(현재 산동성) 출신으로 도교 전진도全眞道의 장교掌敎(교주)이자 진인眞人, 사상가, 정치가, 문학자, 양생학자 및 의·약학자다. 구처기는 남송, 금나라, 몽골제국 등의 통치자와 백성들에게 모두 존경을 받았다. 74세 고령의 나이에 서역을 향해 3만 5천 리를 가서 칭기즈칸을 만나 살생을 멈추고 백성을 사랑하라고 설득한 사람이다.

1227년(금나라 정대 4년)에 구처기는 향년 80세를 일기로 장춘궁 보현당에서 선종했다. 이때 연경성(현재 북경) 전체에는 3일 동안 서향瑞香[2]이 자욱해서 사람들 모두가 기이하게 여겼다. 그러자 원나라 세조는 그를 장춘연도주교진인長春演道主敎眞人으로 추존했다. 백성들은 '구처기 신선'의 무량한 공덕을 기념하기 위해 그의 생일인 1월 19일을 연구절燕九節로 정했는데, 지금도 북경과 천진 지역에서는 오래된 풍속으로 이어내려오고 있다.

중국 역사상 유명한 도사들은 매우 많다. 하지만 그중에서 공헌을 논하자면 구처기 조사는 셋째 손가락 안에 들 수 있다.

당나라 승려가 경전을 얻은 과정을 그린 《서유기》는 허구이지만 구처기 조사의 《서유기》는 실재이다. 유라시아에서 수천만 명의 생명을 구했을 뿐만 아니라 화하문명을 세계로 전파했다.

청나라 건륭제는 "영원히 살기 위해 신선이 되는 비결을 구하지 않고 자연의 순리를 따르며 한마디 말로 살생을 멈추니 창생 구제에 뛰어난 공

---

2   서향은 상서로운 향기를 뜻하는 말. 꽃의 향으로는 천리향을 의미함.

이 있다."고 구처기 조사를 평가했다.

오늘날 칭기즈칸이나 구처기를 연구하는 사람들은 많은 의문점을 가지고 있다.

한낱 고령의 도사가 무슨 수로 세기의 영웅을 설득했을까?

단지 "생명을 지키는 길은 있지만 영원히 살 수 있는 약은 없다."는 말 한마디에 어떻게 칭기즈칸은 단번에 깨달았을까?

중국 산동에서 아프가니스탄까지는 직선거리로 몇 천 킬로미터밖에 안 된다. 그런데 왜 구처기 조사는 3만 5천 리 길을 우회하고 북상해서 빙빙 돌아 칭기즈칸을 만나러 갔을까?

전해오는 이야기처럼 칭기즈칸을 추살하라는 전진교의 명령은 사실일까?

《현풍경회록》은 칭기즈칸과 구처기가 나눈 대화의 전부를 기록한 것일까?

금나라와 송나라 두 황제 모두가 구처기를 초청했지만 이를 다 거절한 구처기는 왜 몽골 황제를 만나러 가겠다고 했던 걸까?

왜 칭기즈칸과 구처기는 같은 해, 같은 달, 같은 날에 죽었는가?

구처기 조사의 서행을 따른 제자는 모두 21명인데 사서에는 왜 18명만 기록되어 있는가?

칭기즈칸은 구처기 조사를 초청할 때 호두패虎頭牌를 보냈고, 만난 이후에도 호두패를 보냈는데, 이 두 개는 차이가 있는가?

왜 용마회龍馬會, 즉 칭기즈칸과 구처기의 만남 이후 칭기즈칸은 구처기의 건강에 각별한 관심을 기울였을까?

원나라의 수도인 연경과 구처기 조사는 어떤 관계인가?

칭기즈칸의 묘지는 어디에 있는가?

칭기즈칸과 구처기 조사 사이에는 어떤 비밀이 있는 것인가?

......

이러한 의문에 대한 답은 비밀에 싸여 있다.

《몽골비사》蒙古秘史와 '도교비사'에는 기록되지 않고 모두 입으로만 전해 내려 왔다. 즉 칭기즈칸과 구처기의 비밀은 말로만 전해지고 기억되었다. 칭기즈칸은 믿을 만한 후손들에게만 내용을 전했다. 혹은 어떤 이야기들은 비밀로 남겨두었다. 구처기 역시 그의 후손들에게 말하기를 꺼렸다고 한다. 칭기즈칸과 구처기의 비밀은 8백 년이 넘도록 전승자들의 기억으로만 남았다.

이 책의 저자는 고독거사孤獨居士 왕역평王力平이다. 도호는 영생永生, 법호는 영령자靈靈子로, 전진도 용문파 18대 전승자다. 소년 왕역평은 도교 전진 용문파 16대 전승자인 장합도張合道를 큰 스승으로, 17대 전승자인 왕교명王教明과 가교의賈教義를 스승으로 모시고 수련했다. 이들은 전진도교의 왕중양 및 구처기가 개창한 지파인 용문파의 법맥을 계승한 사람들이다.

왕역평이 어린 시절 주로 수련한 내용은 조사들로부터 전해 내려온 《금단비법》金丹秘法 및 도가의 '오술'五術인 명命, 상相, 복卜, 산山, 의醫다. 이 도법들은 현재 이미 대도大道로 완성된 상태다. 구처기와 칭기즈칸의 이야기는 용문파에서 1대씩 내려와 현재 18대 왕역평 계승자에게 전해졌다.

이 책의 공동저자 두효군은 왕역평 선생의 문하생으로 30여 년 동안 도를 배웠는데, 그동안 스승에게 옛 조상으로부터 전해 내려온 공개되지 않은 이야기를 많이 들었다. 왕역평 선생은 이제 비밀에 싸인 역사의 베일을 벗기기로 결심했다. 8백 년 전의 진실을 복원하고 수수께끼를 풀어 주기로 한 것이다.

이제부터 8백 년 전으로 돌아가서 낭연狼煙(봉화)이 사방에 피어오르고 전쟁이 분분했던 그 시절로, 수많은 호걸들이 등장하던 그 시절로 함께 들어가 진실을 밝혀 보자. 끝없이 펼쳐진 대초원, 북풍이 서늘하고 황량한 고비사막, 금고철마의 옛 전쟁터 등에서 천고의 수수께끼를 하나씩 풀어내어 역사책의 기록과는 다른 칭기즈칸과 구처기 조사를 만나보자.

제1장

중화 대지에 풍운이 일다

때는 12세기 중국. 용과 늑대, 그리고 매가 싸우는 혼란의 시기였다.

이 시기에 중국 북방에는 늑대를 숭배하는 요遼나라가 있었다. 요나라의 남쪽에는 송宋나라가 있었고, 송 왕조는 용을 숭배했다.

요나라는 국경을 접한 송나라를 끊임없이 괴롭혔다. 국경의 안전과 평화를 위해 송나라는 매년 군비로 10만 냥의 은과 비단 20만 필을 요나라에 바쳐야 했다.

이때 요나라에서는 야율연희가 왕위를 계승했고, 그의 존호는 천조황제天祚皇帝였다. '조祚'라는 존호처럼 복을 짓고 죽을 짓을 하지 않았다면 그는 죽지 않았을 것이다.

1112년 2월 10일, 천조황제와 시종들은 수도로 며칠간 시찰을 나갔고, 늦은 저녁 춘주쌍성(현재 내몽골 보석진)에 도달했다. 쌍성은 명칭대로 안과 밖의 두 성으로 이루어져 있다. 내성은 북쪽에 있고 정방형이며 한 변의 길이가 336미터, 높이 4미터에 각루 4개가 있다. 성벽의 누각은 1개마다 100미터 간격이며, 남쪽 벽 한가운데 성문이 있다. 외성은 내성의 남쪽에 있는데, 3면의 각 길이는 252미터이고, 동서 양쪽으로 문이 있었다. 이 쌍성은 여진족 수장의 부락이었다.

거란인으로 이루어진 요나라에서 여진족은 소수민족이었고, 요나라는 여진족을 200년 넘게 통치했다. 요나라 황제와 귀족들은 해동청海冬靑이라는 매를 좋아했다. 이 해동청은 여진족 부락에서 자생하는 매우 사나운 동물이자 여진족이 숭배하는 동물이었다. 요나라 황제와 귀족들은 해동청을 애완동물로 생각하고 여진족에게 해동청을 바치도록 강요했다. 그러나 '구사일생 난득일옹'九死一生, 難得一鷹(아홉 번 죽다 살아나도 매 한 마리 얻기 힘들다)이라는 말이 있을 정도로 해동청은 사냥하기가 힘들었다.

요나라에서 해동청의 수요가 늘어나자 해동청의 개체 수는 점차 줄어들고 있었다. 그러자 요나라는 해동청 사냥꾼의 가족을 볼모로 잡아놓고 매를 잡아 오지 못하면 가족을 몰살시키기도 했다. 이런 이유로 여진족은 요나라에 대한 원한이 깊어졌다. 게다가 매를 진상하는 것 외에도 여진족 지역의 송화강松花江이나 눈강嫩江처럼 차가운 물에 서식하는 북주北珠라고 하는 진주도 바쳐야 했다. 북주는 해동청보다는 쉽게 얻을 수 있었지만 역시 수요가 너무 많아지자 여진족에게는 부담이 가중되었다. 요나라는 여진족이 사는 지역에서 생산되는 인삼, 담비가죽, 황금, 명마, 밀랍 같은 물건들을 대량으로 공물로 바치도록 했다.

쌍성에서 천조황제를 영접하는 대열의 맨 앞에는 은패천사銀牌天使가 있었고, 그다음에 여진족 족장이 배치되었다. 은패천사는 요나라 황제가 여진족에 파견한 순시원으로, 은패를 차고 다녔다. 이들의 주요 업무는 매를 수집하는 것과 진상품을 감독하는 일이었다.

그 외에도 이들이 받는 특별대우가 있는데, 그중 하나는 여진족 여자에게 잠자리 시중을 받는 것으로, 이를 천침薦枕이라고 했다. 그래서 요나라 사람들은 맛있는 음식과 짜릿한 밤을 즐길 수 있는 은패천사를 서로 맡으려고 했다. 그리고 점차 요나라 관리들의 요구가 심해지면서 그들은 여진의 수령이 바친 여자들뿐만 아니라 마음에 드는 어느 여자든, 심지어 유부녀 및 귀족 가문의 처녀를 취하기도 했다. 대낮에 백성을 강탈해 가는 것도 다반사였다.

여진족은 요나라가 파견한 은패천사를 증오했고, 특히 이들과 잠자리를 해야 하는 아내를 둔 사람은 요나라 관리들을 당장 때려죽이고 싶은 심정이었다.

하지만 이런 은패천사에 대한 특별대우도 황제에 비하면 새발의 피였다.

천조황제가 도착한 다음날, 황제는 지난밤 두 명의 여인과 천침에 빠져 있다가 여진부락의 수장을 접견했다. 접견이 끝나면 무엇을 할 것인가?

이곳은 수목으로 뒤덮인 곳으로 동물이 많아 사냥하기에 좋은 지역이었다. 유목민족에게 사냥은 큰 즐거움이다. 요나라 황제와 관리들은 힘이 세고 용맹한 여진족의 고수들을 선발해서 황제를 위해 사냥을 하도록 했다. 보통 사슴, 양, 노루 등의 동물을 잡는데, 호랑이나 멧돼지 같은 맹수가 나타나면 목숨이 위험할 수도 있었다.

이 지역의 강은 넓고 깊었으며 물고기들은 크고 살집이 좋았다. 겨울에는 강이 단단하게 얼어붙어 얼음낚시를 하기에 좋았다. 요나라 황제도 겨울이면 얼음 위에 행궁을 설치해 놓고 얼음을 파서 횃불로 물고기를 유인했다.

가장 먼저 잡힌 물고기를 두어¹⁺漁라고 했다. 두어를 잡으면 천조황제의 천막에서는 대신들과 술을 마시고 즐기는 '두어연회'가 열리고, 수행한 신하들과 여진부락의 각 지역에서 온 수장들이 한자리에 모였다. 과음을 한 천조황제는 술잔을 들어 모두에게 말했다.

"옛날에 진나라 왕이 조나라 왕에게 거문고를 연주하게 해서 흥을 돋

우었는데, 오늘은 여러 수장들이 나를 위해 춤을 추어 주흥을 돋우어라."

여진의 수장들은 당황해서 서로 얼굴을 마주 보았다. 그러자 황제는 덧붙였다.

"너희들은 겸손할 것 없다. 나는 너희들이 춤을 잘 춘다는 것을 알고 있으니 차례로 나오되 한 명도 빠짐없이 춤을 추도록 해라."

비록 여진족이 노래와 춤에 능하다고는 하지만 수장을 시켜 춤을 추게 하는 것은 너무나 체면을 깎아내리는 일이었다. 그러나 천조황제는 수장들의 복종심을 보고 싶었기에 막무가내였다. 수장들은 황제의 억지에 굴복하고 하나둘씩 일어나 춤을 추기 시작했다.

그런데, 완안부락의 차례가 돌아오자 완안아골타는 춤을 출 수 없다고 했다. 그는 부족의 수장인 아버지가 병이 나서 대신 황제를 접견하러 온 터였다. 천조황제는 크게 분노했다. 만일 황제가 지난밤 기분이 좋지 않았다면 완안아골타는 바로 죽임을 당했을 것이다.

이때부터 완안아골타의 여진족 연합과 요나라 사이는 완전히 얼어붙었다. 그리고 매를 숭배하던 여진족은 완안아골타의 지도력에 힘입어 급속히 성장해서 늑대(요나라)의 힘줄을 뽑고 용(송나라)의 맥을 끊었다.

완안아골타가 요나라를 치기 위해 군대를 일으켰을 때 군사의 수는 고작 2천여 명에 불과했다. 당연히 천조황제는 대수롭지 않게 여겼다. 그러나 황제가 완안아골타를 진압하기 위해 파견한 군대가 모조리 패배하자 서서히 위기의식을 갖게 되었다. 그는 친히 정벌을 나섰지만 요나라 군대는 여진족에게 대패를 당했다.

같은 해 완안아골타는 자신을 황제라 칭하고 나라를 세웠는데, 국호는 대금大金, 수도는 회령(현재 하얼빈)이었다. 그 후 10년 동안 금나라 군대는 줄곧 회령-동경(현재 요녕 요양)-상경(현재 내몽골 파림좌기)-중경(현재 내몽골 영성)-남경(현재 북경)-서경(현재 산서 대동)까지 쳐들어갔고, 천조황제

금나라, 남송, 몽골 지역의 지도

가 응주(현재 산서 서북부)에서 포로로 잡히자 요나라는 멸망하고 말았다.

그 과정에서 금나라는 요나라의 종묘와 황제의 무덤을 모두 멸실시켰다.

늑대와 매의 각축에서 힘줄이 뽑힌 늑대는 완패했다.

이때 송나라의 황제는 휘종徽宗으로, 도성은 변량汴梁(현재 하남 개봉)에 있었다. 당시에는 농민 봉기가 빈번했다.

송강宋江의 난

송강은 산동 사람으로, 36명을 거느리고 양산박을 점거했다. 그는 의군을 모집하고 군중을 규합해서 봉기를 일으키고 하삭(현재 황하 하류 일대), 경동 동로(청주 지역. 현재 산동 익도) 등을 공격하고 청과 제(현재 산동 제남)에서 복주(현재 산동 우성 북쪽)로 전진했다. 그의 봉기군은 10여 개의 군과 성을 함락시켜 탐관오리를 징벌하고 백성들을 구제하면서 기세가 날로 높아졌다. 약 2년 후 송강의 의군은 강소 목양에서 배를 타고 해주(현재 연운항)로 진격했지만 해주의 지주^{知州} 장숙야가 보낸 복병에 포위되어 크게 피해를 입었다. 또한 퇴로가 차단되는 등 막다른 골목으로 몰리자 송강은 어쩔 수 없이 대중을 거느리고 투항했고 송나라 조정의 제안을 받아들였다. 많은 사람들이 소설 《수호전》의 영향을 받아 양산의 호한들에게 좋은 인상을 갖고 있지만 사실 송강의 봉기는 규모나 영향력 면에서 대단한 것이 아니었다. 더욱이 양산의 호한은 108명도 아니었다.

방랍^{方臘}의 난

방랍은 절강 출신이다. 방랍의 난은 북송 말기의 농민봉기 중 규모가 가장 크다. 봉기군은 먼저 항주로 쳐들어와서 양 갈래 길을 막았고 제치사 진건^{陳建}, 염방사 조약^{趙約} 등을 죽이자 지주였던 조정^{趙霆}은 도망을 가버렸다. 현지의 많은 농민들이 봉기에 가담하자 송나라 조정의 경제 상황은 극도로 나빠졌고 휘종 등은 놀라서 경기 지역의 금군^{禁軍}과 섬서의 육로번^{六路番}, 한족 병사 15만 명을 남하시켜 봉기를 진압했다.

송나라 군대가 항주를 포위하자 봉기군은 고전을 면치 못했고 식량 지원마저 끊어져 어쩔 수 없이 퇴각했다. 항주가 함락되자 봉기군의 형세는 급격하게 떨어졌다.

송나라 군대가 총공격을 개시하자 봉기군은 배수진을 치고 적과 싸워 저항한 결과 7만여 명이 장렬하게 희생되었다. 방랍과 그의 아내, 아들 등 30여 명이 모두 포로로 잡혀 변경으로 호송되어 죽임을 당했다.

방랍의 봉기는 실패로 끝났지만 동남 지역에서 위세를 떨치고 6주 52현을 점령해서 송나라 왕조의 기반을 흔들어 놓았다.

송나라 휘종이 재위한 시기에 또 언급해야 할 두 사람이 있는데, 임영소林靈素와 이사사李師師라는 인물이다.

진인眞人 임영소는 절강 온주 사람이고, 도교 신소파神霄派의 종사宗士다. 임영소 진인은 신소파뇌법神霄派雷法을 창시한 조사로, 송대의 뇌법 제사들 중에서도 중요한 인물이다. 그는 생전에 나라를 지키고 백성을 안정시켰으며, 고난을 구제해서 마침내 우화등진羽化登眞[3]했다.

그러나 후손들은 원대에 편찬된 《송사》宋史에 근거해서 그가 황제의 총애를 믿고 교만해져 나라와 백성을 망쳤다고 잘못 알고 있다. 임 진인에 관한 다른 기록은 조사해보지도 않은 채 이렇게 헛소문이 퍼져나갔다.

임영소 진인은 소년 시절 집안이 가난했으나 유불도(유교, 불교, 도교) 3도를 모두 수행했다. 후에 임 진인은 절강의 영가 화개산華盖山의 천경관天慶觀에서 입도하고 수련해서 도행술을 배웠다. 그는 20세가 되자 천경관을 떠나 명산을 유람하며 스승을 찾아다녔다. 그동안 의술과 약으로 사람들을 살렸는데 그 기술이 영험했다.

임 진인이 섬서와 사천을 여행하는 과정에 조씨 성을 가진 도인을 만났는데, 두 사람은 좋은 친구가 되어 몇 년 동안 교유하며 지냈다. 그러던 어느 날 조씨 도인이 급작스럽게 세상을 떠나자 임 진인은 그를 씻기고 옷을 갈아입혀 장례를 치러주었다. 조씨 도인의 유품을 정리하던 중 짐 속에서 작은 글씨가 빼곡히 적힌 3권의 책과 천서天書로 보이는 《신소천단옥서》神霄天壇玉書라는 책을 발견했다. 여기에는 신선이 법결을 변화하는 것, 구름과 비를 다스리는 주문, 귀신을 쫓아내고 영을 다스리는 방법과 부적 등이 기록되어 있었다.

임영소 진인은 책을 읽고 정신이 맑아져 벼락을 책동하고 마귀를 쫓

---

3 우화등선(羽化登仙), 즉 신선이 되는 것을 말함.

아내게 되었다. 이로써 그는 자신이 할 수 있는 일을 외면하지 않고 사람들을 치료하고 도왔다. 그런데 이듬해 호남 악양의 작은 술집을 지나다가 도인 조씨를 다시 만나게 되었다. 그는 임영소 진인에게 말했다.

"나는 한나라 때 천사도天師道 조사의 제자 조승趙升이다. 이전에 너에게 남긴 그 오뢰옥서五雷玉書를 조심히 다루되 다른 사람에게는 절대 누설하면 안 된다. 너는 이후에 신소파 교주인 뇌정대판관雷霆大判官이 될 것이니 만약 동화제군東華帝君이 곤란해지면 너는 힘껏 그분을 도와야 한다."

그 말을 남긴 조씨는 홀연히 사라졌다.

당시 송나라 휘종은 도를 닦았다. 하지만 그는 마도魔道에 빠져서 자기가 옥황상제의 아들이라고 확신했다. 황제는 임영소 진인에 관한 소문을 듣고서 이 전설적인 도사를 궁중에 불러들이라고 명했다. 당시 예법으로 신하들이 황제를 알현할 때는 먼저 절을 해야만 했다. 하지만 임영소 진인이 대전에 들어와서 아무 말 없이 서 있자 휘종은 참지 못하고 먼저 물었다.

"그대는 짐을 만난 적이 있는가?"

그러자 임영소 진인은 웃으면서 대답했다.

"신이 옥황상제를 모셨을 때 폐하를 뵌 적이 있습니다."

이 만점짜리 대답은 두 사람의 관계를 군신의 관계에서 단숨에 하늘의 옥황상제와 신하의 수준으로 올려놓았다. 이때부터 임 진인은 송나라 휘종으로부터 신임을 얻게 되었다.

그러자 간신 채경蔡京은 임 진인을 투기하고 모함했다. 그러나 임 진인은 도행이 높고 깊어서 두 사람 사이의 갈등에서 매번 승리했다.

임영소 진인은 천도遷都를 제안했다가 황제의 노여움을 사서 태허대부로 좌천되고 온주로 배척됐다. 명가정明嘉靖의 《영가현지永嘉縣志》에는 "큰 재난이 성안에 임하여 상소를 드리니 국난을 대비해 수도를 옮겨 피하십시오."라는 임영소 진인의 말이 기록되어 있다. 이 말은 경쟁자인 채경에게 꼬투리를 잡혔고, 그는 관원들을 선동해 임 진인이 천도라는 간언으로 황제를 현혹한다고 탄핵했다. 임 진인은 나중에 닥칠 '정강의 난'을 예지하고 휘종에게 천도를 권고한 것인데, 이 간언이 자신에게 화를 불러올 것을 뻔히 알면서도 개의치 않았다. 그는 또 말했다.

"병오년과 정미년에는 절대 군사를 이끌고 진격하지 말아야 합니다. 만일 군사를 일으키면 피비린내가 진동할 것이며, 두 황제(휘종과 흠종)는 스스로를 지켜낼 수가 없을 것입니다."

이는 당시 《추배도》推背圖의 내용으로 "두 왕조의 천자가 활짝 웃으며 신하들을 거느리고 맹진을 건너는데 굳은 결심은 당연히 물러서게 할 수 없고 사람을 죽이러 갈지 말지 걱정이다."라는 문장으로 입증할 수 있다. 그러나 안타깝게도 휘종은 이 말을 깨닫지 못했고, 이후 임영소 진인의 예언대로 휘종과 흠종 두 황제는 끌려갔고 휘종은 오국성五國城에서 최후를 마치게 되었다.

《동도사략》東都事略에 의하면 임영소 진인은 떠날 때 이렇게 말했다.

"신은 천명을 받들기 위해 왔습니다. 폐하를 위해 음마를 쫓고 요망한 것을 끊어내며 도를 홍하게 할 것입니다. 또한 비문을 만들어 대도를 숭배하고 충신과 현자를 찬양하라는 사명을 받고 왔습니다."

그리고는 간신의 비난에도 그는 웃어넘겼다. 여러 해 동안 황제가 그에게 준 선물이 300상자 분량이었다. 그는 여기에 일일이 천자문의 순서대로 번호를 매겨서 모두 궁으로 돌려보낸 후 한 명의 도동道童과 함께 귀향했다. 이로써 임영소 진인은 재물을 탐하거나 사익을 추구하는 사람이 아님을 알 수 있다.

이사사李師師는 북송의 기생으로 노래와 춤에 능하고 시와 시조를 잘 지었다. 송나라 휘종은 사치를 일삼고 궁궐의 정원에서 음악, 여자, 애완동물 등에 탐닉하다가 그것도 지겨워지면 평복을 입고 궁궐 밖으로 나가 미녀를 찾았다. 그러다 이사사를 알게 되었고, 그녀를 총애하게 되었다. 휘종은 잠도潛道(비밀통로)를 만들어 그녀의 집을 쉽게 드나들 수 있게 했다.

얼마 후 송나라 휘종은 아들에게 양위를 하고 스스로를 '도교의 교주'로 자처하며 태을궁으로 거처를 옮겼다. 당시 완안아골타가 금나라를 세우고 황제가 되어 요나라와 여러 해 동안 전쟁을 하고 있었지만 정작 황제인 휘종은 그조차 모르고 있었다. 요나라 신하가 송나라로 투항해 와서야 비로소 휘종은 요나라가 금나라에 침략당했다는 사실을 알게 되었다.

송나라 조정은 급히 완안아골타와 연합을 시도했다. 이때 완안아골타는 요나라의 상경(내몽골 파림좌기)을 공격하는 중이었고, 반나절 만에 함락시켰다.

이렇게 되자 송나라 조정은 금나라의 위세를 실감하게 되었고, 금나라가 송나라와 요나라 3국 중 가장 강대하다는 것을 알게 되었다. 송나라는 빨리 요나라와 연합해서 금나라를 쳐야 했지만 엉뚱한 실책을 범했다. 송나라는 완안아골타와 '해상지맹'海上之盟을 맺어 요나라를 공격하기로 약속하고 연주燕州(현재 북경)과 운주雲州로 대표되는 화북 지방의 연운 16주를 환수했다. 이리하여 송나라는 연경을 되찾았지만 금나라가 연경의 백성과 재물을 모두 약탈해간 후였기에 남은 것은 폐허뿐이었다.

금나라는 응주에서 요나라의 천조황제를 생포한 후 이어 송나라로 창끝을 돌렸다. 금나라 군대는 송나라와의 맹약을 파기하고 남하해서 개봉을 공격했다. 금의 군대는 서경 하남부(현재 낙양)를 점령한 후 송나라 왕조의 무덤을 파헤쳤다. 용맥이 끊어진 것이다!

개봉이 함락된 후 송의 휘종과 흠종은 포로로 잡혔다. 금나라의 장수 완안점한이 두 황제의 용포를 벗기라고 명령하자 신하들은 어쩔 줄을 몰라 했다. 오직 이약수(흠종의 이부시랑)가 나서서 완안점한을 꾸짖고 흠종을 껴안으며 용포를 벗기지 못하게 했다.

완안점한은 이약수의 충성과 용맹함을 보고 말했다.

"오늘 네가 나를 따르면 훗날 부귀를 누릴 것이다."

이약수가 이 말을 무시하자 완안점한은 다시 충고했다.

"내 말을 듣는다면 집에 가서 연로한 부모님을 볼 수 있게 해줄 것이다."

이에 이약수는 "충신은 임금을 섬길 뿐 집안을 돌아보지 않는다!"라고 하며 욕설을 퍼부었다. 완안점한은 대로해서 이약수의 혀를 베었다. 이약수는 입안이 온통 피범벅이 되었지만 눈을 부릅뜨고 노려보면서 손으로 삿대질을 했다. 그러자 완안점한은 그의 눈을 파내고 팔을 잘랐다. 결국 이약수는 장렬하게 죽었는데, 그의 나이 35세였다.

금나라 군대는 개봉을 몽땅 수색하고 황실의 옥새는 물론이고 문적文籍, 보기寶器, 법물法物, 예기禮器 등 진귀한 보물들을 모조리 약탈해갔다. 그리고 휘종과 흠종 두 황제의 후비, 아들, 황실 종친 및 모든 문무대신 3천여 명을 압송했다. 그중에는 휘종이 봉호를 내린 비, 빈과 궁녀들도 포함되었다. 송나라의 과학기술을 대표하는 교방의 악공과 기예 장인 등 10만 명도 끌려갔다. 이 해가 병오년(1126년)이다.

1135년에는 휘종이, 1156년에는 흠종이 금나라에서 사망했다. 유일하게 금나라의 마수를 피한 사람은 조구趙構였다. 그는 송나라 휘종의 아홉째 아들이자, 흠종의 이복동생이었다. 그는 황실의 정통 혈통이었기 때문에 황제의 권한을 행사할 책임이 있었다. 그래서 조구는 남송을 세우고 고종황제가 되었다.

이를 남송이라고 부르는 이유는 아버지나 형의 송나라와는 다르고 개봉 남쪽의 임안(현재 절강 항주)을 수도로 정했기 때문이다. 그렇게 북송과 남송은 구분되었다.

금나라는 당연히 남송의 고종을 가만두지 않으려고 했다. 당시 송나라 황실 전체를 압송한 이유는 송나라 왕조가 다시 일어날 것을 염려했기 때문이다. 매는 용을 철저하게 제압해야 한다! 그렇게 금나라 군대는 몇 차례 남송을 공격했지만 악가군岳家軍(악비岳飛의 군대)과 한가군韓家軍(한세충韓世忠의 군대)이 물리쳤다.

금나라 군대와 전쟁을 치르면서 악비는 그 유명한 〈만강홍〉滿江紅을 남겼다.

성난 머리칼이 투구를 뚫을 지경인데
난간에 기대셨노라니 세차게 내리던 비가 그치는구나.
눈을 들어 하늘을 우러러보며 길게 한숨을 내쉬니
비장한 마음에 감회가 끓어오른다.
삼십 년의 공명이 한낱 먼지에 불과하고
팔천 리 내달렸던 길도 구름과 달빛처럼 흔적이 없구나.
소년은 백발이 되어 슬픔만 절절하지만
더 이상 한가하게 기다릴 수는 없다.
정강靖康의 치욕을 아직 씻지 못했으니
이 신하의 한恨은 어느 때나 풀 수 있으려나.
마차를 몰아 하란산賀蘭山을 짓밟아 무너뜨리리라.
오랑캐의 살로 주린 배를 채우고, 흉노의 피로 마른 목을 축이리라.
옛 산하山河를 모두 되찾은 후에야 천자天子를 알현하리니.

이 해에 금나라 김올술金兀術의 군대가 네 갈래 길로 나뉘어 남송을 공격하자 악가군은 네 번의 북벌을 시도했다.

이때 악가군은 호북 안륙安陸의 덕안부에 주둔하고 있었다. 남송의 고종은 이약허李若虛를 파견해서 군은 경거망동하지 말고 철수하라는 전지를 전달했다. 그러나 고종은 전지를 전달할 사람을 잘못 선택했다. 왜냐하면 이약허는 이약수(정강의 난 이약수)의 친형으로 그 동생에 그 형이었기 때문이다. 악비의 가슴에 가득한 뜨거운 열정을 본 악가군은 용처럼 지혜롭고 사자처럼 용맹했다. 이약허는 목숨을 걸고 독단적으로 '황제의 지령을 바꿔' 악비에게 4차 북벌을 위한 장도에 오르게 함으로써 국토 광복의 소원을 실현하고자 했다.

악가군은 대중의 기대에 부응해서 파죽지세로 서쪽의 괵주(현재 하남 서부 영보)를 공격했다. 또한 섬서의 충의군과 함께 금나라 김올술과 완안 살리갈 두 군대를 막는 동시에 서로의 연계를 끊어 측면을 호위했다. 동쪽에서는 악비가 친히 최고의 군대를 이끌고 경서 평원으로 진격하면서 선봉장인 장헌張憲이 유기劉錡를 지원하여 채주(현재 하남 여남)를 공격하자 우고牛皐 장군은 고향 노산을 점령했다. 장헌은 이어 금나라 대장 한상韓常을 격파하고 영창(현재 하남 허창)을 점령했다. 장헌과 우고 장군은 서경과 회령(현재 하남 주구)을 점령하고 연이어 정주, 하남부, 여주(현재 하남 평정산)를 공격해서 경서 지역을 휩쓸었다. 군대가 황하까지 진격하자 중원은 크게 진동했다.

김올술은 군사를 증원받고 반격하기로 했다. 그는 악비의 소수부대가 언성(현재 하남 누하)에 있다는 것을 탐지하고 즉시 전군을 출동시켜 곧바로 언성을 향해 돌진해서 악가군 사령부를 치려고 했다.

악비는 "잘 왔구나. 안 그래도 너를 찾고 있었다!"라고 호탕하게 웃었다. 그는 아들 악운岳云을 성 밖으로 내보내며 "꼭 승리해라. 목숨을 걸고 앞으로 나아가지 않으면 내가 먼저 너의 목을 베겠다!"고 했다.

또 한편으로는 "괴자마拐子馬(김올술의 철기병 부대)를 무찌르자!"고 부르 짖으며 직접 40명의 병사를 이끌고 적진으로 돌진하자 대장 곽견霍堅이 말 고삐를 붙잡으며 만류했다. "악비 장군께서는 안위가 중요한데 어찌 적진 앞으로 돌진할 수 있겠습니까!" 그러나 그의 충언에도 불구하고 악비는 "적진을 돌파해야만 안위를 확보할 수 있다."고 하면서 곽견의 손을 채찍 으로 휘둘러 뿌리쳤다.

악비와 김올술의 군대가 혼전을 벌이는 가운데 악비 장군이 용감하 게 적군의 앞으로 나아가 진두지휘를 하니 군사들의 사기가 크게 진작되 었다. 악가군은 각개격파로 나아가며 금나라 철기병을 타파했다.

언성대첩郾城大捷이 있은 지 6일 후 김올술은 또 기병 3만과 보병 10만 명을 거느리고 영창을 공격했다. 악비는 김올술이 영창을 공격할 것을 예 측하고 아들 악운에게 부대를 맡기며 지원하도록 명령했다.

금나라 군사들이 북을 세차게 쳐대자 그 소리에 성벽이 흔들릴 지경 이었다. 20세의 악운은 언성에 남은 800명의 군사를 이끌고 다시 선봉에 서서 성 밖으로 나가 금나라의 철기병과 결전을 벌였다. 악운은 약 10여 차례 이상 금나라 진영을 공격하면서 몸의 100여 곳에 창상을 입었고 병 사와 말은 피투성이가 되었지만 물러나지 않았다. 결국 금나라 군대는 패 퇴했다.

도무지 악비군을 당해내지 못한 금나라 병사들은 "강산을 무너뜨리 기는 쉽지만 악비군을 무너뜨리기는 어렵다."고 고개를 내저었다.

개봉에서는 악비가 지휘를 했다. 중원을 광복해 백성을 구하는 일이 눈앞에 다가왔다. 근래 수년간 술을 끊은 악비는 술잔을 하늘로 높이 들 어 올리며 다시 한 번 소원을 빌었다. "이번에는 금나라를 치고 직접 황 룡부로 가서 제군들과 함께 흠뻑 취할 것이다!"

악비는 왜 황룡부를 치려고 했을까? 금나라 군대가 송나라의 휘종과 흠종 두 황제를 포로로 잡아 이곳에 가두었기 때문이다.

악비는 매(금나라)의 발을 잘라내고, 털을 뽑고, 고기를 먹었다.

바로 이때 진회秦檜가 나서며 송나라 고종에게 상소했다.

"병사와 장수가 적고 백성과 나라가 어려운데 계속 전쟁을 벌이면 어찌 위험하지 않겠습니까! 바라옵건대 악비에게 회군을 명하십시오."

이는 마치 황제가 단잠을 자고 싶을 때 베개를 내어준 것과 같았다.

"악비 장군은 고군분투했지만 오래 머물 수 없으니 빨리 철군하고 귀경해서 명을 받들라."는 황제의 회군명령에 악가군 장수들은 반발했다. 그러나 황제가 비상사태 때나 발동하는 금패金牌를 열두 번이나 내리며 악비의 회군을 재촉하자 더 이상 거역할 수가 없었다.

악비는 회군하기 전에 크게 탄식했다.

"10년의 노력이 한순간에 물거품이 되는구나! 목숨 걸고 되찾은 주군州郡들이 하루아침에 다 날아가는구나! 사직강산을 중흥하기 어려우니 건곤세계를 다시 회복할 수는 없겠구나!"

그 후 남송과 금나라는 '소흥화의'紹興和議 조약을 맺어 북송은 망하고 남송이 성립되었다. 그 결과 화북지방 전체, 즉 중원은 금나라가 차지하고 남송은 임안(현재 항주)을 수도로 삼아 20년의 평화를 유지하게 되었다.

당시 금나라 희종 황제는 태조인 완안아골타의 적장손이었다. 해릉왕海陵王 완안량完顔亮은 금나라 태조 완안아골타의 서장손이며, 희종과 함께 같은 할아버지의 손자로서 우승상이라는 벼슬을 지냈다.

금나라 희종은 겨우 16세에 왕위를 계승했고 29세가 되어서야 비로소 본격적인 친정을 시작했다. 그러나 그는 주색에 빠져 국정을 돌보지 않았다. 어느 날 금나라 희종은 완안량과 함께 술을 마셨다.

희종 황제는 술에 취해 완안량을 바라보며 말했다.

"나는 안다……. 네가 나한테……, 불만을 가지고 있고, 너도…… 당연히 황제가 되고 싶을 텐데……, 누가 너를 서출로 만들었을까?"

이어서 덧붙였다.

"나 아니면 누가 또 있겠는가!"

완안량은 자기 마음을 들켜버리자 당황해서 희종 황제를 바라보았다. "뭘 봐?" 하고 희종이 비웃자, 완안량은 자리를 박차고 일어나며 "보면 어때서!"라고 대답하고는 대담하게 칼을 뽑아 희종을 죽여 버렸다. 이때 희종의 나이 31세였고, 완안량은 28세였다. 이로써 해릉왕 완안량은 황제가 되었고, 그는 3가지의 이상理想을 세웠다.

첫째, 국가를 통치하고 권력을 독점해서 전권을 행사하는 것이다.

둘째, 천하의 미녀를 강점하고 향유하는 것으로, 이는 황제라면 당연한 것이다.

셋째, 군대를 이끌고 적국을 토벌해서 군주를 포로로 잡고 죄를 묻는 것이다.

이에 해릉왕 완안량은 남송을 공략해서 천하통일을 하기 위해 연경으로 천도했다. 천도를 단행한 또 다른 원인은 바로 선황제가 매일 가꾸던 정원의 화초와 나무, 정자와 누각 등이 보기 싫었기 때문이다.

이렇게 해서 3년 동안 금나라는 한족의 궁실과 제도를 모방해 연경성을 건설했다. 당시 성의 사방은 길이가 9리 30보나 되었다. 천진교 북쪽의 선양문이 정문이었고, 문안에는 동서로 나누어진 내령관과 회동관을 설치해 송나라와 서하 등에서 파견된 사신을 접대하는 국빈관으로 사용했다. 도성의 내성은 황제의 궁성이며, 궁궐이 9곳, 전각이 36곳이나 되었다. 황제의 궁궐은 가운데 있고 황후는 뒤에, 내시는 동쪽에, 비빈 등은 서쪽에 궁전이 있었다. 내성의 남쪽과 동쪽은 조상의 제사를 지내는 태묘, 서쪽은 정부의 행정기구인 상서성이었다. 내성 서문인 옥화문 밖에는 동락원, 약요지, 봉영, 유장, 행촌 등의 유원지가 건설되었다.

완안량이 40세가 되었을 때, 그는 60만 대군을 거느리고(밖으로는 100만이라고 큰소리를 쳤다) 병사를 사방으로 나누어 남송을 전면 공격했다. 그가 직접 인솔한 이 행렬은 숙주(현재 안휘 숙주)부터 회수를 건너 화주(현재 안휘 마안산)로 직진해서 강을 건너려고 했다.

그런데 주인이 집을 비운 틈을 타 동경요양부를 수호하던 완안옹이 스스로 황제가 되어서 연경으로 들어와 세종이 되었다. 자기 집 뒤뜰에 불이 났지만 완안량은 위험을 인식하지 못했다. 인생의 3가지 이상 중 마지막이 실현될 날이 바로 눈앞에 있다고 생각하니 포기할 수 없었을 것이다.

완안량은 여전히 강을 건너는 것에 집착했지만 선발대는 송나라 군대에 패배했고 배도 불타버리고 말았다. 이에 완안량은 대장들을 막사로 불러들였다.

완안량은 지도를 가리키면서 말했다.

"우리는 화주에서 이곳으로 왔으나 장강을 건너지 못하니 양주로 군대를 옮겨서 반드시 강을 건널 것이다."

그 말에 대장 완안원선完顏元宣이 반발했다.

"절대 안 됩니다. 우리가 움직이면 송나라 군대는 틀림없이 미리 준비를 할 것입니다."

그러자 완안량은 화가 나 그에게 마구 채찍을 휘둘렀고, 현장에 있던 사람들은 아연실색했다.

"뭘 봐?"

채찍에 맞고 자기를 노려보는 완안원선을 향해 완안량이 소리쳤다.

"보면 어때서!"

그 말과 함께 완안원선은 칼을 휘둘러 완안량을 죽여 버렸다.

이때 해릉왕 완안량의 나이 40세였다.

제2장

일곱 송이 연꽃이
운명으로 피어나다

중화 대지 곳곳에서 전쟁이 일어났다. 서쪽의 서하, 남쪽의 대리국, 북쪽의 몽골부족 등이 존재했지만 이들의 흥망성쇠를 말하자면 조금 더 시간이 흘러야 한다. 당시 가장 강했던 나라는 금나라와 남송이지만 남송이 금나라에 공물을 바침으로써 잠시 동안이나마 균형을 잃은 평화를 유지했다. 그러나 이러한 상대적 안정은 더 큰 폭풍을 예고하고 있었다. 분할이 오래되면 통일이 되고 통일이 오래가다 보면 다시 분할이 되는 것은 사회발전의 법칙이기도 하다.

금나라 정륭 4년(1159년) 6월, 섬서의 종남산 자락 감하진^{甘河鎭}(현재 섬서성 서안시 호현 감하진, 당시 금나라 통치)의 작은 주점에서 중년의 건장한 남자가 머리를 풀어헤친 채 술을 마시고 있었다. "여기, 술 더 가져와라." 남자는 이미 약간 취해 있었다.

"네, 나리." 점원이 재빨리 술 한 단지를 가지고 왔다. 남자는 술 단지를 통째로 들고 단번에 들이켰다. 그리고는 점원을 가리키며 "내게 나리라고 했느냐?"라고 말하며 크게 웃는데, 마치 큰 종소리가 울려 퍼지는 듯했다.

점원은 빈 술 단지를 들고 서서 또 필요한 것이 있는지 남자를 쳐다보고 있었다. 이어서 남자는 "나리는 무슨, 개뿔!"이라고 소리치며 점원을 가리키던 손으로 탁자 위를 살짝 내리쳤는데 그 기운에 탁자가 부서지며 산산조각이 났다. 이내 남자는 땅에 엎어져 바로 잠이 들었다.

그는 키가 8척이요(약 180센티미터), 우람한 체격에 눈은 종처럼 크고 커다란 입과 굵고 단단한 골격을 가졌다. 헝클어진 머리카락이 어깨까지 내려오고 상의는 풀어 헤쳐져 탄탄한 흉근과 복근이 드러났다. 이 사람의 이름은 왕중양王重陽이며, 도교 전진파全眞派의 창시자다. 그해 나이는 48세였다.

송나라 정화 2년(1112년), 임진년 12월 22일에 왕중양은 함양咸陽 대위촌大魏村에서 태어났다. 어려서부터 공부를 좋아해서 부학府學(지방의 교육기관)에 입학해 진사가 되었는데, 경조京兆⁴학 계보에 속한다. 그의 집안은 대대로 지방에서 일가를 이루어왔다. 그는 젊은 시절 유생으로서 글재주가 뛰어났고 활쏘기도 잘했다.

송나라 선화 7년(1125년)에 금나라는 북송北宋을 멸망시켰고 관중 지역에 꼭두각시 정권(유제劉齊)을 세워 관할했다. 왕중양은 함양부 부학에 들어갔다.

금나라는 천회 15년(1137년)에 유제를 없애버렸다. 금나라 천권 원년(1138년)에 무과 시험이 거행되자 왕중양은 중갑과中甲科에 응시해 장원을 하고, 덕위德威라고 개명을 했다. 자는 세웅世雄이다.

어린 시절 왕중양이 살던 북송이 금나라에게 망하자 그는 큰 충격을 받았다. 금나라 시기에 왕중양은 문·무과에 모두 장원을 했지만 중용되

---

4   현재 중국의 섬서성 장안 일대로, 전한 시대에 이 지역을 관할하던 행정구역. 서안의 옛 이름.

지 못했다. 결국 벼슬길에 오르는 것을 포기하고 종일 술에 취해 있었다.

얼마나 시간이 지났는지 몰랐다. 왕중양은 술이 깨서 눈을 비비며 일어나다가 어안이 벙벙했다. 맞은편에 걸인처럼 보이는 노인 두 명이 땅바닥에 엎드려 있었다. 이들은 왕중양을 자세히 살펴보면서 몸에서 뭔가를 찾아내려고 하는 듯했다. 옷차림이 허름한 두 노인은 마대 쪼가리 같은 상의를 걸치고, 거의 흘러내릴 것 같은 통 넓은 바지를 입고 있었다. 머리카락이 심하게 흐트러져 있었지만 그 틈으로 보이는 횃불처럼 빛나는 눈동자는 마치 천하를 꿰뚫을 것만 같았다.

왕중양은 매우 궁금해서 물었다.

"두 분 노선생께서는 왜 그렇게 저를 뚫어지게 쳐다보십니까?"

그러자 두 노인은 눈썹을 치켜 올리며 말했다.

"우리는 너를 쳐다본 적이 없는데, 무슨 말이야?"

왕중양은 "분명히 두 분은 저를 보고 계셨습니다."라고 응수하고는 재미있는 노인들이라고 생각했다.

"술 취한 사람은 정신이 맑지 않아. 그러니 네가 잘못 본 것이지."

두 노인은 바닥에 엎드려 노는 아이들 같았다.

가게 점원은 웃음을 참을 수 없었다. 왕중양이 이 가게에서 술에 취해 있는 것은 늘 있는 일이었지만 오늘은 세 사람이 똑같은 모양새로 바닥에 엎드려 있으니 웃음이 터지지 않을 수 없었다.

왕중양은 몸을 일으켜 매무새를 가다듬고는 두 노인을 부축해서 일으켰다.

"술도 요리도 다 먹어 버렸으니 우리 두 늙은이는 오늘 빈손으로 돌아가야겠구먼."

두 노인이 일어나며 불평을 했다. 그러자 왕중양은 "어르신들, 별말씀을요. 인연이 있어서 만난 것인데 이렇게 헤어질 수는 없지요."라고 말하고는 점원에게 술과 요리를 내오라고 했다. 그는 선행을 베풀기 좋아했고, 오랫동안 왕씨 집안은 구걸하는 사람을 푸대접한 적이 없었다. 그는 어쩐지 눈앞의 두 노인이 다른 걸인들과는 전혀 다르다고 느꼈다.

가게 점원은 "손님들, 죄송하지만 날이 저물었습니다. 내일 다시 오세요."라며 수건을 어깨에 걸친 채 청소를 하기 시작했다.

"내일은 안 돼. 우리가 내일까지 살아 있을지 어떻게 장담하겠어?"

두 노인은 곤란하다는 얼굴로 왕중양을 쳐다보았다.

그러자 왕중양이 물었다.

"어르신, 혹시 저희 집에 가서 술을 드시는 건 어떻습니까?"

"좋아, 좋아. 그러면 아주 좋지."

두 노인은 기뻐서 덩실덩실 춤을 추며 따라왔다.

왕중양의 부인 주씨는 현숙하고 덕이 많은 사람이었다. 남편이 뜻을 이루지 못해 항상 술에 취해 있는 것이 안타까웠지만 그를 도울 방법을 찾지 못했다. 단지 금옥과 금보 두 자녀를 양육하는 데 힘을 쏟을 뿐이었다.

그런데 오늘은 남편이 걸식노인 두 명을 데리고 왔다. 이런 일이 처음도 아니라 그녀는 자기가 무엇을 해야 하는지 잘 알고 있었다.

왕씨 집안은 대가족으로 왕중양의 아버지 왕인정은 북송과 금나라에서 벼슬을 했고, 후에 고향으로 돌아가 장사를 했는데 한때 그 지역 최고의 부자였다. 부모가 돌아가신 후 왕중양은 "벼슬할 생각이 없다."고 선언했다. 사실 그가 아무 일도 하지 않아도 평생 먹고 살 걱정은 없었다. 그의 집은 사합원으로 본채가 네 칸, 동서쪽 사랑채가 각각 세 칸의 규모였다.

주씨는 여느 때처럼 곧바로 간단한 식사를 만들고 오래 묵은 술을 꺼내왔다. 원래 왕중양은 집에서 술을 마셨지만 부인을 귀찮게 하는 것이 싫어서 점차 밖에서 술을 마신 것이다.

두 노인은 마치 며칠 굶은 사람처럼 순식간에 상 위의 음식을 모두 먹어치웠다. 그리고는 약속이라도 한 것처럼 웃으며 왕중양을 바라보았다. 왕중양이 부인에게 눈짓을 하자 주씨는 곧 다시 몇 가지 요리를 더 만들어 왔다. 술과 밥을 실컷 먹은 두 노인은 배를 두드리며 매우 만족해했다. "오늘은 늦었으니 여기서 주무시지요!" 하고 왕중양이 권했다.

"좋지."

두 노인은 또 춤을 추며 즐거워했다.

주씨 부인은 거의 사용하지 않던 사랑채를 깨끗하게 치우고 마당도 정리했다. 왕중양은 두 노인의 잠자리를 보살핀 후 자기 침실로 돌아가서 누웠다. 그러나 그는 복잡한 생각이 들어 잠이 오지 않았다. 비록 6월이었지만 밤에는 아직 서늘해서 그는 두꺼운 이불을 챙겨 들고 사랑채로 살금살금 걸어갔다.

그가 문틈으로 방안을 살짝 들여다보는데, 두 노인이 옷깃을 여미고 단정히 앉아 있는 것이 마치 밀랍 인형 같았고 표정은 사당 안의 조각품 같았다. 밤중인데도 서쪽 사랑채 전체가 금빛으로 반짝이며 대낮처럼 밝았다. 왕중양은 깜짝 놀라서 방해하지 않으려고 이부자리를 들고 조심조심 걸어서 침실로 돌아왔다.

왕중양은 방으로 돌아와서도 한동안 얼떨떨했다. 그는 두 노인이 비범하다는 것을 짐작했지만 어떻게 다른지는 알 수 없었다. 그리고 아침에 일어나면 물어봐야겠다고 생각하고 어느새 잠이 들었다.

왕중양은 새벽에 일어나 곧장 서쪽 사랑방으로 달려가 문을 열어 보았지만 방안은 텅 비어 있었다. 왕중양의 큰 눈이 더욱 휘둥그레졌다. 이때 방안에서 노인의 목소리가 들려왔다. "만연교萬緣橋에서 전생의 인연을 말하리라." 왕중양은 사방을 둘러보다가 두 무릎을 꿇었다. "신선이시여,

저는 눈이 있어도 볼 수가 없어 어디 계시는지 알 수 없으니 용서해 주시기 바랍니다."

"하하하하……."

방 안에서 해맑은 웃음소리가 터져 나오더니 집의 담을 넘어 온 세상에 퍼져나가는 것 같았다.

"저를 놀리지 마시고 신선께서는 모습을 보이시기를 청합니다."

방안은 조용해졌지만 왕중양은 무릎을 꿇고 일어나지 않았다.

왕중양은 학문은 진사, 무예는 장원을 했지만 이런 격동의 시대에는 아무리 열정이 충만하고 대단한 능력이 있어봤자 소용이 없었다.

부인 주씨는 남편이 두 노인과 담소를 나누느라 아침을 먹으러 오지 않는 줄 알고 서쪽 사랑방으로 찾아갔다. 그런데 방을 들여다보니 남편은 무릎을 꿇고 있고 두 노인은 보이지 않았다.

"어르신들은 어디 계셔요?"

주씨가 물었지만 왕중양은 아무 말도 들리지 않는 듯했고, 부인은 남편의 이런 모습을 보고 방해해서는 안 되겠다고 생각하고 조용히 돌아왔다. 왕중양은 서쪽 사랑방에서 사흘 밤낮 동안 무릎을 꿇고 식사도 하지 않았다.

그 후 왕중양은 다시 그때의 술집으로 가보았다. 이번에는 술을 마시려는 것이 아니라 두 노인을 만나기 위해서였다. 가게 점원은 왕중양이 뭔가 혼이 빠진 듯한 모습을 하고 있어 감히 무슨 일이냐고 묻지도 못했다. 왕중양은 늘 자신이 앉던 자리에서 문만 뚫어지게 바라보았다.

그렇게 한 달여를 앉아 있던 어느 날 왕중양은 눈이 아물거리면서 두 노인이 히죽히죽 웃으며 들어오는 것을 발견했다. 그는 곧바로 흥분해서 일어났지만 이내 사라지고 눈앞에는 아무도 없었다. 왕중양은 기운이 빠져 자리에 털썩 주저앉았다.

왕중양은 지난번 노인이 말했던 '만연교에서 전생의 인연을 말하리라'는 구절을 갑자기 떠올리며 어리석은 자신을 꾸짖었다.

왕중양은 술집을 나와 만연교를 찾기 시작했다. 그는 사방 수십 리를 살살이 뒤지며 수백 명에게 만연교가 어디에 있는지 물어봤지만 그곳을 아는 사람은 아무도 없었다. 그는 낙담해서 술병을 들고 도도히 흐르는 강물을 바라보면서 자신의 불운을 탄식하다가 어느새 수풀 속에서 잠이 들었다. 시간이 얼마나 지났는지 모르지만 귓가에 쩌렁쩌렁 울리는 소리가 들려왔다.

"만연교에서 인연을 말해주겠다고 했는데, 매일 술에 취해 있어서야 되겠느냐?"

왕중양은 놀라서 일어나 앉았다. 도도히 흐르는 강물 위에 떠올라 있는 다리에 두 노인이 서 있었다.

왕중양은 이 광경을 보고 자기 눈을 믿을 수가 없었다. 또, 이번에도 잘못 보는 게 아닌가 싶어 눈을 문지르니 더욱 똑똑히 보였다. 그는 바로 일어섰다.

"신선님들, 정말 보고 싶었습니다."

왕중양은 너무나 기뻤다.

"네가 우리를 신선이라고 하니 신선이 되어보겠다."

곧이어 두 노인은 확연히 다른 모습으로 변했다.

이 두 노인은 누구인가?

한 사람은 키가 8척에 빛나는 두 눈을 가졌으며, 마치 한 마리의 학처럼 머리카락이 나풀거렸다. 큰 옷을 걸친 앞가슴은 풀어 헤쳐진 채 오른손에는 파초 부채를 들고 있으며 맨발이었다.

이 사람은 종리권鍾離權이다. 성은 종리鍾離, 이름은 권權, 자는 운방雲房이다. 또 다른 자는 적도寂道, 호는 정양자正陽子이고, 또 다른 호는 화곡자和谷

亨이며 동한東漢 때 함양 사람이다. 원래 동한의 장수였기 때문에 동한대장東漢大將이라고 부르기도 했으며, 한종리漢鐘离라고도 한다. 어려서 문학을 공부해서 특히 초서의 대가인 초성草聖(후한의 장지, 당나라 장욱 등)을 좋아했고 벼슬은 대장군까지 지냈다. 후에 종리권은 군대를 떠나 종남산에 들어가 신선 동화제군東華帝君를 만나 도를 닦았고 이내 진주晉州(현재 산서성 임분시) 양각산羊角山에서 은거했다. 그는 도를 이룬 후 떡갈나무 옷을 입고 자칭 천하도산한종리권天下都散漢鐘离權이라 했는데, 이는 '세상을 초탈한 한나라 사람 종리권'이라는 뜻이다. 전진도全眞道는 그를 정양조사正陽祖師로 추앙했고, 그는 후에 북종北宗의 제2조가 되었으며, 중국 도교의 8선八仙 중 한 분이다.

종리권 조사의 단법丹法은 여동빈呂洞賓 조사에게 전승되었다. 여동빈 조사는 소위 전진도의 북오조北五祖 중 한 분이다. 종리권 조사는 "내단內丹은 선천의 기[先天之氣]를 근본으로 한다. 선천의 기를 채집해서 일월日月(즉 음양)을 수중에 넣는 것을 통달한 자는 선천의 기를 얻은 것이고 밤새 천둥소리가 그치지 않는다."라고 했다. 종리권 조사는 내단, 즉 약물의 채집, 화후火候 등에 대한 모든 것을 연구했다. 예를 들면 '신과 기가 배합[抽添]하고 결태화후結胎火候 시간이 지나 진화가 우주를 불사르면 건곤의 상하가 빨갛게 된다'라고 했다. 또한 내단을 공부하는 중에 스승을 공경하는 것이 중요하다는 것도 강조했다. 그 이유는 금액환단金液還丹이 이루어질 때 훌륭한 스승을 만나지 못하면 더 이상 진행할 수 없지만 명사明師를 만나 지도를 받게 된다면 눈 깜짝할 사이에 이룰 수 있기 때문이다. 송대와 원대의 내단학은 이 영향을 많이 받았다.

다른 한 분은 더욱 호방한 풍류를 지닌 모습이었다. 세 갈래의 긴 머리와 수염이 앞가슴까지 내려와 나부끼며 머리에는 금관을 쓰고 흰색 도포가 바람에 나풀거렸다. 오른손에는 불진拂塵[5]을 들고 있으며 등 뒤에는 장검을 메고 있었다.

이분은 여동빈 신선이다. 이름은 암嵒, 자는 동빈洞賓이다. 포주의 영락현(현재 산서 예성) 사람이다. 당나라 덕종 정원 14년(798년) 4월 14일, 그가 태어나자 방안에는 특이한 향기로 가득했고 백학이 날아 들어왔다 사라졌다는 전설이 내려온다. 그는 어려서부터 총명해서 10세에 글을 읽고 썼으며 15세에는 무예에 능했고 백가경서에 정통했다. 여동빈 조사가 강보에 싸여 있을 때 조상이 나타나 말하기를 "이 아이는 골상이 평범하지 않고 속세를 벗어난 인물이라 만일 커서 여廬를 만나면 머물고, 종鐘을 만나면 두드리라."고 하면서 이 말을 반드시 마음에 새기고 기억하라고 했다. 참고로, 여동빈은 후에 여산廬山에서 도를 닦고 종리권鍾离權을 만나 도를 배웠다.

여동빈은 일찍이 당나라 보력寶曆 원년(825년)에 진사에 합격해서 지방관리를 지낸 적이 있었다. 이후 전쟁과 민란으로 난세가 되자 부귀공명을 버리고 처자를 데리고 중조산(현재 산서 남부)으로 들어가서 구봉산에서 수행을 했다. 여동빈 부부는 서로 마주 보고 있는 두 동굴에서 각각 거주했기 때문에 결국 이름을 여동빈呂洞賓으로 바꾸었다. '여'呂는 그들 부부 두 식구[口]를 가리키는 것이고, '동'洞은 거주하는 동굴을, '빈'賓은 자신이 동굴의 빈객임을 의미하는 것이다.

여동빈 조사는 신선이 된 후 산에서 내려와 사방으로 운유하면서 무료로 백성들의 병을 치료해 주었다. 그는 일생 동안 즐겁게 봉사했고 위기가 도래할 때마다 곤궁함에서 백성을 구제해 깊은 존경과 추앙을 받았다. 후에 여동빈 조사가 비승飛升을 하자 고향 사람들은 여공사呂公祠를

---

5   짐승의 털, 삼베 등으로 만든 총채로, 선을 닦는 사람들에게는 마음의 잡념을 쓸어낸다는 상징물. 번뇌의 먼지를 떨어낸다고 해서 불진(拂塵)이라고 하며 일종의 무기로도 사용함.

지어 기념하다가 그가 도교를 신봉했기 때문에 금나라 시대에 이르러서 '사'祠를 '관'觀으로 바꾸었다.

원나라 초기 세조 쿠빌라이는 여동빈이 신봉한 도교가 대중들 사이에 널리 전파되어 있다는 사실을 알고 종교와 여동빈의 명성을 이용해서 자신의 통치를 공고히 하려고 했다. 그는 '여공관'을 헐고 거의 원나라 전 시기에 걸친 약 110년간 크게 토목공사를 벌여 영락궁永樂宮을 건립했다.

왕중양은 바로 땅에 무릎을 꿇었다.

"제가 평범한 눈을 가져서 신선이 오신 것을 몰라 무례하게 굴었습니다. 부디 용서해 주십시오."

"발전 가능성이 있는 젊은이라 재능을 전수해 줄 만하다!"

종리권과 여동빈은 서로를 바라보며 크게 웃었다.

한 달 전 작은 술집에서 서로 만난 것은 우연이 아니었고, 종리권과 여동빈의 치밀한 계획이었다. 두 신선은 천상을 우러러 천체의 변화를 보고 아래로 땅을 굽어보며 인간세상을 살피니 전도할 시기가 도래했음을 알았다. 이들은 작은 술집에서 왕중양을 발견하고 그의 상태를 조사해본 결과 도의 전수자가 될 만하다는 것을 확인했다. 그리고 시험을 거친 후 정식 제자로 받아들이기로 결정했다.

"고생을 참고 견뎌야 비로소 신선이 된다. 너는 그 고생을 견딜 수 있겠느냐?"

여동빈은 진지하게 물었다.

"저는 할 수 있습니다. 꼭 해낼 것입니다."

왕중양은 일찍이 신선술을 흠모했으며 8선八仙[6]에 대한 숭배도 지극했

---

6 중국의 도교에서 전설적인 여덟 명의 신선. 종리권(鍾離權), 이철괴(李鐵拐), 한상자(韓湘子), 조국구(曹國舅), 여동빈(呂洞賓), 장국로(張國老), 남채하(藍采何), 하선고(何仙姑) 등.

다. 그런 차에 8선八仙 중 두 사람을 만난 그는 너무나 기뻐서 어찌할 바를 몰랐다.

"오는 정이 있으면 가는 정도 있는 법, 네게 술 한 잔을 주겠다."

종리권이 말하는 사이에 갑자기 주전자와 술잔이 나타나 왕중양은 어안이 벙벙해졌다. 왕중양이 멍하니 있자 종리권은 술 한 잔을 그에게 보냈다. 왕중양은 자신도 모르게 술잔을 받아들고 단숨에 들이켰다. 그는 술의 종류와 양을 가리지 않았고 얼마든지 마셔도 취하지 않는다고 생각했다. 하지만 지금까지 이런 술은 마셔본 적이 없었다. 왕중양은 이 것은 술이 아니라고 생각했다. 마시니 따뜻한 기운이 몸 안으로 내려가면서 자신의 오염된 내장을 씻어 내리고 이내 간, 심장, 비장, 폐, 신장이 깨끗하고 투명하게 변해 영감이 맑아지는 것을 느꼈다. 왕중양이 온몸에 진기가 감도는 것을 자각하자 바로 소주천小周天[7]과 대주천大周天[8]이 이루어졌다. 그러자 그의 머리 공간[上空], 가슴 공간[中空], 복부 공간[下空]이 모두 텅비워져 미묘함으로 가득차서 우주를 이루었고, 이 세 개의 우주가 서로 연결되어 있음을 느꼈다.

물론 그것은 보통의 술이 아니고 도가의 외단外丹이었다. 종리권과 여동빈이 왕중양에게 먹인 외단은 왕중양의 내공을 빠르게 끌어올렸다. 당시 왕중양은 이미 48세가 되어 내기가 외부로 방출되어 소모되고 줄어들어 어린아이와 같은 공력을 갖지 못했다. 도가는 대상에 따라 교육 방법을 다르게 한다. 현재 왕중양의 상태를 볼 때 종리권과 여동빈은 이러한 방법을 택할 수밖에 없었다.

---

7 신체의 임맥(任脈)과 독맥(督脈)이 통하는 것을 말함. 달이 지구를 따라 한 번 도는 것을 따라서 임맥과 독맥도 한 바퀴 도는 것.

8 경락주천(經絡周天)이라고도 함. 지구가 태양을 따라 한 바퀴 도는 것. 지구가 태양을 따라서 도는 시간은 365일이지만 인체에서 도는 실제 시간은 360일.

왕중양은 무학武學에 조예가 매우 깊어 무과에 장원을 한 적이 있다. 그러나 무술의 내공과 단도丹道의 내공은 천양지차로, 동일하지 않다.

도가를 전수하는 방법은 친전親傳과 현전顯傳으로 구분된다. 왕중양이 전진도全眞道의 7명의 제자에게 전수한 것은 친전에 속하고, 종리권과 여동빈 신선이 왕중양에게 전수한 것은 현전에 속한다. 《영보필법》靈寶筆法에서 언급된 '선인이 길을 가리키다'는 말은 바로 현전을 의미하는 것이다.

왕중양은 이 술을 마시고 완전히 다른 사람이 된 것 같았다. 숨을 하늘 끝까지 내쉬고 탯줄까지 들이마시니 천지와 가까워졌고 우주와는 뗄 수 없는 사이가 되었다.

"젊은이가 혜근慧根은 있지만 육신이 만신창이고 마음에도 때가 묻어 있으니 모름지기 기초를 쌓는 것부터 시작해서 몸과 마음을 깨끗이 하라."고 종리권이 말했다. "그렇다면 제가 어떻게 해야 합니까?" 왕중양은 의혹에 가득차서 물었다. 여동빈 선사는 "먼저 기초를 쌓고 고초를 견뎌내야 비로소 단맛을 볼 수 있다."라고 말하면서 왕중양에게 "고생을 견딜 수 있겠느냐?"고 물었다.

그러자 왕중양은 "사부님이 명백히 지시해 주시면 뼈를 깎는 고통이 있더라도 참을 수 있습니다."라며 진지하게 대답했다.

"인간의 모습에서 벗어나 오행이 나타나기 전이자, 부모가 태어나지도 않은 때인 선천先天의 모습을 회복하라."고 말하며 여동빈은 품속에서 《영보필법》을 꺼내 왕중양에게 건넸다. 왕중양이 책을 받아들자 두 선인은 순식간에 사라졌다.

왕중양은 그 자리에서 하늘을 향해 큰절을 했다.

"젊은이는 훗날 도를 전해야 할 큰 임무가 있으니 빨리 가서 수행을 하라. 지체할 시간이 없다."

공중에서 종리권 선사의 우렁찬 목소리가 들렸다.

48세에 우연히 만나 시작하니 구결口訣이 전해와 공력이 생긴다.
한 알의 단이 색이 좋아지면 옥화산 위에 검붉은 색이 나타난다.

왕중양이 미쳤다는 소식이 순식간에 대위촌에 퍼졌다. 씻지도 않은 겉모습은 불결했고 시간이 흐르면서 사람들은 그가 문·무과에 장원을 한 사람이라는 사실조차 잊어버렸다. 그는 마을 동쪽 끝에 작은 암자를 짓고 구덩이를 파서 활사인묘活死人墓라고 부르며 그곳에서 거처했다. 이런 이상한 행동은 도를 닦는 데 방해받지 않기 위해서였고, 무덤은 매우 좋은 수련장소였다.

왕중양은 이렇게 2년간 수행하면서 정精, 기氣, 신神 삼보三寶를 아우르는 내공內功을 성취했고, 나아가 양신陽神을 출현하게 되어 태胎를 벗어나 신神이 되었다. 왕중양은 밤에 타좌를 하면서 하늘로 뛰어 올라 광활한 천지산하를 소요했다.

손을 뻗어 남쪽별을 잡고 몸을 돌려 북쪽별에 기댄다.
머리를 내밀어 밖을 보니 누가 거기에 있는가?

그 후 왕중양은 활사인묘에 머물면서 양신으로 천지 사방을 마음대로 돌아다니며 즐거운 시간을 보내다 보니 일찍이 사부가 전도하라고 한 말을 까맣게 잊어버렸다. 어느 날 밤, 왕중양은 묘지에서 타좌를 하고 양신을 출현하기 위한 준비를 하면서 아직 가보지 못한 곳을 찾아 먼 길을 떠나려 했다. 그런데 갑자기 머리 위로 천둥 같은 소리가 들렸다. 왕중양이 활사인묘에서 급히 나와 보니 종리권과 여동빈 두 신선이 표표히 내려오는 것이 보였다.

"사부님이 오시는 줄도 모르고 마중 나가지 못했습니다."

왕중양은 무릎을 꿇고 두 선인을 맞이했다.

종리권과 여동빈 선사는 대위촌에서 환한 만장의 빛을 보고 제자가 수도에 성공했다는 것을 알고 있었다. 그런데 왕중양이 즐거움에 취해서 세상에 나가 중생을 구제할 임무를 망각하고 있었기 때문에 부득이하게 찾아온 것이다.

"지난번에 우리가 이야기했던 것을 기억하느냐?"

종리권 조사는 왕중양을 책망했다.

"도를 이루는 데 성공을 하면 세상에 나가 사람을 구해야 한다고 하셨습니다."

왕중양은 고개를 숙였다.

"그런데 왜 여기서 소요하며 시간을 낭비하고 있느냐?"

여동빈 조사가 꾸짖었다.

이에 왕중양은 변명을 했다.

"세상 사람들은 술, 색, 재물, 건강을 탐하고 눈앞의 풍류만을 즐기려고 하니 세상을 구하는 것이 어렵지 않겠습니까?"

그러자 종리권 조사가 다시 한 번 힐책했다.

"도를 얻고도 전하지 않는 것은 큰 죄악이다. 우리가 수도해서 어렵게 도를 얻는 것이 한 개인의 즐거움을 위한 것이냐? 만일 그렇다면 우리는 산송장처럼 쓸모없는 사람이다."

이어 여동빈 조사가 말했다.

"세상을 구하는 것은 도가의 본색이다. 세상이 변했고 우리 개개인의 사명도 다르다. 이런 난세에는 너에게 특별한 사명이 있다. 그렇지 않으면 설사 수련을 해서 진신眞身을 얻는다 해도 세상에서 공덕을 완성하지 못한다. 그러면 너는 신선이 될 수 없고 돌아갈 곳을 찾지 못할 것이다."

"제가 잘못했습니다. 세상을 구제할 방법을 모르니 사부님께 지도를 부탁합니다."

왕중양은 두 선인에게 간절히 말했다.

"잠시 여기를 보아라!"

여동빈 조사의 손이 가리키는 방향을 따라 바라보니 저마다의 아름다움을 다투는 듯 일곱 송이의 연꽃이 환하게 빛나고 있었다.

"즉각 산동으로 가서 구류담丘劉譚의 말馬을 잡아타고 가라!"

왕중양이 고개를 들고 보니 종리권 선사의 우렁찬 목소리만 남아 있을 뿐 이미 두 신선은 온데간데없이 사라진 후였다.

왕중양은 자신이 머물던 암자에 불을 질렀다. 마을 사람들이 놀라 달려와 불을 끄느라고 야단이었지만, 왕중양은 오히려 노래를 부르며 춤을 추었다. 사람들이 불을 지른 이유를 묻자 이렇게 대답했다.

"3년 후에 누군가가 이 암자를 수리할 것이다."

그리고는 56세의 왕중양은 산동으로 떠났다.

산동 등주登州에는 그 지역 부의 절반을 소유하고 있어 마반주馬半州라고 불리는 사람이 있었다. 그는 하루 종일 손님들과 영해성寧海城에서 술을 마시며 흥겹게 지냈다. 격동의 시대에 백성들은 의지할 곳이 없었고, 이들 역시 뜻이 꺾이고 고민을 해소할 방법이 없었기에 술에 의지했다.

마단양馬丹陽(1123~1183)은 초명이 총의從義, 자는 의보宜甫이며, 개칭한 이름은 옥鈺, 자는 현보玄寶, 호는 단양자丹陽子다. 그는 송나라 섬서 부풍(현재 섬서 보계) 사람이고, 후에 산동의 등주 영해현(현재 산동 모평)에서 살았다.

마단양에게는 부인 손불이孫不二(1119~1182)가 있었다. 이름은 연정淵貞이며, 병법가인 손무자孫武子(손자)의 후손이었다. 그녀는 송나라 휘종 선화宣和 원년 1월 5일에 태어났는데, 어머니의 꿈에 여섯 마리의 학이 나타나 정원에서 춤을 추다가 한 마리가 품속에 날아들었다고 한다. 그녀는 어려서부터 머리가 총명하고 예의가 바르며 정진, 정서, 정규 등 3명의 아들을 두었다. 북칠진北七眞, 즉 전진칠자 중 이 부부가 두 자리를 차지한다.

이 부부는 처음부터 도심이 깊었지만 때가 되지 않아 신선을 만나지 못했다. 어느 날 마옥은 지인 고거재高巨才, 참법사站法師 등을 초청해 흡로정恰老亭에서 술을 마시며 시를 지었다. 고거재 역시 부잣집 자제인데, 이름 그대로 재능과 학문이 산동반도를 뒤흔들 수준의 인재였다. 참법사는 불교를 신봉했고 수행에 대한 자신만의 독특한 생각을 가지고 있었다. 마옥은 그가 교류하는 사람들과 뜻이 일치한다고 할 수는 없었지만 함께 모여 술을 마시곤 했다. 이들은 서로 마음의 상처를 치유해 주고 있었다. 이번 술자리는 고거재가 먼 곳에서 돌아온 것을 환영한다는 핑계로 마련한 것이었다. 사람들이 술에 취하자 마옥은 일어나 춤을 추었고 다음과 같은 시를 지었다.

큰 뜻을 품었으면 노력을 해야 한다.
포부가 있어봤자 아무것도 아니다.
종일토록 술에 취해 기분이 좋은데
취중에 누가 나를 부축해 주네.

시를 다 읊은 마옥은 책상에 엎드려 크게 울기 시작했다.

중원절 이후 뜻을 같이하는 사람들은 종종 흡로정에서 만나 만취했다. 이런 술자리는 그가 유일하게 즐기는 일이 되었다. 어느 날 마옥이 사람들과 술잔을 기울이고 있을 때였다. 누더기 옷을 걸친 한 도인이 옆에 서서 무심하게 대야를 두드리고 있었다.

마옥은 원래 불도佛道를 존중해서 그동안 그의 집에서 공짜로 얻어먹는 승려가 셀 수 없이 많았지만 전혀 상관하지 않았다. 그는 세상에 부처라고 하는 자들이 도처에 널려 있는데, 이들 중 진인真人은 몇이나 있겠는가? 라고 생각했고, 진짜와 가짜를 굳이 구별하려 하지 않았다.

"도인께서는 상석에 앉으세요."

마옥은 도인을 정중하게 상석으로 모셨다.

"도인께서는 어쩐 일로 여기에 오셨습니까?"

마옥은 형식적인 질문을 하고 참외 하나를 가져와 도인에게 건넸다.

"종남산 천 리 길은 멀지 않아 특별히 취객을 부축하러 왔다."

도인은 주저하지 않았고 건네받은 참외를 꼭지부터 먹기 시작했다.

마옥은 며칠 전에 '취중에 누가 나를 부축한다'는 시를 읊었는데 뜻밖에 오늘 도인이 와서 '술 취한 사람을 부축하러 왔다'고 하니 놀라웠다.

'어떻게 알았지?'

마옥은 또 궁금한 점이 있었다.

'참외를 먹는 것도 이상하군. 어떻게 꼭지부터 먹는 거지?'

"도가는 언제나 고생한 후에 단맛이 있고 행복은 고생 가운데서 온다고 생각한다네."

도인은 그의 속마음을 다 들여다보고 있는 듯 대답했다. 참외꼭지 맛을 음미하는 표정이 마치 참외꼭지야말로 가장 맛있는 부분이라는 것을 보여주는 듯했다.

"도란 무엇입니까?"

마옥은 단도직입적으로 물었다.

"오행이 미치지 못한, 부모가 태어나기도 전에……."

도인의 말이 채 끝나기도 전에 마옥은 쿵! 하고 무릎을 꿇었다.

"사부를 누옥陋屋으로 청합니다!"

마옥은 오늘 드디어 진인을 만났다고 생각했다. 그래서 곧장 사람들과 작별을 고하고는 도인을 모시고 집으로 갔다. 도인은 왕중양 조사였고, 이때 마옥의 나이 45세였다.

늘 그랬듯이 손불이는 도인을 모시고 온 남편을 보고 그러려니 했다. 하지만 이번에는 남편의 행동이 조금 달랐다.

도인을 모시기 위해 마옥은 남쪽 정원에 암자를 하나 지었다. 암자가 완성되자 네 마리의 선학仙鶴이 동서남북 네 방향에서 날아와 마옥은 신기하게 여겼다. 그가 도인에게 암자의 이름을 지어달라고 청하자 도인은 오랫동안 생각하더니 마침내 '전진'全眞이라고 명명했다.

마옥은 왕중양 조사에게 '전진'의 의미에 대해 물었다. 이에 왕중양은 "유가, 불가, 도가는 원래 한 조상의 가르침이며, 그 경로는 다르지만 종점에 이르러서는 일치한다."고 삼교합일三敎合一을 주장했다. 또한 사람의 육체가 영생하는 것은 불가능하며, 도가에서의 영생을 얻기 위해서는 어렵고 지난한 수련을 이겨내야 한다고 했다. 그리고 이는 진성眞性을 어지럽히지 않고 보전해서 만 가지 인연을 끊어야만 가능하다고 강조했다.

이렇게 이름 지어진 '전진암'은 전진교의 시작이었다.

마옥은 이때부터 왕중양에게 붙어서 한 발자국도 떨어지지 않았다. 스승의 설교를 듣는 것 외에 그는 타좌에도 공을 들였다. 왕중양은 마옥의 태도에 매우 만족했고 이 제자의 재능을 다듬어 더욱 높은 단계로 진입하도록 가르쳤다.

왕중양 조사는 마옥에게 말했다.

"사람들은 수련修鍊을 하나로 알고 있지만 그것은 전혀 별개의 일이다."

"그 부분을 더 상세하게 듣고 싶습니다."

마옥은 배움에 목마른 사람처럼 스승에게 물었다.

"네가 요즘 내게 배우는 것은 련鍊이다. 아직 수修까지는 도달하지 않왔다."

"그러면 수修는 어떻게 해야 합니까?"

"사람마다 다르겠지만 너는 한 가지만 하면 된다."

"사부님, 그것이 무엇인지 말씀해 주십시오."

마옥은 기뻐하며 물었다. 그러나 이 한 가지라는 것이 가장 어려운 것이었다.

"구걸을 하러 나가라. 네가 거지가 되면 수修는 완성된다."

그것은 지역 최고의 갑부인 마옥에게는 하늘에 오르기보다 어려운 일이었다. 그동안 마옥은 늘 어려운 사람들에게 은혜를 베풀어왔는데 오늘부터는 다른 사람들에게 구걸을 해야 한다니 도저히 받아들이기가 힘들었다.

그러나 스승의 가르침이었다. 마옥은 왕중양이 구걸하던 그릇을 들고 머리를 헝클어뜨렸다. 사람들이 자기를 알아보는 것이 두려워서 아는 이들을 피했다. 마옥은 '구걸'을 하러 나섰으나 '구걸'을 하지 못했다.

"동냥을 해서 밥을 얻으면 먹고, 얻지 못하면 굶어라."

이것이 사부가 내세운 조건이었다. 굶주림이라는 것을 몰랐던 마옥은 열흘이 지나자 살이 열 근(6킬로그램)이나 빠졌다. 왕중양은 하루하루 야위어 가는 제자를 바라보기만 했다. 그는 어느 날 제자의 눈에서 분노의 빛을 보았다.

"사부님. 이젠 수修가 좀 되었습니까? 살이 10근이나 빠졌습니다."

"못된 놈! 네가 10근의 살이 다시 붙고 나서야 나에게 물어라. 그렇지 않으면 너는 연煉을 할 필요도 없다."

왕중양은 처음으로 마옥에게 화를 냈다. 마옥은 어깨가 축 처진 채 동냥 그릇을 들고 다시 집을 나섰다.

이후 반 년 넘게 구걸을 하러 다닌 마옥은 마침내 자유자재하게 되었다. 그는 사람들에게 멸시와 눈총을 받고 개에게 물리기도 했다. 또한 다른 사람이 버린 옥수수 떡 반 조각을 맛있게 먹고 지저분한 배춧국을 향기로운 술처럼 마시게 되었다.

반년이 지나자 마옥의 야윈 몸에는 다시 살이 붙었다. 안색은 붉어지고 체격도 건장해졌다. 마옥은 평온해지고 한층 더 겸손하고 온화해졌다. 그는 사람의 귀천을 구별하지 않았고 누구에게나 친근하게 다가갔다.

어느 날 마옥은 늘 하던 대로 동냥을 하러 나갈 준비를 했다. 왕중양은 그를 불러 세웠다.

"오늘은 나갈 필요가 없다. 그동안 네가 깨달은 것을 말해 보아라."

이에 마옥은 덤덤하게 스승을 바라보았다. 이제는 마치 걸식을 즐기는 듯했다.

"사람들이 살아가는 것은 모두 밥을 위한 일이기 때문에 중생들이 서로 깔보는 일은 어리석은 것입니다. 인간은 높고 낮음이 없이 모두 평등합니다. 사람은 모두 타인의 힘에 의지해야만 살아갈 수 있기 때문에 중생들에게 보답해야 합니다."

마옥은 인생에 대해 깨달음을 얻었다. 왕중양은 사랑하는 제자의 마음이 영롱하고 투명해진 것을 보면서 크게 기뻤다.

"오늘부터는 구걸을 하러 가지 않아도 된다."

왕중양은 웃으며 고개를 끄덕였다.

"사부님은 늘 제자의 마음과는 반대로 말씀하십니다. 밥을 구걸하기 싫을 때는 구걸하게 하시고, 구걸을 하러 나가려니 또 나가지 말라고 하시니 말입니다."

마옥이 말을 마치기도 전에 왕중양 선사는 돌아서 가버렸다.

이때부터 마옥은 전진암 앞에 큰 솥을 걸어놓고 하인에게 매일 불을 지피고 밥을 짓도록 해서 가난한 사람들을 구제했다.

마옥의 공력은 날로 증가했지만 손불이는 발전이 없었다. 그러자 왕중양은 한 가지 계책을 생각해 냈다. 어느 날 왕중양이 마옥에게 강의를 하는 중에 양신陽神이 날아가 손불이의 방에 도착했다. 남녀가 유별한 터라 손불이는 매우 난감했다.

"사부님, 남편에게 강의하고 계신 게 아니셨나요?"

손불이는 안절부절못하며 말했다.

"네 남편은 걱정 안 한다. 난 오히려 네가 더 걱정이다."라고 왕중양이 말했지만 손불이는 이해하지 못했다. 왕중양은 이어서 다음과 같이 설명했다.

화로를 짊어졌기 때문에 고요히 앉아 혼자 기를 수련하면 쇠약해진다
여자가 남편이 없으면 원녀怨女이고 남자는 아내가 없으면 홀아비다.
지금 너에게 말한 것은 일음일양一陰一陽이 없어서는 안 된다는 것이다.
음양이 만나는 것은 바른 이치라서 황파黃婆가 항아리를 권한다.
서가의 여자와 동가의 남자는 서로 의좋게 지내는 것이 좋다.
단지 황파께서 중매를 서서 부부의 연을 맺어 침방에 들어간다.
28이 마땅히 서로 교감하면 태아를 만들어 곁에 둔다.
10개월 동안 노력하고 온화하게 양생해서 아이를 낳으면 사람보다 강하다.
지금 내가 말하는 대로 실천하면 곧 천궁에서 옥황상제를 섬길 수 있다.

손불이는 더 이상 듣고 있을 수가 없었다. 사부님이 왜 남녀가 교합하는 내용을 자신에게 말하고 있는지 몰라 문밖으로 뛰어나가 남편을 찾아갔다.

왕중양은 남편에게 강의를 하고 있었는데, 손불이는 그 내용이 바로 조금 전 자기에게 설명한 것과 같은 것임을 알고 조용히 한쪽에 앉았다.

"내가 말하는 일음일양$^{-陰-陽}$을 도라고 하는데, 이 음양은 양화음부 ^{陽火陰符}를 가리키는 것이지 남녀의 혼인을 말하는 것이 아니다. 홀로 있는 양은 오래 살 수 없다. 양은 화^{火}를 만드는데 너무 화가 많으면 반드시 마른다. 홀로 있는 음은 생명을 만들지 못한다. 음은 수^{水}를 만드는데 너무 많은 수는 반드시 넘친다. 고음독양^{孤陰獨陽}은 곧 물과 불이 서로 도울 수 없다는 것을 의미한다. 반드시 음양이 서로 관통해야만 비로소 단^{丹}이 만들어진다. 황파^{黃婆}는 바로 진의^{眞意}이고 진의는 토^{土}에 속한다. 서쪽 여자는 금^金, 동쪽 남자는 목^木, 금은 혼^{魂}이고, 목은 백^{魄}으로 매파(황파^{黃婆})의 말처럼 두 집이 화합하고 부부가 돼서 서로 좋게 지내야 비로소 교감해서 태아를 맺을 수 있다. 오직 원영^{元嬰}이 태어나기를 기다리는데 이 태아는 진기가 변화한 신^{神}이다. 이 신은 이환궁^{泥丸宮}에서 나와 금궐^{金闕}로 올라가 진인^{眞人}이 되는데, 어찌 신선이 아니라고 할 수 있겠는가?"

마옥은 강의가 논리정연하고 빈틈이 없다고 생각했지만 손불이는 듣기에 매우 부끄러웠다. 물론 그녀도 혜근이 있는 사람이기 때문에 스승이 분신술로 자신을 교화한 것을 알아차렸다.

"28은 1근에 해당하는 숫자다. 수은은 8냥이고, 납도 8냥이다. 10달은 충분한 숫자로서 온양^{溫養}하고 화후^{火候}를 기다린다."

왕중양이 강의를 마치고 일어나 떠날 준비를 하자 손불이는 쿵, 하고 땅에 무릎을 꿇었다.

"사부님, 속죄합니다. 제가 미련하고 고지식했습니다."

마옥은 그녀의 행동에 영문을 몰랐지만 왕중양은 웃기만 하고 아무 말도 하지 않았다.

"사부님의 말씀은 글자 그대로 천금입니다. 저는 이미 수도를 하려는 마음을 먹었으니 이후로 절대 이 마음이 변하지 않을 것입니다."

손불이는 무릎을 꿇은 채 일어나지 않았다.

"결심만 하고 실천이 없으면 안 된다. 수도가 어찌 쉽겠느냐!"

왕중양의 말은 간곡하고 의미심장했다.

"저는 어디서부터 시작해야 합니까?"

손불이는 간절하게 가르침을 구했다.

"너는 마치 꽃과 옥구슬처럼 생겨서 수도하는 데 많은 번뇌가 쌓일 것이다."

왕중양의 이 말은 손불이에게 부적절한 마음을 갖는 사람이 있을 것이고, 이는 그녀의 수도에도 영향을 미칠 것이라는 의미였다.

"그것이 뭐 어렵겠습니까?"

손불이는 일어나 곧장 부엌으로 가서 요리사에게 기름을 한 솥 끓이라고 했다. 그리고 자신의 아름다운 얼굴에 끓는 기름 한 국자를 뿌렸다. 삽시간에 얼굴은 일그러졌다. 그녀가 극심한 고통을 참으며 마옥과 왕중양 선사에게로 오자 마옥은 놀라서 털썩 주저앉고 말았다.

"과연 여걸이구나!"

왕중양은 그녀의 결단에 감탄하며 서재에서 《여단비법》女丹秘法을 꺼내 손불이에게 주고 출가해서 수행하라고 했다. 멀어져 가는 손불이의 뒷모습을 보고 왕중양은 고개를 끄덕였다. 이후에 손불이는 수련에 성공해서 최초의 여자 신선이 되었다.

1167년 9월, 전진암에 아주 중요한 인물이 찾아왔다.

구처기丘處機(1148~1227). 자는 통밀通密이고, 도호는 장춘자長春子로, 등주 서하(현재 산동성에 속함) 사람이다. 그는 도교 전진도 장교掌敎이자 진인이며 사상가, 양생가, 의·약학자다.

구처기는 19세에 부모님을 여의고 걸식을 하며 살았다. 하지만 그는 자신의 운명을 비관하지 않았고 총명하고 영리했다. 사람들은 그를 가엾게 여겨 도와주곤 했다.

구처기는 일찍이 수도에 뜻은 있었지만 눈 밝은 스승을 만나기 어려워 곤륜산 연하동煙霞洞에 머물며 오랜 기간 홀로 수련했다. 그는 영해성에 도의 고수가 와서 마馬씨라는 사람의 집에 머물고 있다는 소문을 듣고 먼 길을 찾아왔다.

마옥은 구처기를 보고 유난히 기뻐했다. 비록 처음 만나는 사이지만 마치 여러 해 동안 만나지 못했던 옛 친구처럼 느껴졌다. 마옥은 곧바로 구처기를 왕중양에게 데리고 갔다.

왕중양은 타좌를 하면서 실눈을 뜨고 구처기를 힐끗 보았다. 구처기는 기민해 보였고, 사부의 영령하고 그윽한 눈빛에 녹아들었다. 구처기는 자신도 모르게 땅에 꿇어앉아 "사부님!" 하고 크게 소리쳤다. 이제껏 그는 세상에서 오랫동안 홀로 떠돌던 고아였지만 이제는 눈 밝은 스승을 만났다는 기쁨에 눈물을 터트렸다.

왕중양은 다시 눈을 감고 말했다.

"나는 아직 너를 제자로 받아들일 수 없다."

"사부님 어떻게 하면 저를 받아주실 수 있습니까?"

구처기는 갈구하는 눈빛으로 사부를 바라보았다.

이에 왕중양은 "제자로 입문하는 것은 훗날 다시 이야기하기로 하고, 먼저 《도덕경》, 《효경》, 《반야바라밀다심경》을 삼백 번 베껴 써라." 하고는 입을 닫았다.

그러자 마옥도 어쩔 수 없이 구처기를 데리고 나갔다.

그러나 왕중양은 마음속으로 대단히 기뻤다. 그는 구처기를 보고 그의 모습이 맑고 청초하다는 것을 알았다.

구처기는 발바닥에 거북의 등껍질 문양이 있었다. 이는 훗날 그가 제왕의 스승이 될 것이고 전진全眞의 대업을 이룰 사람이라는 의미였다. 왕중양은 일자무식인 그가 일대종사一代宗師가 되기 위해서는 기초학문을 익혀야 한다고 생각했다. 그래서 왕중양은 구처기에게 문화를 중요하게 안배했다. 이러한 사실을 통해 볼 때 도가의 가르침에서 중요시하는 것은 문화라는 것을 알 수 있다.

이미 앞에서 언급한 것처럼 왕중양은 삼교의 합일을 주장했다. '삼경'은 전진교의 근본으로서 제자들은 반드시 통달해야 했다. 이는 구처기가 학문적 기초를 닦는 것일 뿐만 아니라 그의 수도를 위한 것이고, 나중에 구처기가 제왕들을 지도하기 위해서이기도 했다. 훗날 구처기가 왕중양 사부의 도가 이론을 다소 혁신하기는 했지만 초기에는 지식을 기르기 위한 다른 방법이 없었다.

"사부님께서 저를 받아주지 않으시는 이상 저는 당신 마옥을 스승으로 모시겠습니다!"

구처기는 마옥의 손을 힘껏 잡고 말했다.

"제가 어떻게 당신의 사부가 될 수 있겠습니까? 저는 받아들일 수 없습니다!"

마옥은 이 사제를 매우 좋아해서 '삼경' 외에도 많은 경전을 가르쳤다.

일자무식인 사람이 갑자기 어려운 공부를 하기란 너무나 힘든 일이다. 구처기로서는 알지도 못하던 글자와 문장이 이어지니 머리에 잘 들어오지 않았다. 때때로 그는 참지 못하고 문틈에 엎드려 몰래 사부의 설교를 들었는데 사부는 그때마다 가르침을 중단했고 구처기는 점차 의기소침해졌다.

왕중양은 구처기에게 경전을 듣지 못하게 했지만 반대로 무술은 직접 가르쳤다. 구처기는 진지하게 한 동작, 한 자세를 배우고 익혔다. 도학에는 아직 입문하지 않았지만 구처기의 무공과 문화에 대한 실력은 빠르게 성장했다.

이렇게 왕중양 선사의 가호와 마옥의 보살핌을 받는 구처기는 한 그루의 작은 나무처럼 무럭무럭 자라났다.

1167년 10월, 마옥의 집에 환자 한 명이 찾아왔다. 그는 술에 취해 눈 속에 누워 있다가 병을 얻었고, 여러 곳에서 치료를 했지만 소용이 없었다. 그는 마옥의 집에 도력이 높은 사람이 있다는 소문을 듣고 와서 왕중양에게 병을 고쳐 달라고 간청했다. 전진암이 건립된 이후 많은 사람들이 찾아와 도를 배웠는데, 왕중양은 직접 맞이하기도 했고 마옥이 대신 설교를 할 때도 있었다. 그러나 보편적인 세상의 도와 전수되어온 도에는 차이가 있고, 비법·비결·구령·주문 등은 오직 인연이 깊은 사람만 조금 들을 수 있었다.

왕중양은 기본적으로 사람을 직접 진찰하지 않았지만 이 병자만은 거절하지 않고 살펴주었다.

이 중풍환자는 도저히 앉아 있을 수가 없어서 왕중양은 그를 집안에 눕혔다. 그는 환자를 안정시킨 후 모든 사람을 물리치고 조용히 방석 위에 앉아 자신의 내공으로 병자의 인체 내 한기를 모두 몰아냈다. 환자는 어느새 잠이 들었고 깨어나 보니 이미 새벽이었다. 그는 여전히 바닥에 누워 있었지만 온몸이 정돈되고 무한한 힘이 생긴 것을 느꼈다. 또 몸을 일으켜보니 일어날 수도 있었다. 그는 흥분해서 주먹을 휘둘러보고 다리도 차보면서 껑충껑충 뛰었다. 한바탕 난리를 피운 후에야 그는 도인이 방석에 조용히 앉아 있는 것을 알아차렸다. 환자는 즉시 왕중양의 방석 앞에 무릎을 꿇고 엎드려 평생을 곁에서 섬기겠다고 맹세했다.

이 환자의 이름은 담처단^{譚處端}(1123~1185)으로, 본명은 담옥^{譚玉}이며 후에 법명을 처단^{處端}으로 개명했다. 자는 통정^{通正}이고, 호는 장진자^{長眞子}다.

왕중양
구처기
담처단
손불이
왕처일
유처현
마옥
학대통

전진칠자에게 도를 전하는 왕중양 조사

산동 내주의 무관(현재 산동 액현)은 효자로 아주 유명한 유처현劉處玄 (1147~1203)을 배출했다. 유씨 가문은 큰 사업을 하는 지방의 부호였다. 유처현은 가난한 백성을 구제하고 어려운 사람을 돕기로 유명했다.

유처현은 욕심이 없고 평안한 성격으로 공명을 추구하지 않고 스스로 청렴함을 지켰다. 그는 여러 차례 고향을 떠나 도를 배우러 가고 싶었지만 노모를 모시고 있었기 때문에 번번이 포기했다.

1169년 가을(금나라 세종 대정 9년) 왕중양은 마옥, 구처기, 담처단을 거느리고 무관武官으로 왔다. 왕중양은 유처현을 '소나무 사이의 달'[松之月], '대나무에 내린 눈'[竹之雪]으로 부르며 그가 속세의 영향을 받지 않는 사람이라고 하면서 유처현을 제자로 받아들이고자 했다. 왕중양 같은 사람을 스승으로 모시는 것은 극히 어려운 일이었지만 그의 경우에는 도리어 스승이 찾아와 제자로 삼았다. 왕중양은 그에게 이름은 처현處玄, 자는 통묘通妙, 도호는 장생자長生子라고 지어주었다.

이렇게 왕중양의 4대 제자 구처기丘處機, 유처현劉處玄, 담처단潭處端, 마옥馬鈺이 모였고, 타지에서 수행하던 학대통郝大通(1140~1212)은 1167년에, 왕처일王處一(1142~1217)은 1168년에, 그리고 손불이孫不二까지 합하여 '전진7자'가 이루어졌다.

제3장

반게에서 용문이 만세의 도를 이루다

왕중양은 연꽃 일곱 송이가 모두 모이자 매우 기뻤다. 그는 제자들을 거느리고 경전을 강론하고 운유했다. 구처기, 유처현, 담처단, 마단양 등은 사부 왕중양 조사와 함께 있었고, 학대통과 왕처일은 철사산鐵槎山(산동 위해시)에서 수련을 했다. 손불이는 사부의 지시에 따라 하남 방면으로 가서 홀로 탁발을 하며 수행했다.

일곱 송이의 연꽃 가운데 마단양이 가장 먼저 입도했다. 그는 공로가 있어서 왕중양 조사에게 직접 도를 전수받고 배움에 정진했다.

담처단은 왕중양 조사의 진기眞氣를 얻은 덕택에 도를 배우는 데 빠른 성과가 있었다.

구처기는 여전히 문학과 무예를 배우는 중이었고, 그 기간에도 간헐적으로 도법을 조금씩 들었다. 그러나 아직 진리를 얻은 것은 아니었고 진신眞身을 얻으려면 고행을 더 해야만 했다.

장생자 유처현은 음욕이 길을 막고 있어 여기서 벗어나는 데 힘써야 했다.

왕중양 조사는 다음과 같은 시를 썼다.

아우 하나, 조카 하나, 아이 둘,
다섯 사람이 순조롭게 배움에 정진한다.
속세 밖에서 진정한 권속을 삼으니
가짜 죽음에서 벗어난다.
두루 씨를 심어서 청정한 경지를 만드니
전해 내려오는 자령지※靈枝를 전수한다.
산꼭대기에서 빛나는 영이 분출해 모이니
봉래산으로 달려가 먼저 스승님께 예를 올린다.

칠진七眞 중 구처기, 유처현, 담처단, 마단양 등은 사부를 따르고 있었
고, 서로 간에도 역시 가장 밀접한 관계였다. 특히 마옥과 왕중양의 관계
는 사제이자 형제 관계와도 같았다.

1170년 왕중양은 자신의 임종이 임박했음을 알고 제자들을 불러 뒷
일을 준비하도록 했다. 왕중양은 타좌를 하고 있었고, 네 명의 제자들은
땅에 무릎을 꿇었다.

"단양은 이미 도를 얻었고, 장진자는 도를 안다. 나는 장춘자와 장생
자를 걱정하지 않는다. 이후에 단양은 장춘자를 지도하고, 장진자는 장생
자를 관리해야 한다."

"말씀을 받들겠습니다."

마옥과 담처단이 한목소리로 대답했고 네 사람은 모두 눈물을 흘렸
다.

"단양에게 할 말이 있으니, 단양만 남고 다들 나가 있거라."

왕중양은 다른 제자들이 밖으로 나가자 단양을 자기 앞으로 오게 해

서 후일에 관해 말을 이어갔다.

"너희 일곱 송이 연꽃 중 가장 늦게 도를 이루게 될 사람은 장춘이고, 가장 큰 변화를 이룰 사람도 장춘이다. 너희들이 전진의 기초 위에서 그를 더욱 발전시키기를 바란다."

"잘 알겠습니다."

마단양은 이미 도를 얻었기에 이 비밀을 지켜야 했다. 단지 사부님이 돌아가시는 것이 아쉬울 뿐이었다.

"앞으로 나는 전교령傳敎令, 전대령傳代令, 비법전결령秘法傳訣令을 장춘에게 전할 것이다. 그러니 너는 장춘을 잘 관리해서 이를 이행하는 데 오류가 없도록 해라."

도가의 비사에서 이 3령三令은 매우 중요하다. 많은 제자들이 교리를 전파하는 전교령과 제사와 그 운용을 이어가기 위한 전대령만 전수받았지 비법전결령, 즉 구결口訣과 밀령密令은 받지 못했다.

구결과 밀령은 우주 에너지를 동원하고 활용하는 방법이다. 구결과 밀령을 받아야 비로소 진정한 법맥의 전승이 이루어진 것이고, 전인傳人이 되었다고 할 수 있다. 그래서 어떤 문파를 막론하고 제자는 많지만 진정한 도를 장악한 전인은 드물다.

왕중양 신선이 선종했다는 소식이 퍼져나가자 많은 신도들이 전진암으로 달려왔다. 왕중양 조사는 유언에 따라 고향인 섬서의 유장촌에 유해를 묻게 되었다. 구처기, 유처현, 담처단, 마옥은 관을 메고 산동에서 섬서로 가서 스승의 영을 3년간 지켜야 했다.

출발 당일 관에서 심한 악취가 나서 사방 몇 리까지 냄새가 퍼졌다. 원래는 많은 신도들이 왕중양 조사를 함께 배웅하려고 했지만 도저히 악취를 참을 수 없게 되자 모두 뿔뿔이 흩어졌다. 구처기, 유처현, 담처단,

마옥 네 제자만이 남아 관을 들어 올리자 냄새가 사라지고 청정해졌다. 10여 리를 지나자 관에서 기이한 향냄새가 나서 몸에 스며들었다. 구처기와 유처현은 신기하게 생각했고 마단양과 담처단은 웃기만 했다. 또 이상한 것은 네 사람이 쉴 때마다 항상 누군가 밥을 가져다주는 것이었다.

구처기는 젊고 호기심이 많아서 다른 사람들이 휴식을 취할 때 먼저 앞서가서 상황을 살펴보았다. 그러자 그는 사부님처럼 생긴 사람이 탁발하는 모습을 보게 되었다. "잠시 후 관을 든 네 사람이 지나갈 텐데 어르신께서 먹을 것을 주셨으면 좋겠습니다."라고 말하는 사부님의 목소리를 들었다.

"사부님!"

구처기는 땅에 꿇어앉았다. 사부가 선종한 후 그는 밤낮으로 스승만을 생각하고 있었기 때문에 사부를 만나게 되자 매우 흥분했다.

"못된 놈, 천기를 누설했으니 사서 고생을 하겠구나."

왕중양은 이렇게 말을 하고 곧바로 모습을 감췄다.

구처기는 신이 나서 돌아와 사부님이 탁발을 하고 계셨다는 이야기를 전했다. 유처현은 신기해하며 들떴지만 마단양, 담처단은 연신 고개를 내저었다.

그때부터는 그들에게 더 이상 밥을 가져다주는 사람이 없었다. 네 형제는 관을 메고 동시에 탁발도 하면서 가야 했다. 이 일은 구처기가 저지른 잘못이었기 때문에 밥을 구걸하는 일은 그가 도맡았다.

왕중양은 체격이 우람하고 체중이 비교적 무거웠다. 그런데 갑자기 관이 가벼워지더니 마치 빈 관을 멘 것처럼 느껴졌다.

"사부님, 안에 안 계시죠?"

구처기는 참지 못하고 물었다.

"더 이상 입을 놀리지 말아라."

마단양은 구처기가 또다시 경거망동하지 못하게 꾸짖었다.

네 형제는 한 달 남짓 후에 유장촌에 도착했다. 왕중양의 젊은 시절 제자인 유처미와 사처후, 그리고 몇몇 도우들은 마단양보다 먼저 유장촌에 도착했고, 일찍이 왕중양 선사가 불태운 모초암茅草庵을 새롭게 단장했다. 이 사람들은 택일을 해서 안장할 준비를 했다.

안장을 하는 당일 구처기는 여전히 마음속의 의구심을 털어놓았다.

"나는 사부님이 관에 안 계신다고 생각합니다. 그게 아니면 어떻게 이렇게 관이 가벼울 수 있습니까."

다른 제자들도 역시 구처기와 같은 의혹의 눈초리로 마단양을 바라보았다.

"그래. 스승님께서 미리 말씀하셨는데, 장례를 치르기 전에 확인해 봐도 된다."

마단양이 말을 끝내자 모두들 기뻐했다.

제자들은 사부를 놀라게 할까 봐 천천히 관을 열었다. 관 뚜껑이 열리자 모두들 어리둥절했다. 관 속에는 과연 왕중양은 없고 입었던 옷만 남아 있었다.

이것은 도가에서 득도 여부에 대한 일종의 표준으로 비승飛昇, 혹은 금신金身이라고 한다. 불가도 마찬가지로 홍화虹化 혹은 금신이라고 한다.

사부의 3년 상을 지낸 마옥은 구처기에게 수련 방법을 전수하고 경전, 역사, 자집子集을 체계적으로 강의했다. 구처기는 일자무식이었던 문맹에서 벗어나 주옥같은 문장을 구사하는 문화인으로 성장했다.

3년의 시간이 순식간에 흘러 네 형제는 헤어져야 했다. 1174년(금나라 세종 대정 14년) 8월의 어느 날 밤, 이들 형제는 종남산에서 멀지 않은 진도진秦渡鎮의 진무묘眞武廟 앞에서 이별을 고했다.

청량한 밤바람이 살랑살랑 불어오고 밝은 달이 하늘 높이 떠 있었다.

형제들은 둘러앉아 각자 자신의 뜻을 이야기했다.

마옥은 산동 전진암으로 돌아가기로 했다. 그는 전진암과 사부의 암자를 전진의 기지로 삼고 왕중양 조사의 교리를 천하에 전파했다. 마옥은 부유했기 때문에 빈곤을 구제하고, 스승이 물려준 의학 지식을 연구해서 병으로 고통 받는 백성을 구제할 것이라고 했다. 이후 마옥은 침과 뜸을 연구해서 '침구鍼灸 18법'을 만들어 후대의 추앙을 받았다.

담처단은 대장장이 출신으로 성격이 불같고 조급했다. 그는 자신의 성격을 고치리라 맹세했고 각고의 노력을 기울인 끝에 평안한 성품을 갖게 되었다.

유처현은 열심히 수련할 것을 결심하고 후에 연지루에서 진신眞身을 얻었다. 그의 수련 과정에 얽힌 여러 미담은 민간에 전해 내려오고 있다.

한편 구처기는 하늘을 올려다보면서 막연한 마음이 들었다. 부유한 마옥과 달리 그는 가난한 백성의 고통과 질병, 그리고 사회가 부패하고 혼란하다는 것을 체득하고 있었다. 백성들이 마치 큰 바다에 떠다니는 한낱 나뭇잎처럼 동서남북으로 흩날리며 고통 받는 것을 보고 구처기는 마음속 깊이 안타까웠다. 도가는 무위법無爲法이지만 무위와 유위有爲는 어떤 관계인가? 마옥은 구처기를 바라보고 그의 마음을 알았다. 마옥은 "그렇다면 장춘은 시를 한 수 지어보세요, 문학을 가르친 사부인 내게 보답을 하는 뜻으로요." 하고는 구처기를 쳐다보았다. 구처기는 주저하지 않고 잠시 생각하다가 시 한 수를 지었다.

진천秦川은 자고로 제왕의 땅으로, 경치가 매우 화려하고 기이하다.
눈에 보이는 산천이 모두 아름답고 인물들은 웃는 얼굴로 풍류를 겨룬다.

마옥은 다 듣고 나서 고개를 끄덕였다.

"구처기 사제가 진천을 떠나고 싶지 않은가 봅니다. 고생스럽게 수련하고 단련해서 나중에 풍류를 겨루러 가세요!"

그는 이렇게 말을 하고 크게 웃었다.

지금은 마옥만이 알고 있는 사실이지만 이 사제는 훗날 제왕의 스승이 될 것이며, 전진 중흥의 대업을 완수해야 하는 임무가 있다.

전진법맥을 전수하는 사람에게는 매우 중요한 역사적 사명이 있다. 왕중양 조사의 사명은 일곱 제자를 양성하는 것이고, 마옥은 전진교를 보급하고 강대하게 하는 것이며, 구처기의 사명은 전진교를 정상에 올려놓는 것이었다.

네 형제는 각기 동분서주했지만 도심道心은 일치했다. 다른 형제들은 내색하지 않았지만 구처기는 진천의 훌륭한 산하가 좋아서 섬서를 떠나지 않고 조용한 곳을 찾아 수행하려고 했다.

구처기는 구걸하면서 수행을 하다 보니 어느새 봉상부의 괵현虢縣(현재 보계시 경내)에 도착했다. 한 줄기 작은 강이 구처기의 주의를 끌었다. 이 강은 남쪽에서 북쪽으로 흘렀고 강기슭을 따라 층층이 있는 산들은 빽빽하게 겹쳐 있어서 울창했다. 구처기는 강의 서쪽 방향으로 멀지 않은 곳에 있는 마을에 대해 알고 싶었다. 마을의 노인은 이 강을 반계磻溪라 하고, 북쪽으로 흐르며 위하渭河로 부른다고 알려주었다. 칠순이 넘은 강태공이 이곳에서 낚시를 하다가 주나라의 문왕과 무왕을 보좌하게 되었고 천하의 백성을 왕의 잔학함에서 구해냈다고 했다.

괵현의 서남쪽 멀지 않은 곳에 유명한 대산관大散關이 있다. 이곳은 전술가들이 서로 양보하지 않는 땅으로 금나라와 송나라가 전쟁을 하고 있었다. 금나라 세종과 송나라 효종이 화의를 맺고 각자 생산에 힘쓰다 보니 결과적으로 이 지역의 평온이 유지되었다. 구처기는 모처럼의 평화를 이용해 13년 동안의 수행을 시작했다.

구처기는 반계산 계곡 중 조용한 곳에 동굴을 파고 은거하면서 수행했다. 자신의 도호를 따서 이 동굴을 장춘동長春洞이라고 명명했다.

도가의 가장 기본적인 수련은 타좌打坐다. 도가수련 중 상승 수준의 공부를 하려면 쌍반雙盤을 해야만 한다. 구처기는 쌍반을 해도 문제가 없었지만 시간이 오래 지나면 발목 부위가 은근히 아프고 뒷다리가 저렸다. 아랫다리가 먼저 저리고 그 다음에는 꼬리뼈가 아프고 그 후에는 척추가 아파 몸이 마비될 것 같았다. 구처기는 억지로 참고 있다가 한 시간이 지나면 결국 두 다리를 뻗어버렸다. 그럴수록 마음이 개운하지 않고 정신적 압박이 컸다.

구처기는 스승 왕중양이 폐관閉關수행을 할 때 며칠씩 밤낮으로 타좌를 하고 있었던 것을 떠올리면서 자신의 부족함을 탓했다. 나중에는 다리를 펴지 않으려고 아예 밧줄로 자신의 두 다리를 얽어매었다. 여동빈 조사는 이런 타좌의 통증을 '무쇠 같은 사나이도 견디기 힘들다'고 표현했다.

구처기가 타좌를 하는 시간은 나날이 늘어갔다. 하루는 타좌를 하던 중 갑자기 두 다리가 떨리는 것을 발견했다. 그러자 어느새 상작교上鵲橋가 연결되어 움직여 마치 실타래 같은 한 줄기 진기가 하전下田에서 회음부會陰部로 내려가서 미려尾閭로 올라갔다. 그 순간 그는 양손을 즉시 합장해서 가슴에 얹었다. 그 진기는 계속 명문命門을 지나 협척夾脊까지 올라갔고 옥침玉枕을 통과해서 다시 상작교에서 하강하고 하복부 하전에 도달했다. 이것은 도가의 소주천小周天이다. 일반적으로 저잣거리에서 아무나 할 수 있는 주천과는 다르다.

내장은 간장, 심장, 비위, 폐, 신장이고, 그 대응방향은 동, 남, 중, 서, 북이며, 대응되는 오행은 목, 화, 토, 금, 수다. 대응하는 사계절은 봄, 여름, 가을, 겨울이고, 대응하는 색은 녹색, 적색, 황색, 백색, 흑색이다. 구처기는 60갑자甲子, 북두칠성[天罡北斗], 구궁팔괘九宮八卦를 마음으로 익혔다. 천체는 대우주이고, 신체는 소우주다. 구처기는 갈수록 인체와 천체의 관계, 사계절과 수련의 관계, 시간과 수련의 관계, 경위도와 수련의 관계, 해발고도와 수련의 관계 등을 경험했고 자기 신체의 미묘한 변화를 체득할 수 있었다.

그는 신광神光을 천목天目으로 끌어들여 두 눈을 감고 혀를 상악上顎에 붙였다. 이빨을 가볍게 두드리고 입술을 살짝 다문 다음 온몸을 이완시켜 오행을 운화했다. 호흡은 가늘고, 고르고, 길게 했다. 반 년 동안의 수련을 거쳐 구처기는 이제 몇 시간이나 타좌를 할 수 있게 되었다.

그러자 이제부터는 졸음을 이기는 것이 힘들었다. 때때로 그는 앉아서 잠이 들기도 했다. 그럴 때면 구처기는 일어나 절벽에 앉아 타좌를 했다. 잠깐이라도 졸면 천 길 낭떠러지로 떨어질 수 있기 때문이었다.

어느 날 구처기는 타좌를 하다가 또 수마睡魔를 만났다. 그는 졸음을 떨치지 못하자 벼랑 끝에 가서 타좌를 하려고 서 있는데 어떤 백발의 신선이 날아왔다.

"젊은이의 수도심은 훌륭하지만 방법을 모르고 있다."

선인이 덧붙였다.

"내가 수마를 이기는 법을 가르쳐 주겠다. 너에게 좌우 분리법을 가르쳐줄 터이니 성공하면 수마를 이길 수 있다."

"선인께서는 제발 제게 방법을 가르쳐 주십시오."

도가에는 우리 몸을 좌우로 분리하여 수련하는 방법이 있다. 좌는 양이고, 우는 음이다. 이는 둘로 나뉘어 있기도 하고 또 하나로 합쳐져 있다. 원래 사람의 뇌는 좌우에 각각 기능이 있는데, 일반적인 상황에서는 하나로 기능한다. 그런데 필요할 때는 두 개의 기능을 모두 가동하지 않아도 된다. 하나를 깨워 운용하고 다른 하나는 쉬게 하는 것이다. 이것을 잘 유지할 수 있으면 잠을 자지 않아도 된다. 잠을 자지 않는다고는 표현했지만 실제로는 좌뇌와 우뇌가 번갈아 쉬는 것이다.

좌우 분리법을 단련하고 나서 구처기는 몇 달 동안 잠을 자지 않을 수 있었다. 이 공법은 용문파에서 아직까지 전승되어 오고 있다.

구처기 조사가 용문동에서 수련한 주요 내용은 《태을금화종지》太乙金華宗旨다.

《태을금화종지》는 도가 내단內丹의 전적典籍으로, 현리玄理(매우 오묘하고 깊은 이치)를 논술하는 데 중점을 두기보다는 직접 금단대도金丹大道를 수증할 수 있게 맥락과 기술을 밝혀 서술한 책이다. 책의 전체 제목은 《여조선천일기태을금화종지》呂祖先天一氣太乙金華宗指로 명·청 시대 점술의 일종인 부계扶乩가 신단을 만들기 위해 여동빈 조사의 이름을 사용해서 지은 것이다. 또한 여동빈 조사 이후 300여 년이 지난 남송 시대에 전진교의 왕중양 조사가 지었다고도 한다.

《태을금화종지》는 리처드 빌헬름Richard Wilhelm(1873~1930)이라는 독일인이 유럽으로 전한 도가 수련의 경전이다. 1899년 기독교 선교사로 중국에 온 리처드 빌헬름은 전진교 용문파의 중심지로 유명한 명승지 노산嶗山에서 전진교를 접했다. 리처드 빌헬름은 도교의 심오한 이치와 진실한 수증에 매료되어 중국에서 21년 동안 전진교의 정통 수련법을 배웠다. 독일로 돌아간 뒤 그는 《태을금화종지》를 독일어로 번역해 《The Secret of Golden Flower》(금화의 비밀)라는 이름으로 출판했다. 리처드 빌헬름은 당시 유명한 심리학의 원조 칼 융Cal Gustav Jung(1875~1961)과 친분이 깊어서 융에게 《The Secret of Golden Flower》의 독일어판 서문을 써달라고 부탁했다. 융은 심리학자의 시각으로 소위 '이교'異敎로 불리는 이 경전에 대해 자세히 연구해서 분석적이고 긴 평론을 작성했다. 그의 평론은 즉시 서양학계에 중대한 영향을 미쳤고, 그들이 동양문화를 이해하는 데 효과적인 방법을 제공했다. 이 평론을 통해 우리는 융의 동양문화에 대한 정교한 견해와 또한 그가 동양문화에 대해서 잘못 이해했던 부분 등을 잘 알 수 있다. 그가 이 도교 경전에 대해 자의적인 해석과 잘못된 이해를 바탕으로 창조한 내용들은 융의 심리학에서 더욱 강화되었다.

이 도가의 경전이 독일어로 번역되자 서방세계에서는 지대한 관심을 갖게 되었다. 《금화의 비밀》은 영어, 프랑스어, 이탈리아어, 일본어, 한국어 등 다양한 문자로 번역되었다. 리처드 빌헬름은 《금화의 비밀》에서 수련에 성공한 사람은 눈앞에 한 폭의 기묘한 반짝이는 도안을 볼 수 있고, 이것을 만다라慢陀羅라고 기술했다. 이는 수련자의 눈앞에 천목혈天目穴의 밝고 묘한 도안이 나타나는 현상이다. 그러나 어느 정도 수련을 한 사람만이 자신의 만다라를 볼 수 있다. 이것은 자신과 우주의 생명 정보가 감응하는 상황을 반영한 현상이다.

후에 누군가 이런 수련을 하다가 만다라를 보았고, 그것을 그림으로 그린 것을 단청만다라丹青曼陀羅라고 했다. 그래서 리처드 빌헬름은 이들이 본 단청만다라를 수집해서 《금화의 비밀》에 삽입한 것이다. 연단을 통해 만다라가 출현했다는 의미는 수련자가 자신의 성광性光을 보기 시작했다는 뜻이다. 이런 현상에 대해 《태을금화종지》에서는 회광回光이란 '금빛은 잠시 보이고'[金華乍吐], '금빛이 정면에 있고'[金華正放], '금빛이 뭉친다'[金華大凝]는 차원을 입증하는 것이라고 기술되었다. 따라서 번역서에 기재된 만다라는 본서의 내용과는 다른 것이다.

칼 융은 도교신앙과 정신분열증의 원인을 세밀하게 관련지었다. 그는 범위가 좁고 경계가 분명한 개인의식과 무한히 넓은 집단무의식이 조우할 때 집단무의식이 의식에 영향을 주어 정신분열이 발생하는 것으로 생각했다. 다만 이러한 분열은 동서양에서 완전히 다른 결과를 가져왔다.

서양에서 이해하는 두뇌는 이성이 과잉되어 각양각색의 정신분열을

야기한다. 반면 직관과 깨달음을 숭상하는 동양적 두뇌는 정신을 더욱 높은 차원으로 상승시킨다. 융의 관점에서 본다면 만약 이 정신분열로 생겨난 '몸 밖의 몸'[身外之身]이 공허한 형태가 아니라면 이는 정신분열증이 일으키는 각종 환각과 조금도 다르지 않을 것이다. 그러나 중국 도교의 조사는 "신화神火 중에 얻은 외형은 공허한 색과 체상이고, 인성의 빛이 거꾸로 비춰져 발하면 원래의 진성眞性을 회복한다."고 분명하게 알려주었다. 그것은 인격의 분열을 막고 심령을 승화시킨다.

《태을금화종지》제13장은 다음과 같다. 제1장 천심天心, 제2장 원신식신元神識身, 제3장 회광수중回光守中, 제4장 회광조식回光調息, 제5장 회광차류回光差謬, 제6장 회광증험回光証驗, 제7장 회광활법回光活法, 제8장 소요결逍遙訣, 제9장 백일축기百日築基, 제10장 성광식광性光識光, 제11장 감리교구坎離交媾, 제12장 주천周天, 제13장 권세가勸世歌.

이 중 제6장 회광증험回光証驗에는 다음과 같이 기재되어 있다.

현재에도 효험이 있는 세 가지를 제시한다.

하나, 조용히 앉아 있으면 신이 골짜기로 들어가서神入谷中(신입곡중) 멀리 떨어져 있는 사람의 음성 같은 소리를 또렷이 들을 수 있다. 이 소리는 깊은 산 골짜기에서 오는 메아리 같지만 일찍이 한 번도 들어보지 못한 소리로, 신이 골짜기 가운데 들어가 있기 때문이다. 이것은 그때그때 스스로 경험해 볼 수 있다.

하나, 조용히 앉아 있으면 목광目光이 높이 올라가 눈앞이 온통 흰 빛으로 꽉 차서 마치 구름의 한가운데 들어가 있는 듯하다. 눈을 떠서 내 몸을 찾아보아도 찾을 수 없다. 이것을 두고 '텅 빈 곳에 흰 빛이 생긴다'虛室生白(허실생백)고 하는데, 길하고 상서로운 일이다.

하나, 조용히 앉아 있으면 몸이 마치 솜과 옥돌 같아서 앉아 있지 못하게 몸이 위로 떠오르는데, 이는 신이 맨 꼭대기의 정수리로 돌아간 것神歸頂天(신귀정천)으로, 이 상태를 오래 유지하면 하늘에 오르는 것을 기다릴 수 있다.

이 세 가지는 지금도 경험해 볼 수 있다. 그러나 말만으로는 그 느낌을 다 전달할 수 없고 사람마다 근기와 타고난 것이 달라 각각 차이가 드러난다. 이는 《지관》止觀(수나라 천태종의 개조 지의스님 지음, 《수습지관좌선법요》修習止觀坐禪法要)에서 말하는 "선근은 그 모습을 드러낸다."는 것과 같다. 이는 마치 물을 마셔봐야 찬 것인지 따뜻한 것인지를 아는 것처럼 몸소 경험한 후 믿는 것이다.

태어나기 이전부터 있는 하나의 기[先天一炁]가 눈앞에 나타나는 경험을 해서 만일 이 하나의 기가 단을 형성하면 이 알갱이는 참다운 구슬이다. 이 작은 구슬은 하나씩 작은 알갱이에서 시작해 점차 뚜렷하게 나타난다. 경우에 따라서 선천의 기는 하나의 작은 알갱이가 전체 선천의 기이기도 하지만 이 하나는 크기를 알 수 없는 무량한 상태에 이른다. 알갱이마다 역량이 있고, 담대하고 궁극을 위한 것이다.

《태을금화종지》의 핵심은 졸음과 싸우는 것이다. 눈을 감고서 바라보는 '사물'에 주목하다 보면 마지막에 현현지공顯現之功과 현화지공顯化之功이 나타난다. 여기서 필수적으로 알아야 할 것은 도가 수련에서 눈을 뜨고 사물을 보는 것과 눈을 감고 사물을 보는 것은 다르다는 점이다. 이 중 도가가 더욱 관심을 갖는 것은 눈을 감고 사물을 보는 것이다. 덧붙이자면 '눈 밝은 스승'[明師]의 가르침 없이는 《태을금화종지》를 낱낱이 외운다고 해도 '현현지공'과 '현화지공'의 수련은 불가능하다. 핵심적인 기밀은 전부 입으로 전수되어서 아무리 깨달음이 높다고 해도 '공력'이 미치지 못한다. 구처기가 선인들을 만난 것은 진실인가? 왕중양 조사가 전한 《삼선공》三仙功 중 한 가지 수련법은 '선인仙人이 길을 가리키다'이다. 수도하는 자는 모두 수련 중에 만날 수 있다.

구처기는 꼼짝 않고 며칠 동안 정좌할 수 있었다. 졸음과의 싸움이 지나가니 이제는 굶주림이 찾아왔다. 겨울 산에는 눈이 많이 내렸고, 구처기는 이미 여러 날 동안 탁발을 하지 못했다. 어느 날 정좌를 하고 있는데 배고픔을 이기지 못했다. 동굴 안은 고요한데 창자가 우레와 같은 소리를 냈다. 구처기의 의식은 흩어져 버렸다.

산 아래 서촌에 사는 왕씨 할머니가 밥을 짓고 있었다. 갑자기 그녀의 귓가에 "산 위의 동굴에 사람이 있는데 며칠 동안 밥을 먹지 못했으니 빨리 먹을 것을 좀 보내라."는 말이 들려왔다. 왕씨 할머니는 불교를 믿는 도인이라서 바로 아들에게 찐 만두를 들려서 산으로 보냈다. 산에는 큰 눈이 덮여 있어서 왕씨 할머니 아들은 겨우겨우 산으로 올라갔다. 그러자 동굴에 한 사람이 앉아 있는 것이 보였고, 그는 만두를 놓고 조용히 떠나왔다.

한창 배가 고파 죽을 지경이던 구처기는 만두 냄새를 맡자 참지 못하고 눈을 살며시 떴다. 동굴 입구에 만두가 놓여 있는 것을 보자 즉시 달려들어 뚜껑을 열었다. 재빨리 만두 하나를 집어 입에 넣는 순간 그는 갑자기 자기가 '여전히 목숨을 아끼고 죽음을 두려워하는 사람'이라는 생각이 떠올랐다. 그는 매섭게 자신의 뺨을 한 대 후려치고 찐만두를 땅바닥에 내던졌다.

구처기는 다시 자기 방석으로 돌아가서 타좌를 했다. 얼마 지나지 않아 그는 기절했는데 흐릿한 중에 백발 선인이 내려왔다.

"젊은이가 생사를 이미 간파했으니 좋은 일이다. 그러나 육신을 수도할 때는 함부로 먹는 것, 많이 먹는 것, 계속 굶는 것도 옳지 않다."

"선인께서 제게 식경食經을 가르쳐 주십시오."

"식경에는 세 가지가 있다. 식정食精, 식기食氣, 식신食神이다. 식정食精은 사람이 살기 위해 오곡을 먹는 것, 즉 음식물을 먹고 마시는 법[食物之經]을 말한다. 식기食氣는 건강을 위해 기氣를 취하는 것, 즉 정精을 취하는 법으로 토납도인吐納導引(기를 토납해서 이끌어감)을 말한다. 식신食神은 지혜를 얻기 위해 신을 취하는 것으로 기炁를 취하는 방법이다. 이는 응신凝神과 명상冥想을 말한다. 사람들이 보통 알고 있는 오후불식에는 오류가 있다. 경전에 기재된 먹는 방법은 위의 다섯 가지 방식을 넘지 않는다고 했다. 인간이 세상에 살면서 반쯤 먹고, 배가 고프면 좋다. 배가 고플 땐 묘하게 여지를 남겨두면 오묘함이 무궁무진하다."

구처기의 수련은 아직 중급 단계이기 때문에 첫 번째 식정食精의 내용을 더 강조해서 설명했다. 선인은 구처기에게 다음과 같이 벽곡辟谷에 대한 강의를 했다.

벽곡이란 신통 및 특별한 공능 기술을 훈련하기 위한 목적을 가진 폐관수련의 일부다. 여동빈 조사는 정양영근신수기精養靈根神守氣를 말하면서 벽곡 과정에서 먼저 정精을 길러야 한다고 했다. 벽곡 수련에서 음식을 먹지 않는 이유는 주로 정을 길러 체내의 악한 것을 없애기 위한 것이다. 즉 병충을 죽여 몸 밖으로 내보내어 몸 안에 좋은 것들만을 남기기 위한 목적으로, 이것이 바로 영을 기르는 근원이다. 벽곡을 하기 위한 가장 좋은 시기는 정력精力과 정서情緒가 가장 높을 때다. 즉 기와 정이 충만하고 신神이 몸으로 돌아온 상황에서 비로소 벽곡을 시작해야 한다.

벽곡은 세 단계로 나뉜다. 첫 단계는 곡식을 끊는 것이다[斷谷], 두 번째 단계는 음식을 먹지 않는 것이다[斷食]. 셋째 단계는 아무것도 먹지 않는 것이다[握固]. 단곡은 오곡을 먹지 않고 과일은 먹을 수 있다. 단식은 오곡과 과일 모두 먹지 않고 물만 마실 수 있다. 악고는 어떤 것도 입에 댈 수 없고 단지 수련장 주위에 약간의 물만 뿌릴 수 있다.

벽곡을 할 때는 반드시 정좌를 하고 평형공平衡功[9]과 자연환기법自然換氣法[10] 등으로 보충을 해야 한다. 이 공법들은 비록 입으로 음식을 먹는 것이 아니지만 자연 우주의 에너지를 들이키는 것이다. '기를 먹고[食氣], 빛을 취하고[食光], 이끌어주고[導引], 기를 토납[吐納]'하는 등 이 4가지 방법을 수련에 배합해서 훈련하는 것이다. 이런 방법으로 수련하면 자연스럽게 정과 신이 충만해져 신체가 건강해진다.

구처기는 신체가 더욱 건장해지자 자신의 심성을 연마하기 위해 산에서 큰 돌을 골라 힘껏 밀어 산 아래로 굴러 떨어뜨렸다. 그리고는 산 아래로 내려가 굴러 떨어진 돌을 찾아 천천히 산 위로 올렸다. 계속해서 이것을 반복하다 보니 돌이 둥근 형태로 변했다. 이 돌은 구처기 조사가 수련했던 동굴에 현재도 남아 있다.

여름에 반계강의 물이 불어나 오가는 행인들이 강을 건너기 어려워지자 구처기는 사람들을 등에 업고 건네주었다.

구처기는 봉사하며 즐거움을 찾았다. 여러 사람들에게 밥을 얻어먹고 옷을 얻어 입으며 자란 그는 창생에게 보답하려는 심리가 뼛속 깊이 박혀 있었다.

구처기는 일찍부터 왕중양 스승에게 무술을 배웠고, 사형인 마단양에게 글을 익혔다. 반계에서 수도하는 몇 년 동안에도 그는 쉬지 않고 무술과 글을 익혔다. 이때 구처기는 아직 수도가 완성되지 않은 상태였지만 사회적으로는 문무에 모두 재능이 있었다.

구처기는 수도를 하는 중에도 가끔씩 하산해서 문인들을 찾아 인사

9　신체 오행에 대응하는 나무와 대련을 해서 수련하는 것.

10　일정한 보행과 호흡을 배합해서 수련하는 것.

를 했다. 그의 주옥같은 문장에 매료된 친구들도 많아졌다. 어느 날 구처기가 하산해서 반계를 떠나 7리 밖에 있는 곽현의 성에 갔는데 젊은 남매가 기예를 하면서 생계를 꾸리는 것을 보았다. 누나는 젊고 예쁘며 몸놀림이 영리했다. 유 도령이라는 사람이 한 무리의 건달들을 거느리고 남매에게 다가갔다.

유 도령은 곽현 성에서 유명한 사람으로 자기 아버지를 등에 업고 성의 말단 관리로 일했다. 그는 돈과 권세가 있어서 사람들에게 나쁜 짓을 저지르고 다녔다. 그래도 성내에서 감히 그를 말릴 수 있는 사람이 없었다.

"아가씨, 아주 예쁘네. 기예를 팔아 얼마나 벌 수 있어? 나랑 같이 가는 것이 낫겠네. 내가 먹고 마시게 해줄게."

유 도령은 히죽히죽 웃으며 남매에게 말했다.

그러자 남동생은 "도령, 우리는 기예를 팔 뿐, 몸은 팔지 않습니다. 적은 돈을 벌더라도 만족합니다."라고 말했다.

그는 비록 어리지만 당당했다.

"고작 몇 푼 주려는 것이 아니고 아주 큰돈을 줄 것이다."

유 도령은 거드름을 피웠다. 그리고 "곽현에서 너희들처럼 이렇게 분수를 모르는 것들은 본 적이 없다. 가자!" 하고 몸을 돌리자 그의 수하들은 강제로 누이를 끌고 갔다. 남동생이 이를 제지하자 건장한 남자들이 그를 붙잡아 발로 차고 주먹으로 때렸다. 남동생은 필사적으로 몸을 피했다.

동생은 비록 무술을 익혔지만 혼자서 여러 사람의 공격을 당해내기 어려웠고 상대방의 수가 많아 공격하기는 더욱 어려웠다.

그때 "그만해!"라고 구처기가 소리쳤다. 그의 소리가 너무 우렁차서 건달들을 놀라게 했다. 그러나 건달들은 그의 행색을 보고는 어이가 없다는 듯 웃음을 터뜨렸다.

"내가 이제까지 살다가 남의 일에 참견하는 거렁뱅이를 다 보는구먼."

그들 중 한 명이 누런 이빨을 드러내고 히죽히죽 웃으며 말했다.

"오늘은 이 거지가 기필코 참견을 할 것이다."

구처기는 건달들을 멸시하는 듯 바라보았다.

"뭐라고? 어이, 형제들. 저 거지 같은 놈을 죽을 때까지 때려라."

유 도령이 외치자 건달들이 우르르 몰려들었다.

구처기는 왕중양 조사에게 무술을 직접 전수 받아 다년간 내공을 쌓았다. 이 건달들은 무술을 조금 할 줄 안다고 마을에서 온갖 횡포를 부리고 다녔는데 당해낼 사람이 없었다. 하지만 구처기에게는 마치 늙은 노인의 거동과도 같았다.

구처기는 민첩하고 재빠르게 손을 놀렸다. 얼마 되지 않아 한 무리의 건달들은 모두 땅바닥에 쓰러져 비명을 지르며 고통을 호소했다. 이들의 겨드랑이와 팔다리의 관절은 어긋나고 허벅지는 경련을 일으켰다. 또 다른 사람들은 배를 움켜쥐고 땅바닥에 주저앉아 있었고 옆구리를 문질러 댔다.

모여든 군중들은 구경을 하면서도 모두 입을 다문 채 웃지도 못했다. 유 도령의 보복이 두려웠기 때문이다.

"좋아, 좋아. 솜씨가 좋습니다."

한 공자가 손뼉을 치면서 군중 속으로 걸어나왔다. 구처기의 누더기 옷은 마치 쓰레기를 걸친 것처럼 보였다. 그러나 이 공자는 구처기가 기개가 높고 비범한 사람임을 알아보았다.

사람들은 공자를 보고 그제야 마음을 놓았다. 그는 현령의 아들이었다. 성은 허許, 이름은 암黯이다. 유 도령도 자기보다 허 공자가 위라는 사실을 인정했다. 유 도령의 아버지 역시 허 공자의 아버지 밑에서 관리로 있었다.

"이 도인은 나의 친구다. 유 도령! 오늘 이 일을 어떻게 할 건가?"

허암은 옆에서 분통에 찬 유 도령을 바라보았다.

"허 공자께서 하라는 대로 하겠습니다."

유 도령이 마지못해 대답했다.

"그럼 다들 흩어져라! 유 도령도 이번 일로 교훈을 얻었을 것이다. 나는 이 도인과 집으로 가서 술이나 한잔 할 생각인데 유 도령도 같이 가겠는가?"

허 공자는 유 도령을 멸시에 찬 눈으로 바라보았다.

"집에 일이 있습니다. 다음에 제가 허 공자를 청하겠습니다."

그는 자기가 동행할 처지가 아니라는 것을 알고 사양했다.

"그럼, 우리끼리만 갑시다!"

허 공자는 유 도령은 돌아보지도 않고 구처기와 함께 집으로 향했다.

두 남매는 도인과 허 공자의 뒷모습에 대고 두 손을 모아 감사를 표했다.

구처기를 데리고 집에 들어가 앉자 허 공자는 구처기에게 어디서 선을 수행하는지 물었다. 구처기는 이에 시를 지어 답을 했다.

무성한 녹음이 하늘 끝까지 드리워져 있고 절벽 가운데 야객野客이 은신해 있네.

벽동碧洞(신선이 사는 골짜기)은 세월이 흐르면서 불길이 없어지고 청산에는 종일 연기와 노을이 진다.

진심으로 밥을 구하고자 하는데 손님을 맞이해 대접할 차茶가 없다.

스스로 즐겁고 한가하여 만족하니 문풍^{門風}을 어찌 남에게 과장할 수 있겠는가.

허 공자는 구처기가 문무를 겸비한 것을 보고 좋아하며 교우를 맺었다. 이렇게 해서 구처기는 허 공자를 통해 또 한 무리의 문인과 선비들을 사귀게 되었다. 이사수, 맹수, 장오, 장팔, 그리고 왕생, 교생, 분생 및 여진족의 귀족인 맹안진국 등이 구처기의 절친이 되었다. 동굴 수련을 하지 않을 때면 구처기는 친구들과 차를 마시며 시를 지었다. 후에 이러한 활동은 왕중양 사부의 도학이론 발전에 매우 중요한 역할을 했다.

장오, 장팔 형제는 장서세가^{藏書世家}여서 집에 책이 매우 많았다. 구처기는 이 서적들을 전부 빌려서 읽었기 때문에 그의 문화적 수준은 비약적으로 향상되었다.

어느 날 구처기가 밤에 타좌를 하고 있자니 호랑이가 다가와 그를 보고는 동굴 입구에 엎드렸다. 구처기는 눈을 감고 있었지만 동굴 입구에 살아 있는 생물의 존재를 느꼈다. 그가 가늘게 눈을 뜨니 늙은 호랑이 한 마리가 달빛 아래서 번쩍이는 두 눈을 뜬 채 조용히 그를 지켜보고 있었다.

구처기는 깜짝 놀랐다. 자신의 공력이 커지면서 주변의 동물, 식물 등과 더욱 긴밀하게 연결돼 간다는 것을 점점 더 체감했다. 예전에 타좌를 할 때 쥐, 산토끼, 뱀, 각종 조류 등이 와서 그가 단련을 하는 것을 본 적이 있지만 호랑이가 찾아온 것은 이번이 처음이었다.

구처기는 이 동물들과의 관계를 잘 알지 못했기에 조용히 마음을 가라앉혔다. 호랑이에게 조금의 적개심도 갖지 않고 마음을 편안히 한 채 도심을 계속 지켰다. 늙은 호랑이도 가만히 엎드려 구처기를 지키는 듯 보였다.

이 칠흑 같은 밤에 구처기는 또 하나의 도우^{道友}와 함께 수행을 한다는 것을 깨닫고 기쁨이 차올랐다. 사람과 동물도 조화롭게 공존할 수 있는데 하물며 사람과 사람 사이는 어떻겠는가? 중화 대지는 여러 해 동안 전쟁의 화마가 끊이지 않아 백성들은 도탄에 빠졌다. 이를 생각하니 그는 자신도 모르게 눈물이 흘러내렸다.

마단양은 전진암으로 돌아왔다. 그는 스승의 의발을 이어받아 전진암을 기지로 삼고 적극적으로 전진교를 전파해서 널리 제자들을 받아들였다. 제자들 중에는 부잣집 자제들이 많았고 경륜이 높은 사람들도 있었다. 마단양의 제자들 중에는 한때 아주 떠들썩했던 유명한 현문십해원玄門十解元이 있었다.

해원解元은 조정에서 치르는 1차 시험의 수석합격을 말한다. 조기, 뇌대통, 유진일, 내영옥, 이대승, 단명원, 조구연, 유개오, 왕지달, 설지휘 등이 차례로 해원이 되었다. 전진교는 마단양의 노력으로 빠른 속도로 발전해서 점차 도교의 주류로 자리 잡았다.

교인이 날이 갈수록 많아지자 마단양은 《단양진인십권》丹陽眞人十勸이라는 교칙을 제정했다.

하나, 국법을 어겨서는 안 된다.

둘, 모든 사람에게 똑같이 예의를 갖춰 대한다.

셋, 술·색·재물·분노를 끊는다.

넷, 비교하거나 원망해서는 안 된다.

다섯, 사기를 치거나 위선을 부리면 안 된다.

여섯, 모욕을 참아야 한다.

일곱, 신중하게 말하고 음식을 절제하며 영화를 추구하지 말라.

여덟, 탁발을 해서 먹고 산다.

아홉, 수행하는 장소는 세 칸을 초과하지 말고, 함께 수행하는 자는 3인을 넘지 않으며 서로 돕는다.

열, 고요하게 무위無爲하고 기를 길러 신을 온전하게 해야 한다.

이것을 보면 마단양이 왕중양의 의발을 모두 이어받아 출세간의 수련을 주도했다는 사실을 알 수 있다. 마단양의 제자들 중에는 속세의 시험에 합격해서 공명을 떨친 사람이 많았다. 그러나 그는 권문세가의 사람들과 애써 접촉하지도 피하지도 않았다.

전진 7자 중에서 제자를 가장 많이 기른 것은 마단양이다. 훗날 그의 제자들은 구처기의 용문파로 귀속되었다.

마단양은 힘써 빈곤을 구제하고 전진암 옆에 죽집을 열어 걸인들에게 보시를 하는 한편, 각고의 노력으로 의·약을 연구해서 병을 치료하고 사람을 구제하는 유명한 의사가 되었다. 마단양이 임상경험으로 밝혀낸 열두 개의 혈 자리는 침구 분야의 보배라고 할 수 있다.

마단양은 의술이 매우 뛰어났고 침구술에서 특히 권위가 높았다. 훗날 그는 그가 가진 의술을 구처기에게 아낌없이 전수했고, 구처기 역시 후손들에게 모두 전수했다.

마단양은 산동의 전진암이 정상궤도에 오르자 섬서 조암祖庵으로 옮겨서 전도했다.

스승과 네 형제가 섬서 진도진의 진무묘에서 작별을 고한 후 스승의 명을 받아 담처단은 유처현을 데리고 하남으로 가서 수련을 했다. 그들은 화산華山을 지나가다 그 수려한 풍광에 매료되었다. 도가의 선배이자 수공睡功[11]의 조사祖師인 진단陳摶은 화산에서 연단을 했다. 두 사람은 즉시 화

---

11   마치 자는 것처럼 누워서 수련하는 특수한 공법으로 수면공이라고도 함.

산에서 동굴을 골라 수행했다.

유처현은 젊고 체격이 좋으며 동자의 몸을 가지고 있었다. 담처단이 일깨워주어 몇 년이 지나 유처현은 스스로 수련에 성공했음을 깨닫고 담처단에게 말했다.

"선배님, 지금 저는 색욕이 끊어졌습니다. 선배님은 제게 진일보한 가르침을 주실 수 있겠습니까?"

담처단이 웃으면서 말을 하지 않자, 유처현은 참지 못하고 물었다.

"사형은 왜 저를 비웃으시나요. 설마 사형이 아직 수련에 성공하지 못한 것은 아닌가요?"

"내가 너에게 하나의 고사를 이야기해 주겠다. 수련의 성공 여부는 스스로 깨달아 보아라."

담처단은 유처현을 힐끗 보며 다음과 같은 이야기를 들려주었다.

예전에 허진군許眞君이란 사람이 있었는데 수도를 이룬 후 널리 제자들을 받아들였다. 하루는 제자들을 불러 모아 물었다.

"수행을 하는 사람은 먼저 공색空色을 모두 봐야 하는데 색욕을 넘을 수 있겠느냐?"

이에 제자들은 "저희들이 아직 큰 도는 이루지 못했지만 색욕의 관문은 넘었습니다."라고 일제히 대답을 했다.

"너희들이 진정 색욕을 넘었다고?" 허진군은 웃었다.

제자들은 주먹을 불끈 쥐면서 어떻게 해야 스승이 믿을지 모르겠다고 했다.

"급하지 않다. 오늘 밤 모두 나무막대기 하나를 가슴에 품고 자라. 내일 다시 논하자."

허진군은 여전히 웃고 있었다. 제자들 모두 그날 저녁 각자 나무막대기를 받았지만 어떻게 사용하는지를 몰라서 그저 스승의 명령에 따라 나

무릎을 끼고 잠을 잤다.

밤이 깊어 모두 깊은 잠에 빠져들자 누군가 잠을 깨웠다. 그들이 각각 몽롱한 상태에서 본 것은 마치 선녀 같은 미녀가 나체로 한 이불을 덮고 누워있는 모습이었다. 눈을 비비고 다시 그녀를 보니 애교가 넘치고 자신의 품안에서 교태를 부리고 있었다. 살짝 몸이 닿으니 보드랍고 새하얀 피부, 코를 자극하는 향기가 사람을 취하게 했다.

제자들은 색욕을 억제하지 못하고 미녀와 관계를 가졌다.

이튿날 제자들은 나무막대기를 스승에게 제출했다. 그들은 자신들이 한 행동을 스승이 알게 될 것이 두려워 어젯밤 아무 일도 없었던 것처럼 억지로 마음을 가라앉혔다.

그러나 나무막대기에는 오물이 남아 있었다. 스승의 꾸지람을 듣고 많은 제자들이 고개를 떨구었다. 그러나 구양이라는 성을 가진 사람은 오물이 묻지 않은 나무막대기를 당당하게 스승에게 건넸다.

"모두가 다 지키지 못했는데, 너는 어떻게 한 것이냐?"

"저는 일찍이 화류계에 자주 드나들다가 몸이 비어버려서 중병에 걸린 채 수도를 하러 왔습니다. 그래서 색욕의 폐해를 잘 알고 있습니다."

허진군은 크게 웃으며 구양을 입문 제자로 받아들였다.

담처단은 이야기를 마치고 유처현을 바라보았다. 유처현은 그 뜻을 깨닫고 담처단을 떠나 낙양의 홍등가로 음욕을 단련하러 갔다.

일찍이 네 명의 형제들이 헤어질 때 마단양은 유처현에게 금괴를 주면서 훗날 반드시 쓸모가 있을 것이라고 했다. 당시 유처현은 출가한 사람에게 무슨 금괴가 필요한가 생각했다. 그러나 이날 그는 금괴를 갖고 떠났고 마음속으로 마단양의 뛰어난 예지력에 존경하는 마음이 들었다.

거지같은 몰골을 한 유처현은 낙양에서 가장 큰 청루 입구에서 멈춰섰다. 이때 예쁘게 차려입은 기녀가 호객을 하고 있었다. 수려한 풍모를

가진 남자, 혹은 술에 취해 비틀거리는 사내들을 보면서 유처현은 들어갈
지 말지 한동안 망설였다.

"아, 정말 멋지게 생긴 공자님이네요!"

마흔이 넘어 보이는 포주가 유처현에게 인사를 했다. 그녀는 유처현을
뚫어지게 바라보았다. 그 포주는 손님들의 생김새 따위에는 관심이 없고
오로지 얼마나 많은 돈을 갖고 있는지에만 관심이 있었다. 그녀가 볼 때
유처현은 빈털터리 같았지만 다른 손님과 똑같이 대했다.

유처현은 이런 곳을 처음 와 본 터라 포주가 말을 걸자 얼굴이 새빨개
졌다. 그러나 그는 기왕에 왔으니 애써 마음을 안정시키려고 헛기침을 두
번 했다. 그런 다음 "오늘 나는 최고의 미녀를 만나려고 한다."라고 말했
다.

"미녀를 원하신다면 마침 저희 집에 잘 오셨습니다. 우리 집은 다양한
매력을 가진 미녀들이 있으니 원하시는 대로 고르실 수 있습니다."

포주는 말을 하면서 유처현을 주시했다. 그가 돈이 있는지 살피는 것
이었다.

"거문고, 바둑, 책, 그림을 모두 가져와라."

유처현은 이렇게 말을 하면서 뜰로 걸어 나갔다. 포주는 앞을 막아서
면서 "거문고, 바둑, 책, 그림이 있지만 도령께서는 그것들을 감당할 돈이
있으신지요?"라고 물었다.

"말 잘했다." 유처현은 품속에서 금괴를 꺼냈다.

"세상에! 도령께서는 아예 우리 집에서 지내시는 게 어떠세요?"

포주는 유처현이 커다란 금괴를 꺼내자 눈을 크게 뜨고 그를 쳐다봤
다. 그녀는 이 금괴를 모두 차지하고 싶은 심정이었다.

"여기서 살고 싶으면 사는 거지, 뭐."

포주는 입에서 나오는 대로 말을 뱉은 것이었지만 유처현은 그것을

진심으로 알았다. 이렇게 되자 포주는 더욱 신이 났다.

"빨리, 빨리, 빨리. 아가씨들을 모두 불러내서 도령이 마음대로 아가씨를 고르게 해라."

포주가 하인들을 재촉했다.

"괜찮아, 어멈이 알아서 골라 주면 돼."라고 말을 하고 유처현은 수행을 하러 들어갔다. 그의 마음은 아가씨들에게 있지 않았다.

"좋아요!"

포주는 아가씨를 선발하는 데 고심했다. 혹시라도 유처현의 마음에 들지 않으면 금괴를 날릴 판이었기 때문이다. 그녀는 유처현에게 좋은 방을 주고 관원이나 귀빈들을 맞이할 때 내보내는 최고의 아가씨들을 데려왔다.

유처현은 이 미녀들을 어떻게 대해야 할지 몰라서 방안을 서성거렸다. 이윽고 문을 두드리는 소리가 들려왔다.

"도령님, 보세요. 이 집의 유명한 4대 미녀가 모두 대령했습니다. 이제부터 이 아이들이 최선을 다해 도령님을 모실 것이니 분명히 만족하실 것입니다."

유처현은 이 늙은 포주가 아가씨를 한 명만 보낼 줄 알았지 한 번에 네 사람을 보낼 줄은 몰랐다. 그러나 유처현은 침착하게 마음을 가라앉히며 기왕 수련을 시작했으니 그 끝을 봐야 한다고 결심하고 계속 음욕을 가라앉히려고 했다.

"얘들아, 이 도령님을 잘 모셔라. 조금이라도 불만이 나오면 안 된다."

늙은 포주는 깔깔거리며 나갔다. 그녀는 다재다능하고 용모도 출중한 네 명의 미녀를 대령했기 때문에 유처현은 이제 금괴를 조금도 남길 수 없을 거라고 단정 지었다.

유처현은 이렇게 의도적으로 음욕을 끊기 위한 단련을 했지만 구처기는 구태여 그런 방식이 필요하지 않았다.

구처기는 괵현에서 많은 친구를 사귀었다. 그중 한 명이 여진의 귀족인 맹안진국猛安鎭國이었다. 맹안진국의 집에는 많은 여종들이 있었고, 매번 초대받은 술자리에는 노래하는 기생들이 많이 나왔다. 하루는 그가 구처기와 문인, 예술가 등을 초청해서 술자리를 열었고, 이번에도 역시 그가 가장 열정적이라고 생각하는 방식으로 손님을 접대했다.

세 잔의 술을 들이켜고 나서 맹안진국이 박수를 치자 베일을 쓴 소녀들이 차례로 나와 흥겨운 춤을 추었고, 베일이 얇아서 몸의 각선미가 드러났다. 춤이 끝나자 소녀들은 모든 손님 옆에 한 명씩 붙어서 술을 마시며 놀았다.

구처기는 매우 어색했다. 곁에 예쁜 여자가 있어서가 아니고 거지 행색을 한 자신이 시중을 받는 것이 불편했기 때문이었다. 그러나 이것이 맹안진국이 손님을 접대하는 방식이고 초대받은 손님들 모두 즐거워했기 때문에 구처기는 거절하기가 어려웠다.

얼마가 지났는지 미녀들이 퇴장하자 구처기는 긴장을 풀었다. 시를 짓기도 하고 술을 권하기도 하며 연회는 왁자지껄했다.

그러나 구처기는 즐거운 시간을 보내기 위해서 친구들과 모임을 가진 것이 아니었다. 도가는 줄곧 몇 가지 문제를 연구해 왔다. 구처기의 질문은 다음과 같은 것들이었다.

태어나기 전의 나는 누구인가?
태어난 후의 나는 누구인가?
나는 어디에서 왔는가?
나는 어디로 가는가?

세상으로 나와 어떻게 단련할 것인가?

세상으로 들어가 어떻게 수련할 것인가?

나와 천, 지, 인의 관계는?

나와 사회와의 관계는?

중생을 제도하는 것은 수도자의 궁극적인 목표다. 현대적으로 말하면 그것은 위대한 이상理想이다. 사회가 조화롭고 백성이 평안해지는 것이 수도자의 바람이라면 모든 역사의 단계에서 수도하는 사람은 무엇을 해야 할까?

문물이 융성한 시대에는 불학과 유학을, 난세에는 도학을 활용한다. 유교는 질서와 단계를 중시하고 나라를 다스리는 규범과 방법이 있다. 불교로 마음을 다스리면 고통과 재난을 마주한 사람의 마음은 물처럼 평온해진다.

일반적으로 도인은 정치를 막론하고 궁중의 권력암투에 관여할 마음이 없다. 역사를 통틀어 전란 때 많은 도사들이 나타났지만 전란이 진정된 후에는 흔적도 없이 물러갔다. 따라서 도인에게는 처세에 대한 이론 이외에 폭동을 평정하고 난을 다스리는 방법이 많았음을 알 수 있다. 도인은 개인의 자유를 숭상하고 거드름을 피우지 않으며 자유분방한 태도를 가지고 있어 관리들은 그들을 매우 싫어했다.

일반적으로 불교, 유교, 이슬람교, 기독교 등은 모두 정치와 손을 잡고 [祭政一致] 사회를 통치해온 역사가 있지만 유일하게 도교만은 그렇지 않았다. 그만큼 도교는 처음부터 사회를 통치할 생각이 없었고 지금까지도 그런 사례는 없다. 하지만 그렇다고 해서 사회를 등진 적도 없다. 단지 역사적 단계마다 표현하는 형식이 달랐을 뿐이다.

마옥은 일찍이 구처기에게 사회를 더 잘 이해할 수 있도록 알려준 적

이 있었다. 그의 사명은 마옥과 다르고, 심지어 스승인 왕중양의 사명과
도 달랐다. 구처기는 자기의 사명이 무엇인지 몰랐지만 눈앞에 닥친 모든
것을 진지하게 대했다.

　연회는 늦은 밤이 되어서야 끝이 났다. 구처기와 다른 귀족 및 관리들
은 맹안진국의 집에 머물며 밤을 보내기로 했다. 그의 집은 넓어서 손님
이 묵을 수 있는 방이 많았다. 구처기는 약간 취해서 그가 마련해 준 방
에 가서 잠을 자려고 하는데 갑자기 간드러진 목소리가 들려와서 깜짝
놀랐다.

　"도인님, 제가 옷을 갈아입는 것을 도와드리겠습니다."

　방안의 희미한 촛불 아래 늦은 밤 그의 술시중을 들던 무녀가 침대에
앉아 있었다. 그녀는 투명한 옷자락을 팔랑이면서 다가왔다.

　"왜 여기 있는가?"

　"주인님이 도인께 잠자리를 보아드리라고 했습니다."

　구처기는 여러 해 동안 수도를 해서 정력定力(어지러운 생각을 없애고 마음
을 한 곳에만 쏟는 힘)이 있었지만 어두운 밤에 아름다운 여인과 단둘이 있
는 것은 이번이 처음이었다. 그는 남녀에 대한 분별심이 이미 없었지만 미
녀와 접촉한 순간 무의식적으로 아름답다고 느꼈다.

　자신의 음욕이 여전히 말끔히 제거되지 않은 것 같아 그는 온몸에 식
은땀이 흘렀다. 술이 많이 취하지 않은 구처기는 금방 정신을 차렸다.

　"아가씨는 이름이 무엇이오?"

　구처기는 평정을 되찾으며 물었다.

　"소녀의 이름은 도홍이고, 관가에서 무녀로 일한 지 2년이 되었습니
다."

　"도홍아가씨, 앉아요. 나는 야인이니 모실 필요가 없어요."

　"그건 안 됩니다, 그러면 제가 책망을 받게 됩니다."

"아……, 내가 어떻게 해야 아가씨가 책망을 받지 않을까?"

"오늘 밤 도인께서는 저를 이 방에서 나가게 할 수 없습니다. 그렇지 않으면 관가에서 저를 책망할 것입니다."

"그러면 아가씨는 침대에서 자요."

"그럼 도인께서는 어떻게 하십니까?"

"나는 바닥에서 타좌를 하면 됩니다."

도홍은 성욕이 없을 뿐만 아니라 자기를 침대에서 자게 하는 이런 손님을 만난 것이 처음이었다.

"그건 안 됩니다. 그러면 도인께서는 침대에서 주무시고 소녀는 바닥에서 시중을 들겠습니다."

도홍은 갑자기 구처기에게 관심을 갖게 되었다. 구처기는 서른 살밖에 되지 않았으나 그의 수도는 기개가 높고 도량이 비범해서 도홍은 끌리지 않을 수 없었다.

"아가씨는 사양할 필요 없어요. 내 말대로 해요."

구처기는 도홍에게 간절히 이야기했다.

도홍은 두 손으로 구처기를 끌어안고 부드럽게 그의 품에 매달렸다. 구처기는 얼른 손으로 밀어내면서 말했다.

"아가씨, 이러면 안 돼요."

"도인께서는 도홍이 예쁘지 않아서 싫으신가요?"

"아니에요, 아닙니다. 단지 남녀가 교합하는 일은 금기입니다. 절대로 할 수 없습니다."

"왜요?"

도홍은 그를 원망하듯 쳐다보았다.

구처기는 밤새도록 도홍에게 정精, 기氣, 신神의 관계에 대한 설명을 해 주었다. 그래도 도홍은 알 듯 말 듯 했다.

이날 밤 구처기는 또 하나를 배웠다. 음욕을 끊기가 가장 어렵고, 스스로 정력定力이 깊고 두터우면 선천의 수[先天之數]를 파괴하지 않는다는 것을 새삼 느꼈다. 구처기는 이 하나에 힘쓰고 마침내 단련해서 마음장상馬陰藏相[12]이 되었다. 피부가 보드랍고 매끈해서 남자이지만 마치 여자의 살결과 같고 마음속에는 이미 남녀의 분별이 없어지니 진정한 단련을 한 것이다.

그런데, 유처현은 아직도 시련을 겪고 있었다. 네 명의 미녀는 유처현에게 장난을 쳤지만 유처현은 응대하지 않았다. 이들은 유처현 같은 사람은 처음이라고 생각했다. 무릇 청루에 오는 손님 대다수의 목적은 성욕의 해소다. 따라서 비록 처음에는 미녀에게 관심이 없는 것처럼 행동하지만 결국에는 본능에 이끌린다. 미녀들은 유처현을 어떻게 할 방법이 없다는 것을 알고 재주를 부리기 시작했다.

소홍은 거문고를 전공했다. 그녀가 거문고 한 곡을 연주하자 사람들은 눈물을 흘렸다.

소도는 바둑을 잘 두었다. 그녀가 몇 수를 물려주어도 웬만한 사람은 그녀의 상대가 될 수 없었다.

소이는 글씨를 잘 썼다. 필법이 힘차고 강직하며 부드러웠다.

소매는 그림을 잘 그렸다. 그녀의 그림 속 폭포에서는 높은 산에서 물이 콸콸 흘러내리는 소리가 들리는 듯했다.

유처현은 청루의 깊은 곳에 이런 재주를 가진 여자들이 있으리라고는 생각지도 못했다. 이어서 그녀들은 유처현에게 가정환경이 어려워 어쩔

---

12 남성이 생식기가 줄어들어 겉으로 보이지 않는 상태. 즉 생식기의 양기를 누설하지 않고 머리로 올려 보낼 수 있는 환정보뇌(還精補腦)의 경지.

수 없이 청루에서 몸을 팔게 되었다는 말을 털어놓았다. 이 말을 들은 유처현은 깊이 탄식했다.

청루에서 정신부터 육체까지 모두 짓밟혔지만 이 네 명의 미녀들은 유처현의 옆에서 본성을 되찾았고 깊은 이야기를 나누었다. 시간이 지나면서 청루의 사람들은 유처현이 도인이라는 것을 알게 되었고, 아가씨들은 일이 없을 때면 그를 만나러 왔다. 유처현은 한편으로는 성욕을 연마하고 한편으로는 아가씨들에게 전도를 했다. 유처현은 사창가에 도를 전한 것이다.

구처기는 반계의 동굴에서 여러 해 동안 수련을 하면서 많은 수확을 얻었다. 그는 신체의 변화를 느꼈고 수련에 성공할 날이 머지않았다고 생각하고 용문으로 발걸음을 옮겨 신기원을 열기로 했다.

제4장

세상을 제도하고 중생을 구제하러 산에서 나오다

1180년(금나라 세종 대정 20년)에 구처기는 반계에서 농주隴州(현재 섬서 보계시)의 용문산으로 이주했다. 용문산은 섬서 서부에 있고 백성들로부터 멀리 떨어져 있어 매우 한적했다. 산 밑에 있는 강의 물살이 거세서 파도가 강기슭을 치기 때문에 용문龍門이란 이름을 갖게 되었다. 전설에 따르면 이곳은 고대 우임금이 물을 다스린 곳[大禹治水]이라고 한다.

구처기가 반계에 있는 시간이 길어질수록 찾아오는 친구가 늘어났다. 그런데 친구가 방문을 하면 답방을 해야 하니 자연히 시간을 낭비하게 되었다. 또한 뜻밖의 방문이 있는 날이면 구처기의 수행시간은 흐트러지기도 했다. 그는 곧 대공大功을 이뤄야 했기 때문에 적당한 곳을 선택해야 했다.

용문산은 수련이 비약적으로 발전할 수 있는 이상적인 장소였기에 그는 흥분이 가시지 않았다. 구처기는 자신의 기장氣場과 산의 기장이 서로 합쳐지도록 용문산을 두루 살폈다. 용문산 위에 아주 좋은 동굴이 있었는데, 그는 하늘이 자기를 위해 안배한 장소라고 생각했다. 동굴에 거주하면서부터 그의 수행은 비약적으로 발전하기 시작했다.

마단양은 스승 왕중양이 임종할 때 '단양(마옥)은 장춘(구처기)을, 장진(담처단)은 장생(유처현)을 이끌어 수행하라'는 유언을 남겼기에 구처기의 수행을 살펴야 했다. 마단양은 산동의 전진암에서 도를 전하고 또 섬서의 조암으로 돌아와 전도를 했기에 구처기와 함께 수행을 하지는 않았지만 제자를 통해 서신을 전하면서 왕래를 계속했다. 구처기는 자신의 수련 경험을 보고했고 마단양은 세심하게 지도했다.

마단양은 사부 왕중양이 자기와 구처기에게는 각자 다른 사명이 있기 때문에 다르게 이끌었다는 것을 알았다. 스승인 왕중양은 일곱 송이의 연꽃을 키워 전진교에 씨앗을 심었다. 마단양은 전진교의 전파를 위한 견고한 기초를 닦았고, 구처기는 전진교를 발전시켜야 했다.

구처기는 선배 마단양의 지시에 따라 '속세를 벗어나 수련'[出世修煉]하는 것을 위주로 하고 '세상으로 들어가는 수행'[入世修行]을 보조로 했다. 세상을 벗어나 수련하는 조건이 명확하고 세상에 들어가서 일을 처리하는 이치가 분명했다. 이런 배치는 보통 사람이 이해할 수 없는 것으로, 마단양도 늘 수행이 근본이라는 것을 상기시켰고 세상의 부귀영화에 이끌려 본원을 잃어서는 안 된다고 했다. 구처기 역시 이런 가르침을 마음속에 깊이 새기고 권력자들과 어울렸지만 본성을 잃지 않았다.

용문동에서 구처기는 속세를 벗어난[出世] 수련을 위주로 했고, 세상으로 들어가[入世] 친구를 사귀는 것을 보조로 했다. 반계에서 구처기는 이미 명성이 자자해서 용문에서 속세로 들어가 교우하며 유유자적할 수 있는 여유가 있었다.

금나라에서 세종이 통치하던 시대가 융성기라고 하지만 사회적 모순은 심각했다. 종종 농민봉기가 일어났고 일부 불교나 도교 신도가 봉기에 가담하기도 해서 조정은 늘 불안했다. 1181년에 금나라 조정은 승려와 도인을 송환해서 낙향하도록 강제했다. 마단양과 구처기 모두 송환의 대상이었다(이때 마단양은 조암에서 전도 중이었다). 이런 문제가 불거지자 마단양은 미리 대비를 했다.

마단양이 용문동에 발을 들이자 두 사람은 서로 껴안고 흐느꼈다. 근십여 년간 서로 떨어져 있던 형제가 만난 것이다. 마단양은 구처기가 기품이 넘치며 도골선풍으로 변해가는 것을 보고 마음속으로 무척 기뻤다. 전진 7자 중에 마단양과 구처기는 가장 친밀한 관계였고, 24세의 나이 차이가 있어 서로를 선후배로 부르지만 사실 부자지간이라고도 할 수 있다.

"사형께서는 어찌하여 수고스럽게 오셨는지요. 제가 찾아뵈려던 참이었습니다."

"우리는 한 식구처럼 스스럼이 없으니 이 형은 언제나 아우를 생각하고 있습니다."

마단양은 이렇게 말하면서 자신도 모르는 사이에 눈물이 흘러내렸다.

"저도 알고 있습니다. 저도 언제나 사형을 생각하고 있습니다."

구처기도 눈물을 글썽이며 말했다.

"우리가 사부를 따라 늘 함께 지내던 시절이 그립습니다. 스승이 도의 문으로 안내해 주셨으니 우리는 수도를 위해 힘쓰지 않을 수 없습니다."

마단양은 감개무량한 듯 말을 했다.

구처기는 "사형, 저를 보세요. 수도는 어디서부터 시작해야 합니까?"라고 마단양을 만나자마자 가르침을 청했다.

"단련하면 됩니다. 단이 이루어지기를 고요히 기다렸다가 목욕沐浴[13]을

13　목욕이란 물로 몸을 씻듯이 천천히 자신의 원래 모습으로 변화하는 것. 즉 심리적 변화를 통해 자신의 마음을 찾는 것으로 수련 시 떠난 자신을 이 세상의 일반인으로 돌아오게[下心] 하는 것이 목적.

하면 됩니다."

마단양은 구처기가 단을 이루었다는 사실을 알고 매우 기뻐했다.

구처기 역시 이렇게 여러 해 동안 수련의 고비마다 마단양의 지도를 받는 것이 매우 좋았다.

"사형, 제가 여러 번 선인을 만나 가르침을 받는데, 이것은 무슨 까닭입니까?"

"어떻게 생각하시나요?"

"사부님이 아직도 저를 지켜봐 주시는 것인가요?"

"사부님의 사부님은 사형과 관련이 없나요?"

"저에게 그렇게 큰 조화가 어떻게 있습니까?"

"사제는 큰 책임이 있습니다. 그 책무는 나보다 크고 심지어 스승님보다도 큽니다."

마단양은 구처기에게 말했다.

"우리는 모두 야인이니 수도하고 전도만 하면 되지 않습니까."

구처기는 마단양의 반응을 살폈다.

"정말 사제는 그렇게 생각하세요?"

마단양은 구처기에게 반문했다.

"사부님, 사형들 모두 속세를 벗어나 수련하지 않습니까?"

"우리가 속세를 벗어난 이유는 당신을 세상으로 들여보내기 위한 것입니다. 우리 도를 닦는 사람들은 저마다 자기의 책임이 있습니다."

마단양의 눈빛은 깊고 심오했다.

"사형은 이미 나를 세상으로 들여보낼 생각이었다는 말인가요?"

구처기는 다시 확인하듯 물었다.

"우리는 모두 하늘의 명을 따라서 각자 자신의 일을 하는 겁니다. 사제는 사제가 해야 할 일을 잘하면 됩니다."

마단양은 이 정도로만 설명했다. 구처기는 도가 사람들의 설교 방법을 알고 있었기 때문에 더 이상 묻지 않았다.

"사형. 이번에 관청에서 우리 도인들을 송환시키는데 사형은 산동으로 돌아가겠지만 저는 어디로 돌아가야 할까요?"

구처기가 물었다.

"내가 사제를 찾아온 것도 이 일 때문입니다. 이번에 나는 산동 전진암으로 돌아갑니다. 섬서의 조암은 이미 여러 해 동안 기반을 닦아왔으니 제자들을 많이 보살펴 주기 바랍니다."

"왜 사형은 그런 말씀을 하시나요? 나도 송환의 대열에 함께하고 싶습니다!"

"나는 가기 싫어서 남아 있으려 해도 있을 수 없고, 사제는 가고 싶어도 갈 수 없습니다."

구처기는 사형의 말에 도리가 있음을 알고 더 이상 묻지 않았다. 이렇게 여러 해 동안 그에게 발생한 일은 사형 마단양이 말한 대로 모두 이루어졌다.

마단양은 동굴에서 옷깃을 여미고 엄숙한 얼굴로 위엄 있게 "구장춘은 무릎을 꿇어라!"라고 명했다.

구처기는 단정하게 마단양 앞에 꿇어앉았지만 영문을 몰랐다.

"이제 나는 스승의 명을 받들어 전도령, 전대령, 비법전결령 3령을 너에게 전하겠으니 네가 훗날 대중의 기대에 부응하고 우리 전진을 빛나게 하거라."

이 '3령'三令은 왕중양 조사가 마단양의 입을 빌려 구처기에게 전하는 것이었다. 비록 마단양의 입을 빌렸지만 왕중양 조사의 음성이었고, 구처기는 이 소리를 마음으로 들었다. 구처기는 하나하나 분명하게 마음에 새겼지만, 마단양은 자기 입으로 말한 것을 하나도 기억하지 못했다.

'3령'은 훗날 구처기가 전진교 장문掌門의 지위를 확립할 수 있게 하는 기준이 되었다. 일반적으로는 도를 이룬 후에야 '3령'을 전하는 것인데, 구처기는 자신이 수성하기까지는 아직 한 걸음 남았다고 생각했기 때문에 어리둥절했다. 그러나 마단양은 그 이유를 알고 있었고 자신이 앞으로 이곳에 올 날이 많지 않다는 사실, 또한 이 모든 것은 사부가 치밀하게 준비한 것이라는 것도 모두 알고 있었다.

이별이 임박해지자 마단양은 구처기에게 시 한 수를 읊어주었다.

출세와 입세는 인간 세상에서 하늘에 순종하고 중생을 구제하는 것이다.
창생 만년 소망이 있어 천고에 명성을 떨친다.
눈을 맞고 모래바람을 맞은 후에 진신을 얻고 다시 연을 이어간다.
하늘이 무너지고 땅이 갈라져 귀로를 찾자 학 울음소리가 올라 신선이 된다.

마단양은 구처기와의 이별을 아쉬워하며 산을 내려와 귀향 준비를 했다. 그가 다년간 경영해온 섬서에서 전진이 민심을 얻었다고 생각하니 매우 기뻤다. 그러나 한편으로는 산동 전진암을 몇 년 동안 직접 관리하지 않았다는 생각에 조바심도 들었다. 조암과 전진암이 멀리서 서로 조응하면서 마단양이 널리 도를 베푸니 전진교의 전국적 영향력은 확대되었다. 구처기가 전진의 정식 통수권자가 되려면 아직 시간이 더 필요하다고 생각한 마단양은 자신의 제자 여도안呂道安을 잠시 조암의 주지로 안배했다. 또한 제자 조구고趙九古와 필지상畢知常을 구처기에게 의탁하고 동행하도록 해서 전진성세를 창립하기 위한 포석을 마련했다.

구처기도 송환 대상이었기 때문에 산을 내려와서 여진의 귀족인 포찰도연蒲察道淵에게 작별을 고하려고 그를 찾았다.

포찰도연의 부친은 금나라의 개국공신으로 세습 관직인 천호千戶에 봉해졌다. 포찰도연은 어려서부터 채식주의자로 지향하는 바가 청정하고 고매하여 속세와 어울리지 않았다. 용문산에서 도인이 찾아오자 그는 이 도인과 친구가 되고 싶었다.

"신선이 오시는 줄 몰라 직접 영접을 못했습니다."

포찰도연은 예를 갖추며 말했다.

"영접은 필요 없고 오늘은 저를 좀 배웅해 주세요."

구처기는 짐짓 냉담하게 말했다.

"신선께서는 다른 곳으로 수행하러 가시나요?"

포찰도연은 풀이 죽었다.

"다른 곳에 가서 수행하려는 것이 아닙니다. 여기는 내가 야인으로 있는 것을 용납하지 않습니다."

구처기는 단도직입적으로 말했다.

"저 포찰도연이 있는데 누가 감히 신선에게 무례하게 대합니까?"

그는 큰소리를 치며 말했다. 포찰도연의 말은 허풍이 아니고 실제 농주에서는 아무도 감히 그를 건드리지 못했다.

"관청에서 나에게 송환 명령을 내렸는데 어떻게 내 맘대로 할 수 있겠습니까!"

구처기는 어쩔 수 없다는 듯 말했다.

"허허! 일찍 말씀하시지요. 그게 뭐가 어렵습니까. 농주에서는 아무도 감히 내 손님을 쫓아낼 수 없습니다."

포찰도연은 결연히 말했다.

과연 농주에서는 포찰도연의 비호를 받는 구처기를 송환시킬 사람이 없었다. 덕분에 구처기는 용문동에서 안심하고 수련할 수 있었고 또한 조암을 돌볼 수도 있었다.

이제 담처단은 어떻게 하고 있는지 알아보자. 그는 왕중양 사부가 선종했을 때 이미 '도를 안다'고 했지만 아직은 욱하는 성격을 갈고 닦아야 했다. 최근 몇 년 동안 담처단은 오직 성품을 연마하는 데 힘을 써서 큰 공력을 얻었다.

하루는 담처단이 장터에서 한가롭게 노닐고 있는데 갑자기 미친 사람이 달려와 다짜고짜 주먹을 휘둘렀다. 담처단은 일부러 피하지 않았고 앞니 두 개가 부러졌다. 많은 사람들이 담처단을 에워싸며 가해자를 붙잡아놓고 욕설을 퍼부었다. 그러나 담처단은 조용히 바라보기만 하고 아무 말도 하지 않았다.

"이런 무도한 놈! 대낮에 이유도 없이 사람을 때리다니."

사람들이 소리를 지르며 모여들었다.

"관청으로 끌고 가요?"

누군가가 담처단에게 이야기했다.

"내버려 둬요, 내버려 둬!"

담처단은 미친 사람을 보고 웃었다. 미친 사람은 담처단을 보고 히죽거렸다. 그러자 사람들은 둘 다 미쳤다고 생각하고는 뿔뿔이 흩어졌다. 담처단은 땅바닥에 떨어진 앞니를 주워들고 생각에 잠겼다.

이 소식을 들은 마단양은 "한 주먹으로 평생의 업이 사라졌다."며 감탄을 금치 못했고 그가 대도를 완성했다는 것을 알았다. 섬서에서 돌아오는 길에 하남을 지나가다 8년 만에 만난 둘은 감개무량했다.

"장생은 어때요?"

담처단을 만난 마단양은 자연스럽게 유처현을 떠올렸다.

"장생은 낙양에서 청루를 찾아 음욕을 단련하러 갔습니다."

담처단이 마단양을 바라보며 웃었다.

"처음에 사부님이 내게 장춘을, 사제에게 장생을 데리고 가라고 하신

임무도 우리는 거의 다 해냈어요."

마단양은 담처단의 말에 기쁘기 그지없었다.

"사형, 제게 무엇을 더 원하세요?"라며 담처단은 마단양을 바라보았다.

"나는 산동으로 돌아가서 전진암을 주관할 것입니다. 훗날 당신은 저를 대신해서 일처리를 해야 합니다."

마단양은 생각에 잠긴 듯 말을 이었다.

"제가 나이가 많으니 역시 장춘이 주관하게 하는 것이 온당합니다."

담처단과 마단양은 나이가 비슷했고 담처단은 젊은이에게 큰일을 양보할 생각을 하고 있었다.

"장춘이 주관하는 것은 훗날의 일이니 당신과 장생 모두가 장춘을 도와야 합니다."

스승이 없으면 사형 마단양이 그 다음이니 담처단은 명령에 따라야 했다.

유처현이 청루에 있은 지 어느새 1년이 넘었다. 애당초 한눈을 팔았다고 해도 지금에 이르러서는 마음이 평온해질 세월이었다.

어느 날 수행이 잘 된 스님 한 분이 이곳을 지나다가 청루에서 자줏빛 기운이 솟아오르는 것을 보고 매우 궁금하게 여겼다. 설마 청루 안에서 도를 닦을 사람이 있을까 하는 생각을 하면서 확인차 찾아갔다.

"손님, 당신도요?"

청루의 포주는 호기심이 대단했다. 그녀는 요즘은 중들도 열린 생각을 한다고 생각했다. 포주는 이 기회를 놓치지 않았다.

"아미타불, 아닙니다! 아닙니다! 저는 여자를 찾는 것이 아니라 친구를 찾는 것입니다."

스님이 합장을 하며 말했다.

"아이고, 그분은 제 손님입니다."

유처현은 입구에서 한 스님이 포주와 대화하는 것을 보고 황급히 끼어들었다.

"아, 나리의 손님이시군요. 그럼 빨리 모시지요."

포주는 만면에 웃음을 띠었다.

스님은 유처현의 외모를 물끄러미 주시했다. 깔끔한 옷차림에다 빛나는 머리카락은 단정하게 빗겨져 있었고 이상한 꽃신을 신고 있었다. 몸을 내관해 보니 신이 맑고 기와 정이 충만해서 진신이 깨지지 않았다. 스님은 우두커니 그를 바라보고 있었다.

"빨리 술과 밥을 가져와 손님을 대접하세요."

유처현은 스님을 데리고 자신의 방으로 와서 스님에게 자리를 양보했지만 그는 이를 물리치고 등나무 의자에 앉았다.

"유 도령님, 부엌에 불을 지피기 전이라 밀가루가 있어도 음식을 만들 수 없고 술이 있어도 데울 수가 없어요."

소매가 옆에서 말했다.

"그게 뭐 어렵겠느냐. 그것들을 가지고 오너라."

유처현이 손을 흔들었다.

네 명의 미녀는 금방 반죽한 밀가루와 차가운 술 한 주전자를 가지고 왔다. 유처현은 밀가루 반죽을 손으로 집더니 뱃가죽을 활짝 드러내 보였다. 그런 다음 밀가루 반죽을 자신의 배 위에 넓게 펼쳐 놓았다. 잠깐 사이에 김이 모락모락 피어오르고 떡 한 장이 잘 구워졌다. 술도 마찬가지여서 배에 올려놓으니 잠깐 사이에 따끈따끈해져서 술 향기가 퍼졌다.

"좋습니다, 유 진인! 청루에서 온갖 유혹 속에서도 진신을 보존해서 기와 신이 충만하니 진실로 소승의 눈이 열렸습니다."

스님이 찬탄해마지 않았다.

"진신眞神만 굳게 지키면 청루도 청정한 삼림이 아니겠습니까?"

유처현이 웃으며 대답했다.

"소승이 못났음을 인정합니다."

스님은 합장을 하며 허리를 굽혔다.

유처현은 이제 수도에 성공을 해서 청루의 사람들과 작별을 준비하고 있었다. 네 명의 미녀들은 그에 대한 사랑이 그치지 않았다.

"유 도령님, 당신이 가시면 저희들은 어떻게 해야 합니까? 우리도 함께 데리고 가세요."

아가씨들은 눈물을 멈추지 못했다.

"나는 천하를 방랑하는 사람이니 너희들을 데리고 갈 수 없다. 나는 이미 남녀 간의 이별에 대한 분별심이 없으니 세속에서는 서로 친하게 지내지 못한다."

"그럼 우리는 어떡하나요?"

미녀들은 또 울기 시작했다.

"이렇게 하면 되겠다. 나는 돈을 다 쓰지 않았으니 너희들의 빚을 갚아 자유롭게 해 주겠다. 모두 집으로 돌아가 편안한 여생을 보내라!"

유처현은 그들을 불쌍히 여기고 자유를 주기로 했다.

"좋아요, 좋아요!"

네 명의 아가씨는 기뻐서 어쩔 줄을 몰랐다.

이들은 청루 밖에서 작별을 고하고 각자 다른 곳으로 떠나갔다. 유처현은 담처단을 찾아갔다.

손불이, 학대통, 왕처일도 이미 도를 이루었다. 《칠선전기》七仙傳奇에 그 기록이 있다. 이처럼 전진 7자 중 여섯 명은 이미 도를 이루었고 단지 구처기만이 아직 완전히 도를 이루지 못했다.

동굴 밖 하늘에는 별들이 드문드문 떠 있고 보름달이 높이 걸려 있던 어느 날 밤이었다. 산들바람이 살랑살랑 불고 물은 졸졸 흘렀다. 용문산 전체가 투명하고 맑고 고요해서 마치 우유에 씻긴 듯했다. 구처기는 여느 때처럼 동굴에 단정히 앉아 있었다.

구처기는 몸과 마음을 이완시키고 육체와 정신을 비운 상태였다. 고요함과 정에 들어 얼마가 지났는지 모르는 사이에 구처기는 자신이 존재하지 않는다고 느껴지면서 갑자기 우르릉, 하고 하늘로 날아올라 용문산 전체를 내려다보았다. 그는 자기 생각대로 동서남북 어디로든 갈 수 있었다. 그는 거시적인 우주를 미시적으로 축소하고, 미시적인 것을 무한대로 확대할 수 있게 되었다. 그는 시간에 구애받지 않고 생각에 따라 과거로 돌아가거나 미래를 내다볼 수 있었고 시공간이 모두 변했다고 느꼈다.

우주는 시간과 공간으로 구성되어 있다. 그는 마음대로 우주 속을 헤매다가 얼마 지나 자신이 용문동에서 수련하고 있다는 것을 깨닫고 돌아가기로 했다. 삽시간에 그는 용문산으로 돌아와 동굴로 가서 자기 육신을 찾았다. 그는 천천히 의식과 몸을 하나로 합치면서 육신의 존재를 서서히 느꼈다. 그는 의식과 육신의 관계를 생생하게 체험했다.

이 해 구처기의 나이는 33세로, 13년 동안의 공부를 결산했다. 구처기는 그동안의 고초를 떠올리며 흥분을 가라앉혔다. 자신도 모르게 눈물이 흘러내렸다. 그는 홀연히 동굴 앞에서 타좌를 시작하고 조용히 지속했다. 그의 육안으로 본 대자연은 더럽고 보잘것없으며 수많은 생물이 고생스럽게 떠돌아다니고 있었다. 그러나 텅 빈 영령한 세상에서 물은 순수하고 푸르른 산은 티끌 하나 없는 정교하고 아름다운 곳이었다. 구처기는 감개무량함을 느꼈다.

사형인 마단양의 지시에 따라 구처기는 2년 동안 목욕을 했다. 2년 동안 정진을 해야만 구처기가 의식과 육체의 관계, 총명함과 어리석음의 관계, 선과 평범함의 관계, 출세와 입세의 관계, 그리고 무위와 유위의 관계 등을 해결할 수 있기 때문이다. 이것이 바로 마단양이 구처기를 조암의 주지로 결정하게 된 이유였다.

이때 도교는 전진교만 있는 것이 아니었다.

1138년, 하남의 위주(현재 하남 위휘시) 사람인 소포진蕭抱珍이 도교의 신흥 교파인 태일교太一教를 창립했다. 이 교파는 주문과 부적을 통해 병을 치료하기 때문에 산동과 하북 일대의 백성들에게 인기가 높았다. 1148년(금나라 희종 황통 8년)에 소포진이 금나라 희종의 부름을 받고 태일교를 정식으로 인정받았다. 그 후 태일교는 급속히 발전해서 각 지방에 건물을 짓고 도관을 세우자 신도가 늘어나고 기세도 커졌다.

1142년(금나라 희종 황통 2년)에 하북 창주 출신의 유덕인劉德仁이 산동 치천(현재 산동 치박)에서 대도교大道教를 창립했다. 이 종교는 충군효친忠君孝親, 즉 임금에게 충성을 하고 부모에게 효도를 하는 것과 자기 분수를 알고 본분을 지킬 것을 강조했다. 이러한 관점은 온정을 추구하는 대중의 심리를 만족시키는 한편, 사회를 안정시켜 통치 계급인 금나라 조정으로부터도 인정을 받게 했다. 1167년(금나라 세종 대정 7년)에 세종은 유덕인을 불러 동악선생東岳先生이라는 칭호를 내렸다. 대도교에도 적지 않은 신자들이 있어서 널리 전파되고 있었다.

금나라 조정은 종교에 대해 유화책을 쓰다가 시간이 흐르면서 각종 종교가 우후죽순처럼 생겨나고 규모가 점점 커지자 경계하기 시작했다. 건국 당시에는 백성들에게 관대했지만 전쟁비용으로 세금이 늘어나자 백성들은 살기가 어려워졌다. 각지에서 봉기가 일어나서 때로는 승려와 도교의 신도들도 참여했다.

1171년, 하북의 대명부 승려 이지구李智究가 금나라에 반대하는 봉기를 일으키자 조정은 종교에 대해 제재를 가하기 시작했다. 금나라 세종은 1178년 조서를 내려 민간이 사찰과 도관을 창건하는 것을 금지하고, 외지에서 선교하는 불교 및 도교인을 송환했다. 그러나 마단양에 의해 전파된 전진교는 명성이 워낙 높았고 나쁜 행적도 없어서 종교인의 송환이 전진교로는 미치지 않았으나 시간이 흐를수록 점차 전진교도 송환의 대상이 되기 시작했다.

종교는 여러 차례 부침이 있는 사회 환경 속에서 발전되는 것이다. 조정은 때때로 종교를 너그럽게 대하고 때로는 억압한다. 그러나 전진교는 강한 생명력을 가지고 있어서 역경에 처할 때나 좋은 상황일 때를 막론하고 강건하게 발전하고 있었다. 마치 건장한 체격을 가진 사람이 봄, 여름, 가을, 겨울의 사계절 변화에 잘 적응할 수 있는 것과 같다. 이러한 과정을 경험한 구처기 역시 종교지도자로서 상층 지배계급과는 좋은 관계를 맺어야 한다는 사실을 깨달았다.

구처기가 용문산에 도착했을 때는 금나라 조정이 각종 종교 활동을 억압하는 시기였기 때문에 그가 용문산에 남아 있는 것도 쉽지 않았다. 이때 전진교는 섬서의 종남산에 본거지를 두고 산동의 전진암에 의지했다. 이런 역경 속에서도 전진교가 발전을 이룬 것은 마단양과 구처기의 지혜 덕분이라고 할 수 있다.

포찰도연의 인맥을 따라 구처기는 많은 여진 귀족들과 접촉했다. 포찰도연은 일찍부터 구처기를 스승으로 모시려고 했다. 그러나 구처기는 매번 "아직은 때를 기다려야 합니다."라고 거절했다 포찰도연은 조급해서 죽을 지경이었다. 하지만 감히 구처기를 재촉하지는 못했다.

그런 와중에 포찰도연의 어머니는 매일 그에게 결혼을 재촉했다. 그는 할 수 없이 깊은 산속의 오래된 동굴을 찾아 산열매를 따먹으면서 수련을 시작했다. 세습 귀족이 이런 생활을 기꺼이 했으니 그의 의지가 얼마나 확고한지 알 만하다. 정성이 지극하면 어떤 어려움도 극복할 수 있다. 때문에 1182년(금나라 세종 대정 22년)에 구처기는 포찰도연을 정식제자로 받아들였다. 포찰도연이 전진교에 가입한 것은 여진 귀족들에게 폭탄을 던진 것이나 다름없었다. 특히 종교탄압의 시기에 포찰도연의 입교는 전진교 전도에 신천지를 열어주었고 수도에서는 구처기의 명성이 퍼져나갔다.

섬서 농주 부근의 견양(현재 섬서 천양현) 동쪽에 있는 석문石門의 경치가 매우 좋아 구처기는 여기에 전진당을 짓고 포찰도연에게 주지를 맡겼다. 많은 도인들이 피난을 와 의탁했고 고관대작들이 몰려와서 도를 물으니 석문이 떠들썩했다. 포찰도연의 집은 명문가였기 때문에 관청에서 감히 손댈 사람이 없었다.

금나라 조정이 종교를 억압하는 와중에도 섬서 종남산 조암을 중심으로 전진교는 독보적인 활동을 계속해 나갔다. 마치 추운 겨울에 향기로운 매화 한 떨기가 고고하게 피어있는 것과 같았다.

마단양 역시 섬서의 조암에서 여러 해 동안 전도했기 때문에 그의 명성도 세상에 널리 알려져 있었다. 그래서 신도들은 그가 산동으로 돌아가서 전진암을 새롭게 보수할 것을 알고 그가 와서 도법을 전하기만을 기다렸다.

당시에는 섬서의 조암이든 산동의 전진암이든 포교하는 것이 조심스러웠지만 도의 전파를 멈추지는 않았다. 물론 다른 교파나 문파는 감히 이렇게 하지 못했다.

노자를 시조로 삼아 번성한 도가의 부류는 매우 많지만 대체적으로 크게 두 파로 나뉜다. 첫째는 단정파丹鼎派이고, 둘째는 부록파符籙派다.

도교는 전반적으로 자연을 숭상하고 하늘의 이치를 따르며 오행을 역행한다. 인체를 소우주小宇宙로 간주하고 우주, 산, 강, 호수, 바다, 해, 달, 별, 기후, 절기, 팔괘, 오행, 경도, 위도, 방위 등은 인체와 밀접한 관계가 있다고 여긴다. 중의학中醫學은 수도자의 신체에 대한 연구에서 비롯되었기 때문에 도가에서는 수도에 성공한 사람은 자연히 의학에도 정통해야 한다고 생각한다. 도가의 의학은 반드시 중의학의 최고 경지여야만 한다. 중의학에서 가능한 의학적 방법은 도가의학에도 모두 있다. 그리고 중의학에서 불가능한 의학적 방법도 도가의학에서는 가능하다. 도가의학의 몇몇 수법은 내공과 외력의 도움을 필요로 한다.

단정파丹鼎派는 내단과 외단에 주력한다. 외단外丹은 외부의 솥[鼎器]에 단약을 '끓여서'[燒制] 만든 단약이다. 그리고 이것을 먹으면 인체에 어떤 작용이 일어난다. 내단內丹은 자신의 몸을 솥으로 삼아 내단을 끓여 만든 것으로, 이것을 만드는 이유는 신체가 속세를 벗어나는 소위 초탈超脫을 추구하기 위함이다. 왕중양 조사가 전한 전진교는 내단 수련을 주장한다.

부록파符籙派에는 오두미도五斗米道, 태평도太平道 등이 있다. 이 부파들은 부적과 주문을 통해 병을 고치고 사람들이 서로 돕는 것, 종교의식 등을 중요시한다. 그중 '오두미도'는 일명 천사도天師道라고도 하는데, '오두미도'나 '태평도'는 모두 정치에 관여했다. 장로張魯는 삼국 시대에 '오두미도'를 이용해서 한중(현재 섬서 남부)에서 정권을 세우고 30년 동안 할거했다. 동한 말기에 장각張角은 태평도를 이용해 유명한 '황건적의 난'을 일으켰다.

왕중양 조사가 전한 전진교는 내단파에 속하며, 천인합일天人合一 성명쌍수性命雙修를 중요하게 생각한다. 자신의 신체수련뿐만 아니라 세상에 들어가 품행을 수련하는 것을 중요시하는 것이다. 그는 불교의 《심경》과 유교의 《효경》, 그리고 《도덕경》을 수련의 필수 과목에 포함시켜 삼교합일을 주장했다. 마음을 청정하게 하고 욕심을 적게 갖는 것, 또한 욕심과 욕망이 없는 속에서 자신의 본성을 추구한다. 왕중양 조사의 전진교는 육신의 영생을 추구하는 것이 아니라, 내단內丹을 연마해 양신陽神을 갖고 육체를 벗어나 삼계三界로 날아오르는[飛界] 것을 목표로 한다. 왕중양 조사에서 마단양까지의 단계는 기본적으로 출세世 수련을 위주로 한 것이다.

구처기는 왕중양 조사의 의발을 계승했지만 좀 더 깊은 생각을 가지고 있었다. 어린 나이에 부모를 여의고 도처를 떠돌아다니며 중생을 구제하겠다는 생각으로 도를 공부했는데, 전란으로 인해 의지할 데 없는 백성들을 보면서 그의 마음은 매우 아팠다. 이것이 바로 그가 수도에 깊이 매진하게 된 이유였다. 전진 7자 중 구처기가 백성의 고통을 덜어줄 생각이 가장 간절했다. 도교는 무위無爲를 중시하지만 구처기의 '무위'에 대한 생각은 한층 더 깊은 차원이었다. 구처기는 1만 권의 책을 읽고 문화와 지식을 갖춘 사람이었다. 따라서 그는 역사 연구를 통해 도가와 도교는 순수한 '무위'가 아니라고 생각했다. 또한 출세 수련도 순수한 출세를 위한 것이 아니며 어떤 종교도 사회를 떠날 수 없다는 것을 알게 되었다. 그는 하늘의 뜻을 따라 세상과 백성을 구하는 것이 도의 근본이라는 결론을 내렸다.

1182년 손불이는 하남 낙양 선고동仙姑洞에서 제자들에게 도를 강의하다 시를 읊었다.

악고握固를 하고 수련하니 수화水火가 조화롭다.
만 갈래의 번쩍이는 빛 속에서 자라나니 삼관三關이 마주쳐 스며든다.
신선의 즐거움에 빈번하게 머물러 항상 제호醍醐의 술을 마신다.
묘약을 만드니 순식간에 구전단사九殿丹沙를 이룬다.

그리고 그녀는 "나는 오늘 돌아갑니다. 여러분이 부지런히 수련하고 음덕을 쌓으면 언젠가는 다시 만날 것입니다."라고 했다. 그녀는 말을 마치자마자 앉은 채로 떠났는데 옷 한 벌만이 방석 위에 남아 있었다.

손불이가 앉은 채로 임종할 때 향기로운 기운이 사방에 가득했다. 마단양은 당시 영해에 있었는데 하늘을 보니 선녀가 채색구름을 타고 날아가고 있었다. 선녀는 마단양을 내려다보면서 "제가 먼저 봉래蓬萊[14]로 갑니다."라고 했다. 마단양은 기뻐서 크게 웃었다.

손불이는 64년을 살았고 왕중양 조사의 내단 사상을 계승하여 《손불이원군전술도비서》孫不二元君傳述道祕書, 《손불이원군법어》孫不二元君法語를 저술했다.

마단양은 1183년(금나라 대정 23년)에 선종했다. 마단양은 전진교의 발전사에서 매우 중요한 역할을 했으며, 과거를 계승해 미래를 창조하는 발전의 토대를 마련했다. 그는 시와 글이 수려했고 침구요법에도 능해서 중국 침구 분야의 시조가 되었다.

마단양은 61세까지 살았다. 그의 저서 《동현금옥집》洞玄金玉集은 모두 10권으로, 시가 1천여 수에 달한다. 대부분 속세를 떠나 색과 공을 모두 여의고 청정무위와 성명쌍수 수련을 주장하는 내용들이다. 이 저서들 이외에도 《신광찬》神光璨 등이 있다. 특히 《마단양천성십이혈병치잡병가》馬丹陽天星十二穴併治雜病歌는 침구계의 경전이자 학습교재로 전 세계에 널리 전해져 있다.

마단양의 계획에 따라 담처단은 산동 전진암에서 주지의 소임을 맡게되었다. 담처단은 주지를 맡고 싶지 않았지만 사형의 명을 거스를 수 없었기 때문에 열심히 전진암을 관리해서 전진교가 계속 이어지도록 힘을

---

14 신선이 살고 있는 곳.

쏟았다.

유처현은 청루에서 나왔고 음욕을 단련하니 온몸이 홀가분했다. 그는 담처단을 찾아가서 산수를 즐기기도 하고 한편으로는 도를 강의하면서 법을 베풀어 세상 사람들을 구했다. 마단양의 계획에 따라 유처현은 담처단을 도와 전진암을 관리했다.

왕처일은 철사산에서 9년 동안 수련을 해서 성공했다. 그는 제노^{齊魯}를 왕래하며 도를 강의하고 병을 치료해 사람을 구했다.

어느 날 왕처일이 어떤 마을을 지나가다 사람들로 가득한 커다란 집에서 울음소리가 터져 나오는 것을 들었다.

"영감님, 저희를 버리고 가시면 안 됩니다!"

"아버님, 이렇게 일찍 가면 안 돼요!"

"백부님, 어제도 괜찮지 않으셨어요?"

왕처일이 집안에 들어서자 마당 중앙에 커다란 붉은 관이 놓여 있는 것이 보였다. 한 무리의 사람들이 상복을 입고 매우 슬퍼했다.

그러나 왕처일이 기를 관찰해보니 집안에는 죽은 사람이 없었다.

사람들은 모두가 슬픔에 잠겨 있느라 왕처일이 먼 친척인 줄 알고 아무도 그를 상관하지 않았다. 왕처일이 윗방에 들어서자 한 노인이 침대 위에 누운 채 몸에 노란 천을 걸치고 얼굴에는 백지가 덮여 있었다. "왜 산 사람을 보고 슬퍼하고 있소?"라며 왕처일은 크게 웃었다.

"당신은 어느 쪽 친척인가요? 예도 갖추지 않고 감히 웃다니요!"

그를 본 노부인이 화를 냈다. 보아하니 죽은 사람의 아내인 듯했다.

왕처일은 조금도 무안해하지 않고 죽은 사람의 얼굴에서 백지를 떼어내고 그를 부축해서 일으켜 세웠다. 그는 죽은 사람의 등 뒤에서 내력을 사용해 큰 소리로 "염라대왕이 허락하지 않는다."고 일갈했다.

죽은 사람이 큰 기침을 하자 입에서 가래가 튀어 나왔고 그는 크게 소리치면서 "숨이 막혀! 숨이 막혀 답답해 죽겠다. 너희들은 뭐하는 짓들이냐?"고 화를 냈다.

노인은 집에서 가슴이 답답해서 잠시 혼절했는데 가족들이 장례절차에 대해 의논하는 말을 듣고 매우 화가 나 있었다. 그러다 노인은 심지어 자신이 살았는지 죽었는지 스스로도 분간할 수 없어 혼란스러웠다.

노인은 침대 위에서 손으로 자신의 허벅지를 힘껏 눌러보니 반응이 왔고 아직 살아 있다고 생각했다. 그는 왕처일의 발밑에 털썩 주저앉아 자신을 구원해준 은혜에 감사를 표했다.

이런 사실이 퍼져나가자 신의神醫 왕처일은 제노 지방에서 명성이 자자해졌고, 그를 찾아 진료를 청하는 사람들이 끊이지 않아 수도에까지 그 이름이 전해졌다.

학대통 역시 전도를 하고 사람들의 병을 고쳤다. 병을 치료하는 것은 도인에게는 단지 하나의 능력일 뿐이다. 그러나 전란의 시대에 아무리 대단한 능력이 있다고 해도 무엇을 할 수 있겠는가? 많은 도인들은 전도를 통해 백성의 마음과 몸을 치유하고 고통을 해결하는 데 힘썼다.

종교를 믿는 사람은 크게 세 종류로 나뉜다. 하나는 돈과 권세가 있는 사람으로, 그들은 신의 가호를 받는다고 느끼면서 그 가호가 영원하기를 구한다. 둘째는 재난을 당해 임시로 부처의 발목을 잡고 매달리는 사람이다. 셋째는 순수한 신앙을 추구하는 사람이다.

국가도 마찬가지다. 나라가 태평하고 백성이 안정된 시대에는 종교에 관용을 베푼다. 이때 통치계급은 종교에 대해 자신감이 있고 때로는 종교를 편애하기도 한다. 국가가 혼란에서 통일되는 과정에서는 때때로 종교에 의지한다. 이때 종교는 신앙이 아니라 도구로 쓰인다. 한편, 국가가 통일에서 분열로 가는 과정이라면 통치자는 종교가 국가멸망을 가속화시킬

까 봐 두려워한다. 나라가 곧 무너질 것 같은 때에 종종 신에게 절을 하는 것을 소위 '임시로 부처의 발목을 잡는다'고 표현한다.

금나라 조정도 이처럼 종교에 대한 태도가 여러 번 번복되었다.

1187년(금나라 대정 27년), 세종이 중병에 걸리자 대신들은 왕처일에게 진찰을 받아보라고 건의했다. 금나라 세종은 왕처일이 전진교 사람이고, 당시는 각종 종교를 탄압하고 있는 상황이었기에 고민을 했지만 결국 신하들의 건의를 받아들였다.

궁궐은 폐쇄적인 곳이므로 세종의 발병 소식은 대외적으로 알려지지 않았고 단지 몇 명의 심복들만 알 수 있었다. 그러나 황제가 며칠 동안 조정에 나오지 않으면 대신들은 그 이유를 추측할 수 있다. 조정은 표면상으로는 질서정연해 보이지만 사람마다 각자 자신의 계획을 마음속에 품고 있는 곳이기도 하다.

황제가 부르자 왕처일은 부득이 궁으로 가야만 했다. 하나는 전진교를 위한 것이고 다른 하나는 구처기에게 기반을 만들어 주기 위함이었다.

후궁에서 왕처일은 황제를 만났다. 이때 세종은 웅장하고 화려한 병상에 누워있었지만 그래봤자 병상일 뿐이었다.

"도인 왕처일은 황제를 알현하시오."

한 환관이 큰 소리로 외쳤다.

"자리를 내어 주어라."

세종이 힘없는 목소리로 말했다. 왕처일은 도사의 예의에 따라 앉았다.

"모두들 왕처일 도사가 신의神醫라고 말하는데, 용체龍體(황제의 몸)를 검사해 보시오."

환관이 명령하는 어투로 말했다.

왕처일이 앉자마자 그의 신광神光은 일찌감치 세종의 몸 안으로 들어가 체내의 상태를 명명백백하게 관찰했다.

"여러분들은 어떻게 생각하시나요?"

왕처일이 고개를 돌려 어의御醫에게 물었다.

"황상께서는 밤낮으로 수고하시어 몸이 허약하시니 큰 보충이 필요합니다."

어의는 긴장된 표정으로 말을 했다. 그러자 "다시 보충하면 끝납니다."라고 말하면서 왕처일은 자리에서 일어났다.

"함부로 말하지 마시오."

환관은 왕처일을 책망했는데 황제에게 '끝난다'는 말은 금기어였기 때문이다.

"괜찮다, 괜찮아. 신의가 뭐라고 하는지 들어보자."

세종이 손사래를 쳤다.

"황상께 지금 가장 중대한 문제는 보충이 아니라 누설입니다."

왕처일은 일찌감치 면밀히 검사를 했기 때문에 세종의 정精이 결손되고 사기邪氣가 충만하다는 것, 또한 보충이 남용되다 보니 음양의 균형이 맞지 않음을 알게 되었다.

"그럼 어떻게 사기를 빼어냅니까?"

환관이 물었다.

"황제를 일으켜 앉혀드리시오. 저에게 방법이 있습니다."

왕처일은 이미 마음속으로 계획을 세우고 있었다.

세종이 침대에서 일어나 앉았고 왕처일은 세종의 뒤에 앉았다. 그는 두 손을 황제의 등에 대고 몸속의 냉기와 습기 등 사기邪氣를 몰아냈다.

한 줄기 따뜻한 기운이 퍼져나가 황제의 온몸으로 흐르니 갑자기 몸에 힘이 실리는 것을 느꼈다. 사기를 몰아낸 후 왕처일이 진기를 세종의 체내에 넣자 황제는 갑자기 기력이 나서 기운이 살아나는 것을 느꼈다.

반 시간도 안 되어 세종은 활력이 생겼고 땅바닥에 발을 딛고 서서 고개를 저으며 허리를 흔들었다.

"좋아, 좋아. 살아 있는 신선이야. 짐이 많은 것을 비로소 알게 됐다."

황제는 기뻐했다.

"사소한 수고인데 황상께서 과찬을 하십니다."

왕처일은 다시 바닥으로 내려앉았다.

"신선이 이렇게 수고를 해주는 것은 짐을 크게 돕는 것이다. 말해 보아라. 어떤 상을 원하는가?"

"폐하의 옥체에 탈이 없으시면 됩니다. 저는 걸식을 하는 사람이라 갖고 싶은 것도 없고 필요한 것도 없습니다."

왕처일은 빈부귀천에 대한 구분은 없지만 오늘 만큼은 전진교를 위한 계획이 있었다.

"어떻게 이것이 가능한가. 짐은 너에게 상으로 은 10만 냥을 주고 비단 10만 필을 주려고 하는데, 어떠하냐?"

"폐하, 저는 출가인으로 욕심과 욕망이 없습니다. 정말 아무것도 필요 없습니다."

"이거 봐라, 이거 봐. 살아 있는 신선을 좀 봐라!"

세종은 매우 감동했다.

"황상께서 이제 몸에 탈이 없으시니 빈도는 물러가겠습니다."

왕처일은 일어나 몸을 공손히 굽혔다.

"신선! 상이 필요 없으면 며칠만 더 머물러 주시오, 짐이 성의를 다 하겠소."

세종은 매우 간절했다. 그는 왕처일 앞에서는 황제로서의 위상을 높일 수 없었다. 세종은 왕처일을 계속 자신의 곁에 두고 몸을 돌보고 싶었다.

"그렇지만 빈도는 자유롭고 구속이 없는 사람이니 궁전에 머물지 않습니다."

왕처일은 세종의 생각을 다 읽고 있었다.

"그럼 좋다. 명을 내리겠다. 왕처일 도인은 수시로 황궁을 출입해서 짐을 친견하도록 하라."

세종은 수도에 있는 천장관天長觀을 왕처일에게 하사하고 그가 사용하도록 했다. 그 천장관은 원래 전진의 제자가 지었지만 관청에 몰수되었는데, 이제 다시 전진으로 돌아온 것이다.

왕처일은 수도에서 두 달여 만에 세종에게 작별을 고했다.

"빈도에게는 노모가 계시는데 보살필 사람이 없으니 이제 황상과 작별하고 집에 가서 효도를 해야 합니다."

"노모의 연세가 어떻게 되는가?"

"90세입니다."

"뭐라고?"

세종은 깜짝 놀랐다. 그 시대에는 오륙십 세를 사는 것도 장수하는 것인데 하물며 90세까지 살았으니 가히 놀랄 일이었다.

"노모는 신선이 보호하는데, 짐은 누가 보호해 주겠는가?"

세종의 얼굴이 수심에 잠겨 있었다.

"황상께서는 하늘이 보우해 주십니다."

"살아 있는 신선을 떠나보내자니 짐은 마음이 편치 않다."

"세상에 도의道醫를 할 줄 아는 사람은 저만이 아닙니다."

"혹시 왕 신선보다 더 강한 사람이 있는가?"

"우리 전진 7자는 각자가 의술에 정통합니다. 구처기는 황상과 매우 가까운 곳에 있고, 유처현 역시 황상과 멀지 않은 곳에 있습니다."

"구처기에 대해서는 짐이 진작부터 들었지만 아직 만나본 적이 없다."

"황상께서 부르시면 올 것입니다."

이렇게 해서 왕처일은 구처기에게 전진의 기반을 닦도록 만들어 주었다. 사형 마단양의 명을 받들어 담처단과 유처현 역시 구처기가 마땅히 이 일을 수행할 수 있도록 했다.

1188년(금나라 대정 28년)에 세종은 수도에 있는 금란전으로 구처기를 불렀다. 그때 구처기의 나이는 40세였다.

"듣자 하니 당신이 왕처일 신선과 동문이라고 하던데?"

"예, 폐하."

"귀하의 도법이 왕처일 신선 위에 있는가?"

"아닙니다. 빈도는 비록 여러 해 동안 수도했지만 깊지 못합니다."

"짐이 영생장수하려면 어떤 것부터 시작을 해야 한다고 보는가?"

모든 황제들은 자기 수명에 관심이 많았다.

"폐하께서는 천하를 돌보느라 온갖 업무가 많으시니 근심이 깊으십니다. 밤에는 비빈을 즐겁게 해드릴 일도 많은데 이것도 정기를 해칩니다. 정, 기, 신이 서로 어울려서 지켜져야 보명장수할 수 있습니다."

구처기가 세종의 기를 관찰해보니 이미 색이 소실되어 정기가 단절되었고, 기는 짧고 내부가 비었다는 것을 알 수 있었다.

"어의가 많은 보약을 지어주는데 신선이 생각하기에 어떤가?"

"폐하께는 양생이 필요할 뿐이지 보양은 아니라고 생각합니다."

구처기가 꿰뚫어 살핀 세종의 몸 상태는 이미 어떤 것도 받아들일 수 없는 지경이었다.

"왕처일 신선도 그렇게 말을 했다. 그러나 짐이 왕 신선으로부터 진기를 얻고 즉각 몸이 좋아졌는데 그것은 무엇 때문인가?"

"왕처일 사형의 진기가 폐하의 막힌 경락을 뚫어 원기를 배양했기 때문에 폐하가 몸에 병이 없어졌다고 느끼신 것입니다."

"짐에게 다시 진기를 넣어줄 수 없겠느냐?"

구처기는 어쩔 수 없이 세종에게 진기를 불어 넣었지만 외력만으로는 세종의 근본적인 문제를 해결할 수 없다는 것을 잘 알고 있었다. 세종은 갑자기 신이 맑고 기가 시원해지는 것이 느껴져 대단히 기뻤다.

"자, 자. 구처기 신선에게 은 10만 냥과 도포 한 벌을 하사하겠다."

구처기는 돈 10만 냥은 사양하고 도포만 받았다. 그는 황제가 하사한 이 도포를 이용하여 '비바람'을 막을 수 있다는 것을 알고 있었다.

세종은 천장관을 보수하라는 명령을 내려 천장관에 여동빈, 왕중양, 마단양의 신상을 만들고 구처기가 천장관에 머물면서 자유롭게 황궁을 드나들게 했다. 조정에서 전진교를 인정하는 조서를 내리지는 않았지만 세종이 왕처일과 구처기를 부름으로써 전진교의 합법성을 인정해주는 셈이 되었다. 또한 이 상황은 구처기가 전진교의 수장이라는 위상을 드러내는 계기가 되었다.

세종은 구처기가 떠나는 것을 여러 번 만류했지만 반년 후 그는 수도를 떠나 섬서의 조암 주변에서 전진교를 더욱 발전시킬 준비를 했다. 구처기는 하남을 경유해서 휘현(현재 하남 휘현), 맹현(현재 하남 맹주), 낙양 등에 다시 도관을 건립하고 신도를 모집했다.

1189년 정월에 세종이 사망했다. 그의 아들 완안윤공完顏允恭은 이미 1185년(금나라 세종 대정 25년)에 세상을 떠났기 때문에 손자 완안경完顏璟이 금나라 황제인 장종章宗으로 즉위했고 당시 그는 22세에 불과했다. 금나라 장종이 즉위함에 따라 남송 황제의 권력에도 변화가 생겼다. 1164년 금나라와 남송 사이에 체결된 〈융흥화의〉隆興和議의 규정에는 금나라 황제를 숙부로, 남송의 황제를 조카로 삼는다는 내용이 있다. 이때 남송의 황제 효종은 63세였는데, 그는 22세인 금나라 장종을 숙부로 부르는 것을 견디지 못해 아들 조돈^{趙惇}에게 양위를 했다. 조돈은 송나라 광종으로 즉위했고, 효종은 태상황제에 올랐다.

금나라에서는 황손이 황제로 즉위했기 때문에 완안경은 숙부들이 그의 통치에 위협이 될 것을 염려했다. 따라서 권력의 견제와 균형에 주력하기 위해 다시 종교를 탄압하게 되었고 구처기는 핍박을 받고 동쪽으로 돌아갔다.

그러나 이제 조정의 이런 행태도 서민들의 마음속에 이미 자리 잡은 전진교에 영향을 미치지 못했다. 구처기는 여도안^{呂道安}을 계속 조암의 주지로 두고 제자 필지상^{畢知常}을 파견해서 여도안을 돕게 했다. 마단양의 제자 교잠도^{喬潛道}와 이충도^{李沖道}를 산서^{山西} 임분으로 보내 전도의 시기를 기다리게 했다.

1191년(금나라 장종 명창 2년) 구처기는 제자 조도견^{趙道堅}, 소현^{蘇鉉}, 우통청^{于通清}을 거느리고 동쪽으로 갔다.

구처기는 금나라 세종이 그에게 하사한 도포를 입고 혼란에 처해도 놀라지 않고 침착했으며 돌아오는 도중에도 도를 전했다.

산동은 전진교의 본거지로 1167년부터 왕중양 조사, 마단양 조사, 담처단 조사, 손불이 조사, 왕처일 조사, 유처현 조사, 학대통 조사 등이 차례로 이곳에서 전도를 해오면서 도의 기반이 깊어졌다. 구처기 일행은 도의 고향으로 돌아와 백성들의 환영을 받았다. 서하현^{栖霞縣}에서는 백성들이 자발적으로 구처기 부모의 분묘를 수리하고 구처기에 대한 존경과 추앙을 표시했다.

구처기가 서하로 돌아온 이유는 첫째, 부모에게 제사를 지내고, 둘째는 고향의 어른들에게 답례를 하는 것이 목적이었다. 구처기는 젊었을 때 부모님이 모두 돌아가셔서 그의 마음속에는 부모의 모습이 하나도 없었다. 구처기는 '나는 어디서 왔는가?'라는 질문에 대한 해답을 애타게 찾아왔고 거의 일생동안 그 해답을 얻고자 기원했다.

구처기는 서하에 커다란 토목공사를 일으켜 태허관太虛觀을 건설했다. 기둥과 대들보를 채화로 장식하니 기세가 웅대했다. 여기는 이후 30년 동안 전진교의 본거지가 되었고, 구처기는 30년 동안 이곳에 머물렀다.

이 외에도 구처기는 산동의 여러 지역에 도관을 세우고 전도를 하며 도교 의식인 재잠齋醮을 거행했다.

1197년(금나라 장종 승안 2년)에 내우외환 중에 있던 금나라 장종은 다시 종교의 힘을 빌리기 위해 왕처일과 유처현을 차례로 불러들여 전진교에 대한 금지를 완전히 해제했다. 이로써 전진교는 북방도교에서 가장 흥성하고 발전한 종파가 되었다.

제5장

일곱 문파가
한 줄을 이끌다

왕중양은 전진 7자인 마단양, 구처기, 담처단, 유처현, 학대통, 왕처일, 손불이에게 도를 전수했다. 이들은 도를 이룬 후에 각 문파를 세웠다.

마단양은 우선파遇仙派, 구처기는 용문파龍門派, 담처단은 남무파南無派, 유처현은 수산파隨山派, 학대통은 화산파華山派, 왕처일은 유산파喻山派, 손불이는 청정파淸淨派 등을 창설했다.

비록 전진 7자가 각각 문파를 창건했지만 모두 전진교의 하부 지파다. 각 문파의 제자들은 자기가 속한 문파에만 얽매이지 않았다. 이들은 문파를 가리지 않고 전진 7자의 제자들이라면 모두 자기 제자처럼 아꼈다. 그래서 이들은 제자를 다른 문파의 사부에게 보내기도 하고 다른 문파의 제자를 받아들이는 경우도 있었다.

전진 7자 가운데 마단양이 가장 많은 제자를 양성했다. 구처기는 수행에 바빠 제자를 대동하는 일이 드물었다. 마단양은 많은 제자를 양성해서 구처기 문하로 보냈지만 구처기가 견고한 기초를 수립할 수 있도록 자신의 해박한 학문을 드러내지 않았다.

구처기가 용문파를 창시한 것은 전진도에서 가장 중요한 일이며, 용문파는 전진도에서도 가장 흥성한 지파다.

구처기 조사가 용문동에서 수련할 때 마단양은 자신이 받아들인 두 제자 조구고와 필지상을 구처기에게 보내 스승으로 모시게 했다. 구처기 조사의 몇몇 중요 제자들을 소개하면 다음과 같다.

조도견趙道堅(1163~1211). 그의 본명은 조구고趙九古, 도호는 허정자虛靜子다. 사람들은 그를 허정 선생이라고 부른다. 조도견은 금나라 말기와 몽골의 원나라 시기에 전진교에서 중요한 인물이다. 생전에 구처기의 가장 귀한 제자였고, 스승이 선종한 후 용문파에 의해 초대 대율사大律師로 추앙되었다.

조도견은 송나라와 금나라 황실의 혈통을 겸비한 세도가의 집안에서 태어났다. 아버지는 치주淄州(현재 산동 치박)의 태수太守였다가 이후 평량平涼(현재 감숙 평량)의 동지同知로 오게 되었다. 금나라는 북송을 멸망시킨 후 일부 북송의 관리들을 받아들였다. 조도견의 부친 역시 북송의 관원이었으나 왕조가 바뀐 후 금나라에서 관리로 있었다.

조씨 집안에 송나라 황제의 혈통이 있는 것은 황제의 성이 조씨이기 때문이다. 그러면 금나라 황족의 혈통은 왜 있을까? 고대 두 나라는 혼인을 외교 수단으로 삼았기에, 금나라 장종의 어머니는 송나라 휘종의 딸이었다. 그렇기에 금나라 황제와 송나라 황제는 혈연관계인 것이다. 이 두 나라의 숙부와 조카의 관계도 혈연관계다.

조도견은 어릴 때부터 타고난 자질이 맑고 조용하며 풍채가 기이했다. 도교의 경전을 읽고 깨달음을 얻으려 노력했고 특히 노자와 장자를 즐겨 읽었다. 본래 성격이 내성적인 데다 세상은 '허망하다'는 생각을 가지고 있었다.

조도견에 대해 설명하려면 전진교의 공법功法(기타 교파에도 있지만 다른 종류)인 현화지공顯化之功과 현현지공顯現之功을 말하지 않을 수 없다.

'현화'顯化를 글자로만 풀이하자면 '현'顯자는 비교적 이해하기 쉽고 두 가지 의미가 있다. 하나는 밝음, 즉 광명이고 다른 하나는 표현하는 것, 즉 나타내 보임[顯示]이라는 의미다. 반면 '화'化자는 좀 복잡하고 현묘해서 억지로 설명한다면 '그림'으로 해석할 수 있다. 도교에서 이것은 일정한 공법을 통해 특정한 대상을 '형상화'하는 것을 말한다. 종합하면 '현화'顯化는 특정 환경에서 공법을 수행하는 자가 특정 인물이나 사건을 형상화해서 볼 수 있게 하는 도교적 공법이다. 도교의 현화지공顯化之功은 '생전이나 사후를 포함해서 이미 일어난 일과 미래의 일을 영화를 보듯 보여줄 수 있는 것'이다. 동화제군東華帝君이신 왕현보王玄甫 선인 때부터 도교는 각기 다른 인연에 따라 현화지공을 펼치며 도를 증험했고 전도의 목적을 달성했다.

'현현'顯現과 '현화'顯化의 구별은 '현'現자와 '화'化자의 구별에 있다. '현화'는 자기나 타인의 일을 '영화'처럼 보여주는 것이고, '현현'은 공법을 수행하는 사람이 자기의 모습은 변하지 않지만 말과 행동은 타인의 것이다. 양자는 수련 방식과 표출 방식에서 큰 차이가 있다.

'현화'의 공을 수련하는 방법은 《태을금화종지》에 자세히 나와 있지만 '현화'의 공을 수련하려면 '법法, 결決, 밀密'이 있어야 한다. '법, 결, 밀'은 전진교 최고의 비밀이며 책으로 남길 수 없고 오직 스승으로부터 구전을 통해 마음으로만 받아들일 수 있다. 도교나 기타 종교의 '비밀'은 모두 말로 전해져서 마음으로 수용하는 것이므로 책에는 기록할 수가 없다.

조도견은 마을에서 도인 최양두崔羊頭가 도행을 한다는 말을 듣고 그를 스승으로 모셨다. 최양두는 조도견에게 부엌일을 맡겼는데, 매일 밤 5~7 회 밥을 짓도록 명했다. 매번 새로운 맛으로 바꾸도록 했고 많이 먹지도 않았고 많이 짓지도 못하게 하여 그는 밤새 잠을 잘 수가 없었다. 이런 일이 3년 동안 이어졌지만 조도견은 아무런 불평이 없었다. '오히려 마음이 공손해지고 교만한 기색이 조금도 없어' 사람들은 그를 봉率 선생이라고 했다.

조도견은 천성이 총명하고 근기가 깊었다. 그는 이미 '현화'의 공을 조금 배웠기 때문에 최양두가 이러한 방법으로 자기를 시험하는 이유는 진심으로 가르칠 마음이 없기 때문이라는 것을 알았다. 최양두는 조도견의 생각을 읽고 1179년(금나라 대정 19년)에 그를 마단양의 문하로 가도록 추천했다.

마단양 문하에 이르러 조도견이 다시 '현화'의 공을 펼쳐보니 자신의 스승은 마단양이 아니고 그보다 훨씬 젊은 도사라는 것을 알게 되었다.

조도견은 연공이 매우 힘들었고 즐겁지 않았다. 마단양은 조도견의 속마음을 알고 어느 날 조도견을 찾아가 마음을 터놓고 이야기했다.

"심정이 어떠냐? 말해 보거라."

마단양이 미소를 지으며 말했다.

"제가 어찌 감히……."

"사내대장부가 빙빙 돌려서 말하지 말고."

마단양은 여전히 웃고 있었다.

"제 스승님이 아니신 것 같아요."

조도견이 굳은 표정으로 대답했다.

"맞다!"

마단양은 크게 웃었다. 조도견은 자기가 무엇을 맞췄는지도 잘 몰랐다.

"너의 사부는 누구냐?"

마단양은 웃으며 조도견을 바라봤다.

"스승님보다 훨씬 젊고 멋집니다. 아니……, 스승님만큼 멋집니다."

조도견은 구처기의 형상을 묘사했다.

"나는 너의 사부가 누군지 안다."

"그분이 누구십니까?"

조도견은 눈이 휘둥그레졌다.

"서두를 필요 없다. 수련을 잘하고 있으면 내가 만나도록 해주겠다."

마단양은 이 말만 남기고 웃으며 일어났다.

이듬해, 마단양은 종남산으로 돌아와 17세의 조도견에게 용문(현재 섬서 농현 서북)에 가서 구처기를 스승으로 모시도록 했다. 조도견은 드디어 '꿈속'에서 본 진짜 사부를 만났다. 구처기도 이 제자를 매우 좋아해서 도견道堅이라고 이름을 바꿔주었다.

구처기는 일찍이 반계에서 힘들게 수련을 할 때 〈견지〉堅志라는 시를 쓴 적이 있다.

도를 향한 나의 극진한 마음은 견고하고,
오래전부터 단경丹經에 탄복했다.
동굴에 은거해 19세에 종적을 감추었고, 3천 리를 떠돈다.
정이 없으면 꿈속의 고향에 가지도 못하고,
포부가 있으면 반드시 사물 밖의 신선이 되어야 한다.
만일 복이 적고 마장魔障이 두터우면
반드시 순서대로 빈틈이 없이 수련해야만 배움에 도달할 수 있다.

그만큼 구처기가 조도견의 이름을 지어준 의미는 깊다.

구처기를 따르는 동안 조도견은 스승을 '성심성의껏 공경하고 제자의 예'를 지켰으며 각별히 인정을 받아 청허자연의 비법[清虛自然之秘法]을 전수받

왔다. 용문에서 돌아와 은거를 하면서 수도를 하던 중에 그는 일찍이 구처기를 따라 연나라에 도착해 도를 전했고, 또한 '평량平凉'까지 왕래'했다. 이 시기에 그는 평량을 찾아가 어머니를 찾아뵙거나 유랑하며 전도했다. 《금개심등》金蓋心燈 제1권과 《용문정종각운지도통신전》龍門正宗覺雲枝道統薪傳에도 그가 '서북로를 7년간 다니며 유민 20여만 명을 안정시켰다'고 기록되어 있다.

1186년에 조도견은 구처기를 따라 종남산 용문파 본거지에 도착했다. 1188년 구처기가 금나라 세종 완안옹完顏雍의 부름에 따라 금나라 중도中都(현재 북경)로 가자 조도견은 왕중양 조사의 친구인 이영양李靈陽을 스승으로 섬겼다. 조도견은 현화지공顯化之功에 몰두했다. 그가 '현화지공'을 통해 보니 사부인 구처기의 '현화지공'이 아직 단련되지 않았음을 알게 되었다. 그런데 다른 한 사람의 '현화지공'은 이미 무르익었다는 것도 발견했다. 어느 날 그는 금나라 중도에 가서 사부에게 물어보았다.

"사부님, 우리 조종祖宗의 현화지공은 연마하기 어려운 것 아닙니까?"

조도견이 조심스럽게 질문을 했다.

"어렵지 않다!"

구처기가 가볍게 대답했다.

"그럼 사부님은 왜 그렇게 오랫동안 단련했는데 못 배우셨습니까?"

조도견은 말이 지나치다고 생각되었지만 이미 뱉은 말은 주워 담을 수 없었다.

"사부에게 그 무슨 말버릇이냐!"

"제가 말을 잘못했습니다."

"아니다. 나는 정말 아직 배우지 못했다! 나도 네가 마음이 급해서 빨리 현화지공을 배우고 싶어 한다는 것을 안다. 다만 내가 너에게 일러주고 싶은 말은 물이 흐르면 자연히 개천을 이루는 법이니 조급해서는 안 된다는 것이다. 도가에서 가장 중요하게 여기는 것은 자연에 순응하는 것이다. 만일 그렇지 않으면 한 면만 돌아보다 다른 면을 놓치게 된다."

구처기는 제자를 설득했다.

"그래도 저는 마음이 급합니다. 사부님은 오래 사실 수 있지만 저는 사부님을 따라갈 수 없습니다."

"허튼소리 하지 마라!"

금나라 명창 2년(1191년) 조도견이 구처기를 따라 동쪽으로 돌아가 산동 서하의 태허관太虛館으로 가는 도중 액성(현재 산동 내주)을 지날 때였다. 구처기는 조도견에게 유장생을 찾아가 보라고 했다. 유장생은 조도견이 '현화지공'으로 발견했던, 현화지공이 무르익은 바로 그 사람이었다. 구처기는 조도견에게 유장생을 스승으로 모시도록 했다.

1년 후 조도견의 '현화지공'이 완성되자 구처기는 조도견에게 서하로 돌아와 경적전교經籍典敎를 관장하는 문시文侍를 맡겨 사실상 구처기를 보좌하도록 했다. 그 이유는 조도견이 문필과 서예가 출중하고 오랜 수련 경력으로 이미 상당한 경륜을 갖추어서 명성과 위상도 높아졌기 때문이었다.

조도견이 스승을 따라 서하에서 은거하는 동안 전체 중화대지의 정치형세에 큰 변화가 생겼다. 몽골제국이 건국되어 금나라를 침공해 중도를 점거하고 화북지방 깊숙이 침투한 것이다. 그러자 구처기가 있던 산동은 몽골, 금나라, 남송의 각축지가 되었다. 전진도는 이때 북방에서 영향력이 비교적 컸기 때문에 각 방면의 세력들이 인재를 모으기 위해 경쟁하는 대상이 되었다.

이지상李志常(1193~1256). 그는 금나라 말기, 원나라 초기에 유명한 전진교의 도사다. 자는 호연浩然이며, 낙주(현재 하북 영년) 사람이다. 후에 개주관성(현재 산동 범성)으로 이주했다.

이지상은 어릴 때 부모를 여의고 큰아버지 손에 자랐다. 그런 점이 구처기의 유년기와 비슷해 그는 스승인 구처기와의 관계가 각별했다. 구처기의 많은 제자 가운데 유독 이지상만이 구처기를 아버지처럼 생각하며 부사父師라고 불렀고, 《장춘진인서유기》長春眞人西遊記도 집필했다. 구처기가 사적인 감정으로 가장 아끼고 좋아한 제자도 이지상이었다.

이지상은 유년 시절부터 취미가 고상했고 혼자 있는 것을 좋아했다. 큰아버지와 큰어머니는 이지상이 외로워할까 봐 자신의 아이보다 더 세심하게 신경을 썼다. 그런 정성 덕분에 이지상은 부모를 잃은 슬픔에서 빨리 벗어났지만 다른 아이들과 노는 것은 별로 좋아하지 않았다. 이지상은 늘 조용한 곳에 앉아 하늘의 별을 보곤 했다. 그는 부모님이 하늘에서 자기를 지켜볼 것이라고 생각했고, 자기도 미래에 하늘의 어떤 별에 속한 사람이 될 것이라고 생각했다. 때로는 자기가 텅텅 빈 우주에 녹아 있는 것 같다는 생각도 했다. 그는 별이 총총 떠 있는 하늘을 바라보며 부모와 대화를 나누었다.

'착한 아이야, 우리가 널 사랑하지 않는 게 아니야.'

그가 텅 빈 곳을 마주하면 귓가에서 소리가 들렸다.

"그럼 왜 그렇게 일찍 저를 떠나셨나요?"

이지상은 간절한 마음으로 물었다.

'그것은 우리가 결정할 수 있는 게 아니다.'

"그럼 누가 결정하는 건가요?"

'명命 중에는 정수定數가 있다.'

"명에 있는 정수는 무엇입니까?"

'네가 묻는 것은 우주의 비밀인데, 우린들 어떻게 알 수 있겠니? 그건 아마 도道일 것이다.'

"도가 뭐예요?"

'도는 우주의 비밀이다.'

"이것이……."

광대한 우주를 보고 종잡을 수 없는 인생을 마주하면서 이지상은 속세를 떠나 공문空門(해탈문)으로 들어가 우주의 비밀을 탐구하고 싶었다.

시간이 흘러 이지상은 가정을 꾸릴 나이가 되었다. 19세가 되던 해에 큰어머니가 그와 혼인시킬 사람을 찾아 나서자 이지상은 큰일이라고 생각했다. 그는 어쩔 수 없이 큰아버지와 큰어머니에게 그동안 길러주신 은혜에 감사하다는 짧은 글을 써놓고 야밤을 틈타 도망치기로 했다.

두 분이 잠든 창밖에서 이지상은 무릎을 꿇고 머리를 세 번 조아렸다. 간단하게 짐을 꾸려 집을 나서긴 했지만 어디로 가야 할지 몰랐다. 그는 먼저 산동의 뢰산牢山(현재 노산)으로 간 뒤에 천주산天柱山(안휘 안경시에 위치)의 선인궁仙人宮으로 갔다. 그는 선인궁의 선인이 우주의 신비를 알려줄 것이라고 생각했다.

선인궁에 머물며 그는 잡일을 시작했다. 이 젊은이는 오직 묵묵히 일만 하면서 궁에서 먹고 살았다. 궁중의 도인들도 그를 외부인으로 생각하지 않았기 때문에 곧바로 선인궁의 일원이 된 것이다.

이럭저럭 선인궁의 사람들과 이지상은 친숙해졌다. 이지상은 총명해서 말없이 궁의 주인이 그를 찾아오기를 기다렸다. 어느 날 주인이 정말 그를 찾아왔다. 궁의 주인은 이 젊은이가 며칠 머물다가 떠날 줄 알았는데 그럴 마음이 없다는 것을 알고 몇 가지를 물어보기로 했다.

"젊은이, 왜 이 선인궁에 왔는지 말해보게."

궁의 주인은 수염을 꼬면서 말했다.

"사부님, 부모님이 왜 저를 낳으셨는지 알고 싶습니다. 저는 어디에서 왔습니까? 저는 어디로 갑니까? 이 세상에서 제가 해야 할 일은 무엇인가요? 제가 뭘 할 수 있겠습니까?"

이지상은 그동안 궁금하던 것을 다 물었다. 주인은 이 젊은이가 삶에서 어려운 일을 겪고 선인궁에서 잠시나마 마음의 위안을 얻기 위해 온 줄 알았는데 이런 생각을 하고 있다는 것을 알고 놀랐다.

"젊은이가 놀랍군, 젊은이가 놀라워!"

궁주는 연거푸 찬탄을 했다.

"사부님께서는 하루 종일 독경을 하시고 수행을 하시니 제가 어떻게 해야 이런 문제를 해결할 수 있는지 알려주십시오."

이지상은 탐구하려는 마음이 간절했다.

"나는 너의 사부가 될 수 없다. 그 문제를 해결하려면 너는 다른 사람을 찾아가야 한다."

궁주는 이 젊은이가 마음에 들었지만 자기의 수준에는 한계가 있다는 사실을 숨기지 않았고 젊은이의 공부가 지체될까 염려했다.

"선인궁에서 선인을 못 찾습니까?"

이지상은 이상했다.

"선인궁은 선인을 찾을 수 있기도 하고 찾을 수 없기도 하다."

궁주는 어떤 생각에 잠긴 듯했다.

"그럼 저는 어떻게 해야 합니까?"

"구처기 신선을 찾아가라. 그분이 너의 스승이다."

이지상은 궁주에게 무릎을 꿇고 절을 하면서 그의 조언에 감사했다.

1218년에 구처기는 등주(현재 산동성 연태시 모평구)에서 내주(현재 산동 내주)로 옮겼는데, 이지상은 그 전에 구처기를 만나러 갔다.

"무릎을 꿇어라."

이지상은 구처기를 만나자 그 자리에서 어찌할 바를 모르고 멍하니 서 있었다. 구처기는 한 번도 제자들에게 무릎을 꿇린 적이 없었는데 유독 이지상과는 너무 늦게 만난 것을 아쉽게 생각했다.

이지상은 '쿵' 하고 무릎을 꿇었다.

"사부님!"

이지상은 눈물을 흘렸다.

"나는 너의 스승이 아니다."

구처기의 눈에는 아버지와 같은 사랑이 배어 있었다.

"아버지."

이지상은 정말 총명했다.

"나는 너의 아버지가 아니다."

구처기는 여전히 자상하게 이지상을 바라보았다.

"부사父師님."

이지상은 간절한 마음으로 바닥에 머리를 세 번 조아렸다.

"좋아, 부사라니 좋다."

구처기는 비로소 고개를 끄덕였다.

구처기는 슬하에 자식은 없지만 제자는 많았다. 그중 혈육의 정으로 관계가 승격된 사람은 이지상 한 사람뿐이었다. 이지상은 이때부터 아버지 스승父師의 곁을 떠나지 않았고 구처기도 이지상을 정성을 다해 가르쳤다. 이 때문에 또 다른 대제자 윤지평尹志平의 질투를 받을 정도였다.

윤지평尹志平(1169~1251). 그는 금나라 말기, 원나라 초기의 전진교 도사다. 자는 대화大和(또는 태화太和)이고, 산동 내주 사람이다.

윤지평은 어려서부터 총명하고 예리하며 사교에 능해 모든 일을 순조롭게 이루는 사람이었다. 그는 구처기의 다른 제자들과는 달랐다. 다른 제자들이 도를 배우는 데 전념했다면 윤지평은 장래에 전진교의 장문인掌門人이 되려는 뜻을 가지고 있었다. 윤지평은 전진교의 제3세대 인물이다. 전진교의 3세대를 보면 구처기의 서행西行을 따르는 출중한 21명의 제자(사서에 기재된 것은 18명의 제자)들이 있다. 도를 행하는 데 있어서 우열을 가리자면 조도견에 비길 사람이 없으니 당연히 그가 제일이었다. 그 다음이 송도안宋道安, 그 다음은 윤지평이었다. 기록에 윤지평의 글이 가장 많기 때문에 그의 인지도가 높았고 후대에 명성이 더 많이 전해진 것이다. 어떤 이는 윤지평이 구처기 조사의 의발을 받았다고 하지만 실제로 구처기 조사의 의발을 받은 것은 조도견이다. 조도견이 용문파 제1대 대율사大律師라는 것에는 논란의 여지가 없다.

이 비밀은 용문파의 족보인 백자배百子輩에 기재되어 있다.

윤지평은 어린 시절부터 도를 배우려고 했지만 그의 부친이 반대했다.

윤씨 집안은 당시 현지의 큰 가문이었고, 윤지평의 아버지는 아들이 장래에 공명을 얻어 관직에 오르기를 바랐다.

마단양이 조암祖庵에서 고향으로 돌아가 전도를 하던 때 여덟 살 윤지평은 아버지 몰래 전진암으로 찾아갔다. 자식을 잃어버린 줄 알았던 아버지는 아들을 찾다가 전진암에 있다는 것을 알고 윤지평을 데려와 매로써 다스렸다. 그러나 상처가 나은 윤지평은 다시 전진암으로 갔다. 이때부터 윤지평과 아버지는 전진암에서 숨바꼭질을 했다. 부친은 전진암이 낯설었지만 윤지평은 전진암을 손바닥 보듯 훤히 알고 있었기 때문에 아버지는 며칠이 지나도 아들을 찾지 못했다.

결국 윤지평의 부친은 바닥에 주저앉아 울기 시작했고 아버지의 뜻을 거스르는 것은 불효라고 했다. 윤지평은 이후 '반드시 남들보다 두각을 나타내서 비록 왕후장상의 명성은 남기지 못하더라도 청사에 이름을 남길 것'이라는 말을 부모님께 전해 달라고 부탁했다.

전진교 일곱 명의 제자는 각각 다른 특기를 가지고 있었다. 유처현은 현화지공顯化之功, 학대통은 상술相術(관상술), 무쇠다리 왕처일은 신통神通을 가지고 있다. 윤지평은 신통을 배우고 싶었다. 마단양에게 5년을 공부한 윤지평은 유처현 문하에서도 공부하고, 이어서 학대통과 왕처일을 따르며 배웠다. 그는 전진 7자 중 다섯 명을 스승으로 둔 제자였다. 사부들은 그를 훈련시킬 때 모든 것을 다 가르치지는 않았지만 총명한 윤지평은 하나를 가르치면 열을 깨달았다.

구처기의 수련은 헤아릴 수 없이 깊어서 자타가 공인하는 전진교의 장문掌門이었기 때문에 윤지평은 자연히 구처기 문하에 있게 되었다. 이는 미래에 그가 장문을 이어받기 위한 것이고 어릴 적 뜻을 이루는 길이기도 했다.

송도안 역시 전설적인 인물인데 역사기록에는 태어난 날짜와 사망일자가 나와 있지 않다. 송도안은 진정한 은사隱士로서 사람들은 그가 구처기보다 몇 살 어리다는 것 외에 다른 것은 알지 못했다. 그는 구처기 조사를 수행하며 서행을 한 제자들 중 가장 나이가 많았다. 그는 구처기 조사가 서거하자 짧은 기간 동안 전진교의 장문 소임을 맡았다가 곧바로 은거하기 위해 떠났다. 이후로 그는 사람들의 시야에서 완전히 사라져 진정한 은거생활을 했다. 생사를 초탈해서 아무런 걱정 없이 명리를 따지지 않는 것이 그가 진정으로 추구하는 것이었다. 나이나 학식을 막론하고 전진교의 3대 제자 중 한 사람인 송도안을 존경하지 않는 사람이 없었다.

송도안은 박식하고 기억력이 뛰어나서 문·무 모든 방면에 재능이 있었다. 특히 도교 의식인 재잠齋醮과 의례 등에서는 견줄 사람이 없었다. 구처기의 제자 가운데 송도안의 이름에 있는 '도道'자는 많은 것을 의미한다. 절대 다수의 제자들은 이름에 도道자를 쓸 자격이 없었다.

송도안은 구처기의 충실한 추종자로 서행길에서 타인의 힘을 빌리지 않고 여러 번 도교의식을 직접 수행했다. 서행으로 가는 전도의 여정에서 송도안의 공이 가장 컸다.

송덕방宋德方(1183~1247)의 자는 광도廣道, 호는 피운披雲, 내주 액성(현재 산동 액현) 사람이다. 송덕방은 비록 산서 출신은 아니지만 일생 동안 주로 산서의 진晉에서 활동했고 그곳에서 전진도교를 전파하는 데 큰 영향을 미쳤다. 그의 종교 이론과 실천은 진 지역의 3가지 문화와 유기적으로 구성된 것이다. 송덕방은 어려서 말을 배우면서부터 독서를 좋아했고 한 번 본 것은 결코 잊어버리지 않았다. 유교와 도교의 경전인 역경, 노자, 중용, 대학, 장자 등의 서적을 독파하고 시, 문장, 글, 역사 등을 읽기 좋아했을 뿐만 아니라 책 속의 도리를 설명하는 능력이 대단했다.

열두 살이 되던 해 그는 갑자기 '사람이 죽지 않아도 되느냐'고 어머니에게 물었다. 이에 어머니는 대답을 할 수 없었고, 송덕방이 거듭 질문을 하자 어머니는 '신선 유 진인에게 가서 물어보라'고 답했다.

다음날, 열두 살 송덕방은 무관으로 유처현을 찾아갔다. 유처현은 송덕방의 눈빛이 맑고 용모가 수려하며 말투가 범상치 않은 것을 보고 매우 흐뭇했다. 송덕방은 당시 나이가 어려서 유처현은 그의 어머니에게 동의를 얻은 후 그를 곁에 두고 직접 가르치며 애지중지했다. 송덕방이 더 빨리 성장할 수 있도록 유처현은 송덕방을 사형인 왕처일에게 보내 조련시켰다. 전진교의 가풍은 이랬다. 좋은 싹을 만나면 전진 7자는 교파를 구분하지 않고 제자를 가르쳤다.

스승의 명을 따르며 공부하던 송덕방은 유처현이 선종한 후 태허관으로 가서 구처기를 스승으로 삼았다. 송덕방이 찾아오자 구처기는 두 분의 사형이 그를 제자로 기른 데에 감사한 마음이 들었다. 《도장》道藏을 개

편하는 것이 구처기의 오랜 염원이었다. 송덕방이 오자 구처기는 오랫동안 마음에 걸려 있던 걱정 하나가 없어지는 듯했다. 당시 구처기는 《도장》을 개편해야 하는 사명을 수행할 상황이 아니었기 때문에 송덕방이 나타나자 그가 바로 이 일의 적임자라고 생각했다. 그래서 그는 송덕방을 가르치는 데 진심을 다했다. 물론 송덕방도 자신에게 주어진 사명에 매진해서 이후 도교 역사에 기록될 만한 위대한 공정을 완성한다.

이영양李靈陽은 전진 7자의 반열에 오르지는 않았지만 그와 왕중양은 사제이자 친구 관계였다. 이영양은 왕중양으로부터 가르침을 받았고, 왕중양은 제자들에게 그를 사숙師叔으로 부르도록 했다.

이영양은 과묵하며 도학이 깊었고 명예나 이익을 좇지 않았다. 왕중양이 선종한 후 마단양, 구처기, 담처단, 유처현이 유장촌에 가서 3년 상을 치를 때 이영양도 유장촌에 가서 그들과 동행했다. 이 기간 동안 이영양은 자기가 배운 도를 제자들에게 전수했다. 이후 전진 7자는 그에게 제자들을 보냈고 이영양은 이들에게 도를 전하며 전진교 발전에 중요한 역할을 했다.

비록 구처기가 서쪽으로 주유하는 길에 함께하지는 않았지만 중원에서 전진교의 발전을 위해 다방면에서 크게 힘쓴 사람들도 매우 많았다.

필지상畢知常은 구처기가 용문동에서 수련할 때 마단양이 보낸 제자 중한 명이었다. 필씨 가문은 섬서 건주(현재 섬서 함양시) 예천의 대부호였다. 마단양이 유장촌에서 3년 상을 치르는 기간 동안 필씨 가문의 네 형제는 마단양에게 의탁했다.

마단양은 그 와중에도 구처기의 수행에 관심을 기울였다. '현화지공' 및 서신 왕래 등으로 구처기의 수련을 세심하게 지도했을 뿐만 아니라 조구고, 필지상 등을 용문에 있는 구처기의 문하로 들여보냈다. 그 이유는 첫째, 구처기와 학업을 지속하여 완성하고, 둘째, 구처기의 생활을 돌볼 수 있으며, 셋째, 구처기의 후일 활동을 위한 인재를 키우기 위함이었다.

필지상은 산에 올라가 나무를 해서 밥을 지었다. 구처기의 옷가지를 깨끗이 빨고 생활을 질서정연하게 꾸렸다. 필지상은 세밀하고 진지하기 때문에 구처기는 필지상을 조암을 관리하는 여도안에게 보내 조력하게 했고, 이에 필지상은 전심전력을 다했다. 필지상이 오면서 구처기는 수련에 더 많은 시간을 할애할 수 있었고 전진교의 발전에 대한 심도 있는 구상을 할 수 있었다. 이렇게 전진교의 발전을 위해 한 사람 한 사람이 각자의 역할을 다했다.

1184년(금나라 세종 대정 24년) 구처기는 또 천 리를 뛰어넘어 달려온 애제자 우선경을 받아들였다.

우선경于善慶은 산동 등주 사람이며, 마단양과 같은 고향 출신이다. 우선경의 조부 우언승于彦升 역시 산동의 대부호로 평소 선행을 베풀고 마단양과 친분이 있었다. 마단양이 섬서에서 산동으로 돌아와 전도를 할 때 17세의 우선경이 와서 그의 설교를 들었다. 마단양이 살펴보니 우선경은 골격이 맑고 수려했으며 기질이 속세를 벗어나 있어 매우 좋았다. 우선경의 조부가 우언승이라는 것을 알고 즉시 우선경을 제자로 받아들였다. 마단양은 우선경에게 정성을 쏟았다.

마단양이 선종한 후 유처현과 왕처일이 달려와 장례를 주관했을 때 두 사람은 동시에 우선경이 마음에 들었다. 유처현과 왕처일은 평생 동안 전수받은 학문을 모두 우선경에게 전했고, 그에게 섬서의 구처기를 사부로 모시도록 했다.

19세가 되던 해 우선경은 섬서 종남산의 조암으로 왔다. 당시 이영양은 조암에 있었고 우선경에게 한차례 교육을 한 후 그를 먼저 감숙 평량의 최양두에게 보내 공부하도록 했다. 몇 개월 후 우선경은 비로소 용문에 가서 구처기를 만났다. 구처기는 우선경이 마단양, 유처현, 왕처일, 이영양, 최양두 등으로부터 두루 도를 전수받은 것을 알고는 매우 기뻐했다. 구처기는 자신이 훗날 중요한 임무를 수행하기 위해서는 급히 인재를 양성해야 했기 때문이다. 그리고 우선경을 사형인 담처단에게 보내 공부하도록 했다. 그만큼 전진교의 사부들은 우선경에게 심혈을 기울였다. 구처기 옆으로 돌아온 우선경은 이미 수도의 초기 단계가 완성되었고 구처기는 우선경이 더욱 발전할 수 있도록 도왔다. 구처기는 우선경과 포찰도연이 짝을 이뤄 수행하도록 했고, 아울러 그의 이름을 우지도于志道로 개명했다.

1205년에 우지도于志道는 수도에 성공을 하고 산동의 서하에 도착해 구처기에게 인사를 했다. 구처기는 우지도가 성공한 것을 알고 유달리 기뻐했다. 며칠간 함께 지낸 후에 구처기는 우지도를 다시 섬서로 돌려보내 전도를 하도록 했다. 그 후 수십 년 동안 우지도는 섬서와 산서에서 전도를 하면서 많은 제자를 양성했으며, 금나라 초기와 몽골 후기의 통치자들은 모두 우지도를 숭배하고 공경했다. 그는 그렇게 전진교의 전파에 중요한 역할을 했다.

1250년, 우지도는 섬서의 조암에서 85세의 나이로 선종했다.

이때는 전진교의 북칠진北七眞의 명성이 자자했고 3대째 제자들도 배출되었다. 전진 7자는 각각 문파를 창건했지만 당파에 편견이 없었을 뿐만 아니라 전진교의 발전을 위해 모두 힘을 모아 제자들을 양성했다. 이는 전진교가 비약적으로 발전할 수 있었던 좋은 토대가 되었다. 친형제 간에도 갈등이 있는 것이 흔한 일인데 일곱 명의 의형제가 도道를 둘러싸고 이렇게 긴밀하게 단결했다는 사실은 실제로 전무후무한 일이었다.

제6장

추살령을 멈추고 생명을 살리다

모든 왕조의 제왕이 처음부터 어리석은 것은 아니다. 일단 통치계급이 향락을 탐하고 자신의 안일만을 추구하면 백성의 안위를 돌보지 않게 된다. 그리고 통치 권력을 지키는 것이 궁극의 목표가 되면 결국은 정권이 바뀌게 된다.

금나라 세종은 일찌감치 금나라의 쇠락을 알아차렸다.

1167년(금나라 세종 대정 7년) 세종의 생일날 황실에서는 연회를 크게 열고 대신들과 각국의 사절단을 초대했다. 남송의 황제도 당연히 성대한 규모의 사절단을 파견해서 축하했다. 여진족은 말을 잘 타고 활을 잘 쏘는 민족이므로 연회에서는 당연히 활쏘기 공연이 준비되었다. 말이 공연이지 사실은 금나라와 남송의 시합이었다. 그 목적은 금나라의 위풍을 과시하면서 남송의 기백을 꺾는 데 있었다.

여진족의 최대 강점이라고 할 수 있는 활쏘기 시합은 남송에게는 불공평했다. 그런데 이 불공평한 게임이 오히려 세종의 뒤통수를 호되게 후려치는 사건이 되었다.

"다음 순서로는 황상의 흥을 돋우기 위한 활쏘기 공연이 있으니 용사들은 입장하여 주시기 바랍니다."

의전관이 크게 소리를 질렀다.

그의 고함소리와 함께 여진용사와 남송 대표들은 두 줄로 서서 입장했다. 저마다 불룩 튀어나온 배를 내민 여진용사들은 얼굴에 웃음을 띠고 남송 대표들을 비웃는 눈초리로 바라보았다. 남송 대표들은 무표정했지만 마음속으로는 분노가 치밀었다.

"시작!"

의전관이 명령을 내렸다.

금나라와 남송은 각 10명씩 궁수를 파견해서 경기 규칙에 따라 한 명이 화살 5개씩을 쏘았다. 그 종합 성적으로 승패가 결정되었다.

남송의 궁수들은 겸손한 태도였지만 화살을 쏘는 데는 조금도 소홀함이 없어 모두 명중시켰다. 여진병사들은 남송 대표들이 화살을 모두 명중시키는 것을 보고 놀라서 그들을 무시하던 기세가 꺾였다. 그래서 누구도 먼저 나서서 화살을 쏘려 하지 않고 미루었다. 그러나 황제가 현장에 있었기 때문에 경기장을 떠날 수도 없어 긴장한 상태로 화살을 쏘았다.

여진 용사들은 원래 활을 쏘면 백발백중이었다. 그러나 지금은 예전 같지 않았다. 그들의 건장한 체격은 살찐 돼지 같은 모습으로 변해버렸다. 여진용사들이라면 당연히 말을 타고 활을 쏘는 것이 기본이지만 지금은 미녀들과 노는 데만 정신이 팔려 있었다.

열 명의 여진병사가 각각 5발씩 모두 50발을 쏘았는데 고작 7개만 명중시켰을 뿐이었다. 세종은 깜짝 놀랐고 기가 막혔다.

"그럼 노래와 춤 공연을 펼치겠습니다."

의전관은 황제가 언짢아하는 것을 보고 서둘러 활쏘기 시합을 끝냈다. 원래는 남송의 체면을 납작하게 눌러놓을 것이라고 생각하고 상품으로 금은보석을 잔뜩 준비해 놓았지만 수상식은 대충 생략했다.

100명의 미녀들이 몰려들어 허리를 비비 꼬고 긴 소매를 뒤집으며 춤을 추자 귀족들은 즐거워서 탄성을 질렀다. 세종 역시 춤을 감상했지만 사실은 미녀를 고르는 게 주된 목적이었다.

그러나 세종의 표정이 점점 흐려지자 환관은 얼른 황제의 곁으로 달려가 눈치를 살폈다.

"이 노래와 춤은 모두 한족의 것이군. 어째서 여진의 노래와 춤은 없는가?"

세종은 매우 불쾌했다.

"황상, 이번에 준비한 것은 모두 한족의 노래와 춤입니다."

세종은 화가 났다.

"어째서 그랬는가?"

금나라를 건국한 이후 무사들은 공을 세워 전답을 나누고 상을 받았다. 그러자 향락에 빠져 말을 타고 활을 쏘는 일은 뒷전이 되었다. 여진족은 남하한 후에 한족들과 섞여 살았다. 초원민족은 이처럼 거대한 사회를 관리하는 데 필요한 경험과 인재가 부족했기에 달리 방법이 없었다. 따라서 송나라 조정의 관리였던 사람들이 여전히 남아서 업무를 수행했다.

양국 간에 가장 비교되는 것은 문화 수준이었다. 왕조는 쉽게 바뀌지만 한족은 수천 년의 문화가 축적되어 있었다. 우수한 문화는 반드시 낙후된 문화를 집어삼키게 되어 있다. 그렇게 금나라는 한족의 문화에 물들게 되었다.

1189년 금나라 세종이 승하하자 황손인 완안경完顔璟이 즉위해서 장종章宗이 되었다. 금나라 장종은 권력을 승계한 후 종교를 탄압하는 것 외에 자신의 정권을 공고히 할 수 있는 방법을 모색했다. 이때 장종의 마음을 두렵게 한 존재는 숙부들이었다. 장종은 숙부들을 통치에 활용할 수 있는 방법을 모색하기보다는 그들을 제거하는 데에 더욱 골몰했다. 기회란 기다리면 찾아낼 수 있는 것이고 노력하면 성공하게 마련이다.

1191년에 장종의 어머니가 임종을 하자 장종의 큰아버지 영중永中과 작은아버지 영성永成이 늦게 도착했다. 이것이 장종에게는 기회였다.

"영중, 영성 두 분이 알현합니다."

환관이 황제에게 고했다.

"필요 없다. 당신들은 이 황제가 안중에도 없는가?"

장종의 분노가 하늘을 찔렀다.

"그들은 소식을 늦게 들었다고 합니다."

환관이 아뢰었다.

"늦었으면 그냥 늦었다고 해라. 변명은 필요 없다."

장종은 화를 누그러뜨리려 하지 않았다.

환관이 물러가려고 하자 장종은 "아마 그들의 집사가 늦게 전한 것 같은데 그렇다면 두 집안의 집사들을 불러다가 그들 앞에서 곤장 30대를 때리도록 하라."고 명했다.

두 왕가에 이 말이 전달되고 숙부들 앞에서 집사들은 곤장 30대를 맞았다. 몽둥이가 집사의 엉덩이를 내리칠 때마다 두 숙부는 자신들이 뺨을 맞은 듯 무참했다. 장종은 두 사람에게 한 달 치 녹봉을 깎는 벌을 내렸다.

이듬해 장종이 이른바 숙부들이 사는 마을에 왕부王傅와 울관蔚官 등을 설치해서 견제하자 대신들은 불만이 컸다. 금나라 조정은 이미 한마음 한뜻이 아니었다. 남송의 진회秦檜는 천고 제일의 간신이었지만 금나라 조정에도 그런 사람이 적지 않았다. 어떤 사람이 금나라 장종에게 황제의 숙부 정왕윤鄭王允이 역모를 꾀하려고 한다는 내용의 밀서를 전달했다.

또 백부인 호왕鎬王 영중은 지난번 벌을 받은 후로 황제에 대한 원망이 가득하다고 했다. 장종은 겉으로는 밀서를 쓴 사람에게 화를 냈지만 속으로는 기회가 왔다고 기뻐했다.

황숙 정왕윤과 두 아들, 비와 여동생이 사약을 받고 죽었다. 백부 호왕 영중 역시 사약을 내려 죽였고, 두 아들은 사약을 받을 자격조차 없어 집에서 죽임을 당했다.

그들의 식솔들도 모두 무사할 수 없었다.

정권이 안정되었지만 장종의 생활은 오히려 위태로워졌다. 원비元妃 이씨가 대신들과 결탁해서 조정의 정치를 장악했고 금나라는 멸망을 향해 한 걸음씩 나아갔다.

금나라 장종이 즉위하자 송나라 효종은 어쩔 수 없이 태자 조돈趙惇에게 양위를 했고, 그가 바로 송나라 광종光宗이다. 남송의 경우에도 광종의 황후 이봉랑李鳳娘이 권력을 휘둘렀다. 금나라와 남송이 마치 약속이나 한 듯 이씨 여인들에게 권력이 넘어가 망했으니 기막힌 우연의 일치라고 할 수 있다.

송나라 광종은 천성적으로 유약한 전대미문의 공처가였다. 조돈이 황제가 되자 이봉랑은 당연히 기뻐했지만 자신의 아들을 황제로 만들고 싶은 야망이 더 컸다. 그녀는 태상황제인 효종을 찾아가서 자신의 아들 조괄趙括을 태자로 정해달라고 부탁하기로 했다.

"부황父皇께 문안드립니다."

궁중의 의례에 따라 공적인 일이 있다면 광종이 아버지 효종을 만나러 갔어야 하지만 이봉랑은 그런 의례 따위는 아랑곳하지 않았다.

"일어나라. 무슨 일이냐?"

효종은 며느리가 자기를 직접 찾아온 것을 보고 깜짝 놀랐다.

"부황, 황손 조괄은 품행과 학업이 모두 뛰어나니 태자로 세워야 하는 것 아닙니까?"

이봉랑은 곧바로 찾아온 이유를 말했다.

"그것은……."

효종은 이봉랑이 이런 일 때문에 자기를 찾아올 줄은 꿈에도 몰랐다. 그는 며느리의 행동이 과하다고 생각했다.

"부황께서는 혹시 다른 사람을 염두에 두고 계십니까?"

이봉랑은 효종이 대답을 머뭇거리자 화가 났다.

"여자는 국정에 참견하지 말아라. 이 일은 나중에 다시 얘기하자."

효종은 이봉랑을 쫓아내라고 했다.

이봉랑은 궁으로 돌아와 한바탕 분풀이를 한 후 궁녀에게 광종을 찾아가 이 중대한 일을 알리도록 했다.

얼마 지나지 않아 광종이 그녀에게 왔다. 눈물을 흘리며 노발대발하는 이봉랑을 보고 황제는 감히 말을 붙이지도 못했다.

"황후께서는 무슨 일로 그러하오. 짐은 아직 조정에서 업무를 보는 중입니다!"

광종은 기다리다 못해 말을 건넸다.

"황위가 끝장나게 되었는데 조정 업무를 볼 일이 뭐가 있어요?"

이봉랑은 울음을 그치고 황제를 힐책했다.

광종은 비록 무능했지만 황위는 그에게 생명보다 더 중요했다. 황위가 끝장나게 되었다는 말을 들은 그는 벼락을 맞은 것 같았다.

"태상황제께서 다시 황위에 오르신답니다."

이봉랑은 거짓말로 광종을 현혹시켰다.

"정말이오? 그럼 나는 어떻게 하지?"

광종은 공포에 질렸다.

"앞으로 큰일이든 작은 일이든 모두 저와 상의하셔야 합니다. 지금 황제에게 믿을 만한 사람이 어디 있습니까?"

이봉랑이 본론으로 돌아왔다.

"좋소, 황후. 앞으로 짐은 무슨 일이든 당신과 의논하겠소. 황위만 잃지 않는다면 어떤 일이든 상관없소."

광종은 두근거리는 가슴이 가라앉지 않았다.

고대에 삼궁육원三宮六院[15]은 황제의 표준이다. 그러나 이봉랑의 주장에 따라 광종은 '일부일처제'를 지켰다. 이는 이봉랑이 정한 것이 아니라 광종이 스스로 시행한 것이다.

어느 날 희고 윤기 있는 손을 가진 궁녀가 광종에게 칭찬을 받았다. 이 일이 이봉랑에게 전해져 큰 소란이 벌어졌다. 광종이 밥을 먹고 있는데 이봉랑이 달려왔다.

"황후, 무슨 일로 오셨소?"

"물론 중요한 일이지요."

"황후는 앉아서 말씀하세요."

"괜찮습니다, 제가 황상께 음식을 하나 더 드리겠습니다."

이봉랑은 뒤에서 상자를 들고 있는 궁녀에게 상자를 식탁 위에 놓으라고 했다. 환관이 다가와 조심스럽게 상자를 열자 안에는 하얗고 섬세한 두 손이 들어있었다. 그것을 본 광종은 먹던 음식을 토하기 시작했고 두려워서 몸을 떨었다.

이봉랑은 외모가 빼어나고 매혹적이었지만 시간이 지날수록 광종은 이봉랑의 성격이 무서웠다. 한편 귀비貴妃 황씨는 온화하고 자상했으며 그녀의 품에서는 광종도 온기를 느낄 수 있었다. 그런 낌새를 눈치 챈 이봉

15　황제가 처첩을 많이 두는 것을 의미함.

랑은 매우 엄격하게 그녀를 관리했다. 그래도 황제는 때때로 황후의 눈을 피해 황 귀비를 볼 수 있었다. 이봉랑은 황 귀비를 처리할 계획을 세우고 때를 기다렸다.

어느 날 황제는 궁 밖으로 나가서 제사를 지내야 했다. 황제는 당연히 이봉랑에게 같이 갈 것을 청했다.

"황후, 궁 밖으로 나가 제사를 지내려고 하니 같이 나갑시다."

"저는 몸이 불편해서 황상을 모시지 못할 것 같습니다. 휴! 일찍 가서서 일찍 돌아오세요. 그래도 서두르지는 마시고 혹시 저녁에 당일로 돌아오지 못하시면 하루 머물러도 됩니다."

이봉랑이 광종에게 이렇게 다정하게 말하는 것은 처음이었다.

"밤에 거기서 머물러도 된다고?"

광종은 이봉랑이 화를 낼까 봐 걱정하며 그녀를 떠보았다.

"서두르지 마세요. 황상이 몸을 잘 돌보실 수 있다면 저는 안심할 것입니다."

이봉랑은 광종에게 미소를 지어보였다.

광종은 기쁜 마음으로 출궁해서 궐 밖의 조묘祖廟에서 제사를 지냈다. 황제가 출궁하는 것을 보고 이봉랑은 지체하지 않고 계획을 실행했다. 그녀는 수하들에게 몽둥이를 준비하게 하고 저녁에 황 귀비를 손보기로 작정했다.

황 귀비는 세상과 경쟁할 줄 모르는 여인이었다. 그녀는 남들과 전혀 다투지 않고 질투도, 경계하는 마음도 없었다. 수하의 어린 궁녀들도 서로 화목하게 지냈고 황후에게 도전을 하거나 무례하게 행동하지 않았다. 그러나 황 귀비에 대한 황제의 총애로 황 귀비는 목숨을 잃게 되었다.

황 귀비는 밤이면 조용히 후궁에 앉아 광종이 자신의 처소에 오기만을 기다렸다. 물론 그런 기회가 거의 오지 않을 것을 알면서도 기대를 했다. 그녀는 광종이 출궁하여 제사를 지내는 것도, 궁중에서 벌어지는 일도 전혀 알지 못했다. 사실 알고 싶지도 않았다. 다만 그녀는 자기가 귀비라는 신분을 잊지 않았고 황제가 자기를 필요로 할 때 최선을 다해 모실 생각밖에 없었다.

"황후께서 오십니다!"

한 궁녀의 목소리가 들려왔다.

황 귀비는 황제가 왔다는 것으로 잘못 듣고 황급히 영접을 했다. 그녀의 마음속에는 오직 황제만이 있었다.

"야, 이런! 황제를 기다리고 있었나 보구나!"

이봉랑은 자기를 반갑게 맞이하는 황 귀비를 보고 화가 치밀었다.

"아, 황후께서 오셨네요. 저는 황상인 줄 알았습니다!"

황 귀비는 솔직하게 말했다. 그녀는 누구에게도 비위를 맞출 줄 몰랐다.

"황 귀비는 죄를 아는가?"

한 환관이 큰 소리로 외쳤다.

"신첩이 무슨 죄를 지었습니까?"

황 귀비는 당황했다.

"황후를 뵙고 무릎도 꿇지 않고서 무슨 죄인지를 모른다고 하는가?"

환관이 큰 소리로 외쳤다.

"신첩의 죄를 알겠습니다."

황귀비는 당황해서 무릎을 꿇는 것도 잊고 있었다. 황 귀비는 급히 무릎을 꿇고 바닥에 엎드렸다.

"쳐라!"

환관의 말이 떨어지자 문밖에서 사람들이 몰려와 몽둥이로 황 귀비의 머리와 몸뚱이를 마구 내리쳤다.

"흥!"

그 모습을 본 이봉랑은 소매를 뿌리치고 가버렸다.

이렇게 황 귀비는 몽둥이에 맞아 죽었다. 이봉랑은 사람을 시켜 황 귀비의 시체를 멍석으로 말아서 궁궐 밖 들판에 내다 버렸다.

이튿날 광종이 제사를 지내고 돌아왔다. 그런데 궁중에 있는 사람들이 모두 황제의 눈을 피하는 것을 보고는 무슨 일이 일어났음을 알아차렸다. 황제는 황 귀비가 어제 저녁 황후에게 맞아 죽었다는 것을 알고는 혼절하고 말았다.

광종은 병이 나서 10일이나 침상에 누워 있었다. 정신은 혼미하고 눈빛이 흐리멍덩해졌다. 현대 의학으로는 중증의 우울증이라 할 수 있겠다. 이후 그는 국정을 더욱 멀리하게 되었다.

이봉랑은 황제가 황 귀비를 그토록 사랑했다는 것을 알고 더욱 화가 났다. 그녀는 잇달아 또 다른 후궁들을 다른 사람에게 개가를 시켜 내보냈다. 그녀는 이렇게 해서 일부일처제의 견고한 기초를 닦았다.

이봉랑이 후궁들에게 제멋대로 하는 것을 알고 화가 난 태상황제 효종은 그녀를 불렀다.

"부황께서 제게 무슨 일이십니까?"

이봉랑은 효종에게도 불손한 태도를 보였다. 자기 아들을 태자로 임명하지 않는 효종에게 앙심을 품은 것이었다.

"후궁后宮은 조정의 정치에 참여하지 않는 것이 우리 송나라의 규칙이니, 스스로 잘 처신하기 바란다."

"부황께 고합니다. 신첩은 단지 후궁들에 관한 일을 몇 가지 처리했을 뿐 감히 조정 일에는 관여하지 않았습니다."

"아녀자는 항상 선량한 마음으로 남을 대해야지 함부로 살생을 해서는 안 된다."

"부황께서는 저를 모함하는 말을 들으시면 안 됩니다. 황 귀비의 죽음은 신첩과는 무관합니다."

"장 귀비, 부첩호가 재가한 것도 너와 무관하냐?"

"부황께 고합니다. 그녀들이 아녀자의 도리를 지키지 않아서 신첩이 그렇게 가르쳐 행한 일입니다."

"네가 잘 알아서 처신해라!"

효종은 말로는 이봉랑을 당해낼 수 없었다. 이봉랑을 훈계하려고 했지만 오히려 이봉랑이 한 수 위였고, 효종은 화를 자초하게 되었다.

효종의 훈화는 또 다시 이봉랑을 자극했다. 광종이 병이 난 틈을 타서 그녀는 황제의 명을 거짓으로 전달했다. 그녀는 자기 가족들의 관직을 승격시켰는데 부모와 형제자매들, 사촌 형제자매들, 심지어 이씨 집안의 계집종들도 포함시켰다.

1194년 6월 28일(음력 6월 9일) 효종이 사망했다. 효종은 임종하기 전 아들을 보고 싶었으나 만나지 못했다. 이봉랑이 효종의 장례식에 광종이 참석하지 못하게 한 것이다. 이렇게까지 천리에 어긋나는 행동을 하니 결국 조정의 신하들도 격노하게 되었다. 종실의 조여우趙汝愚와 외척인 한탁주韓侂冑는 일찍부터 이봉랑의 행동에 분개하고 있던 차에 광종이 효종의 장례식에 참석하지 않자 광종의 퇴위를 강요했다. 광종은 황위를 아들 조괄趙括에게 양위했는데, 이 사람이 송나라의 영종寧宗이다. 그들은 후궁이 다시는 조정에 관여하지 못하도록 규정을 만들었다. 이봉랑은 이때부터 거처에 감금되어 조정에 나가지 못하게 되었다.

선과 악에는 모두 그에 맞는 인과응보가 있다. 이봉랑에게도 액운이 따르기 시작했다. 그녀는 남은 생을 공포와 외로움 속에서 버림받은 채 지냈다. 비록 고귀한 황후 신분이었지만 사람들은 그녀를 귀히 여기지 않았고 죽어서는 시체가 황야에 버려졌다.

이봉랑은 몰락했지만 남송 정권의 빛은 살아나지 않았고 조여우가 전권을 행사하기 시작했다. 황제가 가장 싫어하는 것은 신하들이 전권을 행사하는 것이다. 한탁주의 협조로 영종은 조여우의 관직을 파면했다. 그러자 적수가 없어진 한탁주가 전권을 휘두르기 시작했고 영종은 어쩔 도리가 없었다.

금나라와 남송의 상황은 피차일반이었다. 원래 두 조정 모두 궁지에 몰려 서로가 서로를 승복시키지 못했지만 한탁주는 자신의 위신을 세우기 위해 북벌을 주장했다. 1204년(금나라 장종 태화 4년, 남송 영종 가태 4년) 한탁주는 금나라에 항거해 싸운 악비를 사후에 악왕鄂王으로 봉하고, 한세충韓世忠을 위해 사당을 세워 제사를 지냈다. 또한 진회가 죽은 후 왕의 작위를 박탈했다. 그리고 평생토록 금나라에게 항거할 것을 주장한 시인 신기질辛棄疾을 만났다.

남송의 신하들은 금나라 조정이 부패하고 백성은 무예를 숭상하지 않아 만일 자기들이 일격을 가하면 견디지 못할 것이라고 확신했다. 1206년에 송나라 영종은 북벌을 명하고 빼앗긴 땅을 수복했다. 그러나 남송 역시 이미 썩은 나무였고, 두 약소국은 자기들끼리 죽을 때까지 싸울 것이라는 점을 알지 못했다. 결국은 금나라가 한 수 위였다. 좀 더 정확하게 말하자면 남송이 더 약했다고 할 수 있다.

남송의 간신 사미원史彌遠이 한탁주의 머리를 베어내고 금나라와 강화를 맺었다.

"그대는 누구요?"

금나라 대신의 얼굴에는 오만함이 묻어있었다.

"남송의 사신 사미원입니다."

사미원은 허리를 굽혔다.

"남송은 무엇으로 우리 금나라와 강화를 하려는가?"

"이것을 가져왔습니다."

사미원이 상자를 열어 한탁주의 머리를 드러냈다.

"이 물건은 개도 안 먹는다."

금나라 대신은 피범벅인 머리를 치워버리게 했다.

"이자가 바로 황제에게 북벌을 하자고 건의했는데, 황제께서 잠시 속은 것입니다."

"이 전쟁에서 우리 금나라는 적지 않은 돈을 썼다. 너희 남송은 어떻게 해야 하는지 당연히 알겠지?"

금나라 대신은 사미원을 힐끗 보았다.

"알겠습니다. 배상하겠습니다. 우리가 잘못했습니다."

사미원은 화의가 성사되지 않으면 자신의 목숨을 보전하지 못할까 봐두려워했다.

"이번 전쟁에서 우리 금나라는 모두 삼백만 관을 썼다."

"우리 남송이 삼백만 관을 내겠습니다."

"원래 남송은 우리에게 매년 은 20만 냥, 비단 20만 필을 바쳤는데, 이제부터 매년 은 30만 냥과 비단 30만 필을 바쳐야 한다."

"그렇게 하겠습니다. 매년 조공을 바치겠습니다."

"원래 우리 금나라와 송나라는 숙부와 조카 사이였는데, 앞으로 백부와 조카 사이가 되어야 한다."

"물론입니다. 우리 남송은 조카입니다."

금나라 대신이 크게 웃자 사미원도 곤혹스럽게 웃었다. 1208년(금나라 장종 태화 8년, 남송 영종 가정 원년) 3월에 송과 금은 〈가정화의〉嘉定和議를 체결해서 두 약자간의 일시적인 전쟁을 끝냈다.

〈가정화의〉를 체결한 그해 11월, 41세의 나이로 금나라 장종이 병사하고 황위를 황숙인 위왕衛王 영제永濟에게 물려주었는데, 그가 바로 위소왕衛紹王이다. 위소왕은 우매하고 무능해서 조정의 기강을 바로잡을 능력이 없었다.

속담에 '사람이 재앙을 일으키면 홍수가 난다'고 했다. 남송과 금나라는 몇 해 동안 가뭄, 홍수와 지진 등이 끊이지 않았다. 이런 상황에 징병과 세금 징수를 강제적으로 시행하니 백성들은 삶을 지탱할 방법이 없었고, 전쟁의 화마로 유랑을 하다가 언제 목숨을 잃을지 몰랐다. 남송과 금나라 백성들 모두 생사의 기로에서 허덕였다.

구처기는 전진의 제자들에게 밭을 갈고 농사를 짓도록 당부하고 모든 도장에서는 죽을 끓이는 식당을 설치하고 피난민들을 구제하도록 했다. 그러나 그 정도로는 달걀로 바위치기에 지나지 않았다. 백성들이 고통을 받고 사회가 동요하는 것을 보고 구처기는 매우 가슴이 아팠다. 백성들이 난리를 겪지 않고 노력해서 생업을 꾸려나가는 것, 사회가 안정되는 것이 구처기가 바라는 일이고 그렇게 되어야 도를 전할 수 있다고 생각했다. 구처기는 이미 도의 길을 열었지만 더 많은 사람이 도를 깨닫기를 바랐다. 만일 왕중양 스승이라면 전진 7자들에게 어떻게 정력을 쏟았을까? 나는 무엇을 해야 하는가? 어떻게 해야 할까? 이런 생각이 시시각각 구처기의 머릿속을 맴돌며 그를 괴롭혔고 입정入定을 어렵게 했다. 사형인 마단양은 구처기에게 큰 책임이 있다는 것을 암시했고, 심지어 왕중양 사부보다 짐이 더 무겁다고 했다. 그렇다면 자기가 수행해야 할 그 무거운 짐은 무엇이며 어디서부터 시작해야 하는가?

그동안 중화대지의 북방에는 또 하나의 정권이 수립되었다. 1206년(금나라 장종 태화 6년) 봄 44세의 테무진은 몽골의 각 부락을 통일하고 알난하(오논강)의 발원지에서 자신을 황제 칭기즈칸으로 칭하는 즉위식을 거행하고 몽골제국을 세웠다.

1211년(금나라 위소왕 대안 3년)에 칭기즈칸이 친히 몽골 대군을 이끌고 금나라 서북로에서 진격했다. 그의 아들 주치, 차가타이, 오고타이는 금나라 서남로에서 쳐들어가 선덕주(현재 하북 선화), 덕흥부(현재 하북 탁록), 동경(현재 요녕 심양)을 점령했다. 칭기즈칸은 서경(현재 산서 대동)을 포위했다. 그러나 '난데없이 날아온 화살'로 인해 몽골군은 철수하게 되었다.

1213년(금나라 위소왕 숭경 2년)에 몽골 대군은 권토중래하고 빠르게 거용관居庸關을 점령했다. 이후 병사를 세 갈래로 나누어서 황하 이북 90여 개의 성곽들도 차지했다. 그리고 금나라 조정이 있는 중도(현재 북경)를 포위한 후 공격했다. 같은 해 금나라에서 권력을 잡고 있던 우부원수 흘석렬紇石烈(여진 이름은 훌사호)은 궁중 쿠데타를 일으켜 위소왕을 죽이고 금나라 장종의 형 완안순完顏珣을 황제로 세웠는데, 그가 바로 금나라 선종宣宗이다.

1214년에 몽골 대군은 금나라 중도를 공격할 수 없게 되자 사신을 성으로 보내 공물을 요구했다. 금나라가 위소왕의 딸인 기국공주岐國公主와 남자아이와 여자아이, 대량의 금과 비단 등을 칭기즈칸에게 바치자 몽골군은 비로소 철군했다.

1214년(금나라 선종 정우 2년) 5월에 금나라는 남경(현재 하남 개봉)으로 천도했다. 그해 7월에 몽골의 대군은 다시 남하해서 하북, 산동 등지를 침략하고 다시 중도를 포위했다.

1215년(금나라 선종 정우 3년)에 몽골 대군이 중도를 점령하고 남경을 습격했다. 금나라가 남경으로 천도한 후 하북과 산동의 정세는 거의 통제 불능이 되었다. 하북과 산동은 몽골, 금나라, 남송 등 3국의 공동 관할 지역이었지만 실제로는 세 나라 모두 관리할 수 없는 곳이 되었다. 이때부터 금나라 대부분의 국토는 전화에 휩싸여 평안할 날이 없게 되었다.

몽골과 금나라의 전쟁 이야기는 짧게 끝내고 1211년으로 돌아가서 전진교 내부에서 일어난 일을 알아보자.

남송과 금나라의 연이은 정복전쟁으로 백성들은 살 수가 없었고, 현재 북방에도 살기가 등등해지자 본래 정치에 관여하지 않던 전진교도 관망만 할 수는 없게 되었다.

이지상은 조도견, 우지도, 송도안 등에게 사부의 계획에 대해 그들과 상의할 일이 있다고 불렀다.

태허관의 뒤뜰에서 구처기는 정좌를 하고 엄숙하게 앉아 있었다.

"요즘 하늘을 볼 수 있는가?"

구처기가 물었다.

"살벌한 기운이 북쪽에서 올라오기 시작했습니다."

우지도는 대답했다.

"시체가 들판에 널려 있어 차마 볼 수가 없습니다."

송도안은 눈물이 날 것 같았다.

"천하가 태평하지 않은데 지금 또 대란을 일으키려고 하니 왕후장상들이야 상관이 없겠지만 백성들은 어떻겠습니까?"

조도견은 얼굴을 찌푸리고 있었다.

"몽골 사람들의 됨됨이는 어떠한가?"

구처기가 물었다.

"그들은 야만인들이라 아무렇지 않게 사람을 죽이고 물건을 약탈한다고 들었습니다."

송도안이 대답을 했다.

"용맹하고 싸움을 잘해서 아무리 견고한 성과 요새라고 해도 다 부술 수 있다고 들었습니다."

우지도가 말했다.

"몽골은 원래 금나라의 속국으로 지배를 받아왔습니다. 여러 부족들로 나뉘어 있는 몽골은 부족들마다 금나라에 원한이 많다고 합니다. 현재는 칭기즈칸이 통일을 해서 맹렬하게 침범해 온다고 합니다."

조도견이 설명했다.

"어떻게 하면 백성들을 고통에서 벗어나게 할 수 있을까?"

구처기가 물었다.

"전쟁이 없어야 합니다."

송도안이 대답했다.

"몽골군이 용감하게 잘 싸울 수 있는 것은 훌륭한 지도자가 있기 때문입니다."

우지도의 말을 받아 조도견이 보충 설명을 했다.

"맞습니다. 적을 사로잡으려면 먼저 우두머리를 잡아야 합니다. 만일 칭기즈칸이 없다면 몽골군은 오합지졸이 될 것입니다. 악을 제거하는 것이 최고의 선입니다."

전진교는 누가 제왕인지에 대해서는 관심이 없었다. 또한 정권에 개입할 생각도 없었지만 구처기는 고향을 잃고 유랑하는 백성들을 안타깝게 여겼다. 그는 칭기즈칸의 살육을 멈추게 해야 한다고 생각했다.

전진교 내부에서 비밀리에 칭기즈칸에 대한 암살 명령이 내려졌고, 구처기의 애제자인 조도견이 지휘를 맡았다.

칭기즈칸은 금나라 위소왕에 대해 매우 잘 알고 있었다. 일찍이 몽골의 각 부락이 금나라의 속국이었을 때 위소왕은 조정에서 몽골에 관한 사무를 책임졌다. 그때 칭기즈칸과 위소왕은 서로 왕래한 적이 있었다. 칭기즈칸은 위소왕과 같은 무능한 자가 금나라의 황제가 될 수 있는 것을 보니 금의 멸망도 멀지 않았고, 이것은 몽골 민족 최고의 천신인 장생천長生天의 뜻이라고 생각했다.

제1차로 칭기즈칸의 군대가 파죽지세로 남하했다. 특히 야호령 전투의 승리는 칭기즈칸의 자신감을 더욱 확고히 하게 되었다. 칭기즈칸은 하늘의 뜻을 이행하고 있다고 생각했다.

그런데 몽골군이 서경(현재 산서 대동)을 포위하고 공격했을 때 갑자기 완강한 저항에 부딪혔다. 야호령 전투에서 40만 명의 금나라 병사가 막아도 몽골의 진격 속도를 저지하지 못했는데 고작 이 정도의 서경을 왜 이렇게 공격하기 어려운지 칭기즈칸은 의아했다. 그러나 하늘이 금나라를 점령하라고 한 이상 주저할 수 없었다. 칭기즈칸은 서경을 사방으로 포위해서 다시 총공격할 준비를 했다.

이때 조도견의 비밀조직인 '전진교 무림 고수 10인'도 서경에 도착했다.

몽골군의 숙영지는 경비가 매우 삼엄했다. 특히 칭기즈칸의 장막은 수천 명의 몽골 군인들이 밤낮으로 지키고 있어 암살자들은 속수무책이었다. 만일 이들 열 명이 뛰어든다면 수천 명의 군인들이 몰려들어 바로 에워쌀 것이고 이렇게 되면 검술이 불가능하게 된다. 결국 이 10인의 암살자들은 칭기즈칸이 장막을 나설 때 죽이기로 했다. 칭기즈칸은 매번 전투 때마다 직접 전쟁터에 나가 현장을 지휘하기 때문이었다.

몽골군이 서경에 대한 공격 준비를 마치자 칭기즈칸은 장막을 나섰다. 관례에 따라 그는 직접 공격에 나설 것이었다. 암살자들은 몽골 병사의 복장을 하고 군인들 사이에 매복해 있었다.

칭기즈칸이 공격을 명령하자 몽골 병사로 변장한 '10인'은 활과 화살을 들고 몸을 돌려서 나는 듯이 달려왔다. 그들이 달리면서 화살을 쏘자 거의 동시에 칭기즈칸의 호위대도 순식간에 달려와 빈틈없이 칭기즈칸을 보호했다. 몽골 호위대는 날아오는 화살을 몸으로 막아내는 용감한 군인들이었다. 부상을 당하지 않은 호위 병사들이 칼을 들고 '10인'을 향해 달려가자 그들은 몸을 돌려 흔적도 없이 사라졌다. 칭기즈칸은 갑옷 덕분에 생명에는 지장이 없었지만 적지 않은 상처를 입었다.

그는 불길함을 느끼고 철군을 명령해 돌아갔다. 그는 '장생천'과 소통하려고 했지만 이 화살을 통해 하늘이 그에게 무엇을 경고하려 했는지 헤아릴 수가 없었다. 1211년 칭기즈칸이 서경을 포위하다 난데없이 날아오는 화살에 맞아 철군했다는 것은 이 일을 이야기하는 것이다.

조도견이 계획한 이번 암살로 비록 칭기즈칸의 목숨을 빼앗지는 못했지만 몽골이 철군하게 한 것만도 적지 않은 성공이었다. 그러나 실질적으로 이러한 행동은 역사의 흐름을 지연시켰을 뿐 바꿀 수는 없었다.

1213년에 몽골의 대군은 다시 일어나 90여 개의 성을 빼앗은 후 중도를 포위 공격했다. 조도견이 조직한 암살단 역시 다시 출발했다.

1211년 칭기즈칸이 '날아온 화살'에 맞은 후 경호는 더욱 삼엄해졌다. 장막에서는 말할 것도 없고 야외에서도 칭기즈칸은 전후좌우로 경호병들에게 둘러싸여 있어 손을 쓸 수가 없었다.

칭기즈칸은 이런 보호에 익숙하지 않은 몽골의 진정한 용사였다. 그는 매번 전투 때마다 선두에 나서서 돌진했다. 죽음을 각오하고 진격하는 칭기즈칸의 모습에 병사들의 사기가 하늘을 찔렀다. 이번 공격에서도 칭기즈칸은 선봉에 서서 몇 번이나 앞으로 돌진해 갔지만 한 무리의 사람들에게 공격을 당하고 돌아와야 했다. 칭기즈칸은 이 무리들이 자신을 목표로 달려온다는 것을 알고 더욱 열정이 불타올랐다. 그렇지만 호위병들은 황제인 그가 적진으로 돌격하는 것을 허락하지 않았다. 호위병들은 그를 장막 안에 있게 하고 보호했다. 칭기즈칸을 목표로 한 중도성 밖의 암살단은 치고 빠지면서 교란작전을 펼쳤고, 칭기즈칸을 속수무책으로 만들었다. 중도를 공략하는 것은 몽골 대군의 목표였다. 이 유격 암살단은 비록 몽골군이 성을 공략하는 것을 막을 수는 없었지만 칭기즈칸의 팔다리는 묶어놓았다.

황제가 인솔하지 않으니 몽골군의 용맹함은 확실히 떨어졌다. 게다가 중도는 금나라의 수도였기 때문에 오랜 기간 관리를 해서 방어체계가 견고했다. 몽골 대군이 비록 용맹하다고는 하지만 단기간에 성을 무너뜨리기는 쉽지 않았다.

칭기즈칸은 사신을 보내 공물과 화의를 요구했고 공물을 가득 싣고 돌아갔다.

조도견이 조직한 전진교의 10인은 다시 한 번 몽골군의 중도 공격을 저지했다. 그렇지만 금나라는 넓은 국토 대부분을 점령당해서 백성들은 나날이 고통 속에 허덕였다.

금나라 선종은 몽골 군대에 놀라 1214년에 남경으로 천도를 했다. 하지만 1215년에 칭기즈칸은 중도를 다시 공격했고 이후로 하북, 산동까지 전란에 빠졌다.

조도견은 금나라가 남경으로 천도한 것에 대해 매우 분개했다. 금나라는 칭기즈칸 대군의 공격을 막아낼 능력이 없으니 국토는 갈수록 좁아졌다. 의지할 곳을 잃고 떠도는 백성들이 점점 더 늘어나는 것을 보고 조도견은 가슴이 아팠다.

조도견은 전진교의 절기絶技인 무극검無極劍으로 칭기즈칸을 죽이기로 마음먹었다. '무극검'은 검선劍仙 여동빈 조사가 왕중양 조사에게 전해준 절기다. '무극검'이란 수도를 이룬 사람이 신神, 의意, 기氣를 하나의 검으로 만든 것으로 천리 밖에서 날아와 사람의 생명을 앗아가는 무기다. 살생은 수도하는 사람들이 기피하는 것이지만 더 큰 살인을 막기 위해 조도견은 심사숙고한 끝에 이런 결정을 내렸다.

밤이 깊어 인적이 드물어지자 조도견은 옷깃을 여미고 정좌하다가 정신을 집중해서 신, 의, 기를 합해 검을 만들었다. 그는 칭기즈칸이 현재 있는 위치를 정확히 찾아내고 무극검 한 자루를 중도성(북경성) 밖에 있는 칭기즈칸의 진영으로 보냈다.

구처기도 이때 정좌를 하고 있었다. 요 며칠 동안 한 가지 문제를 연구하느라 제자들과 교류할 시간이 없었다. 그는 갑자기 '무극검' 한 자루가 중도로 날아가는 것을 발견하자 즉시 양신陽神을 내보내서 따라갔다.

칭기즈칸은 중도를 점령하자 매우 기뻤고 초원으로 돌아가지 않고 잠시 성 밖에서 지냈다. 그는 여진과 한족의 문화에 감동했고 금나라의 도시 생활상에 놀라 유목민족의 미래를 성찰했다. 번성한 금나라 도시는 보기 좋았지만 몽골족은 도시에서 사는 것이 익숙하지 않았다. 칭기즈칸의 군대와 그는 성 밖의 장막에 주둔했다. 그는 몽골의 장막 생활과 초원을 좋아했다. 특히 두꺼운 장막에서 풍기는 말의 분뇨와 마유馬乳로 만든 술 냄새에 마음의 안정을 찾았다.

이날 밤 칭기즈칸은 매우 깊은 잠에 들었다. 한밤중에 그는 손과 발이 묶인 것처럼 움직일 수 없어 숨을 헐떡였다. 칭기즈칸은 필사적으로 몸을 움직이려고 했지만 손가락 하나 정도만 움직일 수 있을 뿐 눈꺼풀조차 뜰 수 없었다. 그는 태어나서 이런 적은 처음이었다. 문득 그는 하얀 빛이 자신을 향해 날아오는 것을 느꼈다.

칭기즈칸은 움직일 수도 없었고 목소리도 나오지 않았다. 흰 빛은 서서히 모습이 명확해져서 날카로운 검 한 자루가 되었다. 그는 이제 뒤척이지도 못하고 축 늘어져 있었다.

그러자 학발동안鶴髮童顔의 노인이 나타나 손을 내밀어 검지로 예리한 칼날 끝을 막는 것이 어렴풋이 보였다.

"신선은 누구시오? 살려주신 은혜에 감사드립니다."

칭기즈칸은 진심으로 말했다.

"다른 사람은 그대의 생명을 구할 수 없으니 생명을 구하려면 자기 스

칭기즈칸을 암살하려는 무극검

스로에게 의지해야 합니다."

신선이 말했다.

"신선께서 방법을 가르쳐 주십시오."

칭기즈칸은 간곡히 청했다.

"중생을 사랑하는 것이야말로 자신을 사랑하는 것입니다."

신선은 이렇게 말을 하고 몸을 돌렸다.

"잠시만 기다려주시오."

"나중에 또 만납시다."

신선이 말을 마치고 유유히 사라졌다.

칭기즈칸은 악몽에서 깨어나 벌떡 일어나서 자신도 모르게 식은땀을
흘렸다.

"제베, 제베!"

칭기즈칸이 큰 소리로 외쳤다.

제베는 칭기즈칸이 가장 믿는 장군이었다. 황제의 부름을 듣고 십여 명의 호위대 병사들이 당장 뛰어 들어왔다.

"대칸께서는 무슨 분부이십니까?"

호위 대원이 물었다.

"내 장막에 누가 들어올 수 있느냐?"

칭기즈칸은 의심쩍은 생각으로 물었다.

"대칸, 사람은 말할 것도 없고 파리 한 마리도 날아 들어올 수 없습니다."

"다들 물러가도록 하라!"

이날 칭기즈칸은 밤새 잠을 이루지 못했다. 그는 상황에 대한 정리를 잘하는 사람이다. 그는 각 부락을 쳐부수고 난 후에는 언제나 모든 과정을 분석했다. 그는 먼저 적의 입장에서 실패의 이유를 찾았고, 자신을 성찰하면서 성공한 이유도 찾았다. 그는 항상 다른 부족이나 민족에게서 배울 수 있는 것을 찾았다.

"이 꿈은……, 아니 꿈이 아니다."

칭기즈칸은 늘 '장생천'이 그에게 하늘의 도리를 알려주기를 원했다. 그러나 이번에는 '장생천'의 명확한 지시를 받지 못했다. 칭기즈칸은 아무리 생각해도 알 수가 없어 야율초재에게 물어보기로 했다.

조도견은 왜 사부가 이번 암살을 막았는지 이해할 수 없었다. 이 세상에서 그의 '무극검'을 막을 수 있는 사람은 사부밖에 없었다.

"사부님, 암살령은 당신이 명하신 것인데……."

구처기는 "암살령 자체가 잘못일 수도 있다는 생각을 했다."며 조도견을 달랬다.

"어떻게 그런 생각을 하셨나요?"

"금나라와 남송은 뿌리가 썩을 대로 썩은 나무처럼 무너져 내리지 않겠느냐!"

"우리는 한족을 위해서, 당연히 남송 한족을 위해야 합니다."

조도견은 속마음을 털어놓았다.

"한족과 왕조는 관계가 있을 수도 있고 없을 수도 있다. 우리 전진교는 정치에 참여하지 않고 민생에만 관여한다."

"그럼 남송, 금나라, 몽골 중 하나를 선택한다면 사부님은 어느 쪽을 택하신 것입니까?"

"협소한 시각을 갖지 마라. 중화는 원래 다민족이다. 역대 황제들을 보면 한족이 아닌 경우도 많다. 하늘의 뜻에 순응하라."

"그렇지만 사부님도 한족이십니다!"

구처기는 눈을 감고 조도견의 말에 대답하지 않았다. 사실 구처기에게도 한민족이 천하를 통치하기를 바라는 마음이 있었다.

조도견은 사부가 아무 말을 하지 않자 일어나려 했다. 그러자 구처기가 말했다.

"맞다. 나는 한족이고 우리 모두 한족이다. 그러니 우리는 한인을 보호하고 살아 있는 영을 보호할 방법을 생각해 보자."

"스승님의 자비로운 마음은 압니다."

"나와 용맥龍脈을 탐구해 주겠느냐?"

구처기가 조용히 눈을 떴다.

"네, 하고 싶습니다."

조도견도 어지러운 사회의 흐름을 파악하려고 했다.

구처기는 사회가 혼란해진 이후에 황위가 누구의 품으로 돌아갈지 용맥을 짚어보려는 것이다. 전진교는 본래 정치에 흥미가 없지만 용맥을 찾는 일은 전진교의 미래와 관련된 일이며 천만 백성의 생사존망과도 관련 있는 것이다. 그동안 도교 고수들의 용맥 탐사가 하늘과 땅, 사람을 연구 대상으로 삼았다면 이번에는 생령을 살리기 위한 것이었다. 도교의 유위와 무위는 이렇게 밀접하게 결합되어 있다.

칭기즈칸은 신하를 불러 야율초재에게 전갈을 보내라고 지시했다. 천문과 지리를 잘 아는 긴 수염의 늙은 서생에게 그는 묻고 싶은 것이 많다.

야율초재耶律楚材(1190년 7월 24일~1244년 6월 20일)의 자는 진경晉卿, 호는 옥천노인玉泉老人, 법호는 담연거사湛然居士, 거란 사람이다. 몽골 이름은 '우르츠사하리'로, '수염 긴 남자'라는 뜻이다. 칭기즈칸이 그의 외모를 보고 붙여준 이름으로, 항상 야율초재를 이 이름으로 불렀다고 한다. 야율초재는 요나라 태조인 야율아보기의 9세손이자 동단왕東丹王 야율배의 8세손이며, 금나라 상서우승尚書右丞인 야율이의 아들이다. 야율초재는 박학다재하고 특히 불학과 유학에 정통했다. 유교로 나라를 통치하고 불교로 마음을 다스리는 것은 그의 국가관리 이념의 핵심이다.

1215년에 칭기즈칸은 중도를 공격하고 고금을 관통하는 학문을 가진 야율초재를 영입했다. 당시 야율초재도 금나라에 대한 마음이 떠났다. 야율초재는 이때부터 30년간 몽골의 부자(칭기즈칸, 오고타이)와 나라를 위해 온 힘을 다해 봉사했다.

칭기즈칸은 야율초재를 불러 간밤의 '꿈'에 대해 이야기했다.

"대칸이 생각하시기에 그것은 꿈입니까?"

야율초재는 턱수염을 쓰다듬으며 물었다.

"꿈은 꿈인데……, 그대는 사실이라고 생각하는가? 그렇지만 이 장막에는 파리 한 마리도 얼씬거리지 못한다네."

칭기즈칸은 야율초재를 바라보고 있었다.

"그것은 꿈이기도 하고, 또 꿈이 아니기도 합니다!"

야율초재는 깊은 생각에 잠긴 듯했다.

"말을 빙빙 돌리지 말고 바로 해라."

칭기즈칸은 에둘러 말하는 것을 좋아하지 않았다.

"대칸의 말씀을 들어보니 그것은 도교의 무극검인 듯한데, 전설로만 내려오는 이야기입니다. 세상에 무극검이 정말 있겠습니까?"

야율초재는 역시 무극검에 대해 알고 있을 정도로 박식했다.

"무극검이 어떤 것이오?"

"형상이 없는 무극검은 천리 밖에서도 목숨을 빼앗는다고 합니다."

칭기즈칸은 눈을 크게 떴다가 한참 동안 침묵이 흐른 후에야 "그 학발동안의 노인은 왜 나를 구했는가?"라고 질문했다.

"대칸은 천자이시며 귀중한 몸입니다. 당연히 신의 가호가 있습니다."

야율초재는 갑자기 아첨을 했다.

"그대의 말대로라면 누가 이 무서운 무극검을 보냈는가?"

"현재 중원에서 가장 큰 도교 교단이 전진교인데, 제가 보기에 만일 무극검을 만들 수 있는 사람이 존재한다면 전진교밖에 없습니다."

야율초재가 생각에 잠겨 고개를 끄덕이며 말했다.

"전진교 수장이 누구인가?"

"구처기입니다. 수도에 성공을 했고 삼백 살이 넘었다고 합니다."

"삼백 살?"

"그렇게 전해오는데, 증거는 없습니다."

"허튼소리! 세상에 그렇게 오래 산 사람이 어디 있겠나! 나는 전진교와 원한이 없는데 왜 나를 죽이려는가?"

"아닙니다. 아마 그 노인께서 대칸을 구해드렸을 겁니다."

야율초재는 칭기즈칸이 묘사한 노인의 이미지를 토대로 짐작해서 그가 구처기라고 추측했다.

"맞아, 그 노인은 흰 도포를 입고 있었어."

"그런데 이건 알지 못하겠습니다. 전진이 대칸을 죽이려 했을 텐데, 대칸을 구한 것도 전진이라는 것입니다."

야율초재는 수염을 꼬아 비틀며 말을 했다.

"그럼 그대는 내게 어떤 조언을 할 텐가?"

"중원에는 도교가 성행해서 한족들뿐만 아니라 여진에도 도교를 신봉하는 사람이 많습니다. 폐하께서는 적을 친구로 삼으십시오. 전진교의 지지가 있으면 장차 중원 통치에 대해서는 근심 걱정이 없게 될 것입니다."

칭기즈칸은 고개를 끄덕였다. 그는 서경에서의 실패와 중도에서의 암살 시도를 함께 연결시켜 생각할 줄 아는 명석한 사람이었다. 칭기즈칸은 감히 자신을 죽이려고 한 이 사람을 만나고 싶었다. 그는 구처기가 300살이라는 것이 거짓임을 증명하고, 왜 자기를 죽이려고 했는지도 물어보고 싶었다. 왜냐하면 세계 정복은 하늘의 뜻이기 때문이었다. 또한 구처기에게 왜 자기를 구해 주었는지도 묻고 싶었고 장수하는 비법이 있다면 알고 싶었다. 또, 중원에 대한 통치가 용이하도록 구처기를 이용하고 싶었고, 한편 구처기를 죽이고도 싶었지만 '무극검'을 떠올리면 두렵기도 했다. 칭기즈칸의 생각은 복잡하고 혼란스러웠다. 위대한 칭기즈칸과 일대종사 구처기와의 이해할 수 없는 인연은 이때부터 생겨났다.

'현화지공'의 요건은 감정이 개입되지 않은 객관적인 현현이다. 사사로운 감정 요소가 개입하면 '현화지공'은 이루어지지 않는다. 조도건은 애써 감정을 억제했지만 자신도 모르게 송나라와 금나라 황족의 혈통이라는 생각이 현실을 명확히 볼 수 없게 했다.

구처기는 자신의 생각이 분명하다고 판단했지만 그래도 재삼 숙고했다. 수천만 명의 운명이 걸린 큰 역사적 사건 앞에서 조금이라도 잘못된 판단을 하면 안 되기 때문이었다. 그래서 구처기는 '현화지공'을 시도하기 위해 이미 현화지공을 이룬 제자 조도견을 불렀다. 구처기는 용맥을 탐색하고 최후의 결정을 내리기 전에 증거를 얻기 위해 조도견의 도움이 필요했다. 구처기는 제자 조도견을 데리고 비밀리에 대방산大房山(현재 북경 방산구 서북)을 방문해서 용맥을 명명백백하게 알아내려고 했다.

제7장

비밀리어 대방산을 찾아 진짜 용맥을 알아버다

이야기를 계속 이어나가려면 당나라 원천강袁天綱, 이순풍李淳風의 무측천武則天에 대한 고사를 알아야 한다. 북송의 《태평광기》太平廣記에는 원천강과 이순풍은 무측천이 황제가 될 것이라는 예언을 했다고 기록되어 있다.

원천강의 예언은 다음과 같다.

무측천은 남자의 옷을 입고 유모의 품에 안기어 있었다. 천강이 크게 놀라 말하기를, "이 낭군은 정신과 풍채가 깊이가 있고 맑은데 잘 알 수 없습니다." 천강이 침대를 내려다보고 크게 놀라 "이마 한가운데 뼈가 솟고, 용의 눈과 봉황의 목을 가졌습니다. 복희씨의 상이며 귀인의 극치입니다."라고 말했다. 다시 한 번 곁눈으로 더 보고는 "여자라 하더라도 천하의 주인이 될 것입니다."라고 하였다.

이것은 무측천이 장차 황제가 될 것이라고 처음으로 단언한 서술이다.

원천강은 아직 강보에 싸여 있는 무측천을 보고 판단한 것이므로 그의 상술相術(관상술)이 상당히 높은 수준임을 알 수 있다. 단지 그는 무측천이 영유아일 때의 신神과 기색氣色, 즉 앞에서 말한 신채오철神彩奧澈을 관찰한 것이지만 그의 주요 관점은 역시 그녀의 형체, 즉 몸의 형상과 용모에 대한 것이었다.

무측천이 성년이 되어 궁중에 불려 들어갔을 때는 어땠는가? 이번에 그를 만난 사람은 이순풍이었다.

《태평광기》에는 다음과 같이 기록되어 있다.

무후가 부름을 받고 입궁하자 이순풍이 아뢰기를, "후궁後宮에 천자의 기운이 있습니다."라고 하였다. 태종은 궁인들을 불러서 조사했는데 백 명을 한 대열로 서게 하였다. 황제가 순풍에게 묻자 그가 아뢰기를, "대열 어딘가에 있습니다." 태종은 또다시 두 무리로 나누었는데 순풍이 말하기를, "폐하께서 스스로 선택하시기 바랍니다." 태종은 알아내지 못하자 모두 죽이려고 했다. 순풍은 간언하지 않을 수 없어서 "폐하께서 죽이지 않으신다면 비록 황제의 자리는 잠시 비겠지만 사직은 연장될 것입니다. 그러나 폐하께서 만일 그를 죽이시면 남자로 변해 황족을 멸할 것입니다." 그러자 태종은 어쩔 수 없이 멈추었다.

우리가 알고 있는 이순풍은 당나라 태종 때 태사령太史令이다. 태사령은 그리 높은 지위는 아니지만 역사적으로 오래된 관직이다. 기백岐伯, 뇌공雷公 같은 중신들이 태사령을 역임했다. 이 관직은 명나라 초기까지 남아 있었고 주원장朱元璋의 고위급 참모인 유백온劉伯溫도 태사령에 봉해진 적이 있다. 청나라에 이르러서도 흠천감欽天監이라는 명칭으로 바뀌었을 뿐 관직은 그대로 남아 있었다.

그렇다면 태사령太史令은 도대체 무슨 일을 하는 자리인가? 요약해서 말하면 천문을 연구하고[仰觀天象], 지리를 관찰[俯察地理]하며, 사람과 사물을 살피는 사람[中觀人事]이다.

중국에서 명나라까지의 정사인 《이십사사》二十四史를 통틀어 역대 왕조가 편찬한 모든 역사책에서 천문天文, 율력律曆 등의 가치는 매우 중요하다. 그래서 각 해당 왕조의 천문, 지리 및 그에 상응하는 정치, 인문 사건 등이 상세히 기록되어 있다. 이러한 모든 현상에 대해 매일, 매월, 매년 상세히 관찰을 하는 것이 바로 태사령과 그 예하 기관의 핵심 업무 중 하나다.

예로부터 제왕들은 태사령의 조언을 무시할 수 없었다. 제왕이라도 태사령 없이는 독단적으로 움직일 수 없다고 해도 과언이 아니다. 태사령 중에서도 이순풍은 대표적으로 출중한 인물이며 당나라 태종은 그를 매우 귀하게 여겼다. 독자들은 위의 《태평광기》의 인용문에서 '후궁에 천자의 기운이 있다'后宮有天子氣는 여섯 글자를 특히 주의해서 보기 바란다.

이순풍이 당 태종에게 상소할 때 그는 아직 무측천을 만나지 못했기 때문에 원천강처럼 그녀의 상을 볼 수가 없었다. 그러나 이 이야기는 《태평광기·상相》에 수록되어 있기 때문에 이순풍이 취한 방법은 '상술'로 분류된다고 할 수 있다. 원천강이 주로 무측천의 형形을 본 것과 달리, 이순풍은 아직 무측천 본인을 만나보지 못했기 때문에 그는 기氣와 색色을 살폈다.

그렇다면 무엇이 천자의 기운인가?

전설에 따르면 명나라 건국 황제인 주원장의 사주는 무진戊辰, 임술壬戌, 정축丁丑, 정미丁未다. 자평학설子平學說에 의하면 이러한 팔자를 사고구전四庫俱全이라고 한다. 여기서 고庫는 진辰, 술戌, 축丑, 미未의 네 가지를 의미하고, 이 천간지지天干地支의 오행은 토±에 속한다. 명리학에서는 사묘고四墓庫라고 하는데, 각각 수水, 화火, 금金, 목木의 묘고墓庫로 분별하기 때문이다. 이렇게 진辰, 술戌, 축丑, 미未는 본래 오행에서 토±에 속하고 진술辰戌, 축미丑未처럼 두 개가 서로 화합해서 부딪혀 나오는 것은 무토戊土와 기토己土이기 때문에 사람들은 주원장의 팔자를 '사고구전', 즉 '온 천하가 왕토가 아닌 곳이 없어서'[普天之下, 莫非王土] 황제처럼 귀하다고 했다. 즉 주원장 팔자의 천간지지인 진辰, 술戌, 축丑, 미未 모두가 토±이기 때문에 동東, 서西, 남南, 북北, 중中의 5방五方을 다 차지했다는 것이다. 《황제내경》黄帝內經의 해설에서도 황제란 천하를 통일했기 때문에 오행 중 토±의 황색을 따서 황제라고 명명한다고 했다.

이순풍은 《을사점》乙巳占 제9권 일부에서 특별히 《제왕기상점》帝王氣象占에 대해 자세히 기술했다. 이 내용은 제왕의 기氣가 무엇이며, 이 기를 어떻게 관찰하고 판단하는가를 설명한 글이다. 글의 첫머리에서 이순풍은 '무릇 천자의 기운은 내부는 적색이고 외부로는 황색[內赤外黄]이며, 정사방正四方에서 기가 발하는 곳에 왕이 있다'고 했다. 따라서 이순풍이 당나라 태종의 후궁에서 관찰한 천자의 기운은 반드시 황색이어야 하지만 무측천은 아직 즉위하지 않았기 때문에 초란初卵의 빛인 연노랑 색이었다.

오래 수련을 하다 보면 점차 기색氣色을 보는 능력을 갖추게 된다. 예를 들어 병오丙午날이면 천간天干이 병오이고, 지지地支는 모두 남쪽[南方]에 속한다. 오행은 화火에 해당하고, 색상은 빨간색이다. 그러면 이날에는 남쪽 선천의 기를 받아들이는 납취선천남방지기納取先天南方之氣의 공법으로 수련하고 남쪽의 기와 빛의 색깔이 어떻게 변화하는지 관찰할 수 있다.

금나라 황제는 칠진七眞 중 특히 왕처일을 존중했다. 그는 의술을 훤히 꿰뚫고 있었고 게다가 금나라 황제를 만나 법술, 신통 등을 완전히 드러내 보였기 때문에 세종과 장종은 그를 깊이 총애했다. 왕처일이 세종의 병을 진찰할 때 황제는 그의 도술이 높고 심오한 것을 알았고 왕처일을 네 번이나 불렀는데 매번 궁에서 체류하는 시간도 길어졌다. 이는 병을 치료하기 위한 이유 때문만은 아니었다.

《금련정종기·옥양왕진인》金蓮正宗記·玉陽王眞人은 다음과 같이 기술한다.

선생의 이름은 처일, 호는 옥양자, 성은 왕이고, 집은 영해의 동쪽이다. 어려서 아버지를 잃고 어머니에게 효를 다했다. 자태와 용모가 우람하고 어린 시절에도 번잡하거나 장난치지 않았으며 시를 읊고 도를 알았다. 일곱 살에 동화교주를 만나 장생의 비결을 전수받았다. 열 살 즈음에 우연히 산간을 거닐다가 반석 위에 앉아 있는 한 노인이 불러서 계를 받았는데 "훗날 너는 반드시 황제의 궁에서 이름을 떨칠 것이며 도교의 대종사가 될 것이다."라고 하였다. 선생이 "누구십니까?" 하니 "나는 현정궁주玄庭宮主다."라고 말하며 홀연히 사라졌다.

그 이후로 선생은 언어가 자유로워져 세상과 어울리지 아니하고 특이한 행동을 했다. 마침 금金 세종 대정大定(1161~1189) 봄 2월에 여가를 맞아 우선산에 있는 유생 범명숙范明叔의 우선정遇仙亭에 이르러 종남산의 왕중양 조사가 어디 있는지 찾았다. 조사께서는 그 골격이 비범함을 보시고, "너는 나를 따르겠느냐?"물으니 선생이 말하기를 "소원하오니 어찌 감히 따르지 않겠습니까."라고 했다. 조사를 곁에서 섬기며 구처기, 유처현, 담처단, 마단양과 막역지교를 맺고 진정한 비결을 닦아 끝없이 탐구하였다. 조사께서 부르시어 말씀하셨다. "문등현文登縣 철사산鐵查山 운광동雲光洞은 그대가 진리를 얻을 수 있는 곳이라서 가서 기거하면 게으르거나 태만하지 않을 수 있다. 그대의 이름은 언젠가 내가 지어주겠다." 그리하여 선생은 인사를 하고 돌아갔고 그는 동굴에서 은거하였다. 이후로 문등현과 영해를 왕래하다가 밤이 되면 운광동으로 돌아가 한쪽 다리를 들고 홀로 서서 9년을 수련했다. 동쪽에 큰 바다를 임한 채 혼침에 들지 않아서 사람들은 그를 철각 선생으로 불렀다. 구처기 진인은 이를 찬탄하기를, 한여름에는 태양을 맞이하며 서 있고 한겨울에는 눈을 끌어안고 잠들었다고 했다. 이렇게 9년간 연형을 단련하여 마침내 대묘^{大妙}에 들었다. 하늘에 순행하고 오행을 역행했으며 노래를 부르거나 춤을 추기도 하며 출신입몽^{出身入夢}해서 사물에 이익이 되게 하였다.

이 글에서 알 수 있는 것은 비록 왕처일과 왕중양 조사가 사제관계라고는 하지만 왕처일 스스로 일파를 이루었다는 사실이다. 왕처일이 어렸을 때 만난 동화교주와 현정궁주 역시 당시 세상에 있는 사람들이 아니었다.

실제로 '북칠진'^{北七眞}이라고 말하지만 왕중양 조사의 직계 전승자는 위에서 말한 구^丘, 유^劉, 담^潭, 마^馬 네 사람뿐이다.

《금련정종기 · 옥양왕진인》의 말미에는 왕처일에 대해 다음과 같이 기록하고 있다.

신선을 마주하고 황제가 감동하여 네 번의 부름을 받았다. 독주를 마셔도 얼굴이 변하지 않았고, 반공^{潘公}께서 이미 돌아가셨으나 세 번을 부르니 살아났다. 늙어서 오랫동안 아팠으나 한 끼를 주니 다시 일어났다.

위의 글에서 '네 번 황제의 부름을 받다'라는 말은 '성조를 만나 왕의 손님'이 되었다는 의미다. 왕처일이 금나라의 통치자에게 초청된 횟수나 황제의 은혜를 받은 정도는 다른 제자들이나 구처기를 훨씬 능가했다.

왕처일이 처음으로 금나라 황제의 부름을 받았을 때가 금 세종 대정 27년(1187년) 11월 13일이었으며 연경에서 이듬해 7월까지 있다가 철사산으로 돌아왔다. 그는 연경에 있는 기간 동안 세종에게 더할 나위 없는 극진한 대우를 받았다.

세종과 장종이 왕처일을 연경으로 부른 이유가 단지 건강에 대한 문제(《칠진연보》에 기재된 '생명을 늘리려는 방법') 때문이었을까? 사실은 이렇게 단순한 이유 때문만은 아니었다.

'작은 요순堯舜'이라는 명예를 가진 금나라 세종은 당연히 조정이 면면히 이어지기를 희망했기 때문에 금나라 조상과 자신, 그리고 후손들의 능을 특히 중요시했다. 그래서 세종은 즉위하자마자 자신의 아버지 완안종보完顔宗輔를 예종睿宗으로 추존하여 태조릉太祖陵으로 부장했는데, 이것이 경릉景陵이다. 동시에 완안단完顔亶(희종)의 누명을 벗겨주기 위해 무령황제武靈皇帝라는 시호를 내리고 다시 장례를 치러 사릉思陵이라고 했다. 대정 27년에 완안단의 묘호를 희종이라고 바꾸었고 28년에는 사릉이 협소해서 아미곡娥眉谷에 다시 장례를 치렀는데, 여전히 사릉이라고 불린다.

대정 27년과 28년은 왕처일과 구처기가 금나라 세종의 부름을 받은 시점과 정확히 일치한다는 점에 독자들은 주목해야 한다.

금나라 세종은 왕처일과는 좋은 친구가 되었고, 그의 방술과 법술이 매우 고명한 것을 알았기 때문에 이런 천혜의 기회를 낭비할 리가 없었다. 그는 당연히 그의 도움을 받아 본인과 후손의 능침陵寢을 선택했을 것이다. 왕처일이 연경에 여러 번 갔고 한 번 갈 때마다 수개월씩 머무른 것은 이런 이유일 것이다.

이와 관련해서 세상에 알려지지 않은 사실이 있다. 아홉 개의 봉우리로 이루어진 구룡산에는 금나라 황제 아홉 명이 각각 묻혀 있다. 세종의 홍릉興陵, 현종(세종의 황태자이자 장종의 아버지로 요절했다)의 유릉裕陵, 장종의 도릉道陵이 모두 왕처일이 택한 상緗이다.

앞에서 언급한 대정 29년(1189년), 즉 세종이 승하하고 장종이 즉위한 해에 구처기 조사는 세종의 부름을 받아 연경에 머무는 동안 금나라 조정의 선·후대를 매우 엄밀하게 고찰했다.

이번 일정에서 구처기 조사는 비밀리에 대방산大房山에 가서 무엇을 했을까? 물론 그의 사형이 세종, 현종, 장종을 위해 골라준 능묘를 세밀하게 살펴보기 위해 갔을 것이다!

풍수학적으로 볼 때 구룡산의 9갈래 고개는 높은 데서 낮은 쪽으로 차례로 펼쳐져 있으며, 주봉主峯에서 동·서 양쪽 산들로 쭉 이어진 봉우리가 조산朝山(묏자리)과 맞은편 산인 안산案山과 부합했다. 게다가 용맥 주변의 산인 호사護砂 등은 풍수적인 요건에 맞고 주봉 아래에는 샘물이 환류한다. 전반적인 환경으로 볼 때 이곳은 훌륭한 명당이다.

구처기 조사는 조도견을 이끌고 홍릉, 유릉, 도릉 등을 답사한 후 금나라의 국운이 이미 현저하게 내리막길을 걷고 있고, 금나라의 황제와 왕들이 갈수록 선대만 못함을 알아보았다. 금나라의 국운은 세종 때가 최정상이었다. 장종 때부터는 아예 황제의 공적을 논할 것도 없었다. 또한 자식도 없어 그의 숙부인 위소왕에게 황위를 강제로 물려주어야 했다.

그리고 금나라에서 정식으로 재위한 황제는(현종처럼 쫓겨난 황제들은 제외한다) 모두 아홉 명뿐이다. 그래서 구처기는 황위가 제9대까지 이어지다가 멸망할 것이라고 예측했다.

금나라 황제의 능은 400년 후인 청나라 황제의 능과 대단히 밀접한 관계가 있기 때문에 이들 사이에 알려지지 않은 이야기가 있다.

명나라 말기에 "세종 이후부터 기강이 문란해졌고, 신종神宗 말년에는 폐단이 극에 달했다. 비록 강명하고 뛰어난 군주가 있었지만 이미 회복하기 어려웠다."고 《명사·희종본기》明史·熹宗本紀에 기술되어 있다. 백성들은 지혜롭고 용감한 군주를 만나지 못했을 뿐만 아니라 설상가상으로 목공 일이나 좋아하는 사람을 황제로 모셔야 했다. 따라서 민간에서는 희종을 '목수황제'라고 놀렸다. 명나라 희종 천계황제天啓皇帝 주유교朱由校는 "천성이 지극히 교묘하고 지나치게 목공을 사랑해서 도끼를 가지고 집을 지었지만 대목장에는 도달하지 못했다."고 《기원기소기》寄園寄所寄에 기술되었다.

이렇게 어리석은 황제는 재위 기간 동안 유모 객客씨가 조정을 제멋대로 좌지우지하도록 방임했고, 객씨가 좋아하는 환관 위충현魏忠賢을 중용해서 그들이 비행을 저지르고 충신을 죽이고 몰아내게 만들었다.

이 천계황제가 즉위한 첫해인 천계 원년(1621년)에 누르하치는 후금後金을 건국했다. 그는 군사를 이끌고 성경(현재 심양)을 함락시켰다. 명나라 군대가 차례차례 패퇴하자 천계황제는 '좋은 생각'을 해냈다. 후금과 500년 전의 금나라는 모두 여진족이기 때문에 밀접한 관계가 있으니 금나라는 마땅히 후금의 조상이라고 생각했다. 그렇다면 자기가 그들 조상의 무덤을 파내어 용맥을 끊어버리면 후금의 군대를 물리칠 수 있을 것이라고 생각한 것이다.

이것은 그다지 신선한 아이디어는 아니었다. 이는 사실 명나라 성조成祖의 장릉張陵 때부터 시작된 것이었다. 조정에서는 금나라 황제들의 능이 대방산에 있다는 것을 알고 있었기 때문에 능을 고를 때 이미 금나라 황제릉의 용맥을 끊어버렸다. 그리고 누르하치가 속한 건주여진建州女眞(여진족 3대 부족 중 하나)은 완안부에 소속된 금나라 사람들과는 분명히 다르다.

하지만 천계황제는 두 차례에 걸쳐 신하를 구룡산에 보내 건물을 모조리 부수고 각 능에 있는 궁을 파내 파괴했다. 또한 금나라 태조 예릉의 중심 능맥에 있는 '용머리'를 상징하는 큰 바위를 반쯤 잘라내고 그 밑에 큰 구멍을 파서 조약돌을 채워 넣었다. 이는 풍수학적으로 볼 때 소위 용머리를 자르고 목을 조르는 것이다.

그리고 각 능의 터에는 관제묘關帝廟(관우를 모시는 사당)를 여러 개 세웠다. 특히 태조 예릉의 원래 터에는 고탑皐塔을 세워서 악비와 금에 대항한 남송의 명장 우고牛皐를 내세워 관우와 함께 금나라에 대항하도록 했다. 민간 전설에 의하면 천계황제가 이렇게 한 이유는 일찍이 '김올술金兀術은 화가 나서 죽고, 우고牛皐는 웃어서 죽었다.'는 이야기가 바로 이 지역에서 유래되었기 때문이다.

이 행위에 대해 누르하치의 후손인 순치제順治帝와 강희제康熙帝는 매우 분개하고 경멸했다. 그들은 금나라 황제의 능을 새로 다듬고 제사를 지냈다.

금대의 황릉을 파괴한 것은 명나라 희종인 천계황제였지만 예친왕은 복수를 하기 위해 천계제의 조부인 명나라 신종神宗 만력제萬曆帝의 위패를 철거했다.

《황조통전》에 기록되어 있는 《세조장황제어제비문》世祖章皇帝御製碑文은 현재 대방산에 남아 있고, 비문의 내용은 아래와 같다.

대방산에 금나라 능은 오직 두 개뿐이다. 당대에 스승이 요양(현재 요녕성)을 취하여 과거 명나라가 지관의 말에 현혹되어 우리 왕조가 상서로운 기운을 띠는 것이 기맥과 상관이 있다고 생각했다. 이에 천계 원년에는 능에 제사를 지내는 것을 그만두고, 2년에는 능을 헐어 지맥을 끊고, 3년에는 관제묘를 세워 현지에서 염승술厭胜之術(주술)을 하였다.

비문에서 말하는 이른바 '염승술'은 풍수지리에서 흔히 볼 수 있는 방법으로, 역대 조정에서 모두 사용되었다. 이 때문에 몽골인들은 특수한 장례 방법을 채택하게 되는데 풍수가 파괴되어 국운에 영향을 주는 것을 모면하기 위해서였다. 그래서 그들은 풍수학적으로 새로운 개념을 창안해서 능장陵葬과 맥脈을 분리했다.

대방산의 용맥은 이미 명나라 사람들이 파헤쳐 끊어졌고 명나라 황릉은 북경성에서 지리적으로 풍수가 가장 좋은 위치에 있었다. 때문에 청나라 사람들은 더욱 먼 곳으로 시선을 돌려 청 동릉淸東陵(중원에 세운 청 황제릉)과 청 서릉淸西陵을 만들었다.

비록 청나라와 금나라는 동일한 여진족은 아니지만 어쨌든 밀접한 관계가 있고, 금나라는 일찍이 강성해서 북송을 물리쳤을 뿐 아니라 처음으로 연경에 도읍을 두고 오랫동안 번성했기 때문에 청나라는 그들의 맥을 이어가고 싶었다. 그러나 명나라 성조인 장릉에서 시작된 명13릉明13陵이 금나라의 용맥을 끊어버렸기 때문에 청나라는 다른 길을 개척할 수밖에 없었다.

이런 이유로 순치제順治帝는 능을 고를 때 두 방향으로 갈라섰다.

전설에 의하면 창서산은 일찍이 명나라 숭정황제崇禎皇帝가 선택한 능이지만 결국 나라는 망했다. 이후 쓸모가 있어 순치제가 얻은 것이다. '북쪽의 만장을 젖히니 무령이고, 남쪽으로는 병풍이 연벽까지 늘어져 있다'는 것은 창서산이 연산산맥의 주봉인 무령산과 하나로 연결되어 있음을 말해준다. 중국 북룡의 기맥이 기만타격산祁漫塔格山(곤륜산의 지맥)에서 발원해서 줄곧 산서까지 이어져 태항산太行山의 주맥을 생성하고 북경의 남구 관구까지 도달해 연산과 만나는 것이다.

태항산과 연산은 비록 같은 용맥은 아니지만 여전히 하나의 기맥이라고 할 수 있다. 남쪽 입구 연산에서 태항맥의 기를 이어받아 계속 동쪽으로 가서 하북으로 들어가 무령산을 낳고, 남으로 가면 평곡의 경동대협맥이 생겨난다. 이 대협맥은 동쪽에서 발생해서 청 동릉이 있는 창서산을, 창서산은 동쪽으로 가서 청룡산을 낳는다. 이것은 곧장 진황도秦皇島까지 이어진다. 무령산은 북쪽으로 승덕의 풍산風山을 낳고, 풍산은 기반산棋

盤山을 낳는다. 기반산은 요녕의 호산虎山을 낳고 호산은 북쪽으로 두 갈래를 더 낳았는데, 한 갈래는 내몽골의 음산陰山, 길림의 흥륭산興隆山이다. 이 두 산은 내몽골까지 이어져 대홍안령大興安嶺이 되었다. 또 다른 한 갈래는 장백산인데, 그 끝이 없어 맥이 조선의 백두산과 혜산까지 이어져 있다.

이러한 사실을 통해 청 동릉이 있는 창서산은 실제 중국 북룡의 용맥에 있고, 더욱이 연산을 통해 태항산과 이어진 것을 알 수 있다. 따라서 금나라 황릉이 있는 대방산은 태항산 주맥에 있다.

청 동릉에 이어 옹정제雍正帝의 통치 시기에는 청 서릉을 조성했다. 건륭제乾隆帝는 자신의 사후에 각 황제의 능은 신주를 모시는 차례대로 동쪽과 서쪽의 두 능으로 분리되도록 했다. 그리고 청 서릉이 있는 역주易州(현재 하북 보정역현)는 대방산大房山과 맞닿아 있어 금나라 황릉과 기맥을 잇기 위한 목적을 달성했다.

《창서산만년통지》에는 북룡의 기운이 중국 동북, 즉 청나라의 봉천성까지 이어졌다는 구절이 있다. 이곳이 바로 만주족 청나라[滿淸]의 발원지다. 왜 청나라 황릉이 능에 대한 풍수학에 새로운 개념을 개척했다고 하는지 그 비밀이 여기에 있다.

순치제는 창서산을 자신의 능으로 정하면서 선조들의 능인 성경삼릉盛京三陵 혹은 관외삼릉關外三陵으로 불리기도 하는 영릉永陵, 복릉福陵, 소릉昭陵 등을 건립했다.

순치제와 그 이후의 청나라 황제들은 동릉이나 서릉에 자신의 능을 만들었을 뿐만 아니라 동시에 영릉 근처에 은밀하게 복제한 능을 만들기도 했다.

따라서 청나라 사람들은 3중의 교묘한 설계를 통해 기맥과 장례를 같은 지역에 두지 않았다. 즉 장례는 동릉, 혹은 서릉에서 치르고 맥을 따라 항렬 배열의 규칙대로 신주를 모셔 그들의 발원지까지 이어지게 했다.

만약 다시 천계황제와 같은 사람이 나타난다면 기껏해야 묘를 파괴할 수만 있을 뿐 맥은 깨지 못할 것이다. 그러나 해방 이후 영릉에 저수지를 건설하는 바람에 청나라의 뜻은 물거품이 되어버렸다.

1211년(신미년), 일찍이 구처기 조사는 덕흥부를 방문한 적이 있다. 덕흥부는 현재 북경인 연경, 하북 회래 등의 지역을 포함한다. 그 일대는 당시 만리장성의 중요한 군사적 관문이었다. 칭기즈칸이 처음으로 직접 군사를 이끌고 만리장성을 넘어 금나라 도읍인 연경에 도달한 것도 그해였다. 구처기 조사가 금나라와 몽골의 전쟁터에 접근한 주된 목적은 바로 이순풍이 했던 것(천자의 기운을 관찰하는 것)과 똑같은 일을 하기 위해서였다. 구처기 조사는 안쪽은 붉고 바깥쪽은 황금색[內赤外黃]을 발하는 빛을 북쪽에서 보았다.

당시 남송의 조정은 모두 임안(현재 절강성 항주)에 있었다. 구처기 조사와 조도견은 지리를 자세히 조사한 후에 남송의 국운이 얼마 남지 않았다고 판단했다.

역사 기록에 의하면 항주성에서는 일찍이 여러 차례 심각한 화재가 발생했다고 한다. 그중 남송 영종寧宗과 이종理宗 등 두 조정에서 네 차례의 대형 화재가 발생했고, 그때가 각각 서기 1201년, 1208년, 1211년, 1231년이다. 양경반楊景盤은 그의 저서 《용이쇄담》用易瑣談에서 이에 대해 특별히 한 장에 걸쳐 기술했다. 또한 그의 저서 《항주지리풍수고》恒州地理風水考에서 북송의 이사총李思聰의 저서인 《감여잡저》堪輿雜著의 한 구절을 다음과 같이 인용했다.

항주…… 우측 경계의 물은 엄주嚴州의 동려桐廬에서 전당강錢塘江으로 흘러든다. 좌측 경계의 물은 여항餘杭의 서계西溪에서 관하官河로 흘러든다. 두 경계는 서로 갈라져 합쳐지지 않아서 성안의 하천들이 막히고 탁해지며 기맥이 분명치 않고 서호西湖의 물은 또 소경昭慶에서 왼쪽으로 갈라져 나와 북룡을 끊는데 이는 부적절하다.

위 구절에 대해 양경반은 다음과 같이 해석했다.

"항주에서 화재가 빈번하게 발생하는 이유는 지리적 환경과 관련이 있다. 본래 항주는 산과 바다를 끼고 있는 기세를 가지고 있다. 쌍룡(남룡과 북룡)이 입성해서 전당강을 따라 해문海門까지 간다. 다만 북룡이 허리를 막고 있어 서호의 물이 좌측에서 나와 북쪽으로 흘러가 좌측 경계의 물과 합류하지 못하고 초계苕溪는 여항을 지나 북으로 꺾어 태호太湖로 유입된다. 물을 따르는 북룡은 행진에 방해를 받기 때문에 남북의 두 마리 마른 용이 균형을 잃고 북류하는 물이 북룡의 기운을 빼내 남룡의 불길이 기승을 부려 항주성에 화재가 발생했다."

이런 해석을 통해 볼 때 항주는 결코 도읍으로는 적합하지 않은 곳이라는 점을 알 수 있다. 남송은 수도를 항주에 건립했으니 애초부터 강성하고 영구한 정권이 될 수 없었다. 금나라조차도 이길 수 없었으니 칭기즈칸은 말할 것도 없다.

조도견은 금나라와 송나라 황실의 혈통을 이어받았지만 벼슬길에 연연하지 않았고, 구처기의 제자로서 세상에 나와서 수행을 했다. 당시 역사에서 구처기는 천하의 창생, 국가, 전진교의 미래를 위해 중국을 통일하고 세상을 구할 군주를 찾아야 하는 임무가 있었고, 조도견은 이에 협력해야만 했다.

구처기 조사는 비록 한족이었지만 몽골인도 단지 다른 민족일 뿐이라고 생각했다. 구처기는 매우 개방적이어서 중화민족 중의 어떤 민족도 중국의 주인이 될 수 있다고 생각했다. 어느 민족이든 중화대지를 안정시키고 인민들을 단결시켜서 편히 살 수 있게만 한다면 그는 누구라도 도울 수 있었다.

태허관太虛觀으로 돌아와 구처기와 조도견은 중화대지의 형세를 전체적으로 상세히 분석하기 시작했다. 이 결과를 우지도, 송도안, 윤지평 등에게 전했으며, 구처기 조사는 여기에 이지상을 참석시켰다.

"천상을 관찰하는 것은 우리 전진교에서 반드시 해야 할 숙제다. 지금 우리 중화대지의 환란 국면은 매우 복잡하니 각자가 체득한 것을 이야기해 보아라."

구처기는 눈을 감고 있었다.

"천상은 정말 복잡합니다. 우리 중화대지는 황포홍黃包紅의 기상이 여러 곳에 있어서 선별하기 어렵습니다."

송도안이 말했다.

"황포홍의 기상이 여러 군데 있지만 그래도 구별은 됩니다."

우지도는 목광目光을 멀리 보냈다.

"제가 보기에 많은 황포홍은 이미 쇠퇴의 기미를 보이고 있습니다. 다만 북방에는 연한 홍색이 있는 듯 없는 듯해서 판단하기가 어렵습니다."

우지도에게는 무슨 생각이 있는 것 같았다.

"서하와 금나라는 논의할 바가 없고, 남송도 쇠퇴하기 마련입니다. 사형이 말하는 북방의 연홍은 몽골인가요, 아니면 조나라나 송나라인가요?"

조도견은 여전히 조나라와 송나라를 걱정했다.

"아닙니다. 송나라는 이미 대세가 기울어서 회생이 어렵습니다."

우지도는 자신의 판단을 이야기했다.

"자, 오늘은 더 이상 천체 현상을 논하지 말자. 나와 함께 서하로 갈 사람은 무예를 겨루게 될 것이다. 너희는 무예시합이 열린다는 것을 세상에 알려라. 가장 우수한 21명을 골라 나와 함께 용문을 진흥시키기 위해 떠나야 한다."

구처기가 명령을 내렸다.

"사부님, 어디로 가실 겁니까?" 송도안이 물었다.

"얼마 안 있으면 황제의 부름이 있을 것이니 너희는 준비하면 된다."

구처기는 눈을 감았다. 그는 한바탕 격렬한 전투가 그를 기다리고 있다는 것을 알고 있었다. 이것은 수천만 명의 생사뿐만 아니라 전진교의 진흥 여부와도 관련된 일이었다.

제8장

용문龍門의 무예 시합이 신통을 드러내다

도교라고 하면 전문가나 학자, 일반 대중까지 미신이라는 생각을 할 수도 있다. 그러나 자기가 잘 모르는 분야에 대해 단정 짓는 것 자체가 오히려 미신인지도 모른다.

조셉 니담Joseph Needham[16] 박사는 동아시아의 화학, 식물학, 약물학, 광물학은 전부 도교에서 유래했다고 강조한다. 노신魯迅 선생도 일찍이 중국의 뿌리는 모두 도교에 있다고 말한 적이 있다. 도교의 이치는 심오하고 넓으며 정밀하다. 현재 인류의 문학과 철학 모두는 아직 상급의 경지에 도달하지 못했다. 따라서 세계적인 학자들이 《역경》과 《도덕경》을 연구해서 명성을 얻기도 한다.

인간은 우주에 비하면 극히 작은 일부이지만 도교는 더 높은 생명체인 신神과 선仙을 추구한다. 도교는 중국 전통문화의 집대성이라고 할 수

---

[16] Joseph Needham(1900~1995), 영국의 생화학자로 케임브리지대학 교수를 역임. 저서 《중국의 과학과 문명》은 비교철학과 중국학 분야에서 중요한 저서로 명성을 가지고 있음.

있다. 이를 두고 조셉 니담 박사는 "도교 사상은 중국 과학과 기술의 근본"이라고 했다. 여기서 철학은 언급하지 않는다. 아이러니하게도 도교는 과학기술에 공헌했다.

먼저 음식에서 빼놓을 수 없는 것 중 하나가 두부다. 기원전 164년 유안劉安[17]은 아버지에 이어 회남왕淮南王으로 봉해져서 수춘(안휘성 회남시 수현)을 수도로 세웠다. 유안은 도를 좋아해서 불로장생의 약을 구하기 위해 수천 명의 도사를 초빙했다. 그중 소비蘇非를 포함한 8명을 '팔공'八公이라고 부른다. 그들은 늘 초산楚山(현재 팔공산)에 모여 선과 도를 논했고, 연단鍊丹에 대한 책을 저술했다. 연단을 할 때는 콩즙으로 단묘丹苗를 만들고자 했다. 이 콩즙이 석고와 만나면 신선하고 부드러운 두부가 되었다. 유안은 연단을 성공하지는 못했지만 두부를 발명했다.

화약 역시 도사들이 연단을 하는 과정에서 발명한 것이다. 화약은 인류 문명사상 가장 위대한 발명이자 문명의 전환점이 되었고 역사 발전에 지대한 영향을 끼쳤다.

나침반도 설명이 필요하다. 나침반을 '라반'羅盤이라고 부르는데, 가장 오래된 최초의 나침반은 강서 지방의 한 도사의 손에서 시작되었다.

사람 신체의 경락經絡은 도인이 내단內丹을 수련할 때 마음의 눈[心目]으로 자신의 몸을 내관內觀해서 본 것을 기술한 것이다.

이처럼 도교의 의약은 오랜 역사를 가지고 있다. 옛날에 도인들은 모두 수도와 의술을 함께 닦았다. 세상에는 일찍이 '10명의 도인 중 9명이 의사'[十道九醫]라는 말과 '의도는 선도와 통한다'[醫道通仙道]는 말이 있다. 이는

---

17 고조 유방이 세운 통일왕조 전한(前漢)의 학자이자 제후. 저서로는 《회남자》(淮南子)가 있음.

의술이 도의 후손이라는 의미이기도 하다. 스스로를 치료하고 이를 통해 다시 타인을 치료하는 의술이 계속되었기 때문이다. 도의 경지에 이르러서는 오묘한 도를 전하게 되었고, 도가 서로 상통하고 농축되어 도교 의학을 넓고 심원하게 만들었다.

역사적으로 유명한 의학자들은 모두 도교에서 나왔다. 예를 들어 화타華佗, 갈홍葛洪, 도홍경陶弘景, 양상선楊上善, 왕빙王氷, 손사막孫思邈 등이다.

세계적인 종교들을 개괄해 보면 정신과 육체의 관계를 다루는 데 있어 중국의 도가는 가장 직관적이고 과학적이다. 도가 전체를 크게 분류해보면 기공氣功, 팔괘八卦, 주역周易, 음양陰陽, 오행五行, 의학醫學, 침과 뜸[鍼灸], 수학[數術], 무술巫術, 음악音樂, 건축建築, 천문天文, 지리地理 등이다.

전진교의 핵심 공부는 도교의 '오술'五術인데, 이른바 산山, 의醫, 명命, 상相, 복卜이다. 도교에서 이 다섯 가지 학문은 도를 닦거나 도인이 되기 위한 근본이다.

1. 도가道家의 가장 근본적이고 핵심적인 공부는 산山이다.

산은 도가 특유의 수행 방법으로, 단약을 먹는 것[服餌], 단법丹法, 현전玄典, 권법拳法, 주문[符咒] 등을 포함한다. 도가는 육체와 정신을 초탈해서 천인합일天人合一의 경지에 이르는 것이 목적이다. 따라서 사람은 부단히 자연과 맞서야 하는 동시에 자연의 힘을 빌려 자신의 유전자와 운명을 변화시켜야 한다. 이는 도가가 인류의 진화 경로를 해석한 것이다.

먼저, 단약을 먹는 것[服餌]은 외단술外丹術이라고 한다. 약물을 복용하여 생명을 연장하고 상계上界로 날아오르는 것이다. 한 사람이 득도해서 승천하면 자기가 기르던 닭과 개도 승천한다는 전례와 고사가 있다.

단법丹法은 내단술內丹術이라고 한다. 우주 에너지를 섭취해서 인체 내의 정精, 기氣, 신神의 전화轉化를 목적으로 한다. 양적 변화에서 질적 변화를 이루고 나아가 환골탈태換骨奪胎해서 범인의 경지를 벗어나 성인의 경지超凡入聖에 도달하는 것이다. 도교는 육체가 죽지 않고 계속 존재하는 것은 불가능하다고 생각한다. 사대육신은 수련의 도구에 불과하며 오직 진성眞性을 추구한다.

현전玄典이란 도교가 노자와 장자의 사상을 바탕으로 마음을 닦고 성품을 기르는 것을 말한다.

무술武術은 각종 내공권법內功拳法을 학습하는 것이다. 이는 내공노선內功路線과 서로 배합해서 막힌 경락을 뚫는 데 도움이 되며 몸을 보호할 뿐만 아니라 신체를 건강하게 할 수 있다.

주술符咒이란 원시 무술巫術에서 유래한 것으로, 영과 수련을 통한 법술이다. 오묘한 경계의 에너지를 동원해서 사악한 기운을 물리쳐 복을 추구하고 악을 피한다.

요컨대 산은 도가의 오술에서 가장 중요한 분야로 육체적, 정신적 초탈을 추구하며 사람이 자신의 노력으로 유전자와 운명을 바꿀 수 있음을 강조한다.

도교는 청정한 마음과 욕심을 적게 하는 무위無爲로부터 시작해서 운명을 바꾸는 유위有爲의 목적에 도달한다. 단순히 도교를 무위로 치부하는 것은 잘못된 것이다.

2. 의술醫術

약을 처방하고 침과 뜸, 그리고 영적인 치료를 활용해서 건강을 유지하고 질병을 치료하는 것이다. 중국 고대에는 무술巫術과 의학은 분리되지 않았다.

각종 한약재로 가루약과 알약을 만들어 처방하고 질병을 치료한다. 그리고 동시에 스스로를 수련하는 방법이다.

침구는 침과 뜸으로 맥락 및 기혈을 순환시키는 치료다.

추나推拿는 해당 혈 자리에 일정한 수법을 구사해서 작용하는 것이다. 즉 내공을 가하고 내장의 공능을 조절해서 병을 치료하고 사람을 구하는 것이다.

영의 치료[靈治]는 주술을 이용해서 마음의 병을 조절하는 한 방법이다. 주문으로 병을 치료하는 축유祝由는 13과가 가장 유명하다. 심리적 암시를 통해 병을 치료할 수 있기 때문에 최초의 심리치료지만 오늘날 일반적으로 생각하는 심리치료 방법은 아니다.

3. 명命

도교는 운명을 믿지 않고 다만 자연과 인생의 법칙을 믿는다. 이런 법칙을 따르는 동시에 일종의 예지豫知나 법칙에 변화를 주려는 것이 수도하는 사람의 목적이다.

진정한 도교의 품격은 운명이 하늘이 아닌 자신에게 달려 있다고 믿는 것이다. 이것은 역대 통치자들이 도교를 싫어하는 이유이기도 하다. 도교는 유가의 삼강오륜처럼 사람들이 좋아하는 것들과는 거리가 멀고, 불교처럼 현실을 참고 견디지도 않는다.

자연과 인생 사이에는 따라야 할 어떤 법칙이 있다. 요컨대 운명은 사주 및 일월성신日月星辰 등 환경과의 관계를 참작하여 그 사람의 운명을 추정하는 것으로 길함을 추구하고 흉함을 피하는 것이다.

4. 상相

소위 상相이란 형形, 색色, 기氣, 미味 등을 통해 그 의미를 알고자 하는 방법이다. 일반적으로 상은 세 가지 범주로 나뉜다. 첫째는 상천相天(별자리), 둘째는 상지相地(풍수), 셋째는 상인相人이다.

상인相人의 이론적 기초에 의하면 상은 마음에서 나온다[相有心生]고 한다. 이는 기氣, 면面, 뼈[骨], 손과 발[手脚] 등 몇 가지 큰 분류를 포함한다. 기본적으로 중의학에서 진단하는 방법인 보고, 듣고, 깊이 묻는 것[望聞切問]과 상통한다.

상택相宅은 집터와 건축 구도를 연구하는 것이다. 이른바 풍수風水를 의미하는 것으로, 바람風은 공기가 유통되는 것을, 물水은 물의 근원을 말한다. 즉 살기에 적합한 곳인지 그 여부를 헤아리는 것이다.

상묘相墓는 묏자리의 풍수가 후손에게 미치는 영향을 연구하는 것이다. 중국인의 가장 큰 신앙은 종족을 유지하는 것이다. 고대 4대 문명 중 유독 중화문명만이 사라지지 않고 오랜 세월 동안 쇠퇴하지 않은 이유는 강력한 생명력에 의지하고 있기 때문이다.

상천相天이란 하늘과 사람이 감응해서 천상의 관측을 통해 세상의 길흉을 예측하는 것이다. 이것은 왕조의 교체뿐만 아니라 일반 백성과도 관련이 있다. 중국 고대는 농경사회로, 하늘에 의지해서 생활해 왔다. 관찰을 통해 데이터를 얻고 분석하여 길을 좇고 흉한 것을 피하려고 했다.

5. 복卜

이른바 복卜은 사전에 예측하여 처리하고 사후에 보완을 하는 것이다.

점복占卜은 하늘, 사람, 땅의 화합 여부를 추리하는 것이다. 하늘은 때를, 사람은 인간관계를, 땅은 생존환경을 의미한다.

기문奇門으로 가장 유명한《기문둔갑》奇門遁甲은 원래 병서였다. 후에 특별한 술법이 되었지만 진정으로 기문둔갑을 이해할 수 있는 사람은 많지 않다.

태을太乙은 역사의 흐름을 추측하는 데 쓰인다. 가장 유명한《태을신수》太乙神數가 있다.

육임六壬으로는 《대육임대전》大六壬大全을 손꼽을 수 있으며, 인생의 일상적인 일을 추측하는 데 사용된다.

이상의 기술을 통해 우리는 도교가 매우 방대하고 복잡한 체계로 이루어진 것임을 알 수 있다. 도교의 이론적 기초가 되는 《도덕경》은 의술과 고대의 주술을 체계적으로 정리한 것으로, 역사와 인생을 설명하는 완전한 이론 및 해설 체계다.

사람이 잘 살고 싶다면 자연에 순응하고 자연을 이용해서 천인합일의 목표를 달성해야 한다. 도교는 사람의 법은 땅에 있고[人法地], 땅의 법은 하늘에 있고[地法天], 하늘의 법은 도에 있고[天法道], 도법은 자연에 있다[道法自然]고 했다.

도교에서 '내 운명은 하늘이 아닌 나에게 있다'는 말은 내 운명을 하늘에 맡기지 말라는 것이다. 즉 자신의 운명을 알고 있되 승복하지는 말라는 것이다. 운명이 사람에게 미치는 영향이 지대하지만 역시 그 한계도 있기 때문에 인과응보를 다 부정하는 것도 아니다.

우리가 영성을 좋게 활용해서 흉한 것을 피하고 길한 것을 좇아 양생을 이끌어가는 수행으로 자아를 향상시킨다면 운세는 개선된다. 그렇게 되면 생명의 흐름은 자신이 가고자 하는 방향으로 갈 수 있다. 그러나 이것에도 한계는 존재한다. 간단히 말해서 보통 사람은 어느 정도 운명을 초탈해서 내 운명을 하늘에 맡기지 않을 수 있다. 그러나 신선이 되지 않는 한 완전히 운명에서 벗어날 수는 없다.

물론 운명은 강제성이 있고 그 강제성이 운명의 상한선을 결정한다. 예를 들면 부모나 유전자 등은 결코 우리가 바꿀 수 없는 것이다. 그러나 도교 수행을 하게 되면 현명함, 밝은 몸과 마음으로 일정한 경지에 도달하고 운명 규칙의 구조 속에서 비교적 자유롭게 살 수 있다.

운명이 무엇인지 알고 운명을 바꾼 후라고 해도 평상심으로 운명을 대하는 것이 중요하다. 왜냐하면 운명은 원래 무수한 일상들로 이루어져 있기 때문에 평상시 행위를 통해서 운명을 변화시켜야 한다.

가장 중요한 것은 자신이 어떻게 살고 싶은지를 생각하는 것이다. 이 것은 자신의 행복에 관한 문제이기도 하다. 평상심으로 보아야 진정으로 자신만의 답을 찾을 수 있으며 스스로에게도 가장 적합한 것이 된다.

용문파의 주요 수련인 '영보통지능내공술'靈寶通智能內功術은 《영보필법》靈寶筆法과 《태을금화종지》太乙金華宗旨를 기본으로 한 금단대법金丹大法이다. 이는 삼선공三仙功, 靜坐功, 평형공平衡功, 外動功, 수공睡功, 間餘之功 등의 3공三功과 지능법知能法, 단질법斷疾法, 치질법治疾法, 전령법傳靈法, 정심법定心法, 정군생사법定君生死法, 구선법求仙法, 단혼법斷魂法, 승상법承像法 등의 9법九法을 포함한다. 이는 수술數術을 기초로 인체의 한 지점에서 시작해서 한 면으로, 또 면으로부터 몇 개의 선까지를 수련하는 내공술[山術]로서 성명쌍수性命雙修와 동정動靜 일체를 겸비한 공법이다.

'영보통지능내공술'은 도가의 양생학養生學을 구성하는 중요한 부분이다. 인체가 천체의 규칙과 합치하는 법칙을 활용해서 천상과 지상을 관찰하고 오행을 조사한 기반 위에서 인체의 각종 변화 법칙을 연구하는 것이다.

공을 연마하는 방법은 자신의 조건에 따라야 한다. 하늘, 땅, 사람 사이의 관계를 파악하면 상응하는 대책을 취할 수 있다. 그래서 내공 이론과 인체 법칙을 연구해서 내공을 연마해야 한다. 이렇게 해야만 공력을 발휘할 수 있고 신체를 건강하게 하는 동시에 지능을 향상하는 것이 가능하다. 이는 결과적으로 조화로운 사회를 건설하고 나아가 과학 발전에 도움을 주는 방법이다.

사람에 따라 기술을 연마하는 방법도 달라야 한다. 노인, 젊은이, 어린이에 따라 각기 방법이 있다. 남자의 연공은 정精을 위주로 단련하고 여자의 연공은 혈血을 위주로 단련한다.

전체 공법 중 삼선공은 《영보필법》에 따라 9년 면벽하고 이어 10년에 완성한다. 이후 2년간 목욕沐浴한다. 삼선공은 다시 3승으로 나뉜다. 제1승은 스스로 건강을 챙기는 것으로 병을 물리치고 장수한다. 제2승은 자기 몸에 침투하는 것을 막아 보호한다. 제3승은 선한 일을 행하고 악을 제거하는 것이다.

도가에서는 물질은 몇 가지 다른 형태로 존재한다고 본다. 그것은 유형유질有形有質, 유형무질有形武質, 유질무형有質無形, 그리고 무형무질無形無質이다. 현실 생활에서 이러한 물질의 형태는 많이 존재한다. 예를 들면 꿈과 같은 형태로 존재하는 인간의 사유思維는 무형무질이다. 무형무질은 볼 수 없고 만질 수 없지만 존재하지 않는 것은 아니다. 우주의 모든 변화는 무형 및 무질서한 변화로부터 온다. 사람은 유형유질이고 선천적으로 타고난 운명이라고 할 수 있는 '정해진 수'[定數]가 있다. 다리가 2개이고 팔이 2개인데 만일 이보다 더 많으면 기형이다. 이는 다시 질량이 있으나 모양은 없는 것으로 변화해서 그 마지막이 바로 유골의 가루다. 그러므로 사람은 '벌거벗고 와서 벌거벗고 간다'. 그러니 마땅히 규칙에 순응하고 선행을 널리 행하여 세상을 구제하고 사람을 이롭게 해야 한다.

지능법智能法은 도가 법술의 기초이자 전진도 수진의 입문법이다. 이는 연신煉神과 사유思維가 중요하고 성명쌍수의 체계 중에서 독특한 수행 공법으로 순양진인 여동빈이 만들었다.

지능법智能法은 모두 3승乘 9단段으로 나뉜다.

소승 3단 : 회영억망回嬰憶望, 진가분명眞假分明, 신지청청神志淸淸

중승 3단 : 지아전정知我前程, 정식구생停食求生, 중환신의重換新衣

상승 3단 : 간파천기看破天機, 회환우주回換宇宙, 등월망행瞪月望行

지능법 소승 3단에 대한 방법을 간략하게 설명하면 다음과 같다.

제1단 : 회영억망回嬰憶望

방법은 '기억-회상-재회상'이다.

밤에 정실에 들어가 앉아서 하루 동안 겪은 모든 일을 회상한다. 아침에 일어나서 옷을 입고 이를 닦는 것으로부터 시작해서 저녁까지 행한 모든 일을 회상하는 것이다. 회상은 상세하고 소소한 것일수록 좋다. 회상의 과정에서 아침부터 저녁까지 한 일을 기억하면서 혹시 빠뜨린 것이 있다면 기억해내서 모두 채워간다. 그리고 다시 한 번 기억을 더듬어 회상할 것이 또 있는지 생각해 본다. 만약 있다면 전부 회상할 때까지 다시 기억한다.

제2단 : 진가분명眞假分明

방법은 '판단-결단-재판단'이다.

하루의 일과를 회상하고 나서 하루 동안 한 일 중 무엇이 옳고 무엇이 그른지를 판단해서 결론을 내린다. 옳았다면 어떻게 해야 하고 잘못했다면 어떻게 해야 하는지, 또한 노력해서 어떻게 고쳐야 하는지 등을 판단하는 것이다. 이어서 결론의 정당성 여부와 이에 결함과 허점이 있는지 다시 한 번 판단한다.

제3단 : 신지청청神志淸淸

방법은 '입제-정제-재입제'다.

회상과 판단이 끝나면 바로 입제를 시작한다. 즉 내일 무엇을 할 것인지에 대한 제목을 정하는 것이다. 문제를 만들어 결정한 후에 이 일을 모두 할 수 있는지, 어느 것이 가능하고 불가능한 것인지, 또한 실행하기 위해 어떤 조건이 필요한지 등을 관찰한 후에 다시 한 번 문제를 정한다.

영보필법인 삼선공은 여동빈吕洞賓에서 왕중양王重陽으로, 다시 왕중양에서 구처기에게 전해졌다. 왕중양 조사는《영보필법》을 '삼선공'으로 바꾸었는데, 전체 공법은 용문파에 속한다. 이것은 북5조北五祖로부터 물려받은 것이다. '삼선공'은 인체를 천체에 합일시키고 후천을 선천에 합치하는 수련 방법이다. 모두 3승乘 10법法 45단段으로 나뉜다. 각각의 단계마다 차례대로 수련해서 모두 9년 동안 면벽하고 10년에 완성한다. 이후 2년 동안은 목욕沐浴을 한다.

삼선공에는 인선공人仙功, 지선공地仙功, 천선공天仙功이 있다.

인선공은 몸을 화로火爐로 삼고 기炁를 약藥으로 삼으며 마음心을 불火로, 신장을 물로 삼아 구환칠반九煥七返, 감리상투坎離相投해서 금액환단金液煥丹을 만든다.

지선공은 신을 화로火爐로 삼고 기炁를 약藥으로 삼으며 해를 불火로, 달을 물水로 삼아 그믐 바다에서 보물을 찾고[晦海探寶], 텅 빈 하늘에서 보름달을 찾아[行空望月] 음양을 서로 합한다.

천선공은 신을 화로火爐로 삼고, 성性을 약으로, 혜慧를 불로 삼으며 정定을 수로 삼아서 구궁불멸九宮不滅, 건곤상전乾坤常轉하여 천인동화天人同化한다.《영보필법》은 수련의 구체적인 이론으로 그 상세한 방법은 반드시 눈 밝은 스승[明師]이 친히 가르쳐 주어야 한다.

삼선공의 수련목록은 다음과 같다.

소승안락연년법사문小乘安樂延年法四門 – 인선공人仙功

1. 필배음양匹配陰陽

   (1) 음양교환陰陽交換–양태음식陽胎陰息

   (2) 음양필배陰陽匹配–진태식眞胎息

   (3) 음양귀위陰陽歸位–배감리配坎離

2. 취산수화聚散水火

   (1) 태을함진기太乙含眞气

   (2) 소연형小煉形

   (3) 천동천로天童天老

3. 교구용호交媾龍虎

   (1) 채보환단採補還丹

   (2) 양태선養胎仙

   (3) 수화기제水火旣濟

   (4) 진부처상견眞夫妻相見

   (5) 기교형불교气交形不交

4. 소련단약燒煉丹藥

   (1) 화후火後

   (2) 소주천小周天

   (3) 주천화후周天火後

   (4) 취신양기聚神陽气

   (5) 취기양신聚气養神

   (6) 연양양신煉陽養神

중승장생불사법삼문中乘長生不死法三門 – 지선공地仙功

5. 주후비금정肘后飛金晶

(1) 환정보뇌煥精補腦

(2) 기하거起河車

(3) 교용호交龍虎

(4) 추연첨홍抽鉛添汞

(5) 반로환동返老煥童

6. 옥액환단玉液還丹

(1) 옥액연형부玉液煉形符

(2) 목욕태선沐浴胎仙

(3) 소환단小還丹

(4) 대환단大還丹

(5) 칠반단七返丹

(6) 구전단九轉丹

7. 금액환단金液煥丹

(1) 금액연형부金液煉形符

(2) 기화분신起火焚身

(3) 금화옥로金花玉露

(4) 대랑제大朗濟

(5) 황백법黃白法

대승초범입성법삼문大乘超凡入聖法三門 **– 천선공**天仙功

8. 조원연기祖元煉气

(1) 초내원超內院

(2) 연기성형煉气成形

(3) 자금단紫金丹

(4) 연양신煉陽神

(5) 정취삼화頂聚三花

9. 내관교환內觀交換

(1) 집양신集陽神

(2) 마천화摩天火

(3) 교환선범交換仙凡

(4) 인간천상화서국人間天上華胥國

10. 초탈분형超脫分形

(1) 출입분형出入分形

(2) 신선탈질神仙脫質

(3) 초탈입성超凡入聖

삼선공 초입 3단 수련법만을 소개하면 다음과 같다.

1. 음양교환陰陽交換

수련자는 '인선법'으로 몸과 호흡, 그리고 마음을 조절하고 몸과 마음이 지극히 고요해져서 의기意炁가 융합될 때 음양교환을 시작한다. 방법은 다음과 같다.

흡기를 하면서 천체 우주의 원기는 사방팔방에서 인체 내 전신 모공으로 들어와 누른다. 다시 호기를 하면서 인체 우주 전신 모공의 기운이 천체의 우주 가장자리 사면으로 방출된다. 이때 호흡은 고르게 하고 깊고 가늘며 길어야 하고 한 번 들이마시고 내쉬는 시간은 각각 1분이 가장 좋으며 특히 매우 느려야 한다. 《영보필법》은 1차 단련 시 호흡을 6천 번 하도록 되어 있다(한 번 흡기와 호기가 1번). 흡기를 할 때에 배꼽 아래까지 이르고 호기를 할 때는 심장을 넘어가지 않는 방법을 첨가해서 진행하는데 이는 인선공의 호흡에 대한 총칙이다.

2. 음양필배 陰陽匹配

'음양 교환' 수련을 이룬 사람은 바로 음양필배를 수련할 수 있다.

흡기를 하면서 천체 우주의 원기는 사방팔방에서 인체 내 전신 모공으로 들어와 누른다. 다시 호기를 하면서 인체 우주 전신 모공의 기운이 천체의 우주 가장자리 사면으로 방출된다. 호흡은 균일하고 깊고 가늘고 길어야 한다.

3. 음양귀위 陰陽歸位

'음양필배' 수련을 이룬 사람은 '음양귀위'를 할 수 있다. 구체적인 수련 방법은 앉아서 '쌍수악고'雙手握固(앉아서 엄지를 손안에 넣어 주먹을 쥐는 것)를 하고 손을 무릎 위에 올려놓는다. 인선법으로 몸과 호흡, 마음을 조절하고 호흡의 총칙을 배합하여 진행한다. 즉 흡기-폐기-호기-흡기-폐기-호기 등의 순서로 호흡하되 고르고 깊고 가늘고 길어야 한다. 즉 흡기를 하면서 선천 우주 공간의 원기가 인체 우주로 들어와 누른다. 이어 폐기를 하면서 흡기와 호기를 하지 않는다. 다시 호기를 하면서 인체 하전의 기 혹은 오장으로 돌아온 기[歸位焉]가 전신 모공을 통해 전화하여 후천의 기와 선천의 기를 서로 합한다.

구처기의 용문파가 시합을 통해 제자를 뽑는다는 사실이 알려지자 문파를 가리지 않고 천하의 도사들이 몰려들었다.

구처기는 품행과 학문이 모두 우수하고 도학이 깊어야만 참가할 수 있는 자격을 주었다. 조도견, 우지도, 송도안이 주 시험관이 되었고, 윤지평, 이지상이 행사를 조직하는 책임을 맡았다. 이 시합은 보통의 겨루기가 아니고 위에서 소개한 도가 무술의 핵심 내용을 포함하고 있었다. 이는 진정한 강자들의 대결 무대였다.

용문파 문도들은 내적으로는 자신의 진성眞性이 영원하기를 추구했고, 외적으로는 세계평화와 사회 안전, 그리고 전쟁과 재난이 없기를 기원했다. 즉 자신이 조화로운 사회 환경 속에서 수련에 매진할 수 있기를 바라는 것이다. 도교의 수련은 내적으로는 양생養生을 위한 수련법이고, 외적으로는 사람을 구하고 재앙을 막기 위한 목적을 가진다. 무술의 내용 중 단전, 호흡법, 기혈 등은 모두 도교의 수련에서 기인한 것이다. 무술의 손, 눈, 몸, 법, 걸음, 정, 신, 기, 힘, 공은 도교와 직접적인 관계가 있다. 그러므로 도교가 무술에 미치는 영향은 지대하다.

이정제동以靜制動(정으로 동을 제압), 후발제인后發制人(공격을 기다리다 제압), 강유상제剛柔相濟(강함과 부드러움의 조화), 이유극강以柔克剛(부드러움으로 강을 이김) 등 내가권內家拳의 출현은 도교 사상으로부터 직접적인 영향을 받았고, 음양, 오행, 팔괘, 태극 등의 이념이 권법에 깊이 파고들었다. 태극권太極拳, 팔괘장八掛掌, 형의권形意拳도 양생의 가치를 강조한다.

무술의 궁극적인 목표는 적을 단번에 항복降伏시키고 한 번에 목숨을 앗는 것[致命]이다. 이러한 무림절학武林絶學은 말로 전하고 마음으로 받아들이는 구전심수口傳心授의 방식으로 익혀야 하기 때문에 혼자서는 깨우치지 못한다. 또한 소수의 사람만이 요령을 장악하고 있어 쉽게 전수될 수도 없다. 전통 무술은 싸움을 잘할 수도, 못할 수도 있다. 양생의 전통을 가진 무술은 당연히 격투기를 이길 수 없다. 양자의 목적은 다르기 때문에 격투를 하는 전통 무술은 치명적이라고 할 수 있다.

전통 무술은 규칙이 없고 기구를 사용할 수 있다. 따라서 모든 고수들은 자신만의 병기를 하나씩 가지고 있다. 현대에 이르러 화력 무기가 출현함에 따라 중국에서 전통 무술은 점차 그 무대를 잃게 되었고 전수되지 못할 위험에 처해 있다.

용문의 무예에는 당연히 무술이 빠질 수 없다. 도교의 호신, 제압술 등은 줄곧 존재해 왔지만 이것을 수련하는 것이 수도자의 주요 업무는 아니다. 분명히 말하면 도교의 전수자는 당연히 무공의 고수이지만, 무공의 고수라고 해서 반드시 도교의 전수자는 아니다. 도교의 전수자에게 있어서 무술은 단지 초등학교 수준의 단계일 뿐이다.

윤지평은 흥이 많고 표현하기도 좋아하는 유능한 사람이다. 이지상은 착실하고 진지해서 두 사람은 이번 무술 시합을 빈틈없이 준비했다.

3백여 명의 도사가 사방팔방에서 몰려드니 이지상은 매우 바빴다. 그는 도인들의 식생활을 책임졌는데 태허관 도인의 숫자가 너무 모자라서 시험을 보러 온 젊은 도사들의 도움을 받아 겨우 행사를 진행할 수 있었다.

구처기의 요구에 따라 '오술' 시합에 앞서 먼저 문과 시험을 치렀는데, 그 난이도는 조정의 과거시험 못지않았다. 구처기는 제자들에게 반드시 깊은 문학적 기초가 있어야 하며 경전, 역사, 제자, 시문집을 모두 섭렵해야 한다고 했다. 도가뿐만 아니라 불가, 유가, 기독교, 이슬람교, 천주교, 마니교, 샤머니즘 등에도 능숙해야 한다고 했다.

구처기는 그의 미래의 '친구'가 어떤 시험을 준비했는지 알고 있었다. 그는 완승을 해야 했다. 그렇지 않으면 그가 계획한 목적을 달성할 수 없게 된다.

도관 앞은 연무장이 되었고, 용문 시험에 응시한 사람들은 모두 예사롭지 않았다. 18가지 병기가 웅장하고 기이했으며 떠들썩했다. 문과 시험과 마찬가지로 3백 명을 3개 조로 나누어 무예를 겨루었다. 문과 시험을 통과한 사람만이 무예 시험을 치를 수 있었다.

윤지평 조에서 1차 시험에서 통과한 사람이 200여 명이었다. 100명은 2차전을 치러야 했다. 용문파는 당시 가장 영향력 있는 도교 문파였기 때문에 이곳에 와서 무예를 겨루는 사람들은 하나같이 비범한 사람들이었고, 남은 100명 역시 모두 도교의 엘리트들이었다.

칭기즈칸은 '무극검'을 생각하며 침대에 누워 있다. 그는 손가락과 눈꺼풀조차 움직일 수 없었다는 사실을 도저히 참을 수가 없었다. "구처기, 구처기……." 하면서 그는 때때로 구처기의 이름을 중얼거렸다. "이 사람을 나를 위한 도구로 활용하든지, 혹은 죽여야……." 칭기즈칸은 마음속으로 생각했다.

"대칸, 구처기라고요?"

옆에 있던 무칼리木華黎 장군이 칭기즈칸의 혼잣말을 듣고는 물었다.

"아, 그래. 그 도인."

칭기즈칸은 생각에 빠져 무칼리 장군이 자기 옆에 있다는 사실도 잊었다.

"그 도인을 어떻게 한다고요?"

무칼리 장군이 물었다.

"나를 죽일 수 있는 사람."

칭기즈칸의 시선은 먼 곳으로 향했다.

"그 사람은 어디 있습니까?"

무칼리 장군은 눈을 똑바로 떴다.

"산동에서 전진교의 장문이라고 들었다."

"대칸께서 제게 1만의 군마를 주시면 산동을 평정하고 그를 납치해 대칸께 대령하겠습니다."

칭기즈칸은 손을 내저었다.

"경솔해서는 안 된다."

무칼리 장군은 칭기즈칸이 이렇게 조심스러운 것을 처음 보았다.

"대칸께서는 너무 걱정하십니다. 신이 있는데 누가 감히 대칸의 털끝 하나라도 건드리겠습니까?"

"무칼리 장군. 그대는 짐이 제일 사랑하는 장군이다."

칭기즈칸은 환하게 웃었다.

"대군을 보낼 필요도 없습니다. 제가 자객을 보내어 그의 목숨을 취할 것입니다. 수하에 고수들이 많습니다. 그를 죽이는 것은 주머니 속에서 물건을 찾는 것처럼 쉽습니다."

무칼리는 장담했다.

"실수하지 마라. 경솔해서도 안 된다."

칭기즈칸은 아직도 무극검에 놀란 마음이 진정되지 않았다.

"대칸, 안심하십시오. 구처기는 말할 것도 없고 산동 전체와 국가, 그리고 신하들도 다 취하실 수 있습니다. 대칸께서는 명령만 내리시면 됩니다."

무칼리는 자신감에 차 있었다.

"이 일은 너와 나, 그리고 장생천(하늘)만이 알고 있으니 절대로 소문을 퍼뜨리지 마라."

칭기즈칸은 가슴이 두근거렸다.

"대칸, 안심하십시오. 이 일은 하늘과 땅 그리고 폐하와 저만 압니다. 대칸께만 따로 보고할 것입니다. 신이 좋은 소식을 갖고 오겠습니다."

무칼리는 칭기즈칸과 작별을 하고 준비하기 위해서 돌아갔다.

지금까지 무칼리에게는 칭기즈칸이 세상에서 가장 위대한 영웅이었는데 이렇게 구처기를 조심스럽게 대하는 것을 보니 이해할 수가 없었다. 그러나 무칼리는 대칸에게 분명 이유가 있을 것이라고 생각했다. 그는 대칸의 지혜에 감복해서 오체투지五體投地했다. 이것이 그가 대칸을 추종하는 이유였다.

무칼리의 말은 허풍이 아니었다. 그의 수하에는 무림의 고수들이 넘처났다. 중원에서는 이미 몽골제국을 막을 수 없다는 인식이 만연해서 온갖 인재들이 귀순을 해왔기 때문이었다. 무칼리는 3명의 최고 실력자를 골라 비밀리에 산동으로 잠입시켜 구처기를 살해할 기회를 엿보기로 했다.

칭기즈칸은 원래 단숨에 금나라를 치고 남송을 공략하려고 했다. 당시 서하는 이미 몽골제국의 속국이었지만 이 돌발 사건이 그로 하여금 마음을 바꾸게 했다.

앞으로 전개될 이야기와 관련된 아랍왕국의 유래부터 설명할 필요가 있다. 우선 이슬람의 종교 지도자인 무함마드에 대해 알아보자. 이슬람의 예언자 무함마드Muhammad(약 570~632)는 '마호메트', '무하메드' 등으로 불린다. 전체 이름은 '아불카심 무함마드 이븐압둘라 이븐압둘무탈리브 이븐하심'이다. 그는 아라비아 반도 메카성의 쿠라이시족 하심 가문에서 태어났으며, 그 선조 메카켈베는 제사를 관장하고 쿠라이시 부족회의를 소집하는 권력자였다. 그러나 무함마드의 증조부 이후부터는 가세가 기울기 시작했고, 아버지 압둘라는 장사를 하러 다니다 죽었다. 어머니도 그가 6세 때 병으로 사망해서 무함마드는 조부 압둘 무타리브가 양육했다. 그가 18세 때 조부마저 죽자 큰아버지 아부 탈리브가 그를 입양했다. 무함마드는 사람됨이 성실하고 겸허했다. 일 처리가 공정했고, 쾌활하고 선행을 베풀어 사람들의 칭찬과 신임을 얻어 '아민(신뢰할 수 있는 사람)'으로 칭송받고 있었다. 그는 25세에 메카노팔족의 부유한 과부인 카디자에게 고용되어 상단을 이끌고 시리아 일대에서 장사를 했다. 596년에 무함마드와 카디자는 결혼했다. 이때부터 그의 생활은 부유해지고 안정되었으며 사회적 신망도 높아져 선교사업의 토대를 마련했다.

이슬람교 역사에 의하면 610년 라마단(이슬람 교력 9월)의 어느 날 밤,

그가 히라산 동굴에서 명상할 때 알라신은 천사 가브리엘을 파견해서 그에게 《코란》을 '계시'했다. 그는 이후 알라신의 사자로서 세상 사람들에게 신의 '경고'를 전하고 이슬람교를 전파했다. 이렇게 무함마드가 알라의 '사명'을 받은 때부터 이슬람교가 시작되었다.

무함마드의 선교 활동은 23년에 걸쳐 이루어졌는데, 메카 시기와 메디나 시기로 나눌 수 있다. 메카 시기(610~622)에 그는 유일신을 강조하고 다신 숭배를 반대했다. 무슬림은 가난한 사람이나 귀천을 가리지 않고 모두가 형제이므로 부족이나 씨족 간의 상호 투쟁과 원수에 대한 살육을 중지해야 한다고 강조했다. 그는 고리대금업을 금지하고, 빈민을 구제하며, 고아들을 공정하게 대하고, 노예 석방 등을 주장했다. 메디나 시기(622~632)에 와서 그는 일련의 종교개혁과 사회개혁을 단행했다. 그는 메디나를 중심으로 최초로 정교가 일치하는 이슬람 정권을 수립했다. 그는 이슬람교의 교리와 교의 체계를 창설하고 유일무이한 알라를 신봉하는 것을 핵심으로 하는 '신앙강령'을 확립했다. 이는 무슬림들이 반드시 이행해야 할 5가지 하늘의 명령[天命功課]을 규정한 것이다. 메디나 시기에 국가의 정치·경제·군사 발전의 필요에 따라 민사·형사·상사商事·군사 등의 방면에 관한 법률이 제정되었다. 혼인 및 가족 제도에는 남녀 쌍방이 자발적으로 선택할 수 있는 원칙을 확립했고, 혈족 및 근친결혼을 금지했다. 또한 남자가 자기 부인을 버릴 권리[休妻權]를 제한했고, 과부가 되어도 일정 기한이 경과하면 개가를 할 수 있도록 했다. 재산상속제도에서 부계 남성만이 상속권을 갖는 종래의 관습을 개혁하여 여성도 재산 상속권을 가질 수 있도록 했다. 상업 활동에서 이자를 금지하고 고리대금 착취에 반대하며 또한 일련의 상업 거래에 관한 준칙과 도덕규범을 만들었다. 형법을 강화하여 악을 없애고 선에 이르도록 인내·성실·공정을 핵심으로 하는 행위규범과 사회도덕 준칙도 확립했다.

무함마드는 632년 6월 8일에 63세의 나이로 사망했고, 메디나의 '선지자 모스크'에 안장되었다. 무함마드의 언행록인 '성훈'은 신앙·교행·입법·사회생활 등에 대한 준칙이 되었다. 사학자들은 무함마드를 인류 문명사의 위대한 사상가이자 정치가·군사가·종교개혁자로 칭송한다.

칭기즈칸과 동시대인 500년 전 아랍의 군대는 무함마드의 이슬람교 교의를 바탕으로 확장해서 페르시아, 시리아, 이라크, 이집트, 북아프리카, 중앙아시아까지 이르렀다. 심지어 지브롤터 해협을 넘어서 한때 피레네산맥과 신장新疆 남쪽 서부의 카슈가르 사이의 지역을 하나로 연결하기도 했다.

그러나 이슬람 교파는 튼튼하지 않았다. 무함마드의 사위인 알리를 추종하는 시아파는 자신들이 정통이며 통치권을 갖고 있다고 주장한다. 반면 수니파는 무함마드의 삼촌인 알 아바스를 수반으로 자신들이 정통이라고 했다. 그들은 이라크에서 흥성했고, 아바스 왕조의 통치하에서 제국의 중심은 바그다드로 이동했다. 제국의 중심 아바스에서 그들은 여러 개의 작은 왕조들로 나뉘었다.

서기 1000년에 이르자 당시 이슬람교는 이미 3개의 종파(수니파, 시아파, 수피파)와 5개의 분파, 수십 개의 작은 파벌로 나뉘었다. 그러나 그들은 공동의 선지자 무함마드를 믿었고 공통적으로 아랍어를 사용하기 때문에 상대적인 통일을 유지했다.

무함마드의 교리에는 문제가 없었으나 시간이 지남에 따라 정치와 종교가 하나가 된 제정일치 국가는 향락을 탐하기 시작했다. 교인들은 종교를 부와 권력을 쟁탈하는 도구로 만들었고, 같은 종교 아래 있는 파벌들도 권력을 쟁탈하기 위해 싸움을 시작했다.

그러나 이슬람 왕국은 매우 고차원적인 문명을 형성했다. 비록 중국의 중원 문명보다는 뒤떨어졌지만 유목민족인 몽골에 비해서는 하늘과 땅만큼의 차이가 났음을 부인할 수 없다.

당시 이슬람 국가의 도시 건축은 중국 중원에 버금갈 정도로 크고 웅장했고, 세계적인 수준이었다. 실크로드에 있는 이슬람의 주요 도시는 시장이 번성하고 무역이 원활하며 많은 상품으로 가득했다. 도자기, 유리그릇, 향신료, 비단, 사향, 진주, 상아, 밀랍, 모피, 청동기, 노예까지 없는 것이 없었다. 이런 물건들은 각기 다른 나라에서 들어온 것으로 당시의 도시가 얼마나 번성했는지 알 수 있다. 이때 아랍 제국의 동부 도시였던 사마르칸트, 부하라, 메르브, 우르겐치 등은 모두 사막의 오아시스에 건설된 도시로, 강을 마주하고 성벽을 높게 쌓았다. 하나는 외세의 침략을 막기 위한 것이고, 다른 하나는 사막의 침입을 막는 것이었다. 도시 내부에는 도랑과 지하수로[Karez]가 있어서 백성들이 사용할 수 있는 물을 제공했다. 세계적으로 상업 무역에 있어서는 이슬람인들이 가장 앞서 나갔다. 선진적인 무역 활동이 있었기 때문에 이슬람 국가에는 갖가지 물자들이 넘쳐났고 데이터나 통계 등의 학문이 완비되어 있었다. 또한 이러한 시스템은 다른 문화의 영양분을 쉽게 흡수할 수 있도록 했다.

칭기즈칸은 선견지명이 있는 전략가였다. 그는 군대를 남하해서 금나라를 공격하는 한편 서방의 호라즘 왕국(이슬람 왕국의 일부)과 무역을 하기 위해 상단을 배치하고 우호를 표했다. 당시 그는 호라즘 왕국을 공격할 생각이 없었고 당연히 양면 작전을 하는 것도 불가능했다. 이유는 당시 몽골의 역량은 그다지 크지 않았고, 호라즘 왕국이 몽골의 주요 세력지에서 너무 멀리 떨어져 있기 때문이기도 했다.

이때 몽골은 호라즘 왕국과 국경을 맞대고 있었다. 나이만국乃蠻國 (10~13세기에 알타이산맥 지방에서 세력을 떨쳤던 터키계 유목민족 및 그들이 세운 나라) 왕실의 자손 쿠츨루크가 칭기즈칸을 이슬람 세계로 끌어들였다.

1124년 금나라 제국은 옛 통치자인 거란인들을 몰아냈다. 200여 명의 거란 귀족들은 서쪽으로 2,500킬로미터를 도망가서 금나라 제국의 통치범위를 벗어났다. 거란인들은 초원과 사막, 그리고 산맥 등지에 왕국을 어렵게 창건했는데 지금의 키르기스스탄 초원, 중국 서남부 일부, 카자흐스탄 남부, 타지키스탄 등을 포함하는 지역이다. 이 왕국의 이름은 하랄 거란(서요)이다.

1208년에 쿠츨루크는 이 왕국으로 와서 국왕의 환영을 받고 국왕의 딸을 아내로 맞아들여 왕권을 획득했다. 그리고 아내의 영향으로 불교를 믿게 되자 현지의 이슬람교와 갈등을 빚었다. 신장 남부 카텐의 이맘(이슬람교의 종교 지도자)은 쿠츨루크를 호되게 비판하다가 그에게 잔인하게 처형당했다. 칭기즈칸은 나이만 부락을 공격한 후 도망친 쿠츨루크를 제외한 부락의 수령들을 모두 처형했다. 칭기즈칸은 제베 대장을 보내 쿠츨루크를 추격해서 아주 뿌리를 뽑아버리도록 했다.

제베는 몽골 대초원을 가로질러 알타이산맥을 넘고 울퉁불퉁한 천산고원을 통과하여 세계에서 두 번째로 높은 곳에 있는 이식쿨 호수(키르기스스탄 경내, 천산 북부)까지 총 2,600킬로미터를 달려갔다. 이식쿨 호수의 서쪽 80킬로미터 떨어진 곳에는 바로 쿠츨루크의 나라 서요의 수도인 호사알이타가 있다. 그는 몽골군의 지독함을 알고 있었기 때문에 허겁지겁 도망쳐서 남쪽의 실크로드 무역 중심지인 타클라마칸 사막 서부 변두리의 카슈가르(중국 신장 남부)로 갔다. 제베 장군은 몽골 대군을 이끌고 카슈가르로 달려갔다. 그는 군사들의 약탈 행위를 금지해서 위구르 주민들로부터 열렬한 환영을 받았다. 쿠츨루크는 파미르고원까지 갔지만 결국 붙잡혀 몽골로 보내졌다.

제베 장군이 치른 이번 전쟁으로 몽골은 이슬람 왕국의 국경과 맞닿게 되었다. 그러나 몽골의 중심부와 주요 성은 이슬람이 있는 서부와는 여전히 너무 멀었다.

1218년에 칭기즈칸이 호라즘에 파견한 상단은 먼 길을 가서 마침내 호라즘의 변경 도시인 오트라르^{Otrar}(카자흐스탄 심켄트시 아레스강과 시르강이 만나는 지점에 위치)에 도착했다. 오트라르는 1천여 년 동안 아시아와 유럽 간 실크로드의 경유지로서 도시가 번영했고 멋진 건축물들도 많았다. 모스크 돔의 채색 유약이 햇빛을 받아 눈부신 빛을 발산하고, 규모가 큰 도서관도 있었다. 모든 이슬람국가의 도시에는 문명국의 상징인 도서관이 있었다. 온갖 상품이 갖추어져 물물교환이 번성했고, 여러 지역에서 온 상인들은 다양한 언어를 구사했으며 각양각색의 옷을 입고 있었다.

칭기즈칸은 호라즘에 우호와 성의를 표시하기 위해 상단을 꾸려서 국왕인 무함마드(알라 웃 딘 무함마드, 무함마드 2세)에게 낙타봉만 한 크기의 금을 선물로 보냈다.

호라즘의 옛 수도는 우르겐치(현재 투르크메니스탄 다쇼구즈주 소속)였고, 무함마드 말기에는 사마르칸트(현재 우즈베키스탄 제2의 도시)를 공략해서 신도시로 삼았다. 상단의 사신은 먼저 사마르칸트에 가서 무함마드 왕을 알현했다.

크고 금빛 찬란한 황궁에서 무함마드 왕은 상단의 사신을 만났다.

"당신들 몽골의 황제가 나를 만나라고 한 것이 진심인가?"

무함마드 왕은 거만하게 황좌에 앉아 포도주를 마시고 있었다.

"물론입니다. 이것이 국왕께 드리는 선물입니다."

몽골 상단의 사신은 낙타봉만 한 황금을 들어 올렸다.

"이것은 중원에서 약탈한 것인가?"

무함마드 왕의 말이 끝나자 신하들이 모두 크게 웃었다.

"대칸의 성의입니다."

몽골 사신은 곤혹스러운 표정이었다.

"당신들은 그를 대칸이라고 부르는데, 대칸은 무슨 뜻인가?"

무함마드 왕은 사신을 보며 말했다.

"대칸은 만왕의 왕이라는 뜻입니다."

몽골의 사신은 당당하게 말했다.

"만왕의 왕. 그렇다면 내 위에 있다는 것이군!"

무함마드는 원래 대칸이라는 단어의 의미를 알고 있었기 때문에 칭기즈칸이라는 칭호에 대해 반감을 갖고 있었다. 또한 칭기즈칸이 금나라를 공격한 것에 대해서도 심기가 불편했다. 무함마드 왕은 오랫동안 금나라와 남송을 호시탐탐 노려왔고 첩자를 두 나라와 몽골 등에 보낸 적도 있었다. 그래서 금나라나 남송은 선진적인 문화를 누리는 부유한 나라라고 인정했지만 몽골인들은 야만인이라고 생각하고 있었다. 그런 몽골족이 떨쳐 일어나 10만 명의 몽골군으로 45만 명의 금나라 군대와 전쟁을 치렀다는 사실이 이해가 되지 않았다. 그는 칭기즈칸의 공격에 대해서는 두려움을 느꼈지만 몽골과의 거리가 1만 리나 떨어져 있었기 때문에 위협은 멀리 있다고 생각했다.

"아닙니다, 아닙니다. 우리 대칸은 대왕과 동맹을 맺어서 대왕을 친아들처럼 대할 것입니다."

사신이 변명하듯 대답했지만 이 말은 칭기즈칸이 진심으로 사신에게 한 말이었다.

그 말에 무함마드는 안색이 변했다. 그는 칭기즈칸이 자기를 아들로 생각하겠다는 데에 분노가 치밀었다.

"손님을 모셔라."

대신들은 왕이 언짢아하는 것을 알아차리고 서둘러 사신을 내보냈다. 물론 칭기즈칸이 준 황금 선물은 받아 챙겼다.

무함마드는 갑자기 나타난 몽골 상단을 어떻게 대해야 할지 고민이었다. 하나의 산에 두 마리 호랑이가 살 수는 없는데, 이렇게 멀리 떨어져 있는 나라가 갑자기 친구가 되자고 제의해 오니 그의 마음은 꺼림칙했다.

이때 오트라르의 영주는 이날추크인데, 이슬람인이나 유럽인은 이 사람의 이름을 영원히 기억해야 한다. 왜냐하면 이 사람은 칭기즈칸이 중앙아시아와 유럽을 피로 물들게 만든 장본인이자 호라즘의 멸망과 칭기즈칸의 유럽 원정을 앞당기게 한 원인 제공자이기 때문이다.

칭기즈칸이 보낸 상단은 총 5백 명으로 구성되었다. 5백 필의 낙타에 도자기, 비단, 쇠그릇, 사향 등의 귀중품을 가득 실었고 소통의 편의를 위해 상단은 이슬람인들로만 구성했다.

이날추크는 그의 국왕 무함마드와 마찬가지로 몽골인을 경멸했다. 그는 무역품을 가로챌 목적으로 몽골상단에 간첩 누명을 씌워 몰살시켜버렸다(한 사람은 화장실에 가느라 상단을 따라가지 못한 덕분에 무사할 수 있었다).

칭기즈칸은 이 소식을 듣고 크게 분노했다. 하지만 몽골 군대는 금나라를 공격하기 전 휴식을 취하고 있었기 때문에 호라즘과 전쟁을 벌일 상황이 아니었다. 칭기즈칸은 화를 삭이며 다시 3명의 사신을 호라즘의 왕 무함마드에게 보내 이 일에 대해 사과하도록 했다.

그러나 호라즘으로 온 3명의 몽골 사신을 대하는 무함마드 국왕의 태도는 여전히 오만했다. 심지어 몽골 사신 중 대장은 죽이고 다른 2명은 수염을 깎아서 몽골로 돌려보냈다. 이런 모욕적인 처사에 칭기즈칸은 대로했다. 피비린내 나는 전쟁의 서막이 오르고 있었다.

칭기즈칸은 '성스러운 산' 보르칸·칼둔 산으로 갔다. 그는 아무도 동행하지 않고 자기가 어디로 가는지 묻지도 못하게 했다. 그는 먹지도 마시지도 않고 홀로 3일 밤낮을 산에서 기도했다.

'무극검'이 칭기즈칸의 마음을 때렸다면 이번 사건은 칭기즈칸의 뺨을 때린 것과 같았다. 칭기즈칸은 전 세계의 지도자들이 당연히 자기를 세상의 맹주로 인정하게 될 것이라고 믿었다. 왜냐하면 칭기즈칸은 하늘(장생천)의 명으로 출정했기 때문이다. 만일 하늘의 가호가 없었다면 전쟁에서 무패란 있을 수 없는 일이다. 칭기즈칸은 서방세계에서 무함마드라는 추악한 영혼을 무찌르고 질서를 바로 잡아야 한다고 생각했다.

용문의 무술시합 중에 탈락한 절대다수의 도사들은 모두 용문파로 들어왔다. 이지상은 이들을 다른 도관으로 파견하거나 일부는 태허관에 남게 했다. 용문파의 태허관은 마치 명절을 쇠는 것처럼 떠들썩했다.

세 명의 불청객은 산동의 태허관에서 구처기를 보았다. 이들은 무예를 겨루는 많은 사람들을 보고 자기들의 비밀 암살 작전이 누설된 것으로 오해했다. 하지만 그들은 무칼리 대장 앞에서 큰소리를 쳤기 때문에 반드시 이번 암살 작전을 완수해야 했다. 이들은 저녁이 되기를 기다렸다가 기회를 엿보았다.

용문의 무술시합 제2차 관문에서는 도교의 '오술'에 대한 숙달 정도를 점검하고, 여기서 30명의 제자를 선발할 계획이었다. 주관자인 조도견, 우지도, 송도안은 '오술' 시험을 통해 나머지 100명의 수험생을 선별해서 품행이 단정치 못한 사람들을 걸러냈다. 그다음에는 주관자가 설정한 과목에 따라 경기를 치렀다. 산, 명, 의, 상, 복 등 각 부문에서 다양한 문제를 출제해서 각 과목의 최우수자를 먼저 선정한 후 마지막으로 종합성적을 내서 인선을 확정할 것이었다.

'오술'은 무술이 아니다. 때문에 주관자는 무술 시험에만 국한하지 않는다. 무술은 용문파 전체 단계 중 일부일 뿐이다. 도가의 전수자는 반드시 무술을 할 줄 알아야 하고, 무림의 고수여야 한다. 그러나 무림의 고수라고 해서 반드시 오술에 능한 것은 아니다.

비록 무술은 '오술' 중의 일부 과목에 불과하지만 용문의 무예시합은 일반 무술보다 수준이 높다. 용문파는 내가권內家拳을 위주로 하며 신神, 기氣, 의意의 배합을 가장 중요시한다. 그중 음양장陰陽掌, 오뢰장五雷掌이 가장 유명하다. 왼손의 '음양장'과 오른손의 '오뢰장'은 사람의 목숨을 앗아갈 수도 있다. '무극검'은 천 리 밖에서도 목숨을 빼앗아 간다. 이 술법은 극소수의 도교 완성자들만 장악하고 있어서 일반 수련자들은 알지도 못한다. 도교 공부의 상승법인 정군생사법定君生死法은 무술이라고 할 수도 있고 법술의 반열에 올릴 수도 있다.

문·무 시합을 통해 이미 100명이 선정되었으니 곧 이 중에서 30명을 선발해서 최종 테스트에 들어갈 것이다.

일반적인 문·무 시합과 여기서의 시험은 그 차원이 달랐다. 고수들이 앞두고 있는 시험은 어떤 것일까?

이날 바람이 약해지고 구름이 엷어지자 조도견은 우지도에게 일찌감치 100명의 수험생을 도관 앞 광장으로 불러 모으라고 했다.

"너희들 중에서 30명을 뽑는 최종시험을 실시할 것이다. 자신 있느냐?"

조도견이 큰 소리로 말했다.

"네!"

모두들 힘차게 함성을 질렀다.

"너희들은 자신감만 가지고는 안 될 것이다. 이 시험의 결과는 새가 정할 것이다."

조도견은 말을 마치고 묘하게 웃었다. 100명의 수험생들은 조도견이 어떤 문제를 낼지 몰라 정신을 차리고 그에게 집중했다. 조도견이 허공을 올려다보며 입으로 신비하게 휘파람을 부니 한 무리의 새떼가 부름을 받은 듯 도관을 향해 날아왔다. 조도견이 오른손을 내밀자 새 한 마리가 급강하해서 조도견의 손바닥에 내려앉았다. 그는 만족한 미소를 지으며 수험생들을 향해 고개를 끄덕이면서 입으로 이따금 '새소리'를 몇 번 냈다. 즐겁게 지저귀는 새의 모습은 마치 조도견의 말을 알아듣는 것처럼 보였다. 손에 작은 새를 받쳐 든 조도견은 팔자걸음을 걸으며 도관으로 들어갔다.

많은 사람들이 이 광경을 본 후 조도견과 똑같이 오른손을 내밀고 새를 잡으려고 했다.

얼마 지나지 않아 송도안, 송덕방 등은 모두 손에 새를 받쳐 들고 도관으로 들어갔다. 반 시진이 지나자 뭇 새들은 흩어지고 송도안 등이 승리했다.

도관에 들어온 사람들은 안도했고, 들어오지 못한 사람들은 풀이 죽었다.

"도관의 문을 닫아라."

조도견이 지령을 내리자 도관 안으로 들어오지 못한 사람들은 더욱 조급한 마음이 들었다.

"밖에 있는 사람들에게 우리가 안에서 기다린다고 전해라. 단, 담을 넘어서도 안 되고 문을 열어도 안 된다."

조도견은 웃음을 지었다. 우지도는 조도견의 명령을 도관 밖에 있는 사람들에게 전했다. 이것은 이른바 벽을 통과하는 기술로 그들을 시험하려는 것이다. 윤지평과 이지상은 그 말을 듣고 크게 웃고는 찰나의 순간 이미 자취를 감추고 벽을 뚫고 지나갔다. 윤지평, 이지상, 왕지명 등의 젊은이들은 일찍이 이런 법술에 숙달한 사람들이었다.

도관 안에는 20여 명이 들어왔다. 우지도는 조도견을 바라보며 다음과 같이 말했다.

"사형님, 사람이 여전히 부족합니다!"

"그게 뭐가 어려운가요?"

조도견은 우지도를 보고 웃으며 말했다.

"우리가 시험하느라 아침도 못 먹고 이렇게 고생하는데, 선물이 없으면 들어오지 못한다고 해라."

우지도는 곧 조도견의 뜻을 알고 회심의 미소를 지었다. 그는 도관의 대문을 나가 문 밖의 사람들에게 이 말을 전했다.

"사형과 저는 아침을 먹지 못했으니 선물을 가져오지 않으면 들어올 생각을 하지 말라고 하십니다. 10분만 시간을 주겠습니다."

우지도는 큰 소리로 외치고 바로 도관으로 들어갔다.

"우리는 빈손이고 이런 곳에서 어떻게 먹을 것을 찾을 수 있습니까?"

경기에 참가한 사람들이 한탄을 했다.

"당연히 주방에 먹을 게 있겠지."

어떤 사람이 맞장구를 쳤다.

손지견孫志堅, 하지성夏志誠 등은 "사형, 이건 우리에게 도둑질을 하라는 것이네요!"라며 웃음을 터트렸다. 그들은 곧 옷깃을 여미고 단정히 좌정했다. 얼마 지나지 않아 그들의 손에는 하얀 찐빵이 들려 있었고, 곧 성큼성큼 도관의 대문을 향해 나아갔다. 이는 반운搬運이라는 법술이다.

"사형님, 여전히 30명이 모이지 못했습니다. 보십시오."

우지도는 낮은 목소리로 조도견에게 보고했다.

"그게 뭐가 어려운가요?"

조도견은 걸상에서 일어나 곧장 도관의 대문을 나서 밖에 남은 사람들에게 다음과 같이 말했다.

"여러분은 반 시진 안에 나를 찾으시오."

조도견은 말을 마치고 도관을 훌쩍 떠나버렸다. 남아 있던 사람들은 이 말을 듣고 우르르 달려갔다. 그러나 조도견은 날아가듯이 걸어가면서 어느새 자취를 감추고 말았다.

그러자 우지가于志可, 국지원鞠志圓, 장지소張志素 등은 서로 마주 보고 웃으면서 도관 안쪽으로 걸어갔다.

"사형들, 포기했어요?"

장지소는 우지가와 국지원에게 농담조로 말했다.

"사제도 포기했어요?"

우지가와 국지원은 장지소에게 화답했다.

이 세 사람은 이미 천목天目이 열려 있어 조도견이 도관 뜰 안에 있다는 것을 알고 도관의 대문을 향해 걸어간 것이다.

"너희 셋은 사형을 찾아가지 않고 왜 도관으로 들어왔느냐?"

우지도는 세 명의 사제를 나무랐다.

"우리는 사형께 인사를 드리러 온 것입니다."

우지가, 국지원, 장지소 세 사람은 한 목소리로 대답했다.

"너희들은 사형이 도관을 나가는 것을 보지 못했느냐? 설마 너희는 의자에게 인사를 하려는 것이냐?"

우지도는 세 사람을 꾸짖었다.

"사제가 사형에게 인사를 드리니 부디 나타나 주십시오."

우지가, 국지원, 장지소 세 사람은 조도견이 앉아 있던 걸상 앞에 무릎을 꿇었다.

"하하하."

호탕한 웃음소리와 함께 조도견이 나타났다. 조도견은 의자에 단정하게 앉아 있었다.

이번 시험을 통해 용문파는 30명의 제자를 전부 선발했다. 이들 30명은 도교 제자들 중 최고라고 인정받았다. 구처기 조사는 30명의 제자 중에서 우열을 가려 다시 21명의 제자를 선발하라고 명령했다. 구처기 조사가 이들 21명으로 무엇을 할 것인지에 대해서는 소수의 사람만이 알고 있었다. 탈락한 70명의 제자들 대부분은 용문파에 입문했고 이때부터 용문파는 점차 도교의 주류가 되기 시작했다. 전체 도교에서 용문파가 절반을 차지하게 된 것이다.

마지막 시험을 치르기 위해 대기하고 있던 사람들은 어떤 시합이 남아 있는지 몰랐다. 조도견은 평평한 장소를 찾았고 우지도가 구령을 외쳤다.

"여러분, 정좌하십시오."

"고개 들어 앞을 보되 멀리 봅니다. 지금 목광目光은 먼 곳에 있습니다."

"멀리 있는 신광神光을 천천히 회수해서 양미간에 놓고 가볍게 눈을 감습니다."

"혀를 입천장에 댄 채로 두 입술은 가볍게 다물고 이빨을 가볍게 두드립니다. 자세를 바르게 하고 온몸을 이완시킵니다."

"눈을 감은 채로 앞을 바라보고 시선을 먼 곳에 둡니다. 먼 곳의 빛을 천천히 회수해서 천목혈天目穴에 둡니다."

"머리 위 정수리를 따라가 신광을 위에서 아래로 천천히 온몸으로 뿌립니다."

이것은 용문파의 도인사導引詞다. 수험생들은 이 도인사에 따라 제각기 단정히 앉아 극도로 조용하고 안정된 상태로 들어갔다.

이미 조도견, 우지도, 송도안이 미리 배치해 놓은 경기장에서 한 시진도 되지 않아 수험생들은 가부좌 상태로 공중 부양을 시작했고 안색은 평온했다.

선정된 제자가 차례로 나왔는데 최종적으로는 구처기가 결정했다. 이들은 조도견趙道堅, 송도안宋道安, 윤지평尹志平, 손지견孫志堅, 하지성夏志誠, 송덕방宋德方, 왕지명王志明, 우지가于志可, 장지소張志素, 국지원鞠志圓, 이지상李志常, 정지수鄭志修, 장지원張志遠, 맹지온孟志穩, 기지청綦志清, 하지청何志清, 양지정楊志靜, 반덕충潘德沖 등이다.

용문파 내부의 구전역사에 따르면 구처기 조사가 서행을 시작할 때 동행한 제자는 실제로 21명이었지만 돌아온 인원은 이지상 조사의 기록과 일치하는 18명이었다(중도에 조도견은 서거했다).

태허관에 사람이 점점 줄어들자 3명의 자객은 기회가 왔다고 생각했다. 캄캄한 밤이 되자 이들은 후전後殿에 잠입해서 천천히 구처기의 근처로 다가갔다.

제9장

세 황제가 다투어
신선을 만나려고 하다

구처기가 타좌를 하면서 두 눈을 감으니 3명의 자객이 천천히 접근해 오고 있었다.

"들어오십시오. 여러분을 오랫동안 기다렸습니다."

구처기는 다른 제자들이 들을까 봐 작은 소리로 말했지만 자객들은 그의 목소리를 확실히 들었다. 이들은 날카로운 비수를 손에 쥐고 들어왔다.

"누가 보냈는가?"

구처기는 여전히 눈을 감고 있었다.

"누구든 상관 말고 목숨만 내주면 된다."

자객들은 낮은 목소리로 대답하고는 다짜고짜 달려들었다. 눈을 뜬 구처기는 당황하지 않고 검지를 내밀어 세 자객의 힘을 분열시켰다. 이들은 제자리에서 발이 붙은 듯 움직일 수가 없었다. 구처기는 정좌한 다리를 풀고 땅으로 내려섰다.

"몽골의 대칸이 보냈는가?"

"이왕 너에게 패한 바에야 더 이상의 말은 필요가 없다."

세 명의 자객은 그들의 배후를 말할 수 없었다.

구처기가 손을 휘두르자 이들은 순식간에 몸이 풀려 자유롭게 움직일 수 있게 되었다. 구처기는 그들을 해칠 뜻이 없었다.

"돌아가서 너희 주인에게 살생을 하지 않는 것이 바른길이라고 전해라."

구처기는 아무 일도 없었던 것처럼 자객들을 조용히 바라보았다. 이때 조도견이 달려와 사부가 검은 옷을 입은 세 사람과 있는 것을 보고 물었다.

"사부님, 이분들은……?"

조도견은 세 명의 검은 옷을 입은 사람을 가리켰다.

"아, 귀한 손님이 오셨네. 천 리千里의 인연으로 만났네."

구처기가 웃었다. 자객들은 무릎을 꿇었다.

"신선님, 저희는 이만 물러가겠습니다."

이들은 말을 마치고 벌떡 일어나 나갔다.

"사부님, 혹시 답례를 하러 온 건가요?"

조도견이 물었다.

"받은 만큼 돌려주지 않으면 예의가 아니다."

구처기는 크게 웃었다.

구처기는 중원에서 전도할 계획을 세우고 이를 제자 우지도에게 맡겼다. 따라서 우지도는 선택된 21인에는 들지 않았다. 21인의 제자를 뽑은 구처기는 조도견, 우지도, 송도안에게 그들을 집중적으로 훈련시키도록 했고, 때로는 자신도 직접 조련에 나섰다. 갑자기 이렇게 우수한 제자들이 많아지자 구처기는 매우 기뻤다. 미래에 직면해야 할 도전은 구처기만이 알고 있었기 때문이다.

1214년 봄, 몽골의 철기병이 중도(북경)를 포위했을 때 금나라 황제 선종은 사신을 보내 몽골에게 화해를 구하고 위소왕의 딸을 칭기즈칸에게 아내로 주었다. 몽골이 중도에서 군대를 철수하자 선종은 경솔한 결정을 내렸다. 그는 중도를 버리고 남경(현재 하남 개봉)으로 천도를 한 것이다.

선종은 개봉이 중국에서 가장 농업이 발달한 평원의 중심에 있을 뿐만 아니라 북부의 황하를 방어선으로 삼을 수 있다고 생각했다. 그러나 이것은 완전히 일방적인 희망이었음이 사후에 증명되었다. 칭기즈칸은 이번 천도를 통해 금나라가 다시 전쟁 준비를 하는 것이라고 생각하고, 이를 빌미로 다시 중도로 진군했다.

1215년 5월, 금나라 군대는 투항했고 중도는 도륙되어 피가 강물을 이루었다. 이후 얼마 지나지 않아 금나라는 미련하게도 남송을 공격해서 손실을 만회하려고 했으나 성공하지 못했다. 그 뒤로 금나라는 곧 사방에서 적의 공격을 받는 국면에 처했다.

칭기즈칸은 대장 무칼리를 한족의 영토를 통솔하는 태사국왕太師國王에 봉했다. 몽골 군대가 계속 금나라를 침범하자 선종은 두렵고 불안한 나날을 보냈다.

속설에 '급하면 부처의 다리를 잡는다'는 말이 있다. 이때 금나라 선종은 구처기를 떠올렸다. 세종과 장종 두 황제에게 신임을 받은 구처기에게는 반드시 나라를 구할 비책이 있을 것이라고 생각했다. 그는 사신을 보내 구처기를 불렀다.

동시에 남송의 황제 영종도 구처기를 생각했다. 몽골에게 당한 금나라는 남송에 화풀이를 했다. 그들은 여러 차례 남송에 대한 공격을 계획했지만 이루지 못했고 단지 두려움을 주는 정도로 그치고 말았다. 남송 역시 자기들을 오랫동안 업신여겨온 금나라를 공격하고 싶었다. 금나라는 몽골에 원기를 크게 훼손당했지만 양측은 서로 오랫동안 전쟁을 하지 않은 상태였다.

남송의 영종은 신하들을 불러 대책을 상의했다.

"경애하는 여러분, 나라와 사직에 좋은 대책이 있는가?"

"신에게 한 계책이 있습니다. 우리 송나라의 근심을 풀 수 있습니다."

대신 진덕수眞德秀가 앞으로 나와서 대답했다.

"빨리 말하시오."

"우리는 몽골과 연합해서 금나라와 맞서야 합니다."

"하나는 늑대이고, 하나는 호랑인데, 몽골은 믿을 수 없다."

"몽골과 금나라는 대대로 내려오는 원수고, 우리와 금나라도 원수입니다. 그러나 우리는 몽골에 원한이 없습니다."

"짐이 보기에 몽골은 금나라에 비해 야만적이다."

"폐하, 신하가 보기에 늑대와 호랑이 중에 늑대를 먼저 죽이는 것이 좋을 것이라고 생각합니다."

"대신들은 송나라의 녹봉을 받으면서 이보다 더 좋은 방법이 없단 말인가?"

영종은 크게 화를 냈다.

"아마도 신선에게 더 좋은 방법이 있을지 모릅니다!"

진덕수는 태도가 변해서 허풍을 떨었다. 그의 말은 영종에게 한 사람을 떠올리게 했다.

"그래, 그래. 너희들은 구처기 신선에 대해 들어본 적이 있느냐? 그를 얼른 짐에게 데려오라."

영종은 어명을 내렸다. 그 역시 부처의 발목을 잡으려고 하는 것이다.

칭기즈칸은 '성스러운 산' 보르칸·칼둔 산에서 3일 밤낮으로 기도를 올리면서 많은 문제를 생각했다. 그는 이미 몽골의 대초원을 통일해서 선조의 염원을 완성했고 자손들에게도 부끄럽지 않았다. 그는 금나라 제국의 수도 중도를 점령했으니 조상의 원수를 갚은 셈이다. 금나라는 이미 호랑이 입 안에 있는 어린 양이 되었다.

서하西夏도 이미 굴복했다.

칭기즈칸은 만왕의 왕이며, 이것이 하늘이 그에게 부여한 사명이었다.

호라즘은 신의 뜻을 모독하고 자기 신하들을 죽였으며 '금줄'(상단)을 끊었다.

칭기즈칸은 전략가로서 고향에서 멀리 떨어진 강대국을 치기 위한 출정이 무엇을 의미하는지 알고 있었다. 그러나 상대가 먼저 도발을 해온 것은 지울 수 없는 수모였기 때문에 선택의 여지가 없었다.

칭기즈칸은 무함마드에게 무거운 대가를 치르게 할 것이다. 칭기즈칸은 사신을 서하西夏로 보내 자기를 도와 호라즘을 공격하도록 했다.

원래 고비사막 몽골초원의 부락들은 서하와 우호적이었지만 테무진의 영도 아래 몽골부는 적지 않은 부락을 합병했다. 1203년(서하 천경 10년) 몽골 케레이트부는 테무진에게 병합되었다. 케레이트부의 수령인 왕한王罕 (옹칸)의 아들 셍굼桑昆은 서하로 도망갔다. 2년 후 테무진은 군대를 이끌고 서하를 침공해서 국경도시를 약탈하고 떠났다. 서하의 환종桓宗은 외환을 물리치기 위해 흥경부를 중흥부로 개칭하고 중흥을 도모했지만 오히려 몽골의 위협을 받게 되었다.

1206년(서하 웅천 원년) 테무진은 대몽골국을 건립하고 칭기즈칸에 즉위했다. 이후 자신을 원나라 태조元太祖라고 존칭했다. 칭기즈칸은 적국인 금나라를 공격하기 위해서는 금나라와 서하의 동맹을 끊어야만 했다. 따라서 서하의 공략은 그의 여러 목표 중 하나가 되었다.

서하의 양종襄宗이 왕위를 빼앗은 지 얼마 되지 않아 칭기즈칸은 대군을 이끌고 서하의 요새 간라이성(내몽골 우라트중후기 서쪽 국경)을 공격했지만 서하의 군대는 각지에서 강력하게 저항해 물리쳤다. 1209년(웅천 4년)

몽골은 투르판위구르를 항복시켰고, 하서회랑河西回廊(감숙성 서북부에 있는 좁고 기다란 고원평지) 지역도 몽골의 위협에 노출되었다. 몽골의 제3차 서하 정벌은 바로 하서회랑으로 침입해서 흑수성을 벗어나 간라이의 관문을 포위 공격하는 것이다. 양종의 아들 이승정이 군대를 이끌고 저항하다가 장수 고일高逸이 포로로 잡혀 죽었다. 몽골군은 간라이성을 수비하는 오트라르 서벽을 함락시켰고, 중흥부의 최후 방어선인 이문까지 계속 다가왔다. 서하의 장수 외嵬가 군대를 이끌고 몽골군을 공격했지만 결국 무너졌다. 중흥부가 몽골군에게 포위되자 서하의 양종은 금나라 황제 완안영제完顔永濟에게 구원을 청했지만 금나라는 이를 거부하고 이웃 나라 서하가 공격당하는 것을 구경만 했다. 결국 서하의 양종은 몽골에 여자들을 헌납하고 화의를 요청해 대량의 물자를 바쳤으며 벌금까지 냈다.

서하의 양종이 몽골군에게 벌금을 낸 이후에도 금나라와 10여 년 동안 전쟁을 하게 되자 쌍방의 손실은 매우 컸다. 서하의 백성은 빈곤해지고 군대는 쇠약해졌으며 정치는 부패했다. 서하의 양종은 주색에 빠져 온종일 조정의 업무에는 아랑곳하지 않았다. 1211년(황건 2년) 제왕齊王인 이준욱李遵頊이 궁정에서 정변을 일으켜 양종을 폐하고 황제로 즉위했는데, 이 사람이 바로 서하의 신종神宗이다. 역사책에서는 그를 장원황제長元皇帝라고 칭한다. 신종은 국내 대신들의 반대를 무릅쓰고 고집스럽게 몽골에 붙어 금나라와 싸웠고, 금나라 선종 때는 여러 차례 반격을 가하기도 했다. 이 시기에 서하의 사회, 경제는 파탄이 났고 전쟁이 끊이지 않았다.

서하의 신종은 대신 아샤감부에게 몽골에서 온 사신을 대전에서 접대하도록 했다.

"대칸은 서쪽의 호라즘을 정벌하기 위해 대왕에게 5만의 군사를 보내라고 하십니다."

몽골 사신이 말했다.

"대칸은 금나라와 전쟁 중이 아닙니까?"

대신 아샤감부가 물었다.

"호라즘은 하늘의 뜻을 어기고 사신을 죽여 대칸의 '금줄'을 끊었으니 대칸께서는 하늘을 대신해서 징벌하는 것입니다."

"손바닥만 한 우리 서하에는 그렇게 많은 병력이 없습니다."

아샤감부는 즉시 경각심을 가졌다. 그러나 그는 칭기즈칸이 바쁘게 뛰어다녀봤자 강력한 제국 호라즘을 공격하는 것은 달걀로 바위를 치는 것과 다름없다고 생각했다.

"서하는 대칸에게 한 약속을 어겨서는 안 됩니다."

몽골 사신은 분노했다.

"대칸의 병력이 그리 많지 않다면 그만두면 될 것입니다."

대신 아샤감부는 정신이 나갔는지 무엄한 말을 해댔다.

"그럼 서하는 출병하지 않을 것인가요?"

몽골 사신은 냉담한 눈으로 아샤감부를 바라보며 말했다.

"작은 우리 서하는 여러 해 동안 금나라에 시달려 왔습니다. 우리 스스로를 보호하는 것조차 불가능해서 출병할 능력이 없습니다."

아샤감부는 몽골 사신을 더 이상 자극하지 않았지만 서하의 입장을 분명히 했다.

"그럼 이만 돌아가겠습니다. 알아서 잘 처신하기 바랍니다."

몽골 사신은 자리를 박차고 가버렸다.

당시 서하의 황제 신종은 자기만의 생각이 있었다. 만약 몽골이 그에게 연합군을 만들어서 금나라나 남송을 치라고 요구했다면 감히 거절할 수 없었을 것이다. 그러나 1만 리나 떨어진 호라즘을 치는 것은 충동적인 행동이라고 생각했다. 따라서 그가 칭기즈칸에게 기대하는 유일한 결과는 패전이었다. 또한 설령 그곳에서 패전하지 않는다고 해도 멀리 떨어진 곳에서 출정을 해야 하기 때문에 서하를 위협할 수는 없을 것이라고 생각했다. 물론 서하가 몽골의 속국이라는 것은 분명한 사실이지만 신종은 이전과는 사정이 달라졌고 칭기즈칸 같은 미치광이를 따라가서 죽고 싶지 않았다. 그저 하루하루를 즐기며 살고 싶었다.

몽골 사신은 즉시 돌아가 칭기즈칸에게 보고했다.

"서하는 언제 파병을 한다던가?"

칭기즈칸은 단도직입적으로 물었다.

"대칸께 아뢰옵니다. 서하는 파병을 하지 않겠다고 합니다."

사신이 땅에 꿇어앉아 서하의 상황을 고했다.

"뭐라고?"

칭기즈칸은 한참 동안 말을 하지 않았다.

칭기즈칸은 충격을 받았다. 또 한 번 신의를 저버리고 장생천長生天(하늘)의 뜻을 어긴 몹쓸 인간을 발견한 것이다. 지금은 호라즘 공략을 준비하기 위해 총력을 기울이고 있어 군대를 분산시킬 수 없었다. 그러나 칭기즈칸은 끓어오르는 분노를 삼킬 수 없었기 때문에 정벌을 준비하는 동안 군대를 이끌고 네 번째로 서하를 침공했다. 서하의 신종은 태자 이덕왕李德王에게 중흥부를 지키게 하고 스스로 서경 영주(서평부로 부르기도 함)로 도피했다. 결국 이덕왕은 몽골에 사절을 보내 화의를 청했다. 그러나 칭기즈칸은 이 상황을 마음속에 깊이 묻어두었다. 언제, 어떻게 갚을지는 칭기즈칸이 정할 일이었다.

이후 두 나라는 몇 년간 전쟁을 했다. 1223년(건정 원년) 신종은 망국의 군주가 되기를 원치 않았기 때문에 태자 이덕왕, 즉 헌종獻宗에게 양위했다. 이때 서하의 조정은 이미 몽골에게 멸망당할 것이라고 자포자기했다. 따라서 서하의 헌종은 금나라와 연대해서 몽골에 항거하는 정책을 세웠다. 서하는 국경을 공고히 하기 위해 칭기즈칸이 서역을 정벌할 때 사신을 파견해서 고비사막 북쪽의 여러 부족들과 연합해 몽골에 항거하려고 했다. 당시 한족의 지역을 총괄하던 몽골장수 보로(무칼리 장군의 아들. 1223년 무칼리가 병이 나자 아버지 업무를 이어받음)가 서하의 의도를 알아차리고 1224년(건정 2년) 군대를 이끌고 서하로 쳐들어가 은주를 함락시키고 장수 탑해塔海를 사로잡았다. 그러나 아직 끝난 것이 아니었다. 칭기즈칸이 서역 정벌에서 승리하고 귀국을 하면 서하는 망국의 운명에 직면할 것이다.

이때 칭기즈칸의 마음속에는 3개의 매듭이 있었다. 첫째는 호라즘의 무함마드, 둘째는 서하의 신종과 대신 아샤감부, 셋째는 전진교의 구처기였다. 칭기즈칸은 이미 호라즘에 대한 마음속 고통을 없애버리기로 결심했다. 또한 서하에 대한 원한을 제거하기 위한 결정을 했다. 그러나 구처기에 대해서는 적절한 방법을 생각해낼 수 없었다. 종교가 필요하기도 했지만 전진교의 자살령刺殺令과 무극검無極劍만 생각하면 마치 파리 한 마리가 목구멍에 걸린 듯했다.

한편 몽골군은 매년 출정을 하게 되니 군인의 숫자가 부족해졌다. 비록 금나라와 서하를 물리쳤지만 몽골군도 손상을 크게 입었다. 또, 전쟁으로 획득한 지역이 점차 넓어짐에 따라 지켜야 할 점령지가 많아져서 전쟁에 나갈 군사는 줄었다. 그러나 서하와 호라즘을 정벌하기 위해 어쩔 수 없이 다시 대규모의 병사와 말을 징집했다.

일정한 나이에 이른 몽골 남자들은 모두 징병되었고, 패전국 금나라와 서하의 포로들도 몽골 군대에 편입되었다. 몽골 군인들은 한 사람당 말 세 필씩을 배정받았다. 병사들은 말 위에서 3일 밤낮을 쉬지 않고 달릴 수 있다. 화기가 없던 시절에 이렇게 말은 쉬고 사람은 달릴 수 있었으니 병사들의 효율성은 극대화 되었다.

세 명의 자객이 몽골로 돌아가 무칼리 장군에게 보고했다. 그는 이들이 돌아온 것을 보고 매우 기뻐하면서 그들이 임무를 성공적으로 완수했다고 느꼈다.

"영웅들이여, 승리하고 돌아온 너희들에게 연회를 베풀어야 하지 않겠는가?"

무칼리는 매우 기뻐했다.

"저…… 그게……."

세 명의 고수들은 모두 고개를 숙였고 말문이 막혔다.

"뭐야, 설마 실패한 것이냐?"

만면에 웃음을 띠던 모습은 사라지고 그는 눈썹을 치켜세웠다.

"죽이기는커녕……. 그런데 장군님이라 할지라도……."

세 사람은 여전히 고개를 푹 숙이고 있었다.

"나였어도 구처기를 못 죽일 거라는 것이냐? 설마 그 노인네는 머리가 3개, 팔이 6개라도 있는 것이냐?"

무칼리는 크게 소리를 지르며 분통을 터트렸다.

"그 노인은 보통 사람이 아니고 신선입니다. 우리가 가는 것을 이미 알고 있었을 뿐 아니라 손가락 하나로 우리를 물리쳤습니다. 원한다면 눈빛으로도 사람을 죽일 수 있을 것입니다."

세 명의 자객이 구처기를 치켜세웠다.

"세상에 그런 무술도 있단 말인가?"

무칼리는 서서히 화가 풀리며 호기심이 생겼다. 그는 이 고수들의 솜씨를 잘 알고 있었다. 말 위에서 싸우는 게 아니면 무칼리도 그들의 적수가 되지 못했다.

칭기즈칸의 15만 대군은 드넓은 서쪽으로 진격하여 곧장 호라즘으로 달려갔다. 이전의 행군과 마찬가지로 군인들은 가벼운 행장을 했다. 소량의 군량과 여물로 쓸 마초를 가지고 진군하면서 가는 곳마다 징발하고 약탈했다. 막강한 호라즘과 전쟁을 하는 몽골의 10만 군대는 과거 45만 명의 금나라 대군과 싸웠을 때보다 더 많은 병력 차이가 났다. 그러나 칭기즈칸에게 이런 문제는 중요하지 않았다. 그에게 가장 중요한 것은 '누구를 치고 싶은가'였다. 왜냐하면 그는 하늘의 뜻을 대신하는 사람이기 때문이다. 그는 성을 공격하고 땅을 파헤칠 자신이 있기 때문에 시간이 얼마나 걸리는지가 중요한 것이지 돌파에 대한 가능성 여부는 생각할 필요가 없다.

칭기즈칸은 구처기 암살에 실패했다는 무칼리의 보고를 받았다.

"대칸, 구처기는 정말 보통 사람이 아닐 수도 있습니다."

무칼리의 목소리에 힘이 없었다.

"그는 내가 그를 죽이려고 했다는 것을 알고 있었다더냐?"

칭기즈칸은 그 문제가 더 중요했다.

"아마도 알고 있었던 것 같습니다."

무칼리가 조심스럽게 대답했다.

"설마 그가 미래를 내다보기라도 한단 말인가?"

칭기즈칸도 어리둥절했다.

"그럼 대칸, 구처기 암살을 계속 진행할까요?"

무칼리는 머뭇거리며 물었다.

"구처기가 자객 세 명을 처치하지 않았는가?"

칭기즈칸은 무칼리의 질문이 이해되지 않아 물었다.

"그들은 털끝만큼도 다치지 않고 돌아왔습니다."

무칼리가 대답했다.

"그럼 모욕을 당했단 말인가?"

칭기즈칸은 자존심에 상처를 입었다.

"아무런 모욕도 하지 않고 제가 보낸 자객들을 귀한 손님이라고 했답니다."

무칼리가 답변했다.

"일단 그 일은 내가 다시 생각해 보겠다."

칭기즈칸은 고개를 숙이고 생각에 잠겼다.

칭기즈칸은 비록 구처기와는 만난 적이 없지만 마음속으로는 이미 여러 차례 대결을 한 듯했다. 그는 진정한 적수와 대면해서 겨루고 싶었다. 그는 속임수를 쓰는 것을 싫어해서 구처기의 능력에 대해서는 여전히 반신반의하고 있었다. 1219년 여름 이르티시강(신장 알타이산 남쪽 기슭에서 발원)에서 칭기즈칸은 야율초재와 유중록을 불러들였다. 이들은 신뢰할 수 있고 지혜로웠다.

유중록劉仲祿, 이름은 유온劉溫, 자는 중록仲祿, 조상은 마읍(현재 산서 삭현) 사람이다. 몽골군이 남하할 때 중원의 정세를 잘 알고 있던 유중록은 칭기즈칸에게 투항했고 많은 방책을 가지고 있었다. 그는 의술에 능통하고 철저한 신변경호를 위한 향전響箭[18]을 잘했기 때문에 칭기즈칸의 총애를 받았다.

"중원 전진교의 구처기는 하늘을 믿는가?"

칭기즈칸이 물었다.

"전진교는 노자를 조상으로 섬기고 지금까지 거의 2천 년의 역사를 가지고 있습니다. 듣자 하니 구처기는 삼백여 세가 넘었고 많은 신자를 거느린 종사宗師라고 합니다."

유중록은 한인이라서 도가 및 도교 문화를 이해하고 있었다.

---

18 효시(嚆矢), 즉 '우는 화살'이라고도 함. 전쟁 때 쓰이던 화살의 하나로 끝에 속이 빈 깍지를 달아 붙인 것으로 쏘면 공기에 부딪혀 소리가 남. 어떤 사물이나 현상이 시작된 맨 처음을 비유적으로 이르는 말로써 전쟁을 시작할 때 소리 나는 화살을 먼저 쏘았다는 데서 유래함.

"오, 당신도 삼백 살이라고 들었는가?"

칭기즈칸은 궁금했다.

"대칸, 도교는 사실상 하늘을 믿습니다."

야율초재는 칭기즈칸의 질문에 정면으로 답했다.

"나는 하늘을 믿고, 그도 하늘을 믿는다. 우리가 믿는 하늘은 다 같은 하늘이 아닌가?"

칭기즈칸이 물었다.

"하늘이 어찌 두 개가 있겠습니까. 하늘은 오직 하나입니다."

야율초재는 머리 위를 가리켰다.

"그럼 우리는 적이 될 리 없다."

칭기즈칸은 야율초재와 유중록을 번갈아 바라보았다.

"대칸이야말로 진정한 하늘의 아들이시니 무릇 하늘을 믿는 자는 마땅히 대칸을 믿고 지지해야 합니다."

유중록은 진지하게 말했다.

"대칸께서는 구처기를 불러서 만나보시는 것이 좋겠습니다. 천하의 유능한 인재는 대칸을 위해 쓰여야 합니다."

야율초재는 일찌감치 칭기즈칸에게 구처기를 만나보도록 건의하려고 했었기에 강력히 주장했다.

"좋다. 만약 그가 진정 말한 그대로라면 좋다."

먼 곳을 바라보고 있는 칭기즈칸의 속마음은 쉽게 가늠할 수가 없었다.

박학다재한 야율초재가 가장 못마땅하게 여기는 것은 칭기즈칸의 살육이었다. 그는 대칸에게 몇 차례 건의를 했지만 이루어지지 않았고 따라서 자기보다 능력 있는 사람을 찾아서 대신 칭기즈칸을 설득하려고 했다. 야율초재는 칭기즈칸에게 불교로 마음을 다스리고 유교로 나라를 다스려야 한다고 제안했다. 그러나 칭기즈칸은 불교에 대해서는 수용적이었지만 유교로 나라를 다스리라는 건의는 받아들이기 어려웠다. 칭기즈칸은 일찍이 그의 이복형제와 의붓아버지, 그의 의형제를 죽였다. 이 모든 것은 유교의 삼강오상三綱五常에 어긋난 일이었다.

칭기즈칸은 에르치스강의 맑은 강물에 비치는 그림자를 보며 점점 노쇠해지는 자신의 몸을 보았다. 또한 늑대 같은 네 아들이 칸의 자리를 쟁탈하기 위해 서로 싸우게 될 것을 생각하니 마음이 심란했다. 칭기즈칸은 구처기의 이름을 들었을 때부터 그를 만나고 싶어 마음이 급해졌다. 칭기즈칸은 전쟁에 버금가는 대단한 결정을 내렸다.

칭기즈칸이 구처기에게 보낸 조서는 야율초재가 대필했다. 유중록을 산동으로 파견해서 구처기에게 조서를 주고 직접 만나자고 요청했다. 긴 사전 예열을 거친 후 두 '거인'의 '연애'가 펼쳐지려 하고 있었다.

밝은 달빛이 태허관을 비추는 고요한 밤에 구처기는 그의 애제자인 조도견, 송도안, 윤지평, 이지상, 송덕방을 불러서 몇 가지 이야기를 하려고 했다.

"서둘러 준비해라."

구처기의 기민한 눈빛이 사람들을 주시하고 있다.

"사부님, 이건 무예 시합이고 준비도 하고 있는데 설마 우리 용문에 큰일이야 일어나겠습니까?"

윤지평은 진작부터 마음속으로 할 말이 많았다. 사부가 이렇게 먼저 말을 꺼내지 않았다면 직접 물어보려고 했다.

"우리 용문뿐만 아니라 중원 전체, 화하 전체, 나아가 전 세계에서 큰일이 일어나고 있지 않느냐?"

구처기는 윤지평을 바라보며 되물었다.

"지금 전 세계에서 살육이 자행되고 백성들은 생업에 종사할 수 없으니 우리 용문은 좌시할 수 없습니다."

조도견이 말했다.

"우리 도가는 백성들이 원하는 행복만을 행복이라고 여깁니다. 부역과 조세가 없고 의식이 부족하지 않기를 바라는 것입니다. 그러나 현재 여기저기에서 피바람이 불어 숨을 쉴 수가 없습니다."

송도안이 말했다.

"도가의 무위는 단순히 아무것도 하지 않는 것이 아닙니다. 이제 우리는 세상으로 들어갈 때가 되었습니다."

송덕방은 이런 논리에 대해 가장 깊이 연구했다.

"사부님께서 우리에게 무엇을 하라고 하시든지 우리는 따르겠습니다."

이지상은 늘 구처기를 따라다녔기 때문에 사부가 무엇을 하려는지 대충은 짐작하고 있었다.

"이 난세에도 우리 전진 용문이 이렇게 융성할 수 있었던 것은 여러 조상의 비호 덕분이고 여러 제자들의 노력에도 힘입은 바가 크다. 용문의 무예 겨루기는 특별한 것이 아니다. 너희는 나를 따라 먼 길을 가야 한다. 세상 밖은 험난하고 시련이 많아서 공력을 연단하지 않으면 감당하기 어렵다."

구처기는 감정이 북받쳐 올라 왔다.

"사부님, 명령에 따르겠습니다."

조도견이 앞장섰다.

"자, 조도견과 송도안은 입문하는 제자를 양성하되 실수가 있어서는 안 된다. 윤지평과 이지상은 머지않아 방문하는 귀한 손님을 맞이해야 한다. 송덕방은 도가 선조들과 종사들에 대한 자료를 연구해서 《도장》道藏이라는 웅대한 공사를 완성하기 위한 준비를 하도록 해라."

구처기는 한숨을 돌렸다.

얼마 지나지 않아 금나라 사신이 태허관으로 왔다. 몇 년 전(1215년) 궁지에 몰린 금나라는 사신을 보내 구처기를 초청했지만 가지 않았다. 그들은 변장을 하고(이때 산동은 남송의 관할) 태허관에 도달했고 윤지평과 이지상이 맞이했다.

"대금의 황제께서 구처기에게 남경(현재 하남 개봉)에 들어와 황제를 알현하라고 하셨소이다."

사신이 말했다.

"들어가서 사부님께 아뢰겠습니다."

이지상이 응대를 하자 윤지평은 사신을 불러 방으로 안내했다. 이지상은 뒤뜰로 가서 스승에게 전했다.

"사부님, 금나라 사신이 뵙기를 청합니다."

"안 간다."

구처기는 손을 내저었다.

"사부님께서 말씀하신 귀한 손님이 아닙니까?"

이지상이 웃었다.

"그에게 전해라. 나는 야인이고 덕이 없어 황제가 나를 초청할 필요가 없다. 나는 하늘을 받들어 수도하는 사람이라 하늘의 이치를 따를 수밖에 없고 하늘의 지시를 감히 거역할 수 없다. 오늘 하늘의 뜻을 세심하게 살펴보니 가는 것이 적절하지 않다."

구처기는 말을 마치고 마저 타좌를 하기 위해 들어갔다

또 며칠이 지나자 남송의 사신이 도착했다. 남송의 황제는 구처기가 초청에 응할 것이라는 굳은 믿음을 가지고 있었다. 첫째, 구처기는 한족이라 민족적 정서가 뿌리 깊다는 점, 둘째로 구처기는 오랫동안 금나라가 통치하는 지역에서 생활하면서 여러 차례 자행된 종교탄압에 반감을 갖고 있을 거라는 것, 마지막으로 남송은 비록 금나라로부터 괴롭힘을 당해 왔으나 사회는 부유했고 백성들은 비교적 안정되었다는 믿음 때문이었다. 그래서 사신은 구처기를 초청하는 것에 자신이 있었다.

"앉아서 기다리십시오. 제가 가서 스승님께 아뢰겠습니다."

여전히 윤지평이 맞이하고 이지상은 사부에게 전하러 갔다.

"사부님, 또 귀한 손님이 오셨습니다!"

이지상이 미소를 지었다.

"남송인가?"

"남송입니다."

"안 만난다."

구처기는 또 손을 저었다.

"역시 귀한 손님이 아닌가 봅니다?"

이지상이 물었다.

"내가 가는 길은 오직 하늘만 막을 수 있고 일반인들은 알지 못한다. 만일 여기에 있지 말라는 하늘의 명령이 있다면 가겠다고 전해라."

구처기는 이렇게 말하고 좌선을 했다.

"누가 귀한 손님이지?"

이지상이 중얼거렸다.

유중록은 구처기를 초청하라는 칭기즈칸의 성지를 받았다. 그는 20명의 수행인을 거느리고 야율초재가 대필한 조서와 특별한 의미를 지닌 호두패虎頭牌(호랑이 머리 모양의 패)를 가지고 밤낮으로 길을 재촉해 산동으로 달려갔다.

중도中都(현재 북경)는 이미 몽골에게 점령되어 완전한 지배를 받고 있었다. 그러나 하북과 산동은 비록 몽골에 의해 점령되었어도 아직은 몽골이 완전한 지배력을 갖지 못했다. 이 지역은 몽골, 금나라, 남송 등 각 세력이 서로 복잡하게 얽혀 3국이 관리하는 것도, 관리하지 않는 것도 아닌 형국이었다.

유중록은 한 무리의 사람과 말을 이끌고 몽골초원에서 연경(금나라 중도, 현재 북경)까지 순조롭게 전진했다. 그러나 연경에서 남하하는 과정에서 위험한 상황이 연달아 일어났다. 몽골 대군은 이미 1215년에 하북과 산동에 있던 금나라 군대를 물리쳤다. 그러나 몽골은 관리에는 서툴렀다. 하북의 심주深州(현재 심현)와 무읍에서 몽골 대군은 승리를 거두었지만 바로 조정으로 돌아왔기 때문에 이곳은 다시 금나라 군대에게 점령당했다. 이런 복잡한 상황에서 유중록은 20명의 수행원을 거느리고 중원 백성의 복장을 한 채 조심스럽게 지나갔지만 결국 금나라 군대와 마주치고 말았다. 유중록은 한족이지만 그의 수행원들은 몽골인들이었다. 옷은 바꿔 입었지만 피부색을 감추기는 어려워서 상단으로 위장을 하고 장사를 명분 삼아 남쪽으로 향한 것이다.

하북 심주에서 그들은 금나라 군대에게 억류되었다.

"또 이렇게 많은 몽골의 첩자를 잡았군."

금나라 장교 한 사람이 이들을 보고 크게 웃었다.

"우리는 첩자가 아닙니다. 장사를 하러 가는 상인입니다."

유중록은 놀라서 땀이 흘러내렸다.

"우리 어른이 너희들을 첩자라고 하시면 첩자다. 감히 말대꾸를 하느냐!"

금나라 병사는 화를 내며 유중록 일행을 몽둥이로 때렸다.

"이렇게 많은 첩자를 잡았으니 돈으로 바꿀 수 있겠다."

금나라 병사들은 박장대소했다.

유중록 일행은 감옥에 억류되었다. 대칸의 명을 받들어 길을 나섰다가 억울하게 감옥에서 죽을 생각을 하니 유중록은 다급한 마음에 지혜를 짜냈다.

"나리, 우리는 정말 장사꾼이지 첩자가 아닙니다. 당신 상관에게 잘 말해주세요."

유중록은 어떤 기회라도 놓치지 않으려고 옥졸에게 말을 걸었다.

"너희만 장사꾼이냐? 다른 사람들도 다 그렇게 말을 하지. 첩자가 제일 돈을 많이 받을 수 있으니 너희들은 첩자가 돼야 한다."

옥졸은 무심코 대답했다.

"그러면 우리를 얼마에 맞바꾸나요?"

유중록의 눈이 번쩍 빛났다.

"너희들은 숫자가 적지 않아서 적어도 은자 50냥에 바꿀 수 있다."

옥졸이 대답을 했다.

"그러면 우리를 어떻게 처분할 거요?"

유중록이 물었다.

"물론 돈이 손에 들어오자마자 목을 베는 거지. 죽은 자를 제외하고 살아 있는 사람들만 계산하는데, 너희들은 20여 명이 살아 있으니!"

옥졸은 목을 베는 시늉을 했다.

"나리, 제가 당신에게 은자 열 냥을 주겠소. 상관에게 말해주시오. 은자 백 냥과 우리의 개 같은 목숨을 바꾸겠습니다."

유중록은 옥졸에게 연신 읍소를 했다.

"진작 그렇게 나왔어야지. 기다려!"

옥졸은 은자를 받고 기뻐하면서 상관에게 보고했다.

이윽고 옥졸이 달려와 말했다.

"수하에 사람을 많이 데리고 있으니 은자 2백 냥을 내놓으면 저녁에 풀어주겠다고 하셨다."

"좋습니다. 2백 냥을 원하시면 2백 냥을 드리겠소. 그건 우리가 가진 전부입니다."

유중록은 연거푸 읍소를 했다.

밤에 유중록 일행은 감옥에서 풀려났고 모두 긴 숨을 내쉬었다. 일행과 말은 휴식도 하지 않고 심주의 경계를 떠났다. 이제 그들은 전방의 수비군이 몽골군인지 금나라 군대인지, 아니면 남송의 군대인지를 미리 탐색했다. 그들 앞에 있는 무읍을 여전히 금나라 군대가 지키고 있다는 것을 알았을 때는 가슴이 철렁 내려앉았다. 후퇴는 불가능하고 전진하는 것도 쉽지 않았다. 온 힘을 다해 늑대 굴을 나왔는데 다시 호랑이 굴로 들어간 셈이다. 유중록은 두 사람을 먼저 보내 길을 찾도록 했고 뒤에서 따라갔다. 그들은 성곽을 피해 황량한 들녘의 고갯길을 돌아서 느릿느릿 앞을 향해 걸어갔다. 몽골 대군에 의해 해산된 금나라 군대는 다행히 형식적으로만 하북 심주와 무읍 성곽을 회복했을 뿐 군대가 전면적으로 주둔한 것은 아니었다. 그렇지 않았다면 유중록은 사명을 완수하기 어려웠을 것이다.

일행은 천신만고 끝에 산동 익도益都(현재 산동 청주)에 도착하고 나서야 긴장의 끈을 풀 수 있었다. 익도의 장림張林은 비록 남송의 장군이었으나 일찍이 몽골의 책략으로 반란을 일으켰기 때문에 실제로는 몽골에 귀순한 장군이었다. 따라서 이곳은 몽골이 실질적으로 지배하는 지역이라고 할 수 있었다. 장림 장군이 유중록 일행을 수행해서 성으로 데리고 가자 비로소 유중록은 제대로 먹고 잘 수 있었다. 그는 하늘을 우러러 무릎을 꿇고 머리를 조아리며 대칸의 비호에 감사했다.

익도를 지키는 장림 장군은 이지상, 윤지평과 좋은 관계를 맺고 자주 왕래했다. 장림은 유중록에게 지금 산동 채주의 태허관에 구처기 조사가 있다고 알려주었다. 그러자 유중록은 기뻐하며 자신도 모르게 눈물을 흘렸다.

"몽골 사신이 와서 신선 뵙기를 요청합니다."

한 아이가 달려와 윤지평, 이지상에게 전했다.

1219년 11월 12일, 유중록은 마침내 산동 채주 태허관에 도착했다. 생각해 보면 이들은 1219년 5월에 몽골초원을 출발해서 8월에 중도에 도착한 것이다. 중도에서 산동 채주까지는 겨우 천리 길밖에 되지 않았지만 유중록 일행은 11월에야 도착했으니 그 여정이 얼마나 험난했는지 짐작할 수 있다.

윤지평과 이지상은 몽골 사신을 정중하게 맞이하고 후전에 있는 사부에게 보고했다.

"사부님, 이번에는 몽골 사신이 왔습니다. 그들은 귀한 손님입니까?"

이지상이 장난스럽게 물었다.

"아, 드디어 왔구나."

구처기는 곧장 현관으로 향했고 윤지평과 이지상이 뒤를 따랐다. 유중록 일행은 선풍도골의 노장이 그들에게 다가오는 것을 보고 자리에서 일어났다.

"구처기 신선이신가요?"

유중록이 허리를 숙여 존중을 표했다.

"저는 야인입니다."

구처기는 두 손을 모아 예를 차렸다.

"후당에 가서 이야기하시지요."

구처기가 청했다.

"신선께서 초대해 주시니 몸 둘 바를 모르겠습니다."

유중록은 감격했다.

"지금까지 오시느라 고생하신 것을 생각하면 저도 마음이 좋지 않습니다."

구처기가 미소를 지었다.

"신선의 말씀이 맞습니다. 하마터면 못 올 뻔했습니다."

유중록은 눈물을 글썽거리며 진심을 다해 말했다.

후전에 이르자 유중록은 칭기즈칸의 조서를 받아들었다.

하늘은 교만과 화려함이 극에 달한 중원을 싫어하오. 그리고 짐은 북쪽의
초원에서 평범하게 사는 것을 좋아하오. 사치를 멀리하고 질박하고 검소하
며 밥과 옷도 목동이나 마부들과 같소. 짐은 백성을 친자식처럼 생각하고
재사들을 형제들처럼 대우하고 있소. 생각을 항상 온화하게 하고 백성들을
아끼고 있소. 또한 나 자신보다 다른 사람들을 먼저 생각하고, 수많은 전쟁
에서도 나를 위한 생각은 하지도 않았소. 그리하여 대업을 이루어 천하를
하나로 통일할 수 있었소. 짐은 덕이 있는 행동을 하지는 않았지만 금나라의
정치가 기울어져 있었기에 하늘의 도움을 받아 지존의 자리를 이을 수 있었
소. 남쪽으로는 송나라와 이어져 있고, 북쪽으로는 회흘과 접해 있으며, 동
쪽에는 서하, 서쪽에는 이적들이 있는데, 모두 나의 신하로 복종하고 있소.
우리 흉노 부족이 그간 천년, 아니 삼천 년 동안 이와 같은 땅을 가진 적이
없다고 생각하오. 그러나 맡은 일과 이루어야 하는 일이 많고 엄중하여 나
라를 다스림에 흠결이 있을까 두렵소. 그래서 장차 배를 만들어 강을 건너
가 지혜롭고 능력 있는 사람들을 초청하고 인선하여 천하를 평안하게 하려
고 하오. 짐이 칸의 자리에 오른 이래 여러 가지 정사에 마음을 쏟고 있지만
삼공구경[19]의 자리에 오를 만한 사람들은 아직 만나지 못했소. 듣자 하니 구
처기 조사께서는 몸소 참된 예의와 법규를 실천하고 모든 것에 박학다식하
여 그 깊은 이치를 알고, 크나큰 도와 덕을 알리면서 옛 사람의 엄숙한 풍모

---

19   중국 진한시대 행정관직의 총칭.

와 진리를 깨달은 사람의 고아한 지조를 품고, 오래도록 산에 머물러 자기를 숨기며 조사의 유풍을 밝히셔서 가만히 있어도 도에 뜻이 있는 사람들이 신선의 길을 좇아 선생께서 계신 곳으로 구름처럼 몰려들어 그 수를 헤아릴 수 없다고 들었소. 존경하는 선생께서는 전쟁이 끝난 후부터 산동의 옛 경내에 깊이 숨어 살고 계시지만 짐은 선생을 존경하는 마음을 그친 적이 없소. 지난날 문왕이 위수에서 강태공을 만나 그와 수레를 함께한 일과 유비가 제갈량을 맞이하기 위해 그의 초가를 세 번 방문한 일을 어찌 모르겠습니까만, 서로 너무나 크고 넓은 산천에 가로막혀 있어 내가 선생을 맞이하지 못하는 실례를 범하고 말았소. 다만 짐이 칸의 자리에서 움직일 수가 없는 몸이기에 측근 유중록이 목욕재계하고 날쌘 기병들과 수레를 끌고 천리도 멀다 않고 가서 삼가 선생을 맞이하고 싶소. 선생의 신선 같은 발걸음으로는 사막도 멀다 여기지 않을 터이니 불쌍한 백성들을 걱정하시고 양생술로 짐을 구휼하러 와주신다면 자리를 마련하여 기다리고 있겠소. 존경하는 선생의 기침 소리라도 좋으니 한마디 말씀일지라도 다 받아들이겠소. 부족하나마 짐의 이 미미한 뜻의 만분지일이나마 조서에 밝혀서 보내오. 존경하는 선생께서는 이미 깊은 도의 경지에 이르시어 선함이 필요하다면 응하지 않는 곳이 없으실 것이오. 그러니 어찌 중생의 조그만 소원도 거절하시겠소! 그런 까닭에 짐이 생각하는 바를 이 조서에 적어서 보내는 바이오. 기묘년 5월 1일.

이 조서는 야율초재가 작성한 것이었다. 구처기는 조서를 읽고 감개무량했다. 몽골은 거칠고 야만적이라고 알고 있었는데 조서의 문학적 수준이 이렇게 진정성이 있고 간절하리라고는 생각지 못했던 것이다.

눈앞에는 점잖고 예의 바른 유중록이 있고, 또한 수준 높은 작품이라 할 만한 조서를 읽어보니 구처기는 몽골에 인재가 많겠다는 생각이 들었다. 구처기를 이제껏 근심하게 한 것은 '세상의 불쌍한 백성을 위한 의무'

때문이었다. 그런 차에 이런 간절하고 진실한 심정이 담긴 요청을 받은 것이다.

겉으로 보기에 두 거인의 '밀당'은 이제부터 시작이지만 이들은 이미 자신들의 연극이 시작되었다는 사실을 알고 있었다. 구처기는 이런 강력한 적수를 대할 때는 반드시 압도적인 승리를 해야만 한다고 생각했다. 칭기즈칸에게 '살생을 멈추라'고 설득해야 창생을 구할 수 있고, 전진교를 발전시킬 수 있기 때문이다.

"선생의 이름은 온 세상에서 막중합니다. 대칸께서 저를 특별히 부르셔서 기한을 두지 않고 산하를 넘어왔으니 반드시 이루어야 합니다."

유중록은 구처기가 응하지 않을 것을 우려해 선수를 치고 나섰다.

"전쟁 중에 공무를 위해 국경을 넘는 모험을 해서 여기까지 오셨으니 정말 수고하셨습니다."

구처기는 유중록을 칭찬했다.

"군주의 명을 받드는 데 미흡한 점이 많았습니다."

유중록은 칭기즈칸에게 진심으로 충성을 다하는 사람이다.

"도가 장차 행할 일은 타인을 돕는 것이고 지금이 바로 그때입니다."

윤지평이 기회를 틈타 스승에게 진언했다.

"자, 그럼 대칸이 초청했으니 가겠습니다."

구처기의 승낙에 유중록은 매우 기뻐하며 허리를 굽혀 절을 했다. 그는 대칸이 하사한 호두패를 구처기에게 주었다.

연산燕山에서 북쪽 사막을
무정하게 바라보다

구처기의 계획에 따라 조도견과 유중록은 먼 여정을 준비했다. 그들은 먼저 중도로 가야 한다고 생각하고 계획을 다시 세웠다. 중도로 가려면 산동, 하북 등지를 지나야 하지만 아직은 몽골이 완전히 점령하지 못한 곳이 많았다. 따라서 유중록이 먼저 중도로 가서 병력을 이동시키고, 주요 도로를 뚫어 구처기 일행이 안전하고 순조롭게 통과할 수 있도록 준비하기로 했다.

"제가 먼저 중도로 돌아가 병사들과 모든 것을 다 준비한 후에 신선께서 지나가시도록 할 것입니다."

유중록은 구처기에게 작별 인사를 했다.

"그럼 유공께서 수고해 주세요."

구처기도 예를 표했다.

"하지만 병력 이동을 하기 위해서는 신선의 호두패를 좀 빌려야겠습니다."

유중록은 구처기를 바라보았다.

"오! 이게 병력 이동을 명하는 호두패인가요?"

구처기가 물었다.

"네, 대칸께서 신선의 여정이 막힐까 봐 군대를 이동시킬 수 있는 호두패를 하사하신 것입니다. 이것만 있으면 걱정이 없습니다."

유중록이 대답했다.

이 호두패는 음과 양으로 구성되어 있다. 몽골이 통치하는 지역이 점차 넓어지면서 전쟁이 빈발한 국경지대에서 편리하게 군대를 이동시킬 수 있는 용도로 쓰였다. 또한 지방에서 제멋대로 군대를 부리는 것을 막기 위한 목적도 있다. 이렇게 칭기즈칸은 군대를 관리하는 하나의 수단으로 호두패를 사용했다. 음과 양의 패 중에서는 양이 더 크고 이 두 개가 합쳐져야 지휘권을 행사할 수 있다. 군대는 양의 호두패를 가진 쪽의 지휘권에 귀속된다. 또한 지휘권의 크기는 호두패의 등급과 관련이 있는데, 최고 등급은 9등급으로 이는 전체 군대를 동원할 수 있는 수준이다. 아울러 호두패는 신분과 지위를 상징하기도 하고 군대에서 어떤 등급의 호두패를 가지고 있는가에 따라 그 사람의 계급을 알 수 있다.

연경에 도착한 그는 즉시 연경수비대 장수를 불러들였다. 황제가 하사한 9등급의 호두패를 꺼내 수비군 장수를 오도록 했다. 유중록은 몽골 대군을 직접 거느리고 하북의 심주, 무읍 등지로 가서 전쟁을 했고, 뇌물로 은전을 받아 챙긴 심주의 수비군 장수를 잡아 목을 베었다. 유중록은 구처기 일행이 통과할 수 있도록 호타강에 간이 교량을 설치했다.

한편 구처기를 초청했지만 가지 않겠다는 통보를 들은 금나라 황제는 대로했다.

"우리 선조先祖께서 구처기를 후하게 대접하셨는데, 호의를 무시하는구나."

금나라 황제의 분노가 폭발했다.

"폐하, 근심하실 필요 없습니다. 오래전 일인데 무슨 효력이 있겠습니까? 선황제께서 너무 그를 후하게 대접하신 것 같습니다."

신하들은 황제가 불쾌해하는 것을 보고 구처기를 비난했다.

"폐하께서 굳이 그를 초청하신다면 제가 그를 묶어서라도 데려오겠습니다. 오지 않겠다고 하면 그 자리에서 죽여 버리겠습니다."

무신 하나가 마치 천하에 적수가 없다는 듯 눈을 부릅뜨고 장담했다. 그러나 실제로 눈앞에 있는 상대가 몽골군이었다면 그렇게 노려볼 수 없을 것이다.

"구처기가 너무 은혜를 모르는군."

금나라 황제는 소매를 뿌리치고 나갔다.

몽골 대군은 휘몰아치는 거대한 전차처럼 서쪽으로 진격했다. 몽골군의 진격 도구는 군마들이다. 그러나 그들은 여물을 전혀 준비하지 않거나 혹은 소량의 여물만을 준비했다. 봄, 여름, 가을은 만물이 소생하는 계절이다. 물만 있으면 대지는 충분하게 풀을 공급해주니 그들이 진격하는 모습은 마치 거대한 부족이 이동하는 것과 같았다. 행군 중에 몽골군은 약소 부락을 흡수하고 합류시켜 대오를 점점 더 크게 만들었다. 몽골군은 성을 공격하기 위해서 공성 망치, 구름사다리, 이동식 사륜 방패, 투석기 등을 만들면서 행군했다. 몽골 대군은 유사 이래 가장 특색 있는 이동식 군대 공장을 거느리고 있었다. 이들은 산을 만나면 길을 내고 물을 만나면 다리를 만든다. 칭기즈칸의 둘째 태자인 차가타이가 이 일을 맡았다. 그는 능수능란한 장인들을 거느리고 몽골 대군의 서진 행보를 도왔고, 칭기즈칸의 특별한 총애를 받았다.

금나라는 5인의 고수들을 규합해서 구처기에 대한 암살 준비를 했다.

금나라 황제는 자기가 얻을 수 없는 것은 칭기즈칸에게도 내어주고 싶지 않았다. 남송 황제도 비밀리에 사신을 파견해 조도견을 찾아가서 구처기가 남송으로 오도록 설득했다.

"조 도인은 정통 황맥의 혈통을 가진 사람입니다."

남송 사신의 말에는 또 다른 의미가 있다.

"별 말씀을 다하시네요. 출가한 사람이 무슨 혈통의 유무를 따지겠습니까?"

조도견은 사신의 말뜻을 파악했다.

"설마 송나라 백성이라는 사실을 잊은 것은 아니겠지요?"

남송의 사신은 극단적인 말로 조도견을 부추겼다.

"송나라는 지금도 그렇고 선황제들 역시 국토를 수호하지 않았는데 하물며 백성을 운운합니까?"

조도견은 화를 터트렸다. 송나라에 대해 조도견은 복잡한 감정이 있었다. 비록 도가의 사람이었지만 송나라에 대한 걱정이 없는 것은 아니었다. 그러나 황제가 어리석으니 조도견이라 하더라도 국운을 변화시킬 힘은 없었다.

"조 도인은 조씨 가문이 천하를 바꾸기를 바라지 않는 거요!"

남송 사신은 극단적인 말로 조도견을 압박했다.

"조정의 성을 바꿀지 말지를 제가 결정할 일인가요? 예로부터 덕이 있는 자는 천하를 따르고, 덕이 없는 자는 천하를 잃습니다. 황제가 백성들을 마음에 새기지 않는다면 성을 바꾸는 것은 시간문제가 아닙니다."

조도견은 남송에 대한 기대를 접었다.

"조 도인은 금나라와 몽골의 황제가 백성을 위한다고 생각합니까?"

남송 사신은 현란한 말재주로 그를 설득했다.

"금나라 황제는 어리석고 무절제하고, 몽골인들은 야만인들로 산하를 불태우고 살상과 약탈을 합니다. 설마 남송보다 그들에게 더 의탁할 가치가 있단 말인가요?"

조도견은 깊은 생각에 잠겼고, 남송 사신의 주장도 무리는 아니라고 생각했다. 그 역시도 금나라와 몽골 정권 모두를 좋아하지 않았으나 서산에 지는 해 같은 남송의 형세를 돌이킬 수 없다는 것을 알고 낙담했다. 북송의 황족 중에 기탁할 만한 사람이 있는가? 조도견은 한 가닥의 희망을 품고 있었다.

조도견이 아무 말도 하지 못하자 남송의 사신은 희망이 생겼다고 느꼈다.

"그러면 조 도인이 구처기를 설득해서 남송으로 오도록 하시지요."

남송의 사신은 계속해서 조도견을 설득했다.

"조 도인이 황족의 혈통이라는 점을 봐서라도 구처기에게 설득을 해주시기 바랍니다."

"스승님이 결정한 일을 제자인 제가 어떻게 바꿀 수 있겠습니까? 세상을 벗어난 자만이 천하의 부모가 될 수 있습니다. 돌아가서 남송 황제께 하늘은 오직 덕이 있는 사람만 돌본다고 진언하십시오."

조도견은 고개를 저었다.

남송의 사신은 화를 내며 돌아갔다. 조도견은 남송 사신의 부탁에 응답하지 않았으나 마음속으로는 사부에게 간곡하게 청할 말이 있었기 때문에 곧장 사부를 찾으러 뒤뜰로 갔다.

구처기는 뒤뜰에서 열심히 불진拂塵[20]을 털고 있었다. 조도견은 사부가 불진을 손에서 놓지 않는다는 사실을 알고 있다. 불진은 사부의 법기다.

---

20 먼지를 떠는 총채와 같은 모양으로 수도자가 속세의 먼지인 번뇌 망상을 떨어버리기 위한 것이라는 의미. 도가에서는 일종의 무기로도 사용하며 의(意)와 기(氣)가 합해져야 변화무쌍한 운용의 경지에 도달한다고 함.

오랫동안 그는 스승이 이것을 사용하는 것을 본 적이 없었다. 구처기의 손에 있는 불진과 일반적인 도인의 불진과는 커다란 차이가 있다. 불진은 칼刀, 창槍, 검劍, 극戟, 부斧, 월鉞, 구鉤, 차叉…… 등과 같은 도구처럼 던지면 채찍, 찌르면 검, 휘두르면 몽둥이가 된다. 구처기가 태연하게 한 차례 불진을 털고 내리치자 조도견의 눈은 어지러울 지경이었다.

"훌륭합니다, 스승님. 정말 눈이 번쩍 뜨입니다."

조도견은 박수를 치며 찬탄했다.

"이 불진은 신묘하게 작동한다."

구처기가 미소를 지으며 불진의 기관을 가볍게 누르자 살상 무기가 순식간에 불진의 꼭대기에서 나왔다.

"사부님, 정말 신기합니다."

조도견은 감탄해마지 않았다.

"보아라, 이 불진의 중심부에는 단약이 숨겨져 있다. 만일의 사태에 대비해서 불을 피울 수도 있는데, 역시 응급용이다."

구처기는 조도견을 다정하게 바라보았다.

"사부님……?"

조도견은 의아한 듯 구처기를 바라보았다.

"배우고 싶지 않느냐?"

"사부님께서는 불진 기술을 제게 전수해 주실 건가요?"

"때가 됐다."

"왜 지금이 그때입니까?"

조도견은 또 궁금한 듯 물었다.

"몽골의 대칸이 우리를 기다리고 있고 우리와 겨루려고 하지 않느냐?"

"몽골 대칸이 사부님을 초청했습니까? 그렇지만 대칸은 믿을 수 없습니다. 금나라와 남송 황제 모두 사부님을 초청하여 이용하려고 하지 않았습니까? 사부님의 뜻은 어떠신가요?"

조도견은 사부의 마음을 읽고 싶어서 연달아 질문을 했다.

"감히 홍문연鴻門宴[21]에 어찌 가겠느냐?"

구처기는 담담하게 웃었다.

"사부님께서 금나라와 남송에 가지 않으시려는 것을 보니 다른 홍문연에 가고 싶으신 것 같습니다."

조도견은 사부를 바라보았다.

"하늘에 순응하고 세상을 도와 창생을 구하는 것이 우리 도가의 본색이다."

구처기는 조도견이 자기를 찾아온 이유를 알고 있었다.

"사부님, 천하의 창생을 구하기 위해 저는 사부님을 따라 호랑이 굴에 들어가 죽어도 마다하지 않겠습니다."

조도견은 무릎을 꿇고 앉았다. 구처기가 조도견의 어깨를 툭툭 치며 일으켜 세웠다.

구처기가 선정한 21인의 제자는 하나같이 훌륭했지만 구처기와 스스럼 없는 대화를 하는 사람은 조도견뿐이었다. 조도견은 현화지공顯化之功을 깨우쳤기 때문에 사부라고 해도 그를 속일 수 없었다.

구처기는 불진의 오묘한 사용법을 전부 조도견에게 전수했다. '요령은 몇 마디에 있지만 진정한 전수를 받지 못하면 모두 헛된 것이다'라고 했듯이, 조도견은 불진을 사용할 줄은 알았지만 이번 구처기의 지도로 '세밀하고 묘한' 기법 전부를 배워서 마음에 새겼다.

구처기의 지시에 따라 조도견은 '칭기즈칸 알현'이라는 구사일생의 모

21　초청객을 모해할 목적으로 차린 연회.

험을 21인의 수행 제자에게 전달했다. 또한 그는 제자들에게 도를 위해 죽을 수도 있다는 신념을 가져야 한다고 강조했다. 조도견은 수행 제자들에게 무공 연마도 강조했다. 또한 우리의 목숨은 하늘이 아닌 우리에게 달려 있으니 모두가 합심해서 각종 도전을 받아들이고 이겨내야 한다고 설명했다. 그래야만 비로소 실낱같은 삶의 기회를 얻어 창생을 구할 수 있다고 했다.

1220년 정월 초파일에 구처기는 21인의 제자를 거느리고 산동 채주에서 출발해서 칭기즈칸을 '알현'하기 위한 길을 나섰다. 속담에 문외한은 겉모습에 매달리고 전문가는 정수를 깊이 파악한다는 말이 있다. 구처기의 역사에 길이 남을 이 '알현' 여정은 문외한들이 보기에는 산수를 감상하고 풍월을 읊으러 떠나는 여행으로 보이겠지만, 사실은 살기등등한 전장으로 떠나는 의미심장한 출발이었다.

산동은 표면적으로는 남송에 속했지만 많은 장수들이 이미 몽골과 내통하고 있었기 때문에 구처기 일행은 산동에서 신자들의 환영을 받았을 뿐만 아니라 군대의 보호까지 받았다. 그러나 하북의 경계에 이르러서는 상황이 달랐다. 비록 유중록이 중도에 가서 군사를 불러 차례로 금나라 군대를 치고 통로를 열었지만 하북의 금나라 잔류부대는 구처기 일행에 대한 매복 공격을 실시했다.

구처기가 금나라 황제의 초청을 거절하자 황제는 크게 분노했고, 이에 무신들은 구처기를 절대 중도에 가지 못하게 할 것이라고 맹세했다.

금나라 황제는 중도로 가는 길목에 관문을 설치해서 구처기를 막으라고 명령했다. 산동은 남송의 손에 있었기 때문에 금나라가 구처기를 저지할 곳은 하북뿐이었다. 그러나 유중록 역시 보통 사람은 아니었다. 그는 금나라가 궁지에 몰리면 담을 뛰어넘을 것이라 예측하고 먼저 중도로 가서 금나라 군대를 치고 몽골군이 수비하게 했다. 그러나 하북 전체에서 금나라 군대를 몰아낸 것은 아니었기에 유중록은 하북의 경계에 이르러 살얼음을 걷듯 조심스럽게 일을 처리했다.

금나라는 구처기의 북상을 막기 위해 몇 가지 묘안을 짜냈다. 첫째는 각 지역의 관문을 막아 저지하려고 했으나 몽골 대군이 남하해서 각지의 요새를 지키는 바람에 이 계획은 물거품이 되었다. 또 다른 방안은 기병을 규합해서 기습하는 것이다. 그러나 금나라 군인과 말의 대규모 이동은 쉽게 눈에 띄어 몽골군의 수비를 용이하게 할 것이다. 따라서 남은 방법은 고수 몇 명을 규합해서 구처기를 암살하는 방법뿐이었다.

이날 구처기 일행은 하북 무읍의 경계에 도착했다. 눈앞에 펼쳐진 약 10리의 산길은 이들의 행렬을 가늘고 길게 만들었다. 이 산길의 폭은 말 두 마리 정도만 나란히 걸을 수 있을 정도로 좁기 때문이다. 유중록은 구처기의 안전을 위해 그를 중간에 배치하고 근접해서 따라갔다. 앞에서는 갈라팔해 장군이 몽골병을 이끌어 길을 트고 뒤로는 구처기의 제자 21인이 따랐다. 막 반 시진을 행진하다 앞의 대오가 멈추자 유중록은 사람을 보내 알아보게 했고 얼마 되지 않아 병사들이 돌아와 유중록에게 보고했다.

"다섯 명의 거지가 배가 고파서 걸을 수가 없다면서 밥을 얻어먹으려고 합니다."

병사들이 보고를 하자 갈라팔해가 따라왔다.

"제가 그들을 죽이면 됩니다. 신선의 일정에 영향을 주면 안 됩니다."

갈라팔해는 유중록에게 허락을 구했다.

"살생은 안 된다."

사람 죽이는 일을 밥 먹듯이 쉽게 생각하는 몽골 병사들에게 구처기가 거부감을 가지고 있다는 사실을 유중록은 잘 알고 있었다.

"착한 개는 길을 막지 않습니다. 그들은 일부러 길을 막는 것 같습니다."

갈라팔해는 화가 났다.

"좋아, 좋아. 그들에게 먹을 것을 주고 달래서 떠나게 해라."

유중록은 병사들이 경솔하게 행동하다가 구처기의 마음이 상할까 봐 갈라팔해를 보내 직접 처리하게 했다. 갈라팔해는 대열 앞으로 와서 몇몇 병사들에게 '걸식하는 거지들'에게 식량을 주라고 명령했다. 이들은 밥을 얻어먹고 나더니 다시 손을 벌렸다.

"나리, 물 좀 더 주시지요."

몽골 병사들이 마도馬刀를 뽑아 들자 갈라팔해는 "그들에게 마실 물을 주어라."고 병사들을 제지했다. 병사들은 어쩔 수 없이 물주머니를 꺼내 내밀었다.

"이제 다 먹고 마셨으면 그만 떠나시오. 구처기 신선의 여정이 지체되지 않도록 길을 재촉해야 하니 방해하지 마시오."

갈라팔해는 달래듯이 말했다.

"뭐라고요? 구처기 신선요? 진짜 신선을 만났는데, 어찌 인사를 하지 않을 수 있습니까. 나리께서 우리를 소개해 주셨으면 좋겠습니다."

거지들은 흥분하기 시작했다.

"너희들은 왜 이렇게 말이 많으냐. 밥을 먹고 물을 마셨으면 됐지 구처기 신선을 너희가 보고 싶다고 해서 볼 수 있을 성 싶으냐?"

갈라팔해는 거지들이 성가시게 하자 분통이 터졌다.

"나리, 우리는 오랫동안 구처기 신선을 흠모해 왔습니다. 깊은 산속에서 신선을 만날 수 있는 것도 전생에 인연이 있기 때문입니다. 나리께서 불쌍한 백성을 도와주시는 김에 한 번만 뵙게 해주십시오. 우리가 신선에게 절을 몇 번 할 수 있다면 이번 생이 헛되지 않을 것입니다."

다섯 명의 거지들이 애걸복걸했다.

"그래, 그래. 떠들지 마라. 내가 가서 신선에게 아뢰겠다."

갈라팔해는 몸을 돌려 유중록에게 보고하러 갔다.

갈라팔해가 거지들이 구처기 신선을 만나고 싶어 한다고 보고를 하자 유중록은 몹시 놀랐다. 그는 급히 저지했다.

"안 돼! 안 된다. 그들에게 길을 비키라고 하고 구처기 신선을 보호하라."

"유대인, 안심하세요. 제가 그들을 만나러 가겠습니다."

구처기는 태연한 기색이었다.

"신선, 안 됩니다. 이 일은 제가 처리하겠습니다."

유중록은 얼른 앞을 가로막았다.

"그 사람들은 나를 보러 온 손님인데 어찌 외면하겠습니까?"

구처기가 다짜고짜 말을 채찍질하며 대열의 앞으로 나아가자 조도견, 윤지평, 이지상이 그 뒤를 따랐다.

"사부님, 전방에서 살기가 솟아오르는 것을 보셨습니까?"

조도견이 작은 목소리로 스승에게 말했다.

"이미 알고 있지만 나는 결말을 보고 싶다."

구처기는 미소를 지으며 말했다.

"그런데도 왜 가십니까? 제가 처리하면 됩니다."

조도견은 이해할 수 없었다.

"나는 종지부를 찍어주려고 간다. 서로 빚지지 않게 말이다."

구처기는 조도견을 바라보았다.

"금나라에서 보낸 건가요?"

조도견은 스승의 생각을 알 것 같았다.

"나는 금나라 황제의 '후의'를 거절하지 않을 것이다. 게다가 나도 예전에 밥을 구걸하는 거지 출신이었으니 동업자를 만나는 것도 괜찮을 것이다."

구처기는 짐을 내려놓은 사람처럼 홀가분해 보였다.

대열 앞에 이르자 구처기는 말에서 내려 걸식하던 다섯 명의 거지에게 두 손을 모아 인사했다.

"야인 구처기가 인사드립니다."

눈을 들어 거지들을 관찰해보니 비록 누더기를 걸쳤지만 얼굴빛이 붉고 윤기가 흘렀다. 또한 의기양양한 모습이 눈썹 윗부분에서 훤히 드러났다. 그들은 구처기의 이름을 듣고 즉시 뛰어올랐다. 유중록은 곧장 몽골 병사 몇 명에게 거지들을 에워싸도록 명령했다.

"나는 일찍이 네놈들의 검은 속내를 알고 있었다. 모두 죽여라!"

갈라팔해가 큰 소리로 외쳤다. 몽골 병사들은 이들을 겹겹이 에워쌌다.

"너희 몽골인들은 다수가 소수를 괴롭히는 것을 좋아한다. 그런데 구처기 선인도 똑같은 부류인 줄은 몰랐다. 모든 일에는 반드시 이유가 있다. 우리는 오늘 몽골군을 상대하러 온 것이 아니다."

자객들의 대장은 갈라팔해를 경멸하듯 쏘아보며 말했다.

"장군은 물러가시오. 이 일은 나에게 일어난 것이니 내가 처리하겠습니다."

구처기가 담담하게 말했다.

갈라팔해가 유중록을 바라보자 그는 구처기의 신변을 보호하면서 잠시 상황을 지켜보자고 했다.

"우리가 무슨 원한이 있는가?"

구처기가 맞은편 장사 다섯 명을 향해 말했다.

"우리 사이에는 원한이 없지만 당신은 배은망덕한 사람이다."

"왜 그런 말을 하는가?"

"금나라 황제가 당신을 소홀히 대하지 않았는데 왜 황제의 부름에 응하지 않는 것인가?"

"이 늙은이는 야인이라 조정의 정치에는 관여하지 않는다."

"그렇다면 왜 칭기즈칸의 부름에는 응한 것인가? 이것은 분명히 금나라 황제는 안중에도 없다는 증거다."

"이 늙은이는 도가의 사람이라 하늘의 뜻에 따라 행한다. 그래서 명확하게 말로 할 수 없는 일도 있다."

"헛소리만 늘어놓는구나. 오늘은 네 마음대로 할 수 없고 원하지 않아도 저세상으로 가야만 한다."

"만일 내가 안 가면 어떻게 할 것인가?"

"그렇다면 우리 형제들의 무례함을 탓하지 말아라."

"네놈들이 감히 헛소리를 하느냐? 죽여라!"

유중록이 갈라팔해에게 명령하자 몽골 병사들은 이들 다섯 명의 자객을 향해 칼을 겨누었다.

"유대인, 이 일은 빈도로 인해 일어난 일이니 내게 맡겨 처리하게 해주시오."

구처기가 유중록을 저지했다. 유중록은 구처기의 안전을 걱정했지만 그의 실력에 대해 들은 바가 있었기 때문에 한편으로는 구처기의 솜씨가 궁금하기도 했다. 유중록은 다행히 몽골 병사들이 주변을 보호하고 있으니 몇 명의 자객으로는 구처기에게 상해를 입힐 수 없을 것으로 생각했고 또한 신선의 무공도 한번 보고 싶었다.

"그럼 좋다. 갈라팔해는 옆에서 기다리도록 해라. 한 치의 실수도 있어서는 안 된다."

유중록은 갈라팔해에게 재차 명령했다.

"사부님, 제자가 대신 처리할까요?"

윤지평은 사부를 보호하려 했다.

"너희들은 금나라 황제에게 빚진 것이 없으니 모두 물러가라."

구처기는 매서운 눈초리로 조도건, 윤지평, 이지상 등을 쳐다봤다.

구처기가 재빠르게 나는 듯 몇 걸음을 걸어서 사람과 말의 간격을 벌리자 이에 대중들은 놀라서 감탄했다. 70세가 넘은 노인이 이런 걸음을 걸을 거라고는 생각지도 못한 것이다.

"나 구처기는 소수를 괴롭힌 적이 없다. 한 명씩 덤빌 것인가, 아니면 동시에 모두 덤빌 것이냐?"

구처기의 안광은 모두를 꿰뚫을 것 같았다.

"구 신선이 기왕에 우리를 그렇게 보았으니 다 같이 덤빌 것이다."

선두에 있는 대장은 구처기의 적수가 되지 못할 것이 두려웠고 구처기가 이렇게 배짱이 있는 것을 보니 더욱 자신이 없었다.

다섯 명의 불청객은 즉시 구처기를 에워싸고 공격 자세를 취했다. 몽골군의 검문을 피하기 위해 자객들은 병기를 가지고 있지 않았다. 그러나 그들 모두는 금나라 최고의 고수였기 때문에 이들이 힘을 합하면 가히 무적이라고 할 수 있었다.

구처기는 손에 불진을 들고 침착하게 가운데 서서 몇 사람이 동시에 자신을 향해 진격할 때까지 기다리다가 가볍게 몸을 날려 제비처럼 무사들의 머리 위로 날아오르며 불진을 한 바퀴 돌렸다. 그러자 무사들은 힘없이 땅에 쓰러졌다. 구처기는 무사들이 불진에 맞지 않도록 조심했다. 그들이 혹시라도 불진에 맞으면 즉사할 수도 있기 때문이었다.

다섯 명의 무사는 얼떨결에 쓰러져서 한참 동안 정신을 차리지 못했다. 구처기는 가만히 서서 그들이 모두 일어나기를 기다렸다. 다시 그들이 공격 태세를 갖추자 불진을 털며 가볍게 한 바퀴 돌았다. 그러자 무사들은 또 다시 바닥에 내동댕이쳐졌다. 이 늙은 개구쟁이는 도저히 상대할 수 없는 사람이었다.

무사들은 아무도 대적하지 못할 용맹함과 비범함을 가지고 있었으나 구처기 앞에서는 젖비린내 나는 어린아이와 같았다. 이들은 엄청난 힘이 있었지만 70이 넘은 노인 앞에서 조금도 힘을 쓰지 못했다. 그들은 태어나서 이런 상대는 처음 보았다.

자객 중 몇 명이 몽골 병사들의 손에서 칼을 빼앗았다.

"신선님, 우리는 오늘 교훈을 얻었습니다. 우리는 신선의 적수가 아니니 죽음으로 황은에 보답할 수밖에 없습니다."

말을 마치자 그들은 일제히 칼을 스스로의 목에 갖다 댔다. 이에 구처기가 불진을 가볍게 털자 무사들이 들고 있던 칼이 힘없이 땅에 떨어졌다.

"금나라 황제의 은혜는 이것으로 다 갚았다. 너희는 돌아가서 황상에게 창생을 돌보시라고 보고해라."

구처기는 무사들에게 두 주먹을 맞잡고 예를 차렸다.

"감히 신선을 모함하니 내가 너희를 죽일 것이다."

갈라팔해가 크게 소리를 지르자 몽골의 병사들은 무사들을 겹겹이 에워쌌다.

"그들은 나를 위해 왔으니 마땅히 내가 처리해야 합니다."

구처기가 유중록에게 말을 건넸다.

"멈춰라! 모두들 신선에게 복종하라."

유중록은 구처기의 무술에 완전히 매료되었다. 지금까지 구처기에 관한 이야기는 소문으로만 들었다. 그러나 이번에 실제로 눈앞에서 확인하자 유중록은 이런 사람이 몽골의 대칸을 위해 일을 할 수 있다면 정말 좋겠다는 생각이 들었다.

"이 여행은 헛되지 않았구나!"

유중록은 감탄사를 연발했다.

"당신들은 감히 험지에 뛰어들어 목숨까지 버리려고 하니 그 충성심이 대단하다. 금나라 황제는 나의 생명을 원하지만 나는 목숨이 아깝지 않다. 그러나 나에게는 사명이 있으니 당신들은 돌아가서 황제께 보고하시오!"

구처기가 무사들에게 말했다. 이들은 구처기에게 깊이 절을 하고 돌아갔다.

"신선, 신선께서는 제게 견문을 넓혀 주셨습니다. 그들이 신선을 가운데 두고 에워싸니 절로 손에 땀이 났는데 신선의 제자들은 전혀 걱정하지 않아서 이상했습니다."

유중록은 자기도 모르게 경탄의 말을 늘어놓았다.

"유대인께서 이제야 웃으시네요. 빚은 반드시 갚아야 하고 빚이 없어야 홀가분합니다."

구처기가 빙긋이 웃었다.

"몽골 대칸께서는 현인을 구하시려는 갈증이 크십니다. 만일 신선의 지지를 얻으시면 몽골의 대업은 근심 걱정이 없을 겁니다!"

유중록은 수시로 구처기를 설득했다.

"나는 야인이라 정치에 관여하지 않으며 누가 황제가 되든 상관하지 않습니다."

구처기가 담담하게 말했다.

유중록은 감히 더 묻지 못했다. 다만 구처기가 칭기즈칸을 알현하겠다고 했기 때문에 유중록은 그것으로 만족했다. 그의 임무는 구처기를 안전하게 칭기즈칸에게 데려가는 것이다. 유중록은 칭기즈칸의 신하로서 당연히 몽골이 발전하기를 원했기 때문에 대칸의 주변에 구처기와 같은 귀한 사람이 있기를 원했다.

금나라 무사들은 공을 세우지 못하고 돌아가 황제 앞에 섰다.

"너희들 모두는 천하의 어떤 장수의 목도 베어올 수 있는 능력이 있지 않느냐? 너희들은 천하무적이라고 하여 해마다 그렇게 많은 녹봉을 주는데 다섯 명이 고작 일흔 살 늙은이 하나를 당해내지 못했느냐?"

금나라 황제는 크게 분노했다.

"황상, 노여움을 가라앉히십시오. 구처기 신선의 무공은 일찍이 본 적도 없는 것이었습니다. 그는 진짜 신선입니다."

무사들은 황제에게 그들이 겪은 일을 상세히 전했다.

"신선은 개뿔. 선황제께서 높이 보셨다고 자기가 진정 신선이라고 생각하는구나! 어느 장군이 나서서 군사를 이끌고 이 분수도 모르는 사이비 도사를 죽이겠는가."

금나라 황제는 꽝, 하고 탁자를 내리쳤다.

"소장이 먼저 배은망덕한 그 사이비 도사에게 갈 것을 청합니다."

김올맹웅金兀猛雄이 나섰다.

"좋다. 너에게 1만 명의 군사와 말을 주겠다. 은혜를 모르는 구처기가 하북을 벗어나지 못하게 하라."

황제는 노기가 가득한 얼굴로 일어나 대전을 떠났다.

유중록은 몽골 대군을 이끌고 구처기가 북상하는 길 양쪽에서 적을 소탕했지만 하북 전 지역을 몽골군이 완전히 점령한 상황은 아니었다. 몽골의 주력부대는 대칸에 의해 몽골의 배후지로 소환되어 대규모 징집을 준비하고 있었기 때문에 병력이 부족했다. 하북 경계에 주둔하고 있는 몽골 병사는 3천 명도 채 되지 않았다. 비록 많은 금나라 병사들이 투항을 했지만 전반적인 병력 배치는 매우 부실했다. 만일 금나라가 이때 하북을 반격했다면 다시 탈환할 수 있었을 것이다. 그러나 금나라는 몽골의 용맹함에 간담이 서늘해진 터라 그럴 엄두를 내지 못했다.

김올맹웅은 1만 명의 정병을 선발해서 하북 호타강 강변에서 구처기 일행을 전멸시키기로 했다.

지난번 암살 사건을 통해 교훈을 얻은 유중록은 더욱 조심하게 되었다. 그는 기마병을 먼저 보내 20리 앞을 탐색하고 복병이 있는지 관찰했을 뿐만 아니라 모든 행인을 조사했다. 동행한 몽골 병사는 300명에 불과해서 소규모 싸움을 하는 데는 문제가 없었지만 큰 부대가 가로막으면 피하기 어려웠다. 하북에서 큰 규모의 금나라 군대는 이미 없어졌지만 김올맹웅의 1만 정예병은 오로지 구처기를 저지하기 위해 온 것으로 그 규모가 방대할 뿐 아니라 모두 몽골인의 복장을 하고 있었다.

하북 헌현의 호타강에서 금나라 군대는 모든 준비를 마치고 오로지 구처기 일행이 오기만을 기다렸다. 그보다 먼저 유중록은 연경(옛 수도, 현재 북경)으로 들어가 군사를 빌려 하북의 금나라 군대를 평정했고 호타강의 급한 물살 때문에 부교를 설치했다. 김올맹웅 대군의 선두 부대는 곧 호타강에 도착했다.

"부교를 해체하라."

금나라 장군이 병사들에게 명령했다. 사병들은 재빨리 부교를 철거했다. 호타강은 여름에는 물살이 세고 겨울이 되면 수면에 살얼음이 낀다. 임시로 가설한 부교는 부실해서 사병들이 부수자 금세 얼음물 위로 무너졌다. 금나라 장수는 자랑스러운 듯 김올맹웅에게 보고했다.

"장군님, 몽골군이 설치한 부교를 철거했습니다."

"너는 정말 바보구나. 부교를 철거하면 적들은 몽골인으로 변장한 우리를 금나라 군대로 알아차리지 않겠느냐?"

김올맹웅은 크게 노했다.

"구처기가 강을 건너는 것을 막을 수 있지 않을까요?"

금나라 장수는 공을 세웠다고 칭찬을 받을 것으로 기대했다가 뜻밖의 반응에 원망의 표정이 가득 차 있었다.

"우리가 목표를 드러냈는데 구처기가 강을 건너는 것을 막을 수 있겠느냐?"

김올맹웅은 말채찍으로 장수를 가리키다가 하마터면 그의 코에 채찍이 닿을 뻔했다.

"역시 장군께서는 똑똑하십니다. 돌아가서 부교를 다시 놓겠습니다."

금나라 장수가 대답했다.

"뭐라고 똑똑하다고? 너는 일도 할 줄 모르는 놈이 버르장머리도 없구나."

김올맹웅은 말채찍을 들어 금나라 장수에게 휘둘렀다.

"아니, 장군께서는 저보다 훨씬 지혜로우십니다."

장수는 쏜살같이 말머리를 돌려 달아나 김올맹웅의 채찍을 피했다.

유중록이 파견한 탐색대는 먼저 호타강 가에 이르러 100여 명의 몽골 사람들이 부교를 만들고 있는 것을 발견했다.

"왜 부교가 없어졌지?"

탐색대의 몽골 장수가 물었다.

"물살도 세고 바람도 세서 부교가 견디지 못하고 무너져 버렸습니다. 지금 다리를 새로 놓으려고 서두르고 있으니 장군님께서는 안심하십시오."

몽골군 복장으로 위장한 금나라 장수는 식은땀을 흘리면서 마음속으로 확실히 김올맹웅 장군이 지혜롭다고 생각했다.

"빨리 만들어라. 유 대인의 여정을 지체해서는 안 된다."

몽골 장수는 이들을 의심하지 않았다.

유중록은 구처기의 무공을 본 이후 그를 깊이 믿게 되었고 복종하는 마음이 들었다. 원래부터 그는 구처기가 신선술을 익혔다고 들어서 늘 기회를 보아 확인하고 싶었고 호기심도 많았다.

"구 신선께서는 정말 명불허전이십니다. 어떤 사람들은 신선이 삼백 살이 넘었다고 하던데 그것이 정말입니까?"

유중록은 참다못해 물었다.

구처기는 크게 웃었다.

"그것은 모두 헛소문입니다. 빈도는 72년을 허송세월하고 있습니다."

"그것도 믿기 어렵습니다. 이 풍모, 몸집, 체력, 무공…… 분명히 저보다 젊어 보이십니다."

유중록이 극찬했다.

"육체가 죽지 않고 오래 사는 것은 불가능합니다."

구처기가 말했다.

"도교는 육체의 장생불사長生不死를 추구하지 않습니까?"

유중록은 의혹을 가지고 질문했다.

"거듭 말하지만 도교는 육체가 죽지 않고 오래 살 수 있다고 말한 적도 없고, 그렇게 될 수도 없습니다."

구처기는 유중록과 마음이 맞는 것 같아서 그와 대화하는 것이 좋았다.

"그러면 도교의 장생불사는 무엇을 의미하는 것입니까?"

유중록은 또 물었다.

"욕심도 욕망도 없어 깨끗하고 자유로우며 한 가닥의 진성이 남아 오행 속에 있으니 무슨 근심이 있겠습니까."

구처기가 유중록을 보며 말했다.

"불가는 내세를 더 중시하고 도가는 현생을 중시합니다. 그렇다면 신선께서는 황제가 어떤 종교를 더 좋아한다고 생각하십니까?"

"황제는 유가를 더 좋아할 것입니다."

구처기가 웃었다.

"어쩐지 야율초재 대인은 늘 대칸께 유교로 세상을 다스리고 불교로 마음을 다스리라고 권합니다."

유중록은 구처기의 깊은 뜻을 알아들을 수 있었다.

"그렇다면 잘 모르지만, 야율초재 대인은 왜 대칸께 구 신선을 부르라고 건의하신 겁니까?"

"야율초재 대인은 과거와 현재에 통달해서 매우 총명합니다. 그가 빈도에게 대칸을 알현하게 한 것은 뜻이 있습니다."

구처기는 목광으로 멀리 내다보았다.

"무슨 뜻인가요?"

유중록은 거침없이 말했다.

"마음을 다스리는 것!"

구처기는 빙긋이 웃었다.

"불가의 치심 아닙니까?"

유중록은 의혹이 생겼다.

"이 마음은 그런 마음이 아닙니다."

구처기는 웃음을 터뜨렸다. 유중록은 더 이상 물을 수가 없었다. 그는 구처기의 표현 방식에 어느 정도 적응했기 때문에 무슨 뜻인지 대강 짐작만 할 뿐이었다.

"우리가 연경까지 가려면 아직 5백 리 정도가 남았는데, 신선께서는 우리에게 또 어떤 위험이 닥칠지 알려주실 수 있습니까? 아니면 계속해서 마음이 조마조마할 것 같습니다."

유중록은 구처기를 시험하고 있었다.

"호타강 강물은 물살이 급하고 세지만 이후에는 연경까지 넓고 평탄하게 갈 수 있습니다."

구처기는 유중록을 바라보았다.

이 말을 들은 유중록은 구처기가 얼마나 총명한 사람인지 알 수 있었다. 금나라 군대가 감히 연경까지 접근하지 못한다는 것을 알고 있고, 만약 여기에서 그들의 공격을 물리친다면 연경까지는 탄탄대로이므로 호타강은 좋은 선택이라는 뜻이었다. 그는 즉시 갈라팔해를 불러들여 호타강 일대로 병력을 이동시켰다. 갈라팔해는 호두패를 들고 주변으로 가서 병사를 배치했다. 구처기 일행은 멈추지 않고 호타강 방면으로 전진했다.

구처기 일행이 호타강에 도착해보니 몽골 병사 1만이 강기슭에 있었다.

"신선님, 보세요, 우리 사람들이 도착했습니다. 호타강 강물의 풍파가 급하지만 연경까지는 탄탄대로입니다."

유중록은 환하게 웃었다.

"자세히 보세요. 저들이 정말 몽골 병사입니까?"

구처기는 유중록에게 미소를 지었다. 유중록이 자세히 보니 갈라팔해가 없었고, 병사들의 옷차림도 몽골 병사의 옷과 미세하게 달라서 깜짝 놀랐다.

"몽골 용사는 명령에 따라 신선을 보호한다."

유중록이 명령하자 3백여 몽골 병사들은 칼을 뽑아 들고 대열 앞에 섰다.

김올맹웅은 말을 타고 앞으로 나아가며 크게 웃었다.

"배은망덕한 사이비 교주로구나. 오늘이 네가 죽을 날이다. 왜 나와서 죽지 않는가."

구처기는 말을 타고 앞으로 나갔다.

"금나라 황제가 나 같은 야인 때문에 군사까지 일으킬 필요가 있겠소?"

"오늘 우리 제국의 천군만마가 너를 밟아 죽이겠다. 입 다물고 그만 죽어라!"

"빈도는 서로 싸우는 것을 가장 싫어하오. 목숨을 보전하려면 병사를 물러가게 하시오."

"네 목을 베고 나면 당연히 물러갈 것이다."

김올맹웅이 손을 흔들자 금나라 군사들이 개미떼처럼 일시에 몰려나왔고, 구처기는 고개를 저었다.

"몽골의 용사들이여, 이리로 와서 신선을 보호하라."

유중록의 명령과 함께 몽골 병사들도 돌진했다. 구처기의 제자 21인은 제2의 방어선을 구축하고 구처기를 보호했다.

속담에 '한 주먹으로는 네 개의 손을 당해낼 수 없고, 굶주린 호랑이는 이리떼를 무서워한다'는 말이 있다. 군사의 수가 많은 것을 믿고 금나라 군대는 기세가 높았다. 비록 몽골군이 용맹하기는 하지만 금나라의 이리떼 전술을 막을 수 있겠는가. 반 시진이 지나자 몽골 병사들은 거의 모두 전사했다. 구처기의 제자들이 벽을 만들어 금나라 군대의 공격을 막고 있었다.

마치 눈앞의 이 모든 일이 보이지 않는 듯 구처기는 말에서 내려 평지를 골라 앉았다. 유중록은 애가 타서 자신의 부주의함을 자책했다.

쿵쾅거리는 말발굽 소리가 멀리서 다가오자 유중록은 털썩 주저앉았다.

"구해라. 신선을 구해라."

그는 울부짖었다. 유중록은 대칸이 내린 사명을 완수하지 못할 것이 두려울 뿐 목숨이 아까운 것이 아니었다.

갈라팔해가 사방에서 5천 명의 구원병을 데리고 급히 달려왔다.

금나라 군사 1만은 구처기를 호위하는 3백여 명의 몽골 부대보다 우세했다. 그러나 한순간에 구처기를 잡기가 어려웠던 이유는 첫째, 몽골 군대가 전투력이 강한 병사들과 숙련된 지휘관들로 구성된 용맹한 군대였기 때문이다. 두 번째로는 구처기의 제자들이 워낙 무림의 고수들이었기 때문에 그들이 만든 관문에 도달할 수가 없었다. 금나라 군대는 약 천 명의 병사가 전사했지만 워낙 숫자가 많고 세력이 컸기 때문에 비록 구처기를 사로잡지 못했어도 여전히 자신만만했다. 김올맹웅이 승리를 한 발 앞에 두고 있을 때 갈라팔해가 몽골대군을 이끌고 엄청난 위세로 쳐들어오자 김올맹웅의 의지력은 더 이상 버티지 못하고 무너졌다.

"한 발짝도 물러서지 마라. 구처기를 죽이면 황금 1만 냥을 줄 것이다."

김올맹웅은 큰 소리로 명령했지만 정작 자기는 공격을 멈추었다. 만약 몽골 대군이 도착하기 전이었다면 금나라 군사들은 돈을 받기 위해서 목숨을 아끼지 않았을 것이다. 그러나 이제 금나라 군대는 기가 죽었다. 함성이 잦아들며 군사들은 대장을 바라보았다.

몽골 대군이 금나라 군대를 짓밟고 전진해 나아가자 소수의 군사들만 저항할 뿐 대부분은 뒤돌아서 달아났다. 몽골 장병들은 마도를 휘두르며 좌충우돌 돌진하면서 금나라 군대를 쳐부수었다. 늑대무리가 호랑이 떼와 마주친 듯했다. 사실 금나라 군대뿐만 아니라 어떤 군대도 용맹한 몽골군을 만나면 사기가 떨어졌다. 당시의 몽골군은 가히 대적할 상대가 없었다고 할 수 있다.

"소장이 늦었습니다. 선인이 놀라셨겠습니다."

갈라팔해가 금나라 군인들을 물리친 후 유중록과 구처기 곁으로 왔다.

"늦지 않았다, 늦지 않았어. 장군이 때를 맞춰 잘 와주었다."

유중록은 정신을 가다듬고 기뻐하며 한숨을 돌렸다.

"신선, 일어나십시오. 너는 신선이 놀라셨는지 봐라. 눈을 감고 심신이 편안하게 앉아 계시지 않느냐!"

유중록이 웃음을 터트렸다.

"내가 어찌 눈을 감고 심신이 편했겠소. 차마 눈앞에서 벌어지는 살육을 볼 수 없었던 것입니다."

구처기는 마음이 무거웠다.

"주제넘은 금나라 군대는 정말 신선을 죽일 수 있을 거라고 생각했나 봅니다. 신선은 죽으러 오신 것이 아닌데 말입니다."

갈라팔해는 껄껄 웃었다.

"죽이고, 죽이고, 또 죽이고. 우리 화하는 언제쯤 백성이 안전하고 편히 살 수 있겠는가. 원래 나는 야인인데, 세상에 나오기도 어려운가 보구나!"

구처기는 깊은 생각에 잠겼다.

"정말 저는 탄복했습니다. 천군만마가 죽이려고 오는데 신선은 마음이 안정되고 태연자약하셨습니다. 이제 금나라 병사가 물러났으니 안심하십시오."

유중록이 구처기를 위로했다.

"빈도의 생사는 이미 간파했습니다. 삶이 곧 죽음이고 죽음도 곧 삶입니다. 세상의 백성들만 고생할 뿐."

구처기는 낙담을 하며 슬퍼했다.

"며칠 전 신선께서 '호타강물의 파동이 세고 급하다'고 하셨는데, 이번에 정말 신선의 신묘함을 확인했습니다."

유중록은 구처기에게 더욱 탄복했고 그의 도력은 바다와 같아서 끝을 알 수 없다고 느꼈다. 이때 유중록은 구처기에게 더할 나위 없는 감명을 받았다.

1220년 2월 22일, 구처기 일행은 연경 밖 노구교盧溝橋에 도착했다. 연경 각계각층의 명사와 백성들은 구처기 신선이 온다는 것을 알고 인산인해를 이루어 광리교廣利橋(현재 노구교)에서 기다리고 있었다.

구처기는 영접을 하려고 나온 대중들에게 앞뒤로 둘러싸인 채 연경에 도착했다. 이 모습은 가히 장관이었다. 사람들이 구처기를 대하는 마음은 각기 달랐다. 평민들은 신선이 그들을 인생의 고해에서 건져주기를 바랐고, 고관대작은 더 부귀하게 해주기를 기대했다. 또한 어떤 사람들은 구처기의 명성을 시험해보고 싶어 했고 어떤 사람들은 몽골의 탄압으로부터 신선의 보호를 기대하며 위험에서 벗어나 안전하기를 기대했다. 연경은 마치 명절처럼 떠들썩했다.

구처기는 청정한 것을 좋아했다. 비록 섬서와 산동에서 수련하고 전도하는 동안 사회인들과 광범위하게 교류했지만 이렇게 앞뒤로 둘러싸이는 상황은 좋아하지 않았다. 구처기는 연경의 옥허관玉虛觀에 입성했다.

연경 수비군 장수인 왕집王檝은 섬서 사람이고, 일찍이 종남산에서 은거하며 공부했는데, 지금은 금나라의 부도통副都統으로 하북 탁록涿鹿을 지키고 있었다.

몽골군이 탁록을 공격할 때 탁록의 수비력은 병력 배치나 성벽의 견고함에 있어서 중도와는 천양지차였다. 하지만 중도를 공략했던 몽골군도 탁록은 뚫지 못했다. 몽골군은 결국 성을 포위하는 방법을 채택할 수밖에 없었고 탁록 수비군의 무기와 식량이 다 떨어질 때까지 기다린 후에 다시 공격을 했다. 몽골군은 탁록처럼 먹기 힘든 뼈는 만난 적이 없었다. 왕집은 수비군을 거느리고 필사적으로 저항했으나 무기와 식량이 다

떨어지자 몽골군에게 항복 조건을 내걸었다. 그는 탁록의 백성들을 살려주면 자신은 죽음을 감수하고 성을 바치겠다고 제의했다. 몽골군은 이에 동의했고 칭기즈칸은 직접 왕집을 처단하려고 했다.

"저항하는 자는 죽고 귀순하는 자는 살린다고 했다. 죽음이 두렵지 않느냐?"

칭기즈칸은 눈을 가늘게 뜨고 왕집을 바라보았다.

"대장부는 오직 한 번 죽으니 나라를 위해 목숨을 바치는 것이 당연하다."

왕집은 죽음을 조금도 두려워하는 기색이 없었다.

"탁록이 저항하면 온 성읍을 모두 베어야 하는데, 네가 죄를 아느냐?"

칭기즈칸은 말채찍을 휘둘렀다.

"나는 대칸이 자신이 뱉은 말은 지키는 사람이라고 생각한다. 그렇지 않으면 칸이 될 자격이 없다."

왕집은 경멸하듯 칭기즈칸을 보았다.

"말 잘했다!"

칭기즈칸은 말채찍을 내려놓고 칼을 들었다. 왕집은 얼굴빛을 바꾸지 않고 칭기즈칸을 바라보면서 미소까지 띠고 있었다. 칭기즈칸은 단칼에 왕집의 몸에 묶인 밧줄을 끊었다. 왕집은 멍하니 칭기즈칸을 바라보았다.

"대칸은 나를 모욕하지 말고 죽이려면 시원하게 베어라."

왕집은 갈피를 잡을 수 없었다.

"너를 죽이고 싶다고 언제 말하더냐? 내 뜻을 전하라. 왕집을 연경의 도통으로 임명하고 빨리 부임하도록 처리해서 착오가 없도록 하라."

칭기즈칸은 말채찍을 휘두르며 돌아갔다.

이것이 바로 칭기즈칸이다. 그는 평생 인재를 존중했다. 사람을 잘 쓰고 대담하게 기용하는 것이 칭기즈칸의 품격이다. 그는 충성스러운 사람은 누구에게나 충성할 것이라고 믿었다. 겁 많고 의심하는 것은 칭기즈칸 사전에는 존재하지 않았다. 그 시대에는 금나라, 남송, 서하 등에서 몽골로 투항한 사람들이 많았지만 몽골 병사들이 다른 이웃 나라에 투항한 사례는 없었다.

왕집은 연경을 관리하면서 몽골인들이 성안에 있는 사람들을 죽이는 것을 막았다. 그의 노력으로 연경은 점차 생기를 되찾았고 백성들은 각자 생업에 종사하게 되면서 원래의 질서를 잡아갔다.

왕집은 일찍이 구처기의 명성을 알고 있었다. 그는 구처기가 대칸을 알현하기 위해 왔다는 것을 알고 더욱 기뻤다. 왕집은 장수이기에 전쟁은 하지만 살육은 싫어했다. 특히 무고한 평민을 살해하는 것은 왕집이 가장 경멸하는 일이었다. 그는 칭기즈칸이 탁록의 사람들을 살려준 은혜에 감사하고 그가 완벽한 군주가 되기를 희망했다.

왕집은 원래 구처기 일행을 금나라 도통부 부속의 왕부에 머물게 하려고 했지만 구처기는 옥허관에 머물 것을 고집했다. 따라서 왕집은 옥허관으로 구처기를 만나러 갔다. 구처기는 후전에서 왕집을 맞이했다.

"신선께 왕집이 예를 올립니다."

왕집은 구처기에게 깊이 절을 했다.

"장군께서는 편히 앉으십시오."

구처기는 왕집에게 자리를 양보했다.

"신선께서 대칸을 알현하려고 오신 것은 몽골의 복입니다."

왕집이 말했다.

"천만에, 천만에요. 나는 야인이니 정사에 관여하지 않습니다."

구처기는 담담하게 대답했다.

"지금 전쟁의 참화로 백성들은 살기가 무척 어렵습니다. 신선께서는 천하의 백성들을 위해 나오신 것 아닙니까."

왕집은 간절하게 구처기를 보았다. 구처기는 왕집이 부러질지언정 굽히지 않는 남자라는 것은 알고 있었지만 이런 말을 할 줄은 몰랐다. 자기를 살려준 칸의 은혜를 갚기 위해 몽골을 위해 목숨을 바치려는 왕집을 보니 비범한 사람이라는 생각을 하게 되었다.

"장군께서는 현 시국에 대해 어떤 고견을 가지고 계십니까?"

구처기는 왕집의 견해를 듣고 싶었다.

"그것은……, 이렇습니다. 몽골이 천하를 통일하는 것은 막을 수 없습니다. 게다가 전 세계에서 칸과 견줄 만한 황제는 없습니다. 하지만……."

왕집은 에둘러 말하는 사람이 아니었다.

"하지만 무엇인가요?"

구처기는 왕집이 생각하는 칭기즈칸이 궁금했다.

"재능과 전략을 논한다면 다른 황제와 대칸은 천지 차이입니다. 문제는 전쟁에서 살육을 피할 수는 없지만 이대로라면 너무 많은 사람이 죽는다고 생각합니다."

왕집은 걱정이 태산 같았다.

"칸을 설득해서 살생을 막으라는 건가요?"

"하늘 아래 신선만이 할 수 있습니다."

왕집이 땅에 무릎을 꿇고 엎드리며 머리를 쿵쿵, 땅에 부딪쳤다.

"장군, 일어나십시오. 당신의 이런 충성심과 간절함은 과연 보기 드문 일입니다. 당신들 같은 장수들이 칸을 보좌하니 정말 대칸의 복입니다."

구처기는 유중록과 왕집을 보면서 몽골 상층부 지도자는 금나라나 남송의 지도자와는 다르다고 생각했다.

"대칸께서는 이미 서쪽을 정벌하셨는데, 신선께서는 칸을 찾아가시는 것 아닙니까?"

왕집이 일어나면서 말했다.

"빈도는 이미 나이가 많으니 여기서 기다리면 됩니다."

구처기는 어떤 것을 예상한 듯했다.

"좋습니다. 연경에서 다만 제 힘이 필요하시다면 신선께서는 분부만 하십시오."

왕집은 구처기를 존경하고 극진히 대했다. 이때 유중록이 찾아오자 이 지상은 그를 후전으로 안내했다.

"오, 왕 장군도 계셨군요! 신선께서는 충분히 휴식을 하셨는지요?"

유중록은 왕집을 흘낏 보고 돌아서서 구처기를 향해 연신 인사를 했다.

"유대인의 보살핌에 감사드립니다."

구처기가 대답했다.

"신선을 잘 보살피는 것은 저의 책무이자 대칸의 뜻인데 제가 어찌 감히 태만하겠습니까."

유중록은 칭기즈칸에게 충성을 다했고 구처기에게도 감복하고 있다.

"저는 야인이라서 돌볼 필요가 없습니다. 빈도는 청정에 익숙합니다."

구처기가 대답했다.

"대칸은 서역을 정벌하시는 중인데, 신선께서는 우리가 언제쯤 길을 떠날 수 있다고 보십니까?"

유중록이 본론으로 돌아왔다.

"빈도는 나이가 많으니 여기서 대칸을 기다리면 됩니다."

구처기는 서행할 뜻이 없었다. 유중록은 더 이상 강요하기 어려워 화제를 바꾸었다.

"신선님, 우리 넷째 왕자 툴루이拖雷의 왕비가 연경에 있습니다. 신선께서 댁으로 오셔서 한 말씀 해주시기를 요청합니다."

"초청을 하시니 거절할 수 없을 듯합니다."

"유대인께서 돌아가 왕비께 아뢰십시오. 빈도는 언제든지 분부를 따르 겠습니다."

구처기의 대답에는 또 다른 의미가 있었다.

툴루이는 네 번째 왕자인데, 몽골에서는 막내아들이 집을 지키는 풍 습이 있다. 따라서 몽골은 칭기즈칸의 막내아들 툴루이의 세력권에 있었 고 당시 연경 역시 그의 세력이 미치는 지역이었다.

툴루이의 부인 소르칵타니는 12세기 몽골고원에서 가장 강력한 부족 중 하나인 케레이트부 출신이다. 그녀의 아버지는 케레이트부 수장 왕한 의 동생인 자카감보다. 케레이트부의 종교는 경교(기독교의 한 교파)로 다른 몽골인보다 비교적 문화 수준이 높았다. 그녀의 뛰어난 정치적 재능은 이 러한 배경에서 만들어진 것이다.

툴루이는 대부분 외부의 일을 담당하고 소르칵타니는 주로 국내에서 사람들을 통솔하면서 결재 업무 등의 사무를 보았는데 모든 사람들의 존 경을 받았다. 페르시아 사학자들도 그녀를 '단호하고 겸손하며 총명해서 슬기롭게 자식을 잘 키운다'고 칭찬했다.

역사상 사람들은 그녀를 네 황제의 어머니라고 불렀다.

첫째 아들 몽케는 오고타이 가문으로부터 권력을 획득해서 황제가 되 었다. 따라서 그는 툴루이 가문에서는 첫 번째로 몽골제국의 황제가 된 것이다. 그는 칸이 된 후에도 사방으로 출정했고 남송을 정복하는 과정 에서 전사했다.

둘째 아들 쿠빌라이는 아마 많은 사람들이 알고 있을 것이다. 바로 원 나라 세조이며 그가 재위하는 동안 남송을 정복해서 중국을 통일했다.

셋째 아들 홀라구는 용맹한 장수로 성장한 후 황제인 몽케의 페르시 아 정벌을 위해 파견되었고, 후에 현지에서 황제가 되었다.

마지막 아들은 아리크 부커다. 그는 몽케 황제가 죽은 후 몽골의 황제로 추대되었으나 불행하게도 즉위한 지 얼마 되지 않아 자신의 형인 쿠빌라이에게 쫓겨났다.

소르칵타니는 기독교 신자였다가 나중에는 불교를 믿었다. 그녀의 불교 신앙은 직접적으로 둘째 아들 쿠빌라이에게 영향을 미쳤다. 살가반지달薩迦班智達(사카 판디타, 사카파의 법사) 대사는 소르칵타니의 상객으로, 일찍이 왕비에게 승공술升空術을 보여주고 신임을 얻었다. 후에 그의 제자 파스파는 원나라 세조 쿠빌라이의 국사가 되었다.

구처기를 대접하기 위해 소르칵타니 왕비는 살가반지달 대사 등을 불러 의논했다.

"대사님, 제가 구처기를 만날 수 있도록 대칸께 요청해주십시오. 사람들은 구처기가 신선이라고 합니다. 대사님은 견문이 넓으시니 세상에 정말 신선이 있다고 생각하십니까?"

소르칵타니 왕비는 구처기의 도력에 대해 반신반의했다.

"아미타불. 세상에 신선이 어디 있습니까? 귀로 들은 것은 거짓이고 눈으로 본 것만이 진실입니다."

살가반지달은 의미심장한 미소를 지었다.

"어떻게 눈으로 봅니까?"

"왕비께서 큰 선물을 준비해 보시면 알 수 있습니다."

"무슨 선물이요?"

"독주 한 잔은 마셔야 감히 신선이라고 할 수 있습니다."

살가반지달은 그렇게 말하고 크게 웃었다.

소르칵타니 왕비는 유중록에게 구처기를 초청하도록 했다. 그러자 구처기는 제자들에게 지시를 했다.

"큰 항아리를 준비해서 물을 뜨겁게 끓여라."

구처기가 왕비를 방문할 때 유중록과 왕집이 동행했다. 왕비의 응접

실은 고관대작들로 만석이었다.

"구처기 신선이 대칸께 귀순하게 되어 기쁘고 축하드립니다."

살가반지달은 만면에 웃음을 띠었다.

"저는 야인이라서 정사를 논하지 않습니다. 만일 귀순을 한다면 당연히 하늘에 귀순할 것입니다."

구처기는 담담하게 대답했다.

"대칸은 하늘이고 하늘에 귀순했다면 곧 대칸께 귀순한 것입니다."

왕비 곁에 있던 신하가 말했다.

"구처기 신선은 중원에서 명성이 자자하고 대칸의 초청으로 오신 것입니다."

유중록은 분위기가 이상하다는 것을 알아차리고 원만하게 수습했다.

"맞습니다. 중원에서 누가 구처기 신선을 모르겠습니까?"

왕집은 구처기를 향해 강하게 두 손을 모았다.

"이런 귀한 손님에게 왕비께서 어찌 좋은 술 한 잔을 하사하지 않을 수 있겠습니까?"

살가반지달은 왕비를 향해 눈을 찡긋했다.

"맞습니다. 구 신선이 먼 길을 오셨으니 제가 좋은 술 한 잔을 드리겠습니다."

왕비는 마음속으로 꺼림칙했으나 살가반지달이 먼저 말을 해버리니 술을 거둬들이기도 쉽지 않았다.

하녀는 미리 준비한 '좋은 술' 한 잔을 구처기 앞에 내밀었다. 구처기는 미소를 지으며 살가반지달과 왕비를 보면서 술을 받았다. 살가반지달은 구처기를 보고 절로 긴장이 되었고, 왕비는 감히 구처기를 똑바로 쳐다볼 수도 없었다.

"저는 야인이라서 정사에 관여하지 않으니 이 술은 마땅히 살가반지달 대사에게 하사해야 합니다. 대사야말로 대칸에게 귀순하였으니 마땅히 이 상을 받아야 할 사람입니다."

구처기는 싸늘한 눈으로 살가반지달을 바라보았다. 살가반지달은 깜짝 놀라서 다급하게 말했다.

"오늘은 왕비께서 구처기 신선을 초청한 날인데, 노승은 감히 주인의 손님을 앞지를 수 없습니다."

"그래요. 구처기 신선은 오늘 내가 특별히 초대한 분입니다."

왕비는 살가반지달을 도와 이야기했다.

"그러면 겸양은 순종만 못하니 왕비의 정성에 감사드립니다."

구처기는 입으로는 왕비께 감사하다고 말하면서도 눈은 살가반지달을 바라보았다. 살가반지달은 구처기의 눈길을 피하면서 왕비를 바라보며 어색하게 웃었다.

구처기는 단숨에 잔을 비우고 빈 잔을 살가반지달에게 잘 보라는 뜻으로 보여주었다. 살가반지달은 구처기의 빈 잔을 보고 안심이 되었다. 마음속으로 자신이 직접 조제한 독주는 머지않아 구처기의 숨을 끊을 것이라고 생각했다.

구처기는 '술'을 다 마신 후 흥이 나서 연경의 고관 귀족들에게 계속 인사를 하고 다녔다. 살가반지달은 그 뒤를 따르면서 구처기의 체내에 독이 퍼지기를 기다렸다. 일반적으로 독주는 약 10여 분 이내에 온 몸에 퍼져 사람의 생명을 앗아갈 수 있다. 그러나 구처기는 왕비의 집에서 한 시진이 넘도록 아무런 불편함도 보이지 않았다. 왕비는 구처기가 보통 사람이 아니라는 것을 알고 매우 놀랐다. 반면에 살가반지달은 매우 낙담했다. 그는 이 사건을 통해 왕비에게 자신의 지위를 공고히 하려 했으나 뜻대로 되지 않았다.

"빈도는 이만 물러가겠습니다."

연회가 끝난 후 구처기는 왕비에게 작별 인사를 고했다.

"신선은 정말 듣던 그대로이십니다. 앞으로 신선께 많은 가르침을 청하 겠습니다."

왕비는 구처기에 대한 선입견을 버리고 정중하게 대했다.

구처기는 옥허관으로 돌아와 옷을 벗고 제자들에게 미리 준비시킨 큰 항아리 속으로 뛰어 들어가 눈을 감고 정좌를 했다. 얼마 지나지 않아 구 처기는 체내의 모든 독을 다 밀어냈고 항아리 속의 물은 검은색으로 변 했다.

왕비는 악한 사람이 아니었다. 그녀는 대칸이 툴루이에게 구처기를 초 청하라고 명령한 사실을 알았다. 대칸이 초청한 사람은 진짜 신선이다. 만일 툴루이가 왕비를 시켜 구처기를 시험하지 않았더라면 왕비는 경솔 하게 독주로 구처기를 실험하지 않았을 것이다. 그러나 살가반지달의 뜻 은 매우 분명했다. 하나의 산은 두 마리의 호랑이를 용납하지 않듯이, 자 기보다 법력이 높은 사람이 있다는 것을 인정하지 않았다.

"대사님, 구처기가 정말 신선인가 보네요."

왕비는 살가반지달의 생각을 눈치 채지 못했다.

"마마께서는 섣불리 결론을 내리지 마십시오. 아마도 저의 독주가 잘 못 배합된 것 같습니다."

살가반지달은 총애를 잃을 것이 두려웠다.

"오, 대사님도 실수를 하시나요?"

왕비는 뜻밖이라는 듯 살가반지달을 바라보았다.

"제 말은, 아마도······."

살가반지달은 난감했다.

"그럼 어떻게 해야 하나요?"

왕비가 물었다.

"다시 시험을 해 보는 것은 어떠신가요?"

살가반지달이 대답했다.

"이제 그런 악랄한 방법은 쓰지 마세요."

왕비는 이제 그런 시험방식은 용납하지 않았다.

"왕비님, 그런 것이 아닙니다. 가짜 신선이라면 죽고 진짜 신선이라면 죽지 않을 것입니다."

살가반지달은 억지를 썼다.

"차마 그런 방법은 다시 쓸 수 없어요. 꼭 해야겠다면 쉽게 알아볼 수 있는 방법을 쓰세요."

왕비가 말했다.

"좋습니다, 그러면 하늘 높이 솟는 승공술을 보여드리는 것으로 하겠습니다."

살가반지달은 구처기가 이런 기술은 못 익혔을 거라고 생각했다.

"그게 좋겠습니다."

왕비는 매우 기뻐했다.

며칠이 지나자 유중록은 왕비의 명을 받아 다시 구처기를 초대했다. 구처기는 조도견, 송도안, 윤지평, 이지상 등 네 명의 제자를 데리고 갔다.

"신선께서는 연경에서 편히 잘 쉬셨습니까?"

왕비는 태도가 확실히 달라져 구처기를 매우 정중하게 대했다.

"빈도는 편히 쉬고 있습니다."

구처기는 고개를 끄덕이며 인사를 했다.

"앉으십시오."

왕비는 웃는 얼굴로 자리를 권했다.

"구 신선이 수도에 성공하셨으니 우리에게 공중부양 기술을 보여줄 수 있겠습니까?"

살가반지달이 얼른 말을 꺼냈다.

"빈도는 어떤 법술도 할 줄 모릅니다. 오직 양생의 이치를 알 뿐입니다."

구처기는 살가반지달과 경쟁하고 싶지 않았다.

"그럴 리 없겠지요. 저는 구 신선이 자유자재하다는 것을 압니다."

살가반지달은 흥분해서 구처기를 유도하려고 했다.

"사람들은 저를 신선이라고 부르지만 저는 야인일 뿐입니다."

구처기가 빙긋이 웃었다.

"살가반지달 대사는 공중부양 기술을 할 줄 아니 정말 대단합니다."

왕비는 감탄하며 말했다.

"이런 기술은 왕비께서 언급하실 만한 수준이 아니고 단지 작은 술수에 불과합니다. 구 신선의 술수가 더 쓸 만합니다."

살가반지달은 구처기를 도발했다.

"대사님의 말씀이 옳습니다. 공중으로 높이 솟는 기술은 아주 작은 술수이니 스승은 말할 것도 없고 우리 제자들도 모두 할 줄 압니다."

윤지평은 살가반지달이 사부를 시험하는 것을 보며 괘씸한 마음이 들었다.

"지평아, 스님께 그 무슨 말버릇이냐."

구처기는 윤지평을 쳐다보았다. 윤지평은 고개를 떨어뜨리며 살가반지달을 힐끗 쳐다보았다.

"제자도 할 줄 안다는데 왜 우리에게 보여주지 않나요?"

왕비는 신이 났다.

"왕비께서 이들 네 명 중에서 아무나 선택해 보십시오."

구처기는 법술을 부리고 싶지 않았다.

"대사님, 저 대신 골라주세요!"

왕비는 이 임무를 살가반지달에게 맡겼다. 살가반지달은 구처기의 이런 태도를 보고 마음속으로 긴장하면서 승공술을 보여 달라고 한 것을 후회했다.

잠시 후에 윤지평, 이지상 두 사람이 승공술을 시행하기로 했다. 윤지평, 이지상은 옷깃을 여미고 앉아 있다가 이윽고 몸이 지상에서 벗어나기 시작했다. 살가반지달은 분을 삭이지 못하고 은근히 두 사람 몸 아래의 기운을 떨쳐내 버렸다. 이때 구처기가 조도견을 향해 안신眼神을 보내자 조도견은 즉시 살가반지달의 기운을 막았다. 윤지평과 이지상의 몸은 서서히 떠올랐다.

"좋습니다, 좋아요! 명불허전입니다."

왕비는 일어서서 손뼉을 쳤다. 그녀가 살가반지달 대사를 쳐다보았으나 대사는 말이 없었다. 대사는 조도견에게 갇혀 꼼짝하지 못했다. 이때 조도견이 기를 거두어 살가반지달을 놓아주자 비로소 움직일 수 있었다.

"명불허전입니다, 명불허전이에요."

살가반지달 대사도 왕비에게 맞춰 연신 칭찬을 했지만 모욕을 참을 수 없었다. 이런 원한이 남아 50년 후 그의 제자 파스파는 국사가 되자, 황제의 권력을 빌려 도교에 대한 광적인 복수를 했다.

"신선, 저는 대칸의 막내아들 툴루이의 보잘것없는 아내입니다. 신선은 대칸의 귀한 손님입니다. 우리 몽골에는 막내아들이 집을 지키는 풍습이 있습니다. 신선께서 대칸을 뵙게 되면 저희 남편에 대한 덕담을 많이 해주시기 바랍니다."

왕비는 구처기에게 간절히 부탁했다.

"모든 것은 하늘의 뜻이니 직분에 충실하시면 됩니다."

구처기는 왕비의 말에 확실하게 대답하지 않았다.

"제가 어떻게 하면 직분에 충실할 수 있습니까?"

왕비는 확실히 총명했다.

그녀는 신선에게 가르침을 청할 기회를 놓치지 않았다.

"인내하고, 인내하고, 또 인내하는 것입니다!"

구처기는 왕비의 눈을 바라보며 진지하게 말했다.

이때부터 왕비는 구처기의 조언을 단단히 기억하고 내공을 기르면서 계속 '인내'를 한 결과 툴루이 가문이 발전하는 데 크게 공헌했다.

왕비가 구처기에 대한 생각을 바꿨기 때문에 살가반지달도 태도를 바꿀 수밖에 없었다.

"구 신선은 과연 명실상부한 신선입니다. 탄복했습니다."

살가반지달 대사는 패배를 인정하며 속으로 분을 삭였다.

구처기는 연경에 머물면서 서행할 뜻이 없어지자 유중록이 난처해지지 않도록 칭기즈칸에게 친서 한 통을 썼다.

진정표陳情表(황제께 올리는 글)

등주 서하현에서 도에 뜻을 둔 구처기가 황제의 선지를 가까이서 받듭니다. 재주 없는 저를 멀리서 부르시니 모두가 황홀해 하였습니다. 제가 스스로 생각해보니 생계를 꾸리기에는 너무 졸렬하고 학도도 이루지 못하여 고생만 하고 늙어서도 죽지 못합니다. 명성은 여러 나라에 전파되었지만 도는 많은 사람에게 전파되지 않았습니다. 과거를 돌아보니 슬픔과 충정을 누가 알겠습니까. 전자에 남경과 송나라에서 누차 불러도 따르지 않았는데, 오늘날 대칸께서 부르시자마자 오게 되었으니 왜 그런지 모르겠습니다. 하늘에서 대칸께 용기와 지혜를 내려주시니 이는 고금에 없는 일로서 도가 화합하여 영이 굳건한 일입니다. 화이華夷가 솔복하였다고 들었습니다. 고로 자연에 숨고자 했지만 차마 어길 수

없어서 눈을 맞고 서리를 타며 한번 뵙고자 도모하였습니다. 수레를 몰고 환무
桓撫(환주와 무주. 현재 길림성 집안현으로 추정)의 북쪽에서 연경에 이르렀을 뿐 수
레가 멀리 갔다는 소식을 듣고 몇 천 리가 될지 알 수 없었습니다. 어려움이 끝
없이 이어지고 날씨는 변화무쌍해서 노약하여 견딜 수 없기에 중도에 멈추어
대칸께서 계신 곳에 도달하지 못할까 두렵습니다. 국가와 군대의 일은 자신이
할 수 있는 일이 아니며 도덕심은 사람을 금욕하게 하니 매우 난처한 일입니다.
파견하신 유중록과 일일이 상의했고, 차라리 연경 덕흥부 등에 머무르는 것이
낫다고 생각했습니다. 먼저 사람을 보내 알렸으나 유중록은 따르지 않았습니
다. 그래서 상소문을 올리지 않을 수 없습니다. 제가 염두에 두고 기필코 명령을
따르겠습니다. 멀리서 풍상을 무릅쓰고 대칸께 엎드려 원하오니 관대한 조서를
내리시어 이를 허락하여 주시겠습니까? 동시에 네 사람이 출가하여 세 사람이
득도하였으나, 오직 본인은 거짓 명성을 얻어 안색은 초췌하고 용모가 수척합니
다. 용아년龙儿年('龙儿'는 용이 둥글게 몸을 서린 모양) 3월에 황제께 엎드려 절하여
허락을 바라옵니다.

몇 달 후 대칸의 성지가 다시 내려왔다.

보내신 편지를 받아 상세히 알게 되었소. 나의 스승(구처기)께서는 이미 도를 완
성해 성인 세 분을 넘어섰고, 선생께서 그중 가장 도가 높소. 신하에게 명하여
선물을 들고 찾아뵈러 가게 해서 세상의 여기저기를 돌아 찾으니 하늘이 소원
을 들어주었소. 두 황제가 누차 초청을 했지만 가지 않았고, 짐이 요청을 드리니
단번에 수락을 하셨소. 이는 하늘의 뜻이오. 그러니 어서 오시기 바라오. 사나
운 날씨를 두려워하지 않고 스스로 사막을 건너는 고생을 하셨소. 선생의 편지
를 받고 대단히 기뻤소! 짐은 국사나 군사 일을 바라는 것이 아니고, 진심으로
바라는 것은 도덕심이오. 짐이 자신 있게 말할 수 있는 것이라면 전략이 뛰어나

고 군인들과 같이 행동을 해서 국경이 안정되었다는 것이오. 몸소 수행하니 당연한 결과라고 할 수 있소. 고생을 한 후에는 오랜 휴식을 해야 하지만 완전히 정복을 해야만 끝날 수 있소. 이렇게 하는 이유는 위신을 세워 만고에 명성을 떨치기 위해서요. 우리는 잠깐 주둔하고 계속 나아가야 하오. 깊게 생각해 보니 선생은 구름을 타고 봉래로 가고, 학을 타고 천축까지 갈 수 있소. 달마대사가 동쪽으로 가서 불교를 전파하고, 선생이 서행을 하는 것은 교화와 도를 이루는 것이오. 매우 멀고 광활한 길이지만 선생의 오묘한 불진을 쓴다면 그리 멀지 않다고 생각하오. 진정표陳情表에 대한 나의 답은 이 편지에서 짐의 마음을 보면 알 수 있소. 늦은 가을에 오시는 길이 평안하시기를 바라오. 이만 마치오.

유중록은 몹시 초조했다. 그는 고민 끝에 구처기가 서쪽으로 갈 수 있는 좋은 방법을 생각해 냈다. 그는 구처기와 제자들을 연경의 저택으로 초청했다. 연회가 차려진 후 유중록이 손뼉을 치자 30명의 절세 미녀들이 내당에서 나와 나풀나풀 춤을 추었다.

"신선님, 과연 저 모습이 장관 아닙니까?"

유중록은 웃으며 말했다.

"유대인께 감사드립니다."

구처기는 이미 이런 상황을 많이 경험해 대수롭지 않게 여겼다.

"만약 신선이 서쪽으로 가신다면 저는 매일 이 여자들에게 신선을 위한 춤을 추게 할 것입니다."

유중록이 술잔을 들었다.

"유대인, 이게 무슨 뜻입니까?"

구처기의 안색이 엄숙해졌다.

"제가 정성껏 선발한 미녀들입니다. 모두 처녀의 몸이니 신선이 마음에 들지 않으면 바꿀 수 있습니다."

유중록은 구처기의 진의를 알지 못했다.

"유대인께서 오해하셨습니다. 우리 수도하는 사람은 여색을 가까이하지 않습니다. 이런 속념俗念은 이미 없어진 지 오래입니다."

구처기는 유중록이 서행을 재촉하기 위해 이런 하수를 쓴다는 것을 알고 어이가 없어 고개를 저었다.

"저는 무지해서 도교에 대해 잘 몰랐습니다."

유중록이 연거푸 사죄했다. 유중록은 본래 미녀들을 취하도록 해서 서행의 노고와 적막을 풀어주려는 의도였다. 구처기가 가능한 한 빨리 서행에 나설 수 있도록 그는 머리를 쥐어짜냈다.

구처기가 연경에 있는 이유는 술 마시고 놀면서 시나 지으려는 것이 아니었다. 그는 일찍이 몽골이 천하를 통일할 줄 알았기 때문에 도교의 발전을 위해 세심한 계획을 가지고 있었다. 미래에 몽골의 중심은 분명 연경이기 때문에 용문의 조상들도 당연히 연경을 선택했다. 그리고 풍수가 국운과 관련되어 있는 것처럼 용문파의 천년 운을 결정하는 것이기 때문에 용문 조정의 선택은 구처기의 심혈에 응집되어 있어 그는 감히 소홀히 하지 못했다. 현재 북경의 백운관白雲觀은 바로 8백 년 전 구처기 조사의 주도면밀하고 원대한 걸작이다. 백운관은 지금까지도 전진 용문파와 도교를 비호하고 있다.

칭기즈칸은 다시 두 통의 조서를 연달아 내려 구처기의 서행을 재촉했다. 구처기는 조도견과 유중록에게 일정과 노선을 안배하도록 했다. 조도견은 반드시 북쪽을 경유해서 서쪽으로 가야 한다고 주장했고, 유중록은 조도견의 생각을 꺾을 수 없었다. 조도견이 북상하려는 이유를 구처기는 잘 알고 있었다.

제11장

야호령에서
망자의 원혼을 보다

구처기 일행이 북상하는 과정에서 연경에 머물러 있던 시기에 중앙
아시아, 서아시아, 동유럽 등지에는 역사 이래 유례없는 참혹한 피바람이
불었다. 칭기즈칸은 하늘의 채찍을 들고 내려와 사악한 무리를 향해 호
되게 내려쳤다. 중앙아시아 전체는 강력한 지진이 발생한 것 같았다. 호
라즘이 강력한 지진의 진앙이었다면 서아시아, 중동, 동유럽은 여진만으
로도 전멸에 가까운 파괴를 당했으니 그 진앙지가 어떠했는지 상상도 할
수 없다.

몽골과 금나라의 전쟁에서 비록 몽골이 대승을 거두었으나 원기가 많
이 손실되었다. 따라서 이 시기에 대군을 조직해서 1만 리 밖에 있는 호
라즘으로 진군하는 것은 전술적으로 볼 때 금기였지만 그것을 시행한 사
람이 바로 칭기즈칸이다.

일반적인 상식으로 볼 때 큰 전쟁이 끝난 후에는 반드시 회복할 시간
이 필요하다. 호라즘 국왕 무함마드는 몽골 상인을 죽인 후 칭기즈칸과
한바탕 전쟁이 벌어질 것이라고는 생각했으나 그가 이렇게 빨리 올 줄은

몰랐다.

무함마드는 칭기즈칸의 전략을 알지 못해 크게 두려웠다.

"몽골 야만인들은 마귀다."

"그들이 너무 빨리 왔다."

"칭기즈칸은 당연히 계속 금나라를 쳐야 한다."

"고작 상인 몇 명 죽였다고 이렇게 복수를 할 수가 있는가?"

"1년 정도 재정비를 한 후에 우리를 쳐야 하는데."

무함마드는 자기의 예상이 완전히 어긋나자 초조해하며 끊임없는 잔소리를 해댔다.

"대왕, 문제는 그들이 정말로 코앞에 다가왔다는 사실입니다. 우리는 우선 적을 물리칠 방책을 세워야 합니다."

호라즘의 대신은 국왕에게 진언했다. 이때 호라즘에는 70여만 명의 대군이 있었다. 만일 병력을 과감하게 집중 배치해서 먼 길을 달려와 지친 칭기즈칸의 몽골군과 전면전을 했다면 20만 몽골 군대는 당해내지 못했을지도 모른다. 그러나 무함마드는 군대를 여러 부대로 나누어 각각의 요충지를 지키도록 배치했는데, 이는 칭기즈칸에게 절호의 기회를 제공한 셈이 되었다. 분할 공격은 원래 칭기즈칸의 계획이었는데 무함마드가 이렇게 협조해준 것이다.

1219년 4월, 칭기즈칸은 몽골의 배후지에서 군사를 일으켜(이전에 제베, 수부타이가 서요를 토벌하고 투르키스탄, 즉 현재 카자흐스탄의 투르키스탄주 수도에 주둔함) 같은 해 9월에는 이미 호라즘 국경까지 맹렬하게 진격했다.

제베와 수부타이도 호라즘과 싸웠다. 애초에 무함마드는 몽골 상단을 죽이고 나서 몽골과 일전이 있을 것을 알고 스스로 선봉에 서서 출격하려고 했다. 무함마드는 서요西遼의 원수를 갚겠다는 명분으로 10만 대군을 친히 이끌고 투르키스탄으로 향했다. 제베과 수부타이는 2만 명의 몽골군을 이끌고 무함마드의 10만 대군을 상대했지만 조금도 두려워하는 기색이 없었다. 제베과 수부타이의 지휘 아래 2만 명의 몽골 병사들은 세 갈래로 나누어 10만 대군을 향해 돌진했다. 늑대들이 양 떼를 습격하듯 그들은 무함마드의 대군을 산산조각 냈다. 이는 무함마드에게 몽골군과 정면으로는 맞설 수 없다는 교훈을 주었다.

예상대로 칭기즈칸은 먼저 '죄악의 도시' 오트라르를 겹겹이 에워쌌다. 칭기즈칸이 불원만리不遠萬里하고 약 20만 명에 가까운 대군을 이끌고 이동한 이유는 바로 이곳의 나쁜 기운을 몰아내기 위해서였다. 오트라르에 도착한 칭기즈칸은 이쯤은 식은 죽 먹기라는 생각이 들자 오히려 진격 속도를 늦추었다. 그는 고양이가 쥐 잡는 놀이를 하려고 했다.

먼저 궁수들은 '우리는 몽골 상단을 죽인 원흉이자 혼혈 짐승인 원수 이날추크의 머리만 있으면 된다'라고 쓴 전단을 성안으로 날렸다. 다른 사람들에게는 우리의 적이 아니니 성을 나와 항복하면 살려주겠다고 했다.

긴 여정으로 인해 지친 몽골인들은 오트라르성 밖에서 휴식을 취하기 시작했다. 그런 행동은 적에 대한 지독한 모욕이었다. 저녁이 되자 모닥불을 피우고 노래하고 춤을 추니 마치 전쟁이 아니라 먼 타향에서 성대한 친목회를 하는 것 같았다. 낮에는 갑자기 수천 명의 몽골 병사들이 천지를 뒤흔드는 함성을 지르며 오트라르성을 향해 돌격하다가 성에 다가와서는 갑자기 말머리를 돌리는 행동을 반복하며 성안의 수비군이 시시각각 긴장의 끈을 놓지 못하게 만들었다.

금나라를 공격하면서 몽골군은 수많은 공성의 경험을 쌓았다. 부싯돌, 인분, 썩은 짐승의 사체 등을 성으로 던져 넣는 투석기가 제 역할을 했다. 오트라르성 안에는 짙은 연기가 자욱했고 악취가 진동해서 성을 지키는 병사들과 성안의 주민들은 견디기가 힘들었다. 많은 전쟁을 겪었지만 이런 공격은 처음이었다.

이날추크(바다의 칸, 즉 강한 칸이라는 의미)는 호라즘 술탄(국왕) 무함마드의 동모이부同母異父 동생으로, 어머니 테르켄카툰의 비호 아래 교만하고 제멋대로 행동해서 일찍이 사람들의 마음을 얻지 못했다. 이날추크는 병사들에게 필사적으로 저항하도록 강요하면서 야만적인 몽골인의 헛소리는 믿지 말라고 했다. 몽골의 기풍은 곧 성을 함락시키는 것이기 때문에 성을 지켜야 목숨을 부지할 수 있었다. 그렇지 않으면 칭기즈칸은 그들을 병아리처럼 밟아버릴 것이다.

칭기즈칸은 인내심이 많았기 때문에 이날추크를 단박에 죽이려고 하지 않았다. 그는 대칸을 모욕한 결과가 얼마나 심각한 일인지 온 천하가 모두 알아야 한다고 생각했다. 대칸을 범한 자는 비록 멀리 있어도 반드시 처벌한다는 교훈을 칭기즈칸은 행동으로 실천할 것이었다.

우르릉거리는 말발굽 소리가 춤을 추는 광야에서 칭기즈칸은 본격적으로 군대를 배치하기 시작했다. 전쟁에서 유리한 기회를 잡는 것은 칭기즈칸의 특기이며, 응전하고 싸워 이기는 것은 칭기즈칸의 타고난 재능이다. 사람들은 칭기즈칸을 군사 전문가라고 하지만 정확히 말하자면 그는 군사 예술가라고 할 만하다.

오트라르성을 심하게 모욕한 후 칭기즈칸은 병사들을 사방으로 나누었다. 제1로는 차가타이와 오고타이가 계속 오트라르성을 공격하고, 제2로는 주치가 잔더와 양기켄트를 치고, 제3로는 아라허, 수커투, 타카이 등이 쿠잔과 파나카트를 공격하고, 제4로는 칭기즈칸이 직접 나서서 부하라를 공격했다.

이런 용병술을 사용하는 의도는 성들끼리 서로를 지원하지 못하게 하려는 것이다. 특히 부하라는 신구 양 도시(사마르칸트, 우르겐치)의 중간에 위치한 전초기지였기 때문에 가장 중요한 공격지였다. 또한 부하라 자체가 정치나 경제의 중심지는 아니지만 호라즘에서 부하라는 어느 도시보다 중요한 종교적 의미가 있었다. 그래서 칭기즈칸은 직접 군대를 이끌고 공격했다.

가장 먼저 화를 참지 못한 것은 오트라르성의 장군 하라차였다. 그는 이날추크에게 투항할 것을 권했다. 이 전쟁의 기폭제라고 할 수 있는 이날추크를 기다리는 유일한 선택은 죽음뿐이었다. 그는 자신의 과거 행동을 크게 후회했지만 이미 돌이킬 수 없는 일이었다.

하라차 장군은 성 밖으로 나가 항복했고 항복을 받은 사람은 차가타이였다. 차가타이는 상대방 장수가 투항했지만 장차 대칸에게 충성하지 않을 것으로 보아 그를 단칼에 베어버렸다.

장수가 성을 나가 투항하자 오트라르의 병사들은 엄청난 충격을 받았고, 몽골군은 곧 외성의 성문을 뚫었다. 이날추크가 성안으로 후퇴하자 차가타이는 그를 죽이지 말고 생포하라고 명령했다. 결국 성이 함락되고 그는 꼼짝 못하고 붙잡혔다. 성안의 수비군은 저항하다가 몽골 군인들에게 몰살을 당했다. 이날추크가 붙잡힌 것을 알고 칭기즈칸은 달려와 자기를 모욕한 사람을 친히 처형하려고 했다. 오트라르성에서 살아남은 군민은 모두 거리의 중심 광장으로 쫓겨나왔고 이날추크는 기둥에 오랏줄로 묶여 있었다. 칭기즈칸은 병사들에게 은을 끓이라고 명령하고 이날추크의 두 귀에 끓는 은을 부었다.

"그렇게 은을 좋아한다면 은과 영원히 함께 하라."

칭기즈칸은 목소리를 크게 높여 외쳤다. 한바탕 비명을 지른 이날추크는 더 이상 발버둥 치지 않았고 호라즘과 유럽 세계에 화를 자초한 그는 이렇게 일생을 마감했다. 어떻게 보면 이것은 세계사의 지형을 새로 쓰게 한 사건으로, 역사에 그의 이름을 남기는 계기가 되었다.

몽골 대군은 가는 곳마다 승리를 거두었다. 그러나 호겐트성을 수호했던 티무르멜리 장군은 용감하고 끈기 있게 저항했다. 만일 호라즘의 수장들이 모두 그처럼 싸웠다면 칭기즈칸의 서행을 늦추었거나 저지했을 수도 있었을 것이다. 호겐트성이 함락된 후 그는 우르겐치로 도망쳐 계속 완강하게 저항했다. 그렇게 해서 우르겐치에 대한 공격은 장기전이 되었다.

부하라를 정복한 칭기즈칸은 성안의 보물을 몽땅 약탈했다. 병사들은 군마에게 먹이를 주기 위해 《코란》을 넣어둔 상자를 비워 말구유로 삼았고, 말발굽 아래로 《코란》은 무참하게 짓밟혔다. 모스크 앞 광장에서 칭기즈칸은 도시의 주민들을 모아 훈화를 시작했다.

"당신들의 왕이 죄악을 범했으니 당신들도 죄악을 범한 것이다. 나에게는 장생천(하늘)이 있지만 너희들의 알라신 역시 죄악을 징벌하도록 나를 보냈다. 그렇지 않았다면 나는 승리할 수 없었다. 이것은 모두 하늘의 뜻이다. 내가 장생천을 존중하는 것처럼 나도 너희들의 신앙을 존중한다. 당신들이 알라신을 믿는 이상 당신들도 알라신의 뜻을 따라야 한다. 하늘이 내게 악을 채찍질하라고 하셨고, 하늘이 내게 이 채찍을 주셨다."

칭기즈칸은 이렇게 말하고 손에 들고 있던 말채찍을 힘껏 휘둘렀다.

"맞습니다, 대칸의 말이 맞습니다. 《코란》에서 알라는 언젠가 '하늘의 채찍'이 내려와서 대신 악을 채찍질할 것이라고 했는데, 우리 중에는 알라가 좋아하지 않는 다른 종자가 많이 있습니다. 우리는 알라의 부름에 따르고 대칸의 지도에 따르기를 원합니다."

현지의 이맘이 앞장서서 입장을 표명했다. 칭기즈칸은 보물을 원하는 것이지 인명을 살육하려는 것이 아니었다. 귀족들은 자발적으로 모스크 앞에 산더미 같은 보물을 쌓아놓고 몽골의 지배를 받겠다고 나섰다.

다음 목표는 새로운 도시 사마르칸트였다. 칭기즈칸은 무함마드의 수도를 점령하고 그의 입으로 호라즘의 패망을 선언해야 한다고 요구했다.

무함마드는 연이은 비보를 접하자 자신의 과거 행동을 후회했지만 돌이킬 수 없는 일이었다. 그는 11만 명의 정예병을 모아 도성을 지키게 했고, 사마르칸트에 대한 방어를 더욱 강화했다. 이치대로라면 도성은 난공불락이었지만 무함마드의 심리적 방어선은 무너지고 말았다.

칭기즈칸은 사마르칸트를 반드시 함락시키겠다는 포부를 가지고 몽골군의 주력을 강화했고 밤에는 성 밖에서 모닥불을 피웠다. 병사와 병사가 아닌 사람들이 뒤섞여 수십만 대군처럼 보였다. 이렇게 천지를 뒤덮은 것 같은 몽골군은 도성을 겹겹이 에워쌌고 피투성이가 된 입을 벌려 사마르칸트를 한입에 삼킬 기세였다.

무함마드는 훈련된 코끼리를 내세워 돌격시켰으나 주치가 이끄는 부대의 화공으로 쉽게 무너졌다. 무함마드는 더 이상 대적할 용기가 없어져 도망가기로 했다.

"나는 군대를 이동시키겠으니 너희들은 죽을힘을 다해 저항하라. 나는 너희를 기억할 것이다. 알라께서 너희를 보우하실 것이다."

무함마드는 장수들에게 명령을 내리고 측근들과 함께 비밀통로를 통해 성을 빠져나갔다.

국왕의 탈출은 수비군의 사기를 크게 떨어뜨렸다. 단단한 정예 병력을 갖춘 도성이 열흘도 되지 않아 몽골군에게 점령되었다. 몽골인들은 사마르칸트에서 사람을 죽이고 물건을 약탈했다.

무함마드는 우르겐치로 도망갔는데, 이곳도 몽골군에게 둘러싸여 있는 것을 보고 절망했다. 이렇게 커다란 호라즘은 국왕이 피신할 곳 하나 없이 전쟁의 화염에 휩싸여 있었다. 어떤 신하가 호라산과 이라크를 고수하고 아무다리야강으로 방어벽을 삼아 군대를 재조직해서 반격하자고 건의했다. 무함마드는 아무 전략도 없이 도망가다가 대신의 건의를 받아들이고 불가항력일 때면 카즈니로 퇴각하되 그도 안 되면 강을 건너 인도로 도망가기로 했다.

　무함마드의 아들 잘랄 웃딘은 부친의 도주 계획에 반대하고 되돌아가서 몽골에 정면으로 대항하자고 주장했다. 이때 무함마드는 도망갈 생각밖에 없었기 때문에 아들 잘랄 웃딘을 우르겐치로 보내 부자간의 다툼을 피했다.

　칭기즈칸은 대장 제베와 수부타이에게 무함마드를 끝까지 뒤쫓으라고 명해 그가 숨 돌릴 틈이 없게 했다. 무함마드의 도주로를 따라 제베와 수부타이는 성을 공격하고 땅을 약탈했으나 조금의 저항도 없었다.

　몽골군이 아무다리야강의 방어선을 돌파해서 바리헤이성에 들어갔을 때도 전혀 저항이 없었고 오히려 많은 식량과 목초를 보급 받았다. 무함마드는 니샤푸르(현 이란 라자비 호라산 주 네이샤브르)로 피신했다가 몽골의 대군이 도착할 즈음에 카즈니로 달아나 첩실과 어머니 등의 가족을 할렌부르그로 보내 이라크 수비대의 보호를 받도록 했다. 몽골 대군이 순식간에 도착하자 무함마드는 성을 버리고 카스피해의 작은 섬에 몸을 숨겼다.

　이 섬의 모스크에서 무함마드는 밤낮으로 《코란》을 읽었다. 그는 왜 알라신이 자기를 보호하지 않는지 이해할 수 없었다. 그는 가족을 위해 기도하고 있었지만 이미 할렌부르그가 몽골군에게 점령되어 가족들이 칭기즈칸의 손으로 넘어갔다는 사실을 알게 되었다. 무함마드는 치료할 의사도 약도 없는 섬에서 중병에 걸렸다. 1220년 12월 초, 그는 세상을 떠났다. 부귀영화를 누렸던 무함마드는 죽을 때 몸에 맞는 옷 한 벌 걸치지 못했다.

　호라즘은 칭기즈칸에게 맞아 산산조각이 났으나 우르겐치 등 소수의 성은 아직 완전히 함락되지 않았다. 무함마드의 아들 잘랄 웃딘이 저항하고 있었기 때문이다. 하지만 호라즘은 온통 칭기즈칸이 끓이는 솥 안의 오리탕 같았다.

1220년 겨울, 칭기즈칸은 큰 그림을 그리고 대대적인 포석을 두기 시작했다. 그는 군대를 세 갈래로 나누어 유라시아 대륙으로 향했다. 제1로는 북서쪽으로 가서 킵차크 및 러시아를 손에 넣고, 제2로는 서쪽으로 가서 카스피해와 흑해를 취하고, 제3로는 남서쪽으로 가서 인도를 손에 넣을 계획이었다. 만일 호라즘이 몽골 상단을 잔혹하게 살해하지 않았다면 적어도 유라시아 대륙이 몽골군의 말발굽에 짓밟히지는 않았을 것이다.

1221년 2월 28일, 구처기 일행은 정식으로 연경에서 출발해서 기나긴 여정에 올랐다. 떠날 때 연경의 많은 도우, 고관대작, 백성들이 배웅했다.

구처기는 대규모 살상에 직면해서 근심하는 백성의 마음을 알 수 있었다. 이때 남송과 금나라는 이미 구처기에 대해 원한이 뼛속까지 스며들었고 그에 대한 암살계획은 여전했다. 몽골은 구처기를 초청했지만 대칸을 암살하려던 사람을 어떻게 예우할까? 몽골에 들어간 구처기의 위험한 상황은 그가 칭기즈칸을 설복한 후에야 비로소 해소될 수 있다. 하지만 그가 칭기즈칸을 설복할 수 있을까? 모든 것이 미지수였다.

"서행을 하는 데는 천신만고의 어려움이 있을 텐데 언제 돌아오실 수 있을지 모르겠습니다."

옥허관 도인은 무릎을 꿇고 구처기를 배웅했다.

"도심이 굳건하면 머지않을 겁니다!"

구처기는 천기를 누설하고 싶지 않았다.

"신선께서는 만백성의 생명을 위해 서행을 하십니다. 비록 우리는 인연이 없어 따르지 못하지만 반드시 환영의 술을 준비하고 신선을 기다리겠습니다. 신선께서 우리에게 많은 것을 알려주셔서 번뇌를 많이 덜어냈습니다."

도인들은 서행이 험난하다는 것을 알고 거듭 구처기에게 조심할 것을 당부했다.

"삼 년이 걸린다. 삼 년 후에 돌아온다."

구처기는 모두를 안심시키고 자신이 살아 돌아올 수 있다는 사실과 귀환의 시기도 넌지시 암시했다. 구처기 일행은 정든 사람들과 작별한 후 험악한 북풍을 무릅쓰고 긴 여정에 올랐다. 이때 구처기의 나이는 74세였다.

얼마 지나지 않아 하북의 북쪽 야호령野狐嶺에 도착했다. 겨울이라 날씨가 추운 것이 당연하지만 야호령은 유난히 냉랭하고 음산해서 바람이 마치 흐느끼며 울어대는 것 같이 들려 더욱 소름이 끼쳤다. 자세히 보니 온 산과 들에 백골이 널려 있어 더없이 처참했다. 예전에 이곳에서 벌어진 전쟁이 얼마나 치열했는지를 저절로 떠올릴 수 있었다.

1211년에 칭기즈칸은 10만 명의 몽골 대군을 소집해서 금나라를 향해 전면적인 공격을 개시했다. 칭기즈칸은 금나라가 자기의 조상을 4대에 걸쳐 노예로 삼은 데 대한 복수를 맹세하고 광기 어린 보복을 단행했다. 그에게 있어서 원수는 반드시 갚아야 하는 것이며, 복수란 곧 사람을 죽이고 나라를 멸망시키는 것을 의미한다.

몽골은 금나라의 속국이었고 4대를 노예로 살았기 때문에 금나라 황제는 노비들이 자신을 공격할 수 있다는 사실을 믿을 수가 없었다. 그동안 오직 남송의 '어린 황제'가 때때로 말을 듣지 않아서 한 번씩 혼을 내주면 몇 년 동안은 안정을 취할 수 있었다. 몽골 대군이 금나라에 쳐들어와서 자기들의 영토에 주둔했다는 사실을 황제는 믿지 않았다.

"몽골 노비들이 정말 쳐들어왔는가?"

금나라 황제 영제永濟가 웃으며 물었다.

"황상, 몽골 야만인들이 정말 쳐들어왔습니다."

대신은 울상을 지었다.

"요 몇 년은 가뭄이 들어 수확이 없으니 그들은 먹을 것이 없어 노략질을 하려는 것이다. 노비는 노비일 뿐이다. 그냥 내버려 두어라. 내년에는 몽골을 쳐야겠다. 우리가 요 몇 년 동안 노비를 너무 편하게 해주었구나?"

영제 황제는 여전히 대수롭지 않게 여겼다.

"황상, 그들은 10만 대군을 우리 국경에 주둔시켰습니다."

대신은 울먹이면서 이야기했다.

"뭐라? 그들이 서하를 물리쳤다고 해서 우리 대 금나라까지 물리칠수 있을 거라 생각하느냐? 주제넘은 소리다."

영제는 시큰둥한 웃음을 거두었다.

"황상, 이번에 그들은 노략질을 하러 온 것이 아닙니다."

대신은 황제가 상황을 모르는 게 답답했다.

"황상, 걱정하실 필요 없습니다. 야만 민족이 우리 대금을 공격하는 것은 달걀로 바위를 치는 것입니다."

완안호사完顔胡沙가 나섰다.

"그래, 맞다. 짐은 평장정사 독길사충獨吉思忠과 완안호사 두 사람을 중앙상서성 흠파대신欽派大臣으로 임명하니 병사를 데리고 무주撫州(현재 하북 장북현)로 가서 주둔하도록 하라. 그리고 짐은 경서유수 호사호胡沙虎를 서경(현재 산서 대동)으로 파견하니 가서 지켜라. 또한 많은 병력을 보내 오사보烏沙堡 성을 지키면 우리에게는 웅구트부라는 보루가 있으니 야만인들은 고생을 사서 할 것이다."

영제는 비록 상황을 이해하지 못했지만 자신감만은 흘러넘쳤다.

금나라는 당시 70~80만 명의 병사가 있었다. 남송도 방어해야 했기 때문에 45만 명의 병력을 모아 몽골에 대항했다. 금나라는 몽골이 어디에서 진격해 올지 몰라서 북쪽 방어선 전면에 45만 명의 병력을 펼쳐 놓았다.

여진족도 마상 민족이지만 여러 해 동안 부유하고 안일하게 지냈기 때문에 몽골인 같은 용맹함이 없어졌다. 더욱이 전술도 고갈되었다. 웅구트부의 우두머리는 알라쿠쉬였다. 칭기즈칸은 일찍이 자신의 손녀(4남인 툴루이의 딸)를 웅구트부 왕자 네구타이의 아내로 보냈다. 따라서 영제가 몽골을 막기 위한 교두보라고 생각했던 웅구트부는 이미 몽골이 금나라로 들어가는 발판이 되어버렸다. 영제가 생각한 3개의 보루 중 하나는 이미 물거품이 되었고 몽골 대군은 곧장 오사보로 진격해갔다.

독길사충 장군이 군사를 이끌고 변경에 이르러 오사보성 등지의 수비를 보강하기 위해 사람을 보냈지만 몽골 병사들이 밀물처럼 들어오자 철수 명령을 내렸다. 칭기즈칸은 제베와 야율아해耶律阿海를 앞세워 오사보성을 공격했다. 몽골인들은 당시 공성 경험이 없어 제베가 여러 차례 공성을 시도했지만 성공하지 못했다. 그래서 그는 한 가지 계략을 세워 병사들에게 도망치는 척하라고 명령했다. 금나라 장수 독길사충은 몽골 병사들이 도망치자 즉시 출격 명령을 내렸다. 제베와 야율아해는 적을 수십 리 유인한 후 다시 대군을 이끌고 가서 장군을 죽이고 돌아왔다. 몽골 병사들은 칼을 휘두르며 마치 사람의 목을 수박 베듯 했다. 1등 무공을 차지하기 위해 독길사충과 완안호사가 직접 참전했으나 눈앞의 상황을 보고는 군사를 돌려 도망치기에 바빴다. 오사보가 함락되자 전쟁터 수십 리에 걸쳐 피가 흘러내렸고 시체가 들판에 널렸다.

칭기즈칸은 손쉽게 오사보를 점령한 후 병사를 두 갈래로 나누었다. 가는 길에 툴루이는 군대를 인솔해 창주, 환주, 무주를 점령했다. 또 다른 길은 주치와 차가타이 그리고 오고타이가 군대를 이끌고 가서 무주, 선주, 영주를 점령했다. 그들은 뒤이어 서경으로 향했다.

몽골 대군이 국경까지 쳐들어오자 서경에 주둔하고 있던 호사호 장군은 즉시 도망쳐 중요한 지역을 순순히 내어주었다. 야율부화耶律不花는 호사호를 끝까지 쫓아갔지만 호사호는 대항할 마음이 전혀 없었다. 그가 중도中都로 도망가자 조정은 그를 처벌하지 않고 도리어 우부원수로 진급시켰다.

금나라 영제 황제는 요지들이 함락되고 대장들이 패배한 사실을 알고는 매우 화가 났다.

"설마 나의 대금에 사람이 이렇게 없단 말인가?"

영제 황제는 발을 동동 구르며 가슴을 쳤다.

"황상께서는 근심하지 마십시오. 신이 있사오니 대금의 강산은 근심이 없사옵니다!"

완안구근完顔九斤이 몇 발짝 앞으로 나와서 황제에게 충성을 표했다.

"그래, 그래⋯⋯."

하지만 영제 황제는 머리를 흔들면서 점점 더 자신이 없어지는 듯했다. 금나라 대신들 중에는 충성을 표하는 사람이 많았다. 그러나 이상만 높고 현실은 처참했다. 해결해야 할 과제가 산적해 있지만 누구도 믿을 수 없었고 자신이 없었다.

"짐은 안완구근을 대장군으로 봉한다. 독길사충은 30만의 대병을 거느리고 몽골 야만인을 막아라. 완안호사는 10만 명의 군사를 거느리고 사후에 지원하라. 반드시 한 치의 실수도 없어야 할 것이다."

황제는 마음이 불안하고 초조하여 어찌할 바를 몰랐다. 생각해 보니 남송과 몇 번의 교전에서 패배보다 승리한 전쟁이 많았으나 그는 만족하지 못했다. 그러나 지금 몽골이 단번에 대금의 견고한 성들을 공격하는데 조금의 반격도 하지 못하니 더욱 견딜 수 없었다. 그는 밤에 잠을 자면 몽골 군마의 말발굽 소리가 들리고 수많은 몽골 군대가 단번에 그의 황궁을 포위하는 환각과 환청에 시달렸다.

야호령 대전이 임박하자 이런 군사 비밀을 몽골인에게 알려준 사람은 정작 금나라 사람이었다.

완안구근은 야호령에서 몽골과 사투를 벌일 준비를 하고 있었다. 모든 준비가 다 끝난 후에 그는 작전 회의를 소집했다.

"장군들, 적을 물리칠 좋은 방책이 없는가?"

완안구근은 황제의 면전에서는 큰소리를 쳤지만 실전에 나와 보니 자신이 없었다. 그러나 그는 승전해서 부귀를 누릴 기회도 포기하지 않았다.

"야호령은 수비는 쉽지만 공격은 어렵습니다. 몽골인들은 말을 타고 싸움하는 것에 능하지만 야호령은 산길이 좁고 수목이 우거져 있습니다. 그들은 몇 개의 지역을 공략한 후에 야호령 밖에서 말을 놓아 정비를 하고 있을 것입니다. 그들이 미처 손을 쓰지 못할 때 우리는 단숨에 그들을 섬멸할 수 있습니다."

군사軍師 상신桑臣이 건의했다.

"안 돼, 절대 안 돼. 우리 군사들은 몽골군을 만난 적이 없다. 그들은 인육을 먹는 괴수들이다. 그들과 정면충돌은 무리야."

독길사충은 몽골군에게 쫓긴 적이 있어서 이미 간담이 쪼그라들어 있었다.

"몽골인은 기껏해야 10만 명이고, 게다가 모두 야호령에 집중되어 있는 것은 아닙니다. 우리 40만 대군이 그들을 당해내지 못하겠습니까?"

군사 상신은 그를 한심하게 쳐다보았다.

"우리 40만 대군이 야호령을 지키는 것은 문제없다. 하지만 출격하면 몽골의 덫에 걸리기 쉽다."

독길사충은 여전히 몸을 사렸다.

"장군들은 몽골군에게 너무 겁을 먹은 것이 아닙니까?"

군사 상신은 화가 나서 독길사충을 쳐다보았다. 완안구근은 잠시 생각한 후 다시 말했다.

"완안호사의 10만 증원 부대가 도착하면 상의합시다."

완안구근은 먼저 명안明安 장군을 칭기즈칸에게 보냈다. 그가 몽골 진영에 도착하자 몽골군은 그를 칭기즈칸의 장막으로 데려갔다.

"명안 장군은 항복하러 오셨소?"

야율초재가 크게 웃으며 물었다.

"군사를 물리라는 말을 하러 왔습니다."

명안 장군도 껄껄 웃으며 말했다.

"네 말을 듣고?"

툴루이는 칼을 뽑았다.

"내 뒤에 있는 45만 대군을 보시오."

명안 장군이 큰소리를 쳤다.

"오!"

칭기즈칸은 원래 금나라 사신을 상대할 마음이 없었다.

"그렇소. 만약 몽골 군대가 물러가지 않는다면 우리 금나라의 45만 대군이 야호령에서 당신들을 몰살시킬 것이오."

명안 장군은 이렇게 말하면 칭기즈칸이 그의 제의를 진지하게 고려할 것이라고 생각했다.

"좋아, 그럼 우선 이 건방진 놈부터 가둬라. 내가 너희들의 45만 대군을 수습한 후에 다시 와서 처리하겠다."

칭기즈칸은 너털웃음을 터트렸다.

칭기즈칸은 금나라의 45만 대군이 야호령에 집중되어 있다는 소식을 듣고 매우 흥분했다. 그는 즉시 사람을 보내 확인한 결과 사신 명안의 말과 일치했다. 그는 즉시 병력을 야호령으로 집합시켜 금나라 주력군을 전멸시키려고 했다. 현재 몽골 대군은 분산되어 있어 만약 이때 야호령에서 전쟁을 했다면 칭기즈칸은 패배했을 것이다.

"장생천께 감사드립니다. 금나라 사신은 우리가 주력부대를 집중해서 금나라 군대를 전멸하게 했습니다."

칭기즈칸은 두 손을 하늘로 들고 다시 껄껄 웃었고 장수들 역시 모두 크게 웃었다.

금나라 사신이 오기 전까지는 칭기즈칸 역시 금나라 공격을 위한 군사 배치에 대해 명확한 결정을 내리지 못했는데 사신의 말을 듣고 그의 생각은 명확해졌다. 몽골군은 평원 작전에 익숙해져 도시를 공격하는 데는 서툴렀기 때문이다. 칭기즈칸은 일찍이 장생천에게 그가 금군의 주력부대를 단번에 없앨 수 있게 해달라고 기도했다. 성을 공격해서 진지를 빼앗을 수 없었던 것이 아니라 단지 시간을 끄는 것이 지루할 뿐이었다. 그는 금나라를 단숨에 전멸시키고 싶었다.

칭기즈칸은 겨우 10만 대군을 이끌고 그보다 5~6배에 달하는 적군을 상대할 정도로 큰 자신감과 용기가 있었다. 그는 자기 군사들을 늑대로 여기고 적군을 양으로 보았다. 또한 그는 정복 전쟁을 장생천이 준 사명으로 생각하고 상대를 얕잡아 보았다. 늑대에게 양을 칠 수 있겠느냐고 묻는 것은 어리석은 질문이다. 그는 늑대들이 양을 너무 많이 먹고 배가 불러 죽거나 소화불량에 걸릴까 봐 걱정이었다. 사실상 그도 확실히 소화가 잘되지는 않았다. '양'을 관리하는 것이 가장 골칫거리였는데, 유중록 등 대신들은 그에게 '양'을 관리하는 방법을 알려주었다. 그는 대신들의 말에도 일리가 있다고 생각했다. 그리고 서서히 소화시켜 나갔다.

칭기즈칸의 10만 대군은 곧 전투 대세에 돌입했다. 그는 금나라 군대를 위해 세 가지 요리를 준비했다. 첫 번째 메뉴는 대장 무칼리를 선봉으로 보내 3천 명의 결사대원을 거느리고 금나라의 방어선을 어지럽혀 그들을 '짓누른 오이무침'으로 만들고 '옥수수튀김'을 준비할 것이다. 두 번째 요리는 자신이 직접 주력부대를 이끌고 무칼리에 의해 혼란해진 금나라 군대를 죽여 '난돈'亂燉(고기와 여러 가지 야채, 당면, 두부 등을 가마에 넣어 끓이는 찜의 일종)을 만들 것이다. 세 번째 메뉴는 그의 아들 몇 명을 후미로 보낸 후 군대 중간에서 지원하게 하거나, 혹은 다 쓸어버려 결국 '한 접시 요리'를 만들 것이다. 몽골은 중원의 방식대로 금나라 사람들(생활과 습관이 이미 한족화가 된)에게 '몇 가지 맞춤 요리'를 내놓았다.

전쟁 전날 밤 무칼리는 10개의 큰 냄비에 쇠고기를 삶아 결사 대원들을 위로했다. 이것은 그의 전래 행사였다.

"내일 우리는 금나라 개들의 진영으로 돌입한다. 우리가 유일하게 해야 할 일은 그들을 죽이는 것이다. 이제 그들의 땅은 너희들 땅이 되고, 그들의 처첩은 너희들의 하인이 될 것이다. 또 그들의 금은보화는 바로 너희들의 것이 된다. 너희들은 칸을 위해 죽음을 무릅쓸 수 있겠는가?"

무칼리는 큰 소리로 병사들을 격려했다.

"할 수 있습니다, 할 수 있습니다, 할 수 있습니다!"

3천 명의 함성이 하늘에 진동했다.

"나는 그들의 처첩이 가장 좋다."

어떤 결사대원이 소리를 지르자 사람들은 폭소를 터트렸다.

이튿날 쌍방의 병사들이 포진을 하고 대치했다. 무칼리의 명령에 따라 3천 결사대원들은 고삐 풀린 야생마처럼 앞으로 돌진해 나갔다. 이들에게 대형 따위는 없고 오직 전방을 향해 금나라 군대의 수령들에게 곧

바로 직진할 뿐이었다. 금나라 군사들은 3천 명의 병사가 수십만 명을 향해 전혀 두려움 없이 용맹하게 뛰어들자 전열이 혼란에 빠졌다.

"몽골의 용사여, 달려라!"

이 상황을 보고 있던 칭기즈칸은 말채찍을 높이 쳐들고 돌격 명령을 내렸다.

이렇게 해서 10만 몽골군은 40~50만의 금나라 군대를 전멸시켰다. 보통은 한 명이 다섯 명과 싸우는 것은 아무리 무공이 높아도 힘든 일이다. 하지만 금나라 군대는 이미 단합할 힘이 없었고 병사들도 살아남을 생각만 했다. 이쪽은 칸이 직접 인솔해서 선두에 나섰으나 저쪽 장수들은 이리저리 숨기 바빴다. 승리와 패배는 이미 결판이 났다.

몽골군은 마치 둑이 터진 홍수처럼 금나라 군대의 수비를 뚫고 나가 칼을 휘두르며 양몰이를 하듯 금나라 병사들을 쫓아가 죽였다. 야호령에는 흘러내린 피가 강을 이루었다. 금나라 군사들은 20여만 명이 전사했고 몽골도 거의 3만 명의 사상자를 냈다.

구처기가 야호령에 도착했을 때 널려있는 백골은 그때 전사한 시신들이었다.

"신선, 어서 이곳을 떠납시다!"

유중록은 산천에 널려 있는 해골들을 멍하니 바라보는 구처기를 일깨웠다.

"이게 당신의 대칸이 한 짓입니까?"

구처기의 눈빛이 어두웠다.

"신선, 전쟁은 사람을 죽이는 것입니다."

유중록은 몽골의 승전이 자랑스러웠다.

"산야에 떠도는 외로운 혼들을 남겨두고 어떻게 나더러 떠나라고 합니까?"

구처기는 눈을 감았다.

"신선께서 말씀하시면 뭐든 제가 처리하겠습니다."

유중록은 구처기가 무엇을 하려는지 몰랐다.

"이 유골들을 묻어서 편히 잠들게 하시지요."

구처기는 말에서 내려 땅에 앉았다.

"좋습니다. 제가 꼭 그렇게 하겠습니다. 신선은 어서 이곳을 떠나십시오!"

유중록이 몸을 숙였다.

"급하지 않소. 시체가 다 수습된 후에 길을 떠나겠소."

구처기가 눈을 뜨지 않는 것을 보니 더 이상 논쟁의 여지가 없을 것 같았다.

유중록은 구처기의 고집을 꺾을 수 없자 부근 30리 안에 있는 사람들을 동원해 야호령의 시체들을 묻어주도록 했다. 젊은이들은 호라즘과의 전쟁을 위해 칭기즈칸에게 징집되었기 때문에 동원된 사람들은 노약자들뿐이었다. 구처기가 송도안을 시켜 망령들을 위한 재잠齋醮 기도를 올리자 하늘이 감동해서 함박눈을 내려주어 야호령은 순백으로 덮였다.

"대칸은 왜 이렇게 많은 사람을 모질게 죽였습니까?"

구처기는 가슴이 아팠다.

"신선께서 모르시는 것이 있습니다. 예전에 금나라는 대칸의 조상을 죽이고 초원 사람들을 금나라의 노예로 여겼으며 몇 년에 한 번씩 장정을 줄였습니다."

유중록은 몽골과 금나라 사이의 원한을 구처기에게 털어놓았다.

"장정을 줄인다는 것이 무엇인가요?"

구처기는 그 말이 무슨 뜻인지 몰랐다.

"장정을 줄인다는 것은 수레바퀴보다 키가 큰 몽골 남자는 모두 죽이는 것입니다."

유중록은 분개하지 않을 수 없었다.

"은혜와 원수를 언제까지 갚아야 하는가!"

구처기는 탄식하며 세상의 고통을 느꼈다.

"내가 상대방을 죽이지 않으면 그가 나를 죽일 것이라서 때로는 칸께서도 어쩔 수 없습니다."

유중록은 칭기즈칸을 위해 변명을 했다.

이 두 사람이 대화를 하는 동안 5백 명의 기마대가 나는 듯 달려왔다.

"누가 감히 금나라 개들을 장사지내느냐. 목숨을 내놓아라!"

칼을 든 무리의 대장이 소리쳤다.

제12장

바람이 불어와
풀이 누우니 훈훈하다

갑자기 5백 명의 몽골 기마대가 번개처럼 달려와 소리치니 유중록은 적지 않게 놀랐다.

"잠깐, 이분은 대칸의 귀한 손님이니 무례하게 굴지 마시오."

유중록이 앞으로 나섰다.

"그가 누구든 상관없다. 감히 금나라 개들을 매장해 주는 것은 죽을 죄를 짓는 것이다."

선두에 선 몽골 장군은 다짜고짜 칼을 빼어 들었다.

"장군은 왜 화가 났소? 말에서 내려 차분하게 이야기합시다."

조도견이 앞으로 나오며 몽골 장군에게 말했다.

"너는 또 누구냐. 감히 이 장군을 말에서 내리라고 하다니!"

몽골 장군들은 여전히 위세를 떨치고 있다.

"이 무리를 포위하라."

그는 큰 소리로 외쳤다.

"나는 대칸의 근신近臣 유중록이다. 누가 감히 건방지게 구느냐?"

누군지 모를 장군의 안하무인인 태도에 유중록도 화가 났다.

"오, 유대인이시군요. 유대인이 대칸의 명령을 거역할 줄은 몰랐습니다."

몽골장수들은 유중록도 안중에 없는 듯했다.

"대칸의 명을 받들어 신선을 초청한 것이니 무례하게 굴지 마시오."

유중록은 크게 화를 냈다.

"이분이 천군만마를 겁주시는 구처기 신선인가? 진짜 신선인지 가짜 신선인지 나는 모르겠소이다. 나는 들은 것은 믿을 수 없고 눈으로 본 것만 믿을 뿐이오."

몽골 장군은 여전히 물러서지 않았다.

몽골 장군이 언급한 것처럼 구처기 혼자서 천군만마를 겁주어 물리친 것은 사실이다. 금나라 장종 때 산동성에서 봉기가 일어나자 구처기는 살육을 막기 위해 혼자 나서서 폭동을 진압했다. 폭동을 진압했다고는 하지만 실제로는 1천만 명의 목숨을 살리기 위한 목적이었다. 그 일로 구처기는 금나라 조정에서 주는 상을 받기도 했다. 이것은 세인들 사이에서 전해져 내려오는 이야기다. 그러면 실제 상황은 어땠을까?

금나라가 몽골군에 대항해서 싸우는 동안 산동과 하북 일대의 백성들은 착취를 당하고 생사의 갈림길에서 허우적거렸다. 그로 인한 농민봉기도 끊이지 않았다. 당시 가장 큰 영향을 끼친 사건은 양안아楊安兒, 유이조劉二祖, 이전李全 등의 봉기였다. 봉기에 참여한 사람 중 일부 불량배들은 난민들의 물건을 강탈했다. 그렇지 않아도 생활이 궁핍해서 암흑천지에 있는 백성들에게는 엎친 데 덮친 격이었다. 봉기한 사람들은 모두 붉은 저고리를 입고 있었기 때문에 이들을 통칭해서 홍오군紅襖軍이라고 불렀다.

양안아는 산동의 익도(현재 청주) 사람으로, 그의 여동생 양묘진楊妙眞은 인물이 아름다울 뿐만 아니라 말타기와 활쏘기를 잘했다. 특히 그녀가 들고 다니는 이화창梨花槍 한 자루는 천하무적이었다. 후에 양묘진은 이전과 결혼했다. 양안아는 스스로 왕이 되어 연호를 천순天順으로 바꾸었다. 이전은 산동 유주(현재 유방시) 사람이다. 이철창李鐵槍으로 불리며 활쏘기와 말타기에 능숙했다. 부부가 모두 철창을 사용했으나 아내가 한 수 위였다. 유이조는 산동 태안 사람이다. 팔의 힘이 매우 강해서 주먹과 발놀림에는 당할 자가 없었다. '홍오군'의 세력이 한창일 때 이들은 일찍이 교동반도膠東半島(산동반도)의 절반을 장악해 봉기군이 1만여 명에 이르렀다.

장종은 이때 몽골과의 교전으로 봉기군을 토벌할 병력이 없었다. 장종의 아내 원비는 도교를 믿었기 때문에 장종에게 "산동의 구장춘 도장의 명망이 매우 높으니 그를 보내 반란을 진압하라."고 진언했다. 장종은 구처기에게 황명을 받들어 난민을 복종시키라는 조서를 내렸다. 구처기가 먼저 금교령禁敎令을 해제해 달라고 요청하자 장종은 이에 동의했다. 당시 부마도위였던 부산안정仆散安貞이 군대를 보내 구처기를 보호하려고 하자 이에 구처기는 다음과 같이 설득했다.

"조정에서 군사를 보내 진압하려고 하면서 어떻게 저에게 도움을 요청합니까? 차라리 우리 제자가 조서를 가지고 가야 조정에서 적의를 품고 있지 않다는 사실을 증명할 수 있을 것입니다."

그러자 부마도위는 이를 허락했다. 그래서 구처기는 한 명의 군인도 없이 오직 제자들만 거느리고 즉묵卽墨(현재 산동 청도시)으로 향했다.

이날 구처기 일행은 교동에 도착했다. 강도들이 즉묵의 동쪽 산을 점거하고 있다는 소식을 듣고 일행은 바로 그곳으로 향했다. 도중에 전란을 피해 북쪽에서 피난을 가던 난민들이 도적떼에게 당하는 것을 보았다. 난민 중 한 청년이 나서서 도적들을 가로막고 싸우면서 사람들이 도망가도록 엄호했다. 하지만 청년 혼자서는 중과부적이었다. 마침 위급한 이 순간에 구처기가 제자들을 데리고 막 도착했고 그는 즉시 크게 소리쳤다.

"강도들은 멈춰라!"

구처기가 돌멩이를 던지니 강도들이 잇따라 넘어졌다. 또한 조도견과 윤지평이 검을 들고 강도들을 향해 돌진하자 이들은 놀라서 소리쳤다.

"신병神兵이 왔다!"

구처기는 제자들을 데리고 도적들의 산채에 도착해서 문지기에게 말을 전하도록 했다.

"산 아래에 사는 도인 구처기가 두목을 만나고 싶다고 합니다!"

도적들은 그들의 무공을 보았기 때문에 감히 허튼 행동을 하지 못했고, 일찍이 구처기의 명성을 들었던 터라 마음속으로 경외하고 있었다. 이에 양안아는 대장들을 거느리고 친히 산을 내려와 영접했다. 구처기와 제자들은 양안아를 따라가 자리를 잡았다.

"구 신선은 무슨 선물을 가지고 와서 우리를 항복시키려고 하시오?"

양안아가 말을 마치자 대장들이 웃었다.

"1만 명의 목숨도 모자라오?"

구처기는 수염을 쓰다듬고 있었다.

"우리는 모두 거친 사람이니 신선이 말씀해 주시오."

이전은 더 이상 앉아 있을 수 없었다.

"지금 금나라 군대는 북쪽의 몽골과 싸우느라 바쁘오. 만일 병력을 돌리면 봉기한 1만 명을 교살할 수 있을 것이오."

구처기의 말은 명확했다.

"구 신선은 우리가 능력이 없다고 생각합니까? 그것은 내 이화창이 어찌 답을 주는가에 달려 있습니다."

양묘진은 화가 났다.

"맞아, 맞아. 내 철창의 대답을 들어봐야겠다."

이전이 화답을 하니 가히 부창부수였다.

"당신들 부부의 철창 두 자루로 천하를 뒤엎을 수 있겠소?"

구처기는 참을성 있게 말했다.

"오늘날 금나라와 남송은 부패했소. 또한 몽골이 무고한 사람을 마구잡이로 죽이니 내가 보기에 양묘진 형님은 천하를 다스릴 수 있을 것 같습니다."

유이조가 부추겼다.

"나는 야인이니 누가 황제가 되든 상관이 없소. 하지만 당신들은 세상을 더 혼란하게 만들고 있소. 나는 백성들의 고통과 빈곤을 방치할 수 없소이다."

구처기도 화가 났다.

"계속 말해 봐라!"

이전이 위협하듯 철창을 들었다. 그러자 조도견, 윤지평, 이지상이 곧바로 사부 구처기를 막아섰다.

"모두 물러가시오. 보아하니 그대의 대장들은 자신의 실력을 매우 믿는 것 같소."

구처기가 담담하게 웃었다.

"우리가 실력이 없다면 어찌 교주膠州의 절반을 가질 수 있었겠소."

양안아가 득의양양하게 웃었다.

"당신들은 1천만 명의 목숨을 걸고 도박을 하는 것이오."

구처기는 서두르지 않고 말했다.

"어떤 황제가 도박을 하지 않겠습니까?"

이전이 냉소적으로 말했다.

"좋소. 그러면 빈도는 당신들과 내기를 하겠소."

"뭘 걸고요?"

양안아가 웃었다. 그는 도박을 좋아했다.

"당신들이 진다면 그 자리에서 해산하시오."

구처기는 수염을 꼬면서 말했다.

"그런데 당신이 진다면?"

양안아가 묻자 구처기는 크게 웃었다.

"나는 목숨을 잃어도 상관없소."

"어떻게 겨룰까요?"

"물론 1대3. 아니, 아니. 1대4로 합시다."

구처기는 네 명의 대장을 손가락으로 가리켰다.

"그러면 안 될 텐데?"

양묘진은 일흔 살 노인을 넷이서 상대하는 것은 불공평하다고 생각했다.

"안 될 건 없지만 병기를 사용해서는 안 되오."

구처기는 미소를 머금고 있었다.

"좋습니다. 병기를 사용하지 말자고 하니 구 신선이 너무 다치지는 않도록 합시다."

이전은 깔끔하게 대답했다.

"더 이상 기다릴 수 없으니 당장 시작하시오."

구처기는 웃으며 양안아의 옥좌로 달려갔고, 갑자기 대장들은 자기들끼리 붙잡고 싸우기 시작했다.

도대체 왜 이들은 같은 편끼리 싸운 것인가? 사실은 구처기가 환영술幻影術을 펼쳐 그들의 눈에는 자기를 제외한 나머지 세 명이 모두 '구처기'로 보였기 때문이었다. 그들은 각자 1대3으로 싸웠으니 혼자서 세 명을 상대하느라 정신이 없었다.

이들은 처음에는 그럴듯하게 주먹을 날렸지만 10분이 지나자 마구잡이로 주먹을 휘둘렀다. 그러다 반 시진도 안 되어 숨을 헐떡거리며 땅바닥에 주저앉았다.

양묘진은 이화창을 쓰는 솜씨가 출중할 뿐만 아니라 사람을 할퀴는 공력도 훌륭했다. 그래서 땅바닥에 주저앉아서도 다른 세 명의 얼굴을 마구잡이로 할퀴었다. 이전은 바닥에 누워 양안아의 사타구니를 힘껏 찼다. 양안아는 유이조의 머리카락을 매섭게 잡아채 뽑아 당겼다. 그들은 결국 만신창이가 되어 쓰러졌다.

"자, 승패가 갈렸다."

구처기가 소리치자 이들은 겨우 일어났다. 그런데 일어나 보니 구처기가 양안아의 옥좌에서 빙그레 웃으며 자신들을 바라보고 있는 모습이 보였다.

"당신들은 서로 죽고 죽이는 것이 어떤지 체험했을 것이오."

구처기는 불진을 털며 네 명의 대장을 둘러보았다. 이들은 우두커니 서서 아무 말도 하지 못했다. 구처기는 이어서 그들을 설득했다.

"남송의 조정이 혼탁하고 부패해서 스스로 악비를 죽이자 하늘은 진노해서 더 이상 송나라를 돕지 않았소. 당신들은 백성을 구하는 의병이 되지는 못할망정 오히려 자기 민족을 괴롭히고 있소. 금나라의 기세는 곧 다하겠지만 당신들이 천하를 얻을 수는 없소. 국가를 멸할 자가 곧 올 것이오."

구처기의 말에 설복당한 도적들은 투항할 의사를 밝혔으나 금나라에 항복하기는 싫다고 했다. 그들 중 집으로 돌아간 사람들을 제외한 나머지는 전진교에 가입했다. 구처기는 도적들 대부분이 연이은 전쟁으로 어쩔 수 없이 저지른 악행이라 생각하고 자비심으로 이들을 받아들였다.

이들은 전진교에 가입했지만 도적질을 하던 사람들이라 여전히 도둑

놈 심보를 버리지 못했다. 먹고 마시며 여자를 탐하고 도박을 하는 사람들, 닭과 개를 훔치기도 하고 욕설을 해서 도가의 기풍을 해치기도 했다. 이들의 심경을 정화하고 문호를 청정하게 만들기 위해서 구처기는 《전진청규방》全眞淸規榜을 제정하고 《수훈문》垂訓文 한 편을 지어 이들을 단속했다.

금나라 장종은 구처기가 도적들을 투항하게 한 공로를 인정해서 내주, 등주 등지에 태허관과 옥허관 등 다섯 개의 궁관을 건립하도록 교지를 내렸다. 황제는 여기에 구처기의 사형과 제자들을 거주하게 하고 궁관의 이름을 친필로 써주었다.

이듬해 금나라 장종은 궁궐에서 정변이 일어나 승하하고 위소왕衛紹王이 왕위를 계승했다. 장종의 원비는 도를 숭상해서 구처기를 스승으로 모시고 태허관과 옥허관에 각각 《현도보장》玄都宝藏 한 부씩을 하사했다.

다시 본론으로 들어가서, 몽골 장군이 굳이 구처기의 무공을 검증해야 한다는 대목으로 돌아가자.

"당신은 도인의 실력을 실제로 보고 싶은가?"

조도견은 장수의 속뜻을 알아차렸다.

"그렇다."

몽골장수는 거짓말을 할 줄 몰라 사실대로 말했다.

"그렇다면 굳이 사부님이 나설 필요도 없다."

조도견은 몽골장수를 멸시하듯 바라보았다.

"당신 혼자 내 5백 명의 기마대를 대항하겠다는 건가?"

몽골장수는 어리둥절한 표정이었다.

"겨우 5백 명인데 뭐가 문제인가?"

조도견이 웃었다.

"그건 안 된다. 다수가 소수를 괴롭히는 것은 본 장군을 무시하는 것이다. 왕야王爺(왕의 존칭)께서 아시면 나를 나무라실 것이다."

몽골 장군이 뒤통수를 긁적이는 것을 보니 정직하고 속일 줄 모르는 사람이었다.

"눈으로 직접 보고 싶은 것 아니었나?"

조도견은 순진한 몽골 장군이 좋아지기 시작했다.

"이렇게 하자. 젊고 건장한 사람을 보내서 나를 말에서 끌어내린다면 당신들이 이긴 것이다."

몽골 장군이 제안했다.

"끌어내지 못하면?"

조도견이 물었다.

"그럼 내 말대로 순순히 왕야를 뵈러 가자."

몽골장수는 왕야의 명령을 받았기에 원래부터 유중록은 안중에도 없는 듯했다.

"그게 뭐가 어려운가!"

조도견은 말이 끝나기 무섭게 손을 나팔 모양으로 만들어 순간적으로 호랑이가 울부짖는 소리를 냈다. 이 소리에 천지가 흔들리자 몽골의 군마들은 잔뜩 놀라 앞발을 쳐들며 날뛰었다. 이에 몽골 장군이 말 아래로 떨어졌다가 벌떡 일어섰다.

"장군은 왜 말에서 내렸소?"

조도견이 웃으며 몽골 장군을 바라보았다.

"어리석은 제가 신선을 못 알아보았으니 속죄합니다."

몽골 장군은 조도견 앞에서 무릎을 꿇었다.

"나는 신선이 아니오. 신선은 저기에 계시오."

조도견은 손가락으로 구처기를 가리켰다. 몽골 장군은 무릎을 꿇고 구처기 앞으로 엉금엉금 다가갔다.

"신선께 속죄합니다."

"장군, 일어나시오."

구처기는 다가가 몽골 장군을 부축하려고 했다. 장군은 감히 구처기에게 부축을 받자 급히 일어나 유중록 앞으로 달려가서 말했다.

"유대인께서 저를 좀 봐주시오."

"조금 전까지는 우리를 죽이려고 하지 않았소?"

유중록은 여전히 화가 가라앉지 않았다.

"어이구, 무슨 말씀이십니까! 저는 테무게 옷치긴(칭기즈칸의 동생) 왕야의 명을 받아 신선을 초청하러 온 것입니다."

몽골 장군은 초조해서 땀을 비 오듯 흘렸다.

"마도馬刀를 들고 왔던 사람은 어디 갔나요?"

유중록은 왕야가 초대했다는 말을 듣고도 화가 덜 풀렸다.

"사실 저는 그렇게 위세를 부리고 싶지 않았습니다! 그런데 왕야께서 몽골 용사의 위엄을 잃어서는 안 된다고 하셨습니다. 유대인! 이 일은 제 책임이니 좀 봐주십시오. 그렇지 않으면 신선께서 왕야께 가지 않으실 것입니다."

몽골 장군의 천진난만한 모습에 유중록은 웃음을 터트렸다.

"왕야께 가겠소."

구처기는 쾌활하게 대답했다. 몽골 장군의 목소리가 너무 커서 다 들렸던 것이다. 구처기는 상황을 이해할 수 있었다. 칭기즈칸은 일몰의 땅 서쪽으로 가느라 어린 동생 테무게 옷치긴을 일출의 땅에 남겨두어 지키도록 했다. 그는 구처기를 길들이고자 했고, 구처기가 몽골을 위해 기꺼이 봉사하게 하는 것이 칭기즈칸의 본심이었다.

"미련한 장군과 언쟁하지 않으시니 감사드립니다."

몽골 장군은 다시 한 번 구처기 앞에 무릎을 꿇은 후 일어나서 기마대를 거느리고 돌아가 왕야에게 보고했다.

스승의 명을 받들어 송덕방은 야호령에서 엄숙하게 망령을 제도했다. 그는 언젠가 야호령으로 돌아와 도관을 세우고 망자들을 계속 제도하겠다는 발원을 했다.

야호령을 떠나 북쪽으로 가니 초원의 분위기가 갈수록 명확해졌다. 땅 위에 남아 있는 먼 옛날의 이야기가 구처기에게 들려왔다. 한 민족을 읽고 한 사람을 이해해야 하는 구처기는 그 모든 것이 그의 사명을 위한 포석이었다. 그래야 미래에 자신의 사명을 욕되게 하지 않을 수 있다고 확신했다. 그러나 조도견과 사부의 목적은 달랐다.

몽골고원에서 세계를 향해 나온 칭기즈칸은 피정복자들에 대한 독특한 사고를 갖고 있었다.

몽골고원은 아시아 동북부의 고원 지역, 즉 동아시아 내륙의 고원을 가리킨다. 이곳은 울퉁불퉁하고 텅 빈 신비로운 땅으로, 사방에 철벽과 같은 장벽이 자연적으로 형성되어 있다. 동쪽은 대흥안령大興安嶺에서 시작해서 서쪽 알타이산에 이르고 북쪽은 사얀산맥과 야블로노비산맥으로 둘러싸여 시베리아의 빙원까지 이른다. 또한 남쪽은 인산산맥과 고비사막으로 이루어져 있는 무서운 참호다. 이러한 천혜의 지리적 이점으로 인해 몽골고원에 사는 사람들, 특히 바이칼호 지역에 사는 사람들은 외부로부터의 방해를 받지 않아 순수한 유목민족의 정신과 생활 형태를 보존할 수 있었다.

몽골고원은 몽골국 전체를 포함한다. 즉 러시아 남부의 투바공화국, 부리아트공화국 그리고 자바이칼 지방, 중국 내몽골자치구 북부와 신장위구르자치구 일부 지역, 중국 내몽골고원 등이다. 몽골고원의 겨울(11월~다음해 4월까지)은 춥고 길다. 가장 추운 1월은 평균 영하 30℃에서 영하

15℃에 이른다. 영하 40℃까지 내려갈 때도 있고 큰 눈보라가 몰아닥치기도 한다. 봄(5, 6월)과 가을(9, 10월)은 짧고 날씨 변화가 심하다. 보통 하늘이 높고 날씨가 상쾌한 가을에도 갑자기 돌풍이 불고 큰 눈이 내리기도 한다. 여름(7, 8월)은 일교차가 크고 최고 온도가 35℃까지 오른다. 강한 바람과 급격한 날씨 변화 때문에 사람들은 몽골고원에서 살기가 쉽지 않다.

흉노족匈奴族은 현대 몽골인과 돌궐인突厥人의 공동 조상이며, 흉노국은 몽골고원 역사상 최초의 왕조다. 몽골인은 흉노족 중의 한 종족으로, 흉노어의 방언을 사용한다.

그들은 가족 단위로 유목 생활을 하기 때문에 당연히 국가라는 개념이 없었다. 그러나 유목 생활이라 해도 일정한 구역이 나뉘어 있어, 여름 목장이나 겨울 사냥터도 일정한 가족이나 씨족에게 속해 있다. 누구든 정해진 구역을 침범하면 가족, 씨족, 혹은 부족끼리 싸움이 벌어진다. 그러다보니 대초원에서는 전투가 멈춘 적이 없었다.

흉노인이 생활하는 지역은 매우 넓었다. 일찍이 황하 유역 이북은 모두 흉노인이 살았다. 그러다 흉노는 점차 한족에 동화되었다. 무릇 중원에서 생활하는 소수민족은 결국은 한족 문화에 동화된다.

흉노인과 돌궐인, 그리고 몽골인은 몽골 대초원에서 번갈아 패권을 다투었다. 칭기즈칸이 출현한 13세기 초에 이르러서야 이런 싸움은 끝이 났다. 칭기즈칸은 몽골초원을 통일하고 정식으로 거대한 부락을 세웠다.

흉노족에서 칭기즈칸에 이르기까지 유목은 초원 민족의 고유한 생활 습성이었다. 유목민족은 중원을 침입하기도 하고 때때로 중원의 문명과 교류를 할 때도 있었다. 그들은 무력으로 중원을 무너뜨릴 수 있었지만 중원 문명의 정치적 자산을 이용해 아직 문명화가 덜 이루어진 지역에 있는 민족들을 통치했다.

유목민족을 지배하는 부족이 중원의 농경문화에 동화되면 세 가지 현상이 나타난다. 첫째는 북방의 다른 부족에게 패배하고, 둘째는 철저히 한족화되며, 셋째는 칭기즈칸의 '황금 가문'처럼 여러 대에 걸친 통치를 한 이후 몽골고원으로 되돌아간다.

몽골고원의 부족은 대체로 일정한 영역이 있어서 겨울과 여름에 관습에 의해 형성된 노선을 따라 목초지 사이를 이동한다. 한 가정이나 씨족에서 아버지가 죽으면 가족들은 분가해야 한다. 아들의 수에 따라 재산을 분배하고 목장이나 사냥터도 아들 명의로 배정된다. 분가한 후에는 가족 단위로 생활하지만 가족이나 씨족의 연합이 필요하다면 통솔자를 선출해서 칸을 세울 수 있다.

10세기와 11세기의 몽골고원의 각 지역은 원시사회 말기에서 계급사회로 이행하고 있었다. 원시사회의 두드러진 특징 중 하나는 모계사회라는 것이다. '아내가 먼저고 어머니는 나중이다'[妻其後母]라는 말은 유목민족의 오래된 풍습이며 여자가 수절을 하는 전통이 없다. 테무진 가족의 혼인사례를 보면 테무진과 그의 아들들이 결혼한 여자들은 부족에서 이미 죽은 칸의 미망인이나 딸이다. 이런 사실을 통해 테무진 가문의 남자들은 이전 통치자들의 자리를 대체했다는 것을 알 수 있다.

그렇다면 이 과도기에 몽골에서 여성의 지위는 어떠했을지 궁금할 것이다.

성적인 문제에 있어서 몽골 여자들은 비교적 큰 통제권을 가지고 있다. 몽골 남성들은 성적으로 수줍음을 많이 타는 것으로 알려져 있다. 아내의 역할 중 하나는 남편이 지아비 노릇을 잘하도록 유도하는 것이다. 만일 아내의 설득에도 불구하고 남편이 지아비로서의 책임을 다하지 못한다면 그녀는 공개적인 방법을 통해 대안을 찾을 권리가 있다. 남편이 죽으면 곧 다른 사람이 남편의 자리를 대신하게 된다. 대개는 죽은 남편의 아들(친자가 아닌 다른 여자가 낳은 아들)이나 남편의 형제 혹은 조카가 새로운 남편이 된다. 《몽골비사》에는 '여자가 행할 때마다 상을 내려라'고 쓰여 있다. 지금의 말로 표현하면 '부족의 여자들에게 상을 베풀라'는 것이다. 그러나 서기 1206년, 칭기즈칸이 몽골을 통일한 후 《몽골비사》에는 가족과 공신이 봉작을 받는 내용이 자세히 묘사되어 있지만 부족의 여자들에게 상을 준 내용은 기록되어 있지 않았다. 혹자는 후대에 이 기록이 삭제되었다고 한다.

몽골의 모든 어린이는 모두 장생천의 동의를 얻어 세상에 내려왔다고 생각하기 때문에 평등하게 대한다. 몽골의 막내아들은 모태에서 마지막으로 나왔기 때문에 전생에서의 관계가 가장 밀접하고 가문의 영광과 미래가 그에게 달려 있다고 생각한다. 그래서 막내가 연로한 양친을 돌보는 책임을 지고 가축과 집안을 이어받는다.

몽골족은 하늘과 땅, 그리고 해와 달은 모두 자연스러운 조화가 있다고 믿고 가정이나 사회에서도 조화로운 남녀관계가 이루어져야 한다고 생각한다.

오논강斡難河 강변에서 키 크고 위풍당당한 한 남자가 매를 날리며 말을 달리고 있었다. 그는 검은 야크 한 마리가 끄는 수레와 그 옆에서 갈색 말을 타고 가는 남자를 보았다. 매를 날리던 남자는 자기의 두 형제 네쿤과 다리타이다를 찾아 이 수레를 습격하자고 했다.

수레 옆에서 갈색 말을 타고 가던 남자는 자기를 향해 달려오는 사람들을 보자 말에 채찍질을 하며 추격자들을 따돌리려 했지만 헛수고였다. 수레에 타고 있던 아내가 말했다.

"저들은 당신 목숨을 뺏으러 왔을 것입니다. 빨리 도망쳐야 합니다. 살아만 있다면 나를 찾을 수 있을 것입니다. 그럴 수 없다면 나의 이름을

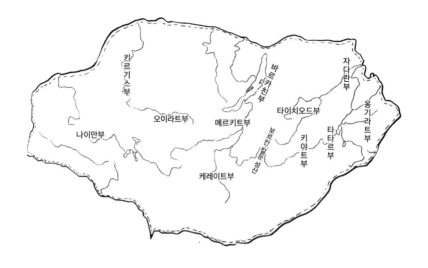

몽골고원 부족들의 분포도

당신의 새로운 여인에게 주어도 좋습니다."

말을 마치자 그녀는 입고 있던 겉옷을 벗어 남편에게 던졌다.

그가 옷을 받자마자 추격자 세 사람이 도착했다. 그 여자의 남편은 말을 채찍질하며 오논강의 반대 방향으로 도망갔다. 추격하던 세 사람은 일곱 개의 언덕을 넘어 끝까지 쫓아갔지만 따라잡지 못했다. 그들은 여자를 결박해서 집으로 돌아왔다. 매를 날리던 남자는 예수게이였고, 묶여서 잡혀간 여자는 16세의 호엘룬이었다. 호엘룬은 메르키트족 수령인 칠레두가 옹기라트부에서 맞아들인 아내였다.

초원의 부족들은 족외혼을 했기 때문에 청년들은 먼 길을 떠나 혈연관계가 없는 다른 씨족에게 청혼을 했다. 적당한 아내를 찾지 못하면 강제로 남의 여자를 약탈하기도 했다. 예수게이에게는 이미 소치겔이라는 아내가 있었는데, 그녀 역시 탈취해 온 부인이었고, 벡테르라는 아이를 낳았다.

예수게이는 몽골부에 속했다. 이때의 몽골부는 크고 작은 많은 씨족과 부락으로 나뉘어 있었다. 이는 타이치오드부족, 자다란부족, 키야트부족, 주르킨씨족, 카다진부족, 살지오드, 두르벤부족, 헤르티간부족, 시지오드부족, 콩코탄씨족, 바아린씨족, 알라드씨족, 오르날, 세리드, 카부카알카스, 게니게스, 나야킨씨족, 바르라스씨족, 부다란씨족, 아달라긴부족, 자르치보드부족 등이다.

몽골고원 전체에서 몽골부 이외에 주요한 큰 부족은 동쪽의 타타르부, 서쪽의 나이만부와 중앙의 케레이트부, 그리고 몽골부와 뒤섞여 있는 메르키트부이다.

타타르인과 몽골인은 같은 혈족으로 몽골초원의 동남쪽인 커루룬강의 남쪽 강변 혹은 동쪽과 중흥안령中興安嶺 사이에서 방목 생활을 했다. 이곳의 백성들은 요나라와 금나라에 속했고, 겉으로는 복종했지만 실제로는 적대적인 상황에 있었다. 타타르족과 몽골인 사이에도 자주 싸움이 벌어졌다. 타타르족과 금나라가 손을 잡으면서 몽골의 여러 부족은 다시 분열되기 시작했다.

메르키트부는 삼림에 거주하는 또 다른 사냥꾼의 부락이다. 그들은 바이칼 호수의 남쪽과 대초원 및 삼림지대, 셀렝게강 하류 등지에서 살았고 몽골인들과 섞여서 목장과 숲에서 생활했다.

케레이트부는 요나라와 금나라 시대 몽골고원에서 가장 강력한 부족이었지만 10세기 중반 요나라에게 정복당했다. 11세기 초 기독교 네스토리우스파가 케레이트부에 전파되었다. 요나라가 금나라에게 패배한 후 쿠르차스쿠는 독립을 선포했다. 쿠르차스쿠가 죽자 장남 토오릴(옹 칸)이 칸에 올랐다. 쿠르차스쿠는 생전에 40명의 아들에게 분봉을 했다. 그중 몇 명은 큰형에게 복종하지 않았고 토오릴도 두 동생을 직접 죽일 정도로 악랄했다. 그러자 동생 중 하나가 나이만부에 투항했다. 이 상황을 접한 토오릴의 숙부 구르칸은 참다못해 부하들을 이끌고 토오릴을 공격했다. 토오릴은 몇 필의 말을 몰고 영지를 떠났고, 자기 딸을 메르키트의 수령인 카아타이에게 보내 원조를 요청했다. 그 후 몽골 키얀부의 예수게이에게 지원을 요청하자 예수게이는 군사를 이끌고 구르칸을 공격했다. 구르칸은 어쩔 수 없이 서하로 도망쳤고 토오릴은 메르키트부 칸의 지위와 토지를 얻게 되었다. '검은 삼림 숲속과 툴라강변에서' 토오릴과 예수게이는 '의형제'를 맺었다.

나이만부는 11~12세기 몽골고원 서부에서 세력이 가장 강한 부족으로, 기독교 네스토리우스 교파가 널리 전파되었다. 요나라가 멸망한 후 나이만부는 먼저 서요에 예속되었다가 다시 금나라의 통치를 받았다.

나이만부의 우두머리인 이난차 칸이 죽은 후 그의 두 아들은 서로 불화했다. 장남인 부이루크는 스스로 분파를 만들어 흑신팔석黑辛八石(현재 신장 기리쿠르와 브렌토해) 일대의 산지에서 거주했다. 차남인 배불화는 그의 아버지의 타이양 칸의 지위를 계승했다. '타이양 칸'은 요·금나라 시대에 그의 아버지가 받은 봉호다.

우선 1162년 몽골고원 주변의 나라들을 살펴보자.

서요(1124~1218)는 거란족이 중국 신장과 중앙아시아에서 세운 정권이다. 야율대석耶律大石은 원래 요나라 천조황제天祚皇帝에게 충성하다가 요나라가 멸망할 무렵에 도망쳤다. 1124년 야율대석은 자신을 왕으로 칭하고 가돈성可敦城(현재 몽골 부르간성 칭토로게 구회구성)에 근거지를 세웠다. 1132년 야율대석은 아말리크성에서 황제로 즉위했다. 호는 '구르칸'으로, 군신들은 존호를 '천우황제'天祐皇帝로 삼았다. 서요는 연호를 연경延慶으로 정하고 이렇게 정식으로 건국되었다.

야율직로고耶律直魯古 시기에 이르러 서요는 쇠락의 길을 걷다가 결국 쿠 츨루크에게 나라를 찬탈당하고, 1218년에는 대몽골에 의해 멸망했다.

서하西夏(1038~1227)는 중국 역사상 탕구트족이 중국 서북부에 세운 왕조다. 1038년에 이원호李元昊는 황제가 되어 나라를 세웠다. 서하가 송나 라 및 요나라와의 전쟁에서 승리해서 이 지역에는 3국이 정립되는 국면 을 맞이했다. 금나라가 부상한 후 서하는 금나라의 신하가 되었다. 사막 이북에서 대몽골국이 부상하자 서하는 결국 보의寶義 2년(1227년)에 몽골 에 의해 멸망했다.

금나라(1115~1234)는 중국 북방과 동북 지역을 통치한 여진족이 세운 봉건 왕조다. 금나라 태조 완안아골타完顔阿骨打는 여진의 모든 부락을 통일 한 이후에 요나라에 맞섰다. 1115년 그는 상경회령부(현재 흑룡강성 하얼빈 시 아청구)에 나라를 건립하고 국호는 금金, 연원을 수국收國으로 칭했다. 금 나라는 1125년에 요나라를 멸망시켰고 또한 1127년에는 정강의 변을 일 으켜 북송을 멸망시켰다. 1130년에 송나라 고종 조구趙構는 금나라 황제 에게 항복해서 신하가 되었다. 1153년에 금나라 해릉왕 완안량은 수도를 중도(현재 북경)로 옮겼다. 금나라 세종과 장종의 통치 시기에는 정치와 문 화가 절정을 이루었지만 장종이 재위한 후반기에 급격하게 쇠퇴기로 접어 들었다. 금나라 선종이 왕위를 계승한 후 내부 정치는 부패했고 백성들 은 생활이 어려워졌다. 밖으로는 몽골국의 침략을 받아 변경(현재 하남 개 봉)으로 천도할 수밖에 없었다. 1234년 금나라는 남송과 몽골의 남북 협 공으로 채주(하남 여양)에서 멸망했다.

몽골초원의 미래 지도자는 손에 피가 묻은 도끼를 쥐고 태어난다고 전해 내려왔다.

부락 간의 싸움에서 패배하면 노역을 당하는 부족도 있고 비호를 요청해서 번속이 되는 부락도 있었다. 따라서 각 부락 간에도 뚜렷한 위계가 존재했다. 만약 어떤 부족의 우두머리가 죽고 부인과 어린 자녀들만 남게 되면 이 가문은 분열된다.

쿠툴라 칸이 죽은 이후부터 몽골의 각 부락은 이해충돌과 의견 차이로 인해 한동안 새로운 칸을 세우지 못했다. 예수게이는 쿠툴라 칸의 조카이자 몽골의 저명한 용사였다. 그는 자기 주위의 병사들과 함께 백성들을 모았고 노예와 종들을 거느렸다. 또한 많은 가축과 목장을 점유하고 초원에서 자신의 세력을 확립했다. 그는 몽골 보르지긴 키야트부의 수령으로 추대됨과 동시에 몽골부 전체의 군사를 책임졌다.

가을은 초원에서 일 년 중 가장 바쁜 계절이자 가장 즐거운 시간이다. 목축민은 여름에 유제품을 가공 처리해서 마유를 만든다. 또한 겨울을 나기 위해 가축을 도살하여 육포로 만들어 저장한다.

예수게이가 호엘룬을 납치해온 그해 가을, 그는 몽골부 군대의 수령으로 타타르 부족과 전쟁을 일으켰다. 당시 호엘룬은 출산을 앞두고 있었다. 남자들이 출정을 하자 오논강변의 진영에는 노인과 부녀자 그리고 어린이들만 남았다. 호엘룬은 게르에서 답답하게 앉아서 전쟁에 나간 남편과 곧 태어날 아이를 걱정했다. 이때 호엘룬은 게르 밖에서 사람들이 떠들썩하게 움직이는 소리를 들었다. 늙은 하녀 코아그친이 뛰어 들어오며 외쳤다.

"마님, 수령님이 돌아오셨습니다! 우리가 이겼습니다."

이 말을 들은 호엘룬은 가슴을 쓸어내렸다.

곧이어 진통이 시작되고 호엘룬은 사내아이를 낳았다. 하녀 코아그친은 예수게이에게 달려가서 감격하며 말했다.

"수령님, 마님이 남자아이를 낳았습니다."

"하하하, 이건 겹경사다! 마침 내가 오늘 타타르의 용사 테무진을 물리쳤으니 내 아들 이름은 테무진이다!"

테무진은 이렇게 세상에 나왔다. 테무진이 태어날 때 손에 도끼처럼 생긴 핏자국이 있었다는 기이한 현상에 대한 기록이 있긴 하지만 그 이상은 언급되지 않았다. 신생아는 태어날 때 몸의 한 부분에 붉은 반점이 있기도 하고 나이가 들면서 점차 색이 옅어지기도 한다. 그러나 이후에 테무진의 손에 옅은 색이 남아 있는지는 기록에 없다.

몽골의 배후지에 들어서면서 구처기, 조도견, 송도안, 송덕방은 항상 함께 있었다. 그들은 아주 먼 옛날의 정보들을 수집했다. 시간은 거꾸로 흐르기 시작해서 그들의 머릿속에는 한 세기 동안 이 땅에서 일어난 이야기들이 생생하게 그려졌다. 윤지평과 이지상은 사부와 선배들의 식사와 잠자리를 담당했다. 사부는 종종 토론을 벌여 제자들을 가르쳤다.

이번 서행에서 구처기 일행은 하나의 큰 사명을 완수해야 했다. 또한 조도견을 포함한 제자들 모두에게도 각자의 사명이 있었다.

제13장

과거로 돌아가 회상하고
궁극을 추구하다

"여봐라, 그를 나무 당나귀에 쇠못으로 박아라!"

금나라 희종은 소리쳤다.

"너희들이 나를 이렇게 대하는 것은 염치를 모르는 저급한 일이다. 몽골의 모든 부족은 나의 친족이다. 그들이 나를 위해서 힘을 다해 복수할 것이니 너희들의 국토는 평안할 수 없을 것이다. 그러니 나를 죽이는 것은 현명하지 못한 일이다!"

처형당할 사람은 전혀 두려움 없이 소리쳤다.

"하하하, 금나라가 너 따위를 두려워하겠느냐? 너의 병사 중 한 명을 몽골로 돌려보낼 테니 할 말이 있으면 전해라."

말을 끝낸 황제는 신하를 시켜 몽골 사병 중 한 명을 데려오게 했다.

처형을 앞둔 사람은 울분을 토했다.

"너는 가서 카불 칸의 일곱 아들 중 쿠툴라, 그리고 나의 열 아들 중 카다안 태자를 찾아가서 그들에게 '다섯 개의 손톱이 다 닳고 열 개의 손가락이 다 망가져도 복수를 하라'고 전해라."

이 말을 한 사람은 몽골의 수령 암바가이 칸이었다.

몽골인은 전투에 나가기 전에 손톱을 반들반들하게 갈고 주먹을 쥐어 결투 의지를 다지고 전의를 고취한다. 이 용감한 초원의 영웅은 죽기 전에 자기 부족에게 금나라를 토벌하라는 절규를 남겼다.

살해된 수령이나 부족의 원수를 갚아 한을 풀어주는 것은 전 부족의 피할 수 없는 책임이다. 복수! 복수! 암바가이 칸의 후손들은 대대로 복수 전쟁에 투입되었다.

푸른 늑대와 흰 사슴의 전설

보르테치노 수령(푸른 늑대)은 몽골인 조상들을 오논강, 커루룬강, 툴라강 일대로 데려갔다. 성산 보르칸·칼둔 산과 오논강의 발원지에서 보르테치노와 코아이 마랄(흰 암사슴)이 결혼해서 바타치칸을 낳았는데, 그는 훗날 사방을 제패한 몽골인의 1세대 조상이다.

알란의 전설

보르테치노 이후 10대가 지나 도부메르겐은 알란을 아내로 삼고 아들 벨구누테와 부구누테이를 두었다. 도부메르겐이 세상을 떠난 후 여러 해가 지난 어느 날 밤 금빛의 명신明神이 하늘에서 내려와 창문으로 들어가 알란에게 세 아들을 하사했다. 이름은 보고카타기, 보카토살지, 보돈차르다.

알란의 '다섯 화살 교훈'

신비의 조상 알란은 다섯 아들을 불러 모아 훈육을 했다. 그녀가 아들들에게 화살을 하나씩 나눠주며 부러뜨리도록 명령하자 이들은 힘들이지 않고 쉽게 해냈다. 그리고 나서 다시 알란이 화살 다섯 개를 하나로 묶어 아들들에게 주고 부러뜨리게 했지만 아무도 할 수 없었다. 그러자 그녀가 말했다.

> "아들들아 화살 하나를 부러뜨리기는 쉽다. 그러나 화살을 한데 묶는다면 꺾을 수 있는 사람이 없다!"

알란이 죽은 후 형제들은 분가했다. 그런데 재산은 네 몫으로만 나누고 보돈차르에게는 나누어 주지 않았다. 하지만 그는 전혀 개의치 않았다.

"군자의 뜻을 어찌 소인이 알겠는가?"

보돈차르만이 '보르지긴'이라는 황금 가문의 성을 유지하고 있었다. 그 이후 보돈차르는 아무도 원하지 않는 등에 종기가 난 청백마를 타고 오논강을 따라 작은 섬으로 가서 초막을 짓고 살았다.

참매 한 마리가 하늘에서 빙빙 돌다가 갑자기 급강하해서 사냥감을 잡자 말총으로 만든 올가미가 발톱에 감겼다. 보돈차르는 작은 초막에서 나와 참매를 잡았다. 사냥에 쓰이는 매는 모두 암컷이다. 암컷 매는 체중과 체형이 수컷 매보다 3배나 커서 큰 사냥감을 잡을 수 있다.

이때부터 보돈차르는 참매와 동행하면서 수렵 생활을 했다. 대략 반년쯤 지나자 보돈차르의 형 하나는 뒤늦게 동생이 생각이 났다. 그는 동생이 얼어 죽었거나 굶어 죽은 것은 아닌지 걱정이 되었다. 형은 보돈차르를 찾기 위해 오논강을 따라갔다.

동생을 만나 형제는 말을 타고 집으로 돌아갔다. 보돈차르는 여전히 그 청백마를 타고 형의 뒤를 따라 걸어가면서 말했다.

"몸은 머리가 있어야 하고 옷은 옷깃이 있어야 한다."

형은 동생이 하는 말의 뜻을 몰랐다. 한동안 길을 가다가 보돈차르가 또 같은 말을 중얼거리자 형은 그제야 몸을 돌려 무슨 말을 하는지 모르겠다고 했다. 그러자 보돈차르가 말했다.

"방금 강가에 우량카이 무리들을 보았는데, 그들을 이끌 지도자가 없네요. 우리가 그들을 사로잡아 우두머리가 됩시다."

　형은 이 말을 듣고 곧 형제와 자기 부족의 몇몇 청장년들을 이끌고 왔다. 그는 보돈차르를 최전방으로 보내 우량카이 무리들을 굴복시켰다. 이때부터 우량카이 사람들은 보돈차르 부락의 노예가 되었고, 보돈차르 형제들은 귀족이 되었다.

　우량카이를 공격할 때 보돈차르는 아내감을 하나 빼앗았다. 그녀의 이름은 아당칸이었다. 그녀는 우량카이족 자르치오드 부족으로, 당시 임신 5~6개월이었다. 아당칸은 보돈차르의 집에 온 지 몇 개월 되지 않아 남자아이를 낳았다. 보돈차르는 이 남자아이를 자르치오드 백성의 후손으로 생각하고 외족의 혈통이라는 뜻으로 '자지라다'라는 이름을 지어 주었다. 후에 이 남자아이의 자손이 몽골의 자다란가문을 이루었다. 테무진의 의형제인 자무카는 그의 후손이다.

　우량카이 사람들은 왜 아당칸을 도로 빼앗아 가지 않았을까? 우량카이 사람들은 보돈차르 형제들의 노예가 되어 하층계급으로 전락했기 때문이다.

　몇 년이 지난 후 아당칸은 또 한 명의 남자아이를 낳았는데, 이름은 '바아리다'였다. 그는 바아린 씨족의 조상이 되었다. 역사책에는 '보돈차르가 또 아내를 얻었다'고 기록되어 있다. 이번에는 중매를 통해서 가장이나 가문의 동의를 거쳐 정식으로 배우자를 맞아들인 명매정혼明媒正婚으로 약탈혼과는 구별되었다. 그녀는 '정식 부인'이라고 할 수 있다. 그러나 이 '부인'의 이름은 기록되어 있지 않고 그녀가 낳은 아들의 이름이 '카비치'라는 것만 알 수 있다. 그의 자손은 '보르지긴'이라는 성을 이어받았다.

　보돈차르는 칭기즈칸의 9대조다. 그러니 자무카와 테무진은 혈족이 아니다.

《몽골비사》에는 테무진의 선조인 메넨토돈藏年土敦이 언급되어 있다. 그의 아내 모나룬莫拏輪은 일곱 명의 아들을 낳았다. 메넨토돈이 죽은 후 생산과 가사는 모두 모나룬이 지휘했다. 그녀는 막대한 재산을 가진 대 노예주였다. 며칠에 한 번씩 그녀는 가축 떼를 몰도록 명령했다. 그녀의 가축은 산꼭대기에서부터 산기슭의 큰 강변까지 가득 찰 정도였다.

커루룬강 북쪽에서 유목을 하던 잘라이르 사람들은 자기 부족의 수가 많은 것을 믿고 강 건너의 요나라 군대를 도발했지만 결국 패배하고 모나룬의 영지로 달려갔다. 그들은 모나룬과 여섯 아들을 죽였다. 그러나 장손인 카이도는 유모가 나무더미 속에 숨겨서 구사일생으로 목숨을 건졌다. 또한 일곱째 아들 나친은 집에 없었기 때문에 재난을 면했다.

나친과 카이도는 바이칼 호수 근처의 바르카친부로 도망쳤다. 이후 카이도는 수령이 되어 군대를 이끌고 잘라이르부로 진격해서 복수를 했고, 이들은 카이도 부락의 노예가 되었다.

카이도는 모두 세 명의 아들을 두었는데, 장남은 바이 싱코르, 차남은 차라카이, 어린 막내는 차오진이다. 바이 싱코르가 일찍 죽었기 때문에 차라카이가 부락의 우두머리로 추대되었다.

차라카이는 요나라에서 정식으로 임명한 부족관部族官으로, 차라카이 링코라고 부르기도 한다. 그의 아들 빌게도 요나라에 의해 대부족관으로 임명되었다. 이러한 사실로 미루어 볼 때 당시에 몽골 부족의 힘은 제법 강했음을 알 수 있다. 요나라는 조정명관朝廷命官(조정이 임명한 관리)을 통해 몽골부의 수령들을 관리할 수밖에 없었다.

차라카이의 후대는 몽골 타이치오드씨를 이루었다. 이들이 인구수가 많고 막강한 군대를 가진 부족이 된 것은 그들 선조의 '조정명관'과 많은 관련이 있다.

바이싱코르에게는 아들 톰비나이가 있는데, 그는 테무진의 고조부다.

테무진의 족보(오복五服)[22]는 고조부인 톰비나이로부터 세어야 한다.

톰비나이와 타이치오드가 연합해서 점차 강력한 세력을 형성했다.

톰비나이에게는 9명의 아들이 있는데, 여섯 번째 아들이 카불 칸이며, 테무진의 증조부다. 카불 칸은 몽골의 각 부部를 통일하고 몽골의 초대 칸으로 추대되어 백성 전체를 관할하고 있었다.

카불 칸은 일곱 명의 아들을 두었다. 장남의 손자가 주르킨씨족을 이루고, 차남 바르탄은 보르지긴씨가 되었다. 바르탄은 테무진의 조부다.

몽골의 첫 번째 전성 왕조의 통치자는 카불 칸이다. 당시 몽골인들은 금나라와 좋은 관계를 맺었다. 금나라는 몽골의 강대 부족이 그들에게 위협이 될 수 있다는 것을 깨닫고 감시와 회유 정책을 채택했다.

금나라 태종은 서로 단결하고 우호적인 길을 개척하려고 사자를 보내 카불 칸을 초청했다. 칸은 기꺼이 상경회령부(현재 흑룡강성 하얼빈시 아청구)로 향했다. 금나라 사람들은 카불 칸에게 맛있는 음식과 음료를 대접했다. 카불 칸은 금나라의 간계에 넘어가지 않도록 조심했다. 즉 음식 속에 독이 들어있을까 봐 조금만 먹고 구토를 하면서 계속 음식을 먹었다. 금나라 군신은 칸의 식사량과 주량이 어마어마하다고 생각하고 모두들 매우 놀랐다.

카불 칸은 그러다 과음을 하고 결국 만취했다. 그는 몽골춤을 추었고 금나라 태종의 수염을 만지작거리면서 웃고 울었다. 금나라의 신하들은 실로 매우 불경스러운 행위이며 마땅히 참수해야 한다고 생각했다. 그러나 금나라 태종은 머리가 좋고 자제할 줄 아는 군주였다. 그는 카불 칸의 부족과 백성을 의식하고 만일 이런 사소한 일로 그를 죽인다면 나중에

---

22   오복(五服)이란 자신을 기준으로 위로 4대, 아래로 4대의 총 9대를 의미함.

칸의 종친들이 반란을 일으켜 복수 전쟁이 일어나 적대 관계가 장기화될 것이라고 생각했다. 태종 황제는 칸의 행동을 농담과 우호의 장난으로 받아들이며 그를 용서했다. 그리고 많은 금과 보석, 옷 등을 칸에게 하사했다. 또한 몽골로 돌아가는 카불 칸을 관리로 임명했다. 그의 키만큼 선물을 쌓아주었고 지극한 예를 다해 칸을 보냈다.

그러나 카불 칸이 떠나자 신하들은 황제에게 이런 무례한 사람을 그냥 보내서는 안 된다고 진언했다. 금나라 황제는 뒤늦게 사람을 파견해서 칸을 다시 데려오도록 명령했다. 그러나 카불 칸은 혼란한 틈을 타서 말을 타고 도망갔다. 구사일생으로 살아난 칸은 화가 나서 금나라 사자를 모두 처형시켰다. 이때부터 금나라는 몽골과 원수가 되었다.

카불 칸이 살아 있을 때 의외의 사고가 발생해서 타타르부와 몽골부도 원수가 되었다. 카불 칸의 처남이 병이 나서 타타르부의 유명한 무당에게 치료를 요청했지만 결국 처남은 죽고 말았다. 처남은 옹기라트부 사람이었고, 분노한 유족은 집으로 돌아가던 무당을 죽였다. 타타르부는 당연히 가만히 있지 않았고 군대를 일으켜 옹기라트부를 토벌했다.

카불 칸의 아들들은 조카로서 외삼촌에 대한 책임을 다하기 위해서 타타르부와의 전쟁에 휘말리게 되었다. 결국 타타르부의 군주는 죽임을 당했고 서로의 원한은 점차 깊어졌다. 그래서 금나라 황제는 이 전쟁을 이용해서 타타르인을 지지함으로써 몽골인을 억제하려고 했다.

카불 칸의 자리는 아들에게 전해지지 않고 그 사촌인 암바가이 칸에게 전해졌다. 이렇게 해서 타이치오드부의 우두머리 암바가이는 몽골 전체의 칸이 되었다. 암바가이는 타타르부와의 관계를 완화하기 위해서 자기 딸을 타타르부 수령에게 시집보낼 것을 약속했다. 그는 친히 딸을 호송했지만 뜻밖에도 타타르족에게 유폐되어 금나라로 보내졌다. 금나라는 '반란을 일으킨 유목민에 대한 잔혹한 형벌'로 암바가이 칸을 나무 당나귀에 못을 박아 죽이는 중형으로 처형했다. 암바가이 칸은 테무진의 숙증조부叔曾祖父(증조부의 동생)다.

그가 금나라에 의해 죽임을 당하자 몽골의 각 부족은 출병해서 칸의 원한을 갚기 위한 회의를 열었다. 그들은 쿠톨라를 칸으로 추대하고 전 군대를 그에게 일임했다. 쿠톨라 칸은 카불 칸의 셋째 아들이다. 그는 암바가이 칸의 아들 카다안과 당시 타이치오드부의 수령과 함께 타타르와 여진을 향한 복수의 행군을 떠났다. 그들은 먼저 타타르를 공격했고 쌍방은 13번의 전투를 치렀다. 몽골인들은 암바가이 칸을 음해한 흉악한 원수를 잡지 못했고, 카불 칸의 장남이자 주르킨 씨족의 수령이 타타르족에게 사로잡혔다. 타타르족은 그를 다시 금나라로 보냈고 그 역시 나무 당나귀에 못 박혀 처형되었다.

금나라가 몽골에 대해 취한 3대 정책은 참호구축, 이간질, 감정滅丁이다. 참호구축은 금나라가 몽골과의 경계선 근처에 2미터 깊이의 커다란 해자壕子를 만든 것을 말한다. 몽골은 기병이 주류를 이루었기 때문에 깊은 도랑은 기병의 공격을 차단해서 몽골이 남하하는 것을 저지할 수 있었다. 이간질 정책은 타타르 사람들을 '몽골의 첩자'로 양성하는 것이었다. 마지막으로, 감정이란 격년 혹은 3~5년마다 정병을 파견해서 몽골을 소탕하는 것이다. 이때 금나라는 몽골인의 재물을 불태우고 몽골의 청장년을 몰살시켰으며, 몽골의 아이들을 잡아가서 종으로 삼았다.

한번은 쿠톨라 칸이 몽골 군대를 이끌고 금나라의 경계로 쳐들어오자 갑작스러운 습격을 받은 금나라 군대는 큰 패배를 당했다. 몽골은 대량의 재물과 사람을 약탈하고 철수했다. 금나라의 도원수 김올술金兀術은 군사를 거느리고 몽골을 토벌하려고 했으나 오히려 화해를 강요당하고 물러났다. 금나라는 서평부 황하 이북의 단채團寨 27개를 몽골에 할양하고 매년 일정량의 소와 양, 쌀과 콩을 보내주었다. 이 27개의 단채는 마침 비단길에 있었는데, 실제로 카불 칸 이후 몽골인에게 점령당했다. 따라서 몽골이 과거 상인들에게 '보호비'를 받았던 것이 이제는 당연한 일이 되었다. 나중에는 서하가 이 지역을 점령했다.

쿠툴라 칸이 죽은 후 몽골의 각 부락은 칸의 자리를 계승하기에 적합한 인물을 선출하지 못해서 몽골의 힘은 크게 약화되었다.

칭기즈칸의 조부이자 쿠툴라 칸의 둘째 형인 바르탄은 아들 네 명을 두었다. 첫째는 멩게투키얀, 둘째는 네쿤, 셋째는 예수게이, 막내가 다리타이였다.

족보에 의하면 테무진의 4대 윗 조상은 다음과 같다. 즉 아버지 예수게이, 조부 바르탄, 증조부 카불 칸, 고조부 톰비나이다.

예수게이는 소치겔과의 사이에서 벨구테이를 낳았다. 또한 호엘룬과의 사이에서 테무진, 카사르, 카치온, 테무게 등 4명의 아들과 딸 테물론을 두었다.

《몽골비사》에 의하면 예수게이는 전쟁터에서는 용맹한 사냥꾼이자 전사였지만 전형적인 유목민이라고 할 수는 없었다. 또한 그는 칸으로 뽑힌 적이 없다.

그 시대에 몽골인들은 아직 역법을 쓰지 않았기 때문에 달이 둥글게 찼다가 작아지는 것, 혹은 숲이나 풀이 푸르게 변하는 것 등으로 나이를 추정했다.

몽골 사회는 혈연보다 후천적인 부자 관계를 중시한다. 만일 어떤 남자가 남의 아이를 자기 아들로 여기면 부족은 그들을 부자 관계로 인정한다. 그러나 테무진과 아버지의 관계에 대한 역사적 기술은 매우 적었는데, 이는 예수게이가 테무진을 냉담하게 대했기 때문인지도 모른다.

테무진이 아주 어렸을 때 그의 아버지는 온 가족과 함께 새로운 지역으로 이사를 했는데, 테무진만 옛 지역에 그냥 남겨두었다. 다행히 타이치오드부의 탈코타이(암바가이 칸의 손자)가 그를 받아들였다. 테무진은 타이치오드부에서 얼마간 생활했는데, 그때 탈코타이는 테무진을 다음과 같이 묘사했다.

"눈에 불이 있고 얼굴에 빛이 있다."

"그는 이미 학습 능력이 있어서 내가 그를 조련하는 것은 마치 두 살이나 세 살짜리 망아지를 훈련시키는 것과 같았다."

테무진은 어머니와 친밀했지만 그의 어머니는 다른 두 아들(둘째 카사르, 막내 테무게)을 더 편애했다

아홉 살 테무진은 멋진 소년으로 성장했다. 그때 옹기라트부 출신인 어머니 호엘룬과 아버지 예수게이는 정혼을 준비하기 위해 옹기라트부로 갔다.

옹기라트부의 거주지는 후룬베이얼호수의 동쪽 지역으로, 임황부(요나라의 상징, 현재 내몽골자치구 적봉시 파림좌기) 일대와 가까웠다. 이곳은 한족과 거란족의 영향을 받아 반농반목의 정착 생활을 했다. 이들 부부는 세 개의 강(오논강, 커루룬강, 툴라강) 발원지인 키야트부에서 옹기라트부까지 먼 길을 가야 했고 중간에 타타르부가 유목하는 후룬베이얼 초원을 지나야 한다.

이해 가을 테무진은 아버지를 따라 옹기라트부의 외삼촌 집을 찾아가는 길에 수령 데이세첸을 만났다.

"당신들은 어디에 가십니까?"

데이세첸이 먼저 예수게이에게 반갑게 인사를 건넸다.

"나는 이 아이를 데리고 외삼촌 집으로 가서 혼사를 정하려고 합니다."

예수게이는 단도직입적으로 말했다. 데이세첸은 테무진을 위아래로

훑어보고는 신이 나서 이렇게 말했다.

"이 아이는 눈이 밝고 안색이 빛나 어젯밤 내 꿈과 딱 들어맞습니다. 어젯밤 꿈에서 해와 달을 잡고 있던 해동청(매)이 하늘에서 날아와 내 손에 앉는 꿈을 꾸었습니다. 태양과 달은 우리의 소망이고 이것은 큰 길조입니다. 오늘 당신이 아들을 데리고 오시니 이 꿈이 실현된 것입니다. 내게 어린 딸이 있으니 함께 갑시다."

데이세첸 수령은 예수게이 부자를 자기 집으로 데려갔다. 수령의 딸 이름은 보르테이고, 테무진보다 한 살이 많은 열 살이었다. 예수게이는 이 아이가 아름답고 튼튼해서 바로 마음에 들었다. 이튿날 아침 예수게이는 수령에게 보르테를 며느리로 달라고 했다. 데이세첸은 예수게이에게 말했다.

"여러 번 요청한다고 해서 귀한 것이 아니고, 또한 한 번만 요청한다고 해서 업신여기지 말아야 합니다. 여자의 운명은 태어난 집의 문에서 늙지 않는 것이니 나의 딸을 당신의 아들에게 시집보내지요!"

당시의 관습은 혼인이 결정되면 먼저 남자를 약혼녀의 집에 머물게 해서 선물을 주고 초빙한 데 대한 답례를 하는 것이다. 예수게이는 말 한 필과 테무진을 남겨두고 떠났다. 떠나기 전에 그는 데이세첸 수령에게 석연치 않은 말을 했다.

"제 아들을 사위로 맡기겠습니다. 그런데 제 아들은 개를 무서워합니다."

테무진의 조상과 데이세첸의 교류에 관한 기록은 다음과 같다.

"쿠톨라 칸의 사망 3주기 때에 몽골 사람들은 9척 높이의 기념비를 세웠다. 당시 몽골에는 문자가 없었으므로 옹기라트부의 데이세첸에게 제문祭文을 새겨 달라고 했다. 데이세첸은 9박 10일 동안 거란의 99자로 제문으로 새겼다. 그에게 사례를 하기 위해 쿠톨라 칸의 가족들은 칸의 유물인 흑담비가죽 아홉 장을 봉제해서 만든 전포戰袍(장수가 입는 큰 외투)를 그에게 증정했다."

두 사람은 이렇게 각각 아홉 살과 열 살인 아이들의 혼사를 정했다. 이 두 아이가 결혼해서 훗날 세상에서 가장 힘 있는 부부가 될 것이라는 사실은 아무도 예측하지 못했을 것이다. 그들의 후손은 거대한 제국을 통치할 것이며, 그들의 유전자는 중국에서 유럽에 이르는 많은 왕족과 귀족들의 혈통에 널리 퍼지게 되었다.

돌아가는 길에 예수게이는 타타르부 지역을 통과해야 했다. 그는 우연히 한 진영에서 큰 잔치가 벌어지는 것을 보았다. 그는 배가 고팠던 참에 위험을 무릅쓰고 연회에 참석했다. 자기를 알아볼 사람이 없을 것이라고 생각했으나 한 타타르 사람이 그가 예수게이라는 것을 알아보았다. 축하연에서 피를 흘리는 것은 불길한 일이기 때문에 타타르 사람들은 잔치를 중단하지 않았고 그의 술에 몰래 독약을 넣었다. 예수게이는 집으로 돌아가는 3일 동안 점점 몸이 불편해지는 것을 느꼈고 결국 자신의 생명이 얼마 남지 않았다는 것을 알게 되었다.

예수게이는 콩코탄 사람 뭉릭에게 마지막 유언을 했다.

"내 아들이 아직 어리고 지금 약혼녀 집에 있다. 나는 타타르 사람들에게 독살되어 오래 살지 못할 것 같다. 고아들과 과부를 남겨두었으니 잘 보살펴 주기를 바란다. 호엘룬은 너의 형수이니 너에게 도움을 청하면 도와주어라. 어서 옹기라트부로 가서 내 아들 테무진을 데리고 오너라!"

예수게이는 말을 마치고 곧 세상을 떠났다.

뭉릭은 유언에 따라 데이세첸의 집으로 달려가 거짓말을 했다.

"예수게이가 테무진이 보고 싶어서 몹시 그리워하며 테무진을 데리고 오라고 합니다."

그러자 데이세첸은 곧 테무진을 보냈다. 뭉릭은 테무진을 보르칸·칼둔 성산 영지로 데려갔다.

자기 남편이 묻힌 곳에서 호엘룬은 테무진에게 아버지의 유언을 전했다.

"자라면 반드시 복수를 하고 타타르를 쓸어버려 수레바퀴보다 키 큰 남자는 모두 죽여라!"

몽골 전통에 따르면 결혼한 남편이 죽었을 때 그의 형제 중 한 명 또는 다른 가까운 남자 친척이 미망인을 아내로 맞아들여 책임지고 보살펴야 한다. 하지만 테무진의 삼촌들은 이 관습에 따르지 않았다. 그들이 두 미망인을 외면한 이유는 이 여자들이 모두 약탈해온 아내였기 때문이다. 따라서 삼촌들은 그녀들에게 아무런 빚이 없다고 생각했고 일곱 명이나 되는 어린 조카들도 키우기 싫었다.

예수게이가 죽은 지 몇 달 후 봄이었다. 겨우내 저장한 유제품과 고기가 바닥났다. 말들은 여위고 병사들은 영양실조에 걸렸다.

1년에 한 번 고기를 굽고 제사를 지내는 봄 축제에서 행사를 주관하는 사람은 타이치오드 가문의 연장자이자 암바가이 칸의 두 부인인 우르베이와 소카타이였다. 그녀들은 일부러 호엘룬 모자에게 제사를 알리지 않았으나 호엘룬은 행사가 있다는 것을 알고 뒤늦게 도착했다. 그러나 부인들은 축제에 늦었다는 이유로 호엘룬에게 제물을 나누어 주지 못하게 했다.

호엘룬은 참다못해 그 자리에서 두 사람에게 물었다.

"비록 예수게이가 죽었지만 내 아들들이 장차 어른이 되지 않겠습니까? 다른 사람들은 모두 제물을 분배받는데, 왜 우리에게는 나누어 주지 않습니까? 우리에게 제삿밥과 찻잎도 주지 않고 우리도 모르게 진영을 이동하는 것은 우리를 버리려는 것이 아닙니까?"

"너희 모자는 그저 밥이 있으면 먹고, 물이 있으면 마시는 것이다. 조상은 안중에도 없이 제사에도 늦게 왔으면서 제물을 나누려 하느냐?"

부인 중 한 명이 말했다.

"너는 어떻게 이런 억지를 쓰느냐? 우리가 너를 버리려 한다고 욕보였으니 이참에 선포한다. 이 고아들과 과부를 남기고 떠나자!"

또 다른 부인이 무자비한 명령을 내렸다.

타이치오드 부족은 오논강을 따라 떠났다. 키야트부의 귀족과 백성, 그리고 테무진 가문의 선조들이 남긴 노비들도 테무진 모자를 버리고 타이치오드 부족을 따라갔다.

뭉릭의 아버지는 타이치오드부의 분열 행동에 매우 분개해서 목숨을 걸고 투두엔을 붙잡아 놓고 테무진 모자를 배신하지 말 것을 요청했다. 투두엔 대장은 예수게이의 측근이었다.

"예수게이는 이미 죽었다. 이미 강물이 마르고 백석이 부서졌다. 물이 마르면 물고기를 기르지 못하고 돌이 깨지면 보호자를 잃는 것이다. 테무진과 고아들, 과부는 부족의 백성을 보호할 수 없는데, 우리가 어찌 그들을 따라 고생해야 하는가?"

투두엔은 뭉릭의 아버지에게 불만스럽게 이야기했다. 그러나 뭉릭의 아버지가 한사코 말의 고삐를 잡고 놓지 않자 투두엔은 분개했다.

"남으려면 늙은이 너 혼자 남아라. 왜 나를 붙잡고 늘어지느냐?"

투두엔은 이 말을 마치고 뭉릭의 아버지를 베어버렸다. 뭉릭의 아버지는 어깨를 다쳐 땅바닥에 쓰러졌다.

이를 지켜본 호엘룬은 군마에 올라타 예수게이의 깃발을 손에 쥐고 백성들을 뒤쫓았다. 깃발의 위력인지 아니면 호엘룬에게 감화를 받은 것인지 적지 않은 키야트부 사람들이 원래의 주둔지로 돌아왔다. 그러나 호엘룬은 어쨌든 예수게이만큼 호소력이 없었고, 테무진 형제들도 타이치오드부에 대항할 힘이 없었기 때문에 되돌아온 백성들은 결국 다시 강대한 타이치오드부로 돌아갔다.

몽골초원에서 백성과 족장, 수령은 보호와 피보호의 관계다. 수령이 자기 백성을 보호할 힘이 있을 때는 주위에 많은 백성을 모을 수 있다. 그러나 수령이 죽으면 그가 남긴 고아와 과부는 부족을 보호할 수 없기 때문에 백성들은 힘이 강한 다른 부족을 따라가게 된다. 노예들은 주인인 귀족의 지배에서 벗어나기를 원하기에 자기 주인이 죽어서 남은 고아와 과부가 통치할 힘을 잃었을 때가 탈출할 좋은 시기였다.

타이치오드부와 키야트부 백성들이 이주할 때 소와 양 등 가축 떼를 몰고 가버려서 테무진의 가족에게는 오직 아홉 필의 말만 남았다. 축산업으로 생계를 꾸리는 목축민에게 가축이 없다는 것은 삶의 터전이 없는 것과 같다. 또한 이들의 활동 단위인 씨족과 부족을 떠나는 것 역시 생활기반을 잃은 것이다. 타이치오드부와 부족들의 배반으로 테무진 일가는 부족의 우두머리에서 단번에 밑바닥으로 떨어졌다. 이때부터 고아들과 홀어머니는 굶주림과 추위에 시달리며 떠돌이 생활을 해야 했다.

소치겔과 그녀의 두 아들 벡테르, 벨구테이.
호엘룬과 그녀의 다섯 자녀 테무진, 카사르, 카치온, 테무게, 테물룬.
늙은 하녀 코아그친.
이렇게 세 명의 여자, 열 살 이하의 아이 일곱 명, 말 아홉 마리.
이것이 당시 테무진 일가의 현황과 재산이다.

보르칸산과 오논강, 커루룬강, 툴라강 등의 근원지에서 호엘룬은 키워야 할 일곱 명의 아이를 독수리처럼 지키고 있었다. 그녀는 장생천의 가호를 빌면서 앞으로의 긴 세월을 어떻게 대처해 나가야 할지 고민했다. 이때 그녀의 나이는 25~26세였다.

그녀는 초원에서 버드나무 가지를 엮은 틀에 푸른 펠트를 두른 모자 [固姑冠](고관의 정실이 착용하는 모자. 몽골어로 '봉'▓을 뜻함)를 눌러 쓰고 허리띠를 단단히 매었다. 과거에 입었던 아름다운 옷을 벗고 짧은 옷으로 갈아입었다. 그녀는 몸이 건장하고 풍만하며 얼굴이 아름답고 단정했다. 그녀는 광활한 초원을 질주할 수 있을 뿐만 아니라 어린 자식들을 극진히 돌보았다. 엄한 아버지와 자애로운 어머니라는 두 가지 역할을 혼자 다하며 열 식구를 거느리느라 오논강의 위아래를 바쁘게 달렸다.

구처기 일행은 북상해서 칭기즈칸의 동생 테무게 옷치긴의 열렬한 환영을 받았다. 테무게 옷치긴은 문무 관리들을 거느리고 몽골 막사 밖에 도열을 해서 구처기를 영접했다.

"구처기 신선이 대칸의 초청으로 이곳을 지나가시게 되어 매우 영광입니다."

테무게는 한족의 예절에 따라 구처기에게 인사를 했다.

"왕께서 친절을 베풀어 주심에 감사드립니다. 저는 야인이니 군인들을 동원할 필요가 없습니다."

구처기는 답례 인사를 했다.

"구 신선은 대칸이 초청한 귀한 손님이라 감히 소홀히 할 수 없습니다."

테무게 옷치긴은 구처기, 유중록 등을 왕의 장막으로 안내했다. 장막에는 구처기 일행을 접대할 술과 고기를 준비해 놓았다.

"우리 사부께서는 수도하는 사람이라 고기나 비린 것을 드시지 않고 채식만 하십니다."

이지상이 테무게에게 말했다.

"아, 제가 깜빡했습니다. 도교는 살생을 하지 않고 고기를 먹지 않습니다."

유중록이 서둘러 덧붙였다.

"오, 나는 구 신선이 우리 무당과 같은 줄 알았습니다."

테무게 옷치긴은 식탁에 가득 차린 소고기와 양고기를 보며 안타까워했다.

"신선께서 드시지 않으시니 우리가 먹겠습니다."

유중록은 이미 배가 많이 고팠다.

"저희는 먹어도 됩니까?"

테무게 옷치긴이 의견을 구했다.

"우리 도교 사람들은 조촐한 음식을 먹는 것이 습관이지만 폐하와 다른 분들은 당연히 드실 수 있습니다."

구처기가 웃었다.

"신선들에게 채소 요리를 만들어 드리고 과일을 갖다 드려라."

이제껏 구처기를 모시던 유중록이 지시했다.

"고기를 드리지 않는 것은 신선을 너무 홀대하는 거 아닌가요?"

테무게는 조금 망설였다.

"왕야께서는 신선이 원하시는 대로 하시는 것이 좋겠습니다."

유중록은 왕야에게 어떻게 설명을 해야 할지 몰랐다.

"중원의 도교는 우리 종교(샤머니즘)와 다릅니다. 구처기 신선에 대한 전설을 많이 들었는데 제게도 전도를 해주셨으면 좋겠습니다."

테무게 옷치긴은 대칸이 구처기와 논의할 문제를 알고 있었기 때문에 기회를 놓치고 싶지 않았다.

구처기는 잠시 머뭇거리다가 말했다.

"도를 물어야 할 시기는 하늘이 알려주는 것이지 언제든 들을 수 있는 것이 아닙니다. 만약 왕야께서 도를 듣고 싶으시면 길일을 택해 전해

드릴 수 있습니다."

"좋아, 좋아요. 좋습니다."

테무게는 연신 고개를 끄덕였다.

구처기는 조용한 것을 좋아해서 병영에 머무르기를 원하지 않았기 때문에 일행은 테무게의 진영에서 10리 떨어진 곳에 묵었다.

전도를 약속한 날의 밤이 되었다. 날씨가 사납고 북풍이 불면서 함박눈이 쏟아졌다. 하룻밤 사이에 눈이 5미터나 내렸다. 테무게는 구처기를 만나기를 무척 기대하고 있던 터라 일찍부터 약속 장소로 가려고 막사를 나왔다가 엄청나게 쌓인 눈을 보고 하늘을 우러러 탄식했다.

"장생천께서는 대칸보다 먼저 도를 묻지 못하게 하는구나!"

이후 테무게는 다시는 구처기에게 전도를 요청하지 않았다. 구처기는 테무게의 거처에서 잠시 머물고 계속 길을 갔다. 테무게는 훌륭한 군마 백 필과 마차 열 대를 골라 구처기가 서행하는 데 필요한 보급품을 실어 보냈다.

제14장

은혜와 원수는 반드시 갚는다

테무진이 11세가 되던 해 겨울, 오논강의 얼음이 두껍게 얼었다. 강 건너편 자다란부의 자무카는 얼음 위에서 테무진과 놀고 있었다. 자무카와 테무진은 보돈차르의 후손이었다. 자무카는 테무진에게 비석(동물의 넓적다리뼈로 만든 주사위)을 주었고, 테무진 역시도 자무카에게 비석을 주었다. 이렇게 해서 두 사람은 의형제를 맺었다. 비석은 어린 소년들이 게임을 하고 미래를 점치는 데 사용하는 물건이다. 나중에 어른이 된 이후에 두 청년은 서로 만나 사냥을 하면서 다시 한 번 의형제를 맺었다. 이때 자무카는 짐승의 뿔로 만든 화살촉을, 테무진은 나무로 만든 화살촉을 주었다.

호엘룬이 아이들을 데리고 어렵게 산 지 어느덧 3, 4년이 흘렀다.

오논강 강가에서 테무진과 형제들은 말총 몇 가닥을 묶어 만든 낚싯바늘을 각목에 매달아 고기를 잡았다.

"이것 봐, 카사르가 금빛 물고기 한 마리를 낚았다."

테무진이 큰 소리로 외쳤다. 벡테르는 손에 들고 있던 낚싯대를 내려놓고 달려왔다. 카사르의 손에 있던 반짝반짝 빛나는 금빛 작은 물고기를 벡테르가 덥석 낚아채서 내달렸다. 그는 뛰어가면서 들고 있던 물고기를 높이 쳐들며 득의양양하게 허공에 대고 흔들었다.

테무진과 카사르는 집에 돌아와 어머니 호엘룬에게 분통을 터트렸다.

"우리가 금빛 물고기를 잡았는데 벡테르에게 빼앗겼습니다."

호엘룬은 이들 형제에게 다음과 같이 가르쳤다.

"우리 집은 의지할 곳이 없고 그림자 외에는 친구가 없다. 말꼬리 외에는 채찍도 없으며, 전적으로 너희 형제 몇 명이 한마음으로 협력해야 한다. 내가 늘 너희에게 이야기한 알란 할머니의 화살 꺾는 교훈을 기억하기 바란다. 타이치오드부가 우리에게 준 고난이 아직 가시지 않았는데, 너희는 어찌 알란 할머니의 다섯 아들처럼 서로 다투고 화목하지 못한 것이냐?"

당시 어린 테무진은 어머니의 이야기를 이해하지 못했다. 어머니가 벡테르의 편을 들며 자기를 질책하는 것으로 생각했다.

벡테르는 소치겔의 장남으로 테무진의 이복형이었다. 나이는 테무진보다 두세 살 많았을 것이다. 벡테르는 자기가 강건한 맏형이라는 것을 내세우며 부친을 대신한 가장이라는 생각을 했다.

부락의 전통에 따르면 처자가 있는 남자가 죽으면 죽은 남자의 형제가 미망인을 취한다. 만일 그 형제가 그녀를 원하지 않는다면 이 미망인은 죽은 남편의 다른 아내가 낳은 아들에게 시집을 갈 수 있다. 아마 벡테르는 호엘룬에게 시집을 오라고 요구했을 것이다. 그 후로도 테무진은 사냥감을 벡테르에게 뺏기고 어머니 호엘룬에게 꾸중을 들었다. 이것은 그의 마음속에 한이 되었다.

그들의 주거지 부근에는 작은 산이 있었다. 오논강이 산 뒤로 흐르고 앞에는 풀밭이 펼쳐져 있었다. 벡테르는 이 산 위에 앉아 집에 있는 말 아홉 마리를 풀어놓고 키웠다. 테무진과 카사르는 손에 활과 화살을 들고 한 사람은 벡테르의 등 뒤에서, 다른 한 사람은 그의 앞으로 은밀하게 접근해 갔다. 그들이 활을 쏘려고 하자 벡테르가 큰 소리로 외쳤다.

"타이치오드부가 우리에게 준 고난이 아직 적어서 이런 것이냐? 누가 그 복수를 해야 하는지 모르느냐? 너희는 왜 나를 죽이려고 하고, 나를 용납하지 않는가? 집의 부뚜막을 망가뜨리지 말아야 하니 내 동생 벨구테이를 버리지 않기를 바란다."

'게르의 부뚜막'은 가정의 상징이다. 부뚜막을 망가뜨린다는 것은 집 안의 멸망을 의미했다. 말을 마친 벡테르는 그대로 앉은 채 테무진 형제가 그에게 화살 쏘기를 기다렸다. 테무진 형제는 벡테르의 말을 듣지 못하고 사냥하듯이 앞뒤에서 벡테르를 쏘았다.

벡테르는 테무진에게 쓰러진 첫 번째 인물이 됐다.

테무진이 자기 이복형을 죽였다는 소식을 들은 타이치오드의 수령은 깜짝 놀랐다.

"설마 날짐승 새끼의 날개가 그리 커졌다는 말인가? 짐승의 새끼가 뛸 줄은 아는가? 코흘리개가 다 컸다고?"

수령은 부하들에게 테무진 일가에 대한 기습공격을 명령해서 테무진을 잡으려고 했다. 테무진 모자는 위험을 감지하고 숲속에 숨었다. 벨구테이는 숲속에서 나뭇가지를 베어 울타리를 치고 은신처를 만들었다. 카치온, 테무게, 어린 테물룬은 골짜기 사이에 숨었다.

당시 카사르의 궁술 실력은 타이치오드 사람들과 정면으로 교전할 수준이었다. 그러나 타이치오드 사람들은 카사르는 안중에도 없고 테무진만 찾았다. 그들이 외쳤다.

"테무진을 내놓으라. 그러면 다른 사람들은 놓아주겠다!"

테무진은 고함치는 소리를 듣고 말 등 위로 뛰어올라 산림 깊숙이 달려갔다. 타이치오드 사람들은 즉시 뒤를 쫓아갔다. 산이 깊고 숲이 빽빽해서 산으로 들어가는 길을 찾지 못하자 그들은 산림을 포위했다. 테무진이 굶주리고 목이 말라 스스로 나올 때까지 기다리기로 했다.

테무진은 삼림 속에서 3일 밤낮을 머물다가 말을 타고 도망치려고 했으나 말안장을 땅에 떨어뜨렸다. 그는 이것이 불길한 징조라고 생각하고 숲으로 되돌아갔다. 며칠 후 그는 다시 한 번 나가려고 했지만 커다란 흰바위가 떨어져 길을 막고 있어서 어쩔 수 없이 숲으로 되돌아갔다. 열흘째 되는 날 테무진은 도저히 참지 못하고 산을 내려오다가 결국 붙잡혀 타이치오드 수령에게 끌려갔다.

수령은 테무진의 목에 칼을 씌웠다. 그리고 타이치오드 사람들은 오논강 강변에서 잔치를 벌이고 술을 마셨다. 테무진을 지키는 사람은 한 명뿐이었는데, 그 틈을 타서 테무진은 나무칼로 그를 기절시킨 후 도망치기 시작했다. 그는 오논강 강변의 숲속으로 피해 있다가 그래도 안전하지 못하다고 생각해서 오논강으로 뛰어들었다.

타이치오드 사람들은 테무진이 도망간 것을 알고 사방으로 쫓았다. 연회에 참석한 테무진의 절친한 친구 침바이와 칠라온의 아버지는 달빛 아래 수면 위로 드러난 테무진의 머리를 보았으나 서성거리는 척하면서 테무진이 들키지 않도록 했다. 이 가족은 타이치오드 부족의 노예였기 때문에 테무진을 감히 숨겨줄 수는 없었다.

침바이와 칠라온은 아버지에게 항의했다.

"새들이 매에게 쫓길 때 풀숲에 몸을 숨기면 풀숲이 목숨을 구해주는데, 우리가 풀숲보다도 선심이 부족한가요?"

그들 형제는 테무진이 목에 쓰고 있는 나무칼을 부숴버리고 양털이 가득 든 수레에 그를 숨겼다.

타이치오드 사람들은 3일 동안이나 테무진을 찾아다니며 그가 멀리 가지는 못했을 것이라고 생각했다. 결국 주변 수색에 박차를 가하면서 이 노인의 집에 와서도 양모를 실은 수레를 보고 헤집어 보기 시작했다. 그러자 형제의 아버지는 태연한 척 말했다.

"날씨가 이렇게 더운데 누가 거기에 숨어 있겠습니까?"

이 말에 타이치오드 사람들은 수긍을 하고 돌아갔다. 노인은 테무진을 더 이상 남겨두지 못하고 어머니가 있는 곳으로 빨리 돌아가라고 했다. 그는 테무진에게 암말 한 필과 삶은 양고기, 마유, 그리고 활을 주었다. 테무진은 오논강을 따라서 말을 몰고 가서 가족을 만났다. 칠라온은 훗날 칭기즈칸의 '4걸'四傑[23] 중 한 명이 되었다.

평온한 나날은 겨우 몇 달밖에 가지 않았다. 어느 날 주르킨족 몇 사람이 테무진 일가의 영지를 발견하고 풀을 뜯고 있던 말 여덟 필을 훔쳐 갔다. 주르킨족은 카불 칸의 장남인 우킨바르칵의 후손이다.

말을 도둑맞은 것을 알고 테무진은 즉시 뛰어서 뒤쫓아 갔다. 그러나 말 도둑은 온데간데없이 사라졌고 테무진은 분개하면서 집으로 돌아갈 수밖에 없었다.

동생 벨구테이가 그날 사냥을 하러 갔기 때문에 그래도 마지막 말은 지킬 수 있었다. 테무진은 벨구테이가 사냥을 마치고 돌아오기를 기다렸다가 곧 도적을 추격했다. 나흘간의 추격 끝에 테무진은 말젖을 짜고 있는 아주 맑고 잘생긴 소년을 보았다. 그의 이름은 보오르초이고, 당시 열세 살인 테무진보다 더 어렸다. 이 소년의 아버지 나코 부자는 몽골의 아로라드 씨족의 수령이자 카이도의 후손이다. 보오르초는 훗날 칭기즈칸

23　4준(四俊)이라고 부르기도 함. 즉 네 사람의 충성스러운 참모이자 뛰어난 장군을 의미함.

의 '4걸'四傑 중 두 번째가 됐다.

보오르초는 테무진에게 주르킨족 사람이 말 여덟 마리를 몰고 이곳을 지나갔다고 했다. 그는 테무진에게 자기가 소유한 말 한 마리를 내어 주고 자진해서 말을 훔쳐간 주르킨 사람을 함께 추격했다. 이들은 3일 동안 달려갔고, 주르킨족의 진영에서 말이 풀을 뜯고 있는 것을 발견했다. 테무진과 보오르초는 몰래 말을 끌고 가려고 했지만 들켜버렸다. 주르킨 사람 중 하나가 말 올가미를 휘두르며 소년들을 쫓아갔다. 테무진 역시 활을 쏘아대며 그들을 두렵게 했다. 날이 어두워지자 말 도둑들은 추격을 멈출 수밖에 없었다.

두 소년은 성공적으로 말을 찾아 보오르초의 막사로 돌아왔다. 테무진은 보오르초의 도움에 감사하고 그와 이 말들을 나눠 갖고 싶었다. 그러나 보오르초는 테무진의 제의를 거절했다. 그는 테무진을 위해 진심으로 칼을 빼든 것이다. 그들은 이때부터 죽을 때까지 평생 좋은 친구가 되었다. 보오르초의 아버지도 아들이 테무진 같은 좋은 친구를 찾은 것을 기뻐하며 살찐 양 한 마리와 마유 한 통을 테무진에게 들려 보냈다. 테무진은 뜻밖의 수확을 얻고 어머니에게 돌아왔다.

이처럼 칭기즈칸의 개인적인 매력은 타고난 것이다. 사람들은 그와 자연스럽게 친해지고 싶어 했다. 보오르초와 같은 걸출한 인물이 첫 만남부터 테무진을 돕고 싶어 했고, 심지어는 함께 모험을 했다. 테무진은 선천적으로 훌륭한 지도자의 자질을 지녔다. 그는 일 처리가 공정하고 의리가 깊었으며 부하들에게도 관대했다. 그는 자연히 다른 부족과 부하들의 추대를 받게 되었다. 그와 함께했던 부하들은 모두 그의 의리에 탄복했다. 친구와 부하에 대한 사랑과 적에 대한 잔혹함은 테무진이 오랫동안 유지해온 도덕이다.

테무진은 이때 이미 막강한 능력을 갖추었고 타이치오드 부족과의 전쟁 이후에도 다른 많은 부족들로부터 인정을 받아 그들과 왕래했다. 테무진도 좋은 관계를 맺기 위해 열심이었고 일부 부족들을 단결시켰다.

테무진은 17세가 되자 누군가의 동반자가 되고 싶었고, 가정을 꾸리고 싶었다.

테무진은 유년 시기의 기억을 더듬어 동생 벨구테이와 함께 데이세첸의 집을 찾아갔다. 몇 년 동안 보지 못했음에도 불구하고 데이세첸은 바로 자신의 사위를 알아보았다. 테무진은 몸집이 우람해졌고 어린 시절에 비해 기지와 깊이가 있어 보였다. 또한 두 눈은 반짝반짝 빛나며 영기를 드러냈다. 데이세첸의 뒤에는 '빛나는 얼굴에 불이 있는 눈을 가진' 테무진의 약혼녀 보르테가 서 있었다. 18세의 처녀 보르테는 눈앞의 테무진을 보고 찌푸렸던 두 눈썹이 풀리면서 미소를 지었다.

당시 몽골초원의 관습은 남자가 여자 집으로 가서 혼례를 치르고 난 다음 함께 시댁으로 간다. 곧 데이세첸은 자신의 딸과 테무진의 혼사를 치렀다. 이때 데이세첸 부부는 쿠톨라 칸이 입었던 검은담비가죽으로 만든 짧은 외투를 테무진에게 결혼선물로 주었다. 당시의 풍습에 따르면 이 선물은 사위의 아버지에게 주는 것이었다.

보르테의 어머니는 이례적으로 딸을 데리고 테무진의 집까지 왔다. 호엘룬은 사돈인 보르테의 어머니를 극진히 접대했고 가족들 역시 신부를 열렬히 환영했다. 테무진 일가는 근 10년 동안의 고난 끝에 드디어 경사스러운 날을 맞이하게 되었다. 가족들은 모두 기뻐하며 이제부터 운수가 대통하고 행운이 돌아오기를 희망했다.

테무진은 벨구테이에게 보오르초를 데려오도록 했다. 지난날 함께 고난을 겪었던 친구와 기쁨을 나누고 싶었다. 보오르초는 두말없이 벨구테이와 함께 왔고, 이때부터 줄곧 테무진을 따랐다.

우량카이 부족의 자르치오다이 노인은 테무진이 결혼해서 가정을 이루었다는 소식을 듣고 자기 아들 젤메를 데리고 테무진에게 왔다. 우량카이 부족은 보돈차르가 통치하던 시기부터 몽골 보르지긴 부족의 노비였다. 부락 노비는 세습이 되어 대대로 주인의 노예가 되어야 했다. 아들을 데리고 온 노인은 테무진에게 말했다.

"비록 우리는 일찍이 헤어져 다른 길을 찾았지만 지금은 당신이 가정을 이루었으니 내 아들을 보냅니다."

젤메는 훗날 칭기즈칸의 '4구'四狗[24] 중 하나가 되었다.

메르키트 사람들은 테무진이 결혼했다는 소식을 듣고 테무진이 아직 힘이 커지지 않았을 때 보복을 단행하려고 했다. 애당초 예수게이가 메르키트 부족에게서 호엘룬을 빼앗아 올 때부터 키야트부 세력은 그들을 견제하며 경거망동하지 못하게 했다. 그러나 메르키트는 이제 기회가 왔다고 생각했다.

어느 날 새벽에 늙은 하녀 코아그친은 호엘룬을 깨웠다.

"마님! 마님! 빨리 일어나세요! 땅에서 말발굽 소리가 진동합니다. 빨리 일어나세요!"

호엘룬과 아이들은 일어나자마자 이미 위험이 다가왔음을 느꼈다. 3백 명의 메르키트 사람들이 땅을 뒤흔들 기세로 테무진 일가를 기습해서 테무진의 아내 보르테를 빼앗아 옛 원수를 갚으려고 했다. 호엘룬, 테무진, 카사르, 카치온, 테무게, 벨구테이 그리고 충심으로 테무진을 따르는 보오르초와 젤메 등은 보르칸·칼둔 성산^{聖山} 깊숙이 달려갔다. 테물룬은 어머니의 품에 안겨 있었다.

---

24 구(狗)는 충견으로 전쟁에서 충성스럽고 용맹하게 싸운 장군을 의미함.

늙은 하녀는 소치겔과 보르테를 수레에 태워 반대 방향으로 끌고 갔다. 날이 밝자 메르키트인들은 이 세 명의 여자를 포위했다. 하녀가 앞을 가로막았지만 아무도 그녀를 상대하지 않았다. 메르키트인들은 결국 그 중 젊은 여자 하나가 보르테라는 것을 확인하게 되었다. 그리고 그들은 계속해서 테무진을 추격하려고 했으나 테무진은 수풀 속에 숨어 있어 찾지 못했다. 보르칸산의 무성한 관목과 늪 때문에 메르키트인들은 계속 추격하지 못했다.

메르키트 사람들은 마침내 복수에 성공했다. 그들은 보르테를 칠레두의 동생 칠게르에게 아내로 주었다.

호엘룬은 어머니로서 우선 자신의 아이를 지켜야 했다. 테무진은 어머니를 따라 도망가면서도 뒷일을 생각하지 못했는데, 훗날 그는 '겁이 났다'고 인정했다.

테무진은 자신의 강건함과 용감함 그리고 단호함만으로는 무기를 지닌 많은 적들을 당해낼 수 없다는 것을 명확하게 깨달았다. 그는 반드시 보르테를 찾아올 것을 맹세했고, 사랑하는 여자를 빼앗겼다는 사실을 받아들이지 않았다. 그는 보르칸·칼둔 산의 정상에 올라서서 모자를 벗고 가죽 허리띠를 목에 걸고서 완전한 굴복 자세를 취했다. 그는 주먹을 쥐고 가슴을 치며 태양 아래서 무릎을 꿇고 기도했다.

메르키트부를 습격해서 보르테를 구해오려면 그에게는 용맹한 친구가 더 많이 필요했다. 그러나 옹기라트부는 너무 멀리 있었다. 멀리 있는 물로는 당장의 갈증을 해결 할 수 없는 노릇이다. 그의 아버지를 죽인 타타르부는 불구대천의 원수다. 그러자 테무진은 케레이트부로 눈을 돌렸다.

테무진은 벨구테이, 카사르와 함께 보르칸산을 떠나 케레이트부 수령 토오릴의 영지에 이르렀다. 여기는 현재 몽골의 수도인 울란바토르 남쪽에서 멀지 않은 곳이다. 토오릴의 커다란 게르(몽골인의 장막)에는 모피가 덧대어져 있었다. 그의 많은 아내들은 비단옷을 입었고 이따금씩 화려한 옷차림을 한 기독교 성직자들이 게르에 드나들었다. 그는 은으로 만든 사발에 마유를 마시고 쇠등자로 장식한 말을 탔다.

테무진은 먼저 자기 아버지 예수게이의 의형제인 토오릴에게 결혼선물을 바쳤다. 결혼한 아들이 아버지에게 선물하는 검은 담비가죽 외투를 건넨 뒤 그에게 청했다.

"내 아내를 구해주십시오."

이는 테무진이 토오릴을 아버지(의붓아버지)로 생각한다는 뜻이었다. 이런 행동은 테무진이 '옷을 입은 채 태어난 아들[25]'이라는 의미이기도 했다. 토오릴은 검은 담비가죽 외투의 내력을 알고서 기뻐하며 선물을 받았다. 그러면서 테무진에게 약속했다.

"우리는 보르테를 빼앗아간 메르키트를 쳐서 네 아내를 구해 줄 것을 약속하노라."

이어 테무진은 자무카와의 연합을 건의했다.

"케레이트에서 오른쪽에 2만 명을, 왼쪽은 자무카가 2만 명을 출병합시다."

이때 자무카는 이미 자다란 씨족의 수령이었다.

케레이트부에서 돌아가는 길에 테무진은 좁은 산 입구를 지나면서 돌궐어 비문이 새겨진 5백 년 전의 비석 두 개를 보았다. 그는 비석 부근에서 우연히 채찍 하나를 주웠고, 이것을 운명이 그에게 내려 준 하늘의 가호라고 생각했다. 몽골에서는 잃어버린 가축이나 유실물을 주우면 주인

---

25 옷을 입은 채 태어난 아들은 의붓자식을 말함. 한편 '옷을 벗은 채 태어난 아들'은 친자를 의미함.

에게 찾아줄 의무가 있었다. 그러나 채찍은 중요한 상징적 의미를 지닌 물건이었기에 그는 채찍을 움켜쥐고 자기가 갖기로 결정했다. 이것은 마땅히 그에게 돌아올 운명이었다고 생각했다.

이 사건은 테무진이 비로소 자기 인생을 장악하게 된 계기가 되었다. 이후 그의 일생에서 이 '하늘의 채찍'은 줄곧 함께했다.

테무진과 카사르, 벨구테이는 과거 두 차례나 의형제를 맺었던 친구 자무카에게 구원을 요청하고 토오릴 칸의 생각을 전했다. 테무진을 만난 자무카는 그의 요청에 두말없이 응했다.

"이 원수는 반드시 갚아야 한다. 우리는 메르키트를 전멸시켜 보르테를 구해야 한다."

두 세대의 의형제, 즉 막강한 케레이트부와 자다란부가 테무진의 구원자가 된 것은 불행 중 다행이었다.

테무진이 실제로 보르테를 구하러 출병할 것이라는 말을 듣고 자르치오다이 노인이 찾아와 젤메의 동생 수부타이를 그에게 보냈다. 수부타이는 칭기즈칸의 충성스러운 용장 4구四狗 중 두 번째 사람이다. 그는 동유럽 여러 곳과 러시아를 정복한 가장 위대한 몽골의 전략가다.

자무카는 처음에 1만을 출병했다. 당시 키야트부의 백성 중 일부는 자무카와 함께 유목을 했기 때문에 여기에 추가로 1만 명을 더 징집해서 총 2만 명을 모았다. 토오릴과 그의 동생 자카감보는 각각 1만 기병씩 출병을 해서 총 4만의 대군이 편성되었다. 메르키트부의 병력과 비교해 보면 압도적인 우위를 점한 것이다. 토오릴은 자무카를 이번 전투의 총지휘자로 추대했고 그도 사양하지 않았다.

메르키트부는 세 개의 성이 연맹한 부족이었다. 수령은 톡토아, 다이르오손, 카아타이다.

자무카는 야간기습 전술로 대승을 노렸지만 톡토아는 보르테를 빼앗

야간 후 경계를 강화해 사방에 첩자를 배치했다. 톡토아는 정탐꾼으로부터 자무카 대군이 공격을 해왔다는 소식을 듣고 서둘러 다이르오손에게 알렸고, 그 두 사람은 함께 도망쳤다.

4만 기병의 공격은 마치 하늘에서 큰 재앙이 내려온 듯했다. 메르키트가 수령을 잃고 효과적인 저항을 하지 못하자 백성들은 사방으로 도망쳤다. 자무카와 토오릴은 연합군을 이끌고 추격하면서 백성들을 노략질했다.

테무진은 다른 것은 돌아볼 겨를도 없이 보르테의 행방만을 찾았다. 혼란스러운 전쟁터에서 테무진은 큰 소리로 보르테의 이름을 불렀다. 그러자 메르키트인의 수레에 있던 보르테는 남편의 외침 소리를 듣고 수레에서 뛰어내려 늙은 하녀 코아그친과 함께 소리 나는 방향으로 달려갔다.

그녀는 테무진의 말 앞에서 고삐를 잡아당겼다. 달빛이 두 사람을 비추었고 이들은 서로를 꼭 껴안았다. 보르테를 찾은 테무진은 즉시 사람을 보내 토오릴과 자무카에게 알렸다.

"더 이상 쫓을 필요가 없다. 나는 이미 그녀를 찾았다."

그리고 그들은 진영에서 기다렸다.

대군이 메르키트 진영에 쳐들어왔을 때 보르테의 새 남편인 칠게르는 큰 재난이 임박했음을 느끼고 혼란을 틈타 도망쳤다.

테무진의 이복동생 벨구테이는 메르키트 진영에서 큰 소리로 자기 어머니의 이름을 불렀다. 소치겔은 아들의 고함소리를 들었지만 눈물을 흘리며 자기의 새 남편을 따라 숲속으로 들어갔다. 벨구테이는 어렴풋이 숲속으로 들어가는 어머니의 뒷모습을 보고 쫓아갔지만 찾을 수 없었다. 그는 이후로 다시는 어머니를 볼 수 없었다.

테무진과 벨구테이는 메르키트에 학살과 약탈을 감행한 후 군사를 거두어 회군했다. 테무진과 자무카는 동행을 했고, 토오릴은 군대를 이끌어 빼앗은 재물을 가지고 케레이트부로 돌아갔다.

테무진은 메르키트 진영에서 다섯 살 된 남자아이를 데려왔다. 담비 털 모자를 쓴 아이는 매우 사랑스러웠다. 그는 이 아이에게 쿠추라는 이름을 붙여주었고, 어머니 호엘룬에게 양자로 삼으라고 했다. 쿠추는 칭기즈칸의 어머니 호엘룬의 네 양자 중 한 명이다.

테무진이 철군하는 길에 보르테는 아들을 낳았고, 주치라는 이름을 지었다. '주치'란 몽골어로 '손님'이라는 뜻이다. 사람들은 주치가 테무진의 친아들이 아니라고 생각했다.

테무진이 자무카와 함께 쿠톨라 칸에 속한 목장에 함께 있던 시절 세 번째 결의를 하고 의형제를 맺었다. 두 사람은 서로 상대방의 허리에 금띠를 매고 말을 교환했다. 그들은 양측의 부하들 앞에서 운명을 같이하고 절대 상대를 버리지 않겠다고 맹세했다. 이들의 결합은 정치적 결속이자 사적 친교였다. 이 시점에서 동맹을 재확인하는 것은 바로 그들이 동맹의 형태로 몽골 칸국의 통치를 회복하기 바란다는 것을 의미했다.

두 젊은이는 함께 먹고 마시고, 잠을 자면서 어깨를 나란히 했다. 이미 군대도 하나로 통합했다. 테무진은 이렇게 성장했고 뜻이 맞는 친구도 생겨서 더 이상 시련은 없을 거라 생각하게 되었다. 그러나 이런 시간은 1년 반밖에 지속되지 못했다.

봄풀이 싹트고 만물이 소생하는 대초원의 4월은 바로 목축민이 진영을 옮기는 시기다. 자무카는 그와 함께 진영을 차린 테무진을 다른 곳으로 보내려고 했다. 테무진은 영문을 몰라 호엘룬과 보르테에게 물어보았다. 그러자 보르테가 말했다.

"나는 자무카가 예전 같지 않다고 생각합니다. 우리는 여기 오래 있으면 안 됩니다. 차라리 그와 헤어져 우리 백성들과 떠납시다!"

테무진은 보르테의 건의를 받아들여 자기 부하들과 떠나기로 했다.

메르키트를 무찌른 것을 계기로 몽골에서는 테무진의 위상이 크게 높아졌다. 전쟁에서 승리를 한 후 1년 반 동안 원래 키야트부에 속했던 부하와 백성, 그리고 노예들이 잇달아 그의 곁으로 돌아갔고 '여기저기 흩어졌던 백성'들이 모이게 되었다. 게다가 다른 부족의 백성들과 노예들까지 적지 않은 수가 테무진에게 의탁하러 왔다. 그중에 바르라스의 쿠빌라이(원 세조 쿠빌라이 칸과 동명이인)라는 사람이 있었는데, 그는 훗날 칭기즈칸의 '4구' 중 세 번째가 되었다.

테무진의 이동 행렬은 타이치오드 주둔지에 이르렀다. 이들은 테무진이 습격하러 온 줄 알고 귀족부터 부족민에 이르기까지 모두 크게 놀라 수레를 몰고 밤새 도망을 치다가 자무카에게 의탁하게 되었다.

타이치오드 진영에서 테무진은 쿠쿠추라는 이름의 사내아이를 또 거두었다. 그 아이는 호엘룬의 두 번째 양자가 되었다.

테무진이 옛 진영으로 옮겨가는 과정에서 많은 사람들이 그에게 몸을 의탁했다. 그중에는 타이치오드의 칠구테이, 타키 형제, 자무카 부족인 코르치, 주르킨 사람 사차베키와 타이추, 쿠톨라 칸의 아들인 알탄, 예수게이 형의 아들인 코차르와 예수게이의 동생 다리타이 등이다. 이렇게 테무진의 군대는 점점 커져 갔다.

자무카와 함께 유목하던 1년여 동안 테무진은 점점 더 많은 사람들에게 알려지고 인정받게 되었다. 고귀한 혈통을 가진 네 명의 몽골 친왕이자 숙부인 다리타이, 사촌 동생 코차르(네쿤의 아들), 주르킨의 수령 사차르와 알탄(쿠톨라 칸의 아들) 등은 테무진을 몽골의 새로운 지도자로 선출했다. 그들은 테무진에게 다음과 같이 말했다.

"우리는 당신을 대칸으로 만들기로 결심했습니다. 우리는 싸울 때 반드시 용감하게 앞으로 나아갈 것입니다. 빼앗은 미녀들은 모두 당신에게 줄 것이고, 사냥도 앞서가게 하며, 당신이 먼저 먹게 할 것입니다. 만일 우리가 당신의 명령을 따르지 않거나 당신의 계획을 실패하게 한다면 당신은 우리의 모든 것을 빼앗고 황야에 버려 자연이 우리를 처리하도록 내버리십시오."

그들이 이렇게 맹세를 하자 테무진은 칸(이때 칸은 몽골 전체의 칸이 아니라 부족의 칸이었다)이 되었다.

칸의 권력을 더욱 강화하고 통일된 관리를 하기 위해 테무진은 보오르초와 젤메를 중관장衆官長(관리들의 우두머리)으로 임명하고, 다음과 같이 말했다.

"내가 혼자였을 때 너희들은 나를 따랐으니 결코 잊지 않을 것이다. 지금 너희들은 나를 대신해서 대중을 관리하라."

그리고 그는 부하들에게 다음과 같이 선포했다.

"당신들은 자무카가 아닌 나를 선택했다. 만일 내가 하늘의 보호 아래 대업을 이룬다면 당신들은 나의 좋은 동료다! 당신들이 내게 행운을 가져다준 것이다."

테무진이 칸이 된 사연들을 보면 신기한 징조들이 많았다. 바아린 씨족의 코르치는 테무진에게 길조를 가져다주었다. 테무진은 코르치를 보고 놀라는 한편 기뻐했다. 그는 자무카와 아주 가까운 혈연관계에 있는 수령이라서 어떻게 자기를 찾아왔는지 의문이었기 때문이다. 테무진의 표정을 본 코르치는 다음과 같이 말했다.

"저는 본래 성스러운 조상 보돈차르가 사로잡아온 부인의 자손으로 자무카와 어머니가 같지만 다른 부족입니다. 자무카의 조상은 자지라다이부족의 혈통입니다. 저의 선조는 바아리다이고, 저는 그 후손입니다. 저는 본래 자무카를 떠나지 말아야 하지만 신이 저의 꿈속에 나타나 어쩔 수 없이 찾아오게 되었습니다."

"그래? 어떤 꿈인가?"

테무진이 궁금해서 물었다. 이에 코르치는 꿈에 대해 설명했다.

"꿈에서 노란 소 두 마리 중 한 마리가 뿔로 자무카의 막사와 수레를 들이받았습니다. 다른 건장한 놈도 대로변에서 자무카의 뒤를 쫓아가며 울부짖었습니다."

"이게 무슨 뜻인가?"

테무진은 그 말을 듣고도 여전히 의문이 들었다.

"이것은 하늘과 땅이 합의한 것으로 테무진께서 왕이 된다는 것입니다!"

코르치는 단호하게 말했다.

"제가 당신에게 이런 상서로운 징조를 가져왔는데, 당신께서 군주가 된다면 어떻게 보답하시겠습니까?"

코르치가 이어서 물었다.

"내가 정말로 왕이 된다면 너를 만호萬戶로 봉할 것이다."

테무진은 별 생각 없이 대충 대답했다.

"단지 만호로 봉하신다고요? 안 됩니다. 저는 30명의 미녀를 아내로 삼겠습니다. 또 앞으로 제가 어떤 말씀을 드리든 제 말을 들으셔야 합니다."

코르치는 대담한 조건을 내세웠다.

테무진은 자기가 왕이 된다고 장담하는 것을 듣고 살짝 흥분했다. 당시 몽골인들의 종교는 샤머니즘으로, 사람들은 '신'의 계시를 의심하지 않았다. 테무진도 물론 '신'의 힘을 빌려 자신에게 신비로움을 더하고 싶었다.

무칼리도 쿠톨라 칸의 거대한 보호 아래 있을 때 이렇게 예언했다.

"세상을 다 덮을 영웅이 나와서 새로운 대칸이 되어 원수를 갚아줄 것이다."

무칼리는 칭기즈칸의 '4걸'^{四傑} 중 세 번째이다.

무칼리는 잘라이르 사람이다. 이 씨족은 오랫동안 보르지긴 가문을 추종했고 충절을 다했다. 《추배도》^{推背圖}에도 이 예언이 있다.

《추배도》는 중국 제일의 예언서로, 당나라 태종 이세민이 국운을 예측하기 위해 저명한 도사 이순풍과 원천강에게 저술하도록 한 것이다. 역학, 천문, 시사^{詩詞}, 수수께끼, 그림 등을 융합해서 만든 것이다.

제25상^象 : 원나라의 운명

제25상^象 : 무자년^{戊子}

예언 :

북쪽에서 황제, 남쪽에서 신하가 나오고, 하나가 우뚝 솟아 자립한다.

강물을 떠나 제비집을 잡는다. (생략)

칭송 :

3국²⁶이 정립되어 전쟁을 하다 기이한 일이 생긴다.

한 마리 늑대²⁷와 두 마리 쥐²⁸가 급박하게 변한다.

북쪽 군대가 비록 강하고 세지만,

후대는 10대까지다.

김성탄^{金聖嘆29}**의 주해** : 이 상^象은 강가에서 황제에 오른 원나라 태조다. 태조의 이름은 테무진이고, 원나라는 10대까지 이어진다. 철 도끼와 나무 자루가 있는데, 이 자루의 열 마디는 열

---

26 몽골, 서하, 금나라

27 몽골을 의미

28 서하와 금나라

29 중국 명나라 말기, 청나라 초기의 문학비평가(1608~1661, 강소성 우현 사람)

명의 왕이라는 의미가 숨겨진 것이다.

테무진이 키야트부의 칸으로 추대되자 의례대로 케레이트부와 자무카에게 통보를 했다. 케레이트부의 토오릴은 몽골의 지도자가 뽑힌 것을 기뻐했고, 테무진에게 칸이라는 직위를 허락했다. 사람들도 모두 기뻐했다.

자무카 역시 너그러웠지만 자기 형제를 이간질한 사건, 그리고 함께 지낼 때 왜 대칸을 뽑지 않았는지에 대해 의문을 제기하며 비아냥거렸다.

테무진이 칸으로 취임한 이후 첫 번째 전쟁은 자무카와 치른 것으로, 역사에는 '13익翼 전투'라고 쓰여 있다.

자무카의 동생과 테무진 부하의 목장이 서로 인접해 있었다. 자무카의 동생이 테무진 부하의 말 떼를 빼앗아 가자 그 부하는 홀로 말을 타고 쫓아가서 자무카 동생의 등뼈를 잘라버렸다. 바로 이 사건이 13익 전투의 기폭제가 되었다.

자무카는 초원의 13개 부락을 연합해서 3만 명의 군대를 조직하고 테무진과 전쟁을 하기로 했다. 그는 테무진이 단지 부족의 왕이 되고 싶은 것이 아니라는 사실을 잘 알고 있었다. 자무카는 자기야말로 초원 전체의 칸이라는 것을 실력으로 증명해야 했다. 이 13부는 주로 자다란부, 타이치오드부, 옹기라트부, 카타드부, 투올변부, 타타르부 등이었다.

테무진은 이러한 움직임을 알고 깊은 생각에 잠겼다. 평화적인 해결은 불가능했다. 그는 자무카의 목적이 키야트부를 없애려는 것이 분명하다고 생각했다. 그렇다면 이 싸움은 어떻게 대응할 것인가? 이기면 어떻게 될까? 진다면 또 어떻게 될 것인가? 병사 외에 노인과 어린 부녀자들은 어떻게 할 것인가?

테무진은 장수들을 불러 회의를 열었다. 알탄, 코차르, 다리타이 등은 모두 전쟁을 하자고 주장했다.

"출정할 때 우리가 선봉에 서자."

그들은 전쟁을 해서 이기면 많은 전리품을 얻을 수 있고, 진다고 해도 테무진의 무능을 질책할 수 있을 것이라고 생각했다. 테무진은 그들에게 부락으로 돌아가서 전쟁을 준비하라고 했다. 테무진은 자신의 곁에 남아 있는 보오르초, 젤메, 무칼리, 수부타이, 쿠빌라이, 칠라온과 네 명의 동생을 보며 질문했다.

"이 싸움을 어떻게 치러야 하는지 말하라!"

벨구테이는 반대했다.

"자무카와 싸우면 기껏해야 죽음입니다."

"이기고 싶지 않은가?"

테무진이 따졌다.

"물론 이기고 싶습니다."

벨구테이는 목을 꼿꼿이 세우고 말했다.

"사람이 다 죽는데 어떻게 이기는가?"

테무진은 벨구테이의 의견에 반론을 제기했다.

"이 싸움은 이기기가 쉽지 않습니다. 자무카의 3만 군마는 훈련이 잘되어 있어서 비록 우리도 3만을 조직한다고 해도 군사적인 자질로 볼 때 너무 차이가 큽니다."

젤메가 이야기했다.

"하지만 우리는 질 수 없습니다!"

칠라온은 매우 초조해 보였다. 테무진은 무칼리와 수부타이에게로 눈을 돌렸다. 수부타이는 테무진을 바라보며 말했다.

"칸, 지난번에 우리가 사냥했던 그곳을 기억하십니까? 그 골짜기는 바로 천연의 방어지가 아닙니까?"

"제레네 협곡 말인가?"

"맞습니다! 제레네 협곡은 사방이 험한 산으로 둘러싸여 있어 도저히 오를 수 없습니다. 좁은 고개 하나만 바깥과 연결되어 있습니다. 우리는 먼저 노인과 어린 부녀자를 계곡으로 이동시켜야 합니다. 그리고 일단 작전이 불리해지면 즉시 모든 군대는 계곡으로 철수해서 아군의 손실을 줄이는 겁니다. 전쟁터는 달란발조트 늪지대입니다. 그래서 자무카의 기병들은 쉽게 공격할 수 없고 우리가 후퇴할 때에도 우리 뒤를 쫓는 것을 막을 수 있습니다."

"그렇게 되면 우리는 뒤탈이 없다?"

테무진은 고개를 끄덕였다. 그러나 수부타이 옆에 있는 무칼리는 고개를 저었다.

"왜요? 제 계획이 실패할 것 같나요?"

수부타이는 무칼리에게 물었다.

"당신의 계획은 매우 좋고 완전히 동의합니다. 우리가 손해를 조금 보겠지만 나쁘지만은 않습니다."

무칼리의 말을 듣고 현장에 있던 다른 사람들은 어리둥절했으나 테무진만 빙긋이 웃었다.

"좋아, 이렇게 결정하자. 수부타이와 무칼리의 계획에 따라 우리 병사와 말도 13개 조[13翼]로 나누어 자무카의 공격에 대응하자. 보오르초와 젤메는 노인, 어린이, 여자들을 모아 제레네 협곡으로 이동시키고 다른 사람들은 각자 군마를 정비해서 내일 집합하도록 한다."

테무진은 결단력 있게 결정했다.

이튿날 새벽 테무진은 본대를 이끌고 달란발조트로 진격했고, 다른 부족들도 테무진과 합류했다.

그날 밤 테무진은 군사회의를 열고 각 부 수령에게 군대 배치 계획을 하달했다. 그는 알탄, 코차르, 다리타이에게 본대의 군마를 통솔하고 아울러 사차베키와 주르킨부의 타이추에게 선봉에 서도록 명령했다. 적들이 의심하지 않도록 차카안오아가 네우스부를 이끌고 이들과 함께 출진하게 했다. 그리고 다시 다른 부대를 배속하는 등 모두 13개 조로 나누어 적에 맞섰다. 그는 모든 군대가 테무진의 백색 깃발을 따라 일률적으로 진퇴를 해야 하고 독단적으로 행동해서는 안 된다고 특별히 강조했다.

곧 자무카의 연합군이 도착했고, 쌍방이 진을 치자 대전이 임박했다. 테무진은 자기 역량이 자무카보다 약하다는 것을 알고 완벽한 수비태세를 취했다. 무리하게 싸우면 승산이 있을 수도 있지만 가까스로 이기게 되면 너무 피해가 클 것이었다. 그는 아직 갈 길이 멀기 때문에 손실을 최대한 줄이고자 했다.

테무진의 선봉 부대는 자무카의 부대와 단병전을 벌였다. 테무진은 전황을 주시하고 있었다. 이때 선봉에 섰던 몇 갈래의 부대가 막대한 타격을 입으며 무너질 위기에 처했다. 차카안오아가 자무카에게 생포되었다.

"철수할 때입니다."

무칼리는 테무진의 곁에서 작은 소리로 말했다. 테무진은 고개를 끄덕이며 손을 들어 허공에 휘둘렀고, 등 뒤에 있는 백색 깃발이 펄럭이자 천천히 후퇴하기 시작했다. 철수 명령을 알리는 나팔 소리가 전장으로 퍼졌다. 테무진은 전쟁터 쪽을 마지막으로 한 번 돌아보고는 말머리를 돌려 철수하는 인파 속으로 뛰어들었다.

모든 군대가 제레네 협곡으로 철수한 후 테무진은 즉시 협곡의 어귀에 수비대를 배치하고 나무로 협곡의 입구를 완전히 봉쇄해서 방어벽을 만들라고 명령했다. 손실이 큰 다른 부대는 그 자리에서 휴식을 취하고 재조직을 하도록 명령했다. 호엘룬과 보르테는 노약자 및 부녀자들을 동원해서 부상병들을 치료했다.

이 전투는 테무진의 전략에 따라 잘 진행되었다. 협곡의 입구에서 자무카는 몇 차례 공격을 시도했으나 일부 병사를 죽였을 뿐 헛수고만 했다. 자무카의 군사는 테무진에게 욕설을 퍼부었지만 협곡 입구의 방어를 맡은 수부타이는 끄떡도 하지 않고 자무카에게 욕설을 퍼부으라고 명령했다.

사흘 동안 교착 상태가 지속되자 자무카는 초조해졌다. 그는 수비군을 위협하기 위해 협곡 입구 앞 공터에 70개의 큰 솥을 놓고 이틀 전 전투에서 잡은 포로들을 끓는 물에 산 채로 삶아서 육장肉醬(장조림)을 만들었다. 그런 다음 공개적으로 잔치를 벌였다. 게다가 포로로 잡힌 네우스의 수령인 차카안오아의 머리를 베어 자신의 말꼬리에 묶어서 원래의 모습을 알아볼 수 없을 때까지 이리저리 끌고 다녔다.

강공과 욕설, 공갈 등 일련의 전술이 모두 실패하면서 자무카의 인내심은 한계에 다다랐다. 이 싸움으로 테무진을 집어삼키려는 계획은 무산되었고, 할 수 없이 철군 명령을 내렸다.

테무진은 비록 전쟁에서 패했으나 정치적으로는 수확이 많았다. 이 전쟁은 백성들이 자무카를 떠나게 만든 계기가 되었고, 반면 테무진은 백성들의 신망을 얻어 여러 부족들이 모여들게 되었다.

테무진이 타타르와 처음 맞붙었을 때 그는 금나라의 힘을 빌렸다. 처음으로 금나라와 협력해서 자신의 적대세력을 타격했고, 동시에 케레이트 부의 지원도 받았다.

타타르인들은 비록 금나라와 동맹을 맺었으나 종종 금나라의 통치 구역에서 약탈을 함으로써 금나라 조정을 격분하게 만들었다. 금나라 장종 때 승상 완안양完顔襄은 사자를 보내 테무진을 출병시켜 타타르인을 배후에서 습격하도록 했다.

이때가 바로 암바가이 칸과 아버지 예수게이의 원한을 갚을 때였다. 승리를 굳건히 하기 위해 테무진은 케레이트부 토오릴에게 지원을 요청했고 그는 3일 동안 군사를 모아서 타타르인들과 전쟁을 벌이기로 했다. 이어 테무진은 주르킨의 수령 사차르에게 군대를 소집하라고 명령했지만 6일을 기다려도 군대는 도착하지 않았다. 테무진은 유리한 기회를 놓칠까 봐 케레이트 연합군과 함께 타타르의 배후를 공격했다. 결국 타타르는 심한 타격을 받았고 그들의 수령은 사망했다.

금나라 승상은 매우 기뻐하며 토오릴에게 '왕'의 칭호를 내렸다. 이후 그를 왕한王꾸이라고 불렀다.

그러나 금나라는 테무진에게는 명예로운 직함을 수여하지 않았다.

몽골인이 타타르인의 진영에 쳐들어가자 금 코걸이를 하고 담비 가죽으로 안감을 댄 옷을 걸친 남자아이가 있었다. 테무진은 이 아이를 어머니 호엘룬에게 세 번째 양자로 보냈다. 그가 바로 시키켄 코도코다.

테무진이 타타르족과 전쟁을 하는 동안 주르킨 사람들은 그의 영지로 와서 가족과 노인, 그리고 어린 아이들을 괴롭히고 옷을 벗겨 죽였다. 테무진은 이 소식을 듣고 화가 치밀었다. 그렇지 않아도 주르킨 사람들이 얼마 전 잔치에서 집사장을 때리고 칭기즈칸의 동생 벨구테이를 베는 일이 있었다. 게다가 타타르와 전쟁을 하기 위해서 주르킨 군대를 징발했으나 그들은 명령을 듣지 않았다. 이렇게 쌓인 원한으로 칭기즈칸은 그들을 혼내주기로 결심하고 군대를 이끌고 공격했다.

주르킨이 패하자 사차르와 타이초는 도망을 가다가 칭기즈칸의 부하들에게 붙잡혔다. 칭기즈칸은 자기 손으로 그들을 죽였고 부하들은 군대로 흡수했다.

테무진은 주르킨 진영에 버려진 보로올이라는 아이를 데리고 왔다. 테무진은 그 아이를 어머니 호엘룬에게 네 번째 양자로 보냈다. 보오롤은 후에 칭기즈칸의 '4걸' 중 네 번째가 되었다.

테무진과 왕한의 연합군을 대적할 상대가 없게 되자 반 테무진 연합군이 집결해서 자무카를 통수권자로 추대했다. 자무카는 카다킨, 살지오드, 두르벤, 타타르, 이킬레스, 고롤라스, 나이만, 메르키트, 오이라트, 옹기라트, 타이치오드, 자다란 등의 12부족을 통솔해서 테무진에게 치명타를 가할 준비를 했다. 테무진의 장인이자 옹기라트의 수령 데이세첸은 당장 이 소식을 사위에게 알렸다. 이에 테무진은 왕한과 연합군을 조직하고 쿠이텐에서 자무카를 맞아 싸웠다.

교전을 시작하는 날 흐린 날씨가 어두컴컴해지고 폭풍우가 곧 닥칠 것 같았다. 나이만부에서 온 보이록 칸은 자기가 바람과 비를 불렀다고 자랑했다. 비록 테무진이 땅과 인심을 가졌으나 자기는 '하늘의 시간'[天時]을 이용해 폭풍우를 일으켜 테무진에 대한 공격을 도와주겠다고 했다. 보이록 칸이 방술을 시작하고 중얼거리자 과연 비바람이 크게 일어났다. 그런데 바람의 방향이 반대로 불었다. 자무카의 부대는 비바람을 무릅쓰고 진격할 수밖에 없었다. 반면 테무진과 왕한 연합군의 활은 순풍을 탔고, '하늘의 시간'은 테무진에게 유리하게 변했다. 이에 자무카의 연합군은 심리적으로 불안해지면서 사방으로 도망갔다.

쿠이텐 전투는 초원의 패권을 다투는 결전이었다. 각기 다른 뜻을 품은 12부 연맹은 테무진과 왕한의 연합군에게 맹렬한 타격을 입고 하루도 안 돼서 와해되었다.

왕한이 자무카와 메르키트부를 추격하자 자무카는 왕한에게 투항했다. 왕한은 메르키트부 톡토아의 장남을 죽이고 그의 두 딸과 아내를 사로잡았다. 왕한은 그의 다른 두 아들과 하인들을 압송했으나 톡토아는 도망치게 내버려 두었다.

테무진은 타이치오드를 바짝 추격했다. 몇 년 만의 원한이 마침내 청산될 때가 되었으니 그는 당연히 이 기회를 놓치려 하지 않았다. 타이치오드도 필사적으로 저항해서 잡히지 않았다. 전투는 아침부터 저녁이 되도록 승부를 가리지 못했다. 저녁에 양쪽 군대는 서로 마주 보고 진을 치며 휴식을 취했다.

그런데 테무진은 빗나가는 화살이 목을 스쳐지나가 통증이 심하고 정신이 혼미했다. 몽골 군의관이 상처를 빨아들여 피를 빼내야 한다고 말하자 젤메는 군의관이 말한 대로 더러운 피를 한 모금씩 빨아냈다. 테무진은 한밤중에 일어나서 말했다.

"목이 마르다."

그러자 젤메는 자기 옷을 벗어 테무진에게 덮어주고 난 다음 마유를 구하기 위해 죽음을 무릅쓰고 타이치오드의 막사로 달려갔다. 그러나 마유는 구하지 못하고 뜻밖에 치즈 한 통과 약간의 물을 찾을 수 있었다. 젤메는 막사로 돌아와 이것을 끓여 테무진에게 세 번에 걸쳐 나누어 마시게 했다. 그러자 테무진은 '의식과 눈이 맑아지는 것'을 느꼈고 날이 밝아오자 일어설 수 있었다. 그는 바닥에 떨어진 피딱지를 보고 젤메에게 어떻게 된 일이냐고 물었다. 그러자 젤메는 자기가 테무진의 상처를 처리한 사실과 치즈를 훔친 경위를 보고했다.

테무진은 그를 야단치듯 물었다.

"만약 네가 치즈를 훔치다 잡혔다면 어쩔 뻔했느냐?"

젤메가 말했다.

"탈영병 행세를 하면서 칸께서 제 옷을 다 벗기고 내쫓아서 항복하러 왔다고 말한다면 그들은 틀림없이 믿을 것이고, 그렇게 하면 제가 말 한 필을 훔쳐서 돌아올 수 있었을 것입니다."

이에 테무진은 그의 충성심에 감명을 받고 다음과 같이 말했다.

"예전에 보르칸산에서 너는 메르키트로부터 나의 생명을 구해주었는데, 이번에도 나를 위해 더러운 피를 빨고 우유를 구해서 마시게 해주었다. 또 한 번 내 목숨을 구해 주었구나!"

타이치오드의 수령은 날이 밝기 전에 어둠을 틈타서 도망갔다. 날이 밝자 테무진은 부하들에게 타이치오드의 백성들을 돌아가게 해주라고 명령했다.

카다안(칠라온의 여동생)은 산에서 붉은 옷을 입고 테무진을 부르며 자신을 도와달라고 했다. 타이치오드 사람이 그녀와 테무진이 친하다고 의심해서 남편을 죽이려고 했기 때문이다. 테무진이 도착했을 때는 이미 카다안의 남편은 살해당한 뒤였다. 테무진은 군마에서 뛰어내려 다정하게 카다안을 끌어안았다. 그리고 그녀를 자신의 막사로 데리고 가서 자신의 곁에 앉혔다. 그녀가 지난날 자기의 목숨을 구해준 은혜에 감사하며 오늘의 불행을 잊을 수 있게 위로해 주었다.

카다안은 테무진의 많은 여자들 중 유일하게 테무진에게 시집가겠다고 약속했지만 끝내 그에게 시집을 가지 않았다.

테무진은 타이치오드부 백성을 수용했으나 귀족에게는 조금도 자비롭지 않았다. 그는 타이치오드의 귀족 혈통을 가진 사람은 모두 죽이려고 했다.

제베는 테무진이 지어준 이름이다. 그는 '4구'四狗의 네 번째다. 제베는 쿠이텐 전투에서 테무진이 사랑하는 준마를 화살로 쏘아 다치게 한 적이 있다. 이번에 그의 목의 상처도 이 신들린 궁수의 소행이었다. 테무진은 제베가 자기에게 몸을 의탁했을 때 이 사건을 언급했다. 제베는 얼른 잘못을 인정했다.

"대칸, 제 생명은 당신 것입니다. 하지만 저를 죽이신다면 겨우 손바닥만 한 곳에 피가 흐를 뿐입니다. 그러나 만일 당신을 위해 일하게 해주신다면 반드시 목숨을 걸고 대칸을 위해 물불을 가리지 않을 것입니다."

테무진은 이 말을 듣고 기뻐했다.

"적은 보통 자기가 다른 사람을 해친 것을 인정하지 않지만 너는 아주 솔직하다. 그래, 나를 따르라!"

바아린족의 나야아는 타이치오드 수령을 붙잡았지만 그냥 놓아주었다. 그는 테무진에게 의탁할 때 이 일을 말했다. 테무진은 그의 행동에 대해서도 칭찬을 했다.

"만약 네가 너의 주인을 배신했다면 나는 너를 죽였을 것이다."

그는 타이치오드부를 멸망시킨 지 얼마 되지 않아 승세를 몰아 타타르를 토벌하기 위한 전쟁을 일으켰다.

이전의 전투에서는 종종 재물을 강탈하는 사이에 부족의 수령이 탈출할 수 있었다. 그러나 이번에 테무진은 전쟁에 나가기 전에 부하 병사들에게 명령했다.

"전투에서 승리한 후에야 전리품을 나누어 가질 수 있다."

테무진이 여러 번 명령을 내렸으나 여전히 이를 따르지 않는 사람이 있었다. 테무진의 숙부 다리타이, 같은 조상의 형제인 코차르, 친왕 알탄 등은 테무진의 명령을 무시하고 전리품을 공동 분배하기 전에 자기가 빼앗은 것을 가져갔다. 그들은 지위가 높아 테무진의 명령을 무시했고, 이런 행동은 진영에 매우 나쁜 영향을 끼쳤다. 그러자 테무진은 제베, 쿠빌라이에게 그들이 약탈한 물건을 몰수하도록 명령하고 공공에 귀속시켜 기강을 바로잡았다. 세 사람은 이에 대해 불만을 품고 왕한에게 몸을 의탁했다.

테무진은 아버지를 죽인 타타르부에 대한 명령을 내렸다. 수레바퀴보다 큰 타타르 남성은 모두 죽였고, 부녀자와 어린이는 자기 부족의 귀족에게 주어 노비로 삼아 각 지방으로 흩어지게 했다.

테무진은 전리품을 분배할 때 타타르족 수령의 예쁜 딸 예수겐을 취했고, 그녀는 총애를 받았다. 예수겐은 테무진에게 자기의 언니 예수이를 소개하면서 대칸을 섬기게 하라고 말했다. 그러자 테무진은 즉시 그녀를 데려오게 했고, 그녀의 약혼자는 놀라 황급히 도망갔다. 테무진은 매우 기뻐하며 예수이를 아내로 맞았다.

어느 날 자매가 테무진과 함께 술을 마실 때 언니 예수이가 한숨을 내쉬자 테무진은 이상한 예감이 들었다. 그는 무칼리에게 연회에 참석한 남자를 모두 조사하라고 했고, 무칼리는 낯선 남자를 발견했다. 이 사람은 예수이의 약혼자였다. 그는 약혼녀를 보고 싶어서 왔다고 했다. 테무진은 화가 나서 그를 간첩으로 지목해 죽였다.

타타르족을 무찌른 후 테무진은 비교적 지리적인 환경이 좋은 커루룬강 상류로 본거지를 옮겼다.

제15장

하늘의 채찍으로
사악함을 후려치다

왕한의 지지와 협력은 테무진이 계속 세력을 키우는 데 커다란 도움을 주었다. 테무진은 왕한과의 관계를 더욱 긴밀히 하기 위해서 혼인을 통해 인척 관계를 만들려고 했으나 왕한의 아들 셍굼은 이에 응하지 않았다. 그는 아버지 왕한에게 테무진의 이런 행동은 케레이트부와 어깨를 나란히 하려는 의도라고 했다. 게다가 자무카도 선동을 했다. 또한 몽골 귀족 알탄과 코차르가 칭기즈칸의 권위에 불복하자 왕한은 '칭기즈칸을 죽이고 그의 손발을 모두 묶어야 한다'는 생각을 하게 되었다.

셍굼은 칭기즈칸 집안과의 혼인을 수용하는 척 거짓말을 하고 그를 연회에 초청했다. 칭기즈칸은 이를 전혀 의심하지 못하고 열 명의 부하만을 데리고 연회에 가던 중 뭉릭 노인의 집에서 하룻밤을 묵었다. 뭉릭은 칭기즈칸을 만류했다.

"당신 가족과 결혼하기를 원치 않던 그들이 태도를 바꾼 것은 분명히 이유가 있는 것 같습니다. 그러니 봄철이라 방목지를 떠날 수 없다는 핑계를 대는 것이 좋겠습니다."

칭기즈칸은 일리가 있다고 생각하고 부하를 대신 약속 장소로 보냈다.

셍굼은 자신의 계략이 실현되지 않자 왕한을 설득해서 군사회의를 열고 테무진을 기습하려고 했다. 그러나 테무진은 이 정보를 미리 알게 되었다.

테무진은 곧 군사를 배치하여 포진하고 젤메가 전초를 맡아 적의 움직임을 감시하며 막아섰다. 또한 두 부족의 수령도 선봉에 섰다. 케레이트부가 있는 곳에서 먼지가 날리는 것을 본 테무진은 갑옷을 입고 말에 올라 적을 맞이했다. 전투 중 셍굼은 화살을 정면으로 맞아 말에서 떨어졌다. 케레이트부는 사기가 꺾였고 셍굼을 에워싸며 퇴각했다.

이번 전투는 테무진이 우세했으나 적지 않은 손실을 입었다. 아침에 점호를 해보니 그의 셋째 아들 오고타이와 오랜 친구인 보로올과 보오르초가 없었다. 그는 크게 소리쳤다.

"그들이 살아 있든 죽었든 같이 있을 것이다!"

이 말을 마치자마자 보오르초가 달려오는 것이 보였다. 그는 테무진에게 보고했다.

"제 말은 화살에 맞아 죽었고 셍굼도 상처를 입었습니다. 상대방이 공격을 멈추자 짐을 실은 말을 타고 돌아왔습니다."

잠시 후 보로올도 돌아왔고, 그의 말 등 위에 아들 오고타이가 엎드려 있었다. 그가 목에 화살을 맞아 피를 흘리자 보로올은 입으로 진한 피를 빨아내느라 입 전체가 피투성이가 되었고, 결국 오고타이를 살렸다. 테무진처럼 강철 같은 사내도 가슴이 아파 뜨거운 눈물을 흘렸다.

테무진은 왕한의 군대가 다시 습격하는 것을 막기 위해 짧은 휴식을 취하고 계속 퇴각 명령을 내렸다. 테무진이 이끄는 군대는 여러 곳을 전전하다가 옹기라트부에 도착했다.

"당신들은 가족애가 있는가? 항복할 것인가 아니면 싸울 것인가(호엘룬과 보르테는 옹기라트부다)?"

이에 옹기라트부가 항복을 하자 테무진은 그들의 영지에서 휴식을 취하고 친족들을 편하게 대우해 주었다.

케레이트부와의 전쟁을 통해 테무진은 자기 군대가 아직 강하지 못하다는 것과 군대도 휴식이 필요하다는 것을 알게 되었다. 지금은 휴식처에서 쉴 시간이 필요했다. 따라서 테무진은 한 가지 외교적인 방법을 생각해 내고 왕한, 셍굼, 자무카, 알탄, 그리고 코차르 등에게 각각 두 명의 사자를 파견하여 제안했다.

테무진의 사자는 왕한에게 테무진의 '억울함'을 전했다.

"칸, 나의 아버지. 왜 당신은 저를 위협하십니까? 만약 당신이 저를 책망하고 싶으시다면 저의 부족을 공격할 필요 없이 저만 혼내면 되십니다. 물론 이것은 측근의 나쁜 사람들이 이간질한 탓이겠지만 현혹되시면 안됩니다. 또한 우리의 맹약을 기억해야 합니다. 우리는 수레의 두 바퀴와 같아서 하나가 부러지면 다른 하나는 어찌할 도리가 없습니다."

파견된 사자는 과거 테무진의 아버지 예수게이가 왕한에게 베푼 은혜도 상기시켰다. 또한 자무카가 질투와 욕심으로 가득 차서 테무진의 의붓아버지인 왕한과의 관계를 이간질했다고 말했다.

왕한은 '내 아들 테무진과는 사이가 틀어져서는 안 된다'는 반응을 보였다. 그는 칼로 자기 새끼손가락을 베어 자작나무 껍질 통에 피를 담아 과거의 맹세에 충실하겠다는 결의를 보였다.

"내가 다시 내 아들 테무진에게 잘못하면 피를 볼 것이다."

왕한은 자작나무 껍질 통을 테무진의 사자에게 건넸다.

또 다른 사자는 자무카에게 말했다.

"예전에 우리는 아침에 일어나서 칸의 푸른 잔으로 마유를 마셨다. 나는 보통 너보다 일찍 일어났기 때문에 너는 나를 질투했다. 예전처럼 우리 칸 아버지의 잔으로 함께 마시자."

알탄과 코차르에게 파견된 사자가 말했다.

"코차르, 당신의 아버지는 네쿤입니다. 그러나 당신은 이전에 칸이 되라는 우리의 요구를 거절한 바 있습니다. 알탄, 당신의 아버지 쿠톨라 칸은 일찍이 몽골인을 통치했고, 당신도 칸이 되어 달라는 우리의 요구를 거절했습니다. 당신들은 내 요청을 거부하고 첫 번째 회합에서 나를 칸으로 선언해서 세워놓고 이제는 내게 등을 돌리고 있습니다."

또 다른 사자는 셍굼에게 말했다.

"너는 벌거벗고 태어난 아들이고, 나는 옷을 입고 태어난 아들이지만 우리는 모두 같은 아버지의 아들이다."

사자는 또한 셍굼이 사리사욕을 위해 말년의 아버지를 괴롭히고 온갖 괴로움을 겪게 했다고 비난하면서 그가 아버지가 살아 있을 때부터 권좌를 찬탈하려고 했다는 사실을 일깨웠다.

이 말을 들은 셍굼은 화를 내고 테무진과의 화해를 거절했다. 테무진의 이번 '외교'는 비록 완전한 화해를 이루어내지는 못했으나 왕한 진영 내부에 분열을 일으키게 했다.

테무진은 셍굼의 기습을 막기 위해 후룬호수 근처 발조나의 작은 호숫가로 진영을 옮겨야 했다. 당시만 해도 왕한의 힘이 너무 강했기 때문에 테무진은 퇴각할 때 대부분의 군대가 흩어졌다. 테무진이 발조나 호수에 도착했을 때 각급 수령은 19명에 불과했다. 주치타이, 수부타이, 자볼호자, 타하이바둘, 화이두, 샤오구얼, 아요르, 사엘얀나얀, 보투, 엘리아카이, 엘리부화, 친카이, 카사르 등 13명이고, 나머지 6명의 이름은 기록에 남아 있지 않다.

테무진의 군대는 사람도 말도 지쳤고, 게다가 술도 고기도 없이 막막

한 황야에 있으니 어디로 가서 먹을 것을 찾을지 몰랐다. 그때 갑자기 야생마 한 마리가 초원에서 달려왔다.

카사르는 벌떡 일어나 나는 듯 달려가는 야생마를 화살로 명중시켰다. 테무진은 수하의 군사들에게 야생마의 가죽을 벗기고 진흙으로 가마솥을 만들게 했다. 그리고 부싯돌로 불을 피우고 호숫물로 야생마를 삶아 먹으라고 했다. 식사를 마치고 난 후 테무진은 손으로 호숫물을 마셨다. 다른 19명의 수령들도 모두 호수의 물 몇 모금을 마셨다.

테무진은 호수의 물을 술로 삼아 가슴을 치며 손을 들고 하늘에 맹세했다.

"나로 하여금 정복의 대업을 이루게 한다면 여러분 모두와 함께 동고동락할 것이다. 내가 이 맹세를 지킬 것인지 아닌지는 이 호수가 지켜볼 것이다!"

코롤라스 부족의 초오스차간은 자진해서 테무진에게 몸을 의탁했다.

호라즘의 상인 아산哈桑은 발조나 호수를 지나고 있었다. 그는 흰 낙타를 타고 천 마리의 양을 몰아 웅구트부에서 아르군강을 따라 왔다. 그는 자기 양 떼를 밍크나 다람쥐 가죽과 바꾸려고 했다. 테무진은 그를 초청해서 야생마 고기를 조금 먹이고 발조나 호수의 물을 함께 마셨다. 이때부터 아산은 상단을 버리고 종군해서 테무진의 곁에 남아 천하 쟁탈을 도왔다. 그는 고생한 테무진의 군사들에게 자기 양 1천 마리로 풍족하게 음식을 만들어주며 위로했다.

테무진의 인생에서 이때가 최저점이라고 할 수 있다. 그러나 그는 마치 호수신[湖神]이 보살피기라도 한 듯 절망과 무력감에서 벗어난 듯했다.

체력을 회복한 테무진은 부하들을 이끌고 고향으로 돌아가기로 했다. 고향으로 돌아가는 동안 이들은 모진 고생을 참고 견디며 실패해도 물러나지 않는 정신을 보여주었다. 이런 정신은 몽골인들을 테무진에게 인도

해서 하나로 뭉치게 했다. 몽골인들이 숭배하는 것은 바로 테무진과 같은 영웅호걸이다.

케레이트부 내부에 분열이 일어나는 사이 테무진은 기회를 포착했다. 적이 무방비 상태인 틈을 타 막사를 급습했고, 케레이트부는 3일 밤낮으로 필사적인 저항을 했지만 패배를 선언했다.

왕한과 셍굼, 자무카는 각자 서쪽으로 도망갔다. 왕한은 서쪽으로 달려가 나이만부의 국경까지 갔다가 나이만의 장수에게 살해당했다. 그리고 왕한의 머리는 나이만 족장인 타이양 칸에게 넘겨졌다. 셍굼은 서쪽으로 향하다가 남쪽으로 가서 서하에 이르러 약탈로 생계를 꾸렸다. 서하 사람들은 그를 매우 싫어해서 쿠차왕국으로 쫓아냈다. 쿠차왕국의 국왕은 위구르 사람으로 셍굼을 사로잡아 죽였다. 자무카는 나이만부로 도망갔다.

테무진은 케레이트부가 재기하는 것을 막기 위해 케레이트부 백성들을 각급 장수들에게 나누어 주었다. 왕한의 동생인 자카감보의 딸 이바카베키는 테무진의 아내가 되었고, 또 다른 딸인 소르칵타니는 칭기즈칸의 막내아들 툴루이의 아내로 삼았다. 이렇게 해서 자카감보는 테무진의 외척이 되었다. 이러한 방식으로 전쟁의 뒤처리를 한 테무진은 백성을 약탈하지 않았을 뿐만 아니라 오히려 의지할 만한 역량을 갖춘 사람이라는 신임을 얻었다. 일찍이 테무진에게 케레이트부의 기습정보를 준 두 사람에게는 왕한의 황금 장막과 왕한을 섬기던 하인, 그리고 그의 재물을 모두 나누어 주었다.

테무진은 케레이트부를 치고 몽골초원의 중부와 동부를 모두 손에 넣었다. 당시 서부는 나이만의 세력권에 있었다. 테무진이 점차 강대해지자 타이양 칸도 그에게 위협을 느꼈다. 타이양 칸은 선제공격을 하기 위해 우선 사람을 옹구트부로 보내 도움을 요청했다. 옹구트부 사람들은 만리

장성 이북의 귀화성(현재 내몽골 후허하오터 시가지 서남쪽)과 쑤이엔 지역에 거주했다. 타이양 칸은 웅구트부 사람들에게 동남쪽에서 진격하도록 하고 자기는 군사를 이끌고 북서쪽에서 협공하려는 계획을 세웠다.

그러나 웅구트부는 타이양 칸의 요청을 거절하고 그 계획을 테무진에게 알렸다. 테무진은 이 정보를 얻은 후 즉시 장수들을 소집해서 회의를 열었다. 회의에서 장수들은 지금은 말이 아직 살찌지 못했으니 가을을 기다려 출병하는 것이 좋겠다고 건의했다. 그러나 케레이트부에서 테무진에게 돌아온 숙부 다리타이는 당연히 선수를 쳐야 한다고 했다.

테무진의 동생인 벨구테이도 타이양 칸의 거만한 태도를 참을 수 없다고 생각했다. 벨구테이가 회의에 참석한 사람들에게 말했다.

"나이만은 땅과 백성이 많아 매우 부유하고 가축은 셀 수 없을 정도로 많다."

테무진은 숙부와 동생의 이런 생각을 듣고 기뻤다. 그에게 나이만의 재산은 중요했고 또한 나이만부의 영지가 실크로드에 걸쳐 있다는 것을 알았기 때문이다.

그러나 나이만과 싸우려면 몽골초원을 동쪽에서 서쪽으로 횡단해야 하는데, 이전에 칭기즈칸이 자주 활용했던 기습전술은 사용할 수 없었다. 테무진의 군대는 나이만보다 수가 적었고, 이전에 테무진에게 패배한 병사들도 모두 타이양 칸에게 의탁해서 복수를 하려고 했다.

병력이 부족하면 어떻게 할 것인가?

밤에 모든 고지에서 무수한 불길이 타오르자 나이만의 보초병은 무수한 몽골 군사들이 불을 지피는 것이라고 생각했다. 테무진은 병사 한 명이 다섯 군데에 불을 놓아 '병력을 5배로 늘리는 전술'을 활용했다.

몽골 병사들은 종종 '공포'를 전쟁 도구로 활용했다. 그들은 한 도시를 함락하면 항상 그 안의 사람들 모두를 살육했다. 이렇게 되면 다음 공격을 받는 성은 아예 저항을 포기하고 항복을 하곤 했다.

　나이만을 격파하기 위한 대전이 시작되었다. 테무진은 친히 전방부대로 가서 전쟁을 감독하고 지휘했다. 본대는 카사르에게 지휘를 맡기고 예비부대와 말은 테무게가 지휘했다. 당시 타이양 칸과 자무카가 나눈 대화를 통해 양쪽의 대전 장면을 복원해 보자.

　타이양 칸이 자무카에게 물었다.

　"늑대가 양을 몰아 양의 우리로 들어가듯이 어떤 사람이 저렇게 호되게 덤벼드는가."

　자무카가 대답을 했다.

　"이들은 나의 의형제 테무진의 '4구'四狗(제베, 쿠빌라이, 젤메, 수부타이)다. 일찍이 그는 이들을 철사줄로 매어놓고 인육을 먹여 길렀다. 이 '개들'은 무쇠 이마, 끌 주둥이, 송곳 혀, 철의 심장을 가지고 있다. 이들은 풍찬노숙을 하면서 사람의 피가 묻은 날선 칼로 싸우며 인육을 먹는다. 지금 그들은 철사줄에서 풀려나 군침을 흘리고 있다."

　타이양 칸이 공포에 질려 산꼭대기로 도망치자 몽골인들은 뒤를 바짝 쫓았다. 타이양 칸이 물었다.

　"저 웅장하기 이를 데 없는 본진의 장군은 누구냐?"

　자무카가 대답했다.

　"호엘룬 어머니의 아들이며, 인육을 먹여 키운 영웅이다. 몸집이 커서 3년 된 소 한 마리도 너끈히 잡아먹을 수 있다. 온몸에 갑옷을 입고 화살을 맨 사람을 뱃속으로 삼킬 수 있다. 그가 활을 쏘면 산 하나를 넘어 10~20여 명을 뚫고 초원에서 활을 쏘면 사람과 갑옷까지 뚫고 들어갈 수 있다. 활을 힘껏 당기면 9백 보 멀리 쏠 수 있고, 짧게 당겨도 5백 보를 쏠 수 있다. 그는 천하의 영웅 카사르다!"

　타이양 칸은 다시 물었다.

"그럼, 저 몽골 군대의 우두머리는 누구냐?"

"그 사람은 호엘룬 어머니의 막내아들인 테무게다. 잠이 많아서 사람들은 그를 게으름뱅이라고 부르지만 전쟁을 시작하면 결코 남에게 뒤처지지 않는다."

자무카는 사실대로 말해주었다.

그들이 산꼭대기로 도망갔을 때 타이양 칸은 뒤를 돌아보며 물었다.

"뒤에서 매처럼 먹이 사냥을 기다리는 사람은 누구인가?"

"그가 바로 테무진이다. 그는 무거운 갑옷을 입고 야심차게 당신과 싸우러 왔다. 나이만의 전사가 말하기를, 몽골군은 투구와 갑옷을 벗어 던지고 줄행랑을 친 사람은 끝까지 쫓아가 죽인다고 하니 당신이 한번 시험해 보시오!"

자무카가 비아냥대듯 말했다.

전투가 끝날 때 누구도 타이양 칸의 행방을 몰랐고, 생사도 알 수 없었다.

타이양 칸의 아들은 도망가서 서요에 이르렀다.

다른 부족들은 모두 테무진에게 의지했다. 단지 자무카와 메르키트부 톡토아 부자 등 소수의 사람들만 먼 곳으로 달아났다.

테무진은 과거 몽골제국의 중심지였던 나이만의 영지를 점령하고 모든 세력을 장악했다. 이곳은 테무진이 티베트, 신장 등 아시아 지역의 패권을 가질 수 있는 기반이 되었고, 실크로드도 장악할 수 있게 했다.

나이만부가 멸망한 후 테무진의 부하들은 위구르 사람 타타통가를 잡아 테무진 앞에 데려왔다. 테무진이 물었다.

"무슨 일을 하느냐?"

"저는 타이양 칸의 장인관掌印官입니다."

타타통가가 대답했다.

"너는 그렇게 많은 금은보화를 가져가지 않고 왜 금도장과 장부만 가져가는 것이냐?"

테무진은 비웃으며 이해할 수 없다는 듯이 물었다.

"돈과 곡식을 출납하고 인재를 위촉하기 위해서는 이 두 가지가 필요합니다."

타타통가가 자랑스럽게 대답했다.

"좋아! 좋아! 앞으로 나도 금도장을 쓰고 장부를 사용할 것이다. 너는 내 곁에서 그대로 하던 일을 해라."

그러자 수하들은 마음속으로 이상하게 생각했다.

'우리는 글자가 없는데 어떻게 장부에 기록하지?'

테무진은 타타통가에게 위구르 문자의 자모(字母)로 몽골어를 쓰도록 했고, 자기 아들과 여러 왕에게 이 문자를 배우도록 했다. 타타통가가 몽골 문자를 창제한 것은 몽골 역사에 있어서 획기적인 사건이었다.《몽골비사》는 바로 이런 위구르 글자로 작성된 것이다.

테무진은 톡토아와 그의 아들을 추격하기 위해 수부타이를 보냈다. 칭기즈칸은 수부타이에게 다음과 같이 명령했다.

"그들은 패잔병이다. 올가미를 쓴 야생마 같고 몸에 화살을 맞은 사슴과 같다. 가서 그들을 잡아라. 그들이 하늘을 날면 너는 독수리가 되고, 그들이 두더지처럼 땅속으로 숨는다면 너는 삽으로 그들을 파내라. 만약 그들이 물고기로 변하면 그물로 그들을 건져내라. 지금 말이 살찐 틈을 타서 산을 넘어 그들을 찾아가라. 병력을 아끼고 함부로 사냥하지 말며, 말이 마구에 다치는 일이 없도록 해야 한다. 만일 내가 아는 자가 명령을 어기면 내게 데려오고, 내가 모르는 사람이면 네가 처리해라."

메르키트의 어떤 수령은 더 이상 싸우기가 싫어서 자기의 딸 홀란을 테무진에게 선물로 주었다. 나야아가 홀란을 데려왔다.

오는 동안 위험이 닥쳐 나야아는 홀란을 보호하기 위해 그녀를 3일 동안 숨겼다. 테무진은 나야아가 홀란을 모욕한 줄 알고 그를 죽이려 했다. 나야아는 테무진에게 맹세했다.

"주인에 대한 충성은 하늘과 땅에 맹세컨대, 두 마음이 없습니다. 미녀와 좋은 망아지를 모두 주인에게 바치는데, 조금이라도 속인다면 죽어도 몸을 묻을 곳이 없을 것입니다!"

홀란은 그를 위해 용감하게 나서서 결백을 증명했다. 그녀는 나야아가 자신을 숨겨주어 적으로부터 위험을 피했다고 말했다. 홀란은 테무진에게 말했다.

"당신은 나의 순결을 검증하고 그의 결백을 증명할 수 있습니다."

테무진은 이 말을 듣고 자신이 나야아를 오해했다는 사실을 깨달았다. 이때부터 그는 나야아를 더욱 신뢰했고 중용했다.

알타이산에서 톡토아가 화살에 맞아 죽자 그의 아들들은 시체를 운반하지 못해 머리만 잘라 가져가서 최후의 경의를 표했다.

자무카는 그를 따르는 다섯 명의 부하와 함께 도망을 가서 사냥과 강탈로 생계를 꾸렸다. 그러던 어느 날 부하들은 회군을 하던 테무진에게 자무카를 끌고 갔다.

"주인을 팔아먹은 이들은 마땅히 그들과 자손들까지 모두 죽여야 한다!"

테무진은 이렇게 선언하고 자무카 앞에서 반역자들을 죽였다.

자무카는 자존심을 지켜 죽음을 요청했고 떳떳하게 세상을 떠났다. 자무카는 테무진에게 다음과 같이 말했다.

"우리는 형제였고 고락을 함께하며 맹세를 했다. 나중에 우리는 이간질을 당해서 서로를 공격했다. 이것은 나로 하여금 수치심을 느끼게 했다. 나의 의형제여! 우리는 더 이상 형제가 될 수 없다. 우리는 더 이상 친구도 아니다. 만약 내가 죽지 않는다면 나는 네 옷의 이가 되고, 목에 박힌 가시처럼 될 것이다. 너는 편히 잠들지 못할 것이다. 너는 어질고 현명한 어머니, 유능한 형제, 훌륭한 아내가 있고, 초원의 영웅이다. 나는 부모도 형제도 없이 동료에게 배신당했다. 나의 의형제야! 나는 아무것도 너와 비교할 수 없다. 나는 계속 살 수 없다. 이렇게 해야만 네가 안심할 수 있다. 그러나 나는 피를 흘리며 죽을 수 없다. 나의 혼백은 너의 자손들을 대대로 보호하겠다."

테무진은 이 말을 듣고 대답을 했다.

"나의 의형제여, 너의 방식은 항상 예측할 수 있구나. 너는 나의 용서를 받기를 원하지 않고 나의 연민을 전혀 수용하지 않는다. 나는 너를 구할 수 없다. 그렇다면 네가 피를 흘리지 않고 죽게 할 것이다."

테무진은 의형제의 장례를 후하게 치러 주었다.

1206년은 몽골 역사에서도, 세계 역사에서도 기억할 만한 해다. 이해 봄 테무진은 오논강 강변에서 부족의 연합회의 대쿠릴타이를 개최했다. 테무진은 몽골부의 칸으로서 사신을 파견해 몽골고원의 모든 유목 부족들을 쿠릴타이(대규모 정치집회, 혹은 대초원 의회)에 초대했다.

쿠릴타이 대회는 공식적인 투표를 하지 않고 유목민들의 출석 여부로 의견을 표명한다. 대회에 참석한 부락은 테무진을 지지하는 것이고, 참석하지 않은 부족은 그와 적이 되겠다는 뜻을 표명하는 방식이다. 이때 테무진이 개최한 쿠릴타이는 이전에 열린 대회와는 달랐다. 수천 년 동안 돌궐인, 위구르인, 흉노인 등의 민족이 세운 대제국들의 중심지는 대초원에서 조금 더 서쪽에 있는 하라허린哈剌和林 근처였다. 그곳은 지리적 편리함 때문에 자연히 유목노선의 요충지가 되었다. 흉노인들은 이곳에서 멀리 유럽과 인도로 떠났다. 각 부족들은 항상 이곳에서 외부와 소통했고, 자기들이 필요로 한 것을 서로 교환했다. 이곳은 외래종교도 받아들였다. 처음에는 마니교, 나중에는 기독교였다. 이곳에는 일찍이 소도시와 신전이 세워졌고, 심지어는 소규모 농업 활동도 했다. 그들이 몽골인으로 군림하기 약 5백 년 전에 이미 한자와 고대 돌궐문자로 글을 새긴 비석이 존재한다.

테무진이 새로 선택한 오논강 강변에는 어떤 씨족과 부락이 올 것인가? 테무진은 모든 것을 준비했지만 그 결과는 예측할 수 없었다.

이전의 전쟁에서 테무진은 승리를 거둔 후 적대자의 음모와 반란을 피하기 위해서 백성들을 그들의 친족과 분리시켰다. 따라서 그들은 가족을 떠나 낯선 무리와 함께 살아온 것이다.

몽골인 친척들, 테무진의 여러 아내의 가족들이 왔지만 자카감보는 오지 않았다. 대초원의 돌궐 부족과 타타르 사람들은 기이한 터키석과 산호 장식이 있는 펠트로 만든 옷을 입고 왔다. 시베리아삼림 부족의 대표는 모피와 사슴 가죽을 입고 왔고, 서양인 부족은 사냥매를 데리고 왔다. 동양 부족은 하얀 표범 모피와 영양 가죽 담요, 곰 가죽으로 만든 작은 카펫을 가지고 왔다. 웅구트부 사람은 키가 큰 낙타를 타고 고비사막을 넘어서 자수를 놓은 비단옷과 부드러운 낙타털로 만든 옷을 가져왔다. 이것은 외딴 내륙지방에서는 볼 수 없는 아름다운 물건들이었다.

테무진은 몽골고원에 있는 거의 모든 부족의 지도자들이 참석하자 내심 뿌듯했다. 그들은 타타르인, 나이만인, 메르키트인, 주르킨, 케레이트인과 기타 수십 명의 세습 귀족들이었다.

그러나 만일 이 세습 귀족들이 테무진의 가신이 되기를 선택한다면 지금부터 그 오래된 숭고한 세습 명호는 버려야 했다. 왜냐하면 테무진은 그의 백성을 모두 '몽골인'이라고 부를 것이기 때문이었다.

대부족연맹회의에서 무당은 당당히 회중들에게 공표했다.

"테무진은 기운이 흥성한 땅에서 내려온 사자요, 장생천이 보낸 사자다. 장생천의 명을 받들어 그대를 칭기즈칸으로 삼겠다."

"장생천의 뜻대로 나는 초원을 통일해서 가장 존귀한 칸이 되었다!"

칭기즈칸이 선포했다.

예로부터 초원의 대칸은 모두 추천을 통해 추대되었다. 이번 회의에서 테무진은 장생천의 명을 받아 얻은 승리를 선포하고, 모두가 경배하는 칭기즈칸이 되었다. 이번 명명식命名式에서 칭기즈칸은 '칭기즈대황제'의 지위를 갖게 되었다.

자카감보는 대쿠릴타이에 출석하지 않았다. 이것으로 그는 테무진을 지지하지 않는다는 뜻을 나타냈다. 즉 그는 애당초 혼인을 통해 맺은 인척 관계를 활용해서 자기의 부족민을 보존해 오다가 때가 되면 케레이트부를 재건하려는 뜻을 가지고 있었다. 대쿠릴타이에 참가하지 않는 것은 몽골인에 대한 배신이었다. 따라서 테무진이 칭기즈칸이 되어 첫 번째 한 일은 어쩔 수 없는 이혼이었다.

칭기즈칸은 이바카와 헤어지면서 말했다.

"당신은 이미 내 마음과 사지에 들어섰다."

이 말은 이혼은 아쉬우나 법을 준수하고 국익을 개인의 이익보다 우선해야 한다는 뜻이었다. 그는 거듭 강조했다.

"나는 네가 성품이 나쁘다고 탓하는 것이 아니고 네가 못생겼다고 탓하는 것도 아니다."

따라서 칭기즈칸은 그녀를 자기 친구이자 부하인 장수에게 하사하며, '이 대원칙을 존중하라'고 했다. 칭기즈칸은 그녀에게 황후의 지위를 유지하게 하고 마치 그녀가 여전히 그의 아내인 것처럼 영원히 황후로 예우할 것을 명령했다.

"미래에 나의 자손이 보좌를 물려받을 때도 이 도리를 항상 마음에 새겨 두어야 하며 절대로 내가 한 말을 어겨서는 안 된다."

이바카의 여동생 소르칵타니는 여전히 테무진의 막내아들 툴루이의 아내로 남았다.

이어서 칭기즈칸은 군사와 정치를 통합하는 천호제千戶制를 창설했다. 천호관과 만호관萬戶官, 그리고 종실의 왕들을 차례로 임명해서 위계를 갖춘 유연한 조직을 만들었다. 이는 통치에 편리하고 익숙하게 전쟁을 치를 수 있는 군정 조직이다.

겁설군怯薛軍은 칭기즈칸의 호위대였다. 칭기즈칸은 다음과 같이 공표했다.

"예전에는 주간 호위대가 70명, 야간 호위대는 80명이었다. 그러나 지금 장생천은 내가 모든 백성을 관리하도록 명령했기 때문에 각 천호, 백호, 십호 중에서 1만 명을 골라 나의 개인 호위를 맡아야 한다. 밀착 호위는 각 귀족 및 일반인의 자제 중에서 선출된 재능 있고 건강한 자에게 맡긴다."

1만 명의 호위군은 4개 조로 나누어서 교대로 칭기즈칸의 안전을 지켰다. 각 조는 3일 밤낮으로 칭기즈칸을 호위하고, 밤에는 대칸의 막사 부근에 잡인이 침범하지 못하게 했다. 대칸의 막사에 들어가는 사람은 누구나 호위군과 동행해야 했다. 호위군의 책임은 막중하고 지위는 높았다.

호위군은 유목인과 사냥꾼의 기질을 갖고 있었다. 칭기즈칸은 그들을 이렇게 표현했다.

"일상생활에서는 두 살배기 송아지 같지만 서로 싸울 때는 사나운 독수리 같다. 놀이를 할 때는 망아지처럼 근심이 없고, 싸울 때는 해동청처

칸의 자리에 오른 테무진

럼 용감하게 적을 무찌른다. 낮에는 늙은 늑대처럼 기회를 노리고, 밤에는 까마귀처럼 밤을 지킨다."

테무진이 칭기즈칸이 된 후 각 아내들은 자신들만의 영지를 가졌고, 자기 오르도(행궁)를 관리했다.

보르테 황후는 커루룬강의 거의 전부를 차지했다. 많은 지역을 거쳐 흐르는 커루룬강은 원래 타타르 사람들의 소유였다. 과거에는 주르킨 씨족의 땅이었다.

홀란 황후는 보르칸·칼둔 성산 주변의 켄트산, 즉 몽골인의 고향을 받았다.

예수이 황후는 케레이트부 왕한의 여름 행궁을 포함한 툴라강을 얻었다.

예수겐 황후는 나이만의 영토였던 항가이산을 차지했다.

보르테는 대칸의 정실 황후로서 그녀의 자식들의 지위는 다른 황후의 자식보다 높았다.

칭기즈칸은 새로운 전쟁을 해야 했기 때문에 점령한 땅을 여러 황후에게 맡겼다.

호엘룬도 후한 상을 받았다. 그녀의 늙은 막내아들 테무게와 함께 1만 백성이 주어졌다. 칭기즈칸은 젤메에게 그녀의 곁을 호위하도록 했다. 호엘룬은 나이가 든 후 흰 낙타를 끌고 사방으로 다니는 것을 좋아했는데, 위풍당당한 태도는 칸의 어머니라는 신분과 어울렸다.

4걸傑, 4구狗, 4자子, 4녀女, 이 '16필의 준마'는 칭기즈칸의 지배하에서 영토를 넓히고 부를 관리함으로써 대칸을 보좌했다.

무당 쿠쿠추는 대부족연맹회의에서 중요한 역할을 했다. 이런 이유로 그는 제멋대로 행동하기 시작했다. 심지어 칭기즈칸의 지위를 자신이 만들어 주었기 때문에 칭기즈칸과 동등하다고까지 생각했다.

무당 쿠쿠추는 뭉릭의 일곱 아들 중 하나였기에 가문의 지위도 빛나게 되었다. 쿠쿠추의 형제는 칭기즈칸의 동생 카사르를 심하게 때리고 괴롭혔다. 카사르가 칭기즈칸에게 이를 호소하자 칭기즈칸은 짜증을 냈다.

"천하무적이라더니, 어떻게 다른 사람에게 구타를 당하느냐."

쿠쿠추는 칭기즈칸과 카사르 형제를 이간질하면서 카사르가 칭기즈칸의 지위를 위협할 것이라고 모함했다. 칭기즈칸은 이를 믿고 카사르를 붙잡았다.

카사르 수하의 쿠추와 쿠쿠추(무당이 아닌 호엘룬의 네 명의 양자 중 하나)가 이 사실을 호엘룬에게 보고했다. 이 상황을 알게 된 호엘룬은 곧바로 흰 낙타를 몰고 칭기즈칸의 막사로 왔다. 이때 칭기즈칸은 카사르를 묶고 그의 모자와 허리띠를 벗긴 채 그가 모반을 계획했는지 심문하고 있었다.

호엘룬은 이 광경을 보고 화가 나서 묶여 있던 카사르의 두 손을 풀고 모자와 허리띠를 채웠다. 그리고 그녀는 갑자기 옷을 벗고 끈을 풀어 자신의 마른 두 젖가슴을 손으로 받쳐 들고 울부짖었다.

"이것은 너희들을 먹여 살린 젖가슴이다. 카사르가 저지른 죄가 무엇이기에 자신의 혈육에 의해 파멸되어야 하느냐? 너희가 어렸을 때 너, 테무진, 카치온, 테무게는 나의 젖 한 쪽만 먹었는데, 카사르는 힘 있게 두 젖을 먹어주어서 내 가슴을 편안하게 했다. 그래서 테무진은 머리가 총명했고, 카사르는 힘이 세고 활을 잘 쏘아서 우리의 적을 하나씩 쓰러뜨렸다. 이제 적들을 모두 소멸했으니 그가 너에게 쓸모가 없어졌느냐?"

칭기즈칸은 할 말이 없었다.

호엘룬은 이 일로 인해 상심하고 절망해서 오래지 않아 회한을 품고 세상을 떠났다.

무당 쿠쿠추의 힘은 갈수록 강대해져서 그를 따르는 사람들이 많아졌다. 테무게의 부하들 중에서도 그에게 의탁해 더 이상 테무게를 위해 일하지 않았다. 테무게가 직접 가서 무당 쿠쿠추에게 이의를 제기했으나 그의 형제들은 오히려 테무게를 둘러싸고 폭언을 퍼붓고 무릎을 꿇려 잘못을 인정하게 했다.

이튿날 날이 밝기도 전에 테무게는 칭기즈칸을 찾아가 자신이 받은 굴욕에 대해 읍소했다. 칭기즈칸은 테무게의 하소연을 들으며 분개했으나 무당은 신의 권한을 가진 사람이라는 생각에 손을 댈 엄두를 내지 못했다. 이때 보르테가 이불로 몸을 가린 채 울기 시작했고 남편에게 말했다.

"어떻게 이럴 수가 있나요! 카사르는 그들에게 맞았고, 테무게도 모욕을 당했어요, 당신이 아직 죽지도 않았는데 그들이 이렇게 날뛰고 있으니 당신이 죽으면 당신의 상속인이 어떻게 저 굶주린 늑대들을 제압할 수 있겠어요? 카사르와 테무게는 아직 어려서 마치 바람에 풀이 흔들리면 새떼가 높이 날아오르는 것처럼 얕잡아 보일 것입니다."

보르테의 울부짖음에 칭기즈칸은 정신을 차렸다. 칭기즈칸의 수중에 있는 권력은 누구도 침범할 수 없었다. 애당초 이복형도 그랬고 지금의 무당도 그렇다.

그러자 칭기즈칸은 테무게에게 말했다.

"오늘 쿠쿠추가 올 테니 네 마음대로 하라."

테무게는 즉시 세 명의 강력한 장사들을 불러 비밀계획을 세웠다.

이윽고 뭉릭 노인이 아들들을 데리고 칭기즈칸에게 인사를 하러 왔다. 무당 쿠쿠추가 막 자리에 앉자 테무게는 그의 멱살을 잡고 외쳤다.

"어제 네가 내 무릎을 꿇리고 죄를 인정하라고 했는데, 오늘 한바탕 겨뤄보자!"

그들이 서로 잡아당기며 발버둥을 치다가 쿠쿠추의 모자가 떨어지자 뭉릭은 이것을 주워들었다. 그의 눈은 줄곧 칭기즈칸을 주시하고 있었다. 칭기즈칸은 그들 두 사람을 장막 밖으로 내보내 문제를 해결하게 했다.

장막 밖으로 나오자 테무게는 쿠쿠추를 머리 위로 들어 매섭게 땅바닥에 내동댕이쳤다. 테무게가 미리 대기시킨 세 명의 장사들이 나타나 쿠쿠추의 척추뼈를 비틀어 부러뜨리고 시체를 수레 옆에 버렸다. 테무게는 막사로 돌아와 보고했다.

"싸우러 나갔더니 그는 땅바닥에 엎드려 있기만 합니다."

뭉릭은 사건의 원인을 알고 울면서 손에 들고 있는 쿠쿠추의 모자에 입을 맞추며 즉시 칭기즈칸에게 절대 복종할 것을 맹세했다.

"처음부터 저는 칸을 따랐고, 오늘에 이르기까지 여전히 당신의 종입니다."

그러나 무당 쿠쿠추의 형제들은 화가 나서 장막 앞으로 몰려와 해명할 것을 요구했다. 칭기즈칸이 그들에게 호통을 치고 밖으로 나가자 궁수들이 곧 앞으로 나와 둘러싸고 호위했다. 칭기즈칸은 쿠쿠추의 시체를 살펴보고 호위병에게 시체를 다른 막사로 옮겨 보관하게 했다. 밤이 되자 칭기즈칸은 호위병을 배치해서 쿠쿠추의 시체를 끌고 나가서 묻도록 했다. 이튿날이 되자 사람들은 쿠쿠추의 시체가 온데간데없이 사라진 것을 보았다. 칭기즈칸은 선포했다.

"이 사람이 내 형제를 구타해서 장생천이 벌을 내려 그의 생명과 시체를 빼앗았다."

그리고 그는 뭉릭에게 노발대발했다.

"네 아들이 내 자리를 노리다 목숨을 빼앗겼다. 나는 너를 죽이지 않겠지만 이 일은 그냥 넘어갈 수 없다."

뭉릭의 가문은 이 사건 이후 세력이 꺾였다.

테무진이 출생해서 몽골제국을 수립하는 동안 금나라는 세종과 장종 황제가 재위하고 있었던 시기다. 이 두 황제는 주변 국가와 전쟁을 거의 하지 않고 경제발전에 힘을 기울였다. 이후 대정성세大定盛世[30]와 명창지치明昌之治[31]라고 부르는 태평성대가 이어졌다. 실크로드의 발전과정에서 볼 때 금나라의 국도인 중도中都(원래 이름은 연경이었지만 금나라가 천도를 한 후 중도로 개명. 현재 북경)가 점차 장안을 대체하게 되었다. 몽골제국이 건국된 후 칭기즈칸은 몽골의 힘이 이미 충분히 강하다고 생각하고 해마다 공물을 바치던 금나라의 속국에서 벗어나려고 했다. 이때 금나라 장종이 승하하고 위소왕衛紹王이 즉위했다.

위소왕은 금나라 장종 때 몽골에 대한 업무를 맡은 관리였는데, 칭기

---

30 대정(大定)은 금나라 세종의 연호.
31 명창(明昌)은 금나라 장종의 연호.

즈칸과 친해져 서로 형제라고 불렀다. 위소왕은 황제 즉위식을 거행하려고 사신을 보내 칭기즈칸에게 새로운 황제의 신하가 될 것을 요구했다.

칭기즈칸이 물었다.

"새 황제는 누구인가?"

사신이 대답했다.

"위소왕입니다."

칭기즈칸은 금나라 도성 쪽으로 침을 뱉으며 크게 웃었다.

"천상의 사람만이 중원의 황제가 될 수 있는 줄 알았는데, 위소왕 같은 평범한 인물도 황제가 될 수 있는가?"

보르칸·칼둔 성산의 절정에서 칭기즈칸은 자신의 모자를 벗고 허리띠를 목에 두르고 장생천을 향해 기도했다.

"장생천이시여! 금나라가 수치스러운 형벌로 우리 암바가이 칸을 처형했습니다. 저는 이 원수를 갚기 위해 무장했으니 허락해 주시기를 간곡히 부탁드립니다. 또한 힘을 보태주시고 아랫사람들과 선악의 모든 신들이 연합해서 저를 돕도록 명하여 주시기를 바라옵니다."

이때 모든 몽골제국의 대 영주들은 먼 곳에서부터 커루룬 강변으로 달려와 칭기즈칸이 개최한 대규모 군사회의에 참석했다. 이 회의에서는 군대를 세 갈래로 나누어 금나라에 대한 공격을 하기로 결정했다.

한 갈래는 주치, 차가타이, 오고타이가 산서의 중부로 쳐들어가고,

두 번째는 칭기즈칸과 툴루이가 하간부를 함락하고 전진해서 산동 제남을 빼앗고,

세 번째 갈래는 카사르와 테무게가 영평부와 요서의 문호를 급습하는 것이다.

세 갈래 대군은 모두 임무를 완성한 후 중도성 밖에 집결했다. 칭기즈칸은 성을 포위하고 백성들이 저항할 의지를 잃게 만들어 승리하려고 했

다.

동시에 칭기즈칸은 금나라 황제와 담판을 지었다.

"지금 너희들은 중원 북방 대부분의 영토를 잃었고, 고작 중도성에 의지해서 연명하고 있다. 이것은 하늘이 당신을 멸망시킨 것이다. 오늘 내가 당신들을 이렇게 핍박하니 하늘도 구제할 수 없다. 나는 회군할 의향이 있는데, 당신은 나와 내 장수들에게 무엇을 줄 수 있는가?"

칭기즈칸이 공표했다.

칭기즈칸에게 자기를 형님이라고 부르게 명령했던 위소왕은 1년 전 이미 자기 수하에게 죽임을 당했고 지금의 황제는 선종이다. 금나라 선종은 곧 5백 명의 남자아이와 5백 명의 여자아이, 그리고 3천 필의 말과 대량의 금은 및 비단을 바쳤다. 또한 금나라는 기국공주를 칭기즈칸에게 바쳤다. 몽골인들은 이 공물을 받고 당당하게 영지로 돌아갔다.

놀란 금나라 선종은 천도를 결심했다. 그는 변량으로 달려갔고, 천연의 요새인 황하黃河가 보호해 주리라고 기대했다. 완안복흥完顔福興은 연경을 지키라는 명령을 받았다.

그러자 칭기즈칸은 재차 금나라로 진격했다. 무칼리는 좌익군을 이끌고 요동 지역으로 진격해서 중원 북방의 군사를 책임졌다. 칭기즈칸은 중도를 포위했고, 중도는 칭기즈칸의 손에 넘어갔다.

중도를 취한 칭기즈칸은 대량의 재물 이외에 야율초재耶律楚材도 얻었다. 그 이유는 모르지만 칭기즈칸은 중도를 다른 성처럼 부수지 않고 온전하게 남겨놓았다.

야율초재는 거란 귀족의 후예로, 그의 아버지는 금나라 세종 때 부재상副宰相인 상서우승을 지냈다. 1190년 야율초재가 연경에서 태어났을 때 그의 아버지는 이미 60세였다. 그가 태어나기 바로 전 해에 금나라 세종이 죽고 장종이 황위를 계승했다. 이전 조정의 신하들은 현 황제에게 푸

대접을 받았고 야율초재가 두 살 때 아버지가 죽었다. 야율초재의 어머니는 한족이었다. 당시 금나라에서는 1등 국민이 여진인, 2등 국민이 거란인, 3등 국민이 한족이었다. 야율초재는 어머니의 고향인 의주義州(현재 금주 의현)에 정착했다.

야율초재는 열두 살 때 여산閻山의 현주서원顯州書院에 들어가 시와 문장을 배웠다. 그는 젊은 나이에 이미 천문, 지리, 율력, 수학, 불교와 도교, 의학, 점술 등에 통달했다. 그리고 붓을 들기만 하면 수려한 문장이 흘러나왔다.

야율초재가 17세가 되었을 때 금나라의 관례에 따라 그는 아버지를 계승해 벼슬을 할 수 있었지만 과거시험에 합격해서 자신의 재능을 보이려고 했다. 이에 금나라 신하들은 장종에게 상신을 했다. 장종은 원래의 과거시험에 관한 제도와 규칙을 따라 이행하라고 했다. 이렇게 야율초재는 시험을 치른 후 17명과 함께 전시殿試를 쳤고, 그 결과 만점을 받아 태학에 입학했다.

그는 24세에 개주의 동치同治에 임명되었고, 그가 보좌한 장관이 완안복흥이었다. 금나라 선종 때 천도한 중도는 완안복흥이 군대를 주둔시켜 수호했다. 야율초재는 중도에서 상서성 좌우사원외랑을 지냈다.

중도가 칭기즈칸에게 포위된 기간에 야율초재는 만송노인萬松老人[32]을 스승으로 모시고 불교에 귀의해 있었다. 몽골군이 중도를 점령하자 완안복흥은 독약을 먹고 자살했고, 다른 관리들은 몽골에 투항했다. 칭기즈칸은 한 사찰로 야율초재를 초청했다. 칭기즈칸은 야율초재를 만나자 키가 크고 긴 수염을 가진 이 젊은이가 마음에 들었다.

---

32 중국 남송의 고승 만송 행수스님. 만송이 지은 《종용록》은 선종 5가의 하나인 조동종의 핵심 가르침을 담은 것임. 임제종의 《벽암록》과 쌍벽을 이루는 선불교의 대표적인 공안집.
(출처: 불교신문(http://www.ibulgyo.com))

"네 조상이 금나라에게 패했지만 내가 금나라를 패멸시켜 원수를 갚아주었다."

야율초재가 대답했다.

"아버님과 저는 모두 금나라에서 벼슬을 했으니 신하인 이상 어찌 원한을 가질 수 있겠습니까?"

야율초재의 대답에 칭기즈칸은 만족했고 그가 충직한 사람이라고 생각해 늘 대동했다. 칭기즈칸은 그의 이름을 직접 부르지 않고 '긴 수염' 혹은 '큰 수염'이라고 불렀다.

이때 서요에서 또다시 변고가 일어났다.

그해 테무진이 타이양 칸을 물리친 후 타이양 칸의 아들이자 나이만의 왕자인 쿠츨루크는 아직도 그를 따르는 수행원들을 데리고 알타이산 서남쪽의 비슈발리크 부근으로 왔고 이후에 서요에 의탁했다. 서요의 국왕은 쿠츨루크를 극진히 대접하고 그를 사위로 삼았지만 쿠츨루크는 감사하게 여기지 않았다. 그는 나이만과 메르키트의 도망자들을 소집하고 호라즘의 술탄과 결탁했다. 이후 쿠데타를 일으켜 왕을 죽이고 서요의 국왕이 되었다.

서요 사람들은 대부분 샤머니즘과 이슬람교를 믿지만 나이만인들은 기독교를 믿었다. 왕이 된 쿠츨루크가 기독교를 옹호하자 사람들은 화가 났다. 서요의 일부 번속은 칭기즈칸에게 복종했지만, 쿠츨루크는 이들을 불태워 죽이고 약탈했다. 칭기즈칸은 더 이상 쿠츨루크의 행위를 묵과할 수 없었다.

칭기즈칸은 제베를 보내 쿠츨루크를 공격하게 했다. 제베는 서요의 도성 호사알이타로 진군하는 도중에 서요 사람들에게 세 마디 말을 전했다. 첫째, 이슬람교와 신앙의 자유를 존중한다. 둘째, 원흉인 쿠츨루크에게만 죄를 묻는다. 셋째, 약탈하지 않고 죽이지 않으며 태우지 않는다. 이렇게 선전을 한 덕분에 제베는 순조롭게 진군할 수 있었고 많은 사람들이 몽골에 귀순했다.

쿠츨루크는 도망치다가 파미르 고원에서 제베의 경기병에게 죽임을 당했다.

서요의 영지를 점령하자 칭기즈칸은 실크로드의 동쪽 지역 전체를 소유하게 되었다. 부와 재물은 몽골제국으로 물 흐르듯 흘러 들어갔고 칭기즈칸의 무한권력을 실현하는 경제적 기반이 되었다.

칭기즈칸은 어떤 생김새를 갖고 있을까? 칭기즈칸에 대해 묘사한 책은 많지 않다. 60세 전후의 칭기즈칸에 대해 페르시아의 역사책은 다음과 같이 묘사하고 있다.

몸집이 크고 체격이 건장하며 정력이 충만한 사람이다. 머리카락은 듬성듬성 나서 희끗희끗하고 고양이 같은 두 눈이 있다. 집중력과 통찰력이 있으며 천부적인 이해력이 있다. 또한 사람을 두렵게 하는 공격성을 가지고 있으며, 사람을 죽이고도 눈 하나 깜짝하지 않는다. 그는 원수를 전복시키고 두려움이 없으며 피비린내 나도록 잔인하다.

이 시기까지 칭기즈칸은 부유하고 세밀한 방어력을 가진 몽골국가를 완성했다. 그러나 칭기즈칸은 당연히 여기서 멈추지 않았다.

제16장

해가 뜨는 곳에서
해가 지는 곳까지 달려가다

몽골제국이 건국된 이후 20년 동안 칭기즈칸과 그의 군대는 사방으로 달리며 전쟁을 치렀다. 로마, 페르시아, 그리스까지 이전의 중국인들이 정복한 민족과 영토를 뛰어넘어 사상 최대의 제국을 건설했다. 겨우 100만 명의 인구와 10만 명의 병사를 가진 작은 나라가 대체 어떻게 이런 일을 해냈을까?

대초원에는 수천 년 동안 용맹한 말과 사람, 활쏘기에 능한 전사들이 있었고, 거기에 독보적인 카리스마와 통솔력이 있는 칭기즈칸의 능력이 더해져 이런 성취를 이루어 낼 수 있었다.

몽골고원은 지리적으로 외부와 격리되어 거주민을 보호할 수 있는 천혜의 조건을 갖추고 있다. 그러나 칭기즈칸은 오히려 이 환경적인 장벽을 타파하려고 했다. 그가 통치하던 시기에 몽골의 전사들은 본거지인 대초원을 넘어 정복 전쟁을 수행했다. 몽골고원은 세계 제패의 중계역으로 변모했다.

칭기즈칸은 바깥 세계를 향해 '가죽 모피를 입고 말 젖과 양 오줌 냄새를 풍기는 몽골인들이 얼음으로 뒤덮인 북쪽에서 말을 타고 내려왔음'을 선포했다.

일찍이 지리적으로 중심에 있었던 이슬람은 종교와 무역의 중심지로 문명 세계의 중추적인 위치를 차지하고 있었다. 그러나 13세기 초가 되자 세력이 점점 쇠약해졌다. 돌궐인들은 아랍의 종교는 받아들였지만 아랍인의 통치는 거부했다. 유럽의 십자군은 기독교 성지에 위치한 이슬람 중심지를 대거 침공했다. 이들은 제4차 십자군 원정 때 이슬람을 파괴하려 했지만 불가능했다. 십자군은 유럽으로 돌아갈 때 전쟁의 화살을 비잔티움으로 돌려 철저히 약탈했고, 기독교 정교회 사람들을 무참히 학살했다. 십자군은 이어서 유대인 숙청을 시작했다. 이후 기독교에 귀의하지 않은 유럽인들, 혹은 로마 가톨릭교회와 다른 교리를 주장하는 유럽의 기독교인들을 겨냥해 대담한 성전을 일으켰다.

일본, 고려, 유럽과 남아시아에서는 각각 살벌한 싸움이 벌어졌고 세속의 정치가와 종교 통치자가 서로 대립했다. 또 종교들 간에도 갈등이 많았다. 즉 이슬람은 서방의 기독교, 동방의 힌두교 및 불교, 다른 지역의 다신교에 모두 맞서고 있었다.

몽골인들이 북방에 결집했을 때 중국 문명의 핵심은 남송이었고, 임안臨安(현재 절강성 항주)에 위치한 도성에는 약 6천만 명의 인구가 있었다. 화북에서 여진족이 세운 금나라는 약 5천만의 인구를 통치했다. 페르시아와 중국 사이의 실크로드는 서하의 탕구트족과 서요西遼가 장악하고 있었다. 토번吐蕃(티베트) 및 부근의 소왕국이나 독립 부락은 외부와 왕래가 없었다.

칭기즈칸은 대초원을 통일한 후 어떻게 하면 각 부족들이 자신에게 충성을 다하게 할 것인지 고민하고 있었다. 지금의 대초원은 평화와 우유, 고기만 있을 뿐이었다. 칭기즈칸은 장생천의 지지와 비호를 과시하기 위해서 백성들에게 더 많은 부와 문명을 가져다주어야 한다고 생각했다.

조개껍질은 바다내음을, 금광은 태양의 따뜻함을, 은광은 달의 청량함을 발산한다. 다채로운 공작 깃털은 무지개와 같고, 포도주는 행복한 웃음을 자아낸다. 광채를 더해주는 장신구는 그 발원지의 영성을 지니고 있다. 먼 곳에서 온 물건일수록 영성이 강해지고 사람들에게 주는 영향력도 커진다.

세상에서 가장 중요한 무역로인 실크로드는 마침 몽골 근처에 있었다. 몽골초원은 말과 양 떼의 천국이지만 실크로드는 사치품을 제공할 수 있었다.

몽골 사람들은 물건의 실용성을 가장 중요시했다. 그들은 손으로 음식을 집어 먹으며 고기 본연의 맛을 선호하기 때문에 젓가락과 향신료가 필요 없었다. 또 체취는 개인 특유의 냄새인데, 향수를 사용하면 후각이 둔감해지고 파리와 모기 같은 벌레를 끌어들인다. 순박함과 자연스러움이 몽골인의 장점이다.

그렇지만 외부의 다양한 물건들은 몽골 사람들을 매료시켰다. 낙타나 산양의 털로 만든 담요는 새털로 엮은 듯했다. 비단은 눈송이처럼 가볍고 매끄럽게 흘러내리는 데다 선명하고 생동감이 넘치는 꽃과 새가 수 놓여 있었다. 또한 뽀얀 진주, 붉은 산호, 반들거리는 상아도 있었다. 나이프, 냄비, 등자, 은그릇, 빗, 나침반, 악기, 약품, 대나무, 유리구슬, 화장품 등이 유목민의 단조로운 생활을 변화시켰고 몽골 문명과 외부의 문화를 융합시켰다.

몽골제국을 건국한 후 칭기즈칸은 먼저 장남 주치를 시베리아에 파견해서 북방 부락을 정복했다. 이 북방 민족들을 '삼림부족'(숲의 민족)이라고 부른다. 그 지역에는 야생 동물이 많이 살았다. 영양 가죽, 흑담비 가

죽, 갈색 담비 가죽, 호랑이 가죽, 늑대 가죽, 곰 발바닥 및 각종 짐승의 뿔은 사치품과 교환할 수 있었다.

숲에서 사냥을 하며 생계를 꾸리는 오이라트 사람들이 먼저 주치와 동맹을 맺었다. 칭기즈칸은 오이라트 수령에게 혼인을 맺자고 제의했다. 칭기즈칸은 딸 체체이켄을 오이라트 수령의 아들 이날치에게 시집보냈다. 또한 장남 주치의 딸을 오이라트 수령의 다른 아들 토렐치와 혼인시켰다. 체체이켄이 시집을 갈 때 칭기즈칸은 이렇게 말했다.

"너는 칸의 딸이니, 가서 오이라트 부족을 통솔해야 한다. 반드시 지혜롭게 행동하고 이방인으로 살지 말아라! 언제나 진실함을 유지하고 한결같은 영혼을 가져야 한다. 아침 일찍 일어나고 저녁 늦게 잠자리에 들어라."

체체이켄은 오이라트의 중요 직책을 맡아 몽골인들이 북극권으로 직행할 수 있는 무역로를 관리했다.

실크로드란 중국, 인도, 지중해 등 3대 문명을 연결하는 무역망을 말하는데, 이슬람 국가는 이 삼각무역 지대의 중심에 위치하고 있다. 실크로드의 핵심은 8천 킬로미터에 이르는 간선도로 형태이지만 중간의 노선과 부차적인 노선, 그리고 연장된 노선을 추가하면 거리는 2배로 늘어난다. 실크로드의 동쪽은 중국의 옛 수도인 서안西安이며 거기서 시작해서 서쪽으로 가다 보면 여러 개의 지류로 나뉘고 지중해나 인도의 어느 도시에도 닿을 수 있다.

실크로드는 보통 가장 편안한 길을 따라 앞으로 뻗어 있으며 가능한 높은 산과 사막을 우회해 간다. 티베트고원과 몽골고원은 힘든 장애물이지만 다행히 하서회랑河西回廊이라는 좁고 긴 저지대가 두 개의 큰 고원을 통과한다. 따라서 마치 물이 협곡을 흐르는 것처럼 이 좁은 통로를 비집고 지나갈 수 있다. 중국 서부에서 실크로드를 따라가면 천산산맥과 험악한 타클라마칸사막은 피할 수 없다. 둔황에서 서안까지의 단일 노선은 약 1,500킬로미터로, 실크로드의 가장 동쪽에 있는 구간이다.

이때 하서회랑은 서하가 차지하고 있었다.

서하의 탕구트 사람들은 원래 티베트족이었다. 그들은 유목 생활을 포기하고 티베트고원을 떠나 하서회랑으로 왔다. 이들은 금나라가 테무진 조상에게 떼어준 회랑의 유료 통로를 점거해서 무역으로 생계를 꾸렸다.

탕구트 사람들은 중국의 문명을 배우고 한자로 그들의 언어를 표기했다. 그들은 불교를 믿었고 실크로드를 따라 진격하는 이슬람 세력에 저항했다.

칭기즈칸이 더 많은 부를 얻으려면 반드시 서하를 제압해야 했다. 몽골군은 몇 차례 서하를 치면서 공성술을 익혔을 뿐만 아니라 고비사막을 오가며 기동력을 키웠다.

보르테는 옹기라트부 출신이었다. 대부분의 몽골인은 거의 무력이나 폭력으로 일을 해결하지만 그녀의 부족은 교묘한 전략으로 외교 업무를 처리했다. 옹기라트부는 아들이 가진 힘보다 딸의 아름다움과 총명함으로 전체 씨족을 보호했다. 그의 딸들은 흰 낙타가 끄는 수레를 몰고, 권세 있는 귀족에게 시집을 가서 황후가 되었다. 딸들은 자기 부족을 대신해 협상을 하고 부족을 보호했다. 예로부터 옹기라트는 황후를 자기 부족의 보호막으로 삼았다.

보르테와 시어머니 호엘룬은 딸들에게 나라를 위해 봉사해야 한다는 관념을 강하게 심어주었다. 보르테는 자기 부족에서 배운 가치관을 딸들에게 물려주어 어릴 때부터 통치자로 키웠다.

칭기즈칸의 딸 알카이베키는 보르지긴 씨족에서 처음으로 몽골고원을 떠나 중국 정주문명을 통치한 사람이다. 그녀는 몽골제국을 위한 첫발을 내디뎠고, 목축을 하던 옛 지역을 기반으로 위대한 정복을 수행했다. 칭기즈칸은 알카이베키에게 다음과 같이 말했다.

"너는 나의 한 발이 될 것을 맹세해야 한다. 내가 출정할 때 너는 나의 조력자가 되어야 한다. 내가 말을 채찍질해서 질주할 때 너는 나의 준마가 되어야 한다. 현명한 마음은 바로 자신의 가장 좋은 친구다. 네가 의지할 수 있는 것은 많지만 가장 믿을 수 있는 것은 바로 너 자신이다. 많은 사람들이 너를 도울 수 있지만 그 누구도 네 스스로의 감각보다 더 믿어서는 안 된다. 너는 소중히 여겨야 할 것이 많지만 너의 목숨보다 더 귀한 것은 없다. 신중함과 굳건함, 그리고 용감함과 인생의 고단함을 잘 새기면 명성은 영원할 것이다!"

보르테는 풍습에 따라 몽골 바오(게르) 앞에서 알카이베키와 작별의 입맞춤을 했다. 딸은 먼저 오른쪽 뺨을 엄마 볼에 대어 비비고 입맞춤 냄새를 남겼다. 딸이 이어서 왼쪽 볼을 대려고 하자 보르테는 "네가 돌아올 때 왼쪽 볼의 입맞춤 냄새를 맡을 것이다."라고 말했다. 보르테는 훗날 모녀가 재회하고 싶다는 자신의 희망을 이렇게 표현했다.

칭기즈칸의 딸은 출가하면 황후가 되기 때문에 배우자는 그다지 중요하지 않았다. 딸의 배우자는 몽골어로 '구르겐'güregen이라고 하는데, 부마라는 뜻이다.

구르겐은 몽골제국 체제에서 독특한 위치인데, 칭기즈칸의 가까운 친척이 되어 높은 지위에 오른다. 그러나 장군이나 문관으로 요직을 차지하는 경우는 드물다. 칭기즈칸은 그들을 측근에 두고 대칸의 호위대 보직을 맡긴다. 유능한 구르겐은 군사를 통솔할 권한을 갖고 휘하에 약 1천여 명 정도 되는 자기 부족이나 씨족으로 구성된 부대를 이끌 수 있다. 그러나 이런 구르겐은 모두 엄밀한 감시감독을 받으며 칭기즈칸과 멀리 떨어질 수 없다. 한편 구르겐 출신 부락의 우수한 전사들은 자기 부락과 떨어져 지내야 했다. 구르겐은 신분이 올라가거나 가장이 될 수 없고, 칸의 허락이 없으면 전쟁에 출정할 수도 없다. 구르겐은 몽골 사회에서 지위는 높았지만 그들을 부러워하는 사람은 거의 없었다. 구르겐은 장인을 위해서 복무하고 군대에서 그를 대신해서 싸운다. 칭기즈칸이 구르겐에게 위험한 임무를 맡기면 그들은 목숨을 걸고 싸워야 했다.

칭기즈칸이 어떤 부족의 우두머리가 마음에 들어 딸을 그에게 시집보내면 그 부족은 명성과 재물을 모두 얻을 수 있다. 그런데 그 사위의 입장에서 볼 때 그것은 사형 선고와 다름 없다. 그는 칭기즈칸을 위해 목숨을 바친 대가로 부족과 자손들이 혜택을 받는 희생양이었다.

칭기즈칸은 딸과 사위의 통치권 다툼을 막기 위해 사위들을 전쟁에 출정시켰다. 그리고 사위의 다른 아내들은 쫓아냈다. 따라서 몽골 국적을 가진 아내만이 안주인이 될 수 있었다. 만약 구르겐에게 이미 아내가 있다면 먼저 그녀들을 없애야 몽골 황족의 여자와 결혼할 수 있었다. 드문 사례이긴 하지만 사위가 다른 여자와 결혼을 하려면 대칸의 허락이 있어야 했다. 그러나 본처를 버린다고 해서 그녀가 낳은 자녀들의 지위가 흔들리는 것은 아니었다. 원래의 아내는 이혼을 당하지만 그녀가 낳은 아이들, 특히 아들은 당연히 미래 권력의 후계자가 되었다.

옹구트부는 유목민과 정착 농민들이 거주하는 지역과 고비사막 남쪽 사이의 경계에 있었다. 옹구트는 몽골인, 돌궐인, 한인의 거주지를 가로지르는 지역으로, 현재 내몽골 경내의 넓은 땅을 포함한다. 그곳에는 높은 성벽으로 둘러싸인 무역도시가 있는데, 백성들은 일 년 중 일부 기간은 집에서 살고 나머지 기간은 게르에서 살았다. 또한 이곳은 서하의 동쪽과 인접해 있었다. 옹구트부는 중국 북방의 몇몇 왕조에 충성을 다했기 때문에 천덕군天德軍(변방 순찰군)으로 임명되었다. 그러나 옹구트부는 자기들의 돌궐어를 지켰고, 기독교에 귀의하기도 했다.

실크로드에서의 주도권은 당나라에서 금나라로 옮겨갔다. 자연히 노선도 점차 북쪽으로 이동해서 옹구트부는 중국과 실크로드를 잇는 노선에 자리한 각종 문명과 더 자주 접촉하게 되었다. 그들은 때로는 농사를 짓고 때로는 방목을 했는데, 농업과 목축의 조화로운 선택으로 생활이 풍족했다.

옹구트부 내부에서는 몽골에 대한 태도가 통일되지 않았다. 한쪽에서는 몽골과의 동맹을 주장했고, 다른 쪽에서는 금나라와의 기존 관계를 유지하자고 했다.

몽골제국으로서는 세력을 확장하고 정복하려면 몽골고원을 벗어나야 했다. 그러나 칭기즈칸 앞에 놓여 있는 세계는 금나라, 고려, 토번, 남송, 운남 이외에도 몽골에게는 생소한 다른 도시와 왕국들이었다. 그랬기에 알카이베키는 칭기즈칸을 대신해서 고비사막 이남으로 세력을 확장하는 첫걸음을 내디뎠다.

돌과 자갈로 이루어진 대양 같은 고비사막은 남쪽의 왕국들을 북쪽 이민족의 침입으로부터 보호해 주었다. 고비사막을 건너기 위해서는 날씨가 좋은 날을 신중하게 선택해서 6주 안에 넘어가야 한다. 봄철은 사막을 지나가기에는 말이 너무 허약한 상태이고, 무서운 황사가 군대 전체를 덮을 수 있었다. 여름은 너무 덥고 겨울은 너무 춥다. 그나마 가을철이 먼 길을 가는 데 가장 적합하지만 최소한의 마실 물과 목초가 자랄 수 있을 정도의 비가 내려야만 가능하다. 설사 순조롭게 고비사막을 통과했다고 해도 그동안 군사들의 힘이 소진되어 외부 공격을 막아내기가 어렵다. 남쪽의 군대가 총력을 가하면 그들을 고비사막으로 쫓아낼 수 있었다.

알카이베키는 옹구트부의 기반을 장악해서 군대에 물자를 보급하고 말을 교체할 수 있게 했다. 또한 남쪽의 공격으로부터 보호하는 역할도 했다. 칭기즈칸에게 있어서 알카이베키의 왕국은 적의 경내에 건설된 요새이자 교두보였다.

칭기즈칸의 다른 두 딸도 다른 돌궐 부족과 결혼해서 황후가 되었다. 하나는 중국 신장 경내의 위구르 사람과, 다른 하나는 카자흐스탄 경내의 하라루 사람과 각각 혼인했다. 이 딸들은 칭기즈칸의 세계정복을 위해 최전선에 나선 '병사'들이었다.

칭기즈칸은 몽골제국에 귀순한 사람은 잘 대해주었지만 거부하는 사람들에게는 철저한 징벌을 가했다. 이런 정책으로 인해 자기들의 통치자에게 불만을 품은 씨족과 부족은 칭기즈칸에게 도움을 청했다. 몽골제국에 귀의하려면 몽골군대를 따라 어렵고 힘든 출정을 해야 하지만 칭기즈칸이 문화나 종교에 있어 관용적이었기 때문에 귀순하려는 사람들이 많았다.

위구르 사람들은 오논강 지역에 거주하다가 8세기에 중국의 서부로 이주해서 사막에 있는 비슈발리크, 투르판, 하미 등 일련의 오아시스를 차지했고, 도읍을 비슈발리크에 세웠다. 이때 이들은 서요의 지배하에 있었고 거주지는 몽골초원과 서하의 서쪽과 인접해 있었다. 그들 다수가 이슬람교에 귀의했지만 서요의 왕조는 독실한 불교신자였다. 서요의 통치자가 위구르 사람들의 재산을 모두 수도 호사알이타로 가져가자 이들은 반란을 일으켜 현지의 서요 관리들을 죽였다. 그리고 위구르 수령 이디구트는 칭기즈칸에게 귀순을 요청했다.

"만일 당신이 은혜를 베풀어 제가 장차 당신의 금띠에 있는 고리 하나, 당신의 대홍포에 있는 실 한 개만이라도 얻게 된다면 저는 다섯 번째 아들이 되어 당신을 위해 일하겠습니다."

이디구트 수령은 칭기즈칸이 자기를 받아들이고 딸 엘리카툰(고창공주)을 자신과 결혼시킬 생각이 있다는 것을 짐작했다. 그래서 수령은 '금, 은, 크고 작은 구슬, 비단' 등의 공물과 함께 몽골 황족에게 상징적인 의미가 있는 검은담비 가죽을 선물로 가지고 갔다.

발견된 한 비문에 의하면 이 위구르 수령은 칭기즈칸을 대신해서 '나라를 보호하고 침략을 막아낸' 자이며, 동시에 '악적을 물리치고 내쫓은 보호벽'이라고 기록되어 있다. 비문의 글로 미루어 짐작할 때 엘리카툰과 알카이베키의 역할이 비슷하다는 것을 알 수 있다.

칭기즈칸은 위구르국으로 가는 딸 엘리카툰에게 너에게는 세 명의 남편이 있다고 말했다. 첫 번째는 그녀의 나라이고, 두 번째는 자신의 명성이며, 그녀가 시집간 남자가 세 번째였다. 이 셋 중 당연히 그녀의 직책과 국가를 최우선에 두어야 했다. 칭기즈칸은 딸에게 말했다.

"네가 국가를 남편으로 생각하고 정성껏 섬기면 명성을 얻을 수 있다. 만약 이러한 경중 관계를 잘 유지할 수 있다면 너의 육체적 남편과의 관계도 좋을 것이다. 만약 네가 개인의 명성을 남편으로 생각하고 정성껏 보호한다면 남편이 어떻게 너에게 등을 돌릴 수 있겠느냐?"

하미와 투르판은 실크로드의 대 사막에 위치해서 명실상부한 오아시스 문명을 형성했다. 멜론, 포도, 술에 이르기까지 다양한 음식문화가 발달했고, 실크로드 덕분에 국제적인 특성이 강했다. 또한 여러 종류의 발전된 문명들과 교류함으로써 유라시아 대륙 각지에서 온 화물, 습속, 언어 등을 받아들였다.

투르판에는 비가 거의 오지 않았다. 그러나 최대한 수분 증발을 막고 필요한 곳에 물을 댈 수 있는 관개수로가 있다. 역사책에서는 이곳이 비도 눈도 없이 매우 덥고, 주민들은 깊이 파놓은 땅굴에 살고 있다고 묘사하고 있다. 그들의 가옥은 흰 점토로 덮여 있고 금령金嶺에서 온 물이 가옥 사이를 흘러 도성으로 들어가 밭을 개간하고 물레방아를 돌렸다. 메밀을 제외한 오곡을 생산했고, 귀족들은 말고기를 먹고 평민은 산양고기나 가금육을 먹었다. 주민들은 활쏘기와 승마를 좋아하고 여자들은 기름칠한 모자를 쓰고 외출하며 항상 몸에 악기를 지니고 다녔다.

위구르의 오아시스는 포도를 많이 생산해서 건포도 및 포도주 무역을 통해 이윤을 남겼다. 이곳 와인의 알콜은 농도가 높아 몇 년 동안 저장이 가능하기 때문에 사계절 내내 즐길 수 있었다.

8~9월이 제철인 아이락(마유주)은 말젖을 발효시켜 만든 몽골의 저알코올 음료다. 이 시기에 암말은 젖이 많이 나오지만 어린 말은 금세 풀을 먹을 수 있게 된다. 덕분에 목축민들은 젖을 짜서 가죽으로 만든 주머니에 넣고 자주 저어준다. 그러면 며칠 지나지 않아 이상적인 상태로 발효가 완성된다. 이렇게 발효된 마유주는 보관기관이 짧고 알코올 농도도 매우 낮기 때문에 목축민들은 아끼지 않고 마음껏 마신다. 말 떼를 소유한 남자들은 이때가 되면 수달 육포를 제외한 다른 음식은 먹지 않고 마유주만 마신다. 추운 겨울이 오기 전 풍성한 수확의 계절인 가을에 남자들이 모여 술을 토하도록 마시는 것은 두터운 정을 표현하는 이들만의 방식이다.

칭기즈칸은 딸 투올라이를 하라루(카자흐스탄 발키스호수 남동쪽)의 아슬란칸과 결혼시켰다. 그녀가 시집갈 때 칭기즈칸은 아슬란의 '칸'이라는 직함을 없애고 그에게 새로운 직함인 구르겐을 하사함으로써 하라루의 백성들과 아슬란에게 몽골 황족 아내의 지위가 가장 높다는 것을 보여주었다.

하라루는 서요가 다스렸고 위구르보다 서쪽에 있는 지역이다.

알카이베키가 통치하는 옹구트인들의 땅은 칭기즈칸이 중국 국경 내부의 많은 왕국을 정복할 수 있는 기지를 제공했다.

엘리카툰이 통치하는 위구르 왕국은 칭기즈칸이 실크로드를 수중에 단단히 쥘 수 있도록 도와주었다. 실크로드를 장악한다는 것은 몽골인들에게 절실히 필요한 무역기지를 갖는 것이고, 화물의 중국 출입을 통제하는 데 있어 군사적 우위를 점한다는 의미였다.

투올라이가 하라루 지역을 장악함으로써 몽골인들은 남쪽의 무슬림 지역으로 통하는 길과 서쪽 대초원의 돌궐 부족, 그리고 러시아와 유럽으로 진출할 수 있는 통로를 얻게 되었다.

체체이켄은 북방에서 칭기즈칸에게 최초로 귀속된 방목 부족인 오이라트를 통치하고 있었다. 이렇게 네 명의 딸들은 사방에서 몽골국을 보호하고 국토의 경계를 확장했다. 그야말로 칭기즈칸이 아무 걱정 없이 몽골 대초원에서 달려 나가 천하를 휩쓸 수 있게 한 조력자들이었다.

1211년, 칭기즈칸이 화북의 금나라를 공격했을 때 옹구트인들은 반란을 일으켰다. 반란군은 칭기즈칸이 책봉한 옹구트부 수령 알라쿠시와 많은 몽골 지지자들을 죽였다. 알카이베키는 재빨리 탈출해 칭기즈칸의 군대로 피신했다. 그러나 반란을 평정하지 않으면 몽골 대군의 배후를 적에게 공격당할 심각한 상황이었다. 칭기즈칸은 즉각 군대를 파견하고 알카이베키와 함께 난을 평정해 반군을 저지했다.

이어서 칭기즈칸은 옹구트인들에게 대대적인 복수를 하려고 했다. 그는 모든 반란자와 반란자 집안의 '몽골 수레바퀴 크기를 넘는 남성'은 몰살하고 부녀자와 어린이는 몽골에 충성하는 부족에게 분배하려고 했다. 그러나 알카이베키는 학살을 반대했다. 그녀는 부친을 설득해서 반란자들만 숙청하고 알라쿠시를 살해한 범인만 벌하도록 했다.

옹구트인들은 칭기즈칸을 배신하고도 국가를 유지할 수 있었던 유일한 부족이었다. 이것은 당연히 알카이베키의 공로였다. 옹구트인들은 그녀가 부족을 사랑하는 마음을 느꼈고 다시는 그녀의 통치에 저항하지 않았다. 알카이베키는 권위를 회복한 후 옹구트의 진국鎭國(후에 북평왕으로 봉해짐)과 결혼했다.

몽골제국이 계속 확장됨에 따라 칭기즈칸은 기존체계를 유지하거나 무슬림, 기독교, 중국 등의 행정 시스템을 차용하는 대신에 몽골제국에 적합한 국가경영 체제가 필요하다는 것을 강하게 인식하게 되었다.

황후이자 옹구트부를 통치하는 알카이베키는 새로운 정부 체계를 세웠다. 그녀는 먼저 기본적인 읽기와 쓰기를 배웠고 독서를 했다. 그녀는 의술에도 능해서 옹구트에 의료기관을 설립하고, 도성에는 기독교·이슬람교·불교 등의 종교 건축물, 그리고 유교·도교의 기관, 성직자 등이 공존했다. 이렇게 많은 종교와 언어가 융합되어 민족의 경계가 없었고, 문화에도 관용을 베풀어 다양한 것들을 수용했지만 점차 몽골제국의 특색을 드러내기 시작했다.

알카이베키는 강력한 몽골식 국제관을 형성했다. 그녀는 첫 번째로 정착 문명을 다스리는 통치자로서 몽골제국이 후에 따르게 될 문화와 조직 모델을 개발했다. 오고타이의 카라코룸과 쿠빌라이의 수도(현재 내몽골 정람기시), 대도(연경, 현재 북경) 등은 모두 그녀의 도성 체계를 본뜬 것이다.

칭기즈칸이 화북을 휩쓸어 금나라가 패망하자 금나라는 수도를 개봉으로 옮기고 북방 지역을 몽골에 내주었다. 칭기즈칸은 금나라가 몽골제국에 귀의하고 화북지역을 계속 다스리기를 기대했지만 금나라는 그렇게 하지 않았다. 칭기즈칸은 화북에 머물 수도 없었고 직접 이 지역을 다스릴 생각도 없었다. 칭기즈칸은 몽골로 돌아갈 때 금나라 땅을 알카이베키에게 맡겼다. 잔류부대는 잘라이르 씨족인 무칼리가 지휘했지만 칭기즈칸은 그에게 알카이베키의 명령을 따르라고 하달했다.

칭기즈칸은 동생 테무게에게 사막의 북쪽인 몽골고원을 관장하도록 했고, 알카이베키는 감국공주監國公主로 봉했다. 그녀가 관할하는 인구는 약 1만의 옹구트부를 넘어 화북 각지에 흩어져 사는 수백만 명으로 확대되었다.

호라즘을 공격하는 것은 무역노선을 탈취할 뿐만 아니라 중동의 제조업 깊은 곳까지 파고들 수 있는 새로운 단계를 여는 일이었다. 또한 칭기즈칸의 금나라 공략은 그들의 제조업을 접수하는 과정의 시작이었다. 그는 이렇게 이슬람 세계의 수공예 중심지를 목표 삼아 실크로드 양 끝의 주요 종착지를 장악했다.

칭기즈칸의 많은 구르겐들은 전쟁터에서 죽었다. 간혹 구르겐이 반란자의 손에 죽게 되면 칭기즈칸은 처참한 복수를 단행했다. 니샤푸르 사람들의 반란으로 칭기즈칸의 구르겐 토코차르가 죽었다. 이들은 옹구트부족처럼 운이 좋을 수 없었다. 니샤푸르는 현재 이란의 북동부 경내에 위치하고 있으며, 몽골인들이 서역 정벌 때 거쳐 간 주요 도시 중 하나였다. 이곳은 페르시아 문화가 주류를 이루고 있으며, 호라즘의 일부이기도 했다. 이 도시가 칭기즈칸의 딸이 이끄는 군대에 의해 파괴되었을 때 이슬람 전체가 더할 수 없는 모욕감을 느꼈다.

대장 수부타이의 군대가 니샤푸르에 도착했을 때 페르시아인들은 몽골군대에 음식을 바쳤다. 몽골인의 입장에서 볼 때 투항자의 음식을 받아들이는 것은 매우 상징적인 행위로서 피정복자의 귀순을 의미했다. 그것은 이들이 속민의 신분으로 계속 생활할 수 있다는 뜻이었다.

그러나 수부타이의 군대가 떠나자 니샤푸르 사람들은 반란을 일으켜 복수를 하려고 했다. 툴루이의 주력부대 선봉장인 토코차르는 그다지 변변치 못한 인물인 듯했다. 몽골군은 흙으로 만든 방어벽에 의지해 저항하면서 버텼지만 토코차르는 활에 맞아 전사했다. 선봉장이 전사하고 몽골군이 철수하자 니샤푸르 사람들은 자기들이 몽골을 이겼다고 생각했다.

툴루이는 매제가 전사하자 즉시 몽골 대군을 조직해서 니샤푸르를 포위하고 공격했다. 그때 한 여인이 군마를 타고 대군의 맨 앞에서 돌진했는데, 그녀가 바로 토코차르의 미망인이자 칭기즈칸의 딸인 투멜룬이었다. 몽골군은 해자를 메우고 성벽을 뚫자 이틀도 안 되어 7만의 수비군을 죽이고 성 전체를 손에 넣었다.

투멜룬은 성으로 흘러 들어가는 물을 막고 주민들에게 성 밖으로 나가라고 명령했다. 주민들이 평야로 쫓겨나자 그녀는 친히 호위대를 데리고 성안으로 들어가 숨어있는 사람들을 수색하고 체포했다. 사람을 만나면 죽였고 '고양이도 개도 살아남을 수 없었다'. 끝으로 그녀가 빈 성을 불태우라고 명령하자 그때까지 숨어있던 사람들이 성 밖으로 나와 투항했다. 투멜룬은 효용 가치가 있는 장인들만 골라내고 나머지 2만 명에 가까운 사람들을 모두 처형했다.

이번 살상은 칭기즈칸의 명령이 아니고, 툴루이의 지시였다. 툴루이가 칭기즈칸에게 처분을 물었더라도 물론 도살하라고 했을 것이다. 결과적으로는 마찬가지였겠지만 그러나 이는 칭기즈칸의 권력과 권위를 무시하는 행위였다. 언젠가 툴루이가 칭기즈칸과 함께 서역을 정벌할 때도 그는 인도 국경을 무단 침입해서 인도로부터 항의를 받은 적이 있었다. 칭기즈칸은 막내아들 툴루이를 가장 좋아했지만 이 두 가지 일을 통해 그가 칸의 지위를 계승하기에는 적합하지 않다고 생각했다.

몇 년 후를 이야기해 보자. 칭기즈칸이 호라즘을 멸망시킨 후 실크로드는 몽골인이 통제하는 대도大道(큰길)가 되었다. 실크로드에서 수천 년 동안 무역과 상업이 이루어진 이래 화북에서 중앙아시아를 거쳐 남쪽으로는 인더스강과 서쪽으로는 유럽의 문호인 코카서스산맥에 이르는 모든 노선이 처음으로 통제되었다.

북극권에서 인도양에 이르기까지, 그리고 중국의 공방에서 페르시아의 도성에 이르기까지 무역은 막힘이 없이 원활했다. 칭기즈칸의 무한권력은 경제적 보장을 무제한으로 제공했다. 알렉산더 대왕이 시도했지만 이루지 못한 패업을 칭기즈칸은 완성했다. 로마인·아랍인·중국인이 꿈만 꾸었을 뿐 실행하지 못했던 위업을 달성한 것이다. 실크로드에서 몽골인들은 상인들에게 안전한 노선, 밀집된 휴게소, 풍족한 우물물, 가축의 환승, 빠른 역배달 서비스, 안정적인 통화와 교량, 그리고 국적이나 종교와 관계없는 통행권 등 모든 인프라를 제공했다.

하라루에서 투올라이가 기르는 가축과 체체이켄이 관할하는 시베리아산 모피 등의 일부 지분은 알카이베키가 소유하고 있다. 또한 엘리카툰은 비단 생산의 일부 소유권을 갖고 있으며, 모든 자매는 엘리카툰 산하의 오아시스에서 생산된 포도주를 받았다. 말하자면 이들은 독점 대리인으로 쉽게 부를 축적할 수 있었다.

칭기즈칸의 딸들이 통치하는 이 왕국들은 상품과 정보의 흐름을 기반으로 유통 속도가 전례 없이 빨라졌다. 따라서 아시아 각지에서 일정한 규칙 없이 경쟁하던 이전의 상황과는 달리 이들은 네트워크로 형성된 정치 및 상업 체계를 만들고 새로운 분업을 통해 상호 의존할 수 있는 기틀을 만들었다. 몽골 황후들이 장악한 실크로드의 번영은 절정에 달했다.

칭기즈칸이 서역을 정벌할 때 알카이베키는 자신의 의붓아들인 베이야오하를 개인 수행원으로 동행하도록 했다. 출정할 때 베이야오하는 열 살 정도 되었다. 대군이 몽골로 돌아왔을 때 알카이베키의 남편 진국은 이미 죽었기 때문에 칭기즈칸은 베이야오하를 남편으로 삼도록 했다. 이때 베이야오하는 17세였고, 계모이자 형수인 알카이베키는 35~40세 정도 되었다.

알카이베키와 진국 사이에는 외아들 네구타이가 있다. 그녀는 훗날 아들이 자신의 자리를 이어받도록 그를 정성껏 키웠다. 그리고 네구타이를 툴루이의 딸에게 장가보냈다. 그러나 결혼한 지 얼마 되지 않아 네구타이는 남송으로 출정을 갔다가 죽고 말았다.

알카이베키는 재위 20년 동안 시종일관 그녀의 아버지 칭기즈칸에게 충성했고 동시에 그녀가 관할한 옹구트부도 최선을 다해 통치했다. 그녀는 몽골제국이 향후 금나라와 남송을 국토에 포함시킬 수 있는 토대를 완벽하게 마련했다.

칭기즈칸이 죽은 후 약 270년 후에 몽골에 또 한 명의 위대한 황후인 현자 만두하이가 나타났다.

만두하이는 다얀칸을 키워 몽골 중흥의 대업을 이룬 사람이다. 그녀는 초로스부 출신으로, 만두울칸의 두 번째 아내였다. 만두울칸이 죽은 후 그녀는 죽은 남편의 조카손자인 5세 바투몽케를 옹립해서 극진히 돌보았다. 후에 그녀는 바투몽케를 걸출한 지도자로 만들어 다얀칸이라는 칭호를 수여했다. 1480년 33세의 만두하이는 17세의 다얀칸과 결혼하고 8명의 아이를 낳았다. 그녀는 지혜가 출중할 뿐만 아니라 임신 중에도 말을 몰고 출정했다. 그녀는 대내적으로는 통일된 몽골을 다시 세우는

데 주도적인 역할을 했고, 국가를 세 지역[三翼]으로 나누어 재편했다. 대외적으로는 명나라와 평화롭게 공존하며 번영을 이루었다. 그녀는 30여 년간 정벌 전쟁을 하다가 60여 세가 되어서야 비로소 40대 초반의 다얀칸에게 국가 통치의 소임을 완전히 맡겼다. 17세기에 새롭게 부상한 만주족이 청나라를 건국하고 몽골을 멸망시킬 때까지 후손들은 통일을 유지했다. 오랫동안 만두하이는 몽골인들에게 모범적인 황후로 존경받았다. 어떤 사람들은 그녀를 칭기즈칸의 환생으로 여길 정도였다.

요즘 표현으로 '무공 훈장의 반은 내 것이고 반은 네 것이다'라는 말은 여성들의 공로를 찬사하는 것이다. 당시의 몽골에서 여성의 역할은 확실히 하늘의 반을 지탱하고 있었다. 몽골의 역사를 깊이 이해하지 못하면 역사 속 여성의 역할을 간과하기 쉽다.

구처기는 여러 제자를 거느리고 '세기의 꿈'을 꾸었는데, 그 꿈의 주인공은 바로 칭기즈칸이었다. 칭기즈칸의 성장 과정에서 중요한 것은 사건과 인물이다. 결국 구처기는 마음속으로 금나라와 송나라의 황제에 비해 칭기즈칸이 여러 가지 측면에서 승리할 것이라는 결론을 내렸다. 구처기는 칭기즈칸의 내면을 계속 연구하면서 그의 영혼을 사로잡으려고 했다.

구처기의 애제자 조도견은 정좌를 하고 그의 적수를 명명백백하게 보아야 했기 때문에 칭기즈칸에게 깊은 영향을 끼친 몇 가지 사건을 다시 한 번 드러내 보였다.

하늘과 땅을 경모하고 귀신을 경배하다

"우리가 몽골 배후지에 온 지 얼마 되지 않았지만 적수를 똑똑히 보 았느냐?"

구처기는 조도견을 바라보았다.

"이렇게 긴 세월 동안 복잡한 사건과 인물이 이토록 많으니 사부님께 서는 제가 감당할 수 없는 일을 맡기셨습니다."

조도견의 머릿속에는 아직도 어떤 생각이 남아 있었다.

"사건을 보라는 것이 아니라 인성을 이해하라는 것이다. 칭기즈칸이 금나라와 남송의 황제보다 더 낫다고 인정하는 것이 그렇게 어려운 것이 냐?"

구처기는 조도견이 무슨 생각을 하는지 알고 있었다.

"모든 것을 사부님의 뜻에 따르겠습니다."

"나는 너에게 강요하지 않겠다."

"사부님은 칭기즈칸에 대한 인상이 바뀌셨나 봅니다!"

"좋아, 그럼 그에게 큰 영향을 준 몇 가지 주요 사건을 다시 살펴 보자."

이때 조도견은 마음은 얼음같이 싸늘했고, 자기가 정확히 보지 못하는 이유는 마음속이 여전히 뒤엉켜 있기 때문이라고 말했다. 조도견은 유중록에게 오국성五國城으로 북상하자고 제의했지만 구처기가 응하지 않자 그는 마음속으로 결정을 내렸다.

오국성은 흑룡강黑龍江 의란현依蘭顯의 북서부에 있다. 현재 오국성의 옛터는 좌정관천坐井觀天 옛터라고도 불린다. 요나라 때 송화강, 흑룡강, 우수리강 하류에 거주하던 여진족이 월리길, 오리미, 할아리, 분노리, 월리독 등 5대 부락을 세웠고, 이를 5국부五國部라고 했다. 의란은 오국부 제1의 성인 월리길성으로, 5국부 연합의 성이라고 하여 오국두성五國斗城이라고 불렀다. 1127년 금나라가 북송을 멸망시킨 후 휘종과 흠종 두 황제를 북쪽으로 압송해서 1130년 7월 오국성에 감금했다. 1135년 휘종이 병으로 죽자 '앉아서 하늘을 본다'[坐井觀天]는 고사가 이 지방에 전해 내려온 것이다.

구처기와 조도견은 다시 '현화지공'으로 칭기즈칸을 세심하게 관찰했다.

칭기즈칸은 진심으로 장생천을 경모했다. 그는 자신이 장생천의 가호를 얻고 장생천을 대신해 하늘의 직무를 수행한다고 생각했다.

칭기즈칸은 보르칸·칼둔 성산을 영원히 떠날 수 없었다. 이곳은 칭기즈칸이 이착륙을 꿈꾸는 곳이었다.

보르칸·칼둔 성산은 현재 몽골의 북동부 헨티산맥의 중간에 위치하며, 몽골 하천들의 발원지다. 주변에는 보기 드물게 광활한 초원이 펼쳐져 있다. 산은 하늘과 가장 가까운 곳에 있고 물도 풍부했다. 어린 시절부터 테무진은 홀로 등산하는 것을 즐겼다. 그는 성산이 그를 이해하고 그 역시 성산을 잘 안다고 생각했다. 그는 심지어 성산이 심장이 뛰고 호흡을 한다고 느꼈다.

'아버지는 왜 그렇게 일찍 돌아가셨고, 무슨 잘못을 했습니까?'

'가족들은 왜 우리를 버렸습니까? 우리가 무엇을 잘못했습니까?'

'우리는 잘 살아갈 수 있습니까?'

'왜 우리를 낳으셨습니까?'

'나는 누구인가?'

'누가 나인가?'

'나는 장생천을 우러러보는데, 장생천은 나를 좋아하고 보호해 주는가?'

'내가 집에서 무엇을 할 수 있을까?'

'내가 초원에서 무엇을 할 수 있을까?'

'대칸이 될 수 있을까?'

'해는 어디서 뜨기 시작하는가?'

'해가 지는 끝은 또 어디인가?'

……

테무진은 어머니나 형제자매들보다는 장생천에게 모든 문제를 물었다.

"아버지가 돌아가셨으니 저는 장생천 당신의 아들이 되겠습니다!"

테무진은 진정 무릎을 꿇고 눈물을 흘렸다. 그의 뜻이 장생천에게 통한다면 그는 무척 기쁠 것이라고 생각했다.

당시 몽골 민족의 장생천 신앙은 굳건했다. 몇 가지 사건을 겪은 후 테무진은 장생천을 더욱 굳게 믿었다. 그는 장생천이 자기의 소원을 받아들여 늘 자기를 가호해준다고 생각했다.

타이치오드부와 키야트부는 서로 원수였다. 아버지 예수게이가 죽은 후 타이치오드 사람들은 키야트부에 관심이 없어졌다. 그동안 테무진은 나날이 성장했고, 그가 자신의 이복형을 죽였을 때 타이치오드부 사람들은 그를 주목하게 되었다.

"테무진은 수레바퀴 높이만큼 키가 컸는가?"

탈코타이가 물었다.

"키도 크지만 황소처럼 튼튼할 것입니다."

토두엔지가 공포에 질려 말했다.

"그를 죽여라, 그가 원수를 갚지 못하게 해라."

탈코타이가 명령을 내렸다. 탈코타이는 5백 명의 타이치오드부 병사들을 이끌고 오논강변으로 달려갔다. 테무진은 산속으로 숨었다. 테무진에게 산길을 달리는 것은 식은 죽 먹기였지만 타이치오드 사람들은 산 밖에서 테무진이 나오기를 기다릴 수밖에 없었다.

테무진은 3일을 숨어 있다가 타이치오드 사람들이 떠난 줄 알고 말에 타려고 하는데, 말안장이 벗겨졌다. 그러나 말안장의 매듭이 온전하게 남아 있는 것을 보고 장생천께서 가지 말라고 깨우쳐 주는 것이라고 생각했다.

그는 다시 3일간 숨어 있다가 배가 고파서 산에서 내려가려고 했다. 그런데, 길 앞에 갑자기 큰 바위가 굴러 내려와 길을 막았다. 테무진은 이것 역시 장생천이 일깨워주는 것이라고 생각했다.

또 3일이 지나자 테무진은 정말 배가 고팠고 인내심마저 무너져 눈앞에 칼산과 불바다가 있더라도 나가야겠다고 생각했다. 그는 돌 틈을 비집고 길목으로 나갔다가 타이치오드 부족에게 붙잡히고 말았다. 그때 테무진은 장생천이 산속에 숨어서 재앙을 피하라고 알려준 것을 이해하지 못한 스스로를 탓했다.

'장생천이여, 이 아들이 당신의 말을 듣지 않았습니다. 아들이 잘못을 알았으니 다시는 실수하지 않겠습니다. 한 번만 더 자비를 베풀어 아들을 지켜 주시기를 간구합니다.'

테무진은 간절히 기도했다. 테무진의 기도는 하늘에 닿아 그에게 기회가 찾아왔다. 타이치오드부에서 테무진의 머리를 베어 조상에게 제사를 지내려던 전날 밤, 그는 자물쇠로 간수의 머리를 내려쳐 기절시키고 탈출했다.

테무진은 소르칸 시라의 진영으로 도망쳐서 그의 두 아들 침바이와 칠라온, 그리고 딸 카다안의 보호를 받았다. 소르칸 시라는 탈코타이에게 치즈를 만들어 주는 노예였다. 탈코타이는 테무진이 도망쳤다는 것을 알고 모든 장막을 수색했다. 이들은 소르칸 시라의 집을 수색하면서 구석구석을 다 뒤지고 마지막으로 수레에 쌓아 놓은 양모더미를 장대로 찔러댔다. 테무진이 그 안에 숨어 있었기에 소르칸 시라는 온몸에 소름이 돋으며 식은땀이 흘렀다.

"귀하신 주인님, 이렇게 더운 날에 양털더미에 어떻게 사람이 숨어있을 수 있겠습니까? 숨었다고 해도 질식해 죽을 겁니다."

그러나 병사들은 아랑곳하지 않고 양모를 찔러댔다. 병사들이 돌아가고 나서 소르칸 시라는 힘이 풀려 땅바닥에 주저앉았다. 알고 보니 총명한 딸 카다안이 테무진을 다른 수레의 양모 더미에 집어넣어 화를 면한 것이었다.

"나의 생명을 구해준 은혜에 감사합니다. 나 테무진이 출세할 날이 오면 반드시 당신들과 함께 부귀영화를 누릴 것입니다."

테무진은 소르칸 시라에게 진심으로 감사했다.

"작은 주인님, 장생천에게 감사하시기 바랍니다! 오늘은 운이 좋았습니다. 당신은 황금 가문의 자손이니 장차 큰 복이 있을 것입니다."

소르칸 시라는 테무진의 손을 잡고 울음을 터트렸다. 칠라온이 테무진에게 말과 충분한 식량을 주었고, 그는 야음을 틈타 탈코타이의 영지를 탈출했다.

몇 차례 생사의 갈림길을 오간 16세 테무진의 마음속에는 깊은 인상이 남았다. 삶과 죽음, 친구와 적, 그리고 운명에 직면해서 장생천과 어떻게 소통할 것인지를 생각했다. 테무진은 시련을 통해 더 많은 경험을 쌓았다. 그의 몸과 신념, 그리고 지혜도 나날이 성장해갔다.

자신의 영지로 돌아온 테무진은 다시 보르칸·칼둔 성산으로 올라가 3일 동안 무릎을 꿇고 절을 하며 영혼의 아버지 장생천에게 감사했다.

1180년에 테무진은 다시 한 번 큰일을 겪었다. 가슴에 비수를 꽂은 이 사건은 그가 영원히 털어버릴 수 없는 마음속 응어리가 되었다. 20년 전 그의 아버지는 메르키트부족 칠레두의 아내인 호엘룬, 즉 테무진의 어머니를 빼앗아 왔다. 20년이 지난 현재 메르키트 사람들은 이 빚을 테무진에게 갚았다. 테무진이 보르테를 신부로 맞이한다는 사실을 알게 된 그들은 보복성 혼인을 감행했다.

칠레두의 동생인 칠게르는 수령 톡토아에게 요청을 해 키야트부를 급습해 부녀자를 빼앗고 자녀들을 죽였다. 당시 몽골에서 아내감을 빼앗는 것은 흔한 일이었다. 더욱이 이번 혼인은 복수를 위한 것이었기 때문에 그는 쉽게 허락을 받을 수 있었다.

수백 명의 기병이 키야트부의 진영으로 쳐들어오자 테무진의 어머니 호엘룬은 기지를 발휘했다. 적의 첫째 목표는 보르테이고, 둘째는 테무진이라고 생각해서 아들 부부에게 두 방향으로 나누어 각자 도망치라고 했다. 이때 키야트부는 적에게 맞서 싸울 만큼 군사가 많지 않았다.

결국 보르테의 수레는 붙잡히고 테무진은 산속으로 도망쳤다. 적들이 테무진을 수색하자 그는 장생천에게 기도했다. 수색 행렬이 몇 차례 테무진을 스쳐 지나가기도 했고, 때로는 적의 긴 칼이 거의 테무진의 코끝에 닿기도 했다. 하지만 그때마다 신기하게도 재난을 모면했다. 테무진은 포위를 뚫고 보르테를 구하려고 했지만 어머니 호엘룬에게 저지당했다.

"이제 우리는 돌아가서 미인과 즐기자. 테무진은 언젠가 우리를 찾으러 올 것이니 그때 가서 죽여도 늦지 않다."

톡토아가 칠게르에게 말했다.

"그것도 좋지. 다만 형의 원수를 못 갚은 것이 한이다."

칠게르는 잡을 사람도 잡았고 뺏을 만한 것도 빼앗았다고 생각하니 위로가 되었다. 부대는 테무진에 대한 수색을 포기하고 전리품을 가지고 메르키트부의 영지로 돌아갔다.

테무진은 만신창이가 된 영지에서 크게 낙담했다. 그는 사람들을 이끌고 성산 쪽을 향해 단체로 무릎을 꿇게 했다.

"위대한 장생천이여, 다시 한 번 이 아들을 비호해 주셔서 감사합니다. 저는 오늘 당신에게 맹세하오니 반드시 나의 아내 보르테를 구하고 메르키트부를 초원에서 사라지게 할 것입니다."

테무진은 허리띠를 목에 걸고 성산 쪽을 향해 아홉 번 절을 했다.

물론 이후에 벌어진 '13익 전투'와 '왕한 전투'도 테무진의 마음속에 깊은 인상을 남겼지만 이번에 겪은 두 사건은 가슴속 깊이 박혀 떠나지 않았다. '13익 전투'는 비록 표면적으로는 테무진이 패배한 전투였지만 자무카의 잔악함 때문에 대규모의 사람들이 귀순하게 되면서 오히려 테무진의 진영이 급속히 커지는 계기가 되었다. 왕한과의 전투 역시 한때 테무진을 막다른 골목으로 밀어 넣었지만 테무진이 부족의 왕에서 초원의 왕으로 일어서게 만든 전쟁이었다.

보르칸·칼둔 산과 장생천은 이렇게 테무진의 마음속에서 조금씩 성숙해졌다. 큰일이 있을 때나 칭기즈칸으로 즉위한 후에도 그는 성산에 가서 기도하며 장생천의 비호에 감사했다. 매번 전쟁에서 이길 때마다 그는 성산에 가서 '보고'하고, '성찰'했다. 그는 적의 실패에서 교훈을 찾았고, 적의 패인을 적보다 더 철저하게 분석했다. 비록 그는 위대한 칭기즈칸이었지만 성산 앞에서는 언제나 겸손했고 영원한 장생천의 아들이라고 생각했다. 또한 진정으로 장생천이 자기를 받아들였다고 믿었고, '자기가 누구인지, 자기가 이 세상에 와서 무엇을 해야 하는 것인지' 점점 더 명확히 깨닫게 되었다.

당시의 몽골은 이슬람 세계나 중원처럼 문명을 논할 정도가 못 되었다. 그러나 흙냄새를 풍기는 몽골의 소박한 '문명'은 풀뿌리 냄새를 짙게 풍겼다. 그들만의 깊이 있는 소박한 문명을 이루었고, 그것이 칭기즈칸의 손에서 큰 폭발력을 가지게 되었다.

칭기즈칸은 몇 가지 개인적인 일로 인해 마음의 짐이 있었다. 그러나 그는 다른 사람들의 평가를 두려워하지 않았기 때문에 회피하지 않았고 《몽골비사》에 이것들을 기재하도록 허락했다. 그러나 후에 구처기와의 접촉에 관해서는 표면적인 것을 제외하고는 모두 극비에 부쳤다. 특히 장생천과 단독으로 나눈 것들을 언급하는 것은 감히 신성모독이기 때문에 마음속 깊이 간직했다.

칭기즈칸을 가장 힘들게 한 것은 아내 보르테를 빼앗긴 사건이었다. 당시의 칭기즈칸은 용맹하게 일어서기 전이었고 아직은 세력이 미약했다. 어머니 호엘룬이 극구 막아서기도 했지만 실제로 강한 적을 대적할 힘도 없었다. 결국 테무진은 목숨을 보전하기 위해 적에게 맞서지 못했고, 이 일은 평생의 가슴앓이로 남았다. 그는 장생천 앞에서 수없이 참회했다. 세상에서 칭기즈칸이 가장 미안해하는 사람은 바로 아내 보르테였다.

칭기즈칸이 훗날까지 아내 보르테에 대해 각별한 애정을 갖는 것은 이런 이유 때문이었다. 그의 큰아들 주치는 아내 보르테가 구출된 해에 태어났다. '주치'란 몽골어로 '손님'을 의미한다. 주치가 자기 친아들이 아니라는 사실은 칭기즈칸의 평생의 콤플렉스였다. 아들의 이름만 보더라도 그의 고민을 짐작할 수 있지만 칭기즈칸은 대장부였다. 그는 주치를 차별한 적이 한 번도 없었고 칸의 지위 계승에 관한 일을 제외하고는 오히려 지나칠 정도로 배려했다.

칭기즈칸의 또 다른 마음의 병은 자신의 이복형 벡테르와 의형제인 자무카, 그리고 의붓아버지인 케레이트부의 왕한 토오릴을 죽인 사건이다. 그러나 칭기즈칸이 그렇게 행동한 데는 합당한 이유가 있었다.

칭기즈칸이 가장 경멸하는 것은 도둑질이다. 그의 이복형인 벡테르는 카사르가 잡은 물고기를 훔쳐 테무진에게 죽임을 당했다. 훗날 칭기즈칸이 공포한 법률인《대찰살》大札撒에는 다음과 같은 규정이 있다.

적을 탐색하는 것을 소홀히 하는 자, 술에 취한 사자, 역모를 일으키는 자, 내부에서 간첩 행위를 하는 자, 명령을 전하지 않는 자, 통관병의 특별허가를 받지 않고 시혜를 베푸는 자, 관할지의 전리품을 자기 소유로 하는 자, 절도를 한 자, 말 공급을 거부한 자, 그리고 칭기즈칸의 사절에게 도움주기를 거부한 자들은 사형에 처한다.

칭기즈칸의 눈에는 물고기 한 마리를 훔치는 것과 사람을 죽이는 것이 같은 것이며, 이는 사형에 처할 일이었다.

세 번씩이나 의형제를 맺은 자무카를 죽일 정도면 더욱 이해가 간다. 자무카는 야망이 넘쳤고 능력이 뛰어났다. 그러나 하나의 산은 두 마리의 호랑이를 용납하지 않는 법이므로 그들의 싸움은 예견된 일이었다. 더욱이 자무카는 전쟁을 일으켜 테무진을 죽이려 했다. 칭기즈칸은 자무카와 세 번이나 의형제의 맹세를 했고, 그가 자신을 도와주었던 사실을 생각하면 그런 행동이 도무지 납득이 되지 않았다.

왕한을 죽인 것도 필연적인 일이었다. 초원에 있는 어떤 부족의 칸도 칭기즈칸의 날개가 펼쳐지는 것을 달가워하지 않았을 것이다. 케레이트부의 왕한 토오릴은 그를 위해 전장을 누비는 젊은 테무진은 좋아했지만 계속 성장하는 테무진은 두려웠다. 그는 테무진과 자무카 두 호랑이가 서로 갈등하고 다투는 것을 이용해서 세력 균형을 유지하고자 했다. 그는 모든 영웅호걸들이 자기에게 복종하고 자신의 명령을 따르기를 원했다.

정치에서 영원한 친구란 없고 오직 영원한 이익만 있는 것 같다. 이익을 위해 늑대와 개는 잠시 '친구'가 될 수 있지만 이익이 사라지면 원수가 된다. 양 한 마리를 잡기 위해 늑대 한 무리는 협력할 수 있다. 그러나 찐빵 하나를 먹기 위해 굶주린 개 두 마리는 죽기 살기로 싸울 것이다.

케레이트부 왕한은 야심만만한 테무진을 용납하지 못했고 전력을 다해 그를 죽이려고 했다. 그러나 테무진은 반격을 가해 막강한 케레이트부를 와해시켰다. 객관적으로 볼 때 테무진이 칭기즈칸이 되기 위해서는 왕한을 죽이는 것이 역사의 필연일 것이다. 그러나 칭기즈칸이 망설인 것은 왕한이 일반 수령이 아니라 자신의 의붓아버지이며, 초기에 그를 도와준 은인이라는 점이었다.

보르칸·칼둔 성산을 마주한 칭기즈칸은 여러 차례 이 일을 장생천에게 물었다. 그는 장생천의 양해를 구하고 가호를 빌었다. 또한 일생 동안 마음에 거리낌이 없었고 진실하며 가식적이지 않았다. 그는 다른 사람이 이러한 일을 《몽골비사》에 기록하는 것을 두려워하지 않았고, 후세 사람들의 평가에 마음 쓰지 않았다.

칭기즈칸의 신하 야율초재는 그에게 유교의 원리로 국가를 통치하고 불심으로 마음을 다스리라고 여러 차례 조언했다. 칭기즈칸이 처음에 이런 의견을 받아들이기 어려웠던 것은 위의 몇 가지 사건과 무관하지 않다. 자신의 과거 행태가 유교의 삼강오상三綱五常[33]을 거스른 것이라고 느꼈

---

33 삼강오상의 삼강은 임금과 신하, 아버지와 아들, 남편과 아내의 도리를 말하며 오상은 인(仁), 의(義), 예(禮), 지(智), 신(信)의 다섯 가지 윤리를 말함

기 때문이다. 야율초재는 끝까지 포기하지 않았지만 칭기즈칸 역시 응하지 않았다. 그러나 야율초재는 꾸준히 자신의 이념을 설득했고, 칭기즈칸도 딱히 거부하지 않게 되었다.

칭기즈칸의 마음을 혼란스럽게 한 또 다른 큰일은 바로 칸의 자리를 누구에게 물려주느냐 하는 문제였다. 나이가 들수록 이 일은 점점 더 피할 수 없게 되었다.

칸이 될 수 있는 자격은 주치, 차가타이, 오고타이, 툴루이 등 모두에게 있지만 과연 누구에게 물려줄 것인지 결정하는 일은 지극히 어려운 문제였다. 아직은 칭기즈칸이 완전히 믿을 수 있는 아들이 없었다. 칭기즈칸은 마음속으로 손자 무투겐(2남 차가타이의 아들)을 매우 좋아해서 전쟁에 나갈 때마다 데리고 다니며 많은 것을 가르쳐주었다. 그러나 몽골관습에서 이렇게 한 대를 걸러 칸의 지위가 승계된 선례는 없었다.

칭기즈칸은 서역 정벌을 위해 출정하기 전 황후 예수이(제3황후)의 요청에 따라 고통스러운 선택을 해야만 했다. 주치는 태생적인 흠이 있는데다 일을 할 때면 너무 경직되고 과시하기를 좋아했다. 또한 전쟁에는 능하지만 관리는 서툴러서 대국을 통치하기에 적합하지 않았다.

차가타이와 주치는 비슷한 부분이 많아서 여러 가지 문제로 자주 마찰을 빚었기 때문에 차가타이 역시 칸이 되기에 적합하지 않았다.

오고타이는 상대적으로 온화하고 문제를 비교적 주도면밀하게 고려하는 성격이었다. 그는 형제들과의 마찰이 가장 적었지만 형제들을 통솔할 능력은 부족했다.

툴루이는 서열이 낮고 전장에서의 공적도 형들에게 미치지 못하니 더욱 형들을 통솔할 수 없었다. 그러나 몽골의 풍습은 막내가 '부뚜막을 지키는 사람'이므로 툴루이는 가족 중에서도 특별한 지위에 있었다. 불은 몽골인에게 특별한 의미였다. 화신火神(부뚜막신)은 귀신을 쫓고 사악함을 물리치는 거룩하고 깨끗한 것이다. 본처가 낳은 자식 중 막내는 '웃치긴'이라고 불리며 아버지의 가장 소중한 유산인 불(화로와 부뚜막 포함)과 아버지 재산의 대부분을 물려받을 수 있었다.

"아들들은 칸이 되어 각자의 지역을 통치한다."

칭기즈칸이 말했다.

"그들을 칸으로 분립할 수는 있지만 그래도 대칸은 있어야 합니다!"

황후 예수이도 누가 이 중책을 맡을 수 있을지 몰랐다.

"3남 오고타이가 될 수밖에 없다."

칭기즈칸은 서글프게 말했다.

"좋습니다, 우리는 나이가 많으니 뒷일을 생각하지 않을 수 없습니다."

예수이 황후는 고개를 끄덕였다. 이에 황후는 네 아들을 불러 칭기즈칸이 내린 중요한 결정을 전달했다. 이들은 겉으로는 모두 부왕의 결정에 승복하겠다고 했지만 속으로는 각자 다른 계산을 했다.

칭기즈칸은 아직 명확하게 결정을 하지 못하고 "이것은 임시 결정이다. 계속해서 너희들의 실력을 지켜볼 것이다. 아직은 외부에 공개할 수 없다."고 말했다. 지금은 황후의 요청을 들어주느라 어쩔 수 없는 결정을 내린 것이다.

"착한 아이들이니 너희들은 반드시 뭉쳐야 한다. 너희들의 팔을 모아야 힘이 된다. 우리 황금가문을 망신시키면 안 된다. 모든 것은 훗날 쿠릴타이 대회에서 확정될 것이니 아버지께 염려를 끼쳐서는 안 된다."

예수이 황후는 부왕에게 걱정을 끼치지 말라고 당부했다. 사실 그녀도 걱정인 것이 아들들이 이곳을 나가는 순간 서로를 잡아먹는 호랑이가 될 것임을 잘 알고 있었기 때문이다.

칭기즈칸은 아들들에게 자신의 영지를 나누어 줄 계획이었다. 비록 모두 대칸의 자리를 원했지만 누구도 아버지의 결정을 바꿀 수는 없었다.

이후 몇 아들은 필사적으로 싸우며 자신의 영지를 넓히고 물질을 확보하고, 발언권을 도모하려고 애썼다. 이때 이들을 합심하게 하는 것은 불가능했다. 어려서부터 주치는 툴루이와, 차가타이는 오고타이와 친했다. 아버지 대칸 앞에서 그들은 온순한 어린 양이었지만 아버지 칸을 떠나 성장하면서 각자 뚜렷한 개성이 드러났고 이제는 숨기려고 하지도 않았다.

칭기즈칸이 생각하는 종교적 평등은 하늘과 땅, 그리고 자연에 대한 숭배에서 비롯되었고, 머리 위의 하늘은 오직 하나, 바로 '장생천'이었다. 모든 종교는 서로 다른 교리와 방법을 가지고 있지만 대부분 하늘에 대한 언급이 있다는 측면에서는 동일하다. 칭기즈칸이 이해하는 종교는 단지 하늘에 대한 명칭이 다르다는 것이다. 칭기즈칸이 다른 종교의 존재를 허용한 것은 장생천에 대한 존중에서 비롯됐다. 지상의 칸은 오직 하나, 바로 칭기즈칸이다. 그는 명분이 바르고 이치에도 맞는 장생천의 아들, 그것도 외아들이다. 그는 자기 밑에 '작은 칸'의 존재는 허락했지만 자신에게 복종해야 그들을 아들처럼 대할 수 있었다.

칭기즈칸의 원시적인 종교는 샤머니즘이다. 그는 평생 샤머니즘을 떠나지 않았다. 그의 군대 장막에는 많은 무당이 있었다. 큰일이 생기면 무당이 가장 바빠지고, 제사와 점술, 그리고 기도 등이 이어졌다.

칭기즈칸은 샤머니즘뿐만 아니라 이슬람교, 기독교, 불교, 도교 등 모든 종교를 평등하게 대했다. 특정 종교를 믿도록 강요한다거나 신앙을 바꾸도록 강요하지도 않았다. 그는 점령지에서 덕망이 높은 종교인에게 일정한 직책을 맡겨 행정적인 관리에 참여하도록 했다. 현지의 종교로 현지민을 관리하는 것은 칭기즈칸만의 관례였다.

칭기즈칸의 이런 종교관은 세계사에서도 극히 보기 드문 것으로, 교파에 위계를 두지 않았다. 한 종교가 헤게모니를 쥐고 다른 종교를 억압하는 다른 국가나 왕들에 비할 때 이것 역시 칭기즈칸의 위대한 면모이다. 이 사례는 이후 문명국가를 상징하는 요소 중 하나인 종교와 신앙의 자유를 헌법에 구현하게 하는 선례가 되었다고 할 수 있다.

칭기즈칸이 종교를 존중한다고 해서 종교인의 지휘를 받는 것은 아니었다. 그는 종교가 정치에 참여하는 것과 종교인이 정치에 관여하는 것을 반대했다. 칭기즈칸은 종교 세력이 그의 통치에 위협이 된다면 이를 척결하는 데 전력을 다했다. 그랬기에 문제가 많았던 대무당 쿠쿠추도 거침없이 제거할 수 있었다.

대무당 쿠쿠추(또 다른 동명이인 쿠쿠추가 있다. 그는 칭기즈칸 모친의 4양자 중 한 명으로, 전공이 뛰어났다)는 케레이트부 왕한의 아들인 셍굼의 마부였다. 뭉릭의 넷째 아들인 쿠쿠추는 반역죄로 칭기즈칸에게 죽임을 당했다. 뭉릭은 칭기즈칸의 아버지 예수게이에게 의탁했던 부하였다. 뭉릭은 예수게이 사후에 차라카이노인처럼 칭기즈칸 모자 곁에 함께 있지 않았다. 그러나 칭기즈칸이 셍굼이 파놓은 함정을 피할 수 있도록 도왔고, 일찍이 칭기즈칸에게 귀순했기 때문에 그 공로를 인정받았다.

뭉릭의 가족은 칭기즈칸의 초기 성장에 중요한 역할을 했기 때문에 테무진은 황제가 된 후 최초의 상賞을 그의 가문에 내렸다. 뭉릭은 천호千戶의 봉호를 받았고, 그의 넷째 아들 대무당 쿠쿠추는 '무당의 영도자'라는 봉호를 받았다. 종교 지도자라는 칭호는 비길 데 없이 높은 지위였다. 신권이 정치보다 우위에 있던 시절이었기 때문에 쿠쿠추는 점점 거만해졌다.

"칭기즈칸이라는 칭호는 내가 장생천에게 요청한 것이다."

쿠쿠추는 만나는 사람들마다 "테무진이 칸의 칭호를 얻은 것은 내가 보살핀 덕이다."라고 말하고 다녔다.

객관적으로 볼 때 칭기즈칸이라는 칭호는 쿠쿠추가 처음으로 말한 것이 맞다. 이는 테무진의 즉위식에서 쿠쿠추가 샤머니즘 의식인 '구득'^{求得}에서 만든 것이었다. 사실 칭기즈칸이란 칭호는 단지 이름일 뿐이지만 쿠쿠추는 그렇게 생각하지 않았다. 장생천의 명의를 빌려 쓰다 보니 쿠쿠추는 딴생각을 하게 되었다. 칭기즈칸 위에 군림하는 것은 불가능했지만 대등한 위치에는 설 수 있다고 생각했던 것이다.

쿠쿠추는 장생천의 이름을 빌려 칭기즈칸과 동생의 사이를 이간질했다. 또 다른 동생 테무게를 대중 앞에서 모욕했고, 칭기즈칸의 숙부뻘 되는 노예를 강탈했다. 그는 칭기즈칸의 기둥을 뽑고 자신의 위신을 세우기 위해 노력했다. 또한 항상 장생천의 지시를 듣고 싶어 하는 칭기즈칸의 심리를 이용했다. 몽골에서는 오직 쿠쿠추만이 장생천과 통할 수 있었기 때문에 칭기즈칸은 그를 물리칠 수 없었다. 그러나 쿠쿠추가 몰랐던 것이 있었으니, 칭기즈칸은 이미 장생천의 아들이라는 사실이었다.

장생천에 대한 경외감을 가진 칭기즈칸은 신통한 무당을 죽이는 일에 대해 오랫동안 갈등했다.

"대칸, 왜 아직도 결심을 못 하십니까?"

보르테는 쿠쿠추에 대해서 잘 알고 있었다.

"장생천과 소통할 수 있는 사람은 모두 내 친구다."

칭기즈칸은 여전히 의구심을 가졌다.

"대칸, 당신의 마음은 가을의 물처럼 투명하지만 쿠쿠추의 마음은 어떤지 아십니까? 그는 군마가 밟은 물처럼 탁합니다."

보르테는 칭기즈칸을 설득하려고 했다.

"황후는 그가 장생천의 뜻을 어겼다는 말이오?"

칭기즈칸은 자기 신념에 맞는 명분을 찾아야 했다.

"대칸, 어찌 명백한 것을 보지 못하십니까. 그가 장생천의 뜻을 허위로 전달해서 장생천은 이미 그를 버렸습니다."

보르테는 눈물을 닦았다.

"그렇다면 그의 목숨은 무소불위의 장생천이 결정하도록 하겠소."

칭기즈칸은 보르테의 건의를 받아들였다.

이어 동생 테무게에게 뜻을 전했다.

"그 무당이 우리 형제 사이를 이간질하는 것은 극심한 죄악이다. 너는 이 원수를 갚고 싶지 않느냐?"

"대칸께서 그렇게 말씀하시니 제 생각을 말씀드리겠습니다. 그는 아무 힘도 없는 나귀에 불과합니다. 대칸께서 정을 베풀지 않았다면 그는 벌써 예전에 죽었을 것입니다."

테무게는 쿠쿠추 때문에 목숨을 잃을 뻔했기 때문에 줄곧 이를 갈고 있었다.

"내일 그들 부자가 나를 만나러 올 텐데 네가 사람들이 보는 앞에서 그에게 도전하는 것이 어떻겠느냐?"

칭기즈칸은 동생이 복수를 원한다는 것을 알았다.

"좋습니다. 그가 온다면 살아서 돌아가지는 못할 것입니다."

테무게는 기뻐하며 칭기즈칸에게 복수를 맹세했다.

이튿날 뭉릭은 7명의 아들을 데리고 칭기즈칸을 만나러 왔다. 테무게는 사람들 앞에서 쿠쿠추에게 도전장을 내밀었고, 쿠쿠추는 대적할 수밖에 없었다. 뭉릭의 다른 아들들이 싸움에 개입하려고 했지만 칭기즈칸은 허락하지 않았다.

"그 두 사람은 모두 몽골의 용사로 장생천이 관심을 갖고 있다. 너희들은 나설 필요 없다."

칭기즈칸은 모두에게 마유주를 권했다.

쿠쿠추도 몸집이 크고 건장하지만 테무게와는 차이가 많이 났다. 테무게가 쿠쿠추를 움켜잡고 있는 모습은 마치 독수리가 우리에서 병아리를 잡아챈 것 같았다. 그가 쿠쿠추를 머리 위로 높이 쳐들어 땅바닥에 내동댕이치자 곁에 있던 호위병들이 우르르 달려들어 발길질을 해댔고, 그는 더 이상 일어설 수 없었다. 테무게는 분이 풀리지 않아 다시 여러 차례 내동댕이쳤다. 쿠쿠추는 움직이지 못한 채 입가에서는 피가 흘러나왔고 눈은 크게 뜨고 있었다.

뭉릭은 아들들과 함께 무릎을 꿇었다.

"대칸, 우리 가족은 일찍부터 칸을 따라다니며 절대 딴마음을 품지 않았습니다. 칸께서는 우리를 용서해 주시기 바랍니다."

"일어나라, 늙은 아비 뭉릭이여. 나는 너를 탓한 적이 없다."

칭기즈칸은 뭉릭 노인을 일으켜 세웠다.

"대칸께 아뢰옵니다. 무당이 이렇게 쓰러질 줄 모르고 장생천을 뵈러 갔었습니다."

테무게가 성큼성큼 걸어 들어왔다.

"장생천께서 무당을 진심으로 좋아하시니 칭찬하실지 모르겠습니다. 고귀한 무당이 가서 장생천을 섬기도록 해주십시오!"

칭기즈칸은 두 손을 들어 위를 바라보며 장생천을 향해 말했다.

칭기즈칸은 장생천을 떠날 수 없고 장생천은 칭기즈칸에게 하늘의 일을 위탁했다. 그랬기에 칭기즈칸은 자신의 지위를 흔드는 것을 허락하지 않았고 다른 사람이 장생천과 가까워지는 것도 허용하지 않았다. 머리 위에 단 하나의 하늘은 장생천이고, 천하에 단 하나의 칸은 칭기즈칸이며, 그는 장생천의 외아들이다. 종교는 정치에 봉사할 수 있을 뿐 정치를 좌지우지할 수 없다.

칭기즈칸은 무당을 믿지만 설령 그가 신령하다고 할지라도 다 믿지는 않았다. 칭기즈칸은 모든 종교를 존중하지만 종교는 그를 위해 봉사하는 것이다. 이것이 종교에 대한 칭기즈칸의 태도였다.

쿠쿠추를 징벌함으로써 칭기즈칸의 정권은 더욱 공고해졌다. 이를 계기로 아무도 감히 장생천의 이름을 이용해 대중을 미혹할 수 없었다. 구처기는 또 다른 '통천무당'인가? 칭기즈칸의 마음에는 또 하나의 매듭이 있었고, 그는 이것을 풀어야 했다.

칭기즈칸은 비록 황금가문 출신으로 영광스럽고 빛나는 신분이었지만 그는 세습제를 타파해서 출신 성분의 고하를 가리지 않고 논공행상을 했다. 이러한 평등한 분배는 그를 위해 생명의 위험을 무릅쓴 모든 사람들에게 출세의 기회를 주었다. 당시 몽골은 전쟁에 나가지 않더라도 한 가지 재주만 있다면, 즉 초급 수준의 산수만이라도 할 줄 아는 사람이라면 인재로 여겼다. 특히 테무진이 칸으로 즉위한 후 십호, 백호, 천호, 만호제를 실시했기 때문에 인구를 정확히 계산할 수 있는 이슬람인(아라비아 숫자를 아는 사람)들은 몽골에서 존중받았다.

테무진은 칸으로 즉위한 후 책봉을 했다. 그는 네 개의 만호, 95개의 천호 등을 책봉했는데, 역사상 유명한 88명의 공신이 모두 수상의 반열에 올랐다.

4개의 만호는 보오르초, 무칼리, 코르치, 나야아였다.

의형제 시기켄 코토고는 최고의 입법권과 사법권을 부여받았다. 그는 친동생과 동등한 재산권을 누리며, 아홉 번까지 죄가 사면되는 특권을 부여받았다.

4걸四傑 : 보오르초와 무칼리는 만호를, 칠라온과 보로올도 책봉을 후하게 받았다.

4구四狗 : 젤메, 쿠빌라이, 수부타이, 제베. 그리고 대장 일루게이, 주르체데이, 코난, 투게, 벨구테이, 쿠추 등도 각각 상을 받았다.

소르칸 시라 노인은 칭기즈칸의 생명의 은인이니 당연히 포상에서 빠질 수 없었다.

앞서 언급한 뭉릭은 천호의 봉상을 받았고, 그의 아들 무당 쿠쿠추는 종교인 통천무通天巫의 교주로 책봉을 받았다.

뭉릭은 제1 천호이고, 아울러 대칸의 장막에 앉을 수 있는 특별한 자리를 받았다.

보오르초는 제2 천호로 대중들에게 군림할 수 있고, 아홉 번까지 죄를 사면 받을 수 있으며, 우수만호右手萬戶로 책봉되었다.

무칼리는 제3 천호로, 자손 대대로 벼슬을 할 수 있고 좌수만호左手萬戶로 책봉되었다.

코르치는 제4 천호로서 만호의 권리를 행사했다. 칭기즈칸은 발조나 강변에서 그에게 한 약속을 지켰다.

주치타이는 제6 천호다.

쿠빌라이는 제8 천호다.

젤메, 수부타이, 제베는 천호이다.

보로올은 제15 천호이고, 아홉 번까지 죄를 사면 받는 권리를 받았다.

칠라온의 아버지는 천호다.

시기켄 코토고는 제16 천호가 되어, 대단사관大斷事官에 임명되었다.

쿠추는 제17 천호다.

쿠쿠추(양자)는 제18 천호다.

나야아는 중군만호中軍萬戶로서, 대칸을 호위하는 겁설군(호위대)을 통솔한다.

이러한 봉호를 통해 알 수 있듯이 원래의 귀족 세습제는 칭기즈칸에 의해 완전히 타파되었고, 최하층 사람들도 최고위층이 되었다. 노예 출신들이 단번에 만호귀족이나 천호귀족이 되었다. 원래의 부족장들은 칭기즈칸이 만든 서열의 위계에서 자취를 감췄다.

　칭기즈칸의 이러한 개편은 기존의 부족제를 타파하고 각 부족의 권력을 분산시키는 효과를 나타냈다. 모든 권력은 그에게 집중되었다.

　병권을 완전히 장악하고 전투력을 증강시키기 위해 칭기즈칸은 이전의 성공 경험을 통해 자신의 호위대인 겁설군을 확충했다. 겁설군에게는 3대 임무가 있었다.

　첫째, 대칸을 보위하고 조정의 안전을 지켜야 한다.

　둘째, 전시에는 대칸이 직접 통솔하는 부대로서 난관을 돌파한다.

　셋째, 후방의 병참 보급과 의례 등을 포함해 조정의 각종 사무를 분장한다.

　겁설군에 들어가는 것은 몽골 병사들의 꿈이자 명예였다. 겁설군은 백호, 천호, 만호 중에서 선발된 우수한 사람들 중에서도 가장 뛰어난 인재만으로 구성되었다. 겁설군은 후한 대우를 받았고 지위가 높았으며 오직 대칸의 명령만을 따랐다.

　불과 몇 백 명이었던 겁설군은 단숨에 거의 1만 명으로 늘어났다. 칭기즈칸은 그가 가장 신뢰하는 보로올, 보오르초, 무칼리, 칠라온, 주치타이, 얼가이, 카사르, 나야아 등에게 겁설군을 지휘하게 했다. 나야아가 만호의 규모를 가진 이 특별부대를 지휘하는 직책을 맡은 것을 보면 칭기즈칸이 그를 각별히 신임했다는 것을 알 수 있다.

　몽골은 언어만 있고 문자가 없었다. 민족이 발전하려면 반드시 문자를 창조해야 한다. 그렇지 않으면 명령과 제도는 단지 구두로 혹은 간단한 기호로만 전달하게 된다. 혹자는 몽골군이 전쟁을 할 때 비밀 유지를 위해 모든 명령을 구두로 전달했다고 하지만 비밀 유지는 명분일 뿐 실제로는 글이 없었기 때문이다. 몽골문자가 있었다면 구두로 내린 명령이 정말로 비밀을 지키기 위한 것이었겠지만 글이 없었기 때문에 구두 명령은 비밀 유지를 위한 것이 아니었다.

이에 관련해서는 위구르 사람인 타타통가를 언급해야 한다. 칭기즈칸은 타이양 칸의 부락을 공격한 후에 타타통가에게 몽골문자를 만들도록 했다. 타타통가는 위구르 문자를 결합해서 몽골문자를 창조했다. 문자는 몽골부족이 문명사회로 전환하는 데 큰 역할을 했다.

칭기즈칸은 의형제인 동생 시키겐 코토고에게 법률인 《대찰살전》大扎撒典을 반포하도록 했다. 이 법률을 완성하기까지는 오랜 시간이 걸렸고, 내용의 대부분은 칭기즈칸의 구전이 축적된 것이었다. 구전으로 전해지는 《찰살》扎撒은 쿠릴타이 대회의 토론을 통해 내용이 풍성해졌다. 몽골문자가 생긴 후 이 법전을 문자로 표현했고, 이것은 몽골의 첫 번째 성문법이 되어 그동안 구속받지 않았던 몽골민족을 통제하는 데 큰 역할을 했다. 또한 이는 몽골인들에게 통일된 규칙과 행동을 하게 만들었다. 물론 이 법전은 칭기즈칸의 마음대로 바꿀 수 있었지만 다른 사람들에게는 규정에 따라 집행되었다.

구처기가 본 것이 잘못된 판단이 아니라면 애제자 조도견도 생각을 통일할 수 있도록 함께 앉아 '점검'해 보기로 했다. 그들은 이미 많은 장면을 살펴보았지만 이번에는 칭기즈칸에게 가장 큰 영향을 준 몇 가지 사건을 다시 자세히 살펴봄으로써 칭기즈칸의 성격 형성과정을 정확하게 파악하려고 했다. 구처기는 이미 마음으로 결정을 내렸지만 애제자에게 확증을 받고 싶었다. 또한 그는 제자가 무엇을 고민하는지 알고 있었기에 조도견이 가진 몽골에 대한 태도를 바꾸고 싶었다.

구처기는 천천히 눈을 떴다. 그는 요 며칠 동안 앉아서 꽤 많은 것을 알아냈고, 그가 상대해야 할 칭기즈칸에 대해 구체적으로 이해하게 되었다. 구처기의 마음속에서 칭기즈칸에 대한 베일이 하나씩 벗겨지고 진실한 칭기즈칸의 모습이 보였다. 만일 북상해서 서행하는 것이 하늘의 명령이라면 구처기는 이 대칸을 꼭 만나고 싶었다. 구처기는 칭기즈칸이 좋은 친구가 될 것이지만 아직은 자기에게 우호적이지 않다고 생각했다.

조도견도 눈을 떴지만 아무 말도 하지 않고 사부를 향해 고개를 끄덕였다.

구처기와 조도견이 북상하려는 목적은 서로 달랐다. 구처기는 칭기즈칸을 분명하게 이해했고, 칭기즈칸과의 담판을 위한 충분한 포석을 마련하고자 했다. 그러나 조도견은 아직도 북송의 황족 중에 자기가 도와줄 사람을 찾고 있었다.

제18장

꿈속의 천둥이
잠을 깨우다

서방의 강대국인 호라즘은 1년도 안 돼 칭기즈칸에 의해 산산조각이 났다. 많은 요충지가 함락되고 국왕 무함마드 역시 제거되었다. 칭기즈칸은 막강한 호라즘이 금나라보다, 심지어 서하보다도 못할 줄은 상상도 못 했다. 칭기즈칸은 승리의 기쁨에 젖어 있었다.

한밤중에 칭기즈칸은 자신의 장막에서 깊은 잠에 들었다. 그런데 갑자기 큰 천둥소리가 나면서 그를 깨우자 그는 호위무사를 시켜 야율초재를 불렀다.

"대칸께서는 무슨 분부가 있으십니까?"

야율초재가 급히 칸의 장막에 들어섰다.

"방금 울린 천둥소리를 들었는가?"

칭기즈칸은 눈을 비비며 물었다.

"신이 우둔하여 듣지 못했습니다. 대칸께서는 혹시 꿈을 꾸신 것 아닙니까?"

야율초재가 물었다.

"그렇다면 이 꿈은 무슨 뜻인가? 크게 천둥이 쳐서 옆에 있는 큰 나무가 쪼개졌다."

칭기즈칸은 이해가 되지 않는 듯 물었다.

"너무 걱정하실 필요 없습니다. 우리 몽골군이 가는 곳마다 적을 전멸시키고 사마르칸트마저 쳐부수었으니 우리 앞에 더 이상 견고한 성은 없습니다."

야율초재는 칭기즈칸을 안심시켰다.

"글쎄, 장생천이 무엇을 알려주려고 하는지 모르겠는가?"

칭기즈칸은 모든 자연현상이 나타나면 장생천이 그에게 뭔가를 암시하는 것이라고 생각했다.

"그렇다면 대 무당들을 불러 해석하도록 하시지요."

야율초재는 나중에 대칸에게 원망을 듣지 않도록 안전한 방법을 선택했다.

"좋소. 그들에게 내 꿈을 해몽하라고 하시오."

칭기즈칸은 일어나 옷을 갖춰 입었다.

이윽고 칭기즈칸이 신뢰하는 무당들이 모두 도착했다. 야율초재가 무당들에게 말했다.

"방금 대칸께서 꿈을 꾸셨는데 천둥소리가 나고 큰 나무가 쪼개졌답니다. 대사들께서는 이 꿈을 어떻게 보시는지요?"

"대칸, 축하드립니다. 불은 우리의 성물입니다. 이 시기에 나타난 것은 분명 좋은 징조입니다."

한 무당이 칭기즈칸에게 공손히 말했다.

"맞습니다, 그리고 천둥은 대칸께서 호라즘과의 전쟁에서 쉽게 승리한 것에 놀라움을 금치 못했다는 의미입니다."

또 다른 무당도 이에 지지 않고 말했다.

"대칸은 장생천의 가호를 받는 분이니 하늘이 보호합니다. 대칸의 행동은 장생천을 대표합니다. 우리는 장생천의 인도로 호라즘, 이슬람국에 왔으니, 장생천이 광명을 내려준 것입니다."

처음 말한 무당이 덧붙여 이야기했다.

"오, 장생천과 가장 가까운 사람들이 그렇게 말해주니 안심이 된다."

칭기즈칸은 환하게 웃었다. 사람들이 돌아가자 그는 다시 잠이 들었다.

야율초재는 막사로 돌아와 고민에 빠졌다. 1221년 음력 5월 1일에 개기일식이 일어났다. 비록 호라즘에서는 부분일식으로 나타났지만 점성술을 잘 아는 야율초재는 큰일이 일어날까 걱정이었다. 야율초재는 일식을 통해 금나라, 남송, 서하 등에서 큰일이 일어날 수 있지만 몽골에서는 아무 일도 일어나지 않을 것이라고 생각했다. 그러나 만에 하나 무슨 일이 일어난다면 그것은 어떤 형태일 것인가? 야율초재는 점성술을 알고는 있었지만 정통하지 못했기 때문에 대칸 앞에서 선뜻 의견을 말할 수 없었다. 야율초재는 밤새 잠을 이루지 못했다.

호라즘은 이미 함락되었고 국왕도 죽었다. 그러나 무함마드 국왕의 아들 잘랄 웃딘은 험준한 지형을 보루로 삼아 여전히 완강하게 저항하고 있었다. 잘랄 웃딘과 부왕 무함마드의 성격은 전혀 달랐다. 잘랄 웃딘은 처음부터 병력을 집중해서 칭기즈칸을 정면공격하자고 주장했다. 부왕의 도주 전략과 아들의 공격 전략은 정반대였다. 부왕이 사망한 이후 잘랄 웃딘은 군대를 조직해서 칭기즈칸에 대한 정면공격을 펼치려 했다. 그러나 이때의 잘랄 웃딘은 민심과 멀어졌고 권위가 땅에 떨어져 부대를 통솔할 수 없었다. 그러나 끝내 포기하지 않은 잘랄 웃딘은 결국 칭기즈칸에게 첫 패배를 안겨주었다.

칭기즈칸의 의형제인 시기켄 코토고는 3만 명의 몽골군을 이끌고 잘랄 웃딘을 쫓았다. 양쪽 군대는 파르완 평야(지금의 아프가니스탄 카불 북쪽)에서 만났다. 시기켄 코토고는 항상 승리만을 경험한 장군이었다. 그는 병사의 모습으로 만든 인형을 말 위에 묶어 적이 몽골 병력에 대해 오판하도록 했다. 어떤 사람이 잘랄 웃딘에게 "몽골 대군이 개미떼처럼 하늘을 뒤덮고 있다."고 보고했다. 만일 무함마드였다면 바로 말머리를 돌려 도망갈 것이 분명했다. 그러나 잘랄 웃딘은 달랐다. 그는 직접 대군을 이끌고 시기켄 코토고를 죽이기 위해 진격했다.

잘랄 웃딘이 앞장서서 몽골군의 진지로 쳐들어가자 호라즘 병사들은 투지가 불타올랐다. 예전의 몽골군은 마치 호랑이가 양 떼를 덮치는 기세였지만 이번에는 오히려 몽골군들이 얼어붙었다. 몽골군은 적진에 들어가면 마치 '무를 썰듯이' 파죽지세로 나아갔지만 이번에는 주춤거리며 우왕좌왕했다. 3만 명의 몽골군은 잘랄 웃딘에 의해 무참하게 죽임을 당하고 일부만이 남아서 황급히 도망쳤다. 몽골의 수장은 대칸을 볼 면목이 없다고 느꼈다.

"대칸, 사죄드립니다."

시기켄 코토고는 대칸에게 무릎을 꿇었다.

"무슨 사죄인가?"

칭기즈칸은 어리둥절했다.

"저의 3만 대군이 적에게 몰살당했습니다."

시기켄 코토고는 고개를 푹 숙였다.

"뭐라고?"

칭기즈칸은 깜짝 놀랐다.

"대칸께서 제 죄를 다스려 주십시오!"

시기켄 코토고는 땅바닥에 머리를 찧었다.

"천천히 말해봐라. 적의 장수가 누구냐? 어떻게 패배했는가?"

칭기즈칸은 시기켄 코토고를 일으켜 세우며 물었다.

의붓형제 시기켄 코토고는 충성심이 강하고 항상 승리하는 장군이었다. 그를 물리칠 사람이라면 틀림없이 용맹스러운 장수일 것이라는 생각에 칭기즈칸은 한편으로는 흥미도 느꼈다.

"무함마드의 아들 잘랄 웃딘을 상대할 때 저는 그를 성안으로 몰아넣고 포위해서 공격하려고 했습니다. 그가 감히 야외에서 사투를 벌일 줄은 생각지도 못했습니다."

시기켄 코토고는 뜻밖의 상황에 대한 마음의 준비가 충분하지 않았던 것이다.

"적은 병사로 많은 적군과 싸우다가 그런 용장을 만났으니 한바탕 치열한 싸움이었겠구나. 무능한 무함마드에게 이런 능력 있는 아들이 있는 줄은 몰랐다."

칭기즈칸은 전세를 분석했다.

"대칸께서는 적은 수의 군사로 늘 승리하셨습니다! 제가 무능했습니다."

시기켄 코토고가 말했다.

"나는 잘랄 웃딘을 기억할 것이다. 가자, 나에게 너희들이 교전한 지형을 보여 다오."

칭기즈칸은 항상 전쟁이 끝나면 결과를 분석했고, 특히 실패한 사례를 더 신경 써서 연구했다.

시위대의 보호 아래 시기켄 코토고는 칭기즈칸과 함께 며칠 전 잘랄 웃딘과 싸웠던 전장으로 왔다.

"대칸, 바로 여기입니다. 저는 우리 군마가 적과 싸우기에 편리하도록 넓은 평야지대를 선택했습니다."

시기켄 코토고는 채찍으로 전방을 가리켰다.

"필패다, 필패!"

칭기즈칸은 고개를 저었다.

"저는 잘 모르겠습니다. 대칸께서 가르쳐 주십시오."

시기켄 코토고는 이해할 수 없었다. 칭기즈칸은 차근차근 설명을 하면서 의형제를 지도했다.

"전방, 왼쪽, 오른쪽을 보아라. 모두 언덕이다. 너희가 돌격하는 것은 어렵지만 적은 공격하기가 쉬운 지형이다. 이편에선 공격도 힘들고 수비도 할 수 없는 지세다."

칭기즈칸은 아들, 손자, 주변의 아끼는 장수들과 자신의 경험을 공유했다.

시기켄 코토고의 패전으로 칭기즈칸은 잘랄 웃딘을 신중하게 대해야겠다고 생각했다. 좋은 적수를 만나는 것은 칭기즈칸의 즐거움 중 하나였다. 그렇지 않으면 그의 삶은 무의미하고, 호라즘과의 전쟁도 아무 감흥이 없었을 것이다.

몽골 병사 3만 명의 죽음도 애석한 일이었지만, 그 후 단 한 사람의 죽음이 칭기즈칸을 크게 고통스럽게 했다. 그는 바로 손자 무투겐이었다.

힌두쿠시산맥(히말라야) 남쪽 바미안(지금의 아프가니스탄 카불 북서쪽)을 공격하던 중 칭기즈칸의 손자이자 차남 차가타이의 아들 무투겐이 화살에 맞아 죽었다. 이 소식을 접한 칭기즈칸은 미친 듯이 바미안성으로 달려갔다. 그는 갑옷도 입지 않은 채 군마에 올라타 손에 군도를 쥐고 바미안성을 향해 돌격했다. 칭기즈칸은 식인 호랑이처럼 바미안성을 짓밟기 시작했다.

칭기즈칸의 마음속에 자리한 손자 무투겐의 무게는 그 자신만이 알고 있었다. 장남 주치는 앞날을 예측하기 어렵고, 차남 차가타이와도 물과 불처럼 서로 용납하지 않았다. 칭기즈칸은 누구에게도 표현한 적이 없지만 행군하고 전쟁하는 곳에는 항상 손자 무투겐을 데리고 다니면서 자신이 아는 것을 모두 전수해주려 했다. 비록 서역 정벌 전에 이미 삼남인 오고타이가 그의 황위를 계승할 것이라고 선포했지만 그것은 다만 예수이 황후의 요청을 들어주고 아들들의 관계를 안정시키기 위한 것일 뿐이었다. 그가 누구에게 자리를 물려주고 싶은지는 칭기즈칸 자신만이 알고 있었다.

바미안성은 곧 몽골군이 점령했다. 칭기즈칸은 어떤 사람의 투항도 받아들이지 않았고 도시 전체에 살아 있는 것은 하나도 남겨서는 안 된다고 명령했다. 성안의 군인이나 평민, 남녀노소, 심지어 개와 쥐도 남기지 않았다. 성벽과 집이 모두 평평한 들판처럼 깎였다. 칭기즈칸이 전쟁으로 성을 도살했던 사례 중에 이번 바미안성에 대한 살육은 가장 철저하고 잔학한 것이었다. 그는 온 성읍을 그가 사랑하는 손자와 함께 묻었다.

칭기즈칸은 아무도 울지 말라고 명령했다. 그러나 출정을 따라간 홀란 황후는 무투겐이 화살에 맞아 죽었다는 소식을 듣고 기절하고 말았다.

바미안성의 폐허 위에 칭기즈칸은 오랫동안 서 있었다. 사람들은 감히 그에게 말도 걸지 못했고 분노가 가시지 않은 호랑이를 어떻게 위로해야 할지 몰랐다. 호위대들은 조용히 그를 따르기만 했다. 장막으로 돌아온 칭기즈칸은 홀란 황후에게로 갔다. 그는 앉아서 정신을 잃은 그녀의 손을 잡고 멍하니 홀란을 바라보았다.

"장생천이여, 당신은 저의 아이를 왜 지켜주지 않았습니까?"
칭기즈칸은 말없이 중얼거렸다.

"홀란! 황후는 순결함이 마치 하늘가의 흰 구름 같소. 어서 일어나시오, 나는 정말 외롭소."

칭기즈칸은 마음속으로 기도했다.

'장생천이여, 어떻게 하면 당신의 명확한 가르침을 얻을 수 있겠습니까. 간밤의 천둥은 당신이 저를 일깨워 준 것입니까?'

칭기즈칸은 홀란의 곁에 가만히 앉아서 생각에 빠졌다.

홀란은 칭기즈칸이 서역 정벌에 데려온 유일한 황후이자 이 시기에 가장 총애했던 사람이다. 매번 출정을 끝내고 왕의 장막으로 돌아갈 때마다 홀란의 미소가 있어서 칭기즈칸은 큰 위안을 얻었다. 정벌 초기에는 본처 보르테 황후가 함께 있었고, 후기에는 홀란 황후가 칭기즈칸의 곁을 가장 오래 지켰다. 홀란은 칭기즈칸의 생각, 특히 칸 직위 계승에 대해서도 잘 알고 있었다. 황후의 기절은 대칸의 마음속에 무투겐이 차지하는 비중이 어느 정도인지를 알 수 있는 척도였다.

사랑하는 손자 무투겐이 젊은 나이로 사망하자 칭기즈칸의 미래에 대한 포석이 흐트러졌다. 이 일에 대해서는 보르테도 감히 자신의 생각을 제시하지 못했다.

그는 무당들과 야율초재를 원망하지 않았다. 칭기즈칸은 자신이 장생천과 가장 가깝다고 생각했고 자기가 모르는 것을 남들이 더 잘 알 것이라고 생각하지 않았다. 죽음에 대한 공포가 처음으로 칭기즈칸의 가슴을 뒤흔들었다.

"구처기는 어디까지 왔는가?"

칭기즈칸이 갑자기 소리치듯 물었다. 이에 아무도 대답하지 못했고, 호위대들은 심지어 구처기가 누구인지도 몰랐다.

"야율초재를 불러오너라."

칭기즈칸이 호위대에게 명령했다. 이윽고 야율초재가 황급히 도착했다.

"대칸, 부르셨습니까?"

"그 구처기가 언제 도착하는가?"

"몇 달만 있으면 도착할 수 있습니다."

야율초재가 대답했다. 그는 칸의 심정을 충분히 알고 있기에 신중하게 대답했다.

"그가 정말 그렇게 신통한가?"

"저희들도 전부 전해들은 것뿐입니다."

야율초재는 더욱 허리를 굽혔다.

"설마 그가 나의 무당들보다, 당신보다, 나의 무사들보다 더 낫단 말인가?"

칭기즈칸은 이제 누구도 믿기 힘들었다.

"정말인지 거짓인지는 대칸께서 시험해 보시면 알게 되실 것입니다."

야율초재는 조심스럽게 대답했다.

"내가 그를 시험해 볼 것이다."

칭기즈칸은 손을 흔들며 야율초재에게 나가라는 신호를 보냈다. 이 사건을 겪은 후 칭기즈칸은 구처기가 과연 어떤 점에서 뛰어난지 더욱 미심쩍었다. 왜냐하면 그의 수하인 무당들이 평소에는 모두 신통했지만 그 밤에 꾼 꿈에 대해서는 그 누구도 정확한 해석을 하지 못했기 때문이었다. 그는 이 세상에서 자기보다 장생천과 더 가까운 사람이 있다는 것을 믿지 않았다.

그러나 칭기즈칸보다 장생천과 더 가까운 사람이 있었다. 그가 바로 구처기다.

《역·계사》易·繫辭에는 "하늘이 상을 나타내어 길흉을 본다."라는 구절이 있다. 따라서 도가는 하늘을 관찰해서 별의 모습으로 미래를 예측하는 것을 매우 중요한 기술로 삼았고, 이를 연구해서 오술五術 중 복술卜術(점술)로 분류했다. 구처기는 명실상부한 점성술의 고수였다.

고대 점성가들에게 일식과 월식은 가장 중요한 천체현상이었다. 구처기는 서행 중 일식을 통해 당시 화하 대지에 있던 여러 제왕들의 생사를 통찰하게 되었다.

1221년 2월 8일, 구처기 일행은 마침내 선덕주(현재 하북 선화)의 서교에서 출발했다. 5월에 그들이 칭기즈칸의 고향 부근인 커루룬강 유역에 도착했을 때 개기일식이 한 차례 발생했는데, 이지상 조사가 쓴 《장춘진인서유기》에서는 이것을 다음과 같이 기록했다.

5월 초하루 정오의 일식에 대해 이야기하기를, 이미 뭇별들이 보였고 잠시나마 다시 밝아졌는데, 이때는 강의 남쪽 해안(서남에서 없어지고 동북에서 생김)에 있을 때이다.

후에 구처기 일행이 사마르칸트성(현재 우즈베키스탄 사마르칸트)에 이르렀을 때 구처기는 특별히 이번 일식에 대해 현지의 한 사람과 상세한 토론을 했다.

스승은 이미 겨울을 지내시고 유중록 선사와 상공 진해鎭海를 갈랄 등과 함께 사신으로 파견하였다. 이들이 병사 수백 명을 이끌고 앞길을 정찰하자 한족들이 종종 귀의하였다. 때에 따라서 산력算曆을 하는 자가 옆에 있었는데, 스승이 오월 초하루 일식을 물으시니 그 사람이 이르기를, "여기서 일식은 진시에 나와서 6할에 그친다."고 하였다. 스승은 "커루룬강에 와서 그 일식을 보았고, 또한 서남쪽에서 금산(알타이산)에 이르는데, 그 지역 사람들은 사시에 일식이 7할에 이른다고 했다. 이 세 곳의 견해가 각기 다르다. 공영달

孔穎達의 〈춘추소〉春秋疏에 따르면 '달이 해를 가리는 것이 식이다'라고 했다. 오늘 상황을 분석하자면 그 밑에 있으면 그 식을 본 것이고, 해의 양옆으로 천리 이내에 있으면 그 모양이 각기 달라진다. 부채가 등불을 가리는 것처럼 해를 가리면 빛이 없다. 그 옆에서 멀어지면 불빛이 점점 많아진다."고 했다.

이번 일식에 대하여 《금사·천문지》金史·天文志와 《송사·천문지》宋史·天文志에는 모두 다음과 같이 기록되었다.

흥정 5년 5월 갑신일 초하루에 일식이 있었다. 《금사·천문지》
가정 14년 5월 갑신일 초하루에 필수에서 일식이 있었다. 《송사·천문지》

흥정은 금나라 선종의 연호이고, 가정은 송나라 영종의 마지막 연호다. 흥정 5년과 가정 14년은 모두 같은 해, 즉 1221년이다. 《금사》와 《송사》는 이번 일식의 시기에 대한 기록이 일치하는데, 모두 그해 5월 초하루로 바로 갑신일이다. 둘의 유일한 차이점이라면 《송사》에는 중요한 정보인 일식이 일어나는 방향이 있었으니, 바로 서양 칠수七宿 중의 하나인 필수畢宿를 기록한 것이다.

필수는 일명 한차罕車, 천탁天濁이라고도 불리며, 고대 중국에서 천문을 담당하는 관리의 명칭이다. 사상四象 중 서양 백호칠수白虎七宿의 제5수이기도 하다. 총 8개의 별이 있는데, 마치 포크처럼 배열되어 있다. 《이아·석천》爾雅·釋天에는 '탁濁은 필畢을 의미한다'[濁謂之畢]고 기술되어 있다.

구처기 조사의 말에 의하면 그의 일행이 커루룬강에서 일식을 보았을 때가 개기일식이었음을 알 수 있다. 이때는 오시(11시~13시), 즉 정오 전후였다. 나중에 그들이 서남쪽의 금산(알타이산)에 도착했을 때 현지인들은 70% 정도의 부분일식이라고 했고, 그 시각은 사시(9시~11시)였다고 했다.

사마르칸트성의 사람들은 금산보다 작은 일식(60% 정도)을 보고 있었으며, 그 시각은 진시(7시~9시)였다.

세 곳에서 일식이 일어나는 시각이 다른 것은 당연하다. 커루룬강은 동쪽에 있기 때문에 그곳이 정오일 때 서쪽에 있는 사마르칸트는 아직 새벽이다. 이 세 곳에서 보는 일식의 정도가 왜 다른지에 대해 구처기 조사는 자세히 설명했다. 그는 예를 들어 부채로 불빛을 가리는 것 같다고 했다. 즉 부채 아래에서는 전혀 빛이 보이지 않지만, 거리가 멀수록 부채가 가리는 빛은 줄어들고 보이는 빛은 많아진다는 설명이다. '등잔 밑이 어둡다'는 속담과도 같은 이치이다.

여기서 구처기가 관심을 갖는 것은 일식의 물리적 현상에 대한 이해가 아니다. 그가 주목하는 것은 이번 일식이 일어난 후의 현상에 대한 것이다.

일식을 측정하는 것에 대해 《개원점경》開元占經과 《을사점》에는 모두 비교적 상세한 서술이 있다. 구처기 조사의 말과 《송사》의 기록을 대조해서 그가 어떻게 천하의 판도를 꿰뚫었는지 알아보자.

먼저 옛날 사람들은 일식을 어떻게 보았을까. 옛사람들은 일식을 '음이 성하여 양을 침범하고 신하가 그 군주를 능가하는' 상象으로 여겼다. 일식의 형성 원리와 일식이 드러나거나 예시하는 의미에 대하여 이순풍은 다음과 같이 말했다.

무릇 해는 정상적인 법칙을 따라야 하는데, 식蝕이란 달이 와서 해를 가리는 것이니 신하가 임금을 가리는 상이다. 해는 느리게 운행하는데 하루에 1도, 한 달에 29도 남짓을 운행한다. 달은 빠르게 운행하는데 27일 반이 한 바퀴를 도는 것이고, 29일 남짓하면 해를 따라잡는다. 이때가 되면 달은 태양과 같은 궤도에 있고 태양의 빛이 달에 의해 가려지기 때문에 일식이 일어나는 것이다. 신하가 임금과 하나가 되면 신하는 그 주인을 핍박하고 거룩함을 감추게 한다. 일식이 있다는 것은 신하가 군주를 속이는 징조이고, 아래의 신하가 위의 임금을 가리는 현상이니 임금은 권신과 내척이 좌우에서 멋대로 위세를 부리는 것을 경계해야 한다.《을사점·일식점》乙巳占·日蝕占

"임금은 덕을 잃었고 신하가 통치하니 일식의 영향을 받은 것이다."
이 말은 제왕이 덕을 잃는 것과 일식이 관련은 있지만 인과관계는 아니라는 의미다. 이순풍은 곧이어 다음과 같이 말했다.

일식은 그 출현 시기와 아침저녁에 따라 나뉘는데, 마치 궁합이 좌우로 맞아야 하는 것처럼 하늘이 의도하는 재앙이겠는가? 달이 하늘을 훼손하고, 작은 물고기가 샘을 망가뜨리며, 미미한 달이 무수히 많은 달팽이 조개를 망가뜨릴 수 있을 것인가? 이는 음양의 기운이 번갈아 감응하는 대자연의 현상일 뿐이다. 동풍이 불면 술을 흘릴 수 있지만 동풍은 술을 흘리기 위해 오는 것이 아니다. 바람이 불면 술이 넘치게 되지만 이것은 일종의 상호감응이 아닐까? 또 동풍이 불어온다고 해도 기름은 넘치지 않고 술만 넘치는데, 이는 하늘이 의도적으로 재앙을 내린 것 아닌가? 덕이 있는 왕이라면 일식이 일어나도 아무런 영향이 없다. 잔학하고 난잡한 군주가 혹정을 하면 재앙을 초래하는 것이며, 이는 하늘이 내린 것이다. 양수陽燧[34]는 불을 모으고, 방제方諸[35]는 물을 모으니, 모두 현상으로 점을 쳐서 보는 것이다. 그렇다면 양수, 방제, 동합銅蛤 같은 것으로 탐색을 했지만 결국 얻을 수 없었고 상을 만들지 못

---

34 양수(陽燧)는 구리 또는 구리합금으로 만든 불을 피우는 도구. 오목거울 모양으로 태양을 향하면 빛이 오목한 면에 직접 반사된다. 옛 사람들은 양수가 악을 물리친다고 여김.

35 방제(方諸)는 고대 제사에서 쓰이는 물건으로, 물을 받는 네모난 대야. 만월에 이것을 달 아래 놓아두면 물이 생긴다고 함.

했기 때문에 그에 상응하는 결과를 얻을 수 없었다.

이순풍은 동풍이 불어오면 술을 쏟을 수 있지만 동풍은 결코 술을 쏟으려고 불어오는 것이 아니며, 또한 물보다 무거운 걸쭉한 기름은 흘릴 수 없다는 비유를 들었다. 덕이 있는 임금이라면 일식이 일어나도 아무런 영향을 받지 않는다는 의미다. '일식은 왕이 덕을 닦는 것이다. 덕을 닦게 되면 자기 잘못을 스스로 인정하고 책망을 한다. 따라서 이는 우禹 임금과 탕湯 임금이 자신에게 죄를 돌리는 것과 같으니 어찌 흥하지 않을 것인가.' 그러니 대우나 상탕과 같은 현군이 자신의 덕행을 잘 성찰하면 나라는 여전히 굳건할 것이다.

그러나 임금이 어리석고 덕이 없는 국가라면 일식은 무엇을 의미할까? 이순풍은 이에 대해 다음과 같이 말했다.

해는 양정陽精의 신령으로 혼백을 비추는 진귀한 사물이다. 그 기운을 널리 퍼뜨려 세상에 비추는 것을 덕이라고 한다. 덕이 생명과 함께 있으니 덕이 손상되면 사람은 파멸한다. 그래서 일식이 일어나면 반드시 나라가 망하고 군주가 죽는 재앙이 있다. 일식은 곧 도덕이 무너져 나라가 망하는 것을 예고한다……. 일식이 일어났을 때 색깔이 빨갛고 노랗다면 3년이 지나지 않아 일식이 일어난 나라는 상喪을 당할 것이다. 일식 날 해가 뜨자마자 일식 현상이 나타나면 광명이 없어진다고 한다. 제나라와 월나라는 이렇게 병해를 입어 땅을 잃었다. 무릇 일식이 일어나면 전란이 일어나거나 사람들이 죽는다. 국토를 잃고 나라가 망하는 것은 일식이 나타날 때의 아침저녁, 위치, 일진을 나누어서 점을 쳐서 예측할 수 있다.

이순풍은 일식의 징조를 정확히 알기 위해서는 일식이 일어난 날의 아침과 저녁 시간, 일식의 방향, 즉 대응하는 삼원 28수, 일식이 처한 계절, 그날의 천간지지라는 3가지 중요한 조건에 근거해서 점한 곳을 측량해야 한다고 생각했다.

위의 이순풍의 인용문 중 '3년이 지나지 않아'라는 구절이 있다. 독자들은 이 구절이 《을사점·일식점》에 모두 세 번 등장하는 것에 주목해야 한다.

이지상 조사가 기록한 《장춘진인서유기》에 의하면 구처기 조사 일행이 본 것은 개기일식이었고, 게다가 일식이 일어나자 태양빛이 완전히 사라지고 온 하늘에 뭇별들이 가득 나타났다고 했다. 또한 다른 곳에서 볼 수 있는 것은 부분일식으로 크기의 정도가 같지 않았다고 했다. 따라서 이날 화하 대지의 대부분 지역에서는 일식을 볼 수 있었지만 개기일식이나 부분일식의 차이가 있었다는 사실을 알 수 있다.

중국 고대의 항성분야 이론에 따르면 필수畢宿는 위나라에 대응된다. 우리는 위나라의 수도가 대량大梁(현재 개봉)이라는 것을 알고 있다. 1221년에 이곳은 금나라 조정이 남쪽으로 천도한 이후의 수도다.

유의할 점은 고대 위나라의 최초의 수도가 대량이 아니라 예성芮城(지금의 산서 운성시 예성현)에 있었다는 사실이다. 예성은 상商나라 시대에는 예나라였다. 주나라가 은나라를 멸망시킨 후 주나라 무왕은 당요唐堯의 후손에게 예성에 위나라를 세우도록 했다. 후에 진헌공晉獻公의 대부인 필만畢萬이 그를 도와 옛 위나라를 멸망시키고 위나라 땅을 받아 위나라의 시조가 되었다. 필만의 12세손인 위혜왕魏惠王(후에 양혜왕이라 칭함)인 위앵魏罃은 도읍을 안읍安邑(예성)에서 대량으로 옮겼다.

앞에서 언급했듯이 1221년에 금나라의 황제는 선종이었고, 그는 결코 좋은 황제가 아니었다. 우선 그의 황위는 비정상적으로 계승되었다. 1213년 우부원수 호사호胡沙虎가 위소왕衛紹王을 독살한 뒤 그를 황제로 옹립한 것이다. 비록 위소왕도 묘지에 이름조차 없을 정도로 떳떳하지 못한 임금이지만 선종의 즉위는 그 자체가 일종의 역모였다.

같은 해 10월에 호사호는 원수우감군元帥右監軍에 봉해졌고, 술호고기 장군에 의해 또 죽임을 당했다. 선종은 술호고기 장군을 사면하라는 조서를 내리고 그를 오히려 좌부원수左副元帥에 임명했기 때문에 호사호의 죽음이 선종과 불가분의 관계가 있음을 의심하지 않을 수 없다. 하지만 나중에 술호고기는 선종에게 처형을 당했다. 이를 보면 금나라 선종의 덕행이 어떠했는지를 알 수 있다.

1215년에 선종은 그의 선조들이 눈을 감을 수 없게 하는 사건을 저질렀다. 중도(현재 북경)를 버리고 대량으로 천도한 것이다. 이후에도 쇠약해진 국력은 개의치 않고 남송과 서하 등을 도발해서 전쟁을 벌여 스스로 치욕을 자초했다.

금나라 선종이 이순풍이 말한 어리석은 임금이라는 기준에 부합함을 우리는 분명하게 알 수 있다. 게다가 불행하게도 1223년 선종 원광 2년 9월 경자일에 또 한 차례 일식이 일어났다. 같은 해 12월 경인일에 금나라 선종은 승하했다. 1221년 5월부터 1223년 12월까지는 '3년이 지나지 않은' 기간이었다.

송나라는 일찍이 대량을 도읍으로 정했다. 송나라 영종 조확趙擴도 그다지 현명한 제왕은 아니었지만 그나마 금나라 선종보다는 나은 편이었다. 하지만 그가 재위하는 동안 줄곧 조정의 실세는 권신들이었다. 영종의 통치 초기에 조정은 한탁주韓侂胄가 장악했고, 후반에는 사미원史彌遠과 양楊 황후가 장악했다. 영종은 조여우趙汝愚나 주희朱熹 등 현명하고 덕이 있는 사람에게는 관직을 금지했다. 이것 하나만 놓고 보더라도 이순풍이 말한 '덕이 없는 군주는 신하가 통치한다'는 말과 부합한다는 사실을 알 수 있다.

1223년은 가정 16년으로,《송사》에도 9월 경자일의 일식에 대한 기록이 있다. 영종은 가정 17년(1224년) 8월 정유일에 승하했다. 그의 죽음은 금나라 선종보다 조금 늦었을 뿐이다. 1221년 5월부터 1224년 8월까지는 3년에서 3개월이 더 길었다. 그러나 1223년 9월 경자일의 일식부터 계산한다면 3년이 되지 않는다.

서하의 신종神宗은 금나라 선종과 송나라 영종에 비해 상황이 조금 나아서 1223년에 차남 헌종獻宗에게 양위를 하고, 1226년에 사망했다. 그러나 모두가 알고 있듯이 금, 남송, 서하 3국 중 서하가 가장 먼저 몽골에 의해 멸망했는데, 이때가 칭기즈칸이 승하한 1227년이었다.

칭기즈칸은 어려움을 면할 수 있을 것인가? 그에게는 무슨 일이 생길 것인가?

이순풍은 "여름 일식은 빛이 없고, 제후들이 죽는다." 또는 "일식이 필수畢宿의 위치에 있으면 변방의 군사들이 죽고 군주는 사냥(익렵弋獵)의 재앙이 있다."고 했다.《개원점경》開元占經은《춘추감정부》春秋感精符를 인용해서 "일식이 필수의 위치에 있으면 변방의 왕이 죽고, 변방의 군사가 스스로 그 장수를 죽인다. 만약 군대의 장군이 죽으면 먼 나라가 난을 도모한다."고 했다.

1221년 5월에 발생한 일식은 금나라 선종이나 송나라 영종보다 칭기즈칸에게 훨씬 더 빨리 영향을 주었다.

1221년 여름 몽골군대는 전력을 다해 호라즘의 주요 진영인 바미안성을 공격하고 있었다. 그 이전의 원정에서 몽골은 전승했지만 바미안성 전쟁에서 세계의 정복자 칭기즈칸은 막대한 대가를 치렀다. 그가 아끼던 손자이자 차가타이의 아들 무투겐이 화살에 맞아 죽은 것에 대한 복수를 하겠다는 간절한 마음에 즉각 성을 공격했다.

후대의 한 편년사에 따르면 칭기즈칸은 투구도 쓰지 않은 채 전쟁에 나섰다고 한다. 그의 분노는 전군에 퍼져나갔고 모든 군사들은 높은 사다리에 올라 성을 공격하여 용감하게 적을 죽였다. 칭기즈칸은 성안의 모든 살아 있는 것들과 지위고하를 막론한 모든 사람들을 도살하고, 여자 배 속의 태아도 놓아주지 말라고 했다. 또한 포로 하나도 남기지 말고 어떠한 전리품도 받지 말고 모든 것을 가차 없이 파괴해야 하며 앞으로 어느 누구도 이런 증오스러운 도시에 거주해서는 안 된다고 명령했다. 《칭기즈칸전》

몽골군은 칭기즈칸의 명령을 엄격히 집행했다. 현재에도 그들이 남긴 황폐한 옛터에는 무너진 담벼락이 사막의 모래바람에 흔들리고 있다.

여기서 더 언급할 이야기는 이순풍이 "군주는 사냥의 재앙이 있다."고 말한 것이다. 익렵畋獵은 사냥을 의미한다. 칭기즈칸이 어떤 모습을 보일지 구처기는 칭기즈칸을 대신해 손에 땀이 났다.

이번 일식과 서민들의 관계는 어떠한가? 1221년 5월 초하루 일식은 제왕들의 신상에도 큰 영향을 주었을 뿐만 아니라 백성들에게도 파급되었다. 《을사점·일식점》에서 이순풍은 "사월과 오월에 일식이 발생하고 큰 가뭄과 백성들의 굶주림이 있었다."고 기록했다. 1221년 중원지방에는 확실히 심각한 대기근이 발생했는데, 《금사》金史에 의하면 "9월 갑신일에 수도의 동쪽에 한 해 동안 기근이 심하고 도둑이 기승을 부렸다. 어사대부 흘석렬호실문紇石烈胡失門을 선위사宣慰使[36]로 파견해서 위로하였다."고 기록되

어 있다.

이지상 조사의 《장춘진인서유기》에는 다음과 같이 기록되어 있다. "스승께서는, '강[河]의 남쪽 천 리에서 농사를 짓지 않고 가축을 기르지 않는다. 백성들은 쌀과 면, 그리고 채소를 먹어야 하는데 얼른 가서 태자에게 이를 보고하라.'고 말씀하셨다."

이 단락을 집중해서 읽지 않으면 자칫 지나칠 수 있다. 구처기 조사가 말한 '강'[河]은 황하를 가리키는 것이다. 남쪽 천 리는 황하 이남의 광대한 중원 지역을 가리킨다. '농사를 짓지 않고 가축을 기르지 않는다'[絶無種糞]는 구절이 있는데, 실제로 당시에는 사람의 인육을 먹을 정도로 기근이 심했다고 한다.

구처기는 이러한 일을 예측하고 있었지만 말할 수는 없었다. 천기를 누설해서는 안 되기 때문이었다. 다만 이번 개기일식과 관련해서 구처기는 제자 조도견과 충분한 소통을 했다. 구처기의 서행에 동참한 21인의 제자 중 조도견만이 이미 도를 이뤘기 때문이다.

만약 그때 구처기가 칭기즈칸의 곁에 있었다면 칭기즈칸의 손자 무투겐은 살았을까? 그 답은 '알 수 없다.'이다. 일깨워 줄 기회가 있었다면 말할 수도 있었겠지만 삶과 죽음은 하늘의 뜻이다.

이를 통해 구처기와 칭기즈칸의 무당들, 그리고 야율초재의 차이를 알 수 있다. 정치에 관여하기 위해 그들은 칭기즈칸도 정권도 떠날 수 없었다. 그러나 구처기는 난세가 아니었다면 영원히 칭기즈칸을 만나지 않았을 것이다.

제19장

천리에 도관道觀이
우뚝 솟다

1221년 7월 9일, 황후 보르테는 구처기의 서행을 성대하게 환송했다.

"이 여정은 멀고 험난해서 어려움이 많습니다. 신선께서 노고를 마다하지 않고 대칸을 뵈러 가시니 감사합니다."

보르테는 구처기에게 예를 차렸다.

"마마께서 이렇게 큰 부락을 질서정연하게 관리하시니 과연 백성들의 복입니다."

그는 두 손을 쥐고 답례를 했다.

"반드시 신선을 잘 돌봐드려야 하고 도중에 쉬기도 하면서 신선이 과로하지 않게 하시오."

보르테가 유중록에게 말했다.

"마마, 안심하십시오. 대칸께서도 신에게 철저히 당부한 것이니 결코 소홀하지 않겠습니다."

유중록은 보르테에게 절을 했다.

유중록은 진정으로 충직하고 진실한 신하였다. 칭기즈칸의 성공은 이

구처기 조사를 환송하는 보르테 황후

러한 유능한 인물의 지원 덕분이었을 것이다.

"마마 걱정하지 마십시오. 우리 야인들은 비록 나이는 많지만 다리는 아직 멀쩡합니다."

구처기가 웃었다.

"그렇습니다. 신선의 연세 정도면 우리는 자기가 누군지도 모를 것입니다. 대칸께는 정말로 신선의 도움이 필요합니다."

보르테가 감개무량한 듯 말했다.

"도가는 인과를 중요시합니다. 백성은 물이고 물은 물고기를 기르기 때문에 백성에게 잘하면 하늘은 자연히 보살펴줍니다."

구처기는 보르테에 대한 인상이 매우 깊었고 공경하는 마음을 갖고 있었다. 칭기즈칸이 오늘날 이렇게 발전한 것도 보르테의 도움이 컸을 것이라고 생각했다.

구처기가 오히려 이상하게 생각한 점은 그가 만난 칭기즈칸의 고위 인물들 중에 금나라나 남송의 인사들처럼 사심을 채우려는 사람이 없다는 것이었다.

구처기 일행은 아득한 사막으로 사라졌다. 사막은 마치 큰 바다처럼 끝없이 펼쳐져 있었고, 고운 모래는 바람 속에서 물처럼 흐르며 이동했다. 이들의 모습은 한 무리의 사람과 말이 '바다' 속을 걷는 것 같았다. 외로움, 적막함, 미력함과 두려움……. 이것이 끝없는 사막에 대한 보통사람들의 느낌이다.

그러나 수도에 성공한 구처기는 달랐다. 밤에 정좌를 하는 구처기는 어느 날 '큰 바다 한가운데' 있었고, 파도를 따라 흔들리는 것이 마음에 들지 않았다. 그는 하늘로 올라가 구름을 타고 동서남북을 돌면서 우주는 이토록 방대한데 사람은 너무나 미미하다고 느꼈다. 고운 모래알 하나하나가 각각의 커다란 세계였다가 사막 전체가 하나의 모래알로 변했다. 구처기는 이 속에서 오묘함을 터득했다.

낙타를 타고 눈을 감으니 구처기는 인간과 자연의 관계, 인간과 인간의 관계, 그리고 인체가 경도 및 위도와 연결된 관계를 인지할 수 있었다. 그는 문득 발밑에 있는 것이 단순한 모래사막이 아니라 땅속에 묻혀버린 문명이라고 생각했다. 세월이 가면서 경계가 옮겨지고 구름과 연기처럼 사라지니 끊임없이 윤회하는 것을 느꼈다. 바다가 사막으로 변하고 사막이 바다가 되는데, 이 변화무쌍한 세계에서 천지간의 사람들은 어떻게 해야 도에 부합할 것인가?

'나는 어디서 왔는가?'

구처기의 머릿속에는 항상 이 문제가 있었다.

'나는 누구인가? 조실부모해서 외롭고 의지할 곳이 없던 거렁뱅이가

나인가?'

'나는 어디로 가야 하나?'

'나는 뭘 해야 하는가. 이렇게 하면 되는 것인가?'

구처기는 답을 찾고 있었다. 어떤 것은 이미 답을 찾았고, 어떤 것은 여전히 해답을 추구하고 있다.

"사부님, 바로 앞이 진해성鎭海城입니다!"

이지상이 달려와 말했다.

"이곳은 전田 장군의 영지이니 신선께서 틀림없이 좋아하실 것입니다."

유중록이 덧붙였다.

"어째서 그런가요?"

구처기가 눈을 크게 떴다.

"신선께서는 고향에 오신 것 같은 기분이 드실 겁니다."

유중록이 빙긋이 웃었다.

전진해田鎭海(1169~1252). 그는 본명은 사오제沙吾提이고, 중원에서의 이름은 진해鎭海이다. 원래 성은 전田이고, 위구르 사람이다. 그는 일찍이 사막 이북에서 장사를 하던 상인으로, 대부호였으나 일찍이 재산을 전부 칭기즈칸에게 바쳤다. 칭기즈칸이 케레이트부와 전쟁을 하던 가장 힘든 시기에 그는 칭기즈칸과 함께 '발조나강의 물'을 마셨던 사람들 중 하나였다.

전진해는 전쟁에서 용맹하게 싸웠다. 특히 금나라의 중도를 공격하는 전투에서 그는 가슴에 화살을 맞자 화살을 뽑아내고 계속 싸워 적들의 간담을 서늘하게 했다. 칭기즈칸은 중도를 공략한 후 전진해에게 동서남북으로 화살을 한 발씩 쏘게 했고, 화살이 닿은 곳 이내의 땅과 사람, 모든 것을 전진해에게 주었다.

칭기즈칸은 대칸으로 즉위한 후 전진해에게 100호를 분봉했다. 칭기즈칸은 서역을 정벌하자 지금의 몽골국 서부 하얼우수호 남쪽의 아루환에 전진해를 남겨 두고 경작지를 만들어 지키도록 했다. 이후 이곳을 진해성으로 개명했다. 진해성은 전방과 후방을 연결하며 수송과 연락을 원활하게 하는 중계지이기도 했다. 이곳은 칭기즈칸의 서역 정벌에서 매우 중요한 역할을 했기 때문에 유능한 측근인 그에게 수비를 맡긴 것이다. 처음에 전진해는 자신이 싸워 얻은 1만여 명의 노비와 부대를 이끌고 주둔했다. 이후에 중원에서 장인 300명과 직공 300명을 이곳으로 데려왔다. 진해성은 전방의 수요를 충족시키기 위해 주로 농사와 수공업이 발달했다.

또한 진해성에는 금나라 장종의 비 도단徒單씨와 협곡夾谷씨, 위소왕의 아내이자 '흠성부인'欽聖夫人으로 불리는 원袁씨 등 3명의 특별한 '손님'이 있었다.

전진해는 원래 성공한 상인인 터라 경영에 뛰어났다. 그는 백성들에게 물을 끌어들여 농사를 짓게 했다. 그러자 진해성에는 오아시스의 범위가 점차 넓어졌고 전란의 시대에도 먹을 것이 풍족했다. 이것만으로도 뭇사람들의 이목을 끌기에 충분했고 이 사막의 작은 도시는 빠르게 발전했다. 그는 진해성을 마치 사막 속의 무릉도원처럼 가꾸었다.

수백 명의 사람들이 성 밖으로 나와 구처기를 맞이했다. 풀 한 포기 보이지 않던 사막지대에 갑자기 오아시스와 한족들이 나타나자 구처기 역시 놀랐다.

"신선님, 유 대인, 먼 길 오느라 고생하셨습니다."

전진해가 예의를 갖추며 말했다.

"장군께서 친히 마중 나와 주시니 감사합니다."

유중록이 답례했다.

"이분이 바로 제가 신선께 말씀드린 전 장군입니다."

유중록은 전진해를 구처기에게 소개했다.

"오래전부터 존함을 듣고 존경해 왔습니다."

구처기가 주먹을 모아 인사했다.

"과찬이십니다. 우리는 신선의 명성을 듣고 오랫동안 기다려 왔습니다."

전진해가 더욱 정중히 예를 갖추며 말했다.

전진해의 말은 진실이었다. 구처기 신선이 이곳을 지나간다는 것을 알고는 진해성 전체가 설날처럼 들떠 있었다. 항간에는 구 신선에 대한 여러 이야기들이 떠돌았다.

"신선을 뵈옵니다."

3명의 여자가 앞으로 나와 구처기 앞에서 무릎을 꿇었다.

"당신들은 누구시오?"

구처기는 의아했다. 앞에 있는 사람들은 비록 거친 옷을 입고 있었지만 남들과는 다른 품격이 느껴졌다.

"아, 이 두 분은 금나라 장종의 비 도단씨와 협곡씨이고, 이분은 위소왕의 아내 원씨입니다."

전진해는 금나라 제왕의 가족들에게 예의를 갖추었다. 도단씨, 협곡씨, 원씨가 눈물을 흘리며 간절한 눈으로 바라보니 구처기는 몹시 애처로웠다. 그는 세상이 연기와 구름처럼 무상하고 마지막에는 모두가 빈 몸으로 가는 것임을 새삼 확인했다.

구처기는 중원의 풍속을 오랫동안 잊고 있었는데 오늘 이들을 보자 곧바로 친근감이 들었다. 야인이라고는 하지만 어느 누가 자신이 태어나고 자란 사회를 벗어날 수 있겠는가! 원래 구처기는 산도山道였지만 부득불 가도家道가 되었다. 왜냐하면 그에게는 부여받은 사명이 있었기 때문이다. 자신의 사명을 위해서라면 그는 생명까지도 버릴 수 있었다.

여기서 도문道門 내부의 비밀인 도사道士에 대한 설명이 필요할 것 같다. 도가道家의 정의에 따르면 도사는 3가지로 나뉜다.

가도家道

가도는 일반적으로 궁관宮觀에 있는 도사를 의미한다. 이들은 주로 궁관에서 수련하고 경문을 통독하는 일을 한다. 지금 우리가 흔히 볼 수 있는 도사의 옷은 모두 명나라 말기의 양식이며 지금까지 달라진 적이 없다. 가도는 주로 산도의 훈련 결과가 성숙된 것인지 연구하고 후에 궁관에서 책을 집필한다. 그들의 기능은 마치 도서관 사서처럼 산도에 의해 수련된 결과를 전승하는 것이다.

산도山道

산도는 주로 깊은 산속의 오래된 숲에서 수련하는 도사들로 종리권 조사나 여동빈 조사와 같은 분들이다.

시대가 발전함에 따라 산도 수련자는 매우 드물게 되었다.

산도는 일반적으로 사방을 두루 운유하며 스스로 수련할 곳을 찾아야 하는데, 대부분은 그 수련자와 인연이 있는 큰 산을 선택한다. 이런 곳은 수련자에게 전체적으로 느낌이 좋고 머리나 몸 전체에 대한 감각이 좋은 장소다. 수련자가 이런 곳에 와서 수련을 할 때는 영감이 떠오르거나 과거의 광경도 볼 수 있다. 예를 들면 이미 돌아가신 선조를 보게 될 수도 있다. 이런 곳은 산도가 찾는 동천복지洞天福地[37]일 가능성이 높다.

그들은 줄곧 산속에서 수련하고 궁관에 있지 않기 때문에 외관상으로는 일반인과 구별하기가 쉽지 않다. 옛날 화산華山에는 모두 72개의 동

---

37 도교에서 신선들이 사는 명산, 명승지를 말함

굴이 있었고, 각각 72명의 선인들이 그곳에서 산도 수련을 했다. 이런 도사들은 특별히 인체가 천체에 상응하는 수련 방법을 연구했다. 인체와 천체가 서로 합치하는 것을 옛날에는 천인합일天人合一이라고 불렀다.

거사居士

거사에는 두 종류가 있는데, 하나는 어릴 때 산에 올라가서 도를 배운 후에 집에 돌아가 사회생활을 하다가 일정한 나이가 되면 다시 산으로 돌아가는 사람이다. 또 다른 하나는 도교나 도학을 믿고 배우지만 출가하지 않고 집에서 일상적인 생활을 하는 사람이다.

위와 같은 분류법으로 볼 때 북오조北五祖와 북칠진北七眞은 모두 산도라고 할 수 있다. 훗날 금나라 말기와 몽골의 원나라 시대에는 중앙정부의 엄격한 종교정책으로 인해 대부분의 도사들이 궁관에 들어갈 수밖에 없었다.

그래서 구처기 조사는 농주隴州의 용문산龍門山에서 수행을 할 때는 산도였는데, 서행에서 돌아와 천장관에 발을 들여놓으면서 형식적으로 가도가 되었다.

어떤 시대를 막론하고 도사는 반드시 수계를 받아야 비로소 가도나 산도가 될 수 있다.

전진도 내에서 가도에 비해 산도는 한 가지 예외가 있다. 가도는 가정을 이루지 못하지만 산도는 가능하다. 그러면 산도는 이미 수계를 받았는데 어떻게 가정을 꾸릴 수 있는가?

본서의 저자(왕역평)의 사부께서는 다음과 같이 말씀하셨다.

"괜찮다. 계를 받은 후에 너는 이 담(궁관의 담)을 넘어 뛰어가면 된다. 이것을 '벽을 뛰어넘는 도사'라고도 한다. 불교에서도 이와 비슷한 말이 있다. 예를 들어 황비홍은 스님이었지만 그는 담을 뛰어넘은 스님이었기 때문에 가정을 이루었고 십삼이^{十三姨}와 결혼할 수 있었다. 담을 넘어 뛰어나간 후에 누군가 밖에서 어떤 단어를 외치면 그것이 자기 이름이 된다. 예를 들어 내가 담을 뛰어넘어 나올 때 어떤 사람이 '망나니'라고 하면 앞으로 나의 이름은 '망나니'가 되는 것이다. 내가 계를 받을 때 큰 스승님과 사부님들은 미리 이름을 준비해 놓으셨다. 내가 궁관 안에서 밖으로 뛰쳐나갔을 때 이분들은 담 너머에서 기다리고 계시면서 '영생 영령자'^{永生靈靈子}라고 부르셨다. 나의 도호인 '영생 영령자'는 이렇게 해서 생긴 것이다. 현재 사람들은 오래전 이런 도교의 전통을 이미 잊어버렸다."

전진도 내의 전통에 의하면 제자도 세 종류로 나뉜다.

첫째는 수강제자^[學員徒弟]다.

이들은 스승의 강의를 듣기 때문에 수강생이고, 제자이기도 하다. 이렇게 옛날에는 제자와 학생은 같은 의미였다.

두 번째는 관문제자^[關門徒弟]다.

이 제자는 문파와 관련이 있다. 도내에서는 '문을 닫고 들어왔는가, 아니면 문을 열고 들어왔는가'라고 대화하는 일이 자주 있다. 또는 '너는 어떻게 강을 건넜는가?'라고 묻는다. 이것들은 모두 도가 내의 전문용어다. '어떻게 강을 건넜느냐'고 묻는 것은 '누가 소개했느냐'는 것이고, '그는 나에게 문을 닫고 들어오겠다고 약속했다.'라고 한다면 문 닫는 제자, 즉 관문제자이다.

세 번째로는 전인제자^[傳人徒弟]가 있다.

전인제자는 스승이 가르쳐 주는 모든 방법을 반드시 익혀야 한다. 이때의 학습과정이 너무나 고통스럽기 때문에 전인제자가 되기란 그리 쉬운 일이 아니다. 그리고 이어서 반드시 다른 사람을 가르쳐야 한다. 이것이 전인제자다. 그래서 북오조와 남오조의 서열 내에 있는 사람들은 모두 전인제자다. 전인제자의 핵심 임무는 배운 것을 물려주는 일이다. 책에 있는 것을 강의하지 않고 말로 전하고 마음에 새기는 것[口傳心記]이며, 이것들을 후대로 전해야 한다.

남에게 배울 때 속지 않을 수 있는 방법이 있는지 질문을 하는 사람들이 있다. 혹은 어떻게 상대방이 진짜인지 가짜인지 분별할 수 있느냐고 묻기도 한다. 이것을 확인할 수 있는 방법은 매우 간단하다. 그에게 전승 계통을 묻는 것이다. 즉 적어도 3대째 전승되어온 스승들이 누구인지와 그들이 어느 계파인지를 분명하게 물어보는 것이다.

사부師父와 사전師傳, 이 둘은 전혀 다르다. 예를 들어 수도할 때 어떤 것들을 가르쳐 달라고 특정인에게 부탁하면 그를 사전으로 불러도 된다. 그러나 사부師父는 첫째는 반드시 계승자繼承者여야 하고, 둘째는 전인傳人이어야 한다. 전진교에서는 우선 전교령傳敎令을 터득해야 한다. 여기서 '교'敎는 도교를 전한다는 의미가 아니다. 전교는 '스승이 전해준 것들을 전한다'는 의미이고, 이는 반드시 먼저 영令이 있어야만 전할 수 있다.

도가 내부에서 사부師父를 모시는 것은 매우 엄격하다. 제자는 반드시 사부의 다리 가랑이 사이에 엎드려 절을 해야 한다. 그리고 반드시 100일 동안 매일 사부에게 문안을 드려야 한다. 저녁에 귀가해서도, 특히 스승의 생신과 제삿날 밤에도 스승을 묵상해야 한다.

구처기 조사는 전교령傳敎令, 전대령傳代令, 비법전결령秘法傳訣令 등 세 가지 영을 받았지만 다른 여섯 명의 제자들은 그러지 못했다. 앞에서 구처기 조사가 말했던 '수기'授記는 왕중양 조사가 3령을 마단양을 통해 물려준 것이다. 그래서 북칠진北七眞의 모든 제자들이 결국 용문으로 함께 돌아간 것은 구처기 조사의 수중에 전대령이 있었기 때문이다.

사부師父는 이렇게 영이 여러 개 있기 때문에 아버지로 여긴다. 집안의 아버지보다 더 비중이 무거워야 비로소 사부라고 부를 수 있다. 대를 이어야 할 전대령이 없다면 어떻게 아들이 될 수 있겠는가? 사전師傳에게는 공을 전수하고 법을 전수해야 한다는 의무가 없다. 자기가 원하면 가르치고 원하지 않으면 가르치지 않는다. 그러나 사부師父는 그렇게 할 수 없다. 당연히 가르쳐야 하고 제자도 배우지 않으면 안 된다. 따라서 사부는 제자를 때려서라도 가르치고, 제자가 도망가면 설득해서 데리고 와야 한다.

전교傳敎는 교의敎義·교법敎法을 전하는 것이고, 전대傳代는 반드시 자기 대에서 제자를 하나 키워내야 하는 것이다. 이런 전승 방식은 현대 사회에서는 통할 수 없다.

전진교의 수장으로서 구처기는 전진교의 발전을 생각하지 않을 수 없었다. 연경(금나라 중도, 현재 북경)에 머문 1년 동안 구처기는 전진교의 발전을 위해 미리 포석들을 깔아 놓았다. 그가 칭기즈칸을 위해 가져간 '선물' 중의 하나가 바로 수도를 연경으로 정하라는 제안이었다. 구처기는 전진교 미래의 '중심'으로 연경을 선택했던 것이다.

머나먼 서역에 이렇게 큰 오아시스가 있고 이토록 많은 한인漢人들과 도교 신자들을 만난 구처기의 눈은 빛났다. 그는 조도견, 송도안, 윤지평, 이지상 등 제자들을 불러 한 가지 일을 상의했다.

"진해성에는 아직 중원의 유풍이 남아 있는데, 사부님은 이곳에 머무르시려는 것입니까?"

조도견은 구처기가 무슨 생각을 하는지 알고 있었다.

"너는 싫으냐?"

구처기는 조도견을 바라보았다.

"사부님, 여기까지 오시느라 정말 고생하셨습니다. 그런데 앞으로는 더욱 힘들 것입니다. 우리는 여기에서 대칸을 기다리는 것이 좋겠습니다."

윤지평은 여기까지 오는 동안 겪은 거센 바람과 강렬한 햇볕, 그리고 배고픔 등을 떠올렸다.

"그런 생각은 유 대인, 전 대인 등과 상의해야 합니다."

송도안은 이 제안이 받아들여질지 의문이었다.

"남을 사람은 남겨두고, 남아 있고 싶어도 남지 못한다. 그러나 남지 못해도 남아야 한다."

구처기는 조도견만이 알아들을 수 있는 말을 했다.

"그래도 좋습니다. 사부님이 원하셨던 바가 아닙니까?"

조도견이 웃었다.

"사부님의 말씀은 우둔한 저희들이 알아들을 수 없으니 설명해주시기 바랍니다."

이지상이 말했다.

"며칠 지나면 자연스레 알게 될 것이다."

조도견은 송도안을 힐끗 바라보았다.

"왜 저를 보십니까?"

송도안이 빙그레 웃으며 물었다.

"너는 이제 호강할 텐데 사부님께 감사하지 않느냐?"

조도견은 송도안을 놀렸다.

"수도하는 사람은 본래 오고 가는 것이 자유로워야 하니 우리가 마음대로 할 수 있습니까?"

송도안은 조도견을 다정하게 바라보았다. 그는 조도견이 어려운 사명을 부여받았다는 것을 알았다.

"우리 전진교는 너희들이 크게 발전시킬 것이고, 모두 자기의 사명을 완수할 것이다."

구처기는 윤지평과 이지상을 바라보았다.

"사부님, 전진교를 위해 일할 수 있는 것은 저희들에게는 영광입니다. 우리는 반드시 최선을 다할 것입니다."

윤지평과 이지상은 스승에게 허리를 굽혀 절을 했다.

조도견은 사부가 이곳에 머물러 있다가 칭기즈칸이 서역 정벌에서 돌아올 때 만날 것을 제안하기 위해 유중록과 전진해를 찾아갔다.

"유 대인, 전 대인, 사부님은 연세가 많으시고 서행길은 요원한데, 여기서 대칸을 기다리면 안 되겠습니까?"

조도견이 말했다.

"조 도인, 그것은 안 됩니다. 대칸께서 제게 구처기 신선을 영접하라고 명하셨습니다. 대칸께서는 하루라도 빨리 신선을 보고 싶은 마음이 간절한데 여기서 멈추면 저에게 죄를 물을 것입니다."

전진해는 역시나 난감해했다.

"조 도인, 우리는 전 대인을 난처하게 해서는 안 됩니다!"

유중록이 나서며 조심스레 말했다.

"만약 신선께서 피곤하시면 이곳에서 며칠 더 쉬신 후에 서행하시는 게 어떻겠습니까? 제가 친히 호위해서 신선의 말을 끌고 등자를 내릴 것입니다."

전진해는 조도견이 두려웠지만 뜻을 굽히지 않았다.

"그렇게 하면 전 장군이 곤란하실 것이니 제가 가서 스승님께 아뢰겠습니다."

조도견은 이 생각이 실현되기 어려울 것이라는 것을 이미 알고 있었다.

"제게 절충된 생각이 있습니다. 신선께서 몇 명의 제자를 남겨두고 도관을 세워 일반 백성과 신도들을 돌보도록 하면 안 될까요?"

유중록이 수염을 꼬며 고민하다가 말했다.

"그렇게 해도 좋습니다. 서행 과정에서 도를 전할 수 있게 된다면 사부님의 한 가지 소원이 해결될 것입니다."

조도견도 유중록의 생각에 동의했다.

"유 대인의 말씀이 지극히 옳고 저도 찬성입니다. 구 신선의 명성이 멀리 퍼질 것을 생각하면 이 작은 진해성에 도관을 세우는 것은 실로 천대에 걸친 복이라고 할 수 있습니다!"

전진해는 기뻐하며 대답했다.

"제가 곧 사부님께 아뢰겠습니다."

조도견은 소기의 목적을 달성하고 사부에게 돌아가 보고했다.

진해성에 도관이 세워질 거라는 소식이 퍼지자 성 전체가 들끓었다. 이곳의 중원 사람들은 평생 다시는 고향으로 돌아갈 수 없기 때문에 이 도관은 사람들이 마음을 의탁할 수 있는 곳이 되었다. 더구나 구처기가 제자 몇 명을 남겨두어 이곳에서 도를 설법하게 하니 사람들은 정신적 지주를 얻게 되었다.

진해성의 장인들은 일사불란했다. 돈이 있는 사람은 돈을 내고, 힘이 있으면 힘을 보탰다. 전진해는 도관 건립을 위해 많은 녹봉을 지불했다. 구처기가 아직 출발도 하지 않았지만 도관은 이미 착공에 들어갔다. 구처기는 송도안 등 9명의 제자를 진해성에 남겨 놓았다. 임무는 궁관 건설을 지휘하는 것과 신도들에게 전도를 하여 의문을 해소해 주는 것이었다.

진해성에서 구처기 일행은 10여 일 동안 머물렀다. 1221년 8월 8일에 일행은 다시 서행 길에 올랐다. 진해성의 모든 사람이 배웅을 나와 무릎을 꿇었고, 그중에는 금나라의 왕비도 있었다. 전진해는 수행 대열에 합류해서 후반기에 필요한 물자를 보충하고 수비를 강화했다.

이제 다시 호라즘으로 돌아가 몽골군의 도성 공격에 대해 이야기를 해야 한다.

칭기즈칸은 성을 공격해 도살하는 것으로 유명하다. 유럽학자들은 그를 살육의 대명사라고 말한다. 여기에는 민족적인 증오심이 반영되어 과장된 부분도 적지 않다. 사람들이 이렇게 과장되게 그를 표현하기도 했지만 확실히 칭기즈칸은 살육으로 유명하다. 혹자는 그가 세상을 사는 목적은 정복이라고 말한다.

수부타이와 제베가 이끄는 6만의 몽골 대군은 1220년 말에 이라크를 평정하고 현재 그루지아의 주력 부대를 격파했다. 1221년 봄과 여름에 아제르바이잔의 수도에 근접해서 그루지아에 항복을 강요했다. 몽골 대군은 동·서쪽을 두루 빼앗은 후 즉시 떠나 다음 작전 목표를 향해 달려가느라 소수의 인원만을 주둔시켰다. 몽골의 주력부대가 떠난 후 그루지아는 약속을 깨고 통치권을 되찾았다.

유럽 및 중앙아시아, 서아시아 사람들은 언제 몽골군이 올지, 혹은 언제 돌아갈지 몰랐다. 단지 그들은 몽골인들이 사람을 죽이고 약탈한다는 것만 알고 있었다. 몽골군은 물건만 빼앗고 홀연히 떠나기도 했다. 그들은 몽골군을 하늘의 병사 또는 하늘의 장수라고 말했다. 몽골인들은 사람을 죽이고 물건을 빼앗는 데만 몰두했지 도시를 관리하는 데는 관심이 없었다.

그루지아 사람들은 몽골 대군이 되돌아오지 않을 거라고 생각했다. 그러나 다시 돌아온 몽골군은 그루지아의 항복을 받아들이지 않았고, 3만 명의 그루지아 군사는 모두 죽었다. 몽골은 약속을 지키지 않은 적은 용서하지 않았다.

1221년 호라즘의 수도 사마르칸트가 함락된 후 칭기즈칸은 호라산 지역(핵심은 아프가니스탄과 투르크메니스탄)을 향해 진격하라는 명령을 내리며 파죽지세로 나아갔지만 테르미즈(현재의 우즈베키스탄 남쪽)에서 완강한 저항에 부딪혔다. 칭기즈칸은 화가 나서 10만 대군에게 공격을 명령하고 성을 점령한 뒤 테르미즈 성에서 대학살을 자행했다. 툴루이가 다음 목표인 메르 성(현재의 투르크메니스탄 마리시)을 포위하자 성 안의 장로와 귀족들은 순순히 항복을 했고, 툴루이는 이를 받아들여 간단히 정리한 뒤 군대를 다음 목표에 투입했다. 그런데 툴루이가 떠나자 성안의 백성들은 반란을 일으켰고, 툴루이는 군대를 이끌고 되돌아와 성 전체를 거의 파멸시켰다.

1221년 4월, 툴루이가 니샤푸르 성을 포위 공격하자 성안의 장로와 귀족들은 항복했지만 그는 항복을 받아들이지 않았다. 그의 매부인 토코차르가 니샤푸르 성을 공격하다가 전사했기 때문에 매부와 함께 성 전체를 순장시켰다. 성을 공격한 후 토코차르의 아내이자 툴루이의 여동생은 최고 사령관이 되어 니샤푸르를 초토화시키고 죽음의 도시로 만들었다.

몽골은 서역정복 전쟁에서 공략했던 성을 모두 몰살시킨 것이 아니었다. 단지 다음의 세 가지 경우에는 성을 '몰살'시킨다. 첫째는 완강한 저항에 부딪혀 몽골 군사를 잃고 병력에 타격을 입었을 경우다. 둘째는 몽골에게 항복해서 점령당한 후에 그들과 맺은 약속을 깼을 때다. 그때는 신용을 지키지 않은 대가로 모두 죽인다. 셋째는 몽골의 주요 인물이 전쟁 중에 죽었을 때다.

당시 몽골병사들에게 적들의 생명은 지푸라기처럼 하찮은 것이었고, 군마 한 필이 더 중요하기도 했다.

페르시아 역사에는 니샤푸르에서 몽골인에게 학살된 사람의 정확한 숫자가 174만 7천 명이라고 기록되어 있다. 후에 더욱 신중해진 역사학자들은 몽골군이 중앙아시아에 들어온 지 5년 만에 사망자가 1천5백만 명이라고 추정했다. 신중한 역사학자들조차도 이렇게 생각하고 있지만 위의 데이터는 모두 너무나 과장되어 있다. 그 시기에 몽골이 확실히 사람을 많이 죽였지만 연역적으로 추리한 것과 고고학적인 문헌들을 살펴보면 몽골인들이 수백만 명을 학살했다는 어떠한 증거도 발견되지 않는다. 아마 처음부터 잘못된 것일 수 있다. 그래서 우리가 몽골 역사에 관한 어떤 자료를 읽더라도 이런 데이터들을 쉽게 믿어서는 안 된다. 당시 중앙아시아의 인구, 특히 도시 인구는 그렇게 많지 않았다. 설사 그렇게 인구가 많았고 전체의 10%가 사망했다고 가정해도 1천만 명이 안 된다. 칭기즈칸이 많은 사람을 죽였지만 특별한 상황에서만 몰살한 것이지 이것이 일상적인 일은 아니었다는 것을 알아야 한다. 칭기즈칸이 얼마나 많은 사람을 죽였는지는 아무도 확실하게 말할 수 없다.

구처기 일행은 계속 서행을 해서 금산金山(알타이산)에 도착했다. 알타이산은 오늘날의 중국, 몽골, 러시아, 카자흐스탄 등의 국경지대에 가로놓여 길이가 2천여 킬로미터로 이어지고 높이는 해발 4천여 미터다. 금을 많이 생산해서 금산이라고 불렸다. 서부지방의 습한 기류가 산비탈을 따라 올라와 비와 눈을 만들어 이 산에는 초목이 무성했다.

산길은 구불구불하고 길이 없었다. 푸른 소나무와 잣나무는 울창하고 잡초와 가시나무가 제멋대로 자라 있었다. 구처기 일행은 마차를 포기하고 말을 타거나 걸어야 했다. 문제는 앞사람이 뒤에 있는 사람을 밧줄로 끌어당겨야 하는 것이었다.

유중록은 젖 먹던 힘까지 다 써버리고는 주저앉아버렸다.

"신선, 좀 천천히 가주실 수 없겠습니까? 이렇게 가다가는 노부가 이 산에 남게 될 것 같습니다."

유중록은 원기 왕성한 구처기 조사를 보며 연신 탄복했다.

"유 대인은 자칭 노부라고 하셨습니까?"

구처기가 지친 유중록을 보며 웃었다.

"앞으로 신선께서는 70여 세가 아니고 17세라고 말씀하십시오."

유중록은 구처기와 친해져서 농담도 편하게 했다.

"우리 도가의 식구들은 모두 산을 좋아하는데 이렇게 좋은 산이 어찌 나를 기쁘게 하지 않을 수 있겠습니까."

구처기는 유중록의 곁에 다가가서 앉았다.

"타좌라는 것이 정말 좋은 건가 봅니다. 신선께서는 피곤하시면 타좌를 하시는데 그러고 나면 활기가 생기십니다."

유중록은 구처기를 오래 따라 다니면서 한 가지 단서를 알아냈다.

"사람은 앉아서 옵니다. 아기는 모체 안에 앉아 있는데, 제가 어떻게 기본을 잊을 수 있겠습니까? 후천後天이 선천先天을 모방하면 선천으로 돌아갈 수 있습니다. 인체의 최저점은 좌골坐骨이고, 최고점은 백회百會입니다. 사람은 앉아 있어야 천지가 잘 통할 수 있습니다. 게다가 인체는 앉아 있을 때 삼각형 모양이 되어서 가장 안정적일 뿐만 아니라 이런 자세는 우주의 에너지를 모으는 형상입니다. 그래서 여러 종교의 가장 기본적인 연공 자세는 타좌입니다."

구처기는 유중록에게 도가의 상식을 틈틈이 전수했다.

"자세 하나에 이렇게 많은 학문이 들어 있을 줄은 몰랐습니다. 대칸을 몰랐다면 신선에게 배우고 싶었을 것입니다."

유중록은 속마음을 털어놓았다.

"당신은 도가의 사람은 아니지만 우리 도가의 친구입니다."

구처기는 유중록을 애틋하게 바라보았다. 늘 솔직한 그가 무척 마음에 들었던 것이다. 유중록 같은 사람이 칭기즈칸에게 충성을 다하는 것도 구처기가 칭기즈칸에게 호감을 갖는 이유 중 하나였다.

"대칸도 신선과 좋은 친구가 되실 것입니다."

유중록이 자신 있게 구처기에게 말했다.

"정말 대칸도 그렇게 생각할까요?"

구처기는 웃음을 터트렸다.

유중록은 칭기즈칸이 구처기와 좋은 친구가 되기를 진심으로 바랐다. 그는 구처기와 함께하는 시간이 길어질수록 구처기의 깊이를 가늠할 수 없다고 느꼈다. 그는 진심으로 구처기가 대칸을 보좌하기를 원했다.

알타이산을 지나서 백골전白骨甸에 이르렀다. '백골전'은 지금의 준가얼 분지 동쪽에 위치해 있는데, 그 이름을 보면 어떤 곳인지 짐작할 수 있다. 사방 2백 리에 펼쳐진 고비사막은 풀 한 포기도 자라지 않는다. 낮에 뙤약볕이 내리쬐면 달걀이 익을 정도이고, 밤에는 모래와 돌풍이 날리며 찬바람이 분다. 그러니 백골전은 명실상부한 죽음의 계곡이라고 할 수 있었다. 이곳은 쉽게 통과하는 사람이 거의 없어서 백골(사람이나 낙타, 혹은 기타 동물)만 남아 있다.

전진해는 경험이 많아 밤에만 이동하고 낮에는 장막을 쳐서 뙤약볕을 가리고 휴식을 취하도록 했다. 그는 이 '죽음의 골짜기'를 건너기 위해 충분한 물과 음식을 준비했다.

《서유기》西遊記에서 당나라 승려가 서천으로 가서 경전을 얻으려고 고비사막을 지나는 모습은 구처기 일행이 고비사막을 건너는 실제 모습이라고 할 수 있다. 청나라 이전에 《서유기》의 저자를 구처기라고 공인한 것은 당연한 일이다.

서역 생활의 경험이 없는 오승은誤承恩[38]은 상상만으로 《서유기》를 쓸수가 없다. 더욱이 《서유기》에는 유교·불교·도교 등에 관한 심오한 내용이 함축되어 있어서 깊은 수련이 없다면 수행에서 오는 경험을 쓸 수 없

---

[38] 명나라 때 소설가로 《서유기》의 저자.

다. 왕중양 조사는 유교·불교·도교의 기본은 하나라고 주장했고, 구처기는 이 3교에 대해 깊이 연구했다. 그러니 구처기는 글을 쓸 수 있는 조건을 다 갖추었다는 의미다. 이지상 조사가 집필한 《장춘진인서유기》를 《도장》道藏에서 발견했다는 사실을 통해 볼 때 구처기 조사가 《서유기》를 썼다는 사실을 부정할 수 없다.

전진해의 세심한 안배에도 불구하고 밤낮으로 60도가 넘는 일교차 때문에 백골전을 지나는 사람들 대부분이 목숨을 잃었다. 서두르면 땀이 난다. 그런데 '백골전'에서는 밤에 땀을 흘리면 죽게 된다. 단숨에 백골전을 지나가지 않는 한 이런 상황을 벗어나기는 불가능하다.

구처기를 따라 서쪽으로 향할 때 전진해의 호위병사 중 3분의 1이 백골전을 벗어나지 못했다. 그들의 이름도 몸과 함께 백골전에 영원히 묻히겠지만 이들은 구처기가 창생을 구하는 대업에서 진정한 무명의 영웅이 되었다.

제20장

구고九皋가
하늘의 명을 받아 신선이 되다

조도견이 수행하는 목적은 스승과 일치했지만 자기 나름대로의 생각도 있었다. 그는 남송 및 북송의 황족 중에서 자기가 도와줄 사람이 없는지 찾았지만 그 희망은 허사가 되었다.

천신만고 끝에 '백골전'을 지나자 전체 부대는 하루 동안 휴식을 취했다. 이날도 구처기와 조도견은 깊은 교감을 나눴다.

"사부님, 우리의 사명은 어떻게 다릅니까?"

조도견은 사부에게 가르침을 청했고, 오랫동안 마음에 품고 있던 말을 꺼냈다.

"창생을 재난에서 구하고, 전진을 발전시키는 것이다."

구처기가 답을 했다.

"사부님, 똑같지 않습니까?"

조도견은 의혹이 생겼다.

"하지만 방법이 다르다."

"사부님, 어떻게 다릅니까?"

조도견은 스승에게 가르침을 청해서 자신의 깨달음을 증명하고 싶었다. 도교는 '가르치는 것과 배우는 것 모두가 공부를 발전시킨다'[教學相長]고 여기고 이를 매우 중요하게 생각했다. 여기서 '상장'相長은 제자만이 아니라 스승에게도 해당되는 것이었다. 이것이 바로 구처기가 항상 제자들과 문제를 연구하고 토론하는 이유였다. 물론 그는 이미 높은 스승의 면모를 가지고 있지만 언제든 제자에게 배우고 혹은 제자에게 가르침을 받고 싶다고 말하며 제자에게 인증을 받으려 했다.

"처음에 왕중양 사부의 사명은 우리 일곱 명을 훈련시키는 것이었고, 우리 일곱 명의 사명은 전진을 전파하는 것이었다. 사부님께서는 나에게 의발衣鉢[39]을 전해주셨다. 그렇지 않으면 전진은 용문으로 돌아갈 수 없다. 내 사명은 다른 여섯 명과는 다르다."

그렇게 말하며 구처기는 어떤 생각에 잠긴 듯 보였다.

"전인傳人의 책임은 막중하다! 세상을 떠나 도교를 논하는 것은 비현실적이다. 왕조가 바뀌면 변화가 무궁무진하기 때문에 내가 바로 방법이 다르다고 말한 것이다."

구처기가 조도견을 바라보았다.

"사부님께서는 왕중양 조사의 의발을 이어받은 분으로서 저희들보다 책임이 더 무거우실 것입니다."

조도견은 7진七眞 중에서 사부가 가장 큰 사명을 부여받았다는 것을 알고 있었다.

"네가 전인傳人이다."

구처기가 갑자기 결정적인 말을 했다.

---

39   가사(袈裟)와 발우. 스승이 법을 전하는 표시로 주는 물건. 스승으로부터 법을 이어받은 계승자가 된다는 의미.

"저요? 사부님의 제자가 이렇게 많은데, 진짜 저라는 말씀이십니까?"

조도견은 눈을 크게 떴다. 이어서 조도견은 무릎을 꿇었다. 구처기의 여러 제자 중 그가 가장 선호하는 사람이 조도견이라는 사실은 다른 제자들 모두가 알고 있었다. 그러나 구처기가 실제로 의발을 전해주겠다고 하자 조도견은 자신의 귀를 의심하지 않을 수 없었다. 의발이란 구처기가 가진 세 가지 영을 의미한다. 즉 전교령傳敎令, 전대령傳代令, 비법전결령秘法傳訣令을 조도견에게 전하는 것이다. 이것은 스승과 제자 두 사람 사이의 비밀이다. 용문의 제자들은 감히 바랄 수도 없는 것이다.

'백골전'을 지나자 다시 대사타大沙陀(현재 준가르 분지의 구르반통구트 사막)가 나타났고, 멀리 바라보니 바로 눈앞에 음산陰山이 있어서 구처기는 흥분되었다.

소위 '산을 보고 말을 달리다 죽는다'는 말이 있는 것처럼 그는 아득히 멀리 있는 음산이 마치 눈앞에 있는 듯 느껴졌다. 1221년 8월 27일, 구처기 일행은 음산 북쪽 기슭에 도착했다.

음산은 중국 신장 중부에 가로놓여 있으며, 전체 길이는 2,500킬로미터다. 그 서쪽 구간은 지금의 카자흐스탄과 키르기스스탄 경내까지 뻗어 있다. 그것은 타림 분지와 준가르 분지를 남북 양쪽으로 나누는데, 최고봉은 토무르봉으로, 해발 7,443미터다. 음산의 동쪽 산맥의 최고봉은 보거다봉으로, 해발 5,445미터이며 양쪽에 각각 한 개의 주봉이 있다. 세 개의 봉은 구름 끝으로 솟아 산山자 모양을 만들어 장관을 이룬다. 산중턱에는 호수가 있는데 넓이가 수 제곱킬로미터이고, 마치 거울이 하늘과 땅 사이에 박혀 있는 것 같은 모습이다. 주변은 녹음으로 둘러싸여 있고 호수의 물은 맑아서 바닥이 보일 정도이니 마치 하늘의 선경과 같다. 사람들은 이 산을 '보거다'라고 부르는데, '보거다'는 몽골어로 '영산', '성산'이라는 뜻이다.

2백여 개의 강이 음산에서 생겨나 주변 땅으로 흐르며 위구르인을 키운다.

위구르인은 중국 고대 민족인 딩링족에 속한다. 딩링족은 칙륵(투키)혹은 철륵(테키)족이라고도 불렸는데, 위구르·설연타·키르기스가 그 분파였다. 위구르족은 유목민족으로 수나라와 당나라 때 사릉수(현재 몽골 샐렝가강) 유역에서 살았고, 설연타와 함께 돌궐에 복종했다.

위구르와 설연타는 연합해서 돌궐의 통치에 저항했고 당나라를 도와 북돌궐을 멸망시켰다. 646년(당 태종 정관 20년) 위구르인은 또 당나라를 도와 설연타를 섬멸시키고 사막 이북에서 세력이 강대한 부족이 되었다. 당나라 태종은 이곳에 한해도독부瀚海都督府를 설치하고, 위구르의 수령 토미도를 회화대장군懷化大將軍과 한해도독으로 봉했다. 744년(당 현종 천보 3년) 위구르의 수장인 골력배라가 위구르칸국을 세웠다. 위구르국은 동쪽으로는 에르구네강, 서쪽으로는 알타이산에 이르렀고, 북방 최강의 성대한 정권이 되었다. 당나라 현종은 골력배라를 회인가칸으로 봉했다. 755년(당 현종 천보 14년) 당나라 변방 군대의 안록산安祿山과 사사명史思明은 역사상 유명한 '안사의 난'[安史之亂]을 일으켰다. 난이 일어난 지 3년차에 이르러 위구르칸은 당나라 군대를 도와 반란을 평정하고 잇달아 장안과 낙양을 되찾았다. 당나라 숙종은 친딸 영국공주를 위구르 갈륵가칸에게 시집보냈다. 그 후 위구르는 여러 차례 출병해서 당나라가 토번을 치는 것을 도왔고, 당나라 덕종과 목종도 차례로 딸을 위구르의 칸에게 시집보냈다. 위구르인들은 점차 한족에 동화되어 유목생활을 청산하고 도시를 건설하며 농사를 짓기 시작했다. 동시에 이곳에 마니교가 전파되자 원래의 샤머니즘을 버리고 마니교를 신봉했다.

840년(당나라 문종 개성 5년) 위구르국은 키르기스족에게 침략을 당하자 음산의 남북으로 이주했다. 이곳은 전장에서 멀리 떨어져 있었기 때문에 그들에게는 세상 밖의 낙원이었다.

구처기 일행은 위구르인들의 열렬한 환영을 받았고, 부족의 수령은 가장 좋은 과일을 대접했다.

현지의 과일은 수분이 많고 달콤하며 껍질이 얇아 맛이 좋았다. 이곳은 중원보다 지하수가 충분하고 과일의 생육 기간이 길기 때문이다.

"음식 맛이 어떻습니까?"

수령은 구처기 일행이 과일을 맛있게 먹는 것을 보고 흐뭇했다.

"너무 맛있습니다. 저희는 이렇게 맛있는 과일을 먹어본 적이 없습니다."

유중록이 대답했다.

"당신들은 지금 어디로 가시는 중입니까?"

수령이 물었다.

"우리는 호라즘에 들렀고, 몽골의 대칸이 중원의 구처기 신선을 초청했습니다."

전진해가 답을 했다.

"어느 분이 신선이신가요? 우리는 당나라의 현장 스님이 서천에 경전을 가지러 갔다는 사실만 알고 있는데, 설마 서천에서 경을 전한 것은 아니시겠지요?"

수령은 쩔쩔매며 말을 했다.

"이분이 바로 중원의 구처기 신선입니다."

전진해는 구처기를 수령에게 소개했다.

"아이고, 늙어서 신선이 오신 것도 몰랐습니다. 용서해 주십시오."

수령은 구처기 앞에 무릎을 꿇었다.

"어르신, 일어나십시오. 여기는 중원의 풍습이 남아 있군요. 정말 세상 밖에 있는 듯합니다!"

구처기도 이곳이 신기할 정도였다.

"그렇습니다. 신선께 솔직히 말하지만 우리는 당나라 황제와 친족 관계입니다. 몇 백 년 동안 이리저리 떠돌다가 뿌리를 내리고 자리를 잡으니 정말 좋습니다."

수령은 구처기에게 부축을 받고 일어나 활짝 웃으며 말했다.

그들은 진정 세상과 단절되어 당나라 시절을 살고 있는 것 같았다. 이들이 대화하는 동안 한 무리의 미녀들이 두건을 두르고 춤을 추기 시작했다. 그녀들은 하나같이 비단옷을 입고 아리따운 몸을 유연하게 움직였다.

"감히 여쭈는데, 여기는 어째서 여성만 있고 남성이 보이지 않습니까?"

유중록은 호기심이 생겼다.

"지난 2년 동안 야만인들이 우리 물건을 빼앗아간 것은 물론, 성년 남자들을 다 잡아가서 전쟁터로 끌고 갔습니다."

수령은 아무렇지 않게 말했다.

"오!"

그러자 유중록은 몽골 군인들이 장정들을 잡아간 것이 틀림없다는 생각을 했다.

"살육이 있었습니까?"

구처기가 물었고 수령이 답했다.

"살육은 없었고 우리도 저항하지 않았습니다. 그들은 바람같이 왔다가 금세 떠났고, 마치 꿈을 꾸는 것 같았습니다."

"유쾌하지 못한 일은 더 이상 묻지 않겠습니다."

전진해는 화제를 돌렸다.

"좋은 술을 가져오너라."

수령이 대수롭지 않게 여기는 것을 보니 그들은 속세를 멀리하고 근심 걱정 없는 생활을 하는 것 같았다.

이 좋은 술은 포도로 빚어 좋은 향기가 코를 찔렀다. 구처기 일행은 모처럼 긴장을 풀었고 제자들도 이전의 어려움을 다 잊은 것 같았다. 수행하는 병사들은 모처럼 웃음꽃을 피우면서 마음껏 마시고 즐겼다.

밤에 조도견과 구처기는 함께 타좌를 했다.

"사부님, 저는 곤혹스럽습니다."

조도견은 믿을 만한 송나라 황제의 친족을 찾지 못하자 마음이 복잡했다.

"수도하는 사람이 강구하는 마음이 있는가? 하늘을 따르는 것이 수도의 근본이다."

구처기는 제자가 무엇을 혼란스러워하는지 알고 있었다.

"왕조가 바뀌어 엎치락뒤치락하는데 이곳 위구르 사람들은 바깥 세상과 동떨어져 몇 대를 걸쳐 한가롭게 지냅니다."

조도견은 감개무량했다.

"천하의 사람들이 모두 이렇다면 어찌 우리가 만 리 길 서행을 하겠느냐."

구처기도 깊은 생각에 잠겼다.

"사부님 저는 도를 얻기도 어렵지만 도를 전하는 것이 더 어렵다고 생각합니다. 칭기즈칸 이후 전진이 어떻게 전해질지 생각해 보셨습니까?"

조도견은 이미 '현현지공'을 익혔고 미래 사회가 복잡해질 것을 일찌감치 알았다.

"나는 사람을 잘못 본 적이 없다. 세상과 사람을 구제하는 것은 도가의 본색이다. 전진의 발전 여부는 전적으로 우리의 책임이다. 만 리 길 서행은 선조들이 내게 주신 이 세대의 사명이다. 이것은 지금 도를 전하고 펼치는 방법을 공부하는 것이다."

구처기는 전진교의 발전을 위해 어떤 고생도 마다하지 않고 생사에도 구애받지 않는 것이 분명했다. 그렇지 않으면 70대 중반의 몸으로 만 리 길을 갈 수는 없었을 것이다.

"그럼 이 시대 공부의 방법은 무엇입니까?"

조도견은 사부에게 확답을 받으려 했다.

"음……."

구처기는 침묵했다. 그는 조도견을 정말 좋아했지만 감히 이 주제에 대해서는 말을 꺼내지 못했다. 그러나 두 사람 모두 마음속으로는 결론이 났다.

"전진을 위해서, 창생을 위해서 저 조도견도 사부님처럼 생사를 웃으며 이야기할 수 있습니다."

조도견은 소리 내어 웃었다.

"그건 나중에 이야기하자."

구처기는 조도견을 막았다.

"제자 조도견은 언제든지 명을 받들겠습니다."

조도견은 구처기 앞에 무릎을 꿇었다. 자신이 사랑하는 후계자를 보고 있자니 구처기는 흐르는 눈물을 막을 수 없었다.

이때 구처기와 조도견은 전진 용문을 전승할 준비를 하고 있었다. 득도한 구처기와 조도견 두 사람은 미래 사회가 점점 복잡해질 것을 알고 있었기 때문에 중점적으로 고려해야 할 문제가 바로 용문파의 전승 방법이었다. 명전明傳과 암전暗傳, 즉 보이는 곳에서 전하고 보이지 않게 전하는 두 가지 방식은 이미 구처기와 조도견의 마음속에서 공감대를 형성했다.

화禍와 복福은 상대적이고, 화에도 복이 숨어 있다. 지금 칭기즈칸에게 간다는 것은 그의 후대가 용문파를 탄압할 것이라는 사실을 의미했다.

두 고수의 대화에는 중간에 약 1만 글자가 생략되어 있었다.

구처기 일행이 출발하려고 하자 수령은 여러 사람들을 이끌고 무릎을 꿇었다.

"구처기 신선께서 이곳이 싫지 않으시면 이곳의 왕이 되어주십시오!"

수령은 간절한 마음이었다.

"그건 안 됩니다!"

유중록과 전진해가 깜짝 놀랐다.

"구처기 신선은 덕망이 높으시니 어찌 왕이 되지 못하시겠습니까?"

수령은 유중록과 전진해의 말을 알아듣지 못했다.

"수령, 구처기 신선은 몽골 대칸이 초청한 귀한 손님입니다. 신선을 모시고 오라는 명을 지키지 못하면 우리는 목을 내놓아야 합니다. 절대로 그러시면 안 됩니다."

전진해는 간절하게 수령에게 말했다.

"바로 그 몽골……."

수령은 야만인이라고 말하려다 말을 삼켰다. 그는 칭기즈칸을 두려워했고, 구처기 신선을 몽골 대칸이 초청했다는 말을 듣고는 감히 더 이상 간청하지 못했다.

이것이 바로 당나라 승려가 경전을 얻으러 가는 소설 《서유기》에 묘사된 '딸의 나라'에 대한 내용이다. 딸의 나라가 된 이유는 칭기즈칸이 서역 정벌을 위해 장정들을 모조리 잡아갔기 때문이다.

구처기 일행은 계속 서행하여 머지않아 비슈발리크성(신장 지무살 서북쪽)에 도착할 예정이었다. 702년(당나라 무측천 장안 2년) 무측천은 이곳에 북정도호부北庭都護府를 세웠고, 이후 번화한 도시로 발전했다. 당시에는 위구르족이 주를 이루었고 중원 사람들도 이곳으로 이주했다. 구처기 신선이 이곳을 지나간다는 사실을 알게 된 관리, 승려, 신도 수백 명이 성 밖으로 마중을 나갔고 그들은 과일과 미주로 대접했다.

1221년 9월 4일, 구처기 일행은 윤대輪台(신장 미천현 동쪽)에 이르렀다. 윤대는 서한의 속령이었는데, 기원전 89년 한나라 무제의 《윤대회과조》輪台悔過詔로 인해 유명해졌다. 당시 신하 상홍양桑弘羊은 한나라 무제에게 상소해서 윤대에 주둔할 병사와 이민 부족을 늘려달라고 요청했지만 무제는 허락하지 않고 《윤대회과조》를 발표했다. 이를 통해 무제는 백성의 노고와 재물손상 행위를 조사했고, 전력을 다해 생산을 회복하고 발전시키려는 웅대한 전략을 구현했다. 당나라 태종 정관 연간에 윤대에 현을 설치하고 관리를 강화했다.

윤대를 묘사해 본다면 당나라 시대 변방 시인 잠삼岑參의 유명한 시집 《백설가송무판관귀경》白雪歌送武判官歸京을 빼놓을 수 없다.

북풍이 흙을 몰아 불어오니 백초가 꺾이고 오랑캐 땅 팔월에 눈이 날린다.
갑자기 밤에 봄바람 불어 온갖 나무들 사이에 눈꽃이 피었다.
주렴으로 습기가 들어와 장막을 적시니 가죽옷도 차갑고 비단이불도 얇다.
장군의 각궁도 당길 수 없고 도호의 철갑 옷이 차가워서 입기 어렵다.
사막에는 백길 얼음이 퍼져 있고 음산한 구름은 만리에 뭉쳐 있다.
중군에 술을 차려 돌아가는 나그네 대접하고 호금과 비파와 오랑캐 피리 울린다.
흩날리는 저녁 눈발이 끌채 문에 내리고 붉은 깃발은 얼어서 펄럭이지 못한다.
윤대 동문에서 가는 그대를 배웅하니 갈 때는 천산로에 눈이 가득하다.
산은 돌고 길이 굽어 그대는 보이지 않고 눈 위에 말 다닌 자취만 남아 있다.

구처기는 잠삼의 시가 깊이 와 닿았고 아래와 같은 시 한 수를 지었다.

세 봉우리가 차가운 구름을 뚫고 나란히 서 있고,

사방에 가로놓인 산 벽을 호수가 감싸고 있다.

눈 덮인 산의 경계에는 하늘도 사람도 닿지 않고,

얼어붙은 연못에 태양이 비추는 광경은 쉽게 보기 어렵다.

깊은 암석 때문에 칼과 불을 피할 수 있고,

물이 많아 농사를 지어 수확할 수 있다.

북방에서 제일의 명산이니 그림으로도 묘사할 수 없다.

작가와 시인은 단지 역사를 기록할 뿐이지만 한 세대의 천교와 한 세대의 종사의 사명은 역사를 창조하는 것이다. 이 두 가지는 비교할 수 없다. 구처기는 만 리 길을 가서 천여 년의 역사 속으로 걸어 들어갔다. 시공을 초월한 사유를 하니 아득한 과거가 마치 눈앞에 있는 것 같았다.

1221년 9월 9일, 중양절에 구처기 일행이 위구르의 창팔라성(현재는 멸실되어 없음. 현재 신장위구르자치구 장지시)에 도착했다. 현지 위구르 수령이 전진해의 옛 부하였기 때문에 일행은 융숭한 대접을 받았다. 창팔라성은 위구르인과 한족으로 구성되어 있으며 농사를 지었다. 현지 과일에는 멜론도 있었는데 구처기 일행은 이렇게 달콤한 과일은 처음 맛본다면서 다들 감탄했다. 위구르의 수령이 춤과 노래 공연을 주선했다. 사람들이 탬버린을 치며 노래를 부르기 시작하면 때때로 손님을 이끌어내어 함께 춤을 추기도 했다. 전 부대가 이곳에서 하룻밤을 정비하고 계속 전진했다.

음산의 북쪽 기슭을 따라 10여 일을 가다가 또 하나의 사막을 만나게 되었는데, 면적은 그리 크지 않지만 매우 특수한 곳이었다. 모래의 표면이 너무 가늘고 고와 수레와 말이 모래 속으로 깊이 빠졌다. 마치 진흙 위를 걷는 것처럼 발이 땅에 박혀 한 걸음 한 걸음을 떼기가 힘겨웠다. 병사들과 말들은 물속에서 헤엄치듯 허우적거렸다. 크지 않은 사막에서 일행들은 하룻밤을 보내고 나서야 겨우 걸어 나왔다.

또 10여 일 동안 걸어가니 눈앞이 환하게 밝아지면서 거울 같은 호수가 끝없이 펼쳐져 사람들은 기뻐하며 황홀경에 빠졌다. 구처기는 이 호수를 '천지'天池라고 이름 지었는데, 이것은 현재 사이리무 호수다.

사이리무 호수는 신장 보얼시 경내 천산 서단의 고산분지에 위치하며 몽골어로 '사이람 주얼'이라고 한다. 이는 '산등성이 위의 호수'라는 뜻이다.

사이리무 호수는 빛나는 사파이어처럼 서쪽 천산 사이의 함몰된 분지에 높이 걸려 있으며, 산으로 둘러싸여 있고 하늘과 물은 서로 어우러진다. 대서양의 따뜻하고 습한 기류가 마지막으로 찾는 곳이라 '대서양의 마지막 눈물'이라는 말로 표현되기도 한다.

사이리무 호수 주변은 수초가 풍부해서 좋은 목장이 되었다. 매년 겨울이 되면 이곳에는 눈이 구름처럼 피어나고 물이 응결된다. 타원형 모양의 호수가 빙산의 설원 속에 박혀 있는 모습이 마치 새하얗고 부드러운 솜 위에 청록색의 비취 한 조각이 놓여 있는 것처럼 보인다. 여름이 되면 호반의 숲과 꽃이 무성하고 광활한 초원에 장막이 점처럼 서 있다. 밥 짓는 연기가 모락모락 피어오르는 목초지에서 소와 양이 떼를 지어 풀을 뜯고 말이 달리는 모습은 감동적인 풍경이었다. 사이리무 호수에는 괴물의 서식, 호수 중심부의 바람터널, 소용돌이, 호수 바닥의 자기장 등에 관한 전설이 전해 내려오고 있다.

구처기 일행은 호수의 남쪽 아래를 따라서 산 아래까지 갔다. 울창한 수목은 하늘을 가리고 호수 물은 좁은 계곡을 질주하며 우르릉거리는 소리를 냈다. 이 산은 본래 길이 없었는데, 칭기즈칸이 서역 정벌을 할 때 둘째 태자가 산을 뚫고 길을 트다가 물을 만나자 다리를 놓은 것이다. 어떤 사람들은 다리만 48개라고 집계했다. 산이 너무 커서 사람들은 밤에 계곡에서 자야 했다. 다음날 협곡을 벗어나 동서 대천에 들어서니 초목이 푸르고 들꽃이 드문드문 피어 있어 사람들은 또다시 봄기운을 느꼈다.

1221년 9월 27일, 구처기 일행은 아리마성(신장 곽성 서쪽)에 도착했다. 아리마성 역시 과일의 고장으로, 이곳 사람들은 도랑을 쌓고 중원의 도구를 사용해서 밭에 물을 댔다. 사람들은 목축과 경작을 했고 도처에서 중원의 기풍을 볼 수 있었다. 그래서 유교·불교·도교를 일가一家로 보는 전진교 장문 구처기는 전진교 전파의 중요성을 더욱 절감했다. 당초 노자老子는 함곡관函谷關을 떠나 서쪽으로 가서 화호化胡를 전도했고[40], 구처기 역시 조상의 유적에 발을 들여 엄중한 역사적 사명을 계승했다.

신장의 곽성현霍城縣은 설산과 푸른 초목이 이어져 있는 유목 국가로 사람들이 순박했다. 곽성에서는 신장은 물론 전국 각지의 경치를 경험할 수 있다. 이것은 바로 '신장新疆에 가지 않으면 중국의 크기를 모르고, 이리伊犁에 가지 않으면 신장의 아름다움을 모르며, 곽성霍城에 가지 않으면 이리의 신기함을 모른다.'는 말로 설명할 수 있다. 이곳은 혜원고성惠遠古城, 사이리무 호수, 과자구, 도개사막圖開沙漠, 화룡동火龍洞, 천무야산매림千畝野酸梅林, 코카다라, 노초구 경마장, 차가타이칸국의 수도였던 아리마리 성터 등의 경관을 보유하고 있다.

아리마성을 지나면 곧 이리강에 도착한다.

이리강은 남동쪽에서 북서쪽으로 흐른다. 이리강은 아시아 중부의 내륙하천이며, 중국과 카자흐스탄의 강으로 국제하천이다. 상류에는 테케스강, 콩네스강, 카스강 등 3개의 원류가 있으며, 주발원지는 테케스강이다.

40　노자가 서쪽으로 떠나 인도에 도착해서 펼친 가르침이 불교가 되었다는 것이 바로 노자화호설(老子化胡說)이다.

이리강 유역은 옛 진나라 시대 새종塞种[41]인의 유목지였고, 한나라 때는 오손烏孫[42]이라고 했으며, 서역도호부西域都護府에서 관할했다. 중국 역사책에는 이미 이리강에 대한 기술이 있다. 《한서·진탕전》漢書·陳湯傳에는 이열수伊列水로 기록했고, 《당서·돌궐전》唐書·突厥傳에는 이려수伊麗水로 기록되어 있다. 원나라는 이곳을 차가타이칸의 영지라고 기록했고, 《서역동문지》西域同文志에는 '이리는 즉 이륵伊勒이고, 광명이 뚜렷하게 도달하는 것을 의미한다'고 기술되었다.

구처기 일행은 배를 타고 이리강을 건넜고, 다시 4, 5일이 지나자 칭기즈칸의 숙영지에 점점 가까워졌다. 유중록은 먼저 칭기즈칸에게 신선의 도착을 보고하기 위해 구처기에게 작별을 고했다.

1221년 10월 6일, 구처기 일행은 서요의 옛 수도인 대석임아(키르기스스탄 토크마크)에 도착했다.

토크마크는 실크로드의 두 간선이 만나는 지점에 위치해서 중서부 상인들이 모이는 곳으로, 동서에서 온 사신들이 반드시 거쳐 가야 하는 길이다. 초강[楚河] 계곡의 중동부에 위치하기 때문에 부근의 설산에서 흘러내린 물에는 영양이 풍부해서 토지가 비옥하고 생산물이 풍부하며 기후가 쾌적했다. 따라서 중세의 강력한 정복자들에게 이 땅은 매우 매력적이어서 일찍이 카라칸국과 서요의 도읍지로 사용되었다.

칭기즈칸이 서요를 정복했을 때 이슬람교도들이 성안의 수비군을 죽이자 제베 장군은 무혈입성했다.

1830년대에 이곳은 일찍이 코칸트칸국의 군사 전초지 역할을 했다.

---

41   중국 신장 이리강 유역의 유목민족
42   중국 서한 시대에 지금의 키르기스 지방에 있었던 국가

30년 후 이곳은 러시아의 수중에 떨어져 요새가 허물어졌는데, 이후 미하일 체르나이예프^{Mikhail Chernyayev} 대령에 의해 1864년 5월 13일에 재건되었다. 러시아가 멸망한 후에 토크마크는 소련의 일부가 되어 1927년에 시가지가 건설되었다. 토크마크는 추이주의 지역 행정 단위이며, 2004년부터 2006년 4월 19일까지 키르기스스탄 추이주의 주도였다.

중국 당나라의 쇄엽성^{碎葉城} 유적지는 지금의 토크마크에서 남동쪽으로 8킬로미터 떨어진 곳에 있다. 쇄엽성은 당나라 정관 연간에 설치되어 소엽성, 소엽수성으로 부르기도 했는데, 이는 소엽수^{素葉水}를 끼고 있었기 때문에 붙여진 이름이다. 여기는 한때 안서도호부^{安西都護府}가 있던 곳이다.

토크마크 남쪽 15킬로미터 지점에는 11세기에 부라나 탑이 세워졌고, 현재에는 동쪽 절반에 흙 언덕이 남아 있다. 전해진 바에 의하면 이 요새는 속트족[43]이 세운 것으로 보인다. 후에 카라카니드(돌궐) 왕조의 수도인 발라사군과 서요의 수도 호사알이타가 되었다.

토크마크 부근에서 출토된 스키타이족의 물건들은 상트페테르부르크와 비슈케크(키르기스스탄의 수도)의 박물관에 보내졌다.

곽말약^{郭沫若}[44] 등 학자들의 고증에 따르면 중국 당나라 시인 이백^{李白}은 당시 서역의 쇄엽성, 즉 오늘날의 토크마크 남쪽에서 태어났을 가능성이 있다고 한다. 이백은 701년에 이곳에서 태어나 네 살까지 살다가 705년에 아버지를 따라 창명^{昌明}으로 갔고, 어려서부터 공부를 해서 육갑^{六甲}에 능통했다.

---

43 원래 중앙아시아 암강과 시르강 일대에서 살던 고대 중동의 이란어를 사용하는 민족. 동한 시대부터 송나라 때까지 실크로드를 오가면서 유라시아 대륙에서 장사를 함.

44 곽말약(1892~1978)은 중국 사천성 출신으로 현대 작가이자 시인 겸 학자. 소설과 극본, 역사학과 고고학, 고문자학 등에 대한 저작이 있음.

임아^{林牙}는 원래 요나라 관직의 이름으로 공문이나 서찰을 담당하는 문한^{文翰} 등의 업무를 관장하는 자리였다. 서요를 건국한 야율대석^{耶律大石}이 일찍이 이곳에서 임아를 지냈고, 이를 계기로 붙여진 이름이다.

야율대석은 요나라 태조 야율아보기의 8세손으로, 지략이 풍부하고 문무에 두루 능한 인재였다. 요나라 말년에 천조황제^{天祚皇帝}는 타락하고 무능해서 백성과 주변 사람이 배반했다. 야율대석은 천조황제가 금나라 군대에게 쫓겨 협산^{夾山}(내몽골 무천현 경내)으로 피신한 틈을 타 천조황제의 숙부인 진진왕국^{秦晉王國}의 왕 야율순^{耶律淳}을 황제로 옹립하고 북요^{北遼}를 세웠다. 그러나 야율순은 즉위한 지 100일도 되지 않아 죽었다. 북요의 통치가 다시 위기에 처하자 야율대석은 꺼림칙했지만 할 수 없이 천조황제에게 의탁했다. 1124년 그는 천조황제를 떠나 진강^{鎭江}으로 가서 자신의 세력을 키웠다. 1125년 천조황제는 협산을 나와 당항족에게 귀순하려고 했지만 금나라에 사로잡혔고 요나라는 멸망했다. 야율대석은 군사를 모아 요나라의 통치를 회복하려고 했다. 1130년에 금나라 군대가 정벌을 해오자 그는 서쪽으로는 도망갈 수 없음을 알고 금산(알타이산)을 넘어 에르치스강 유역으로 들어가 아말리크(신장 아민현)에 성을 쌓고 대중들을 보살폈다. 그는 고창위구르 왕의 지지를 얻어 점차 입지를 굳혔다. 1132년(금나라 태종 천회 10년) 그는 아말리크에서 스스로 황제로 칭하고 서요^{西遼}를 건국했다. 1134년(금나라 태종 천회 12년) 그는 호사알이타를 도읍으로 정했다.

야율대석은 건국 후 각각 동쪽과 서쪽 지역을 정벌해서 동쪽으로는 아르군 강과 툴라강, 서쪽으로는 아랄해에 이르는 광대한 제국을 건설했다. 고창위구르, 동카라칸국, 서카라칸국, 호라즘 등이 모두 그의 속국이 되었다.

1143년(금나라 희종 황통 3년) 야율대석이 죽자 어린 아들 야율이열^{耶律夷}

ㄨㄝ을 대신해 황후 탑불연塔不煙이 조정의 권력을 장악했다. 7년 후 탑불연은 이열에게 왕위를 물려주었고 왕은 13년간 집권했다. 1163년에 이열이 죽자 그의 아들 역시 어렸기 때문에 여동생 보속완普速完이 정권을 잡았다. 그녀의 집권 후반기에 지배계급 내부에 난이 일어나자 보속완은 자신의 남편을 죽였으나 그녀도 죽임을 당했다. 1178년(금나라 세종 대정 18년) 이열의 차남 야율직로고耶律直魯古가 즉위했고, 서요는 본격적인 쇠락의 길로 접어들었다.

야율직로고 집권 시기에 서요의 속국들은 잇달아 독립했고 내부의 봉기는 끊이지 않았으며 조정은 휘청거렸다. 1204년(금나라 장종 태화 4년) 칭기즈칸이 나이만부를 무찌르자 타이양 칸의 아들 쿠츨루크가 서요로 도망쳤고, 야율직로고는 그를 받아들였다. 1211년(금나라 위소왕 대안 3년) 쿠츨루크는 야율직로고를 축출하고 즉위했다. 1218년(금나라 선종 흥정 2년) 몽골 대군이 쿠츨루크를 치자 서요는 완전히 멸망했다.

당시 요나라, 금나라, 몽골, 나이만부족 등의 정권이 변화무쌍하던 모습이 구처기와 조도견의 머릿속에 들어왔다. 그들은 서로 참혹하게 싸우는 혼란한 상황을 평온하게 만들고 전쟁으로 인해 불안해진 사회를 안정시키며 백성들이 편안하게 살 수 있기를 고민했다. 그렇게 해서 전진교가 전승될 수 있는 좋은 환경을 만드는 것이 중요한 문제였다.

대석암아에서 구처기와 조도견은 다시 한 번 밤새도록 이야기를 나누었다.

"저는 진심으로 사부님을 우러러 존경합니다!"

조도견은 스승이 혼자만의 안위를 생각한다면 은거하면 된다는 사실을 잘 알고 있었다. 그렇게 하면 스승은 산천호수와 일월성신에 상응하고 우주의 신비를 탐구하며 신선과 같은 나날을 보낼 수 있을 것이다. 더 높은 목표가 없다면 사부님은 왜 70여 세의 몸을 이끌고 만 리 길에 올랐겠는가.

"우리 수도하는 사람은 생사를 제쳐두고 도에 순응하며 이생을 헛되이 보내지 않아야 한다."

구처기는 스승 왕중양의 가르침을 잘 기억하고 있었다.

"사부님, 수련은 정말 어렵습니다."

조도견은 자신의 사부를 몹시 존경했다.

"우리가 논하는 것은 깨달음에 대한 것이다. 세상을 벗어나고 세상으로 들어가는 것은 방편이다. 소위 정해진 법이 없다는 것이 바로 법이다. 두려워하면 수도를 하지 못한다."

구처기는 조도견에게 설법을 했다.

"저는 사부님 곁에 계속 남아 법을 배우고 싶습니다."

조도견은 사부의 곁에 있을 날이 얼마 남지 않았다는 것을 알고 슬픔을 감추지 못했다.

"그렇지만 하늘의 명은 거역할 수 없습니다. 스승님께 감사합니다. 제가 대를 이을 수 있게 해주셨습니다."

구처기는 조도견을 애틋하게 바라보았다. 이들 사제지간은 부자지간보다 더 정다웠다.

"제가 떠난 후에도 사부님은 스스로를 잘 보살피셔야 합니다."

조도견은 말을 마치고는 눈물을 멈추지 못했다.

"좋은 제자여, 걱정하지 말거라. 우리는 영원히 헤어지지 않을 것이다. 너는 혼자서 자유롭게 소요할 생각을 말아라. 또한 나를 버린다고 생각하지도 말아라."

구처기는 웃으며 조도견을 바라보았다.

"사부님, 제가 은밀함[暱] 속에서 스승님을 보호하겠습니다. 제자가 어떻게 사부님 곁을 반 발자국이라도 떠날 수 있겠습니까?"

조도견은 무릎을 꿇었다.

"일어나라, 좋은 제자여. 나는 너의 도움이 필요하다."

구처기가 조도견을 일으켜 세웠다.

"사부님께서 저에게 세 가지 영을 내려주시니 감사드립니다. 혼신을 다해 사명을 더럽히지 않겠습니다."

조도견이 사부에게 말했다.

"득도는 어렵지만 전도는 더 어렵고 너의 짐도 가볍지 않다!"

구처기는 조도견이 용문파 제1대 장문으로서 엄수해야 할 전인(傳人)의 사명을 잘 알고 있었고 자신의 짐이 무겁다는 사실도 잘 알았다.

일찍이 일국의 수도였던 대석임아는 비록 이전의 찬란함은 사라졌지만 벽돌 하나, 기와 하나에도 중후한 역사가 배어 있었다. 이 공간은 몇 세대에 걸친 흥망성쇠의 출렁거림으로 숨이 막힐 지경이다.

1221년 10월 말, 구처기 일행은 사이란성(현재 카자흐스탄 심켄트 동부)에 도착했다. 성의 동부는 산지가 길게 이어진 서천산맥에 속하는데, 남동부는 카즈쿠르트산맥(주봉의 고도는 1,768미터), 북부는 카를랑타산맥이다.

사이란성은 원래 중앙아시아에서 중국으로 통하는 상업로의 거주지였는데, 이 길은 적어도 12세기에 이미 존재했고 당시에도 유명한 도시였다. 이 지역은 도교 용문파의 역사에서 특별한 의미가 있는 도시다. 용문파의 조사가 이곳에서 선종했기 때문이다. 이때부터 용문파는 명암(明暗)으로 전승되는 선조의 지혜가 체현되어 왔다.

구처기 일행이 사이란성에 도착했을 때 마침 연일 큰비가 내렸고 스승과 제자 두 사람은 조도견의 귀환 시기가 임박했음을 알고 있었다.

"큰비가 오는 날은 손님을 붙잡는 날입니다."

조도견이 스승에게 말했다.

"이제 내 옆에 있고 싶지 않느냐?"

구처기가 조도견에게 물었다.

"저는 항상 스승님 곁에서 동행하겠습니다."

조도견은 무릎을 꿇었다.

"좋은 제자, 착한 아들아, 고맙다. 나는 돌아와 다시 너를 보겠다."

구처기는 말을 마치고 제자에게 눈물을 보이고 싶지 않아 등을 돌려 방을 나왔다. 처음으로 조도견을 아들이라고 불렀고, 자기 마음을 어떻게 표현해야 할지 몰랐다. 그는 비 오는 밤에 홀로 산에 올라 정상에 앉아 타좌를 하면서 조도견을 기다리고 있었다.

조도견은 할 말이 있다며 여러 선후배들을 불러 모았다.

"나는 스승님과 함께 선덕에 있을 때 이 세상에 있을 날이 얼마 남지 않았다는 예감이 들었다. 근근이 여기까지 오면서 스승님의 교훈을 생각했다. 스승께서 말씀하시기를 '도를 배우는 사람은 생사에 이끌리면 안 되고, 괴로움과 즐거움에 개의치 말아야 한다.'고 하셨다. 지금 나는 돌아갈 때가 다 되었다. 너희들과 서행을 계속 함께할 수 없을 것 같다. 너희들은 사부님을 잘 모셔야 한다."

조도견은 말을 마치고 앉은 채로 가버렸다.

여러 사형과 제자들이 땅에 꿇어앉았다.

구처기는 산꼭대기에 앉아 있다가 돌연 만장의 광명을 보고는 조도견이 비승飛昇한 것을 알았다. 예상대로 곧 조도견은 구처기의 곁에 와서 무릎을 꿇었다.

구처기는 타좌를 하다 일어서서 앞으로 걸어가 조도견을 일으켜 세웠고, 두 사람은 서로를 꼭 껴안았다.

제21장

하얀 눈이 내려
길을 찾기 어렵다

구처기의 제자들은 조도견을 성의 동쪽에 있는 높은 언덕에 묻었다. 용문파의 1대 종사이자 송나라 황족의 혈통을 지닌 조도견은 서행으로 살인을 멈추고 용문을 전승하려는 스승 구처기의 임무를 완수하기 위해 '유해'를 이국 타향에 남겨 두었으니 비장하기 그지없는 일이다!

구처기 일행은 다시 장정을 시작하고 시르다리야강을 건넜다. 시르다리야강은 중국 고대 사서에 약살수藥殺水, 진주하眞珠河 또는 질하質河 등으로 기재되어 있다. 이 강은 천산산맥 남쪽에서 내려오는 중앙아시아에서 가장 긴 물줄기다. 중앙아시아 문명에서 어머니 강으로 여기는 시르다리야강은 서쪽으로 이주한 북흉노를 포용하고 돌궐, 카를루크, 속트 등의 민족을 양육했다. 강은 이들 민족의 찬란한 영광, 몰락과 치욕을 견디어내고 다양한 전설을 지닌 채 우즈베키스탄, 타지키스탄, 카자흐스탄 등 3국에 걸쳐 흐른다. 시르다리야강은 양안의 관개와 발전이라는 임무를 짊어졌을 뿐만 아니라 수천 년 동안 여전히 광활하게 흐르면서 오랫동안 찬란한 인류문명을 창조해 냈다. 강은 마지막으로 투란평야로 흘러 들어가 아랄해로 사라지는데, 이는 중요한 수원의 하나다.

1221년 11월 18일, 구처기 일행은 사마르칸트성(현재 우즈베키스탄)에 도착했다. 칭기즈칸은 호라즘의 신도시인 사마르칸트를 함락한 후 태사太師 야율아해耶律阿海를 주둔시켜서 지키도록 했다. 야율아해는 칭기즈칸과 '발조나 호수에서 함께 물을 마신' 개국공신이었다. 그는 몽골 병사들의 살육을 못마땅하게 여겨 일찍이 칭기즈칸에게 살인을 줄이라고 간언을 한 적이 있었고, 칭기즈칸도 이를 받아들였다. 그는 구처기 신선이 왔다는 것을 듣고 매우 기뻐했다. 이때 야율아해 역시 70세가 넘었는데, 칠순이 넘은 두 노인은 직접 만나게 되자 말로는 표현할 수 없는 친밀감을 느꼈다.

"신선께서 불원만리 길을 오시니 탄복했습니다."

야율아해는 구처기에게 깊이 절을 했다.

"태사께서 어찌 그런 말씀을 하십니까? 태사님이 친히 성 밖으로 나오셔서 우리 야인들을 영접해 주시니 감사할 따름입니다."

구처기는 극진히 답례를 했다.

"신선의 명성은 일찍이 들은 바 있지만, 유중록 대인의 말을 들으니 정말 흠모하지 않을 수 없었습니다. 몽골에는 신선과 같은 고명한 분이 부족합니다."

야율아해는 유중록에게 구처기에 대한 이야기를 생생하게 전해 들었다. 유중록은 먼저 대칸에게 구처기 소식을 알리려고 앞서 출발했지만 폭설로 인해 사마르칸트에 갇혀 있었다. 그는 야율아해에게 구처기에 대한 모든 것을 얘기해주었다.

"저도 유 대인을 통해 태사께서 대칸에게 살육을 멈추라는 권고를 했다는 말을 듣고 감탄했습니다."

구처기도 야율아해에게 연신 찬사를 보냈다.

"제가 어찌 감히 신선과 비교할 수 있겠습니까. 제가 한 말은 대칸이 듣지 않겠지만 신선의 말은 대칸께서 반드시 들으실 것입니다."

야율아해는 구처기에 대한 믿음이 굳건했고 말을 마치고는 동의를 구하며 유중록을 바라보았다.

"생명을 아끼고 사랑하는 것은 성인의 큰 덕이요 창조의 시작이니 하늘의 뜻에 순응하여 살인과 약탈을 멈추기를 바란다고 태사가 대칸께 권하였습니다. 대칸께서는 이를 귀담아들었기 때문에 선덕宣德(하북성 선화) 등지의 백성들이 재난을 면하게 되었습니다."

유중록이 구처기에게 야율아해의 일화를 소개했다.

"허, 대칸은 그때는 제 말을 들으셨지만 서역 정벌에서 또 많은 사람을 죽였고, 도성을 살육했습니다. 죽임을 멈추는 일은 신선이 하셔야 합니다."

야율아해는 고개를 저었다.

"계속해서 여기에 서서 대화할 수 없으니 성으로 들어가서 이야기하십시다."

야율아해는 구처기 일행을 원래 호라즘의 국왕 무함마드의 신궁이었던 곳으로 안내했다.

사마르칸트 전역은 전쟁의 참화를 겪은 지 얼마 되지 않아 부서지고 무너진 담벼락이 곳곳에 남아 있었다. 원래 이 도시의 인구는 50여만 명이었지만 이제는 10만여 명만이 남았다. 죽은 자는 죽고 산 자는 살았지만 남은 사람들은 여전히 살기가 힘들었고, 성안에는 도둑들이 설쳤다. 다행히 무함마드의 신궁은 파괴되지 않아서 야율아해가 귀빈을 접대하기에 좋은 장소가 되었다.

비록 왕궁이 조금 어수선해 보였지만 과거의 찬란함은 여전히 남아 있었다. 구처기는 중원 건축에 대해 많은 지식이 있었지만 이렇게 큰 규모의 이슬람 궁은 처음 보았다. 그는 이슬람 문명의 발달 수준에 감탄했다. 객관적으로 볼 때 중원문명이나 이슬람문명은 당시의 몽골문명보다는 훨씬 우위였지만 왜 소박한 원시문명이 상대적으로 훨씬 발달한 문명을 이길 수 있었는지 돌아볼 일이다. 소박한 원시문명이 우주의 진실에 더 가까운 것인지, 아니면 소위 문명 발달이 그릇된 길로 들어선 것인지 구처기는 해답을 찾고 있었다.

"신선께서는 이곳에 머물다가 내년 봄이 되면 길을 떠나는 것이 어떻겠습니까?"

유중록은 구처기에게 의견을 구했다.

"그래요, 앞길에 산더미처럼 눈이 쌓여 있으니 유 대인도 여태까지 지체한 것입니다. 신선께서는 내년에 얼음과 눈이 녹으면 출발하시면 좋겠습니다."

야율아해는 유중록의 조언을 반겼고 구처기와 더 많은 시간을 보내고 싶었다.

"두 분의 말씀에 따라 우리는 여기서 대칸이 돌아오시기를 기다려도 좋습니다."

구처기는 반갑게 대답했다.

"신선께서 싫지 않으시다면 이 궁전에서 머무십시오!"

야율아해가 말했다.

"태사께서 마땅히 궁궐에 계셔야 합니다. 이렇게 큰 궁궐을 우리 야인들의 거처로 주시는 것은 낭비입니다."

구처기는 야율아해의 제안을 사양했다.

"신선께 솔직히 말씀드립니다. 몽골 사람들은 도시를 좋아하지 않고 도시에 사는 것도 익숙하지 않습니다. 우리는 산을 끼고 물과 가까이 있는 지역에 장막을 치고 사는 것을 좋아합니다. 다만 지금 성내에는 도둑이 창궐하니 신선께서 해를 입을까 그것만이 걱정입니다."

야율아해는 직설적으로 말했다. 구처기는 칭기즈칸의 많은 관리들이 가식이 없고 솔직하다는 점이 아주 마음에 들었다.

"그렇게 말씀하시니 빈도는 여기서 기거하겠습니다. 빈도의 안위는 태사께서 걱정 안 하셔도 됩니다."

구처기는 생사를 두려워하지 않았기에 도둑에 대한 염려는 더 말할 나위가 없었다.

"그것은 신선을 소홀하게 모시는 것입니다. 제가 사람을 배치하여 세심하게 보살필 것입니다."

야율아해는 구처기의 거처를 마련하느라 걱정이 많았는데 이렇게 시원하게 허락할 줄은 몰랐다.

"태사께서 이렇게 큰 궁궐을 야인에게 주셨는데 어찌 소홀하다고 말할 수 있겠습니까?"

구처기는 크게 미소를 지었다.

"여기서 신선을 돌봐드리는 일은 태사께 일임하고 저는 기회를 보아 출발해서 대칸께 보고하고 신선을 환영할 준비를 하겠습니다."

유중록은 그동안 대설에 발이 묶여 있었으나 이제는 대칸에게 달려가야 했다.

"유 대인께서 정말 수고가 많으십니다. 당신들처럼 충직한 신하들은 중원에선 매우 드뭅니다."

구처기는 진심으로 칭기즈칸 신하들의 충성에 감명을 받았다. 그는 이 한 가지만 보아도 몽골을 금나라나 남송과 비교할 수 없다고 느꼈다.

"대칸은 정말 거룩하시고 보좌할 만한 분입니다."

야율아해와 유중록은 한목소리로 말했다.

"저는 야인이라서 정사에는 관심이 없습니다. 다만 천하의 창생을 마음에 두고 온 세상이 빨리 안정되기를 바랄 뿐입니다."

구처기는 야율아해와 유중록이 자신들의 의무를 수행하고 난 후 그가 대칸을 보좌하기를 원한다는 것도 잘 알고 있었다.

"신선께서는 속세를 벗어난 숭고한 분이니 대칸께 아뢰어 성대하게 모시겠습니다."

유중록은 오는 도중에도 여러 차례 구처기를 설득했다. 그는 구처기가 명예와 이익에 관심이 없고 높은 벼슬과 대가를 바라지 않는다는 것도 잘 알고 있었다.

"유 대인께서 보고하지 않아도 대칸께서는 빈도를 '접대'하려고 준비하고 계십니다!"

구처기는 말끝에 야릇한 미소를 지었다.

일대 천교인 칭기즈칸은 당연히 그의 '적수'를 잘 대접해서 구처기가 기꺼이 자기를 위해 봉사하도록 만들고 싶었다. 칭기즈칸은 하늘에는 오직 하나의 장생천이 있고, 땅에는 유일한 칸인 칭기즈칸만이 있다고 굳게 믿고 있었다. 따라서 칭기즈칸은 장생천의 외아들이기 때문에 다른 사람들은 그를 위해 봉사할 수밖에 없다. 그는 다른 종교지도자들도 모두 만나보았지만 실제 상황 역시 그랬다. 칭기즈칸이 유일하게 이해할 수 없는 것은 구처기였다.

칭기즈칸은 막강한 호라즘이 이렇게 일격에 무너질 줄은 몰랐다. 그는 호라즘이 패한 이유에 의문을 가졌다.

4걸傑, 4구狗, 4자子 등에게 칭기즈칸은 공격 임무를 배정했고 호라즘의 국왕 무함마드의 아들 잘랄 웃딘과 잠시 맞닥뜨린 것 이외에는 이렇다 할 전투도 없었다. 따라서 칭기즈칸이 직접 이끄는 주력부대는 오히려 기동부대가 되었다.

칭기즈칸은 전쟁에 대한 종합적 평가가 능숙하지만 호라즘 사람들에 대해서는 어떻게 평가할지 생각에 잠겼다. 결국 그는 평가할 가치도 없다고 생각했다. 그러나 단 한 사람에 대해서는 마음을 놓을 수 없었다. 그는 자기의 의동생인 시기켄 코토고를 무찌른 잘랄 웃딘이었다. 칭기즈칸은 기개 있는 영웅을 보듯 잘랄 웃딘을 아끼는 마음이 들었다. 만일 적으로 만나지 않았다면 그는 잘랄 웃딘과 친구가 되었을 것이고, 그를 존중했을 것이다. 칭기즈칸은 자기 아들 중 한 명이 잘랄 웃딘만 같았다면 얼마나 뿌듯했을지 상상을 해보았다. 이때 칭기즈칸은 세상을 떠난 손자 무투겐과 아직 몸을 추스르지 못한 황후 홀란을 떠올렸다.

대칸인 칭기즈칸의 주변에는 당연히 여자가 많았다. 어머니 호엘룬은 물론 본처 보르테를 대신할 수는 없지만 말년의 그는 홀란을 매우 좋아했다. 여자는 몽골인의 마음속에서 특별한 위치를 가지고 있는데, 이는 몽골인들이 대지에 대한 숭배, 어머니에 대한 숭배, 자궁에 대한 숭배를 하기 때문이다. 칭기즈칸은 자기 주변의 모든 여자들을 아끼고 사랑했으며 지극히 후한 대우를 해주었다.

홀란이 병을 얻자 칭기즈칸은 마음이 심란했다. 이미 손자를 잃은 아픈 마음에 여자의 노랫소리와 위로, 여자의 의견과 도움이 필요했다. 칭기즈칸 주변의 여인들은 어머니부터 아내, 그리고 딸까지도 그의 대업을 이룩하고 발전시키는 데 중요한 역할을 했다.

"홀란, 일어나시오. 나는 매일 장생천에게 기도하오, 당신은 나의 생명이오."

'사람은 모두 죽음을 맞이하지 않습니까?'

홀란은 멍한 눈으로 바라보았다. 그녀는 이렇게 말하는 듯했다.

'저는 얼마나 더 살 수 있겠습니까?'

"당신은 나와 평생 함께 가야 하오."

칭기즈칸은 고개를 저으며 힘주어 말했다.

"나는 당신이 나보다 먼저 죽는 것을 허락하지 않소."

홀란은 그를 계속 바라보았다.

'그렇다면 손자 무투겐은 왜 죽었는지 말해주십시오.'

"내 아들들은 모두 맹호처럼 서로 물어뜯는데, 무함마드에게 잘랄 웃딘이 있다는 것이 정말 부럽소."

칭기즈칸은 거칠고 큰 손으로 사랑하는 아내의 가냘픈 얼굴을 매만지면서 눈물을 흘렸다.

"홀란, 당신은 너무 오래 누워 있소. 더 이상 나를 힘들게 하지 말고 일어나시오, 알겠소? 나는 당신이 필요하오. 진정으로 당신이 필요하오."

그 누구도 칭기즈칸의 섬세함과 약한 면을 볼 수 없었다. 호위대의 군사들은 장막 밖에 있었다. 칭기즈칸의 장막은 그가 거처하는 곳이자 신하들과 회의하는 장소이기도 했다. 그의 장막 바로 옆에 홀란의 장막이 있었다. 비록 원정을 다녔지만 호화로움을 잃지 않았다. 홀란의 장막에는 칭기즈칸과 홀란 단둘만이 있었다. 어떤 중요한 일이 해결되지 않으면 칭기즈칸은 항상 홀란의 장막에 와서 그녀와 의논했다. 홀란과 함께 있으면 칭기즈칸의 영혼은 의지할 곳이 생긴 것 같았다. 소위 높은 자리는 외롭다. 그는 사람들과 편하게 담소하기를 좋아하지만 이제는 더 이상 그런 따뜻함을 느낄 수 없었다. 이제 대신들은 발조나 강변에서처럼 그와 격의 없는 대화를 나눌 수 없다. 대칸이 된 이후 칭기즈칸은 홀란과 교감했다. 홀란이 대칸에게 소소한 투정을 부려도 칭기즈칸은 오히려 그런 홀란을 좋아했다. 어쨌든 그녀 덕분에 칭기즈칸은 활력을 찾을 수 있었던 것이다.

칭기즈칸은 손자 무투겐, 강적 잘랄 웃딘, 자신의 아들들을 차례로 떠올렸다. 힘들여 아들을 키웠고 나이가 들면서 후사를 고민하고 있지만 사실은 번번이 실망했다.

잘랄 웃딘은 부왕 무함마드와 갈등을 빚고 섬을 떠나 우르겐치로 보내졌다. 우르겐치를 지키는 군대는 새 술탄(국왕)을 보고 몹시 기뻐했다. 당시 우르겐치의 군인은 9만 명이었지만 병권은 전 왕세자였던 오스랄트 등 돌궐과 강력한 장수들에게 속해 있었다. 잘랄 웃딘이 병권을 찾으려고 하자 황태후 테르켄카툰 일가의 왕자는 잘랄 웃딘을 암살하려고 했다. 그들은 성을 지키는 것보다 권력을 잃지 않는 것이 더 중요했다. 이는 권력과 돈을 위해서는 목숨을 아끼지 않는 전형적인 기득권자들의 행태였다.

잘랄 웃딘은 이 사실을 알고 밤새 도망을 갔고, 대장 티무르멜리는 수백 명의 기병을 이끌고 잘랄 웃딘을 추격했다. 그들은 호라즘과 호라산 두 곳의 사막을 지나 나사 지역(투르크메니스탄 아슈하바드 동쪽)에 도달하는 데 보름이 걸렸다.

몽골군이 바르완에서 참패한 후 칭기즈칸은 즉시 군대를 이끌고 카즈닝(아프가니스탄 카불 서남쪽 가즈니)으로 진격해서 잘랄 웃딘과의 결전을 모색했다. 잘랄 웃딘은 바르완 대전에서 몽골군에게 큰 손실을 준 후 잠시 승리에 취해 있었다. 자만한 잘랄 웃딘은 자신의 처지를 잊었고 부하들은 그런 그에게 실망했다. 부하 아민 장군과 아허라트 장군이 전리품을 놓고 다투다 아허라트 장군이 부대 4만 병마를 이끌고 도주하자 잘랄 웃딘의 병력은 격감했고 사기가 꺾여 카즈닝으로 돌아갔다.

얼마 지나지 않아 칭기즈칸이 10만 대군을 이끌고 결전을 치르러 왔다는 소식을 듣자 잘랄 웃딘은 중과부적임을 알고 잔여 병력 5만여 명을 거느리고 인더스강을 건너 멀리 도망치려고 했다. 몽골군이 카즈닝으로 급히 진격했을 때는 이미 잘랄 웃딘이 도망간 지 보름이 지났고 성안의 백성들은 저항하지 않고 투항했다. 하지만 칭기즈칸은 군대를 이끌고 밤낮으로 쫓아갔다. 잘랄 웃딘이 강을 건너갈 배가 부족해서 어쩔 줄 모르는 와중에 칭기즈칸은 벼락을 치는 기세로 일거에 잘랄 웃딘을 포위했다. 몽골군은 먼저 잘랄 웃딘의 우익 주력부대인 칸멜리를 공격해 섬멸했고, 이들은 페샤와르로 패퇴해서 몽골군에게 추격을 당했다. 그 후 몽골군은 좌익 부대를 공격해 전멸시켰다. 잘랄 웃딘 본대는 겨우 7백여 명만이 남아 포위를 돌파하려고 했지만 몽골군에게 모두 격퇴 당했다.

칭기즈칸은 새로운 국왕 잘랄 웃딘을 생포하기 위해 항복을 촉구했다. 싸우지 않고 각지의 반란을 평정하기 위해 활을 쏘거나 칼로 베는 것을 금지하고 잘랄 웃딘을 생포하라고 명령했다. 정오까지 저항하던 잘랄 웃딘은 포위를 뚫을 가망이 없음을 알고 말을 갈아탄 뒤 파도가 거센 인더스강으로 들어가 헤엄쳐 도망쳤다. 잘랄 웃딘은 강을 건넌 뒤 50여 명의 패잔병을 모아 인도 델리(뉴델리 북쪽)로 피신했다. 몽골군이 잘랄 웃딘의 잔재를 전멸시키자 칭기즈칸은 툴루이와 바라 두 장군에게 인더스강을 건너 그를 추격하라고 명령했다. 차가타이는 치얼만(이란 남부 케르만성)과 쿠르디스탄(이때 주치는 우르겐치를 포위했고, 차가타이는 아버지가 준 임무를 완수하고 우르겐치 전투에 투입되었음)을 평정했다. 오고타이도 아프가니스탄을 평정하라는 명을 받았다. 칭기즈칸은 직접 대군을 이끌고 인더스강 오른쪽 기슭을 따라 카즈닝으로 북상했다.

툴루이와 바라는 인더스강을 건넌 후 먼저 피아자이(파키스탄 와징디 부근)를 쳐부수고 이후 치후얼(파키스탄 허얼)과 무루단(파키스탄 물탄)을 점령했지만 잘랄 웃딘의 흔적은 찾지 못했다. 날씨가 너무 더워서 병사들이 힘들어하자 군대는 다시 인더스강을 건너 카즈닝을 거친 후 주력부대와 합류했다.

잘랄 웃딘은 인도로 도망쳐 세력을 확장하고 델리성 군주의 딸과 강제로 결혼했다. 몽골군이 다시 올 때를 기다려 그는 아프가니스탄으로 돌아가 힘을 축적했다. 원나라 헌종 2년(1252년) 몽케칸이 훌라구를 보내 페르시아를 정벌할 때 잘랄 웃딘은 서아시아로 돌아가다가 사막에서 전사했다(몽골의 제3차 서역정벌 전쟁).

칭기즈칸은 서역을 정벌하기 전에 장남 주치와 차남 차가타이의 갈등을 떠올렸다. 따라서 이들의 관계를 완화시킬 목적으로 둘이 함께 호라즘의 옛 도읍 우르겐치를 공격하라는 명을 내렸다.

그러나 주치와 차가타이는 함께 묶을 수 없는 당나귀들이었다. 아버지의 의도와는 달리 두 사람은 우르겐치를 공격하는 방법에 대해서도 전혀 생각이 달랐다.

"우르겐치 도성을 보호하라. 파괴해서는 안 된다."

주치가 명령을 했다.

"형님, 성을 공격하려는 거요, 성을 지키러 온 것이오? 아버지 칸이 원하는 것은 결과이니 성을 공격해야 합니다."

차가타이는 주치의 사심을 알고 있었다.

"그럼 동생이 보기에 이 싸움은 어떻게 하는 것이 좋겠나?"

주치도 차가타이가 무엇을 하려는지 알고 있었다.

"강물을 끌어들여 도성에 퍼붓고 화공으로 도성을 불태워야지요."

차가타이 역시 사심이 있었다.

"그럼 성안의 물건들은 어떻게 하느냐?"

주치는 화가 치밀었다.

"어떻게 하긴, 다 태워야지."

차가타이는 일부러 형을 화나게 했다. 그는 여태껏 자기 형을 업신여겼고, '데려온 자식'이라는 생각이 그의 마음속에 깊이 박혀 있었다. 차가타이는 형만 없었다면 자기가 당연히 장남이 되었을 것이고, 아버지 칸을 계승했을 거라고 생각했다.

"총지휘자가 나야, 아니면 너야?"

주치도 화가 났다. 그 둘은 우르겐치가 장차 주치의 영지가 될 것을 알고 있었기 때문에 완전히 생각이 반대였다.

주치는 도성을 지키기 위한 책략을 세우고 있었다. 성안의 많은 명사들이 항복하려고 했지만 섣불리 움직이지 못했다. 총지휘자는 주치였지만 차가타이는 '데려온 자식'의 명령을 듣지 않고 독단적으로 성을 기습하기로 했다. 차가타이의 부대는 미친 듯이 성을 공격했지만 한 부대로는 세력이 미약하고 힘이 부족했다. 수천 명의 병사가 성벽 아래에서 죽어가자 그는 포기할 수밖에 없었다.

우르겐치를 공격하지 못하는 것은 적이 강해서가 아니라 내부 분열 때문이었다. 주치는 우르겐치를 보존하고자 했고 차가타이는 파괴하고 싶었다. 칭기즈칸은 크게 노하여 셋째 아들 오고타이를 보내 전쟁을 감독하게 했다.

오고타이는 아버지 대칸이 정한 계승자였기 때문에 주치와 차가타이는 감히 그의 뜻을 거스를 수 없었고, 몽골군은 비로소 힘을 합쳐 외성을 쳐부수었다.

우르겐치는 옛 도읍지로, 성벽이 견고했으며 성안의 병사들과 백성들은 필사적으로 저항했다. 용맹한 몽골 병사들도 도시에서는 힘을 쓰지 못했다. 오고타이는 병사들을 퇴각시켜 성 밖으로 적을 유인해 수비군을 방심하게 했다. 그러자 성을 지키던 군사들은 몽골군을 얕잡아 보고 몽골 철기병을 호라즘에서 쫓아낼 자신감을 가졌다.

오고타이가 군사를 보내 성 밖에서 말을 빼앗자 수비군은 성문을 열고 몽골군을 추격했다. 몽골군은 물건을 버리고 도망치면서 갑옷을 벗어 던졌다. 성을 수비하던 병사들은 몽골군이 황급히 도망치는 것을 보고는 더욱 자신감이 생겨 맹렬히 추격해 따라갔다. 수십 리를 쫓아가자 몽골 군은 갑자기 돌변해 수비군 장수를 죽이고 공격해왔다. 이번에는 성의 수비군이 황급히 도망칠 차례였다. 그들이 필사적으로 성안으로 도망치자 몽골군은 수비군을 바짝 뒤쫓아 성안으로 쳐들어갔다.

우르겐치를 함락시킨 차가타이는 자신의 부대를 지휘해서 성안의 보물을 약탈하기 시작했다. 성을 공격할 때는 전력을 다하지 않았지만 약탈을 할 때는 거침이 없었다. 원래 우르겐치는 주치에게 돌아갈 영지였지만 동생이 약탈을 자행하자 주치도 수하들에게 명령해서 물건을 약탈하기 시작했다. 오고타이는 화를 참지 못했고 자신도 부하들에게 명령해 도성의 보물을 빼앗기 시작했다. 며칠 지나지 않아 삼 형제는 도성의 보물을 몽땅 약탈했다. 그들은 전리품을 아버지 대칸에게 상납하지 않았고 수하 장수들에게도 나누어주지 않았다.

칭기즈칸은 우르겐치 전투에 직접 참여하지는 않았지만 그곳에서 벌어지는 일을 속속들이 알고 있었다. 그는 마음속으로 피를 흘렸고, 영혼마저 떨리는 듯했다. 아무리 강한 적이라도 물리칠 수 있었지만 고작 아들 몇 명을 다스리지 못한 것이다.

칭기즈칸이 제정한 법에 따라 모든 전리품은 대칸에게 귀속되어 일괄적으로 분배한다. 전리품 포상은 언제나 매우 넉넉했으므로 몽골의 장수들은 모두 대칸을 존경했다. 전리품을 몰래 착복하는 것은 불법이고 마땅히 목을 칠 일이었다. 칭기즈칸은 아들들을 어떻게 할 것인가? 그렇지만 세 아들을 모두 죽일 수는 없지 않은가! 그러니 아무리 화가 나도 어쩔 수가 없었다.

대신에 칭기즈칸은 아들들의 알현을 오래도록 받지 않았다. 그렇게 해서 아버지가 화가 났다는 사실을 보여주었다.

칭기즈칸의 서역 정벌은 좌충우돌하며 공격이 무질서하게 분산된 것 같지만 실제로는 아름다운 예술 같았다. 소위 '형은 흩어지지만 신은 흩어지지 않는다'[形散而神不散]⁴⁵는 말이 있듯이 칭기즈칸의 손에는 '신'이 단단히 잡혀 있다. 그래서 칭기즈칸을 군사전문가로만 평가하는 것은 적절치 않고 그를 군사예술가라고 명명해도 과하지 않다. 이것이 서방의 군사 전문가들이 칭기즈칸을 존경하는 이유다.

프랑스의 나폴레옹은 칭기즈칸에 대해 "나는 칭기즈칸보다 부족하다. 몽골 대군의 유럽 침공은 아시아의 흩어진 모래가 맹목적으로 움직인 것이 아니다. 이 유목민족은 엄격한 군사 조직과 치밀한 지휘체계를 가지고 있다. 그들은 자신의 적수보다 훨씬 총명하다."라고 말했다.

코피아난 전 유엔 사무총장은 "유목민족의 문화는 인류 전체의 위대한 문화유산이다. 13세기에 칭기즈칸은 몽골을 통일하고 세계에서 유례가 없는 거대한 제국을 건설했다. 그가 만든 정치 및 사법 체계는 지금도 세계 각 지역에 긍정적인 의미를 갖고 있다."고 말했다.

미국의 5성 장군인 맥아더는 역사상 전쟁에 관한 기록을 모두 지워버린다고 해도 칭기즈칸 전투에 대한 기록만 잘 보존하면 인류는 무궁무진한 군사적 유산을 갖게 될 것이라고 말했다.

미국 초대 대통령인 워싱턴은 "유럽인들은 칭기즈칸을 '세계의 채찍'이라고 부르고 있으며, 그는 명실상부한 '인류의 왕'이다. 그에 의해 세계 질서가 바뀌었고 인류의 세계관이 승화됐다."고 했다.

인도의 전 총리 네루도 "몽골인들이 전쟁터에서 이렇게 위대한 승리를 거둔 것은 많은 병마가 있었기 때문이 아니라 엄격한 규율과 제도, 그

---

45 형태는 흩어지지만 정신은 흩어지지 않는 것. 즉 이는 산문의 중요한 특징이라고 할 수 있음. 형산(形散)이란 주로 산문의 소재가 매우 광범위하고 자유로우며 시간과 공간의 제약을 받지 않음을 의미함. 또한 표현 방법에도 구애받지 않는다는 것을 뜻하기도 함. 신불산(神不散)이란 주로 표현하고자 하는 중심 사상이 명확하고 집중되어 있음을 표현하는 말.

리고 실행 가능한 조직이 있었기 때문이다. 그 눈부신 성취는 칭기즈칸의 예술 같은 지도력에서 나온 것이라고 할 수 있다.”고 말했다.

미국의 저명한 인류학자 잭 위더퍼드 역시 “칭기즈칸은 세계에서 가장 위대한 군사가로 칭송받고 있다.”고 했다.

칭기즈칸은 자신의 생애에서 총 60여 차례의 대규모 전투를 치렀지만 아주 적은 패배만 있었을 뿐 기적적인 기록을 남겼다. 1998년 〈워싱턴 포스트〉는 ‘인류 천년의 위인’을 선정했는데 1위가 칭기즈칸, 2위가 콜럼버스였다. 이와 동시에 ‘인류 천년에 영향을 미친 사건’으로는 인쇄술이 유럽으로 전해진 일이었다. 물론 이때 동서양의 문물이 교류하게 된 것은 칭기즈칸의 서역 정벌 덕분이다.

일본의 저명한 역사학자 오다 사부로는 “6백 년간 역사를 돌아볼 때 당시의 험난한 지형을 보고 매우 감탄했다. 지구가 생긴 이래 많은 영웅들이 영토를 넓히고 대륙을 휩쓸고 간 사례는 무수히 많다. 또한 역사상 위대한 군주가 다른 국가를 정복시키는 전쟁도 매우 흔한 일이다. 그러나 규모나 판도의 크기를 볼 때 칭기즈칸과 같은 사례는 전무후무한 것으로 이에 필적할 인물이 없다. 알렉산더, 카이사르, 나폴레옹도 그 업적이 위대하고 영역도 넓지만 칭기즈칸과는 비교할 수 없다.”고 했다.

칭기즈칸에 대한 평가는 중국보다 외국에서 오히려 높고 긍정적이다. 그러나 중국의 몇몇 학자들은 원나라의 건국을 굴욕적인 역사로 보거나 침략당한 역사, 혹은 망국의 역사라고 여긴다. 이는 근본적으로 화하문명의 포용성을 부인한 것이다.

노자가 함곡관函谷關을 떠나 서쪽으로 갔을 때 이미 강력한 중화문화의 바람이 서서히 불어 영향력을 갖게 되었다. 이제는 구처기가 선조의 발자취를 따라 만 리 길을 서행하니 소위 ‘걸어가며 세상에 도를 전한다’[人行一路, 道化一方]고 할 수 있다. 두 거인의 궁극적인 대결이 곧 시작될 것이고, 구처기는 자신감이 충만했다. 그러나 칭기즈칸의 마음은 점점 더 불안해졌다. 그는 구처기를 죽이려는 마음이 점점 사라지고 구처기를 항복시켜 자기를 위해 일하게 하고 싶었다. 중원에서 많은 신자들이 구처기를 숭배했기 때문에 그를 정복하는 것은 곧 중원을 정복하는 것이라고 생각했다. 따라서 구처기가 자기에게 철저히 복종할 수 있는 방법을 모색하는 것이 대칸의 주요 고심거리였다. 칭기즈칸은 강대국을 공략하는 것 못지않게 구처기를 중요시했다.

사마르칸트에서 야율아해는 멀리서 온 대칸의 손님을 정성껏 대접했다. 사마르칸트에는 코끼리, 공작 등 인도에서 들여온 동물들이 많았다. 야율아해는 구처기 일행에게 이 동물들을 구경시켜 주었다. 그는 사마르칸트에서 코끼리는 성을 수비하는 수비군의 '전사' 역할을 하는 등 특별하게 활용된다고 설명했다. 전시에 코끼리들은 갑옷을 입고 돌격하여 진을 친다. 그러나 적과 아군을 구별할 줄 몰라서 오직 앞으로만 직진하는 코끼리 전사들은 성의 수비군들이 몽골군의 화공火攻을 받은 이후에 오히려 아군들을 공격해 허둥지둥 도망치게 했다.

사마르칸트에는 없는 과일이 없고 겨울에도 지하실에 두면 잘 보존되어 빛깔이 선명하고 맛이 달콤했다. 특히 포도, 배, 사과는 수확철인 가을보다 시간이 지날수록 더 달았다.

야율아해는 자주 구처기를 방문했다. 첫째는 구처기를 존중하고 대칸의 손님이기 때문이었고, 둘째는 그에게 도에 대한 이야기를 듣고 싶었기 때문이다. 70세가 넘은 야율아해는 나이가 들수록 장수하고 싶은 마음도 있었지만 더 이상 살육을 보고 싶지 않았다. 따라서 그는 구처기가 칭기즈칸을 설득할 것을 진심으로 기대하고 있었다. 유중록은 야율아해에게 구처기에 대한 신기한 이야기들을 전해주었고, 야율아해는 이를 굳게 믿었다. 야율아해는 원래 중원의 문화를 잘 알고 있었기 때문에 전진교, 왕중양, 구처기 등에 대해서도 이미 들은 바가 있었다.

"살육을 멈추는 것은 모두 신선께 달려 있습니다."

야율아해가 구처기에게 말했다.

"대칸은 힘센 야생마 같고 무조건 자기 생각대로 합니다. 오직 자신의 생각만이 중요합니다."

구처기가 웃으며 말했다.

"신선께서는 능히 길들일 수 있습니다. 능히 하실 수 있습니다."

야율아해는 두 사람의 대화를 누가 들을까 봐 사방을 두리번거리면서 조심스럽게 말했다. 70이 넘은 두 노인은 서로 눈을 마주치며 껄껄 웃었다.

"대칸 앞에서도 감히 이렇게 말씀하십니까?"

구처기는 야율아해에게 눈을 찡긋해 보였다.

"신선께서는 저를 놀리지 마십시오. 감히 대칸께 어떻게 이렇게 말할 수 있겠습니까. 그러나 대칸께서 현자를 필요로 하시어 신선이 오셨으니 돌아가지 마십시오."

야율아해가 말했다.

"당신네 몽골 신하들은 대칸에게 어떻게 그렇게 충성을 다하십니까?"

구처기는 칭기즈칸의 용인술에 대해 진심으로 탄복했다.

"신하가 되었으니 당연히 그래야 되지 않겠습니까!"

야율아해는 공손하게 말했다.

"저는 야인이라 자유롭고 구속 없는 것에 익숙합니다. 정사에 관여하지 않는 것이 우리 도가의 본색입니다."

구처기가 자신의 속마음을 털어놓았다.

"신선의 일편단심이 천하의 창생을 구하는 것이라면 정사에 참여하는 것도 백성을 위하는 것 아닙니까?"

야율아해는 이해하지 못했다.

"태사님, 우리는 인체가 천지에 합치하는 우주의 신비와 그 원리를 연구하는 것이 임무입니다. 따라서 출생 이전, 삶의 과정, 죽은 이후 등을 알아야 합니다. 세상일에는 관여하고 싶지 않습니다. 도교가 중시하는 것은 출세出世 수련입니다."

구처기는 야율아해에게 차근차근 설명을 했다.

"천하 창생의 고통을 없애고 잘 살게 하는 것도 종교의 취지 아닙니까? 저는 정말 신선께서 대칸을 보좌해 주시기를 바랍니다. 또한 신선께서 천하의 백성들을 걱정하는 보살의 마음을 가지고 계시다는 것을 잘 압니다."

야율아해는 구처기가 유교·불교·도교에 정통하다는 사실과 그 수준에 대해서도 잘 알고 있었다.

"창생을 재난에서 구하는 것은 모든 사람의 책임입니다. 저는 단지 미약한 힘을 다할 뿐입니다."

구처기는 여전히 칭기즈칸을 보좌하는 데는 아무런 관심이 없었다.

"몽골 사람들은 전쟁에는 능하지만 관리는 서툽니다. 땅을 점령하기는 쉬워도 사람의 마음을 정복하기는 쉽지 않은데 신선께서 어찌 방관만 하시겠습니까?"

야율아해는 입이 닳도록 말했다.

"보아하니 태사는 정말 마음속에 대칸을 두셨고, 창생을 걱정하시는 것 같습니다. 그러나 도가의 사람들은 욕심이 없고 조정에서 관리가 되는 것은 조상의 가르침에 어긋나는 일입니다. 빈도는 하늘에 순응하기 때문에 해야 할 일도 있지만 하지 말아야 할 일도 있습니다."

구처기는 야율아해의 권유에도 요지부동이었다.

사마르칸트는 일조시간이 길어 고온과 가뭄이 빈번한 전형적인 대륙성 기후다. 여름은 덥고 건조한 바람이 자주 불며 평야 지역의 최고기온은 46℃이고, 산간 지역의 최고기온은 42℃에 달한다. 겨울철 기후는 온화하고 혹한이 없다. 비는 겨울과 봄에 집중적으로 내린다.

구처기는 본의 아니게 사마르칸트에서 장시간 머물게 되었다. 당시는 겨울과 봄 두 계절이 이어지는 시기여서 겨울에도 중원 지역보다 훨씬 온난해서 구처기 일행은 느긋하게 지냈다. 야율아해는 구처기를 위해 설경 감상, 봄날의 산책, 공연 감상, 연회 참석 등 많은 행사를 준비했다. 야율아해와 전진해는 구처기를 충분히 접대하고 정성을 다해 모셨다. 유중록부터 전진해, 그리고 야율아해까지도 칭기즈칸의 위대한 업적을 끊임없이 이야기하면서 구처기가 대칸을 보좌하도록 애썼다.

아프가니스탄 경내에는 힌두쿠시산맥(히말라야산맥)이 있다. 평균 해발이 약 5,000미터에 달하고 중앙아시아와 남아시아 대륙의 경계선이자 두 지역 문명의 합류지다. 고대 인도인들로부터 전해오는 말에 의하면 이 산맥은 그들과 매우 깊은 관계가 있다고 한다. 고대 인도인들은 중앙아시아와 무역을 하려면 반드시 이 산맥을 통과해야 했고, 중앙아시아인 역시 인도로 들어가려면 힌두쿠시산맥을 통과해야 했다. 지도상에서 보면 힌두쿠시산맥은 북쪽의 침입자를 막을 인도의 천연 장벽처럼 보인다. 그러나 힌두쿠시산맥의 서부에는 인더스강 유역으로 곧바로 갈 수 있는 카이베르 고개가 있기 때문에 힌두쿠시산맥은 북쪽에서 온 정복자들을 막지 못했다.

그리고 이 힌두쿠시산맥의 이름은 인도인들에게 결코 '우호적이지 않'았다. 사학자들이 기재해 놓은 것과 현대 학자들의 연구에 근거해 보면 힌두쿠시는 '인도인들이 죽는 땅' 혹은 '인도인들의 무덤'이라는 의미이기 때문이다. 과거 인도 대륙에서 잡힌 노예들을 중앙아시아로 끌고 가는 과정에서 풍토가 달라져 사망하는 경우가 잦아서, 또는 과거 인도를 공격하던 아프간 산악민들의 거주지였기 때문에 지어진 이름이라고 한다.

힌두쿠시는 파미르고원 남쪽에서 시작해 아프가니스탄을 가로지르는 산맥이다. 길이는 약 1,200킬로미터 정도이며, 최고봉은 파키스탄에 위치한 티리치 미르산이다. 오른쪽으로 세계적인 고봉들이 모여 있는 카라코람산맥과 이어진다. 산맥의 북쪽(파키스탄, 아프가니스탄 접경 지역)은 만년설이 덮인 고봉들이 즐비하며 이 산맥의 최고봉인 티리치 미르산 외에도 아프가니스탄 최고봉인 노샤크산(해발 7,492미터) 이스토르오날산(해발 7,403미터) 사라그라산(해발 7,349미터) 등 7,000미터가 넘는 고봉들도 있다. 반면에 산맥의 남쪽은 북쪽에 비해 비교적 낮은 산지로 이루어져 있다. 아프가니스탄의 수도 카불은 힌두쿠시산맥의 산록부에 형성된 도시라 해발 고도가 높은 편이다.

이때 칭기즈칸은 아프가니스탄의 힌두쿠시산 동남쪽 기슭에 주둔하고 있었다. 구처기가 칭기즈칸을 만나려면 마지막 경로로 히말라야산을 거쳐야 했다. 이 여정은 복잡하고 변화무쌍한 날씨로 많은 어려움이 있었다. 이런 기후는 구처기 마음속에 자리한 칭기즈칸의 성격과도 같았다. 구처기는 한 세대의 천교와 '동등한 자격'으로 맞설 수 있는 협상의 포석을 깔고 있다. 당시 칭기즈칸은 자기가 멸시하던 호라즘 국왕을 포함해 '왕들 중의 왕'이었기 때문에 모두를 '아들'로 대했다. 하물며 한 치의 땅도, 병졸도 없는 출가자는 어떻게 대할 것인가. 구처기의 서행 과정에서 일어난 일은 모조리 칭기즈칸에게 보고되었다. 그도 '오래된 라이벌'과의 협상을 준비하고 있었다.

일대종사一代宗師와 일대천교一代天驕의 궁극적인 대결이 다가오고 있었다.

제22장

각지에서 고수들이
모여들어 무예를 펼치다

1222년 3월 상순에 칭기즈칸은 구처기를 맞이할 '성찬' 준비가 끝나자 사신 아리선阿里鮮을 사마르칸트로 보내 구처기를 초청했다. 이때 아리선과 유중록은 대칸에게 보고를 하고 사마르칸트로 돌아갔다.

아리선은 대칸의 성지를 낭독했다.

"진인은 해가 뜨는 땅으로부터 와서 산천을 부지런히 걸어 힘들게 여기까지 왔다. 짐은 오늘 일찍 돌아와 급히 도를 듣고 싶으니 고달파 하지 말고 나를 맞이해 주기 바란다."

"저는 대칸께 무릎을 꿇지 않고 공수의 예를 올린다고 아뢰시기 바랍니다."

구처기는 손에 불진을 쥐고 있었다.

칭기즈칸의 성지는 모두 야율초재가 쓴 것으로, 그의 신분은 국사에 해당했다. 애초에 야율초재가 대칸에게 구처기를 불러오도록 건의를 했기 때문에 이때 야율초재는 마음이 복잡했다. 비록 구처기를 아직 만나지는 못했지만 야율초재는 이미 구처기의 기장을 느꼈고, 이런 느낌이 점점 가까워질수록 숨이 막힐 지경이었다. 야율초재는 재능이 많고 학문이 깊었다. 그는 구처기가 칭기즈칸을 보좌하기를 원하는 동시에 구처기가 칭기즈칸을 보좌하는 것이 싫었다. 그는 구처기가 장차 어떤 계획을 세울지 몰랐고, 칭기즈칸도 어떻게 구처기를 활용해야 할지 몰랐다. 야율초재는 칭기즈칸을 만나 어떤 생각을 하는지 묻고 싶었다.

"다 준비됐는가?"

칭기즈칸이 물었고 야율초재가 대답했다.

"대칸께 아뢰옵니다. 모두 다 준비되었습니다."

"세상에 정말 신선이 있는가?"

칭기즈칸은 구처기에 대해 얻은 정보가 많을수록 더욱 신비롭게 느껴졌다.

"대칸, 신선은 전설에 불과합니다."

야율초재도 구처기에 대한 많은 정보를 얻었지만 구처기를 자신의 머리 위로 받들고 싶지는 않았다.

"경은 처음에 구처기가 삼백 살이 넘었다고 하지 않았는가?"

칭기즈칸은 별 생각 없이 물었다.

"대칸, 모두 소문에 불과합니다."

야율초재는 칭기즈칸이 탓할까 봐 고개를 숙였다.

"그게 아니고 경이 얘기한 5관^{關}이 구처기를 제압할 수 있을까?"

칭기즈칸은 호기심에 물었다.

"대칸께 아뢰옵니다. 폐하께서는 당연히 제압하실 것이고, 만일 구처기가 이 5관^{關}을 넘는다고 해도 아주 가까스로 넘을 것입니다."

야율초재는 자신이 직접 계획한 '5관', 즉 다섯 개의 관문을 생각하자 의기양양했다.

"죽여서는 안 된다. 구처기를 살려둔다면 반드시 쓸모가 있을 것이다."

칭기즈칸은 구처기에게 본때를 보여주려고 했다. 자신은 장생천의 외아들이니 구처기를 마음속으로부터 굴복시키려고 했다.

"대칸의 뜻에 따라 모두 계획해 놓았습니다. 5관은 단지 굴복시키려는 것이지 사람을 죽이는 것이 아닙니다."

야율초재는 수염을 쓰다듬으며 크게 웃었다.

야율초재는 계획을 세우자 한시름을 놓았다. 칭기즈칸이 구처기를 중용해서 자신의 지위에 도전할까 봐 걱정이었기 때문이다. 그는 자신이 직접 기획한 5관이 얼마나 대단한 것인지 잘 알고 있었다. 비록 구처기의 서행이 대칸의 초청에 의한 것이었지만 이 5관을 넘지 못하면 구처기는 체면이 서지 않을 것이다. 그렇게 되면 칭기즈칸의 지시를 순순히 따르게 되고 또한 야율초재 자신과도 맞설 수 없을 것이라고 생각했다.

파견되었던 사신이 돌아와 구처기가 대칸에게 무릎을 꿇지 않고 오직 공수의 예만 올렸다는 사실을 보고했다. 야율초재는 마음속으로 웃음을 터트리며 5관의 시험을 거치고 나면 싫어도 무릎을 꿇어야 할 것이라고 생각했다. 솔직히 야율초재조차도 이 5관 중 한 단계도 넘을 수 없었다.

칭기즈칸이 야율초재에게 의뢰해 기획한 5관은 어떤 것인가? 1차 관문은 비무관比武關이고, 2차 관문은 샤먼관薩滿關, 3차 관문은 철기진鐵騎陣, 4차 관문은 사막진沙漠陣, 5차 관문은 미혼진迷魂陣이다.

비무관이란 무엇인가?

이것은 칭기즈칸이 구처기에게 준비한 첫 번째 '성대한 잔치'다. 칭기즈칸이 몽골을 통일한 후 각지에서 호걸들이 달려왔다. 내부적으로 무예 시합을 통해 여러 단계를 거쳐 선발된 절세의 고수가 장세웅張世雄이다. 우선 그를 구처기에게 도전하도록 해서 본때를 보여준 다음 대칸을 만나게 할 것이다.

절세의 고수를 말할 때 가장 먼저 떠오르는 사람은 김용金庸 선생의 소설에서 묘사된 인물인 고독구패孤獨求敗, 동방구패東方求敗 등이다. 만약 김용 선생의 작품을 실제의 역사로 생각한다면 그 유해한 영향은 엄청날 것이다. 그의 소설에 등장하는 인물들은 모두 허구로, 실제 인물들을 오도하고 있을 뿐 아니라 한없이 과장되어 있다. 실제의 역사와 인물들을 소설에 이용해 잘못된 이야기를 전개한 것이다.

장세웅의 본명은 장천호張天虎로, 금나라 관할구역에 사는 한인이다. 구처기의 스승 왕중양의 원래 이름은 왕세웅王世雄이었다. 장천호는 무예시합에서 장원을 차지한 이후에 장세웅으로 개명했다. 당나라에 개세웅盖世雄이라는 맹장이 있었는데, 일찍이 혼자서 진경秦瓊을 비롯한 20여 명의 고수들을 물리친 사실이 있었다. 이것이 바로 장천호가 장세웅으로 이름을 바꾼 진짜 이유였다. 이름에서 그가 지향하는 바를 알 수 있듯이 장세웅은 무림 천하제일을 목표로 살아왔다.

장세웅은 키가 8척에 넓은 어깨와 둥근 허리를 갖고 있고 그의 힘을 당할 사람이 없었다. 그는 무예에 미쳐 천하제일의 무술인이 되는 것이 꿈이었다. 공명과 이익은 그의 마음속에서 중요하지 않았다. 그래서 금나라나 남송, 혹은 몽골은 그에게 매력적이지 않았다. 그가 평생 연구한 것은 바로 무술세계에서 최고의 실전 능력, 즉 무림절학武林絶學을 완성하는 것이었다.

왕중양은 장세웅보다 나이가 많았다. 그래서 장세웅은 왕중양과 동시대에 활약하지 못했다. 장세웅은 학문을 마친 후 천하의 고수들(국가를 가리지 않았다)을 두루 찾아다녔으며, 세상에는 그의 적수가 없었다. 따라서 그는 왕중양과 무예를 겨루지 못한 것을 아쉬워했다. 왕중양은 무예시합에서 장원을 했기 때문에 그를 무찌르는 것이 장세웅의 꿈이었다. 금나라와 남송의 무예 장원들 모두가 그에게 패배했다. 장세웅은 이름을 남기고 싶지도, 벼슬을 하고 싶지도 않았기 때문에 장세웅이라는 이름은 자연에만 존재했다.

구처기가 서행하던 초기에 하북 경계에서 그에게 암살을 시도했던 사람들은 바로 장세웅의 다섯 제자였다. 이 제자들은 모두 금나라 무예시합에서 장원을 한 적이 있기 때문에 평범한 무인들로 볼 수 없다. 이런 고수들이 힘을 합쳐도 구처기를 이길 수 없었다는 사실을 알게 된 장세웅은 매우 흥미로웠다. 현생에 왕중양과 겨룰 인연은 없었지만 왕중양의 제자이자 무술의 고수와 싸울 수 있게 되었으니 그의 소원 하나를 이룬 셈이었다. 그렇게 하지 않으면 실로 그가 천하제일이라고 말하기 어려울 것이다. 그러나 장세웅은 사람들에게 천하제일이라는 사실을 인정받고자 하는 것이 아니고 다만 그런 경지를 추구할 뿐이었다. 그는 진정 무예에 미친 사람이었다.

구처기를 암살하는 일은 장세웅의 생각이 아니었다. 그가 원하는 것은 구처기와 정정당당하게 무예를 겨루는 것이다. 구처기의 서행은 몽골의 엄밀한 보호를 받았기 때문에 장세웅은 당시 칭기즈칸의 명령으로 연경(중도, 현재 북경) 일대에 주둔하고 있던 무칼리를 찾았다. 무칼리는 감히 장세웅과 구처기의 무예시합을 계획하지 못했고 장세웅을 칭기즈칸에게 추천했다.

칭기즈칸이 모집한 30여 명의 무림고수 중 장세웅이 가장 눈에 띄었다(만일 김용 선생의 소설이 역사적인 사실이라면 이 고수들도 그 책에 등장했을 것이고 혹은 그들과 겨룰 사람이 없었을 것이다). 장세웅은 과연 무림의 귀재이고, 무인이 갖추어야 할 덕망[武德]도 매우 중시했다. 고수의 무예 시합에서 그의 기량은 모든 영웅들을 압도했다. 장세웅이 무림의 천하제일이라는 명성은 헛된 것이 아니었다. 구처기가 도착하기를 장세웅은 무척 기대하고 있었다.

샤먼관이란 무엇인가?

샤머니즘은 중국 북방의 원시 종교로, 지금까지도 남아 있다. 이는 속된 말로 굿을 하는 것이다. 당시 칭기즈칸의 곁에는 영향력 있는 고수의 무당들이 많았다. 가장 유명한 것은 바로 통천무당 쿠쿠추로, 그는 정치적 야심을 드러내다 칭기즈칸에 의해 제거되었다.

샤머니즘에는 공력이 높은 사람이 적지 않다. 칭기즈칸은 매번 군사를 일으키기 전에 무당의 점술을 필요로 했다. 칭기즈칸은 큰일을 앞두고는 무당들의 토론을 듣는다. 그는 자기가 장생천의 '외아들'이라고 자부하지만 무당들과 장생천이 소통하는 것도 필요했다. 칭기즈칸은 장생천과의 소통이 그리 간단하지 않은 일이라는 것을 알고 있었고 지금까지도 좋은 방법을 찾지 못했으며 장생천에게 명확한 지시를 받은 적이 없었다. 그가 가장 많이 시도한 것은 기도였고, 단지 여러 차례 장생천의 암시를 받았을 뿐이었다.

각 종교들은 대개 서로를 배척하고 모두가 유아독존의 태도를 갖고 있다. 수십 명의 무당들은 군대를 따라 출정해서 칭기즈칸의 특별한 대우를 받았다. 누가 높고 낮은지는 말할 수 없지만 늙은 도인이 만 리 길도 마다하지 않고 서행해서 오는 것을 보고 무당들은 나쁜 의도를 가지고 있을 것이라고 생각했다. 무당들은 모든 준비를 마치고 구처기와 한판 승부를 벌이려고 했다. 그들은 칭기즈칸의 총애를 잃고 싶지 않았다.

철기진은 무엇인가?

몽골의 철기병은 세상에서 가장 유명하다. 그들이 공격을 하면 아무리 견고한 것도 다 부술 수 있다. 당시 철기병과 전투를 하는 것은 오늘날 마치 보병이 탱크를 만나 싸우는 것과 같아 차원이 다른 형세라고 할 수 있다.

칭기즈칸은 구처기를 대적하기 위해 1천 명의 철기병을 준비했다. 사병들은 갑옷을 입고 있었고, 군마들도 보호구를 잔뜩 걸치고 있었다. 70대 노인이 맨손으로 철기진을 통과하는 것은 불가능에 가깝다. 이것은 칭기즈칸과 야율초재가 일부러 구처기를 힘들게 하려는 의도였다. 칭기즈칸은 구처기를 죽이지 말라는 명령을 내렸다. 그는 단지 구처기가 패배를 인정해서 대칸이 두려운 존재라는 것을 알게 하고 자기를 위해 봉사하도록 만들고 싶었다.

사막진이란 무엇인가?

사막진은 한밤중에 사람의 눈을 가린 채 낙타에 태워서 사막 깊숙한 곳까지 가서 내려놓고 이후 그가 온 길을 스스로 되찾아 돌아오게 하는 것이다. 끝없이 펼쳐진 사막에 놓이면 깊은 도행이 없는 사람은 동서남북을 구분할 수 없고 결국 길을 잃고 사막을 헤매게 된다.

무엇이 미혼진인가?

미혼진은 칭기즈칸의 마지막 관문이다. 칭기즈칸은 구처기가 앞의 네개의 관문을 통과할 것을 두려워한 나머지 그가 도저히 넘을 수 없는 관문을 계획했다. 홀란과 칭기즈칸의 장막은 나란히 붙어 있다. 두 몽골 장막 사이에는 내부 통로가 있다. 구처기가 칭기즈칸을 만날 때 만일 한쪽의 몽골 장막으로 들어가는 것을 선택하면 칭기즈칸은 바로 다른 몽골 장막으로 옮기는 것이다. 그렇게 하면 구처기는 칭기즈칸을 만날 수 없게된다. 칭기즈칸은 모든 방법을 동원해서 구처기가 패배하도록 계획했다.

이 다섯 개 관문의 모든 단계는 통과할 수 없다. 특히 70여 세가 넘는 나이로 장거리 여정에서 막 도착한 노인에게는 더욱 그렇다. 칭기즈칸은 구처기가 완수할 수 없는 모든 관문을 마련했으니 결국 구처기는 패배를 인정하고 다음 관문을 포기할 것이다.

칭기즈칸은 많은 종교 지도자를 만났다. 그는 다른 종교 지도자에게는 '성대한 잔치'를 열어주지 않았는데, 유일하게 이런 환대를 받은 사람이 바로 구처기였다. 다른 종교 지도자들과 만날 때 칭기즈칸은 매우 '제멋대로'였다. 칭기즈칸이 그들을 중요시하지 않는 것이 아니라 스스로 장생천의 '외아들'이라는 심리적인 우월감을 가지고 있었기 때문이다. 그는 비록 종교 지도자의 현묘한 교리를 알아들을 수는 없었지만 하늘 높은 곳에 있는 그와 장생천의 관계를 능가할 사람은 없다고 생각했다.

그러나 구처기는 다르다. 그에게는 신비한 것이 너무 많아 칭기즈칸은 심리적으로 구처기에게 자신감이 없었다. 칭기즈칸은 전쟁에서 적은 병력으로 많은 적을 이겼지만 지금처럼 자기보다 약한 사람을 괴롭히는 일은 처음이었고 이번뿐이라고 생각했다.

구처기는 산동에서 21인의 제자를 데리고 출발했다. 진해성에 이르러서는 송도안 등 아홉 명을 남겨 두고 그곳에 도관을 건설하며 경전을 강의해 도를 전하도록 했다. 조도견은 사이란성에서 선종했다. 지금 구처기를 수행하는 제자는 열한 명뿐이었다. 구처기는 윤지평 등 여섯 명을 사마르칸트에 머물게 했고, 왕지명 등 다섯 명을 거느리고 칭기즈칸에게 왔다.

이때 사마르칸트는 봄이라서 풀과 나무가 이미 푸르렀고 꽃도 피었다. 시냇물이 졸졸 흐르고 새가 지저귀자 사람들은 상쾌함을 느꼈다.

1222년 3월 15일, 구처기 일행은 눈 덮인 히말라야산으로 들어갔다. 전방의 길은 비록 짧지만 지형이 복잡했다. 또한 하루에 4계절이 모두 있으니 그야말로 이름과 실제가 어울리는 곳이었다. 실제로 유중록이 당초 사마르칸트에서 겨울을 날 수밖에 없던 것도 이런 부득이한 사정이 있었기 때문이다.

이날은 큰 눈이 내리고 광풍이 불어 닥쳐 한 발자국도 걸을 수 없었다. 구처기 일행은 어쩔 수 없이 산채로 내려갔다. 호송하는 몽골 병사들은 막사를 치려고 했지만 바람이 너무 거세 막사를 세울 수가 없었다. 구처기는 하늘에서 큰 눈이 내리는 것을 보고 오히려 기쁨으로 가득 차 제자들을 데리고 눈밭에 앉았다.

영상 수십 도에서 영하 수십 도에 이르기까지 구처기는 마치 감각이 없는 사람처럼 늘 도포 한 벌만을 입고 있었다. 그의 체온은 날씨에 따라 변화하기 때문에 사계절 동안 옷차림이 바뀐 적이 없었고, 어떤 계절이든 봄바람을 맞는 느낌만 들었다.

날이 저물고 바람이 멎자 몽골 병사들은 간신히 막사를 세웠고, 이때까지 구처기는 눈 위에서 오랜 시간 타좌를 했다. 몽골 병사들은 그를 매우 공경하면서도 두려워했기 때문에 구처기를 깨울지 아니면 유중록에게 가서 어떤 지시를 받아야 할지 몰랐다.

"막사를 이미 다 세웠는데, 유 대인께서 신선들을 장막에 들어오시게 하겠습니까?"

내근을 하는 몽골 장수가 유중록에게 말했다.

"신선들께선 괜찮습니다. 우리부터 빨리 장막으로 들어갑시다. 그렇지 않으면 얼어 죽겠습니다."

유중록은 두 손을 비비며 즉시 전진해 등을 데리고 막사로 들어갔다. 막사 안에는 화로가 피어올라 사람들의 몸은 곧 따뜻해졌다.

"유 대인, 신선께서는 괜찮으실까요?"

내근을 담당하는 몽골 장수는 유중록을 어리둥절하게 바라보았다.

"장군께서는 걱정 마십시오. 당신들은 아직 구처기 신선을 모릅니다. 그는 사람이 아닙니다. 아니, 아니, 잘못 말했습니다. 그분은 우리들 같은 보통사람이 아닙니다. 맞습니다. 그는 신선입니다. 그들은 눈과 바람 속에서 단련을 하는 것이니 여러분들은 걱정 마십시오. 장군, 구처기 신선은 아무 일도 없을 것입니다."

유중록은 몽골 장군에게 어떻게 설명해야 할지 몰랐다. 그동안 유중록은 구처기가 눈 속에서 단련하고, 해가 뜨고 질 때 단련하고, 별을 보며 단련하여 경도와 위도에 맞추어 수련을 하는 것…… 등을 여러 번 경험하고 체득했다.

"얼어 죽는 것은 아니겠지요? 그렇다면 대칸이 저희들의 목을 벨 것입니다."

몽골 장군은 반신반의했지만 유중록의 말을 받아들일 수밖에 없었다. 몽골의 관병들은 추위를 피해 모두 막사에 들어가 휴식을 취했고, 유중록은 구처기 일행을 염려하지 않고 쓰러져 잠들었다.

이튿날 광풍과 폭설이 그치고 따뜻한 해가 솟아올랐다. 몽골 장군은 전날 밤 구처기를 염려하느라 밤새 잠을 자지 못하고 수시로 바깥을 순찰했다. 그러나 한밤중이 되자 부지불식간에 잠이 들어버렸고, 그가 깨어났을 때는 태양이 높이 떠 있었다. 그는 벌떡 일어나 문 옆에 쌓인 눈을 헤치고 바깥으로 나가 구처기를 살폈다.

구처기는 제자들과 함께 눈밭에서 타좌를 하면서 하룻밤을 지냈다. 그들은 얇은 도포 하나만을 입었고 눈은 머리 높이까지 쌓였다. 마치 눈 위에 구멍 하나를 내고 그 속에서 정좌를 한 것 같이 보였다. 구처기와 제자들 모두가 붉은 얼굴로 미소를 짓고 있는 것이 마치 폭설이 가져다주는 즐거움을 만끽하고 있는 것 같았다. 그들은 이미 자연과 완전히 융합되어 있었다.

"우와, 대단한 신선이다!"

몽골 장군은 자기도 모르게 큰 소리를 질렀다.

구처기는 몽골 장군의 소리에 놀란 듯 타좌에서 깨어났다. 그가 눈구 멍 밖으로 훌쩍 넘어오자 제자들도 따라 뛰쳐나와 마치 선학처럼 소리 없이 가볍게 착지했다. 구처기가 빠른 속도로 장막 앞으로 이동하자 몽골 장군이 쿵, 하고 무릎을 꿇었다.

"신선께서 무사하시니 다행입니다. 신선이 무사하시니 좋습니다."

몽골 장군은 지금까지 이런 공력을 본 적이 없었다. 유중록은 "신선께 서는 하룻밤 더 쉬시면 좋겠습니까?"라며 웃음을 터트렸다.

"몽골 장군이 소리를 지르지 않는다면 하루 더 쉬는 것도 좋습니다."

구처기는 몽골 장군에게 미소를 지으며 조금도 나무라는 기색 없이 일어나라고 손짓했다.

"그래요, 그래. 나도 처음 신선께서 눈 위에서 타좌를 하는 것을 보고 밤새 잠을 못 잤으니 이번에는 장군 차례입니다."

유중록은 몽골 장군을 바라보며 껄껄 웃었다.

몽골군은 경험이 많아 눈 오는 날에는 눈에 묻히지 않도록 막사를 모 두 높은 곳에 짓는다. 그렇지 않으면 눈에 덮여 밖으로 나올 수 없기 때 문이다.

"신선께서는 정말 괜찮습니까?" 몽골 장군은 여전히 미심쩍은 마음이 었다. 그러나 그가 왕지명의 손을 잡아당겼을 때 자기 손보다 더 따뜻한 것을 느끼고 비로소 마음을 놓았다.

"정말 사람이 아니군요. 오, 제가 잘못 말했습니다. 보통 사람이 아니 라 신선입니다."

몽골 장군은 뒤통수를 긁적이며 도무지 이해할 수 없었다.

사람이 정좌를 할 때 몸이 천체와 합치되면 기묘한 일들이 일어난다. 겨울에는 몸이 뜨거워지고 여름에는 몸이 차가워진다. 그래서 찬바람이 살을 에는 듯한 한겨울에도 정좌를 하고 연마하면 몸은 훈훈한 봄날처럼 된다. 그러나 과학은 아직 이런 현상을 설명하지 못한다. 그러나 확실히 존재한다.

칭기즈칸은 주치, 차가타이, 오고타이 등 세 아들에게 매우 화가 났다. 그들이 한데 뭉치지 못하고 우르겐치에서 전리품을 마음대로 약탈했기 때문이었다. 그래서 이들의 알현을 3일 동안 받지 않았다. 보로훌, 무칼리, 시기켄 코토고 등은 급히 칭기즈칸을 알현했다.

"아들은 모두 대칸의 자식입니다. 그들의 전리품은 모두 대칸의 것이 아닙니까? 우리는 대칸께 충성을 다해 더 많은 전리품을 얻을 것이니 철부지들을 용서해 주십시오."

보로훌이 대칸에게 말했다.

"그렇습니다, 대칸. 그들은 처음 비행하는 어린 독수리들과 같습니다. 대칸께서 이렇게 하시면 그들은 소심해질 것입니다. 우리는 이미 우르겐치를 정복했고, 사람들은 모두 대칸의 승리를 환호하고 있습니다. 아직 어린아이들이니 너그럽게 생각해 주십시오."

보로훌의 말을 이어받은 무칼리 역시 대칸을 설득했다.

"대칸, 우리는 아직도 정복할 곳이 많으니 그들에게 갑옷을 입고 나가서 늑대처럼 적에게 대항하게 하십시오. 일시적인 잘못으로 소심해져서는 안 됩니다."

시기켄 코토고가 요청했다.

"그래, 너희 공신들이 요청하지 않았다면 나는 영원히 그들을 용서하지 않았을 것이다."

칭기즈칸은 계단을 내려와 아들들의 알현을 수용했다. 이어서 칭기즈칸이 세 아들을 불러들여 심하게 욕설을 퍼부어대자 이들은 무릎을 꿇고 머리를 조아리며 땀을 뻘뻘 흘렸다. 모두 아버지 칸의 명령을 거역하지 않을 것임을 맹세했고 다시는 이런 일이 없도록 하겠다고 다짐했다.

부자 관계는 3일 만에 풀렸지만 손자 무투겐과 잘랄 웃딘을 떠올리면서 칭기즈칸의 마음속 매듭은 영원히 풀리지 않을 듯했다. 그는 홀란의 장막으로 갔다. 칭기즈칸은 홀란의 곁에 앉아 그녀의 뺨에 손을 얹고 반문했다.

"내 심장아, 일어나라. 나와 함께 있어라."

"그대가 사람은 다 죽는다고 했는데, 나는 언제 죽을까? 그대가 내 앞에서 죽는 것을 용납하지 않겠다."

"내가 죽은 후에도 몽골은 싸워 이길 수 있을까?"

"아직 멸하지 못한 적이 많다. 배신한 서하가 있고, 우리 조부를 죽인 금나라가 있고, 그리고……, 나는 죽을 수 없다."

"중원의 도사 구처기가 올 것이다. 나를 죽이려 했던 바로 그자다. 사람들은 그가 삼백여 세라고 하는데, 정말 우스운 일이다. 그의 거짓말을 면전에서 폭로하겠다."

"사람은 모두 죽지 않을 수 없는 것 아닌가? 내가 장생하겠는가?"

칭기즈칸은 20여 명의 시녀를 홀란에게 배치하고 시중을 들도록 했다. 매일 홀란에게 죽을 먹이고 씻는 것을 돕게 했다. 홀란은 안색이 붉고 표정은 평온했지만 말을 할 수도, 침대에 누워 일어날 수도 없었다. 칭기즈칸은 어느 날 갑자기 홀란이 그의 장막으로 달려와 아름다운 노래를 불러주고 또 그에게 아름다운 춤을 보여주며 어깨에 매달려 애교를 부리면서 맛있는 과일을 먹여주는 상상을 했다.

구처기 일행은 갈석과 철문관鐵門關을 지났다.

철문관은 천하의 마지막 관문으로 불린다. 일명 차류곡遮留谷이라고도 하며, 중국 고대 26개 관문 중 하나다. 아프가니스탄 발흐와 우즈베키스탄 사마르칸트 사이에 위치한 좁디좁은 이 고개는 히소르산맥에서 아무다리야강까지 남북쪽으로 뻗어 있는 험준한 산맥을 뚫고 있으며, 현재의 우즈베키스탄 수르한다리야주 바이순 마을 서쪽에 위치한다. 당나라의 승려인 현장의 《대당서역기》에서 철문관鐵門關이라는 이름으로 등장하는 데 "고개 양쪽 옆에 있는 석벽의 색이 철과 같고 매우 험준하고 견고해서 철문이라고 부른다."라는 기록이 등장한다. 이곳은 고대 실크로드의 중요한 역참이었다.

중국 진나라 때 일찍이 이곳에 관문을 설치했는데, 서한西漢의 장건張騫이 사신으로 서역을 갈 때 철문관을 통과했고, 동한東漢의 반초班超는 이곳에서 말에게 물을 먹였으며 전량前涼(중국이 16국으로 분열되었던 시기의 한 나라)의 명장이었던 장식張植은 여기에 주둔해서 언기왕焉耆王을 격파했다.

당나라 변방 시인 잠삼岑參은 이곳에서 시를 지었다.

철문관 누각에서

철문관은 하늘의 서쪽에 있고 멀리 보아도 눈에 띄는 행객이 적다.
문을 지키는 수호관 하나가 온종일 돌벽만 마주하고 있다.
높은 산들은 천리 높은 다리로 이어지고 좁은 산길은 절벽 사이로 돌아간다.
한번 서쪽 누각에 올라 바라보니 희끗희끗한 백발이 될 것 같다.

어떤 의미로는 잠삼의 시 덕분에 천문관이 세상에 알려졌다고 할 수 있다. 칭기즈칸도 첫 번째 관문인 산해관山海關과 마지막 관문인 철문관鐵門關을 유명하게 만들었다. 그 이후에는 중국 지도에서 제1관문과 마지막 관문은 역사적인 의의만 있을 뿐 영토로서의 의미는 없게 되었다.

사마르칸트에서 출발한 이후 20여 일 동안 구처기 일행은 설산, 초원, 사막, 만 길의 높은 산, 양의 창자와 같은 협곡 속을 누볐다. 그들은 또한 고온과 혹한의 시련을 견뎠다. 갑자기 하늘에서 쏟아지는 눈과 비는 예사일 정도였다.

구처기 일행은 1220년 정월에 산동에서 출발해서 같은 해 2월 22일에 연경(금나라 중도, 현재 북경)에 도착했다. 일 년이 지나 1221년 3월에 다시 연경을 출발해 다음해인 1222년 4월이 되어서야 아프가니스탄의 힌두쿠시에 있는 칭기즈칸의 행궁에 도착했다.

야율초재는 칭기즈칸의 명을 받아 구처기 일행을 맞이했다.

"구처기 신선께서는 만 리 길을 마다하지 않으시고 천신만고 끝에 오셨으니 정말 감복할 따름입니다!"

야율초재는 계속 인사를 했다.

"이분이 바로 제가 늘 신선께 말씀드린 야율초재 대인입니다."

유중록이 소개를 했다.

"오, 야율초재 대인. 박학다재하시니 후학들은 두려울 지경입니다!"

구처기는 예를 갖추며 말했다.

"신선과 비교하면 소의 털끝 중 한 터럭이고 넓은 바다에 던져진 좁쌀한 톨일 뿐입니다. 신선께서 많이 가르쳐 주시기를 바랍니다."

야율초재는 구처기에게 매우 정중했다.

"야율초재 대인은 어찌 이리 겸손하십니까. 대인께서 학문이 해박하고 동서고금을 넘나든다는 사실을 중원에서 모르는 사람이 있습니까?"

구처기는 진심으로 야율초재를 칭찬했다.

"신선께서는 휴식을 취하시고 대칸의 말씀을 기다려 주시기 바랍니다."

야율초재는 구처기 일행을 미리 준비한 군막으로 안내하고 쉬도록 했다.

그날 밤 야율초재는 술자리를 마련하고 구처기 일행을 접대했다. 구처기를 마중하러 왔다고는 하지만 실제로는 수행원들을 위로하는 것이었다. 구처기와 제자들은 육식을 하지 않았고, 특히 구처기는 이미 여러 해 동안 곡식을 먹지 않았기 때문에 인사치레가 끝난 후 장막에 들어가 휴식을 취했다.

구처기는 수마睡魔(졸음)를 이겨낸 이후로는 잠자는 습관이 없어져서 거의 잠을 자지 않았다. 타좌가 수련이자 휴식이었다. 그러나 이날 밤은 매우 특별한 날로 그는 제자 왕지명을 배치해서 그를 지키게 했다. 왜냐하면 그는 한 사람을 만날 예정이라서 다른 사람이 방해하지 못하게 한 것이다. 그가 만날 사람은 바로 그의 후계자 조도견이었다.

조도견은 선종하지 않았는가? 그렇다. 보통사람에게는 나고 죽는 것이 마치 등불과 같지만 구처기나 조도견처럼 도를 닦는 데 성공한 사람에게 죽음은 특별한 존재가 되는 것일 뿐이다. 육체는 사라졌지만 '진성'眞性은 그대로이며, 단지 서로 소통하는 채널 및 방식만 달라졌을 뿐이다.

자시子時에 구처기는 조도견을 불러들였다.

"세상의 번거로움이 없으니 매우 고요하다. 나는 네가 필요하니 이 사부를 잊지 말아라."

구처기는 조도견을 보고 반가워하며 두 사람은 무릎을 맞대고 이야기를 나누었다.

"사부님, 저는 사부님을 잊지 못합니다. 제가 떠나는 날 스승님 곁을 떠나지 않는다고 하지 않았습니까?"

조도견이 사부를 쳐다보는 눈빛은 '이미 스승님도 알고 계신 것 아닙니까'라고 묻는 것 같았다.

"나에게 알려줄 것이 있느냐?"

구처기가 말했다.

"칭기즈칸이 사부님께 5관ㅍ關의 시험을 계획했으니 사부님께서는 유의하셔야 합니다."

조도견은 스승을 걱정했다.

"그는 아직 나와 친구가 될 생각이 없나 보구나."

구처기는 수염을 쓰다듬었다.

"칭기즈칸은 친구가 될 자격이 있는 사람하고만 친구를 합니다. 그렇지 않으면 모두 그의 하인이 됩니다."

조도견이 말했다.

"내가 그와 친구할 자격이 있다고 생각하느냐?"

구처기가 물었다.

"사부님은 그의 친구가 아니라 그의……."

조도견이 이렇게 말하자 구처기는 조도견의 뒷말을 막았다.

이튿날 새벽 야율초재는 구처기의 장막으로 와서 도의 이론에 대한 허실을 토론하려고 했다.

"신선께서는 잘 쉬셨는지요?"

야율초재가 물었다.

"대인께 감사드립니다. 덕분에 잘 쉬었습니다."

구처기는 웃는 얼굴로 맞이했다.

"신선께서는 정말 건강하십니다. 저는 도저히 따라갈 수 없습니다."

야율초재는 부러움을 금치 못했다.

"별말씀을 다 하십니다. 저는 이미 늙어서 당신과 같은 젊은 사람들과는 비교할 수 없습니다."

구처기가 말했다.

"천하에 도교 전진의 이름이 높아 오늘 신선을 뵙게 되었으니, 많은 가르침을 바랍니다."

야율초재가 일어나 두 손을 모아 예를 표시했다.

"아닙니다. 대인은 재능이 많고 학문이 깊으신데 너무 겸손할 필요 없습니다."

구처기는 사실 야율초재가 이런 말을 하러 온 것이 아니라는 것을 알고 있었다.

"신선이 오셨으니 대칸께 좋은 조력자 한 분이 더 생겼습니다."

야율초재는 본론으로 들어갔다.

"저는 야인이라 정사에 관심을 두지 않습니다."

구처기는 자신이 이미 여러 번 한 말을 되풀이했다.

"도가와 유가가 '정치'를 대하는 것에는 어떤 차이가 있는지 감히 신선께 여쭈어 봐도 되겠습니까?"

야율초재는 구처기와 토론하기 시작했다.

"도가는 출세^{出世}를 연구하고, 유가는 입세^{入世}를 말합니다. 조상의 유훈에 따라 이 늙은이는 정사에 관여할 마음이 없습니다."

구처기는 자기 생각을 이야기했다.

"주나라의 강자아^{姜子牙}, 한나라의 장량^{張良}, 당나라의 서무공^{徐懋功}과 이정^{李靖}, 송나라의 묘광의^{苗光義}, 그리고 제갈량^{諸葛亮}, 범려^{范蠡}, 이필^{李泌}, 왕맹^{王猛} 등도 모두 도가의 사람들 아닙니까?"

야율초재는 공격적으로 몰아붙였다. 야율초재가 언급한 인물들은 모두 도가의 사람들이다.

강자아^{姜子牙}(기원전 1156~기원전 1015)는 강상^{姜尙}이라고도 한다. 중국의 유명한 역사적 인물이며, 상나라 시대 말기부터 주나라 초기의 사람이다. 성은 강^姜, 성^[氏]은 여^呂, 이름은 상^尙이다. 또 다른 이름은 망^望, 자는 자아

子牙, 또는 단호아單呼牙, 별호는 비웅飛熊으로, 선조가 물과 토양을 평정한 대우大禹를 보좌한 공으로 여呂씨에 봉해졌기 때문에 여를 성[氏]으로 삼아 여상呂尚이라고도 불렀다.

강자아는 72세 때 위수渭水 근처의 반계磻溪에서 낚시를 하다가 인재를 갈구하던 주나라 문왕文王을 만나 태사太師에 봉해졌고 태공망太公望이라 불리었다. 또한 속칭 태공太公으로도 불렸고, 주나라 무왕武王에게 사상부師尚父라고 추앙을 받았다는 이야기가 전해진다.

강자아는 무왕武王을 보좌하여 주왕紂王[46]을 토벌하고 주周 왕조를 건국했다. 그는 제齊나라의 창건자이며 주나라 문왕 경상傾商과 무왕 극주極紂의 최고 군통수권자이자 서주西周의 개국공신이었다. 그는 제나라의 문화를 창조했고 또한 고대 중국에서 오랜 영향력을 가진 뛰어난 전략가, 군사가, 정치가다. 역사의 기록물 모두가 그의 역사적 지위를 공인했고, 유가·법가·병가 등 제자백가 모두가 그를 선조로 추앙하여 백가종사百家宗師로 존경 받는다.

춘추전국시대 이래 범려范蠡(기원전 536~448)와 같이 자신의 용퇴를 완벽하게 실현한 사람은 없다. 그는 월越나라의 왕 구천勾踐을 설득해서 목숨을 부지하게 했다. 노魯나라 정공 14년(기원전 496년)에 오吳나라의 왕 합려闔閭는 월나라를 공격했지만 취리橋李(절강 가흥)전투에서 크게 패해서 발가락을 다쳤고, 그 상처가 너무 심해 오래지 않아 죽었다.

합려가 죽자 왕위를 계승한 그의 아들 부차夫差는 '절대 월나라를 잊지 말라!'고 했다.《사기·월왕구천세가》

기원전 494년 구천勾踐은 오나라가 밤낮으로 군사를 훈련시켜 월나라

---

46 은(殷)나라의 마지막 군주로 폭군으로 알려짐

에 대한 복수를 준비한다는 소식을 듣고 선제공격을 해서 다시 취리에서 전투를 벌일 계획을 세웠다. 남양인南陽人 범려는 "하늘의 도는 우리에게 충만함을 요구하지만 지나치지 않고, 기세가 왕성해도 교만하지 않으며, 노고를 칭찬하면서도 공을 자랑하지 않는다."라고 간언을 했다. 그러나 구천은 범려의 충언을 듣지 않고 출병했고, 범려는 이 전쟁의 결과는 좋지 않을 것으로 예측했다. 결국 월나라는 회계산에서 대패했다. 범려는 구천에게 오나라의 어떠한 조건에도 응해서 목숨을 보전할 것을 권하며 "겸손한 말을 하고 예물을 후하게 모두 주었는데, 만일 받지 않는다면 몸을 내어주어 하인이 되라."고 했다. 한편 오나라 왕은 "오늘 월나라를 멸하지 않으면 반드시 후회할 것"이라는 오자서伍子胥의 진언을 무시한 채 돌아갔다.

오나라와 월나라 쌍방이 합의한 조건에 따라 월나라가 패망한 지 2년이 지났을 때 월나라 왕 구천은 처자와 함께 오나라로 가서 신하가 되려고 했고, 문종文種을 함께 데려가고 싶었다. 그러나 범려는 자기가 동행하기를 원하면서 "국내 백성의 일에서…… 저 범려는 문종만 못합니다. 국경 밖에 적국의 강압에 즉시 결단을 내리는 일에서는 문종은 저 범려만 못합니다."라고 했다. 이 말을 통해 볼 때 범려는 자신에 대해 명석한 인식을 가지고 있고, 또한 엄격하게 책임지는 고귀한 품격임을 알 수 있다. 오나라 왕 부차는 범려에게 구천을 떠나 오나라에서 자신을 돕도록 권했지만 범려는 조금도 동요하지 않고 태연하게 말했다.

"저는 망국의 신하이기 때문에 감히 정치를 말하지 못하며, 패장으로서 용기를 말하지 못합니다. 신은 월나라 사람으로 불충하고 신의가 없어서 이제 월나라 왕의 명을 받들 수 없게 되었습니다. 저는 군대를 일으켜 대왕과 대립하여 죄를 지었고 군신이 함께 항복하여 대왕께 큰 은혜를 입으니 책임을 지고 오나라로 들어가 노예처럼 대왕을 모실 것입니다. 만일 필요하시면 부르시고 필요치 않으시면 저를 쫓아내셔도 달게 받을 것입니다!"

범려가 감독하고 구천이 출연한 이 황당한 연극의 성공은 구천의 앞날에 큰 영향을 끼쳤다. 이 일로 인해 오나라 왕은 깊이 감동했고, 구천에게 측은한 마음이 들었다.

군사력을 공고히 해야 적의 의지를 꺾을 수 있다. 전쟁 이후 월나라의 국력은 거의 바닥까지 하락했다. 반드시 다시 일어나야 하기 때문에 신중하게 처신해서 절대로 오나라가 눈치를 채게 해서는 안 되었다. 범려는 구천에게 농업을 권하고 곡식을 저장해서 백성을 수고롭게 하지 말아야 하고 하늘의 때를 거역하지 말 것 등을 건의했다. 그는 먼저 경제를 튼튼히 하고 서민들과 친근하게 지내며 사회를 안정시켰다. 또한 백성에게 선행을 베풀고 악행을 몰아냈다. 내부에서는 서로 협의를 통해 일을 처리하는 등 군신 관계가 친밀해졌고 백성들을 정의롭게 했다. 구천은 병이 난 백성을 직접 위문하고 상이 나면 친히 장례를 치르러 갔다. 또한 집에 변고가 있는 자에게는 부역을 면제했다. 이러한 일련의 조치는 백성들을 안정시켰다. 군사력을 높이기 위해 범려는 도성을 재건했다. 그는 성을 쌓는 과정에서 두 가지 전략을 계획했다. 작은 성은 오나라에게 보여주기 위해 쌓았지만, 오나라 쪽을 향한 큰 성은 성벽을 모두 재건하지 않고 훼손된 채 두었다. 이렇게 해야 부차를 미혹시킬 수 있기 때문이었다. 그는 군사 훈련을 중요시해서 군대의 사기를 높이고 전투력을 증강하는 한편, 결사대를 조직해서 높은 보수를 주었다. 범려는 부차를 현혹시키고 비위를 맞추기 위해 그가 좋아하는 물건을 보내 환심을 샀고 미녀를 바쳐 부차의 마음을 어지럽게 했다.

기원전 476년 오나라를 공격할 수 있는 조건이 마침내 성숙되었다. 당시 부차는 총력을 다해 북상해서 중원에서 패권을 다투다 보니 국력이 심각하게 소모되었다. 게다가 후방은 텅 비어서 노약자와 태자만이 남아 있었다. 월나라가 근 20년간의 정성어린 준비과정을 거쳐 국력이 막강해지자 범려는 구천에게 즉시 군사를 일으켜 오나라를 공격하라고 건의했다. 기원전 473년 오나라 군대의 전선이 붕괴되자 부차는 고소대^{姑蘇臺}로 도망가서 구천에게 사자를 파견해 화해할 것을 요청했다. 구천 역시 20년 전 자신에게 부차가 했던 것처럼 관용을 베풀어 오나라의 사직을 보존해 주었다. 그리고 구천은 과거의 자기가 했던 것처럼 부차가 자신을 위해 일하기를 원했다. 이렇게 구천이 동요하자 범려가 나서서 이해득실을 따지며 구천의 마음을 가라앉혔다. 부차는 오자서를 떠올리면서 이런 결과를 초래한 자신을 부끄럽게 생각하고 복면을 쓰고 자살했다. 구천이 오나라를 멸망시키고 축하 연회를 크게 벌이던 날 밤 큰 공을 세운 범려는 몰래 서시^{西施}를 데리고 나와 제문 밖으로 나갔다. 그는 일찍이 그곳에 서 기다리고 있던 큰숙부 아득^{阿得}의 작은 목선을 타고 해자를 건너 곧장 태호로 향했고, 호수의 북쪽 강변인 오리^{五里} 호숫가에 이르렀다. 이곳은 경치가 아름답고 산과 물이 수려해서 이들은 초가집을 짓고 이름을 바꾸고 숨어 살았다. 그러던 중 문종^{文種}이 죽임을 당하자 범려는 목숨을 부지하기 위해 세 번이나 다른 곳으로 거처를 옮겼지만 서시가 오호의 풍경을 무척 좋아했기 때문에 이후로 두 사람은 서호에 거주했다.

범려는 중국 초기 상업이론가이자 초학^{楚學}의 개척자 중 한 명이다. 후손들은 '상업의 성인'^[商聖], 남양오성^{南陽五聖}의 한 사람으로 추앙하고 있다. 비록 출신이 빈천하지만 박학다재해서 초완령^{楚宛令} 문종^{文種}과는 서로 친분이 깊었다. 당시 초나라의 정치가 혼란하고 귀족이 아닌 사람은 버슬길에 오를 수 없었기 때문에 두 사람은 함께 월나라로 귀순해서 구천을 보좌했다. 전설에 의하면 범려는 구천을 도와 월나라를 흥하게 하고 오나라를 패망하게 해서 회계산의 패배를 설욕했다고 한다. 공을 세워 명성을 얻자 그는 급히 용퇴를 했고, 치이자피鴟夷子皮라고 개명을 하고서 남악南嶽 형산衡山⁴⁷의 72봉 사이를 여행했다. 그동안 세 차례 사업을 일으켜 거부가 되었고 다시 세 차례 자산을 흩어버렸다. 이후 송나라 도구陶丘(현재 산동성 하택시 정도구 남쪽)에 정착했으며, 자호는 도주공陶朱公이다. 세인들은 "나라를 위해 충성하고 지혜로 몸을 보전하며 장사를 해서 부자가 되니 천하에 이름을 날린다."고 예찬했다. 후대의 많은 상인들은 그의 동상을 모셔 재물의 신이라고 불렀다. 그는 범씨가 시조인 범무자范武子의 고손자이며, 순양 범씨의 선조다.

장량張良(기원전 250~186)의 자는 자방子房이고, 하남 영천성부(현재 하남 보풍) 사람이다. 진나라 말기와 한나라 초기의 뛰어난 전략가이자 대신이며 한신韓信과 소하蕭何와 함께 '한초삼걸'漢初三傑이라 불렸다.

장량의 선대는 한나라의 수도 양적陽翟(현재 하남 우주)에서 5대에 걸쳐 상국相國을 지냈다.

그는 일찍이 유방에게 홍문연鴻門宴⁴⁸에서 겸손한 말로 화해를 하도록 권하여 실제로 힘을 보존하게 했고 항우의 숙부인 항백을 통해 유방이 위험에서 벗어날 수 있도록 했다. 후에 뛰어난 지략으로 한나라 고조 유방을 도와 초한전쟁에서 승리해 결국 천하를 차지했고, 여 태후呂后를 도와 류영劉盈을 보살펴 태자의 자리에 오르게 한 공로로 유후留侯에 봉해졌다.

그는 황로黃老⁴⁹의 도리에 정통하고 권좌에 연연하지 않았으며, 말년에

---

47 중국의 오악(五嶽) 중 남악인 형산. 불교와 도교의 명산으로 역사적으로 많은 스님과 도인(道人)들이 절과 도관을 지었음.

48 위해를 가하거나 죽이기 위해 마련한 연회(잔치).

49 황제(黃帝, 중국 고대의 전설적인 군주)와 노자(老子).

는 적송자赤松子[50]를 따라 운유했다고 한다. 장량이 세상을 떠나자 시호는 문성후文成侯가 되었다. 《사기·류후세가》史記·留侯世家에는 장량의 생애가 전문적으로 기록되어 있다.

한나라 고조 유방은 낙양 남궁에서 "장막 안에서 천리 밖을 내다보고 책략을 썼으니 나는 장량만 못하다."고 평가했다.

제갈량諸葛亮(181~234)의 자는 공명孔明이고, 호는 와룡臥龍(또는 복룡)이다. 서주의 낭야양도琅琊陽都(현재 산동 임기시 기남현) 사람으로 삼국시대 촉한의 승상이자 걸출한 정치가, 군사가, 외교가, 문학자, 서예가, 발명가다.

일찍이 숙부인 제갈현을 따라 형주로 갔고, 제갈현이 죽은 후 양양襄陽 융중隆中에서 은거했다. 후에 유비가 제갈량에게 삼고초려를 했고, 이어서 제갈량은 손권孫權과 연합군을 형성해서 적벽전투에서 조조의 군사를 대파했다. 이로써 삼국의 균형[鼎足之勢]이 형성되었고, 그는 또 형주를 점령했다. 211년(건안 16년)에 그는 익주를 공략한 뒤 이어서 조조의 군대를 격파하고 한중을 차지했다. 221년(촉나라 장무 원년)에 유비가 성도成都에 촉한蜀漢 정권을 수립하자 제갈량은 승상에 임명되어 조정을 주관했다. 이후 유비의 아들 유선劉禪이 왕위를 계승하자 제갈량은 무향후武鄕侯에 봉해졌고, 익주 목사牧使도 겸임했다.

그는 근면하고 신중하며 큰일과 작은 일도 반드시 몸소 처리했다. 상벌이 엄격했고 동오東吳와 연맹을 맺어 서남 지역의 각 종족과의 관계를 개선하기도 했다. 또한 토지제도를 실시해서 전쟁 준비를 강화했다. 전후 여섯 번에 걸쳐 중원을 북벌했지만 대부분 식량이 모자라 이길 수 없

---

50 중국 한족의 신화와 전설에 나오는 인물이자 신농시대에 비를 다스렸다는 신선. 중국 화하의 기틀을 닦은 중국의 제사(帝師). 일명 적통자(赤通子)라고도 함.

었다. 결국 그는 피로가 누적되어 234년(촉나라 건흥 12년) 오장원五丈原(현재 섬서 보계기산 경내)에서 54세의 나이로 병사했다. 유선은 그를 충무후忠武侯로 추서했고, 후대에서는 흔히 무후, 제갈무후, 제갈량이라고 존칭했다. 동진 정권은 그의 군사적 재능을 특별히 존경해서 무흥왕武興王으로 추존했다. 제갈량의 산문으로는 대표작인 《출사표》出師表, 《계자서》誡子書 등이 있다. 일찍이 그는 나무수레[木牛流馬]51와 풍등[孔明燈]52 같은 것을 발명했고, 연노連弩를 개조해서 화살을 한 번 쏘면 열 개가 연달아 나가는 제갈연노를 만들었다. 제갈량은 일생 동안 '죽을 때까지 몸과 마음을 다해 나랏일에 이바지했고' 중국 역사에서는 충신과 지혜를 대표하는 인물이다.

왕맹王猛(325~375)의 자는 경략景略이고, 동진東晉의 북해국 극현(현재 산동성 유방수광 동남쪽) 사람이다. 후에 위군魏郡으로 이주했다. 16국 시대의 유명한 정치가이자 군사가이고 전진前秦에서 승상과 대장군을 지냈다.

왕맹은 가난해서 산속에 은거하면서 삼태기를 엮어 생계를 꾸렸다. 박학다식하고 병서 읽기를 좋아했으며 책략과 용병에 능하다. 354년(동진 영화 10년)에 동진의 대장 환온桓溫이 관중關中으로 진군하자 왕맹은 천하의 정세를 이야기하면서 환온의 북벌은 개인의 위신을 높이려고만 할 뿐 잃어버린 땅 관롱關隴을 되찾으려는 생각은 없다고 일침을 놓았다. 그는 환온의 초빙을 거절하고 부견苻堅53과 첫 만남에서 친해졌다. 이들은 서로 대사를 논하면 신기하리만큼 의기가 투합했다. 부견이 즉위하자 왕맹은 중

---

51 식량을 운반하기 위해 말이나 소의 모양으로 만든 나무 수레. 기계 장치를 만들어 움직였다고 함.

52 위에 뚜껑이 없어 불을 붙이면 뜨거운 공기가 가득차서 공중에 뜨는 기구의 원리를 이용한 종이등.

53 중국의 위진남북조시대 전진의 3대 황제.

서시랑中書侍郎을 지냈고, 일찍이 1년 중 다섯 번을 승진해서 승상, 중서감, 상서령에 이르렀다. 이후 청하군후淸河郡侯에 봉해져 부견을 보좌했다.

왕맹은 전진에서 18년간 재직하면서 유교의 법도를 종합했다. 그는 청렴하고 명석한 인재를 선발하고 실용성을 추구해서 치적이 탁월했다. 정치적으로는 여러 호족들과 강족 등 권세가를 배척하고 벼슬아치들을 숙청해서 중앙집권을 강화했다. 시평령始平令을 내려 법을 엄격하게 시행하고 횡포를 부리는 자에게 높은 형벌을 주었다. 경조윤京兆尹[54]을 통해 경성 일대에서 법 집행을 계속하면서 불법으로 횡포를 부리던 귀족과 인척 20여 명을 수십 일 동안 숙청했다. 그는 370년(전진 건원 6년)에 군사를 통솔해서 전연前燕을 멸망시키고 업鄴에 남아 관동 6주의 군사 도독으로 재직하면서 북방을 통일하는 데 지대한 공헌을 했다. 어질고 유능한 사람을 선발하고 법을 간소화하며 정치를 관대하게 해서 연나라 백성이 각자 맡은 바 일에 전념하게 했다. 경제적으로는 농업을 권고하고 산과 택지를 개방했다. 또한 수리를 개관하고 농사법을 개선해 밭을 개척하자 창고가 충만하게 되었다. 그가 집권하는 동안 '관롱은 청안하고 백성은 풍요롭고 안락하다.'는 말로 이곳의 충족한 생활수준을 드러냈다. 왕맹은 375년(건원 11년) 6월에 51세로 사망했다.

왕맹은 임종 직전 국내의 각 부족과 호족 등의 세력을 걱정하고 부견에게 동진을 정월 초하루에 공격하지 말라고 했다. 그러나 그의 간언은 받아들여지지 않았고 부견은 동진을 공격해 비수淝水에서 패배했다. 사람들은 왕맹이 부견을 보좌해서 군웅들을 평정하고 북방을 통일하니 '제갈량의 공을 덮는 한 사람'이라고 했다.

---

54   중국 한나라 때 서한 근처를 관리하던 관직. 오늘날 시장(市長) 정도의 지위.

이필李泌(722~789)의 자는 장원長源이고, 경조京兆(현재 섬서 서안) 사람이다. 당나라 중기의 저명한 정치가, 전략가, 도학자이며 북주北周 '8주국'八柱國 이필李弼의 6세손이다.

이필은 당나라 중기에 현종, 숙종, 대종, 덕종 등 4대에 걸쳐 황제를 섬긴 특이한 인물이다. 또한 숙종, 대종, 덕종의 고문이기도 하다. 안사의 난 이후 격동의 시대에 그는 원대한 계획을 세웠다. 국가의 전반적인 상황을 살펴 화근을 피하고 재정난을 해결하며 국경 지역을 안정시키기 위해 많은 일을 했다. 그는 당나라 왕조의 안정과 발전을 이룬 걸출한 전략가다.

이필은 어려서부터 총명해서 당 현종의 인정을 받아 한림원으로 들어가 동궁의 속관이 되었다. 후에 재상 양국충楊國忠에게 미움을 받아 산으로 돌아갈 수밖에 없었다. 안사의 난이 일어났을 때 당나라 숙종은 영무에서 즉위해서 이필을 불러 군대를 이끌게 했다. 그러나 그는 또 권세가 이보국 등의 모함을 받고 다시 형악에 은거했다. 당나라 대종이 즉위한 후 그는 요청을 받아 한림학사가 되었다. 그는 여러 번 원재, 상곤 등과 같은 재상들에게 배척당해 궐 밖으로 나가 직무를 수행했다.

당나라 덕종 때 조정에 들어가 벼슬이 중서시랑, 동평장사에 이르렀고, 업현후鄴縣侯에 봉해져서 세칭 '이업후'李鄴侯라고 했다. 789년(정원 5년) 이필은 68세로 죽었고 태자의 스승인 태자태부太子太傅의 칭호를 받았다. 이필은 경서와 사서를 섭렵해서 《역상》易象을 세밀하게 연구했고 글을 잘 지었다. 그는 특히 시를 잘 지어서 《이필집》李泌集을 저술했지만 20권이 소실되었다. 그러나 《전당시》全唐詩에는 그의 시가 수록되어 있다.

야율초재는 고금에 두루 통달하고 유교·불교·도교 및 제자백가를 모두 연구했기 때문에 칭기즈칸 주변의 흔치 않은 기둥이었다. 그가 주장했던 '유가로써 나라를 통치하고, 불교로 마음을 다스린다'는 관점은 은연

중에 칭기즈칸을 변화시키고 있었다. 야율초재는 그가 알고 있는 도가의 역사적 인물에 대해 모두 설명했다.

"신선, 제가 공자 앞에서 문자를 썼습니다."

야율초재는 구처기가 자신에게 대답하지 않자 말을 이었다. 구처기는 야율초재의 말에 대답하지 않은 것이 아니라 그가 여러 선조들의 행적을 언급하니 잠시 깊은 추억에 잠겼던 것이다.

"야율초재 대인이 웃으시는 것을 보니 제가 좀 정신이 나갔습니다."

구처기는 사실대로 말하고 웃기 시작했다.

"신선께서는 아직 제 질문에 대답하지 않았습니다."

야율초재는 계속 물었다.

"대인의 말씀이 옳습니다만 난세에 도사는 산을 내려가고, 성세의 도사는 산에 오르는 것이 법칙입니다."

구처기는 야율초재가 무엇을 하려는지 알게 되었다.

"신선께서 만 리 서행을 한 것도 난세에 처하여 하산하신 것 아닙니까?"

야율초재는 신이 났다.

"제가 산을 내려온 이유는 선조들과는 다릅니다. 저는 오로지 살인을 막기 위해 왔습니다."

구처기는 비로소 야율초재에게 자신의 진의를 밝혔다.

"신선께서는 하루빨리 대칸이 천하통일 하는 것을 바라지 않으시고 단지 창생이 안정되기를 희망하는 것인가요?"

야율초재는 바로 구처기의 생각을 알고 싶었다.

"대칸을 보좌하는 것은 당신들 젊은이들의 일입니다. 저는 경전을 설교하고 또한 설교를 할 수 있는 곳이 있으면 족합니다!"

구처기는 간곡하게 말했다.

"신선께서는 대칸을 보좌할 생각이 없으신가요?"

야율초재가 진지하게 물었다.

"제가 이번에 창생만을 위해 왔다고 하면 대칸께 무례한 것입니까?"

구처기가 반문했다.

"무례하지는 않지만 다만 애석합니다."

야율초재는 구처기의 진의를 알아내고 몇 마디 인사를 한 후에 작별을 했다.

구처기가 대칸을 보좌할 뜻이 없다는 것을 알자 야율초재는 마음이 느긋해졌다. 그는 더 많은 사람들이 칭기즈칸을 보좌하기를 바라지만 자신에게 강한 적수가 있는 것은 원하지 않았다. 이때 그는 칭기즈칸 앞에서 구처기에 대해 좋은 말을 많이 하지 않은 것을 후회했다. 야율초재는 칭기즈칸이 구처기를 위해 '5관'五關을 계획한 것을 떠올렸다. 그는 구처기가 70여 세의 노인이었기 때문에 걱정이 되어 마음이 조마조마했다. 야율초재는 자신이 70여 세가 되었을 때도 구처기만큼 건재할 것인지 자신이 없었다. 게다가 구처기가 귀신도 괴로워하는 5관을 넘어야만 한다는 생각에 괴로웠다. 야율초재는 5관의 시련을 구처기에게 귀띔해줄까 했지만 감히 비밀을 누설하지는 못했다.

제23장

웃으며 다섯 개의
관문을 넘고 군주를 만나다

칭기즈칸은 5관五關을 이미 다 준비해 놓고 구처기와의 만남을 기다렸다. 야율초재는 구처기의 안전을 위해 먼저 그가 정기를 보충할 수 있도록 3일 동안 쉬게 하고 4일째 되는 날에 비무관比武關을 시작했다.

장세웅은 기다리다 목이 빠질 지경이었다. 칭기즈칸은 장세웅을 군대에 보내 전쟁에 참여하게 하고 싶었지만 그는 받아들이지 않았다. 그는 칭기즈칸에게 사람을 죽이고 싶지 않고 어느 나라에도 충성하지 않으며 평생 무림절학을 추구할 것이라고 말했다. 그러자 칭기즈칸은 장세웅 같은 최고의 무공이 있는 귀재를 타국에서 활용하지 못하도록 자신의 곁에 두었다. 야율초재가 장세웅을 겁설군(칭기즈칸의 호위대)의 교관으로 추천하자 장세웅은 흔쾌히 받아들였다. 그는 군사들에게 매일 창과 방망이를 사용하는 법을 가르쳐 능숙해지도록 훈련시켰다.

"저 맞은편에 있는 사람은 누구신가요?"

장세웅은 큰 소리를 질러 진을 쳤다.

"야인 구처기입니다!"

"그렇다면 왕중양의 제자이신가요?"

"네, 빈도가 제자 맞습니다. 맞은편 영웅은 누구신가요?"

"저는 중원의 장세웅입니다. 만 리나 떨어진 히말라야산에서 왕중양의 제자와 만날 줄은 몰랐습니다."

"강호에서 영웅의 무공이 세상에 최고라고 들어서 매우 탄복하고 있습니다."

"저는 천하의 무장들과 두루 대적해 보았지만 유독 왕중양과는 맞붙을 인연이 없었는데, 왕중양이 무공을 모두 당신에게 전수했다고 하니 오늘 한 수 배우고 싶습니다."

"사부님은 연로하시니 제가 영웅을 모시고 겨루어 보겠습니다."

왕지명이 대답하며 앞으로 나아갔다.

"무식한 소인배 같으니! 이치상으로 나는 왕중양과 맞붙어야 하는 수준이다. 왕중양 노 선생이 없으니 어쩔 수 없이 너의 스승과 싸우는 것이다."

장세웅은 왕지명을 경멸하며 말했다.

"지명아, 너는 잠시 물러가라."

구처기는 장세웅의 목소리를 듣고 공력이 깊다는 것을 알았고, 왕지명이 장세웅에게 밀릴 것이라고 생각했다.

지금으로부터 반년 전에 장세웅은 태사국왕 무칼리의 추천을 받고 서역으로 건너와 칭기즈칸을 만나려고 했다. 그러자 칭기즈칸은 야율초재에게 그를 접대하도록 했다.

"장 영웅의 무공이 천하제일이라던데, 감히 몽골 용사와 겨뤄볼 수 있겠습니까?"

야율초재는 장세웅의 무공을 보고 싶었다.

"나는 천하제일의 무장들과 대적하는 사람이니 대인께서는 얼마든지 몽골 용사를 저와 겨루게 하십시오."

장세웅은 자신감이 넘쳤다.

몽골 사람들은 소와 양고기를 먹고 자라서 체격이 크고 특히 씨름, 말타기, 화살 등에 능숙하다. 겁설군은 몽골에서 무공이 가장 높으며 그 중에는 무림의 고수들이 적지 않았다. 몽골인들은 전투에 있어서 단체 공격을 중요시하는데, 그것이 바로 이리떼 전술이다. 그들은 힘과 용맹을 중시하지만 기법은 그다지 필요로 하지 않는다. 적이 자신을 향해 큰 칼로 내리칠 때 그들은 피하지도 않고 똑같이 몽골 칼로 적을 내리친다. 소위 절대적인 실력 앞에서는 어떤 계략도 소용없다. 자기 목숨을 아끼지 않는 사람이 더 무섭기 때문이다. 그래서 몽골 병사들은 싸울 때마다 반드시 이긴다.

장세웅도 덩치가 크지만 몽골 용사에 비하면 많이 작은 편이었다. 현재의 킥복싱 경기의 급수로 표현한다면 장세웅은 중량급에서 두 단계 정도가 모자란 셈이다. 그가 먼저 맞선 사람은 몽골의 씨름왕이었다. 몽골 씨름왕은 최고 1천 근까지 들어 올릴 수 있어서 사람을 반으로 쪼갤 수 있는 힘이 있었다.

장세웅은 손을 잡자마자 몽골 씨름왕의 힘을 알게 되었고 곧 씨름왕을 힘으로 겨루지 않기로 했다. 장세웅은 키가 크지만 몸은 매우 민첩해서 비록 지척에 있어도 그를 잡지 못했다. 10분 정도 지나자 몽골의 씨름왕은 마음이 들뜨고 초조해져서 와아! 하고 소리를 질렀다. 그는 장세웅을 꽉 껴안고 싶었지만 장세웅이 몸을 빼내는 솜씨가 너무 재빨라서 손을 쓸 방법이 없었다.

10분 간의 결전에서 장세웅은 단지 떠보기만 했을 뿐인데 씨름왕은 이미 숨을 헐떡거렸다. 이어서 장세웅은 반격을 개시했고 씨름왕이 붙잡으려는 틈을 타서 상대방의 허점을 찾았다. 몽골 씨름왕은 반드시 잡고 말겠다는 확신을 갖고 전력을 다했다. 장세웅은 잽싸게 몸을 옆으로 기울여 일찌감치 상대방의 손목을 잡고는 가볍게 앞으로 나아가 씨름왕의 후면을 일격했다. 씨름왕은 비틀거리며 멀리 나가떨어졌다. 장세웅은 정도를 지키기 위해 이쯤에서 그만두었다. 그가 생각하기에 몽골 씨름왕은 힘이 세지만 기법이 부족하다고 느꼈다.

"자꾸만 피하는데 사내답지 못하게 왜 나와 싸우려고 하지 않느냐?"

씨름왕은 비록 장세웅에게 패했지만 마음속으로는 승복하지 못했다.

몽골 씨름왕이 이렇게 말하자 장세웅도 약간 화가 났다. 본래 그는 몽골인의 체면을 세워주려고 했는데 오히려 자기를 남자답지 않다고 나무란 것이다.

"너는 나를 밀어뜨릴 수 없을 것이다."

장세웅은 씨름왕을 비웃으며 바라보았다.

"전쟁터에서 나는 군마도 뒤집을 수 있는데, 설마 너를 밀지 못하겠느냐?"

씨름왕이 뛰어오려고 했다.

"이렇게 하자, 내가 한 다리로 서 있을 테니 네가 나를 밀어 넘어뜨리면 내가 진 것으로 하겠다."

장세웅은 말을 마치자 한 발로 서서 몽골 씨름왕에게 손짓을 했다.

씨름왕은 맹호처럼 달려들어서 체면을 세우려고 안달했다. 장세웅은 몸을 약간 기울여 씨름왕의 강한 힘을 받아 몸을 똑바로 세웠다. 그는 회전하는 팽이처럼 비록 외발로 서 있지만 태산처럼 안정적이었다. 씨름왕은 젖 먹던 힘까지 다 써버렸다. 장세웅은 찰나의 시간에 어떻게 자신의 중심을 조절해서 씨름왕의 힘을 떨쳐 버릴 수 있었는가? 몽골 용사는 마치 구르는 고무공을 민 것과 같다. 그가 아무리 힘을 주어도 고무공의 무게중심은 변하지 않고 구르기 때문이다. 장세웅은 중심이 단전에 안정되어 있어서 씨름왕이 아무리 천근의 힘을 가해도 당해낼 수 없었다. 씨름왕은 신과 기가 정돈되지 않아서 장세웅이 그를 잡아당기자 이끌려서 땅에 넘어졌다.

몽골 용사들은 이런 무공을 본 적이 없었기 때문에 매우 놀랐다. 야율초재도 어안이 벙벙했다. 씨름왕은 시합을 포기할 수밖에 없었고 땅바닥에 앉아 머리를 흔들며 패배를 인정했다.

"정말 멋진 무공입니다. 천하제일이고 과연 명불허전입니다."

야율초재는 연신 칭찬했다.

"비웃지 말고 너희 무사들 중에 한번 시도해 볼 사람이 있는가?"

씨름왕은 무사들이 자기를 비웃는 것을 보고 마음이 편치 않았다. 그는 지금도 어떻게 장세웅이 자기를 쓰러뜨렸는지 알 수 없었다.

"자, 자. 나도 마침 같은 생각입니다."

장세웅은 흥이 났고 한 사람만으로는 아무래도 부족하다고 생각했다. 그는 오랫동안 무술을 겨루지 않아 손이 근질근질했다.

"장 영웅, 어떻게 생각하십니까?"

야율초재가 궁금해서 물었다.

"몽골 영웅 열 명과 시합을 할까요?"

장세웅은 이미 계획이 다 있었다.

다짜고짜 몽골 용사 열 명이 달려들어 중원의 무공을 전수받고 싶어 했다. 그제야 장세웅은 팔을 걷어붙였다.

몽골 용사들이 기세좋게 달려들었지만 장세웅은 차례차례 타격했다. 얼마 되지 않아 몽골 용사들이 모두 세 번 넘어지자 야율초재는 결국 멈추라고 했다.

"좋아, 좋습니다. 장 영웅께서 우리의 안목을 넓혀주셨습니다."

야율초재도 견문이 넓었지만 장세웅의 무공은 정말 그를 놀라게 했다.

그는 마침내 구처기와 무예를 겨루게 되었다. 장세웅은 구처기가 70여 세가 넘은 노인이라 어떻게 해야 할지 몰랐다. 야율초재는 이러한 마음을 알아차리고 "무예를 겨루는데 무비武比와 문비文比가 있다던데, 장 영웅과 구처기 신선께서는 문비를 하는 것이 어떠십니까?"라고 제안했다. 야율초재는 70대 노인이 40대 혈기왕성한 장년과 무술시합을 하는 것은 노인에게 불리한 조건이라고 생각하고 일부러 구처기의 편을 들었다.

무비란 시합을 하는 쌍방이 직접 대진해서 승부를 가리는 것이다. 문비란 무예를 겨루는 쌍방이 서로 몸을 접촉할 필요 없이 공력으로 승부를 가리는 것이다. 문비는 비교적 문명화된 무술시합의 방식이다.

"대인의 말씀에 일리가 있습니다. 그렇지 않으면 어떻게 손을 써야 할지 모르겠습니다."

장세웅이 말을 마치고 손바닥을 들어 올리자 한 자(약 30센티미터) 두께의 석판이 소리를 내며 두 동강이 났다. 그는 깨진 돌을 내려다 보고는 고개를 돌려 구처기를 바라보았다.

그는 마치 '이 한 대를 견디어 낼 수 있으신가?' 하고 구처기에게 묻는 듯했다.

구처기는 웃으며 말했다.

"역시 장 영웅께서는 공력이 깊으십니다. 빈도는 정말 탄복했습니다."

"구 신선께서도 저희에게 타격을 보여주실 수 있습니까?"

비무를 하는 것이었기 때문에 야율초재는 구처기에게 요청했다.

"달걀 좀 가져다 주십시오."

구처기의 말에 장세웅은 크게 웃었고, 야율초재는 의아했다. 설마 구처기가 달걀 하나를 깨려고 하는 것인지 의구심이 들었다.

"이 달걀을 깨겠습니다."

구처기는 정말로 달걀을 깨려고 했다.

왕지명은 몽골용사에게 한 자 두께의 청석 한 판을 들어 땅에 세우게 했고, 그 돌의 뒷면에 달걀을 놓았다. 구처기가 손을 살짝 흔들자 청석은 꿈쩍도 하지 않았지만 뒤쪽의 달걀은 깨져 있었다. 장세웅은 놀라 눈이 휘둥그레질 지경이었고, 야율초재는 손으로 수염을 잡아당길 뻔했다.

"오뢰장五雷掌?"

장세웅이 놀라 외쳤다.

"장 영웅의 식견이 넓으십니다."

구처기는 담담하게 대답했다.

"전진파의 오뢰장과 음양장陰陽掌이 천하무적이라는 전설을 과연 오늘 목격하게 되었습니다."

장세웅은 구처기에게 깊이 절을 했다.

"보아 하니 장 영웅의 일격은 사람의 뼈를 부러뜨리고 근육을 망가지게 할 수 있고, 구 신선의 일격은 사람을 혼비백산하게 할 것 같습니다!"

야율초재는 연거푸 구처기의 재주를 칭송했다.

"신선께 무리한 부탁을 하나 드려도 되겠습니까?"

장세웅이 말했다.

"장 영웅, 괜찮습니다."

"신선과 시합을 하고 싶습니다."

"이 늙은이는 감히 영웅과 싸울 수 없습니다."

"신선께서는 저를 비웃지 마시기 바랍니다. 저는 단지 바다와 같은 깊이를 체험하고 싶을 뿐입니다."

"그럼 좋습니다. 장 영웅께서는 제 사정을 봐주셔야 합니다."

구처기의 팔과 장세웅의 팔이 맞닿는 듯 하더니 장세웅은 몸이 달라붙은 듯 나머지 동작을 구현할 수 없었다. 장세웅은 마치 쌀 한 톨처럼 거대한 소용돌이 속에서 빙빙 돌았다. 장세웅은 구처기에게 끌려갈 수밖에 없었다.

전문가라면 요령을 알 것이고 아마추어라면 떠들썩할 것이다. 아마추어에게는 웅장하고 깔끔하면서도 서로 힘을 겨루는 우아한 모습으로 보일 것이다. 그러나 전문가라면 장세웅이 구처기에게 완전히 이끌려 언제든지 한 방 얻어맞을 수 있다는 사실을 알아볼 것이다.

쌍방이 손을 맞잡으면 이미 승부가 갈린다. 따라서 장세웅은 이를 분리할 수 있지만 그는 지금 구처기 공력 운행[運功]의 오묘함을 체득하고자 했다. 구처기도 장세웅의 속셈을 간파하고 있다. 구처기는 장세웅이 당당한 무림의 고수라는 것은 알 수 있지만 단지 미묘한 내기 운행의 요령이 부족할 뿐이라고 생각했다. 구처기는 장세웅이 중심을 잃을 때마다 그를 다시 제자리로 돌려놓았다. 두 고수는 눈빛으로 서로 교감했다. 구처기는 매번 묘한 지점에서 눈빛을 보내 장세웅에게 가르쳐주었고, 장세웅 역시 마음속으로 이를 깨달았다.

"장 영웅께서 양보하셨습니다."

구처기는 그만 동작을 멈추었다.

"신선께서 큰 가르침을 주셔서 감사합니다."

장세웅은 두 손으로 주먹을 쥐고 땅으로 몸을 굽혔다.

장세웅은 헤어지는 것을 아쉬워하면서 구처기에게 몇 가지 기술을 더 배우고 싶었다. 그러나 쌍방은 이미 10분 동안 겨루었기 때문에 구처기는 적당한 선에서 멈추어야 한다고 생각했다.

"구 신선은 정말 대단하십니다. 70여 세가 넘었는데도 이렇게 힘이 세시다니 저는 부럽기 짝이 없습니다."

야율초재는 구처기의 무공이 이 정도로 입신의 경지에 이르렀을 줄은 몰랐다. 그는 무술시합을 하기 전에는 구처기를 걱정하고 있었지만 지금은 그 걱정이 쓸데없는 것임을 알게 되었다.

"어떻게 신선께서 저의 제자들을 가볍게 땅에 엎어놓을 수 있었는지 이제야 비로소 알게 되었습니다."

장세웅이 말했다.

"장 영웅의 제자요?"

구처기는 의아해했다.

"그들이 장영웅의 제자들이었습니까?"

"송구스럽지만 하북에서 신선을 살해하려던 사람들이 저의 제자들입니다."

"맞습니다. 그들은 모두 금나라에서 무예의 최고수들입니다."

"하지만 장 영웅의 무공은 천하제일입니다."

"감히, 감히 저는 그렇지 않습니다. 정말 저는 우물 안 개구리였습니다!"

"나는 야인이라 대칸을 만나고자 하는 마음이 간절합니다. 그렇지 않았다면 누구와도 겨루지 않았을 것입니다."

"신선께서는 정말 무와 덕의 두 가지 향기를 가지고 계십니다. 인연이 있어서 신선과 겨루게 되었으니 소생의 이번 여행은 헛되지 않았습니다."

"장 영웅도 무와 덕 모두를 갖추신 것 아닙니까? 그렇지 않았다면 벌써 빈도에게 무예를 겨루자고 했을 겁니다."

구처기가 말을 마치고 장세웅을 바라보자 두 사람은 서로 마주보며 웃었다.

"저는 정말 눈요기 잘했습니다. 중원에서도 무예를 겨루는 것을 보았지만 장 영웅이나 구 신선 같은 무술은 본 적이 없습니다."

야율초재는 연신 칭찬했다.

야율초재를 조마조마하게 만든 무예 시합은 화기애애한 분위기 속에서 마무리되었다. 구처기는 또 한 명의 친구이자 무림의 고수를 사귀었다. 유중록은 대칸이 5관을 계획하고 있다는 사실을 알지 못했다. 단지 그는 깊이를 가늠할 수 없는 구처기의 능력을 의심하지 않았고, 게다가 구처기에게는 적을 친구로 만드는 불가사의한 힘도 있다는 것을 잘 알고 있었다.

구처기는 두 번째 관문인 '철기진'을 준비했다. 이는 칭기즈칸이 일부러 구처기를 궁지에 몰고자 하는 의도에서 기획한 것이다. 1천 명의 철갑 기병들은 손에 칼을 쥐고(구처기가 다치지 않기 위해 목도로 교체했다) 있었고, 군마들은 나란히 진을 치고 서있었다. 구처기는 맨손으로 철기진을 뚫고 지나가야 했다. 만약 구처기가 이 관문이 어렵다고 생각한다면 포기하면 되었다. 칭기즈칸은 구처기를 다치게 하려는 것이 아니라 패배를 인정하게 만들려는 것이기 때문이다.

"신선, 이 관문을 포기하시겠습니까?"

야율초재는 구처기에게 농담을 하는 것이 아니라 진심으로 걱정하고 있었다.

"빈도가 만 리 길을 왔는데, 어찌 포기할 수가 있겠습니까? 제가 포기하면 대칸의 성의를 저버리는 것 아닙니까!"

구처기는 불진을 털며 빙긋이 웃었다.

"그렇습니다. 이……."

야율초재는 바람 한 점 새지 못하게 빽빽하게 진을 친 기마대를 가리키며 구처기를 보았지만 무슨 말을 해야 할지 몰랐다.

"만일 철기 기마대가 길을 막지 않는다면 제가 당신들을 데리고 가는 시간이 얼마나 걸릴까요?"

구처기는 야율초재의 말을 듣지 못한 듯 계속 물었다.

"선선께서 혼자 가시면 되지 왜 우리를 데리고 가십니까. 만약 가는데 방해물이 없다면 5분도 걸리지 않을 것입니다. 허허, 신선께서는 아직도 이런 질문을 하실 상황이라고 생각하십니까?"

야율초재는 고개를 저었다.

"이 두 번째 관문은 제한 시간이 얼마입니까?"

"규정은 한 시진時辰(2시간)입니다. 그러나 이것은 시간의 문제가 아닙니다. 신선께서 하루를 걸려서라도 지나가실 수만 있다면 통과한 것으로 인정하겠지만 사실 불가능할 것입니다."

야율초재는 초조해서 서성거리면서 손을 비벼댔다.

"대칸께서 저에게 이렇게 긴 시간을 주셨으니 저는 반 시진 이상을 더 쉴 수 있겠습니다."

구처기는 철기진을 전혀 대수롭지 않게 여기는 듯했다.

구처기는 제자들을 데리고 자리에 앉았고, 야율초재는 이리저리 서성거렸다. 유중록은 구처기가 어떤 방법으로 진을 칠지 짐작하고 있었다. 구처기는 제자들에게 눈을 감고 조용히 앉으라고 했다. 커다란 마당에서 이미 시작된 시합은 그들과 무관한 듯 이따금 군마의 고함소리만 몇 차례 들려왔다. 사람들은 더 이상 말하지 않았고 전체 마당안의 공기가 다 굳어버린 듯했다.

시간이 시시각각 초조하게 흘렀다. 야율초재는 시간이 짧게 느껴졌고 다가올 시간이 두려웠다. 그러나 구처기는 시간에 대한 개념이 없었고 단지 야율초재에게 10분 전에 미리 알려달라고 요청했을 뿐이다. 야율초재의 표정에는 점점 긴장감이 감돌았지만 구처기는 태연하기만 했다.

"시간이 다 되었습니다."

야율초재가 조심스럽게 말했다. 구처기는 일어나 웃으면서 야율초재에게 말했다.

"빈도를 따라 사람들과 철기진을 통과합시다."

구처기의 말이 끝나자마자 가슴을 찢을 것처럼 울부짖는 소리와 함께 멀리서 늑대 무리가 달려왔다. 사람들이 늑대 울음소리가 나는 방향을 바라보니 대장 늑대의 인솔하에 수십 마리의 늑대 무리가 달려오는 것이 보였다. 이 늑대 무리가 으르렁거리는 소리는 천지를 뒤흔들었다. 이쪽에서는 군마가 모두 놀라 가지런히 배열된 대형은 더 이상 고정되지 않았다. 몽골 병사들은 이미 군마를 통제할 수 없었다. 수십 마리의 늑대가 빽빽한 철기진을 갈라 통로를 만들었고 구처기 일행은 그 길을 따라 여유있게 지나갔다. 그 무서운 늑대들은 철기진을 뚫고 성큼성큼 가더니 순식간에 흔적도 없이 사라졌다. 만일 예민한 사람이라면 그 '대장 늑대'가 구처기와 마주볼 때 서로 눈빛을 주고받는 것을 발견할 수 있었을 것이고, 또한 그가 바로 조도견이 아닌지 의심할 수도 있었을 것이다.

"늑대도 신선의 지휘를 받습니까?"

유중록이 걸으면서 물었다.

"세상 만물은 모두 우리의 친구입니다. 우리가 만물을 잘 대한다면 만물도 우리를 잘 대해줄 수 있습니다."

구처기는 유중록과 야율초재에게 웃으며 말했다.

"제가 진짜 신선을 보았습니다."

야율초재는 칭찬을 아끼지 않았다.

"저는 일찍이 체험을 해서 알고 있었지만 이런 식으로 철기진을 지나가실 줄은 몰랐습니다."

유중록은 웬만한 일로는 구처기 신선을 쓰러뜨릴 수 없다고 확신했지만 이번에도 역시 진땀을 흘렸다. 구처기는 수염을 쓰다듬으며 말했다.

"빈도에게는 여러 가지 방법이 있습니다."

그는 유중록에게 많은 비밀을 털어놓을 기회가 있었고, 서행에 동행한 덕분에 그들은 이미 좋은 친구가 되었다.

"또 어떤 방법이 있으십니까? 신선께서 말씀해 주십시오."

유중록이 생각하기에 구처기는 바닥이 보이지 않는 바다같았다. 그는 구처기 앞에서는 마치 호기심 많은 어린아이 같았다.

"이 노인이 당신들을 데리고 함께 진을 지나가고 싶었고 그래서 이런 방법을 쓰게 되었습니다."

구처기는 유중록의 말에 정면으로 대답하지 않았고 유중록도 이미 이런 방식의 표현에 익숙했기 때문에 더 이상 캐묻지 않았다.

그날 야율초재는 성대한 축하연을 마련했다. 그러나 구처기는 이런 상황을 좋아하지 않았다. 그는 예의에 벗어나지 않으면서 이후 맞이할 도전을 준비해야 했다.

세 번째 관문인 샤먼관에서도 30명의 무당들이 구처기와 겨루기 위해 단단히 벼르고 있었다. 칭기즈칸의 눈에 띈 샤먼들은 모두 개개인마다 깊은 법력을 가지고 있다. 30명의 무당들이 한데 모여 강력한 기장氣場을 형성할 것이다.

이튿날 야율초재의 안내로 구처기는 몽골의 무당들과 만났다. 이들의 만남이란 곧 '무예 시합'이고 무당들과의 '시합'은 곧 법술 겨루기였다.

"오늘 신선께 다른 종교를 보여 드리겠습니다."

야율초재는 구처기에게 무당들을 소개했다. 30명의 무당들은 빈틈없이 대기하고 있었고, 저마다 샤먼 복장을 하고 있어서 음산하고 무서워 보였다.

"중원 사람들은 모두 당신을 신선이라고 부른다는데, 그렇다면 당신은 하늘을 아는가?"

무당들이 구처기에게 물었다.

"하늘을 안다는 것이 무슨 뜻입니까?"

구처기가 반문했다.

"오늘 이곳에 비가 올 것 같은가?"

대무당은 구처기를 경멸하듯 바라보았다.

"그럼 비가 내릴지 안 내릴지를 묻는 것입니까?"

구처기는 계속 되물었다.

"내가 비가 온다고 말하면 비가 오고, 비가 안 온다고 말하면 비가 내리지 않는다."

대무당은 구처기를 하찮게 보는 듯했다.

"그럼 당신이 비가 온다고 하면 나는 비가 안 온다고 말하고, 당신이 비가 안 올 것이라고 하면 나는 비가 올 것이라고 말하는 것이 하늘을 아는지 모르는지를 증명하는 방법인가요?"

구처기는 웃으며 무당들을 바라보았다.

"그게 좋겠다."

대무당은 이렇게 간단히 승부를 가릴 수 있게 되어 매우 기뻤다. 30명의 무당들은 말할 것도 없고 도행이 조금만 높은 무당도 바람을 부르고 비를 부를 수 있었다.

"그럼 말해보시오. 오늘 여기에 비가 내리나요?"

구처기는 흔쾌히 도전을 받아들였다.

무당들은 오늘 날씨가 흐려서 비가 내리기가 쉽다고 생각하고 만장일치로 오늘 비가 내린다고 정했다. 구처기는 샤먼들의 선택과 반대일 수밖에 없었다.

샤먼들은 진을 치고 주문을 외우며 손짓을 했다. 얼마 지나지 않아 먹구름이 몰려와 점차 태양을 가리면서 갈수록 날이 어두워졌다. 일반적으로 구름 한 점 없는 날이나 건기에 비바람을 부르는 것은 매우 어려운 일이다. 그리고 먹구름이 해를 가려 흐리고 비가 오는 날씨에도 해를 보는 것은 어렵다. 무당들은 수가 많아 세력이 강하고 때마침 비를 다루기 쉬운 장마철을 택해서 흐린 날에 비를 내리게 한 것이다. 이에 무당들은 승리를 거머쥔 듯했고, 공력 발휘에도 유달리 열심이었다.

구처기는 5명의 제자를 오행^{五行}의 방위에 맞게 세워놓고 몸 안의 천지^{天地}를 조절해서 의념^{意念}(생각)으로 먹구름을 흩어지게 했다.

순간 먹구름이 몰려드는 속도가 느려졌다. 구처기는 천상^{天象}을 살피면서 오른손의 검지를 치켜들고 먹구름이 약한 곳을 휘둘렀다. 얼마 지나지 않아 먹구름이 약해진 곳에서 햇빛이 비쳤고 그 입구는 점점 더 커졌다.

무당들은 이 상황을 보고 서둘러 법술을 만들어 입으로는 주문을 외우고 북을 치면서 몸을 떨었다. 이들은 먹구름을 필사적으로 모았지만 구처기의 검지가 가리키는 방향으로는 도저히 모을 수 없었다. 어두운 하늘에 한 줄기 햇빛이 내리쬐어 매우 눈부셨고 무당들은 이따금씩 손으로 햇빛을 가렸다.

양측이 반 시진 동안 대치하자 무당들의 목소리는 점점 낮아졌고 동작도 힘이 빠졌다. 구처기는 검지를 거두고 그의 법기인 불진을 들었다. 그는 구궁팔괘진^{九宮八卦陣}을 밟으며 수시로 손짓과 걸음을 바꾸고 갑자기 불진을 북쪽으로 힘껏 휘두르니 마치 홍수가 돌파구를 찾은 것처럼 교착된 뭉게구름이 북쪽으로 물러갔다. 반 시진이 지나자 날씨가 맑아지고 햇빛이 두루 비추었다. 그러나 북쪽 수십 리 밖에서는 천둥소리가 울리고 큰비가 억수같이 쏟아졌다.

샤먼들은 하나같이 풀이 죽어 북을 바닥에 내던졌다. 한 시진 남짓의 우여곡절 끝에 샤먼들은 정력이 소진되어 맥이 풀렸다. 무서운 샤먼의 복장마저도 흐트러져 흉한 모습이 되었다.

"우리가 서행하던 도중에 비바람이 불어도 신선께서는 이 방법을 안 쓰지 않았습니까?"

유중록은 어리둥절해하면서 물었다.

"하늘을 따르는 것은 도가의 법칙입니다. 법술은 어쩔 수 없을 때 사용하는 것입니다."

구처기는 유중록에게 설명했다.

"저는 예전에 무당이 비를 내리는 것을 보았는데, 지금은 신선이 비를 멈추는 것을 보았습니다. 오늘 정말 눈요기 잘했습니다."

야율초재는 구처기의 법력에 감탄했다. 야율초재는 오늘 구처기가 실패할 것을 걱정하지 않았다. 앞의 두 관문과는 달리 오늘의 관문은 구처기의 몸을 다치게 하는 것이 아니기 때문이었다.

구처기는 무사히 세 번째 관문을 통과했다.

칭기즈칸이 구처기의 일거수일투족에 관심이 있었기 때문에 야율초재는 세부사항을 하나도 빠뜨리지 않고 보고했다.

"구처기가 빈 공간, 아니 한 자 두께의 돌멩이를 사이에 두고 달걀 하나를 깨뜨렸다고?"

"네, 대칸. 제가 직접 눈으로 보았습니다."

"그가 늑대 한 무리를 데려와서 내 철기진을 깨뜨렸다고?"

"네. 그렇습니다, 대칸. 저는 그를 따라 철기진을 지나갔습니다."

"그 혼자 나의 수많은 샤먼들을 이겼다고?"

"그렇습니다, 대칸. 샤먼들이 확실히 패했습니다."

"구처기가 장생천과 정말 관련이 있나 보군."

"그건 모르겠습니다."

"전설이 그럼 현실이 된 것인가?"

"대칸, 이 구처기는 확실히 보통 사람이 아닙니다."

"그럼 그는 삼백 살인가?"

"대칸, 그는 자기가 겨우 일흔 남짓이라고 했습니다."

"그가 정말 삼백 살이었더라면 좋았을 텐데."

"신은 안목이 좁아 분별하지 못하오니 대칸께서 친히 가려내셔야 합니다."

구처기가 히말라야산에 도착했지만 칭기즈칸은 즉시 소환하지 않았다. 그러나 칭기즈칸의 마음은 시시각각 구처기에게 있었다. 세 개의 관문을 통과하면서 칭기즈칸은 구처기를 새롭게 알게 되었고 점점 그를 이길 자신이 없어졌다. 다행히도 아직 두 가지 관문이 남아 있었고, 특히 마지막 관문은 그 누구도, 그가 정말 신선이라 할지라도 넘을 수 없는 것이었다.

제 4관문인 사막진이 눈앞에 있었다. 밤에 구처기는 두 눈이 가리워진 채 낙타에 올라 망망한 사막으로 들어갔다. 야율초재는 야영시에서 음식을 준비하고 구처기가 돌아오기를 '기다린다'고 했다. 야율초재는 많은 사람들이 이 관문에서 죽는다는 사실을 알고 있었지만 구처기는 죽지 않을 것이라고 생각했다. 왜냐하면 칭기즈칸이 구처기를 다치게 해서는 안 된다고 명령했기 때문이다.

칭기즈칸의 명성을 동경해서 그에게 투신한 고수들이 매우 많았다. 몇몇 사람들은 허풍을 떨기도 했다. 칭기즈칸은 찾아오는 사람을 마다하지 않았고 당시 상황에 따라 몇몇 사람들에게 사막진을 통과하게 했다. 칭기즈칸은 음식을 준비하고 기다리면서 사막진에서 나온 사람은 최고의 손님으로 대할 것이고 관문을 넘지 못한 사람은 스스로 죽도록 했다. 지금까지 사막을 빠져나온 사람은 단 한 명도 없었다. 사막진을 통해 많은 영령이 숨졌기 때문에 칭기즈칸 앞에서 허풍을 떠는 것은 치명적인 일이다.

얼마나 오랫동안 먼 길을 걸었는지 모르지만 구처기는 사막의 깊숙한 곳에 도착했다. 그를 수행했던 사람들은 낙타를 타고 떠났고 오직 한 명의 병사만 남아 구처기의 옆에 있었다. 그는 구처기를 보호한다기보다는 감시자에 가까웠다. 그 병사 역시 구처기처럼 눈을 가리고 왔기 때문에 돌아가는 길을 모르기는 마찬가지였다. 왜 낙타를 남기지 않았을까? 낙타는 영성이 있어서 길을 잘 알고, 따라서 구처기가 낙타의 힘을 빌려 돌아오는 길을 찾을 수도 있기 때문이다.

"여기가 어디요?"

구처기가 호위 병사에게 물었다.

"신선님, 저를 살려주세요."

호위가 땅바닥에 털썩 무릎을 꿇고 통곡했다.

"왜 그러시오? 일어나서 천천히 말해보시오."

구처기는 호위 병사가 왜 이렇게 우는지 몰랐다.

"신선께서는 모르고 계신 것이 있습니다. 이 사막에서는 아무도 나갈 수 없습니다. 며칠 전 야간에 대칸의 장막을 호위하던 중에 졸았기 때문에 저는 벌을 받은 것입니다."

호위 병사는 두려움에 떨고 있었다.

"아, 알겠습니다. 대칸이 당신을 이런 방식으로 처형하는 것이군요."

구처기는 수염을 쓰다듬으며 말했다.

"신선님, 살려주세요!"

호위 병사는 땅에 무릎을 꿇고 쌀을 쪼는 닭처럼 머리를 조아렸다.

"내가 당신 목숨을 구할 수 있는지 어떻게 아시오?"

구처기는 호위 병사를 바라보며 빙긋 웃었다.

"살아 있는 신선이 왔다는 사실이 몽골 진영 전체에 소문이 났습니다. 신선께서는 이미 세 개의 관문을 넘겼으니 이 고비도 반드시 넘으실 것입니다."

호위 병사는 구처기에 대한 믿음이 확실했다. 그럴 수밖에 없는 것이 그는 오직 구처기에게 의존할 수밖에 없는 상황이었고, 혼자의 힘으로는 죽는 길밖에 없기 때문이다.

"그런데 나는 여기가 어딘지 모르겠네요?"

구처기는 일부러 호위 병사를 놀렸다.

"그럼 저는 여기서 죽을 수밖에 없습니다."

호위 병사는 또 울기 시작했다.

"울지 말아요, 울지 마. 방법은 있어요. 그런데 당신이 그렇게 하고 싶은지는 모르겠네?"

구처기는 호위 병사를 조바심 나게 했다.

"빨리 말해주세요, 신선님. 초조해 죽겠습니다."

호위 병사의 눈은 빛이 나면서 희망적인 모습으로 변했다.

"내가 늙은이라 몸이 쇠약하니 니를 업고 가시오."

구처기가 땅바닥에 앉았다.

"신선을 업고 가든 안고 가든 상관하지 않을 테니 제가 살아서 나갈 수만 있도록 해주십시오."

호위 병사는 일어나서 뛸 듯이 기뻐했다.

구처기는 타좌를 하고 눈을 감았다. 머리에는 구궁九宮이 있고 하늘에는 아홉 개의 별이 있다. 지구의 경도와 위도는 몸 안의 경도, 위도와 일치한다. 구처기의 마음에 금방 숫자가 떠올랐다. 그는 몸을 일으켜 달의 위치를 우러러보며 달과 태양, 그리고 이곳 사이의 협각夾角을 암산했다. 또 북두칠성을 자세히 보고는 곧 크게 웃었다.

"30리 길을 나를 업어줄 수 있겠는가?"

"신선님, 30리는 말할 것도 없고, 60리, 아니 100리 길도 업을 수 있습니다."

호위 병사는 목숨을 부지하기 위해 어떤 것도 마다하지 않을 태세였다.

"좋소, 그럼 출발합시다."

구처기가 한쪽 방향을 가리켰다.

"신선님 제 등에 업히십시오."

호위는 허리를 굽혀 구처기를 등에 업으려고 했다.

"정말이오? 나는 농담을 한 것이오!"

구처기는 70여 세의 노인으로 보이지 않았고 아이와 같은 마음을 갖고 있었다. 그러나 호위 병사는 구처기의 요구를 진심으로 알아들었다.

"안 됩니다. 사내는 한번 뱉은 말은 지켜야 합니다. 제가 반드시 업어 드린다고 약속을 했습니다."

병사는 구처기를 업고 가겠다고 고집을 부렸다. 그러자 어쩔 수 없이 구처기는 호위 병사의 등으로 올라갔다.

야율초재는 진영에서 여유있게 과일을 먹고 있었다. 칸이 세운 규칙에 따라 기다리는 사람은 식탁에 좋은 음식을 준비해야 한다. 여러 번의 관문 시험에서 식사를 준비했지만 아무도 이것을 즐긴 사람이 없었다. 오랜 시간 동안 상에 차린 요리는 기다리는 사람의 음식이 되었다.

야율초재는 일찍 사람을 배치해서 뒤편 주방에서 요리를 하게 했고, 이 식탁의 맛을 독차지하고 싶었다. 그리고 술을 마시면서 사람을 보내 구처기를 찾도록 했다. 동이 트기 전에 돌아와야 한다는 규칙 때문이었다.

캄캄한 밤에 광대한 사막에서 보통사람들은 동서남북을 구분할 수 없고 오직 앞뒤만 인식할 뿐이다. 사막에는 참조할 만한 어떤 표식도 없다. 설사 있다고 해도 너무 어두워서 멀리서는 볼 수 없다. 구처기는 호위 병사에게 앞으로 나아가라고 지시를 했고 이미 방향을 알고 있었다. 그러나 호위 병사는 오직 전진밖에 몰랐다.

"잠깐 쉬고 갑시다!"

구처기의 말이 채 끝나기도 전에 호위 병사는 구처기를 땅바닥에 내동댕이치고는 모래 위에 주저앉아 거친 숨을 몰아쉬었다.

"신선님, 죄송합니다. 일부러 그런 것이 아닙니다."

호위 병사는 숨이 턱턱 막힐 정도로 힘들었지만 기어이 구처기를 업고 갈 것을 고집했다.

"얼마 안 남았소. 야율초재 대감께서 음식을 차려놓고 기다리고 계시오!"

구처기는 호위 병사를 위로했다.

"신선님, 우리가 가는 방향이 맞습니까?"

호위 병사는 구처기를 믿을 수밖에 없었지만 스스로 생각하니 자신이 없었다.

"나를 못 믿겠으면 혼자 가시오."

구처기가 또 호위 병사를 놀리기 시작했다.

"제 말은 없던 것으로 하시고 저를 탓하지 마십시오."

호위 병사는 구처기가 화를 낼까 두려웠다.

잠시 휴식을 취한 후 구처기가 곧장 앞으로 걸어가자 호위 병사는 쏜살같이 뒤쫓아가며 외쳤다.

"신선님, 천천히 가세요. 제가 업어드리겠습니다."

야율초재는 주방장에게 자기가 평소 좋아하는 음식을 만들게 했다. 그는 구처기가 채식을 할 뿐만 아니라 식사도 거의 하지 않는다는 것을 알기 때문이었다. 구처기가 오고 나서 요 며칠간 그는 매우 긴장했다. 구처기가 걱정되어서가 아니었다. 오늘은 자신을 잘 위로하고 싶은 마음이

들었다.

"날이 밝아오는데 음식을 차려야 하나요?"

주방장이 물었다.

"차리시오."

야율초재는 즐거웠다.

얼마 지나지 않아 음식이 한 상 가득했다. 요리 향기가 코를 찌르자 야율초재는 참을 수 없었다. 그는 입으로 콧노래를 부르며 젓가락으로 채소요리를 집어 들었다.

"야율초재 대인, 혼자서 드시고 싶으신가요!"

구처기가 소리쳤다. 야율초재는 급히 젓가락을 놓고 놀라서 일어났다. 뒤를 돌아보니 호위 병사가 구처기를 업고 몽골 막사로 들어오고 있었다.

"신선, 길을 찾아오셨습니까? 이건 불가능합니다, 정말 불가능해요. 저는 방금 사람을 시켜 신선을 찾아보도록 하려던 참이었습니다."

야율초재는 두서없이 말을 했다.

"이렇게 멋진 음식이 한상 차려져 있으면 어떻게 해서든지 서둘러 돌아와야 합니다. 설마 대인께서는 혼자 식사를 하고 싶으셨던 것은 아니겠지요?"

구처기는 호위 병사의 등에서 내려왔다.

"신선께서는 육식을 안 드시지 않습니까!"

야율초재도 구처기에게 장난을 쳤다.

"안 먹습니다. 하지만 먹어야 할 사람이 있습니다! 이 호위 병사는 줄곧 저를 업고 와서 노고가 많으니 잘 대해주어야 합니다."

구처기는 손가락으로 호위 병사를 가리켰다.

"좋아요, 좋아. 좋습니다. 상에 음식을 올리시오. 우리는 신선을 위해 한바탕 축하를 해야 합니다."

야율초재는 호위 병사를 불렀다. 당시 예법에 의하면 호위 병사는 야율초재와 한자리에서 식사할 자격이 없었지만 신선의 요청으로 호위 병사도 함께 식사를 하게 되었다.

"대인, 제가 먹어도 되겠습니까?"

호위 병사는 야율초재를 어려워했다.

"먹어도 된다. 어차피 나는 안 먹으니까 이 상에 있는 음식을 다 먹어도 된다."

구처기는 적극적으로 이야기했다. 구처기는 이 호위 병사가 자기를 업고 온 것이 미안했다.

"아니, 다 먹지는 마라. 나도 먹어야 한다!"

야율초재는 즐거웠다. 그는 식사를 마친 후 대칸에게 보고하려고 했지만 가만히 생각해 보니 대칸도 기뻐할지 모를 일이었다. 예민한 야율초재는 구처기가 관문을 통과할 때마다 칭기즈칸이 구처기를 더욱 존경하게 될 것이라고 생각했다.

호위 병사는 얼마나 시장했는지 게걸스럽게 먹기 시작했다. 그는 식사보다는 자신의 환생을 축하했다. 바람이 불고 구름이 끼자 밥을 다 먹은 호위 병사는 구처기와 야율초재에게 작별을 고했다.

"나를 업어줘서 고마워요."

구처기가 손을 내밀었다.

"신선께서 저를 구해주신 은혜에 감사드립니다."

호위 병사는 무릎을 꿇고 구처기에게 머리를 조아렸다.

호위 병사가 물러가자 야율초재는 식사를 할 마음이 나지 않았다. 만일 구처기가 돌아오지 못했다면 맛있게 한 끼를 먹을 수 있었을 텐데 그가 순조롭게 관문을 통과하는 바람에 야율초재의 예상이 벗어난 것이다.

"대인께서는 무슨 생각을 하고 계십니까?"

구처기는 야율초재가 식사에 집중하지 않는다는 것을 알았다.

"네, 신선께서 어떻게 돌아오셨는지 알고 싶습니다."

야율초재는 의심을 했다.

"고맙습니다. 야율초재 대인!"

"왜 제가 고마우신가요?"

"이 관문은 대인께서 대칸을 도와 만드신 것 아닙니까?"

"그렇습니다."

"그러나 이 관문은 우리 도인들에게는 전혀 어려운 것이 아닙니다. 자신이 현재 있는 곳의 경도와 위도를 천지의 경도와 위도에 대응하는 것은 우리 수련자들의 필수과목입니다."

"신선께서는 어려운 일을 이렇게 쉽게 만드십니다. 저 야율초재는 정말 운이 좋아 신선을 만나게 되었습니다."

"대인, 식사하세요. 말씀 그만하시고 드시기 바랍니다. 이 상의 음식들은 모두 대인께서 즐겨 드시는 음식입니다."

"어떤 일도 신선을 속일 수 없습니다. 저는 먹지 않고 칸께 보고하겠습니다."

야율초재는 대칸을 만나기 위해 일어나서 고개를 돌려 구처기를 향해 묘하게 웃으며 말했다.

"마지막 관문이 있는데 신선께서는 반드시 패하실 것입니다!"

"그래요?!"

구처기는 담담하게 대답했다. 쌍방이 서로 마주 보고 크게 웃었지만 웃는 이유는 같지 않았다.

야율초재가 대칸을 만나러 가는 것은 두 가지 목적이 있었다. 하나는 구처기가 4차 관문을 무사히 통과했음을 알리는 것이고, 다른 하나는 5차 관문을 잘 안배해서 대칸의 체면을 세우기 위함이었다. 야율초재는 마음이 복잡했다. 구처기를 다치게 할 수도 없었고, 구처기가 모든 관문을 통과하는 것도 달갑지 않았다. 칭기즈칸 역시 구처기가 모든 관문을 통과하게 하고 싶지 않았다. 그는 아직 구처기를 만나지 못했지만 구처기를 만나더라도 주도권을 장악해야 했다. 특히 구처기가 자기에게 절을 하지 않는 것도 내심 불쾌했다. 그는 구처기와 도를 논하고 싶었지만 구처기가 자기에게 전도를 해주기를 바라는 것은 아니었다.

"대칸, 구처기가 네 번째 관문을 넘었습니다."

야율초재는 무릎을 꿇고 절을 한 후 보고했다.

"나는 이미 그 호위 병사가 죽을죄를 면했다는 것을 알았다."

칭기즈칸은 구처기를 따랐던 호위 병사의 상관을 통해 소식을 들은 것이 분명했다.

"구처기가 관문을 넘는 것은 너무 수월했습니다."

야율초재는 수염을 꼬고 있었다.

"우리에게는 아직 다섯 번째 관문이 있지 않은가!"

칭기즈칸은 구처기가 네 번째 관문을 넘은 것에는 신경도 쓰지 않은 듯했다.

"대칸의 말씀이 맞습니다. 저도 마침 그 말씀을 드리려고 했습니다. 다섯 번째 관문은 절대 성공하지 못할 것입니다."

"만나면 내가 그를 뭐라고 불러야 할까?"

칭기즈칸은 구처기가 다섯 번째 관문을 넘는 것이 성공하든 실패하든 그를 만나려고 했기 때문에 준비를 하기로 했다.

"중원 사람들은 모두 그를 신선이라고 부릅니다."

야율초재는 즉답을 하지 않았다.

"좋아, 그를 신선이라고 부르겠다."

칭기즈칸은 잠시 생각하다가 말했다.

야율초재는 다섯 번째 관문의 핵심을 대칸과 다시 한 번 반복해서 연습했다. 구처기에게 홀란 황후의 장막과 대칸의 장막 중 하나를 선택하라고 할 것이다. 대칸의 장막과 홀란의 장막은 서로 왕래할 수 있는 암도暗道(비밀통로)가 있다. 하지만 이런 사실은 칭기즈칸과 몇몇 중요한 신하들만 알고 있다. 구처기가 어떤 장막을 선택해서 문으로 들어갈 때 야율초재는 "구처기 신선 알현이요!"라고 외칠 것이다. 이때 대칸은 즉시 다른 장막으로 옮겨가서 구처기가 대칸을 만나지 못하게 할 것이다. 이렇게 한다면 구처기는 백이면 백 모두 실패할 것이다.

　야율초재는 다섯 번째 관문을 계획해 놓았지만 혹여나 실수로 대칸이 협상의 주도권을 잃게 될까 봐 점차 자신이 없어졌다. 모든 준비를 다 마친 후 야율초재는 구처기를 찾아갔다. 다섯 번째 관문의 어려움을 구처기에게 설명했다.

　"저는 이 다섯 번째 관문이 신선을 너무 난처하게 할 것이라고 생각하지만 신선께서는 이미 대칸의 마음속 신선입니다."

　야율초재는 구처기가 5차 관문에서 상처를 받아 그를 원망할 것이 두려웠다.

　"괜찮습니다, 괜찮아요. 이렇게 많은 방법을 생각해 낸 것도 대인 덕분입니다."

　구처기는 야율초재와 칭기즈칸이 이 다섯 번째 관문을 통과시키고 싶어하지 않는다는 것을 알고 있었다.

　"하지만 신선께서는 선택을 포기하실 수 있습니다. 그러면 신경을 쓰거나 힘을 쓸 필요 없이 곧 대칸을 만나실 수 있을 것입니다."

　야율초재는 구처기가 먼저 포기할 것을 바랐다.

　"숨바꼭질은 제가 어렸을 때 즐겨 하던 놀이인데 이렇게 재미있는 것을 제가 포기하란 말이십니까?"

구처기에게는 다시 호기심이 생겼다.

"알겠습니다. 모두 신선을 따르겠습니다."

야율초재는 어쩔 수 없었고 구처기가 시간 낭비를 한다고 생각했다.

"준비가 되었나요?"

구처기는 웃으며 야율초재에게 물었다.

"신선께서 언제든지 시작해 주십시오."

야율초재는 이미 준비가 다 되어 있었다.

"저는 아직 준비가 안 됐습니다. 야율초재 대인께서도 빈도의 요구를 들어주셔야 합니다."

"말씀하십시오. 제가 해야 할 일이면 전심을 다해 협조하겠습니다."

야율초재가 응답했다.

"첫째, 제가 대칸의 장막에 들어갈 때 오직 야율초재 대인이나 혹은 유중록 대인 중 한 사람만 같이 들어갈 수 있습니다. 제가 같이 들어갈 분을 정하면 다른 한 분은 장막의 출입구에서 떠날 수 없습니다."

"당연합니다."

야율초재는 은근히 다행스럽게 생각했다. 일찍이 몇 명의 요원에게 구처기가 장막 안으로 들어갈 때 "구처기 신선께서 알현합니다."라고 외칠 것을 명령했기 때문이다. 이런 의례는 특별히 요구할 필요도 없이 모든 사람들이 칭기즈칸을 알현하기 위한 필수적인 절차다.

"둘째, 대칸의 장막에 들어간 후에는 저를 기다리게 할 수 없습니다."

"그럼요, 그럼요. 대칸께서는 지금이라도 신선을 뵙고 싶어 하십니다."

야율초재는 두말없이 승낙했다.

"모든 사람은 장막 밖으로 물러나십시오. 야율초재 대인과 유중록 대인만 계시면 됩니다."

구처기의 요청이 끝나자 모든 사람이 장막에서 물러났다.

얼마 지나지 않아 구처기는 불진을 들고 나왔다.

"신선을 누가 모실까요?"

야율초재가 물었다.

"당연히 야율초재 대인께서 함께 가시지요."

구처기는 이미 야율초재를 선택한 듯했다.

"신선께서는 어느 장막에 들어가실 작정입니까?"

야율초재가 궁금해서 물었다.

구처기는 홀란 황후의 장막을 가리키면서 고개를 돌려 유중록에게 당부했다.

"이곳을 떠나지 말라고 한 말을 기억하십시오."

야율초재는 자기가 선택이 되어 매우 기뻐했고 웃으면서 구처기의 말을 따랐다. 유중록은 섭섭한 듯 고개를 끄덕이면서 어서 들어가라고 손을 흔들었다. 그것은 당신들은 빨리 가고 자기는 여기서 기다리겠다는 뜻이었다.

"구처기 신선이 알현합니다!"

장막의 문 앞에서 야율초재가 소리쳤다.

구처기는 장막으로 성큼성큼 들어갔다.

제24장

분신으로 나타나 생과을 바꾸고 장생을 논하다

칭기즈칸은 구처기를 홀란 황후의 장막에서 만나는 것을 원하지 않았다. 이미 그는 구처기에게 어느 정도 존경심이 있기 때문이었다. 설령 이번 관문 통과에 실패한다고 해도 칭기즈칸은 구처기를 존중했을 것이다. 이미 네 번의 관문을 통과한 것은 구처기가 일반인을 능가한다는 사실을 증명한 것이기 때문이다.

야율초재는 대칸에게 구처기의 알현을 알릴 필요가 없었다. 대칸도 구처기가 이미 홀란의 장막으로 간 것을 알고 있었다. 그는 자신의 장막에서 황제의 용좌에 단정히 앉아 다소 의기양양했다.

유중록은 지루하게 구처기의 장막 밖에 서 있었고, 야율초재가 구처기를 이끌고 홀란 황후의 장막으로 들어가는 것을 애타게 바라보았다. 그때 구처기가 나타나 그의 옷자락을 잡아당겼다.

"유 대인, 빨리 나를 데리고 대칸을 만나러 가지 않겠습니까?"

유중록은 "구 신선께서는 야율초재 대인과 함께 대칸을 뵈러 들어가지 않으셨습니까?"라며 깜짝 놀랐다.

"천만에요, 나는 장막에 정좌를 하고 아무 데도 가지 않았습니다."

구처기는 유중록에게 눈을 찡긋하며 아이와 같은 미소를 지었다.

"아닙니다, 방금 분명히 신선이 야율초재 대인을 따라갔습니다."

유중록은 자신의 눈뿐만 아니라 머리까지 의심했다.

"왜 저를 그렇게 멍하게 쳐다보시나요? 저는 모릅니다. 빨리 대칸을 뵈러 갑시다."

구처기는 멍하니 서 있는 유중록을 보며 다시 웃었다.

유중록은 잠시 반응이 없었고, 무의식적으로 구처기를 이끌고 칭기즈칸의 장막으로 향했다.

"구처기 신선이 알현합니다!"

유중록이 장막의 문 앞에서 소리치자 목소리가 새어 나갔다. 유중록은 잠시 정신을 못 차린 듯했다.

칭기즈칸은 구처기가 홀란 황후의 장막으로 갔다는 것을 이미 알고 있는데 다시 문밖에서 "구처기 신선이 알현합니다."라고 외치는 것을 들었다. 칭기즈칸은 무슨 상황인지 몰라 자리에서 일어났다. 그러나 어쨌든 그는 구처기를 만났다. 구처기라는 존재는 자기를 죽이려는 사람, 자기를 죽이려는 것을 막은 사람, 자기가 죽이고 싶은 사람, 자기가 상처를 주지 못하는 사람, 중원의 종교 지도자, 전설에 의하면 300여 세를 산 사람, 강한 상대자, 보통 사람, 오랜 친구, 자기도 모르게 일어서게 하는 사람, 자기가 존경하게 만드는 사람이다.

쌍방은 서로를 자세히 보고 있었다. 칭기즈칸은 눈앞에 있는 사람이 몇 년 전 자신이 꾼 악몽에서 보았던 신선임을 알아보았다. 이 해에 구처기는 75세, 칭기즈칸은 61세였다. 구처기는 용띠이고, 칭기즈칸은 말띠다. 사람들은 이 만남을 '용마회'龍馬會라고 부른다. 일대종사 구처기와 일대천교 칭기즈칸의 회동이었다.

"구 신선이 천신만고 끝에 불원만리 길을 오시니 짐은 매우 위안이 됩니다."

칭기즈칸은 황좌에서 내려와 구처기를 맞이했다.

"저는 야인입니다. 대칸의 부르심을 받아 영광입니다."

구처기는 두 손을 쥐고 예의를 차렸다.

"짐이 듣기로는 금나라와 남송 모두에게 초대를 받으셨다는데, 왜 이곳으로 왔습니까?"

칭기즈칸은 구처기가 금나라와 남송의 초대를 거절했다는 것을 알고 있었다.

"저는 도가의 사람이니 하늘의 뜻을 받들어 행합니다. 모든 일은 하늘에 맡깁니다."

구처기의 이 말은 칭기즈칸을 무척 기쁘게 했다. 칭기즈칸은 매우 총명했고, 이 말은 그에게 몇 가지 의미가 있었다. 첫째, 칭기즈칸이 천하를 얻는 것은 하늘을 따르는 것이다. 둘째, 그는 구처기와 공통된 신앙이 있는데, 그것은 바로 하늘이다. 셋째, 천하의 종교는 본래 당연히 한 가족이다.

"신선이 삼백 살이 넘었다고 들었는데, 그럴 수 있습니까?"

"빈도는 일흔대여섯 살 정도입니다. 삼백 살이 넘었다는 것은 세상 사람들이 그저 하는 말입니다."

"세상에 장수하는 법이 있습니까?"

"장생長生(육체의 영생)하는 법은 없고, 위생衛生(양생을 통한 장수)하는 길밖에 없습니다."

칭기즈칸은 실망하지 않았다. 그는 원래 구처기가 삼백 살이 넘었다는 사실을 믿지 않았기 때문이다. 구처기가 이렇게 대답하자 그는 오히려 믿음이 갔다. 구처기가 히말라야산에 있었을 때 들었던 각종 신기한 이

야기에 이미 칭기즈칸은 깊이 감동했다

다른 장막에서 칭기즈칸과 구처기는 인사를 나누지 못했다. 즉 야율초재는 구처기를 이끌고 황후 홀란의 장막으로 들어갔기 때문이다.

"이번에는 정말 구처기 신선께서 패하셨습니다. 대칸은 여기에 안 계십니다."

야율초재는 수염을 쓰다듬으며 환하게 웃었다.

"저도 대칸이 여기 안 계신 것을 압니다."

구처기는 야율초재를 보고 웃었다.

"그럼 왜 신선께서는 황후의 장막으로 들어오셨습니까?"

야율초재는 이해가 되지 않았다.

"황후를 뵈러 왔습니다."

구처기는 말을 마치고 홀란에게 향했다. 야율초재는 더욱 이해가 안 되었고, 그때까지도 구처기가 무엇을 하려는지 모르고 있었다.

"황후의 병이 가볍지 않습니다. 치료하지 않으면 늦습니다."

구처기가 분신을 해서 현현한 것은 홀란 황후를 만나야 했기 때문이었다.

칭기즈칸의 마음속에 자리한 홀란 황후의 무게는 몽골의 모든 신하들이 잘 알고 있었다. 야율초재는 구처기의 말투 속에서 뭔가 방법이 있다는 것을 알아챘다. 이때 야율초재는 자신의 임무를 잊어버리고 진지하게 물었다.

"황후의 병을 신선께서 치료할 수 있습니까?"

"제가 치료할 수 없다면 이 막사로 오지 않았을 것입니다."

구처기의 말투에는 자신감이 넘쳤다.

"신선은 과연 신선이십니다. 저는 정말 탄복했습니다. 그 일은 신선께서 대칸을 알현하는 것보다 더 큰 선물입니다."

야율초재는 구처기에게 연거푸 공손히 허리를 굽혀 인사했다.

구처기는 천안天眼으로 홀란을 투시하면서 잠시 동안 그녀의 몸을 철저히 내시했다. 진단 결과 기와 혈이 정체되었고, 우울증이었다.

홀란은 칭기즈칸의 서역 정벌을 수행한 유일한 황후였다. 그녀는 밝은 성격이었지만 사실 엄청난 정신적 압박을 받고 있었다. 항상 겉으로는 즐거운 모습을 보여주기 때문에 사람들은 그녀가 속으로 크게 마음고생 하는 것을 모르고 있다. 칭기즈칸 앞에서 그녀가 항상 밝은 면을 보여주는 이유는 남편이 스트레스를 많이 받는다는 것을 알고 어떻게든 이를 벗어나게 해주고 싶었기 때문이다. 칭기즈칸 역시 즐거움을 주는 홀란과 함께 있고 싶어 했다. 홀란은 그의 서글픔을 달래줄 수 있었고 번뇌를 잊게 해주었으며 그가 계략을 짜낼 수 있도록 도왔다.

홀란은 칸을 기쁘게 하기 위해 온갖 방법을 다 강구했다. 그러나 칭기즈칸의 손자 무투겐이 화살에 맞아 죽었을 때 그녀는 자기의 얄팍한 재주도 이젠 바닥이 났다는 생각이 들었다. 칭기즈칸의 기분이 최저점으로 떨어지자 홀란은 더 이상 어찌할 도리가 없었다. 그녀는 결국 쓰러졌고, 혼미함에서 깨어나지 못했다. 그녀는 정말 너무나 피곤했다. 몸이 아니라 마음이 피곤했던 것이다.

칭기즈칸을 이해하는 사람은 홀란뿐이었다. 그녀는 칭기즈칸의 아픈 곳을 잘 알고 있었다. 본처 소생은 주치, 차가타이, 오고타이, 툴루이 등 네 아들이다. 비록 칭기즈칸이 서역 정벌을 수행하기 전에 대칸을 계승할 태자로 셋째인 오고타이를 내세웠지만 칭기즈칸의 속마음을 홀란은 잘 알고 있었다. 손자 무투겐은 칭기즈칸이 생각하는 대칸의 후계자였고, 이것은 그의 마음속 비밀이었다.

홀란은 이 비밀을 알게 되었고 그녀도 역시 마음속으로 무투겐을 좋아했다. 홀란은 심지어 그를 친아들로 여겼고, 무투겐도 홀란을 '어허'(몽골어로 '어머니'라는 뜻)라고 불렀다. 이런 호칭이 족보를 흐트러지게 하는 것일 수도 있지만, 몽골 사람들에게 호칭에 들어 있는 애정은 매우 중요했다. 무투겐의 아버지 차가타이가 군사를 이끌고 전쟁터에 나가자 홀란은 무투겐을 돌보는 책임을 맡았다.

전에 칭기즈칸이 야율초재와 대무당들에게 꿈속에서 천둥이 치는 이유를 물어봤을 때 홀란도 그 자리에 있었다. 그녀는 여자라서 말참견을 할 수 없었지만 그 사건이 대칸이나 무투겐과 관련이 있다고 느꼈다. 그날부터 홀란은 대칸과 무투겐의 안전에 각별히 관심을 기울였다. 그녀는 특별히 겁설군의 수령에게 칸과 무투겐을 면밀히 보호하라고 지시했다.

홀란은 그날 있었던 일을 영원히 잊을 수 없다.

"어허(어머니), 뭐하세요?"

무투겐은 홀란이 들고 있는 물건을 보자 궁금했다.

"얘야, 이건 내 악기다."

홀란은 버드나무 가지를 들고 위의 껍질과 안쪽에 있는 막대기를 열심히 떼어내고서 입에 넣고 매우 아름다운 음악을 연주했다.

"이 버드나무 가지로 악기를 만들 수 있나요?"

무투겐은 궁금해서 그 대나무 모양을 한 악기의 껍질을 벗겨냈다. 그러자 뜻밖에도 소리가 났다.

"굵고 가늘고 길고 짧은 소리가 제각각이란다."

홀란은 앞에 있는 몇 개의 대나무 피리를 가리키며 무투겐에게 말했다.

"어허, 정말 그렇습니다."

무투겐은 악기를 불어보면서 매우 흥분했다.

"엄마가 몇 개 더 만들게 도와줘. 저녁에 대칸께 들려드리게."

홀란은 칸을 기쁘게 하기 위한 모든 방법을 강구했다.

"버드나무 가지를 많이 찾아올게요."

무투겐은 밖으로 나가려고 했다.

"얘야, 조심해라."

홀란은 무투겐이 쏜살같이 뛰어나가자 소리치며 당부했다. 홀란의 마음속에서 무투겐은 늘 어린아이였다.

무투겐은 어려서부터 할아버지 칭기즈칸과 함께 있었고 전쟁터에서 자랐다. 칭기즈칸이 신하들과 전쟁에 관한 토론을 할 때마다 무투겐은 눈을 동그랗게 뜨고 진지하게 듣고 있었으며, 말참견도 하지 않았다. 할아버지도 이 손자를 정말 좋아했다. 특히 칭기즈칸은 무투겐의 차갑지도 뜨겁지도 않은 침착한 성격을 좋아했다.

무투겐은 호위병을 데리고 버드나무 가지를 찾으러 강가로 갔다. 얼마 되지 않아 한 무더기를 베어내자 가지가 풍성했다. 그는 어머니 홀란과 악기를 만들 생각을 하면서 호위병을 이끌고 의기양양하게 진영으로 돌아가고 있었다. 그러나 도중에 갑자기 직군과 마주쳤고 무두겐은 호위를 이끌고 적을 향해 돌진했다. 무투겐은 비록 중도적인 성격이었지만 말에 오르면 호랑이 같은 장수였다. 적들은 무투겐이 죽이려고 하자 갑옷을 벗어던지고 성으로 도망쳤다. 무투겐은 추격병을 멈추게 했다. 성을 공격하는 큰일은 할아버지 대칸의 군령에 따라 처리해야 한다고 생각했기 때문이다. 적이 패퇴하자 호위대들도 경계를 늦추었는데, 이때 화살 하나가 날아와 무투겐의 가슴에 적중했고 호위대는 무투겐을 진영으로 옮겼다.

선혈이 흐르는 무투겐을 군영으로 옮기는 도중에 그의 말은 영성이 있어 주인을 바싹 따라붙은 채 반 걸음도 떨어지지 않았고, 등에는 버드나무 가지 한 묶음을 싣고 있었다. 홀란은 이 광경을 보고 기절하고 말았다.

대칸이 속마음을 털어놓을 때 그녀는 듣기만 할 뿐 말을 하지는 못했다. 칸은 모든 사람에게 울지 말라고 명령했다. 그러자 그녀도 울지 않았다. 병중에도 그녀는 대칸의 명령에 따른 것이다. 손자가 죽은 후 그녀는 칭기즈칸이 히스테리를 부린 사실을 모두 알고 있었다. 즉 칭기즈칸이 성에 있는 모든 생물을 살육한 것, 또한 칭기즈칸의 아들 몇 명이 아버지 몰래 전리품을 약탈해서 야단맞은 것, 구처기에게 내린 5관 시험, 칭기즈칸의 진심어린 고백 등등, 모든 사건에 대해 그녀는 자세히 알고 있다. 홀란은 병을 회복하기 위해 노력하고 있으니 곧 대칸이 근심을 덜게 될 것이라고 생각했다. 하지만 아무리 노력해도 병을 낫게 할 수 없었다.

구처기는 홀란의 몸을 철저히 검사한 후 궁녀에게 홀란을 부축해서 의자에 앉게 했다. 홀란과 구처기의 두 눈이 마주치자 그녀의 눈에는 무언가를 요청하는 눈빛이 보였다. 구처기의 자신만만한 표정과 눈빛을 본 홀란의 얼굴은 안정되었다.

"황후마마께서는 두 눈을 살짝 감으시고 온몸에 긴장을 푸십시오."

구처기는 홀란의 등 뒤로 갔다. 그가 손을 홀란의 머리 위에 올려놓자 뜨거운 열기가 머리 위에서부터 아래로 온몸을 타고 흘러내렸다. 홀란의 허리는 점차 곧게 펴지기 시작했다. 약 15분 정도가 지나자 구처기는 오른손을 홀란의 등 뒤에서 아래로 내려보냈다. 이때 명치에 대응하는 등쪽을 살짝 밀자 홀란의 입에서 더러운 피가 한 모금 뿜어져 나왔다.

구처기가 홀란에게 한 것은 격공치료隔空治療였다. 이것은 도가 의학에서 상승 수준의 공력이다. 홀란은 몇 번 더 힘들게 기침을 하는 과정에서 계속해서 더러운 피를 뱉어냈다. 시녀가 입을 씻을 물을 내오자 홀란은 메스꺼워하면서 계속 토했고, 배 속의 더러운 피를 포함한 오물들을 깨끗이 내뱉었다.

"신선께서 구원해 주신 은혜에 감사드립니다!"

홀란은 구처기 앞에 무릎을 꿇었다.

"황후마마, 이러시면 안 됩니다."

야율초재는 급히 시녀에게 홀란을 일으켜 세우라고 했다.

"황후께서 말을 하신다. 말을 하실 수 있게 되었다."

시녀들은 얼굴을 가리고 울면서 홀란의 쾌유를 기뻐했다. 구처기가
말했다.

"황후께서 일어나 의자에 앉으셨지만 병은 아직 다 완쾌되지 않았고
더 많은 치료가 필요합니다."

"저는 평생 말을 못 할 줄 알았습니다. 신선께서 장막으로 오실 날을
매일 마음속으로 기도했는데, 정말 저를 구해주셨습니다."

홀란의 얼굴에는 온통 감사의 표시로 가득 차 있었다.

"황후께서는 완쾌하기를 원하십니까?"

구처기가 웃었다.

"저는 이미 다 나은 것 같은데, 설마 아직 완쾌된 것이 아닙니까?"

홀란은 몸속의 오물을 토해내고 가볍게 느껴지자 이것으로 다 나은
줄 알았다.

"황후께서는 아직 마음의 병이 남았습니다."

구처기가 단호하게 말했다. 그때 홀란은 야율초재에게 말했다.

"대인께서는 문 앞에서 기다려 주세요. 신선께서 더 진찰해 주셔야 합
니다."

홀란은 매우 총명한 사람이라 자신의 병을 외부인에게 알리고 싶지
않았다. 구처기가 자신의 마음의 병에 대해 언급을 한 이상 그녀도 신선
에게 숨길 필요가 없었고, 숨길 수도 없었다. 야율초재 등 동행한 신하들
이 장막에서 물러난 후 홀란은 구처기에게 청했다.

"신선께서 마음의 병을 고쳐주기를 기원합니다."

"황후마마, 앉으시고 제 구령을 들으십시오."

구처기는 홀란의 마음의 병을 치료하기 시작했다.

"멀리 보면 멀리 볼수록 좋습니다. 먼 곳의 신광神光을 회수하되 천천히 하십시오. 그런 다음 두 눈을 지그시 감습니다."

구처기는 홀란이 정좌하는 것을 잠시 기다렸다가 "마마께서는 눈앞에 무엇이 보이는지 말씀해 주십시오."라고 했다.

"호수가 보입니다. 그리고 햇빛이 밝고 날씨는 매우 덥습니다."

홀란의 몸에는 땀이 흘러내렸다.

"힘을 주지 마시고 천천히 보십시오."

"내 아들 무투겐이 호숫가를 걷는 것이 보입니다."

그러면서 홀란은 흐르는 눈물을 멈추기 위해 애를 썼다.

"황후마마, 급하지 않습니다. 다시 보십시오."

구처기가 미소를 지으며 말했다.

홀란의 눈앞에 서 있는 무투겐이 홀란에게 말을 걸었다.

'어머니, 제 말을 들으셔야 합니다. 대칸을 돌보셔야 하고 어머니 자신도 건강하셔야 합니다. 당신은 이렇게 아들을 걱정하게 하시네요.'

무투겐은 화려한 몽골 왕자의 복장을 하고 있었다. 그는 티끌 하나 없이 맑은 호수의 강변에서 버드나무 가지로 만든 피리를 손에 들고 홀란을 향해 미소를 지었다.

'아들아, 너는 어미를 원망하지 않느냐?'

홀란이 마음속으로 말했다.

'어머니, 우리는 모두 장생천의 아들딸이니 항상 장생천의 부름을 따라야 합니다.'

무투겐은 점점 희미해졌다.

'기억하세요, 어머니. 대칸을 잘 보살피시고 어머니 자신도 잘 보살피

세요.'

무투겐의 그림자가 점점 옅어지자 홀란은 자신도 모르게 따라갔다. 이때 구처기가 급히 소리쳤다.

"그를 따라가지 마시고 저와 함께 돌아가십시오."

비몽사몽인 가운데 홀란은 무투겐을 따라가던 걸음을 멈추었고 마지 못해 구처기에게 되돌아갔다. 홀란은 흐르는 눈물을 참고 싶었지만 참을 수 없었다.

"황후께서는 왜 눈물을 삼키십니까?"

구처기는 궁금했다.

"대칸께서 울지 못하게 하셨습니다."

홀란은 여전히 대칸의 명령을 잊지 않았다.

"울고 싶으시면 우십시오. 저는 마마의 병을 고치려는 것입니다. 마마 께서는 대칸의 명령을 어기지 않았습니다. 마마는 병자이십니다."

구처기는 홀란을 위로했다.

홀란은 억울함, 자책, 어쩔 수 없었던 마음, 비통함 등 모든 감정이 눈 물로 변해 왈칵 쏟아졌다.

"감정을 억제하지 마시고 긴장을 푸십시오."

구처기가 계속 이끌어 나갔다.

홀란은 대성통곡을 했다. 몇 달 동안 밤낮으로 억누르고 있던 감정이 한순간 고삐 풀린 야생마처럼 날뛰었다. 그녀는 한바탕 펑펑 울고 난 후 차츰 마음이 편안해졌고 다시 살아난 것 같았다.

야율초재는 홀란의 울음소리를 들었지만 황후의 명령 없이는 감히 장 막으로 들어갈 수 없었다. 모든 치료가 끝나고 야율초재가 다시 홀란을 보았을 때 그는 크게 놀랐다. 홀란의 몸이 다소 여위어 보이는 것 외에 그녀는 이미 다 회복하고 원래대로 돌아와 있었다.

"종교와 의술은 같은 것이라는 말이 있는데, 도와 의술도 역시 같은 것인가 봅니다. 황후의 병은 종교나 의술로 치료한 것이 아닙니다. 신선은 진짜 신의神醫입니다."

야율초재는 구처기에 대해 칭찬을 아끼지 않았다. 구처기를 접대하는 최근 며칠 동안 야율초재는 갈수록 그를 헤아릴 수 없이 깊은 사람이라고 느꼈다. 그는 구처기에게 또 어떤 비밀이 숨겨져 있는지 알지 못했다.

"병을 치료하고 사람을 구하는 것이 도가의 본색입니다."

구처기는 조용히 미소를 머금고 있었다.

그렇다면 구처기는 어떤 방법으로 흘란 황후의 병을 치료한 것일까. 이것을 알기 위해서는 용문파의 원광술圓光術에 대한 간략한 설명이 있어야 한다.

원광술은 도교 용문파 내부에서 비밀리에 전수되어온 것으로, 용문파 원광술이라고 하며, 통령술通靈術이라고도 한다. 이것은 현대의 과학기술로는 검증할 수 없는 불가사의한 신선의 술법이며, 명확하게 실재하는 것이다. 원광술은 삼계三界와 소통해서 진찰, 치료, 실종자 색출, 분실물 색출 등에 활용되며 마치 3D 영화를 틀어놓은 것처럼 선명하게 볼 수 있다. 그러나 조사께서는 이 기술은 권력과 민감한 문제에 활용해서는 안 된다는 유훈을 내렸다.

원광술은 '밖으로 상이 드러나는' 신선술로, 음양에 대한 정보를 조사하는 수단 중 하나다. 민간 법술에는 현안玄眼 혹은 천안天眼, 이보耳報, 금구金口, 부기扶箕 등 여러 가지 방법이 있다.

참고로 '금구'는 말을 통해 정보를 전달하고, '부기'는 글로 써서 정보를 전달한다. 원광, 현안, 천안 등은 모두 사람의 혜안을 이용해 정보를 조사함으로써 상을 드러낼 수 있다. 현안과 천안은 '안으로 상을 드러내는 것'으로, 오직 본인만이 볼 수 있다. 그러나 원광술은 '밖으로 상을 드러내는 것'으로 다른 사람도 볼 수 있다. 그래서 원광술은 타인에게 증명할 수 있다는 장점이 있다.

원광술은 장광술掌光術, 벽광술壁光術, 경광술鏡光術, 수광술手光術, 구광술球光術, 포광술布光術, 지광술紙光術, 등광술燈光術, 공광술空光術, 격산조隔山照, 요광술遙光術 등과 같이 여러 호칭으로 불린다. 손에 보이는 원광을 장광掌光, 벽에 보이는 것을 벽광壁光, 물에 보이는 것을 수광水光, 공중에서 보이는 것을 공광空光·神光이라고 한다. 원광술의 고수는 어떤 것이라도 상을 만들 수 있어 사람들이 명확하고 똑똑하게 볼 수 있게 한다. 인간은 6근六根[55]이라는 부정한 것이 있기 때문에 각자 수행의 정도에 따라 수준이 다르고 선법 역시 상이하다.

원광술은 대원광大圓光, 소원광小圓光 같은 등급(민간에서는 노광老光, 눈광嫩光이라고도 한다)이 있어 각각 차이가 있다.

소원광은 오직 어린아이[童子]만이 볼 수 있고, 대원광은 일부 성인도 볼 수 있다. 대원광을 수련하게 되면 공력이 향상됨에 따라 볼 수 있는 확률이 점차 높아진다. 대원광은 노광술이라고도 하는데, 공중에서 입체적인 모양을 형성해서 상을 드러낼 수 있기 때문에 높은 공력과 수련을 필요로 한다. 그리고 원광화해圓光化解는 더 신기하다. 신神을 청하면 바로 와서 검증하고 문제를 처리하는 것이 빨라서 즉시 효과가 나타난다. 이것은 원광술에서 가장 중요한 핵심이다.

원광술을 펼쳤을 때 원광을 볼 수 있는 사람은 대부분 성인 여성이며, 종교가 있는 사람이 없는 사람보다 더 쉽게 볼 수 있다. 또한 원광을 볼 수 있는 확률도 원광술을 펼치는 시간 및 장소 등과 관련이 있어 밤

---

55 육식(六識), 즉 안(眼), 이(耳), 비(鼻), 설(舌), 신(身), 의(意) 등을 지각하는 기관.

이나 절터에서 종종 가시율이 높은 편이다. 원광 현상을 볼 수 없는 수련자들은 보통 혜안법惠眼法이라는 별도의 법술을 연마하는데, 수련이 끝난지 7일 정도가 지나면 볼 수 있다. 그러나 여전히 볼 수 없는 사람들은 '빛을 보는 아이'[看光童]의 도움을 받아야 한다.

원광술을 자세히 기술한 책은 《석실장본원광진전비결》石室藏本圓光眞傳秘決과 원광술서 3권이다. 상권은 《대원광수련법》大圓廣修煉法, 하권은 《소원광운용법》小圓光運用法, 중권은 《원광화해술》圓光化解術이다. 책을 읽고 독학으로 수련하는 데는 시간이 오래 걸리고 번거로우며 복잡한 절차를 거쳐야 한다(스승이 없는 사람은 기본적으로 불가능하다). 독학으로 법술을 배우는 사람은 선행善行을 해야 하고 자중해야 한다. 그렇지 않으면 성공할 수 없을 뿐만 아니라 오히려 사고가 날 수 있으니 조심해야 한다.

스승은 제자가 원광술을 전문적으로 배울 수 있도록 영을 일깨우는 [啓靈] 방법을 가르치는데, 이렇게 하지 않으면 영계靈界와 소통하기 어렵다. 속담에 '진짜는 말 한마디로 전하고, 거짓은 만 권의 책으로 전한다'는 말이 있다. 이렇듯 작은 차이가 결과적으로 천 리만큼의 오류를 가져올 수 있다. 일반인이 이 법술을 습득할 수 있는 이유는 이미 큰 인연이 있었기 때문이다.

원광술을 스승이 승계해 주는 것은 매우 중요하다. 원광술의 전수는 다른 법술과 마찬가지로 스승의 공력에 달려 있다. 사부가 금구金口를 하려면 일단 공력을 제자에게 주고 이후 몇 십 글자의 주문을 알려준다. 그 전체 과정은 30분 정도가 소요된다. 그러면 제자는 이 신선술의 공능을 갖추게 되고 운용할 수 있다. 토지신, 산신령, 서낭신을 청하게 되면 음양양계陰陽兩界를 조사해서 천지인신天地人神과 소통할 수 있다. 물론 공력이 높아지면서 점차 운영이 능숙해진다.

원광술은 예로부터 오늘날까지 명성이 매우 높아 '제왕의 학문'이라고 불린다. 그 누구라도 이 공능을 가지게 되면 영예로 여기지 않는 사람은 없다. 이를 미신이라고 무시한다면 이런 전통을 어떻게 배우고 발전시킬 수 있을 것인가!

원광술은 넓고 심오해서 거의 모든 오술五術에 대한 지식을 포괄하고 있다. 기문둔갑奇門遁甲[56]은 보통 사람들부터 득도를 한 신선까지 완전하게 조작할 수 있는 방법이 있다. 수련자는 스승과의 인연에 따라 각기 편차는 있지만 기문奇門의 가장 높고 깊은 술법은 원광술만 한 것이 없다. 원광술은 기문의 핵심이다.

천하에 걸출한 술수는 매우 많지만 원광술은 천지인 삼계를 소통시켜 사람과 하늘의 사이를 관통해 수행의 최종 목적인 득도를 가능하게 한다.

원광술의 진정한 비결을 얻으려면 반드시 진심으로 스승을 모셔야만 수련법을 얻을 수 있다. 스승과 문파가 없는 독학자들은 영계와 소통하는 데 도움을 받을 수 없기 때문에 기문 법술을 터득할 수 없다.

처음에 작은 성취가 있다고 해서 교만하거나 자만해서는 안 되고 스승을 속이고 조상을 능멸해서도 안 된다. 또한 이 기술을 이용해서 명예를 얻거나 금품을 편취해서도 안 된다. 그렇지 않으면 영계와의 정보가 단절되어 반드시 외부의 사악한 것으로부터 상처를 입게 되고 더욱 높은 차원에 도달할 수 없다. 옛말에 '열 개의 기문이 있지만 그중 아홉 개는 미치광이다'[十個奇門九個瘋]라는 말이 있는데, 대부분 마음이 부정하기 때문

---

56 고대로부터 내려온 점술로 특히 병법에 많이 응용됨. 기문둔갑은 대육임(大六壬), 태을식(太乙式), 둔갑식(遁甲式) 등 삼식(三式) 중 하나로 이 중에 하나라도 통한다면 신선이 부럽지 않다고 여겨져 왔음. 기문둔갑은 전설에 따르면 황제 헌원이 치우천왕과의 전쟁에서 고전하고 있을 때 하늘에 제를 올려 천신(天神)으로부터 받은 것으로 알려져 있음. 제갈공명, 강태공, 장량, 유백온 등의 명군사들이 운용한 것으로 유명함(출처:위키백과).

이다. 따라서 배우는 사람은 신중하지 않으면 안 된다.

스승은 반드시 인연과 기회를 따라 제자를 선택해야 한다. 또한 배우려는 자는 스스로 뜻을 세우고 입도해서 순수한 마음을 가져야 한다. 스승은 제자의 상황에 따라 직접 계령술을 전수한다. 만일 스승의 명령이 없으면 전승하기 어렵다.

이상 구처기 조사가 사용한 원광술에 대해 간략히 소개했다. 만일 세심한 독자라면 원광술이 현화지공이나 현현지공과 같은 법술인지 물어볼 것이다. 그러나 주체와 객체, 주관적 및 객관적인 측면, 수련 방법, 효능 등에 있어서 모두 다르다. 이 책의 목적은 공법을 보급하거나 전파하려는 것이 아니기 때문에 일일이 설명하지 않을 것이다. 만일 관심 있는 사람들이 있다면 훗날 더 얘기를 나눌 수 있을 것이다.

홀란 황후의 병이 낫자 모든 사람들이 놀라며 기뻐했다.

"오, 하마터면 잊을 뻔했습니다. 이번 관문은 신선께서 패하셨지만 큰 공을 세우셨습니다."

야율초재는 구처기를 신비롭게 바라보았다.

"오, 졌다고 하셨습니까?"

구처기는 야율초재를 묘하게 쳐다보았다. 두 사람의 눈이 마주쳤을 때 쌍방은 또 크게 웃기 시작했지만 당연히 웃음의 내용은 같지 않았다.

"저는 지금 당장 가서 신선의 공로를 대칸께 알리겠습니다."

야율초재는 홀란 황후의 병이 나았다는 소식을 빨리 대칸에게 알리고 싶었다.

"대인, 내가 함께 대칸을 뵈러 가서 직접 신선의 공로를 말씀드리겠습니다."

홀란도 대칸을 빨리 보고 싶었다.

여러분은 이미 구처기가 이 마지막 관문에서 분신술을 썼다는 것을 알았을 것이다. 살육을 멈추는 임무를 완수하기 위해서 그는 반드시 완승을 해야만 했다. 그렇지 않으면 일대천교는 한 늙은 도인의 구구절절한 말을 듣지 않았을 것이다. 그래서 구처기의 일차적인 목표는 칭기즈칸이 그의 말에 귀를 기울이게 하는 것이었다. 먼저 기선을 잡지 않고서는 칭기즈칸이 그의 말을 진지하게 듣지 않을 것이고, 대화는 말할 것도 없다. 구처기는 칭기즈칸과 도를 논하려는 것이 아니고 전도를 하려고 했다. 따라서 그는 대칸이 도를 청하도록 만들었으니 구처기는 선생님이 되고 칭기즈칸은 학생이 되어야 했다. 그래서 구처기는 5관을 넘었고 홀란을 치료했다. 이런 이유 때문에 구처기는 자신이 가장 사용하기 싫어하는 법술을 여러 차례 펼친 것이다.

칭기즈칸이 구처기에게 제시한 다섯 개의 관문은 보통 사람이라면 하나도 넘을 수 없다. 다섯 번째 고비를 넘긴 구처기는 칭기즈칸에게 귀빈 접대를 받았다. 이런 접대는 형식적인 것이 아니라 칭기즈칸의 심리적인 인정을 의미하는 것이었다. 이때 칭기즈칸은 구처기가 다른 종교 지도자들을 훨씬 능가한다고 생각했다.

"홀란 황후께서 알현하십니다."

문밖에서 신하가 소리쳤다.

칭기즈칸은 자신의 귀로 들은 소리가 믿기지 않자 유중록을 쳐다보았고, 유중록은 "홀란 황후가 알현하기를 원한다."는 말을 되풀이했다.

칭기즈칸은 즉시 일어나 신선을 돌아볼 겨를도 없이 문으로 달려갔다. 홀란은 활짝 웃으며 두 시녀의 부축을 받으며 장막으로 들어오고 있었다.

"홀란, 정말 당신이구려. 이제 깨어났소? 정말 괜찮소?"

칭기즈칸은 홀란에게 달려가 그녀를 품에 꼭 안았다. 칭기즈칸은 홀란을 한참이 지나도록 품에 안고 있었는데, 그녀가 금방이라도 사라질까 두려웠다.

"말해보시오. 어떻게 깨어났는지."

칭기즈칸은 눈물을 흘렸다. 그는 두 손으로 훌란의 어깨를 잡고 찬찬히 바라보았다.

"대칸께 아뢰옵니다. 구처기 신선이 저를 구해주셨습니다."

훌란이 작은 목소리로 속삭였다.

"신선이 언제 당신을 구했소?"

대칸은 구처기가 훌란을 진료할 시간이 없었기에 의심스러웠다.

"방금 치료받았습니다. 저 때문에 걱정하시는 대칸께 알려드리려고 깨어나자마자 인사드리러 왔습니다."

훌란은 여전히 얼굴에 미소가 가득했다.

"신선은 줄곧 나와 있었고, 여기서 떠나지 않았소."

칭기즈칸은 장막 안에 서 있는 구처기를 바라보았다.

"구처기 신선께서 방금까지 저를 치료해 주셨으니, 대칸께서는 신첩을 놀리지 마시고 신선에게 상을 내려주십시오."

훌란은 칭기즈칸이 자신과 농담을 하는 줄 알았다.

"대칸, 구처기 신선은 확실히 줄곧 황후를 치료하고 있었습니다. 신은 계속 신선의 곁에 있었습니다."

야율초재도 증언을 했다.

훌란은 구처기에게 다가가 깊이 몸을 굽히며 감격했다.

"목숨을 살려주신 신선의 은혜는 평생 보답할 길이 없습니다."

"황후마마, 저에게 감사하실 필요는 없습니다. 황후께서는 마음이 착하시니 자연히 하늘의 가호가 있는 것입니다."

구처기는 자기가 훌란 황후를 치료했다는 사실을 칭기즈칸의 면전에서 인정한 셈이었다.

"진짜 신선입니다. 역시 신선입니다!"

칭기즈칸은 구처기가 홀란의 병을 치료한 것을 알고 매우 감격했다. 또한 칭기즈칸은 구처기의 분신술에 대해서도 매우 놀랐다. 칭기즈칸도 아는 것이 무척 많았지만 지금까지 이런 일을 겪은 적은 없었다.

"선인에게 어떻게 감사해야 할까, 어떻게 감사해야 할까?"

칭기즈칸은 자신에게 물었다.

"구처기 신선께서는 설마 이 고비도 넘기셨단 말입니까?"

야율초재는 수염을 쓰다듬고 머리를 흔들면서 아무리 생각해도 이해할 수가 없었다.

"야율초재 대인이 저를 데리고 대칸을 뵙지 않았습니까? 왜 늦으셨습니까?"

구처기가 야율초재를 보고 웃었다.

"신선께서는 소인을 놀리지 마십시오. 신선께 오체투지를 할 정도로 정말 탄복했습니다."

야율초재는 구처기를 향해 땅에 닿을 정도로 몸을 굽혔다.

칭기즈칸은 장막으로 돌아와 구처기의 손을 잡고 모든 사람들에게 말했다.

"이분은 내가 중원에서 모셔온 신선이시다. 앞으로 신선께서 하신 말을 모두 기록하고 모두 그대로 처리해야 한다. 내가 길일을 택해서 신선께 도에 대한 가르침을 청하겠다. 이후 신선께서는 우리들의 국사國師가 될 것이다."

칭기즈칸은 황제의 명으로 구처기가 한 말을 모두 기록하라고 했고, 이 기록을 담당한 사람은 바로 야율초재였다. 야율초재는 칭기즈칸 측근의 신하일 뿐만 아니라 역사, 몽골문자, 한문 등에 통달했기 때문이다.

훗날 야율초재가 칭기즈칸과 구처기의 대화 내용을 책으로 정리한 것이 《현풍경회록》玄風慶會錄이다. 그러나 이 책은 칭기즈칸과 구처기가 나눈 대화의 전부가 아니다. 실제 그들의 대화 내용 중에 칭기즈칸만 알고 있는 것, 사적이고 비밀스러운 내용 등은 외부에 공표할 수 없었다. 게다가 야율초재가 두 사람이 대화하는 자리에 없을 때도 많아 그가 모든 것을 다 알 수도 없었다. 구처기와 칭기즈칸의 이번 만남은 구처기의 제자 이지상도 《장춘진인서유기》에 기록했다. 그러나 구처기와 칭기즈칸이 회동한 자리에 이지상도 없었다. 이는 야율초재의 저술인 《현풍경회록》과 마찬가지로 모든 내용을 기록하지는 못했다. 일대천교와 일대종사의 최종적인 대결 내용은 세월이 지나서 이 상황을 '아는' 후손이 그 비밀을 풀 수밖에 없다.

야율초재는 《현풍경회록》 서문에 다음과 같이 기재했다.

국사 장춘진인은 선소宣召(임금의 부르심)를 받고 어쩔 수 없이 일어나 마침내 다른 곳에서 왔다. 그는 사막을 지나와 도와 덕을 베풀어 임금에게 충성을 했다. 싸움을 멈추어 만물을 구하는 공을 세우고 물러나 세상을 멀리한 채 하늘에 올랐다. 태상현원老子 이후에 수천 년 동안 오직 진인은 이 한 사람뿐이다.

야율초재가 윗글에서 구처기를 평가한 것을 보면 구처기는 칭기즈칸을 완전히 정복해서 '살생을 멈추기 위한' 포석을 깔아 놓았음을 알 수 있다.

구처기의 멀고 먼 서행의 목적은 명확하다. 바로 살생을 멈추는 것이다. 구처기는 칭기즈칸이 내린 국사國師라는 관직을 받아들일 생각이 없었다. 하지만 많은 신하들의 면전에서 대놓고 칭기즈칸의 체면을 깎을 수 없어서 구처기는 굳이 반박하지 않았을 뿐이었다. 그는 어느 나라의 국사도 원하지 않았다. 그가 항상 '야인이라 정사에 관여하지 않는다'고 하는 말은 그의 진심이었다.

신선에 대해 커다란 존경의 표시로 칭기즈칸이 국사라는 모자를 씌워주자 구처기는 걱정이 많아졌다.

국사國師는 중국 역대 제왕이 종교인 가운데 학덕을 겸비한 고결한 인물에게 내린 칭호다. 일반적으로 중국에서 국사라는 칭호를 처음으로 받은 사람은 북제北齊 시대(550~577)[57] 법상法常이다. 그러나 이후 더 많은 국사가 도교에서 나왔다. 예를 들어 당나라 국사 양균송楊筠松은 전형적인 도교 신도이며, 풍수학의 태두다. 일반적으로 한족이 통치하는 왕조의 국사는 대부분 도교에서 나왔다. 그러나 소수민족이 통치했던 왕조에서 국사는 시기별로 불교에서 나왔다. 국사는 실권은 없지만 지위가 매우 높아 황제의 이름을 빌려 많은 일을 할 수 있었다.

밤에 칭기즈칸은 군신들을 초청해서 대연회를 열었다. 오늘은 그에게 있어서 겹경사가 있는 날이었다. 황후 훌란의 병이 완쾌되었고, 진정한 신선 구처기와 만난 것이 그것이었다. 사랑하는 손자 무투겐이 세상을 떠난 이래 칭기즈칸이 활짝 웃는 것은 이번이 처음이었다.

야율초재는 일찍이 구처기와 제자들이 고기는 먹지 않고 과일만 먹는다는 사실을 대칸에게 알렸기 때문에 칭기즈칸은 좋은 과일을 대접했다. 유중록, 전진해, 아리선, 갈라팔해, 몽골타 등에게는 구처기를 호송한 공로로 표창이 내려졌다.

구처기는 금나라에서 여러 번 연회에 참가했다. 금나라의 언어, 문자, 가무는 기본적으로 한족화가 되어 있었지만 몽골인들은 여전히 자기 민

---

[57]   중국 남북조시대 중 북조에 속한 나라로 고양(高洋)이 건국함

칭기즈칸의 축하연회에 초청된 구처기 조사

족의 원형을 유지하고 있었다. 구처기와 칭기즈칸의 회담은 각각 야율아
해, 유중록, 야율초재가 번역했다.

금나라(여진인)와 달리 몽골의 가무는 순수한 몽골 민족의 춤과 노래
였다.

노래와 춤은 몽골족 생활의 일부였다. 고대 몽골인들은 손님을 환영
할 때면 '환영의 춤'[迎賓舞]을, 다른 부족과 동맹을 맺을 때는 '동맹을 결의
하는 춤'[聯盟締約舞]을 추었다. 또한 전쟁에 출정할 때는 '맹세를 하는 춤'[盟誓
舞]을 추는 등 각종 풍속적인 춤을 춘다. 이러한 무용은 계속 전승되어 왔
고, 몽골문화의 중요한 부분이다. 몽골족들은 '하늘의 교자'[天之驕子][58]라고

---

58   강성함은 하늘이 길러준 것이라는 의미에서 유래한 말로 흉노족을 일컬음

불리었다. 이들은 말 위에서 오랜 유목 및 수렵 생활을 했고, 호방함과 구속받지 않는 성격, 그리고 건장한 체격 때문에 춤 스타일 역시 거칠면서도 힘 있는 모습을 띠었다.

몽골초원의 탁 트인 넓은 공간은 꼿꼿하고 단정한 자태와 시선이 먼 곳으로 뻗어 나가는 춤사위를 만들었고 불교 등 종교의 영향을 받아 '둥근'[圓] 모양의 동작을 형성했다. 이들은 오랫동안 말을 타기 때문에 다리의 움직임이 제한되었고 춤을 출 때 몽골 장막의 협소함으로 인해 발놀림은 별로 없었다. 손목, 어깨, 팔 동작 등 상체를 사용한 세밀한 표현력이 발달했다.

몽골의 춤은 선명한 리듬과 열정적인 것이 주요한 특징이다. 동작은 주로 어깨를 떨고 손목을 뒤집는 것으로 몽골족 처녀의 아름답고 쾌활하며 열정적이고 밝은 성격을 표현한다. 남자의 춤사위는 곧고 호탕하며 걸음걸이는 경쾌하고 소탈하다. 이는 몽골 남성들의 민첩하고 용맹한 모습을 표현한 것이다.

몽골의 민요는 소리가 크고 웅장하다. 곡조는 낭랑하고 아득하게 멀리 퍼져서 은은하게 지속된다. 이것은 내몽골이 광활한 초원이라는 것과 관련이 있다. 장조 민요는 몽골의 유목 생활을 반영하는 목가적인 장르로 오랫동안 불리면서 축적되었다. 가사가 적고 곡조가 많으며 높고 멀리 퍼지면서 은은하고 느긋한 저음이다. 선율로 보면 절의 기운이 길고 기세가 이어지며 선율의 기복이 심하고 음역도 넓은 편이다. 종종 일부 지방에서는 연장음을 운용하여 소리를 끊임없이 이어지게 한다. 운치가 있고 리듬이 자유로우며 호흡이 넓다. 또한 정서적으로 감정이 깊고 독특하며 섬세한 비브라토 꾸밈이 있다.

구처기는 금나라 관리들과 교제한 적이 있어서 이런 상황에 맞출 수는 있지만 그의 마음은 가무에 있지 않았고, 전혀 다른 일이 마음속에 있었다.

독자들은 앞의 글에서 구처기 일행이 신사년辛巳年(1221년) 2월 8일 선덕주(현재 하북성 선화)의 서교西郊에서 출발한 사실을 기억하고 있을 것이다. 5월에 그들이 칭기즈칸의 고향 부근의 커루룬강 유역에 도착했을 때 개기일식이 한 차례 발생했다.

칭기즈칸의 손자 무투겐의 죽음은 '제후의 죽음', '변방 왕의 죽음'에 해당하는데, 이것은 이순풍이 언급했던 소위 '군주가 익렵弋獵(사냥)의 허물이 있다'는 뜻인가?

칭기즈칸에 대한 '일식'(하늘의 형벌)은 아직 오지 않은 게 분명했다. 그렇다면 언제 올 것인가? 어떻게 올 것인가? 구처기는 칭기즈칸의 생명을 안전하게 보호해야 했다. 그는 비록 칭기즈칸과 좋은 친구가 되었지만 그의 만 리 서행의 임무는 이제 막 시작되었고, 아직 완성되지 않았다.

칭기즈칸의 일생을 결산해 보면 그는 전쟁이 아니라 사냥을 하는 것이었다. 아니면 전쟁과 사냥을 했거나 하고 있는 중이었다. 그에게 사냥을 하지 않도록 설득하는 것은 술꾼에게 술을 마시지 말라고 권하는 것과 같고, 도박꾼에게 도박을 하지 말라고 하는 것과 같다.

칭기즈칸은 매우 기뻐서 술을 취하도록 마셨고 홀란의 장막에서 그녀에게 온갖 방법으로 정을 주었다. 다음날 아침 칭기즈칸은 기분이 매우 좋았지만 정신을 차리지 못했는데, 밤 사이에 정기가 다 빠졌기 때문이다. 그는 구처기를 불렀다.

"신선이 말하는 양생의 도는 무엇입니까?"

칭기즈칸은 영생은 없다는 것을 알고 대신 장수하는 방법을 물었다. 비록 그의 대무당이 도에 대한 가르침을 배울 시간을 1222년 9월로 점찍어 주었지만 칭기즈칸은 더 이상 기다릴 수 없었다.

"양생의 길은 생명을 보호하고 지키는 길입니다. 마음을 깨끗이 하는 것이 가장 중요합니다."

구처기는 정기가 다 소모된 칭기즈칸을 묵묵히 바라보았다.

"도인이 여색을 경계하는 이유는 무엇입니까?"

"도인이 강조하는 것은 정精, 기氣, 신神입니다. 정을 단련해 기를 만들고[煉精化氣], 기를 단련해 신으로 되돌리며[煉氣還神], 신을 단련해 허로 되돌리고[煉神還虛], 허를 단련해 도에 합하는 것[煉虛合道]입니다. 이렇게 해야 양생하고 장수할 수 있습니다."

"그것이 어찌 천리天理에 어긋나지 않는 것입니까?"

"수도하는 사람은 금욕을 해야 하지만 보통 사람도 음욕을 절제해야 하고 제멋대로 남용하는 것은 바람직하지 않습니다."

구처기는 정기가 쇠한 칭기즈칸을 바라보며 말했다.

"그러면 짐이 어떻게 해야 합니까?"

"음욕을 절제하셔야 하고 사냥을 하면 안 됩니다."

"음욕을 절제하는 것과 사냥은 무슨 관계가 있습니까?"

"대칸께서는 장수를 원하지 않으십니까? 원하신다면 제 말대로 하시면 됩니다. 그 이유는 이후에 대칸께 말씀드리겠습니다."

도를 가르칠 날짜가 오지 않았지만 구처기는 서둘러 칭기즈칸의 생명을 제약하는 두 가지 문제를 알려주었다. 성욕과 사냥, 이 두 가지는 모두 칭기즈칸이 좋아하는 것들이다. 칭기즈칸은 의지력이 매우 강했지만 실천은 하루아침에 될 일은 아니다.

그리고 실제로 칭기즈칸은 이 조건들을 지키지 않았다.

제25장

친히 도를 묻고
진심을 드러내다

5관五關을 통과한 구처기에 대해 칭기즈칸은 진심으로 탄복했다. 특히 홀란 황후의 병을 고쳤으니 칭기즈칸은 말로 다 할 수 없이 감격했고 그를 더욱 흠모하게 되었다. 일대천교와 일대종사의 최종 대결은 구처기의 완승이었다.

칭기즈칸은 장생천이 구처기를 보내주었다고 생각했다. 칭기즈칸이 지금껏 고민해온 것은 자기와 장생천 사이에 '매개체'가 부족한 것이었다. 따라서 지금 구처기는 하늘의 이치를 알고 인간의 모든 일에도 능통해서 자신에게 매우 적합한 '매개체'였다. 그래서 구처기를 국사로 임명하고 스승으로 대했다. 그는 오직 한 사람의 스승이었다. 그래서 그는 부하들에게도 모든 일을 신선이 말한 대로 처리하라고 명령했다.

도를 가르쳐야 할 시일이 아직 많이 남았지만 북방에서 군사적인 움직임이 포착되었다. 욕정을 절제하고 사냥을 금지해야 하는 칭기즈칸은 몸이 근질거려서 직접 군사를 이끌고 징벌하려고 했다. 칭기즈칸은 당연히 구처기가 따라가기를 원했지만 신선은 단호히 거절했다.

"저는 시끄러운 군마의 요란함을 견디지 못하고 청정하기를 원합니다. 먼저 사마르칸트로 돌아가서 대칸께서 부르시기를 기다리겠습니다."

구처기는 칭기즈칸에게 작별 인사를 했다.

"신선이 사마르칸트로 돌아가 쉬신다면 태사 야율아해를 배치해서 잘 보살피도록 할 것입니다."

칭기즈칸은 구처기가 쉬지 못할까 봐 걱정이 되었다.

"야율아해 대인과 저는 좋은 친구입니다. 대칸께서는 안심하셔도 됩니다."

"신선이 짐에게 또 당부하실 것이 있습니까?"

"욕망의 절제와 사냥 금지입니다."

"좋습니다. 욕망의 절제와 사냥 금지."

칭기즈칸은 구처기 신선의 말을 되풀이하며 굳게 결심했다.

칭기즈칸은 일단 구처기 신선의 요청에 따랐다. 그는 홀란 황후를 이르시티강의 주변 부얼진布爾津[59]으로 가도록 했고, 사냥도 애써 참았다.

구처기는 사마르칸트로 가는 과정에서 왔던 길을 선택하지 않고 대석^{大石}과 석문^{石門}을 거쳐 다른 길로 갔다.

석문(현재 신장위구르자치구 창길주 부강시 경내에 위치)은 천지풍경구의 입구로, 수십 미터에 달하는 석벽이 우뚝 솟아 그 길이가 약 1백여 미터나 된다. 또한 그 모습이 기이해서 마치 대문이 열린 것처럼 보인다고 해서 석문이라고 부른다. 마주보고 있는 두 절벽 사이의 폭이 가장 넓은 곳이 겨우 10여 미터에 불과하고 그 가운데 길이 통해 있다. 따라서 '두 절벽이

---

59 현재 신장위구르자치구가 직할하는 현급의 시로, 베이툰시(北屯市)를 말함. 신장 북부와 아럴타이지구의 남쪽에 위치하여 '한 번 닭이 울면 인근의 네 나라가 모두가 들을 수 있을 정도로 서로 가깝게 붙어 있는 나라'[鷄鳴聞四國]로 불리며 러시아, 카자흐, 몽골 등지로 통하는 교통로임.

마주하고 그 사이로 하나의 선이 통하는 듯한' 경치라고 해서 '석문 일선'이라고 이름 지은 것이다.

석문은 옛 수로로, 마치 귀신이 잘라낸 협곡처럼 생겨 석협石峽이라고도 한다. 또한 그 돌의 빛이 주물 색과 같아서 철문관鐵門關이라고도 불린다. 벼랑 끝은 높고 형세는 우뚝해서 한 사람이 관문을 지키면 만 명도 뚫을 수 없을 정도로 험준하다. 삼공강三工河(신장 푸캉시 남쪽에 위치)은 문의 안쪽에서 세차게 출렁이며 내려오고 물길은 빙빙 돌아 눈처럼 물보라가 쌓여 우레와 같은 소리가 난다. 골짜기는 깊고 냉랭해서 그야말로 별천지라고 할 수 있다.

석문을 지나면 버드나무가 우거지고 백화가 만발한 또 하나의 마을이 있다. 입구에서 멀리 천지天池를 바라보면 폭포가 겹겹이 솟구쳐 오른다. 취선정과 문도정, 그리고 경천 등의 정자들이 우뚝 서 있다. 산길이 구불구불 이어지면서 가문비나무가 연이어 있고 상서로운 구름이 광채 사이로 나타나 마치 신선이 사는 곳과 같다. 아직 천지에 이르지도 않았지만 이미 경관이 웅장하고 진기해서 감탄이 절로 나온다.

1222년 3월, 구처기 일행은 사마르칸트를 출발해서 히말라야산 남쪽 기슭의 팔로만八魯湾(현재 아프카니스탄 카불 북쪽)에 도착했고, 5월 5일에 다시 사마르칸트로 돌아왔다. 불과 한 달여 만에 기후가 크게 변했다.

출발할 때는 울창한 봄이었는데 지금은 초목이 시들고 꽃이 지는 가을이었다. 이곳의 기후는 확실히 중원과는 달랐다.

구처기는 다음과 같은 시를 지었다.

타국에서 심원한 일들은 끝이 없고 변덕스러운 날씨는 어찌할 방법이 없다.
겨우 4월이 되서야 추위가 지나갔는데 벌써 가뭄이 극에 달하였다.
모든 하천을 적셔주는 여름이 되어야 하지만 겨울처럼 모든 풀이 사라졌다.

우리는 왕복 3천 리를 갔지만 비를 본 사람이 없다.

야율아해는 구처기 신선이 사마르칸트로 돌아온 것을 알고 문무백관과 함께 성 밖으로 나와 영접했다. 태사가 국사를 영접하니 실로 장관이었다. 야율아해는 여전히 무함마드의 왕궁에 구처기 일행을 안내했다.

"신선께서 국사로 봉해졌다니 기쁘고 축하합니다."

야율아해는 두 손으로 주먹을 쥐고 공수하면서 예를 표했다.

"태사께서는 빈도를 비웃지 말아주세요. 저는 결코 국사가 될 수 없습니다."

구처기는 국사에 관심이 없었다.

"신선께서 '고집쟁이'를 항복시킨 것 같습니다?"

야율아해는 구처기를 향해 모종의 미소를 지었다.

"아직 강의할 시간이 되지도 않았는데, 무슨 항복을 운운할 수 있겠습니까?"

"대칸을 설득할 수 있는 분은 오직 신선뿐이십니다."

"저를 그렇게 믿으십니까?"

"신선께서 히말라야산에서 5관五關을 넘고 홀란 황후의 병까지 고치셨다고 하니 국사가 되신 것은 당연한 일 아닙니까!"

"우리 국사에 대한 이야기는 그만하면 안 되겠습니까?"

구처기는 이런 칭호를 좋아하지 않았고, 또한 그것이 서행의 목적도 아니었다.

"대칸은 많은 종교 지도자를 만났는데, 이 영광을 얻은 분은 신선이 유일합니다!"

야율아해는 구처기를 숭배하며 바라보았다.

"대칸께서는 저와 대신들에게 제가 한 말을 모두 그대로 따르겠다고 했습니다. 대칸은 식언을 하십니까?"

구처기는 칭기즈칸의 성격을 조금 더 깊게 알고 싶었다.

"당연히 그렇지 않습니다. 대칸은 말씀하신 것은 반드시 지키십니다. 단, 전제가 있지만……."

"무슨 전제입니까?"

"대칸은 장생천을 믿습니다. 그래서 신선이 장생천과 어떤 관계가 있다고 믿으시는 것 같습니다."

"하늘은 오직 하나입니다."

구처기는 손가락으로 하늘을 가리키며 웃었다.

"그럼 살육을 멈추게 하는 일은 신선께 맡길 수밖에 없습니다."

야율아해는 구처기를 향해 두 손을 쥐고 공수했다.

이들은 서로 동년배이고 모두 대칸의 살육을 싫어하는 마음이 같아 대화를 이어가면서 마치 오랜 친구처럼 대했다. 대칸의 특별한 당부가 없었어도 야율아해는 구처기에 대한 접대를 성대하게 했을 것이다.

사마르칸트에서 3개월을 머물다가 강의할 날짜가 다가오자 1222년 8월 7일, 아리선은 신선을 수행해 오라는 대칸의 명령을 받았다. 다음날 8월 8일, 구처기 일행은 출발했다. 야율아해는 군사를 거느리고 몇 십 리를 호송하다가 구처기의 거듭된 권유로 돌아갔다. 갈석성碣石城을 지나자 다시 1천 명의 몽골병사가 호위하여 그 대열이 웅장했다. 8월 15일, 보름달을 마주한 구처기는 시 한 수를 읊었다.

예부터 추석달이 가장 밝았고, 서늘한 바람이 불어오니 청정한 밤이다.

하늘이 맑아 은하수는 또렷하고, 온 바다는 맑아 헤엄치는 물고기를 본다.

오월루吳越樓는 노래로 가득 차 있고, 연태燕泰의 군영에는 노래와 술과 음식이 가득하다.

나의 황제에게 임하臨河(내몽골자치구 린허시)에서 전쟁을 멈추게 해서 세상을 태평하게 하려고 한다.

1222년 8월 22일, 구처기 일행은 칭기즈칸 행궁에 도착했다. 칭기즈칸이 전진해를 보내 신선을 대칸의 장막으로 모시라고 명령했다.

"신선께서는 잘 쉬셨습니까? 신하들이 극진히 모셨나요?"

칭기즈칸은 구처기에게 자리를 권했다.

"대칸께서 잘 보살펴 주셔서 감사합니다. 저는 잘 쉬었고 그들도 저를 잘 돌보아 주었습니다."

"짐과 함께 식사하실 수 있습니까?"

"대칸의 호의에 감사하지만 저는 조용한 것이 좋고 아무것이나 먹지 않으니 이해해 주시기를 바랍니다."

"좋을 대로 하십시오. 짐이 이미 신선의 처소에 과일을 갖다 놓고 시중을 들라고 했습니다."

8월 27일, 칭기즈칸이 말을 타고 북쪽으로 향하자 구처기가 따라갔다. 9월 1일, 아무르강을 건너자 구처기는 칭기즈칸에게 주문했다.

"시간이 다 되었으니 야율아해를 불러 함께 도를 듣게 하십시오."

이에 칭기즈칸은 즉시 사람을 보내 야율아해를 불러들였다.

9월 15일 저녁, 칭기즈칸이 정식으로 도를 물었다. 장막은 전체가 깨끗이 청소되었고 기운은 엄숙했다. 또한 내부는 등불을 켜서 대낮처럼 밝았다. 칭기즈칸은 강의를 시작하기 전에 세수를 하고 구처기와 나란히 앉았다. 단 아래에는 몇 자리를 비워두어 야율아해와 아리선, 그리고 야율초재를 초대했다.

"이제 도를 전하실 수 있습니다."

칭기즈칸은 기대했다.

"유중록 대인, 전진해 장군은 저를 호송하느라 수고가 많았는데, 같이 듣는 것이 어떻겠습니까?"

구처기는 칭기즈칸에게 의견을 구했다.

"모든 것은 신선께서 알아서 하십시오."

유중록과 전진해도 장막에 초대되어 함께했다

"하늘은 장생천이 아닙니까?"

칭기즈칸은 의혹이 생겼다. 그는 많은 종교를 접했지만 장생천을 굳게 믿었다.

"하늘은 하나이고, 단지 부르는 호칭만 다를 뿐입니다."

"다른 호칭들은 어떻게 이해해야 합니까?"

구처기와 만나기 전에 칭기즈칸은 장생천과 가장 가까운 사람은 자신이고 그래서 자기가 장생천의 '외아들'이라고 생각했지만 구처기 앞에서는 자신이 없어졌다. 그는 구처기가 장생천이나 하늘과 더 가깝다는 것을 알게 되었다.

구처기는 전도를 시작했다.

"중원에 유교·불교·도교가 성행해서 우리 스승이신 왕중양 조사는 삼교합일을 주장했습니다. 저는 먼 길을 떠나오면서 무속신앙, 이슬람교, 기독교, 마니교 등을 접했습니다. 천지의 이치는 하나뿐이고 모든 종교의 근원은 그 하나입니다."

"그럼 신선의 말에 따르면 모든 종교는 하나의 하늘을 믿는 것입니까?"

"하늘도 땅도 하나입니다."

"그렇다면 하늘과 땅 사이에 있는 수행자들은 어떻게 다릅니까?"

구처기는 다음과 같이 설명을 했다.

《황제내경·소문·상고천진론》黃帝內經·素問·上古天眞論에 황제와 기백岐伯[60]의 대화가 기록되어 있다. 수행의 정도는 인간의 수명과 관련되어 분류할 수 있다. 이에 진인眞人, 지인至人, 성인聖人, 현인賢人으로 나눈다.

진인 : 천지를 이끌고 음양을 장악한다. 정기精氣로 호흡하고 홀로 신神을 지키며 몸을 온전하게 해서 천지처럼 끝이 없이 오래 산다. 이는 양생의 법칙에 맞추어 살았기 때문에 신선의 반열에 속한다.

지인 : 도덕을 잘 지키고 사계절 모두 음양이 조화롭다. 그리고 세상 풍속을 떠나 정을 간직하고 신을 온전히 해서 천지 사이를 오갈 수 있었으며 먼 곳까지 보고 듣는다. 그렇게 해서 오래 살게 되니 역시 진인이 된다.

성인 : 성내는 일이 없으며 세상을 떠나 행하지 않는다. 세속의 복장을 하고 있지만 세속적으로 행동하지 않고 욕심을 내지 않는다. 신체적으로는 과로하지 않고 정신적으로는 걱정 없이 마음을 평온하고 기쁘게 노력하니 자연스럽게 일이 이루어져 공을 이루게 된다. 몸이 상하지 않고 정신을 흩어놓지 않았기 때문에 100세 이상을 살 수 있다.

현인 : 자연의 법칙에 따라 해와 달과 별이 도는 것에 순응하고 음양의 변화에 맞추어 사계절을 분별할 줄 안다. 상고시대의 사람을 힘써 따라 하며 양생의 법칙에 부합했기 때문에 역시 수명을 연장시켜 일반인에 비해 오래 산다.

불교는 수행의 차원에 따라 부처, 보살, 나한 등으로 나뉜다. 부처는 깨달아서 원만행을 하고 스스로 각성해서 유정有情과 무정無情 사이에 있다. 보살은 아직 원만행에 도달하지 못하고 깨닫기는 했지만 아직 정이

---

60 중국 상고시대에 명망 있는 의학자이자 도가의 명인. 의술과 맥리에 밝아 후대에 중의학의 시조, 혹은 의술의 성인으로 불림. 이 황제내경 소문의 대화는 황제가 묻고 기백이 답을 하는 의학의 이론으로 중국 전통의학에서 기백은 가장 중요한 위치에 있음.

남아 있다. 나한은 깨달았지만 무정해서 스스로 깨닫지 못한다.

유교는 순수하게 입세入世(입신출세)를 위한 학문이다. 공자는 사람을 대성大聖, 현인賢人, 군자君子, 선비士, 용인庸人 등의 다섯 가지로 분류했다.

공자는 대성을 최고의 경지로 여겼다. 무엇이 대성인가? '대도에 통달하고 임기응변에 막힘이 없으며 만물의 성정을 분별하는 사람'이다. 즉 위대한 성인은 모르는 것이 없고 대도에 부합하며 자기 행위를 다른 사람이 알기가 어렵지만 만물의 조화로운 운영을 보장할 수 있다. 이러한 사람을 '대성'이라고 한다.

성인 아래에는 '현인'이 있다. 소위 현인은 행위가 규범에 맞으면서 근본을 해치지 않는다. 말과 행위의 근본을 세상에 두어 천하를 부유하게 하고 재앙이 없다. 세상에서 베푸는 삶을 살고 병이 없으며 빈곤하지 않다. 이와 같으면 현인이라고 할 수 있다. 공자는 현인은 규칙에 부합하는 행위를 하고 말은 천하를 본받으며 또한 언행으로 해를 입지 않는다고 했다. 또한 현인은 세상을 부유하게 하고 재물을 얻는 데 도리가 있고 돈을 전부 기부해도 빈곤하지 않고 병을 앓지 않는 사람이다.

현인 아래는 군자다. 공자는 군자에 대한 정의를 이렇게 내렸다. '군자란 말은 충직하고 신의가 있는 사람이다. 마음은 부덕하지 않고 인의는 몸에 배어 있다. 사려가 밝고 정통하며 말다툼을 하지 않는다. 그러므로 이런 사람을 군자라고 한다.' 즉 충성하고 신의를 지키며 스스로 공덕이 있다고 여기지 않는다. 인의에는 도리가 있으며 자랑하지 않고 예지가 총명하며 쟁론하지 않는다. 타인이 귀감으로 삼아 따르려는 사람이 군자다.

'군자' 아래는 '선비'다. 선비는 모든 도와 술수에 통달할 수 있는 사람은 아니지만 어느 정도 기반은 갖추고 있다. 비록 모든 사람에게 칭송을 받을 수는 없지만 계속 노력하는 사람이다. 많은 지식은 없지만 신중하고 세밀하려고 한다. 말이 많지는 않지만 말에 근거가 있고 내용이 충실하다. 많은 일을 하지 않지만 무엇을 해야 하는지 안다. 가장 중요한 것은 부귀를 탐할 수 없고 빈천을 없애지 못하는데 이런 사람을 선비라고 한다.

공자는 가장 부족한 사람을 '용인'이라 불렀다. '용인이란 좋은 말을 하지 않고 마음에 의문을 품지 않는다. 현인과 선사를 알아보지 못해 어떻게 자신을 의탁해야 하는지 모른다. 행동을 할 때 어찌할 줄을 모르고 어디서 멈추어야 하는지 모르며 어떤 것을 선택할 때 귀한 것을 알지도 못한다. 만물이 흐르지만 어디로 돌아가는지 알지 못한다. 오욕에 사로잡혀 마음이 악한데 이와 같이 하는 사람을 용인이라고 할 수 있다.' 언변이 화려하지만 지식이 부족하고 자기 행동의 이유를 모르며 안이비설신眼耳鼻舌身으로 인한 다섯 가지 욕망에 의해 지배되는 사람을 용인이라고 한다.

불교와 도교는 천지의 이치를 더 많이 탐구하며 유교는 출세出世와 인간 사이의 질서를 더 많이 강조한다. 그래서 도가는 사람됨을, 유가는 세상일을, 불가에서는 마음 닦는 것을 중요시한다. 유교·불교·도교를 한 나무에 비유하면 뿌리는 도가이고, 줄기는 불교, 그리고 가지와 잎은 유교라고 할 수 있다. 나무 한 그루를 어떻게 나눌 수 있을까? 그래서 왕중양 사부는 삼교가 원래 하나의 선조이자 가르침이라고 했다. 노자는 '도라고 말할 수 있는 것은 도가 아니고, 이름을 붙일 수 있는 것은 이름이 아니다'라고 했다. 억지로 해석을 한다면 도는 우주의 본원적인 진리이므로 도라고 그 이름을 붙일 수 없지만 교화를 위한 방편으로 이렇게 명명한다. 대칸은 총명해서 의미를 알 수 있었지만 그 심오함은 말로 표현할 수 없었다.

"신선과 부처의 경지에 이르러야 장생천과 소통할 수 있습니까?"

칭기즈칸은 자신이 장생천과의 소통이 부족하다고 생각했고 장생천의 생각을 읽지 못해서 고민해왔다. 그리고 대무당도 장생천과의 소통이 미진하다고 생각했다. 구처기는 5관을 가볍게 넘었고, 특히 분신술은 구처기가 장생천과 특별한 의사소통 능력을 가지고 있다는 것을 칭기즈칸에게 확신시킨 계기가 되었다.

"대칸의 말씀이 맞습니다. 수행이 높을수록 진리를 더 잘 이해할 수 있습니다. 햇빛은 흐린 날에도 또는 동굴 속에 있어도 항상 모든 곳에 내리쬐는 것처럼 진리는 바로 눈앞에 있지만 우리가 두 눈을 가리고 있을 뿐입니다."

"도가 수행에서는 영생을 어떻게 해석하고 있으며 가능한 것입니까?"

칭기즈칸은 이 문제에 관심이 많았다. 그는 구처기가 300여 년을 살았다고 믿지 않았고, 게다가 구처기도 자신이 겨우 75세라고 했지만 칭기즈칸은 여전히 영생에 미련이 남았다. 그는 구처기가 300여 년을 살지 않았다는 것을 알았지만 그래도 자신에게 불로장생약을 가져다주기를 바랐다.

구처기는 잠시 멈춘 후 이야기를 이어갔다.

"사람은 장수할 수 있지만 육체는 영생할 수 없습니다. 전진교는 육체가 세상에 영원히 존재하는 것을 바라지 않고 천지와 함께 장수하는 '진성'眞性을 추구합니다."

"그럼 장수는 어떻게 해야 합니까?"

칭기즈칸은 몸이 건강해서 젊었을 때는 생사에 전혀 관심이 없었지만 나이가 들어가면서 자신의 희끗희끗한 귀밑머리를 보고 죽음이 다가오고 있음을 알았다. 그는 죽음을 두려워하지는 않았지만 죽음을 싫어하고 오래 살고 싶었다.

"마음을 깨끗이 하고 욕심을 적게 하며 효도와 선을 다해야 합니다. 만일 음덕을 쌓지 않으면 장수할 수 없습니다."

"신선의 자세한 설명을 듣고 싶습니다."
구처기는 다음과 같이 설명했다.

천지의 사람은 귀한 존재입니다. 따라서 사람의 몸은 기린의 뿔처럼 얻기 어렵고 만물은 소의 털처럼 어지럽습니다. 사람의 몸을 얻은 이상 진리를 닦는 것을 즐기며 선을 행하고 복을 수행하면 점차 묘도妙道에 이릅니다. 제왕에 오르면 백성에게 항복해야 하는데, 존귀함과 비천함은 달라도 목숨은 모두 같기 때문입니다. 제왕은 천인天人이 인간세상으로 내려온 존재로, 만일 복을 잘 닦으면 승천할 때 자기가 있던 자리로 되돌아가고, 선을 행하지 않고 복을 쌓지 못하면 오히려 천인으로서 공로가 미비하고 행동이 적은 사람이 되었으니 다시 다음 생에 복을 닦아야만 높은 지위를 얻을 수 있습니다.

옛날 헌원軒轅[61]씨는 천명으로 세상에 내려와 당대에 백성이 되고 다음 생에 신하가 되었으며 삼생에 임금이 되었습니다. 세상을 구제하고 백성을 안정시키며 공덕을 쌓아 수명을 다해 승천할 때 과거의 존귀한 지위로 돌아갔습니다. 폐하께서 수행하는 방법은 다른 것이 없습니다. 밖으로 음덕을 닦고 내적으로는 정과 신을 단단히 하는 것입니다. 백성을 구제하고 대중을 보호하며 천하를 안심시키는 것은 곧 외행이고, 욕심을 덜어내고 신을 보호하는 것은 내행입니다. 사람은 음식을 기본으로 하는데, 그것은 맑은 사람에게는 정기가 되고, 탁한 사람에게는 똥과 오줌이 됩니다. 탐욕스럽고 색을 밝히면 정력을 잃고 기력이 소모되어 쇠약해집니다. 폐하께서는 이것을 더욱 아끼셔야 하는데 하물며 이미 하룻밤 사이에 심히 훼손되도록 제멋대로 하셨습니다. 욕망을 완전히 끊을 수는 없지만 절제하는 것은 거의 도에 가깝습니다.

---

61 중국의 전설적인 황제.

무릇 사람의 신神은 아들子이고, 기氣는 어머니母입니다. 기는 눈을 통과하면 눈물이 되고 코를 통과하면 고름이 됩니다. 또한 기가 혀를 통과하면 타액이 되고 몸 밖으로 나가면 땀이 됩니다. 몸 안을 지나면 피로, 뼈를 지나면 골수가 되고 신장을 지나면 정精이 됩니다. 기가 온전하면 살고 기가 흩어지면 죽습니다. 기가 성하면 강해지고 기가 쇠하면 늙습니다. 항상 기가 흩어지지 않는 것은 곧 자식이 어머니가 있는 것과 같고 기가 흩어지면 자식이 부모상을 당한 것과 같으니 어찌 믿고 의지하겠습니까?

신과 기는 한 몸이고 정수精髓는 그 근원이 하나이니 폐하께서 한 달 동안 고요하게 홀로 침수에 드신다면 반드시 정신이 맑고 근골이 강건함을 느끼실 것입니다. 옛사람이 말하기를 천조의 약을 복용하는 것보다 하룻밤 홀로 자는 것이 낫다고 했습니다. 약은 풀이고 정수는 골수인데, 골수를 빼고 풀을 첨가하면 무슨 유익이 있겠습니까? 예를 들어 주머니에 금이 있는데 금을 빼고 철을 넣으면 주머니가 가득 찼다고 해도 철만 남습니다. 약을 복용하는 이치가 어찌 다르다고 할 수 있습니까? 옛날 사람들은 후손을 낳아야 한다는 이유로 아내를 얻어 가정을 꾸렸습니다. 성인이신 주공周公, 공자, 맹자는 각각 아들이 있는데, 공자는 마흔 살이지만 미혹하지 않았고, 맹자는 마흔 살에도 마음이 움직이지 않았습니다. 인생은 마흔이 넘으면 기혈이 쇠해지기 때문에 색을 경계해야 합니다.

폐하의 후손은 무수히 많으니 마땅히 보양을 하고 욕심을 경계하는 것이 좋습니다. 옛날 송나라 상황은 본래 천인이었고, 신선 임영소林靈素라는 사람이 있었습니다. 황제가 신선을 데리고 하늘로 올라가서 궁에 들어가 이름을 신소궁神霄宮이라고 지었습니다. 그곳은 굶주리거나 목마르지 않으며 추위와 더위도 없이 소요무사하고 쾌활하며 자유로웠습니다. 따라서 오래 살기를 원하여 다시 인간으로 돌아가려는 뜻이 없었습니다. 그러나 임영소 신선께서 권하시기를, 황제께서 하늘의 명으로 인간 세상에 와서 천자가 되어 공부도 아직 끝나지 않았는데 어찌 이곳에 거할 수 있겠느냐고 하시니 결국 인간 세상으로 내려왔습니다. 이후 여진국이 건국되어 태조황제의 장수 루실^{塻夫}이 황제를 사로잡아 북쪽으로 돌아가 오랜 세월 동안 수도에 있었습니다. 이런 일로 볼 때 하늘에서의 기쁨은 인간세상에서 맛보는 즐거움의 만 배 그 이상입니다. 또한 인연이 아직 끝나지 않았음을 알았으니 어찌 갑자기 돌아갈 수 있겠습니까. 옛날에 같은 도문으로 출가한 네 사람이 있었는데, 그 세 번째 사람이 먼저 승화하여 몸을 바꾸고 속세를 떠났습니다. 이렇게 하면 천백 년 동안 여러 가지 모습으로 몸을 나툴 수 있는 화신^{化身}이 되고 못하는 것이 없는 존재가 됩니다. 고생이 많고 세상을 뜨지 못하는 것은 인연 때문입니다.

사람이 생겨나기 전에는 도를 중시하고 춥지도 덥지도 않고 굶주리지도 않았습니다. 아무 생각이 없어 즐거웠습니다. 그러나 태어나서 이미 형태가 정해지면 눈은 색을 보고, 귀는 소리를 듣고, 혀는 맛을 보고, 생각을 하니 만사가 생겨납니다. 옛사람들은 마음으로 생각을 다스릴 수 없었기 때문에 마음을 이리저리 다니는 원숭이로, 생각을 말^馬로 비유했으니 이것이 얼마나 어려운 문제인지 알 수 있습니다. 옛말에 이르기를, 맹수를 쉽게 굴복시킬 수는 있지만 한 치의 마음은 꺾지 못한다고 했습니다. 그것이 도를 이루고 승천하는 지름길입니다.

도인이 진성을 수련하고 마음을 단련하는 것은 마치 고인 물과 같은 차분한 마음을 갖기 위함입니다. 물이 고요하고 맑으면 만물이 찬란하게 비치는 것을 알 수 있습니다. 물이 흘러 움직여서 탁해지면 어찌 만물을 감찰할 수 있겠습니까? 본래 진성은 흐르는 물이 멈추는 것과 같습니다. 그러나 눈으로 색을 보고, 귀로 들어 즐겁고, 혀로 즐기고, 생각이 일에 머물러 있는 것이 계속된다면 이는 바람에 흩날리는 파도와 같습니다.

도인이 처음에 마음을 다스리는 것은 매우 어렵지만 오랜 세월 공이 깊어져 계속 덜고 덜어내면 무위에 이릅니다. 도인이 홀로 마음을 다스리기도 여전히 어려운데 천자는 세상에서 부유하고 날마다 만 가지 일이 있으니 마음을 다스리는 것이 어찌 쉽겠습니까? 그러나 색욕을 절제하고 생각을 숨기며 또한 하늘의 도움을 얻을 수 있다면 사악함을 완전하게 끊을 수 있습니다. 옛날 헌원황제가 활을 만들고 군대를 창건해 천하를 위협해서 그 공적이 성취될 즈음에 선인 광성자廣成子[62]에게 가르침을 청하여 몸을 다스리는 도를 묻자 광성자는 다음과 같이 말했습니다. "당신은 생각과 근심으로 경영하지 않으니 한마디면 족합니다. 소위 수신의 도는 중도가 중요합니다. 너무 노하면 몸이 상하고, 너무 기뻐하면 신이 상하고, 너무 생각이 깊으면 기가 상합니다. 이 세 가지는 도를 심하게 훼손하니 경계하는 것이 좋습니다." 폐하께서는 이미 신神이 진성이 되는 것을 알고 계시기 때문에 몸은 덧없는 것이라는 것을 아십니다. 색을 보고 마음이 일어나면 마땅히 몸은 가짜이고 신이 진짜라는 것을 알고 스스로 생각을 멈출 수 있습니다.

사람이 태어나 장수하는 것은 어렵고, 게다가 짐승처럼 매년 아이를 낳으면 순식간에 요절합니다. 노인이나 장년, 그리고 소년이나 아이 등도 장수가 어려운 것은 마찬가지입니다. 고로 20~30세는 하수이고, 40세~50세는 중수이고, 60세~70세는 상수입니다. 폐하께서는 춘추가 이미 상수에 접어들었으니 덕을 닦고 몸을 보신하여 미수眉壽(장수)를 준비하셔야 합니다.

구처기는 칭기즈칸이 제일 먼저 관심을 갖는 것은 '장수'長壽라는 것을 알고 마음을 맑게 하고 욕심을 절제하도록 이야기했고 선행과 효를 다해 음덕을 쌓는 것 등을 강의 주제로 삼았다. 그는 칭기즈칸이 도를 물어볼

---

62 《장자》 제유편과 《신선전》에 의하면 광성자는 중국 서쪽의 공동산(崆峒山)의 석실(石室)에서 선도를 닦으면서 살고 있었는데 황제 헌원이 찾아와 도를 물어 가르쳤다고 함.

기회를 놓치지 않을 것을 알았기 때문에 칭기즈칸에게 끝까지 듣게 하려고 했다.

"신선이 욕심을 절제하라는 말을 많이 하니 짐은 똑똑히 알아들었습니다. 다만 장수는 효도하고 음덕을 쌓는 것과 관련이 있다는 것을 정확하게 말씀해 주시지 않았으니 자세히 듣고 싶습니다."

칭기즈칸의 말을 들은 구처기는 이어 다음과 같이 설명을 했다.

상고시대에 사람에게는 3맥이 있다고 했는데 영맥靈脈, 혈맥血脈, 기맥氣脈 등입니다. 이 세 가지 맥을 잃으면 혼백魂魄이 바르지 않고 영혼靈魂이 없습니다.

영맥은 천지의 영이고, 우주의 '현명'玄冥이라는 의미로 영맥이라고 합니다. 영맥으로 신령神靈을 얻으면 만물이 살아 있는 영[生靈]을 얻습니다.

혈맥은 선천적으로 발원하여 사람에게 연속성을 갖게 하는데, 이를 혈맥이라고 하고 사람의 육체와 심령心靈을 만듭니다.

기맥이란 사람이 후천적으로 지혜를 얻는 것으로, 이를 기맥이라고 합니다. 기맥은 사람이 덕을 갖게(얻음) 하거나 덕이 없게(얻지 못함) 합니다.

혈맥이 충분하면 몸이 건강하고 기맥이 충만하면 지혜가 생깁니다. 혈맥은 조상과 부모, 그리고 내가 연속되도록 하는데, 이는 모두가 아는 것입니다. 부모는 피와 기 두 가지가 합쳐진 맥이기 때문에 부모는 바로 우리 마음속에 있는 신선과 부처입니다. 산을 넘고 물을 건너 신선과 부처에게 빌기보다는 집에서 부모님께 효도하는 것이 낫습니다.

백 가지 선행과 효도가 우선이지만 부모에게 정이 없고 공경하지 않으면 하늘의 보살핌을 받지 못하고 장수는 말할 것도 없습니다. 만약 효도를 다하지 못하면 육신의 수명은 반드시 줄어들 것이고, 반대로 하면 부모는 후세의 재난을 막아 자손의 수명을 연장시켜 줄 것입니다.

"신선의 말씀이 옳습니다."

칭기즈칸은 감개무량했다. 자신은 일생 동안 여기저기 정복 전쟁을 다니면서 어머니를 오랫동안 만나지 못했다고 생각했다. 매번 출정하기 전에 장생천에게 제사를 지냈지만 아버지에게는 제사의 의무도 다하지 못했다(역사서에서도 예수게이를 칭기즈칸의 아버지라고 한다. 호엘룬 역시 예수게이가 약탈한 부인으로, 이후 태어난 테무진 역시 출생의 비밀이 있다). 구처기의 이 말은 칭기즈칸의 어린 시절 추억을 불러일으켰다. 어머니와 아버지의 그림자가 갑자기 그의 눈앞에 떠올랐고 어린 시절의 많은 장면이 그의 뇌리에 엄습해서 마음의 상처를 피할 수 없었다. 그는 특히 어머니에게 미안함을 느꼈다.

"대칸께서 가족을 그리워하시니 수하의 몽골 용사들은 어찌 그립지 않겠습니까?"

구처기는 전도의 효과가 있다는 것을 알았고, 이 말은 동쪽에서 다시 전쟁을 할 때 칭기즈칸에게 큰 영향을 주었다.

"무엇이 선한 것입니까? 신선의 가르침을 바랍니다."

칭기즈칸은 이미 구처기의 생각 속으로 이끌려 들어갔다.

구처기는 다음과 같이 간단하게 말했다.

선은 하늘과 도를 합치시키고 사람과 도를 합치시킨 것입니다. 하늘과 도를, 또한 인간과 도를 합한 것이 대선大善입니다. 만일 하늘과 도를 합치시키고 사람과 도를 합치시키지 못하면 선한 가운데 억울함과 원망을 남기는 것입니다. 사람과 도를 합치시키고 하늘과 도를 합치시키지 못하면 그것은 가짜 선입니다. 하늘과 도를 부합하지 않고 또 인간을 도에 부합하지 않는 것은 커다란 악[大惡]입니다.

저는 중화 대지에 전쟁이 분분하여 백성들이 살기 힘들다고 생각합니다. 중화를 통일하여 세상이 편안해지는 것은 창생의 소망이자 빈도의 소원이며 이는 하늘의 소망이라 할 수 있습니다. 백성들을 편안하게 살 수 있게 하는 사람이 바로 대선입니다.

전쟁에서 사람이 죽지 않는 것은 불가능하지만 무고한 사람을 마구 죽이는 것은 천도에 어긋납니다. 대칸은 반드시 천도를 준수해야 합니다. 그렇지 않으면 하늘의 비호를 받지 못할 뿐만 아니라 천벌을 받을 것입니다.

저는 서행을 하면서 대칸의 신하들을 많이 접했는데, 모두가 충성스러웠습니다. 대칸께서 그들에게 얼마나 잘 대해주셨는지 알 수 있었습니다. 사람의 마음을 얻는 자는 천하를 얻는다는 속담이 있습니다. 만약 대칸께서 이러한 자애로운 마음으로 천하 백성을 대할 수 있다면 반드시 그들의 사랑을 받을 것이고, 반드시 하늘의 보살핌을 받을 것입니다.

칭기즈칸은 눈을 감고 깊이 생각하다가 가슴이 뜨끔했다. 구처기의 말은 듣기 거북해서 날카로운 검이 그의 가슴을 찌르는 것 같았다. 그러나 칭기즈칸은 화를 내지 않고 오히려 무언가를 깨달았다고 생각했다. 구처기와 함께 지내면서 대칸이라는 높은 지위는 이미 잊혔다. 역사를 통틀어 오직 하나밖에 없는 황제 칭기즈칸은 구처기 앞에서 암점한 초등학생이 되었다.

구처기는 이어 덧붙였다.

"대칸의 사랑하는 손자 무투겐이 날아온 화살에 맞아 죽은 것은 하늘이 내린 벌과 무관하지 않으니 대칸께서 이제는 더 이상 잘못을 저지르시면 안 됩니다."

구처기는 칭기즈칸의 마음을 찔렀다는 것을 알았지만 그래도 더욱 불을 붙이고 싶었다. 그래야 칭기즈칸이 오래도록 기억할 것이기 때문이었다.

"신선께서 잘 말씀하셨습니다. 통쾌합니다, 통쾌해요. 짐은 확실히 많은 잘못을 저질렀습니다."

칭기즈칸은 허벅지를 탁 두드리면서 일어났다. 칭기즈칸은 자기나 타인에게 총정리를 잘하는 사람이었다. 그러나 근래 몇 년 동안은 구처기처럼 그를 도와 총결산을 해줄 사람이 부족했다. 구처기는 차근차근 도를 전했고 그의 날카로운 말은 인정사정이 없었다. 칭기즈칸은 구처기의 이런 모습이 좋았다. 존엄한 대칸에게 누가 감히 이렇게 직언할 수 있겠는가?

"물은 배를 띄울 수도 있고 뒤집을 수도 있습니다. 천하를 얻기는 쉬워도 천하를 다스리기는 어렵습니다. 대칸은 천하를 얻을 생각만 했지 천하를 다스리는 이치는 생각하지 않았습니까?"

구처기는 계속 이야기했다.

"신선이 설명해 주십시오."

구처기는 이어서 다음과 같이 간단하게 이야기했다.

세상과 넓은 하늘 아래 땅과 백성은 무수히 많고, 진기한 음식과 기이한 보석이 있지만 모두 도를 얻는 것만 못합니다. 나라와 자신을 다스리는 기술을 준비해서 기인이 도를 이루어 승천한 것이 여러 번입니다.

산동과 하북은 천하의 아름다운 땅으로 좋은 벼와 맛있는 야채가 많이 나오고 생선, 소금, 비단, 옥 등등을 생산하여 사방에 전해져서 예로부터 이곳을 얻은 사람은 대국을 가진 것과 같았습니다. 그래서 역대 모든 나라들은 오직 이곳만을 차지하려고 다투었습니다.

오늘날 전쟁이 잇달아 일어나 백성들이 흩어지고 모이지 않습니다. 따라서 내부 상황을 소상히 알고 일을 잘하는 사람을 파견하여 문제를 해결하고 3년간 세금을 면제하면 나라는 충분한 비단을 쓸 수 있고 백성들은 회복을 할 수 있어 일거양득입니다. 또한 자비로운 마음으로 백성을 안정시키면 하늘의 도우심을 받아 길하니 불이익이 없습니다.

만 리 밖에서 부르시니 멀다 하지 않고 와서 몸을 수련하고 목숨을 부지하는 방법을 이미 알려드렸고, 나라를 다스리고 백성을 지키는 술법을 아끼지 않았습니다. 예전에 소위 산동, 하북 등을 안정시켜 단합하는 일에 청렴한 간부를 보내어 조치를 취하신 것은 반드시 하늘의 마음과 같을 것입니다. 만일 나쁜 사람에게 이 일을 맡기면 도리어 해를 끼칠 것입니다.

처음에 금나라가 천하를 얻고 동쪽 땅에서 창건하였는데, 중원의 상황은 아직 다 알지 못합니다. 유예劉豫를 동평東平에 봉하고 8년이 지난 후에 다시 소환하면 좋은 방책이며 특별히 신경을 쓰셔야 합니다.

이 말을 지금의 언어로 표현하면 중원의 전통적인 관리방식을 활용해서 관리하고 백성의 세금을 감면하라는 것이었다.

구처기의 마음속에서 중생은 평등했다. 그는 중원 지역 백성들과 70여 년을 지냈다. 그들은 구처기에게 주거와 음식을 제공했고 구처기는 그들과 정이 들었다. 구처기는 몽골이 중원을 통일할 것이라는 사실을 알고 있었기 때문에 중원 백성들이 미래에 안정된 생활을 누리는 것이 가장 중요한 문제였다.

"중원을 얻은 자가 천하를 얻을 것이라는 짐의 생각을 신선도 잘 알고 계신다. 신선이 알려주신 방법을 우리는 당연히 기록해놓고 후일에도 신선의 말을 어기지 않고 행한다면 백성들은 선량해질 것이다."

칭기즈칸이 야율아해, 아리선, 야율초재 등에게 말했다.

"무엇이 음덕을 쌓는 것인지 신선께서 분명히 밝혀주십시오."

구처기는 이어 다음과 같이 도를 전했다.

덕을 쌓는 것에는 양덕과 음덕을 쌓는 두 가지 방법이 있다고 전해집니다. 만일 자기가 좋은 일을 한 사실이 고의로 사람들에게 알려지면 양덕이 됩니다. 소위 음덕을 쌓는다는 것은 실제로 은밀하게 선한 일을 하고 보답을 바라지 않는 것입니다. 음덕을 쌓는 것은 마음에서 우러나오는 선행이고 또한 진심으로 남을 돕는 것입니다. 음덕은 숨은 덕행으로 양덕의 공개적인 선행과는 반대입니다.

《역경》易經은 '선을 쌓은 집에는 반드시 경사가 있고, 불선한 가정에는 반드시 재앙이 있다'고 했으며, '선을 쌓지 않으면 명성을 얻을 수 없고, 악이 쌓이지 않으면 몸이 멸할 수 없다'고 합니다. 이는 착한 일을 많이 하면 자연히 복이 많아지고 운세도 개선된다는 것을 보여줍니다. 그리고 보답을 바라지 않고 좋은 일을 많이 하는 것, 즉 음덕을 많이 쌓으면 쉽게 좋은 운을 얻을 수 있습니다.

《당태고묘응손진인복수론》唐太古妙應孫眞人福壽論에서 '사람이 음덕을 받들고 속이지 않는다면 성인이 이를 알고 현인이 이를 보호하며 하늘이 사랑한다'고 언급되어 있습니다.

여동빈 조사께서도 '선한 일을 하는 자는 반드시 복을 누릴 것이며, 음덕을 쌓는 자는 자손이 번창할 것'이라고 하셨습니다.

대칸에게 해당되는 말은 무고한 사람을 마구 죽이는 것을 금지하는 것, 부모를 공경하는 것, 백성을 사랑하는 것 등이며, 이는 모두 덕을 쌓는 것입니다. 또한 천하 백성을 편안하게 살게 하는 것 역시 덕을 쌓는 것입니다……. 방금 전에 소위 수련의 도리란 것은 모두 보통 사람의 일이라고 했습니다. 천자도 이와 다를 것이 없습니다. 폐하도 근본이 천인이시고, 하늘이 수명을 돌보고 있습니다. 임시로 현세에서 부패와 잔악을 제거하고 원래 부모를 위하며 하늘의 명을 받들어 징벌하면 자기 직무를 수행하는 것입니다. 어려움을 극복하고 공적이 완성되면 곧 승천하여 복위할 것입니다.

구처기 조사에게 도(道)에 대해 묻는 칭기즈칸

어느새 날이 밝았고 장막 안의 사람들은 밤새 잠을 이루지 못했지만 전혀 졸리지 않았다. 칭기즈칸은 더욱 흥미진진했다. 그는 좌우를 살피며 말했다.

"너희들은 물러가라. 짐은 아직 신선에게 물어볼 것이 많다."

모두가 자리에서 일어나 물러갈 때 칭기즈칸은 야율아해에게 말했다.

"태사는 남아라."

이는 당시 칭기즈칸의 통역은 야율아해가 맡았는데, 칭기즈칸은 중국어를, 구처기는 몽골어를 할 줄 몰랐기 때문이다.

사람들이 자리를 비우자 다시 칭기즈칸이 물었다.

"전진교에는 정말 무극검이 있습니까?"

"있습니다."

구처기는 숨기지 않았다.

"신선이 짐을 죽이려고 한 적이 있습니까?"

"암살을 시도했지만 나중에 제가 막았습니다."

"신선께서는 천도에 이른 사람인데, 왜 사람을 죽이려고 했습니까?"

"제가 대칸을 암살하라고 명령한 것은 창생을 위한 것이었고, 그것을 막은 것도 창생을 위한 것이었습니다."

"신선께서 자세히 설명해 주시기 바랍니다."

"당시 금나라와 남송은 여러 해 동안 전쟁을 해서 일종의 세력 균형을 유지했지만 대칸의 출현으로 이러한 균형이 깨져버렸습니다. 중화 백성들은 전화에 휩싸여 수많은 사상자를 냈습니다."

"그럼 왜 짐을 죽이는 걸 막았습니까?"

"중화 대통일은 불가피하고 몽골민족이 중화를 통일하는 것은 하늘의 뜻에 부합한 일입니다. 살육을 금하는 것은 대칸만이 할 수 있기 때문입니다."

구처기는 회피하지 않고 솔직하게 말했다. 그리고 칭기즈칸에게 똑같이 물었다.

"대칸께서도 사람을 보내 빈도를 암살하려 한 적이 있습니까?"

"그런 일이 있었습니다."

칭기즈칸과 구처기는 서로 눈을 마주치며 껄껄 웃었다. 옆에 있던 야율아해는 적잖이 놀랐다. 칭기즈칸은 야율아해를 흘낏 쳐다보고 나서 고개를 돌려 구처기에게 물었다.

"신선께서 장생천과 소통할 수 있다는 것을 알고 있습니다. 제 수명이 어떻게 되는지 알려 주십시오."

구처기는 칭기즈칸이 이런 질문을 할 것이라고 예측했지만 이는 하늘의 비밀이므로 누설해서는 안 되었다. 구처기는 이 문제에 어떻게 대답할지 아직 결정하지 못했다.

"대칸, 사람의 목숨은 하늘에 달려 있지만 7할은 자기 스스로에게 달려 있습니다."

"도교는 운명을 믿지 않습니까?"

"도교는 운명을 믿으면서도 믿지 않습니다."

"자세히 듣고 싶습니다."

"대칸은 천하를 얻을 운명이었으나 나아가 싸우지 않았다면 천하를 얻을 수 없었습니다. 저도 신선이 되어 득도할 운명이었지만 스스로 열심히 수련하지 않았다면 불가능했습니다."

"사람의 수명도 그런가요?"

"예, 그래서 목숨은 하늘이 아니라 자신에게 달려 있다는 것입니다."

"그러면 신선의 수명은 어떻게 됩니까?"

"제 수명은 깁니다."

구처기는 칭기즈칸에게 자신의 운명은 본인에게 달린 것이지 하늘에 있지 않다고 다음과 같이 자세히 설명했다.

중국 동진東晉의 기인奇人 갈홍葛洪의 《포박자내편》抱朴子內篇에 '내 목숨은 하늘에 있지 않고 나에게 달려 있는데, 단丹을 돌이켜 금金을 만들면 억만 년이다'라고 쓰여 있다.

이는 몸을 수련하고 양생을 하는[修身養生] 것을 강조하는 법문으로, 운명은 외적인 자연에 순응하는 데 있지 않고 스스로 노력해야 함을 강조하는 말이다. 이 말은 훗날 '자아의식의 자각'과 '인간이 운명에 대해 능동적으로 항쟁하는 것'으로 이어졌다. 그래서 '종교'에서 벗어나 인간이 '보편적'으로 추구하는 정신이 된 것이다.

이것이 바로 운명에 대한 도교의 견해다. 모두가 알고 있는 것처럼 도교의 수련목표는 신선이 되는 것이다. 설사 수련에 성공하지 못했어도 적어도 장수는 해야 한다. 고대 중국에서는 확실히 많은 도사들이 장수했다. 예를 들면《송사·진단전》宋史·陳摶傳에서는 여동빈이 '나이 100여 세의 동안'이라 했고, 진단陳摶은 수명이 118세, 장무몽張無夢은 99세, 장백단張伯端은 96세, 석진石泰은 136세, 설도광薛道光은 113세라고 되어 있다. 신선이 되고자 한다면 운명을 받아들일 수 없다.

북송의 장백단이 저술한《오진편》悟眞編의《오진·절구 64편》悟眞·絶句六十四編에도 다음과 같이 쓰여 있다. '약이 기를 만나야 비로소 상象이 되고, 도는 텅 비어 자연과 합치한다. 신령한 단[靈丹] 한 알이 배 속에 들어가야 비로소 내 목숨이 하늘에 달려있지 않음을 알게 된다.' 이 의미를 번역해 보면 반드시 생각과 근심이 없는 혼돈의 허무[無思無慮] 속에서 활자시活子時가 되어야 비로소 채약의 기회가 온다는 것을 알 수 있다. 단련을 통해 약을 채집하면 자연히 선천先天의 양기陽炁를 얻을 수 있어 순음의 본체를 순양의 본체로 바꾼다. 자기 스스로 단이 어떻게 이루어지는지를 알 수 있기 때문에 자신의 목숨은 하늘에 있지 않다는 것을 이해할 수 있다.

구처기는 성명쌍수性命雙修63를 제창했다. 그는 역시 '성'性을 앞에 두었다. 외단丹藥이든 내단氣功이든 핵심적인 방법은 단 한 글자 '연'煉에 있고, 주요 관점 역시 주관적인 능동성이다. 물론 이 주관적 능동성은 하늘에 대항하는 것이 아니라 천명의 기초 위에서 주관적 능동성을 충분히 발휘해서 지속과 초월을 실현하는 것이다. 이것이 도가 철학의 고명한 부분이다.

'내 목숨은 내가 정하는 것이지 하늘에 맡기는 것이 아니다'라는 뜻은 나의 운명을 내 자신이 장악한다는 의미다. 내 운명을 하늘이 결정하게 놔두지 말라는 것이다. 운명에 굴복하지 말라는 표현은 다양하게 할

---

63 성과 명을 함께 수련하는 것

수 있다. 운명에 저항하는 정신이라든가, 생명의 주도권은 자기 손에 있다는 등의 말로 대신할 수 있다. 이것은 개인의 생명을 강조한 것이다. 자신의 운명을 변화시키기 위해 노력한다면 운명은 스스로 결정할 수 있고 천지에 장악당하지 않는다.

유교에서는 삶과 죽음은 운명이고 부귀는 하늘에 달려 있다고 한다. 불가에서는 내세를 더욱 중요시한다. 이에 비해 도가는 현세에 더 긍정적인 의미가 있다.

칭기즈칸의 인생에 대한 생각은 놀라울 정도로 구처기와 비슷했다. 다만 그의 생각은 구처기처럼 철학적인 수준까지는 아니었지만 자신의 정복 생활을 회고하면서 그는 매우 감개무량했다. 구사일생의 투혼이 없었더라면 현재의 칭기즈칸도 없었을 것이고 무적의 몽골제국은 존재하지 않았을 것이다. 장생천은 그를 돌보고 비호하지만 그를 위해 일하는 것은 아니다. 그래서 모든 것은 자신에게 의지해야 한다. 설령 그가 장생천의 '외아들'이라고 해도 장생천은 이런 '캥거루족'은 가차 없이 내쳐버릴 것이다.

칭기즈칸은 비록 단념하지는 않았지만 더 깊이 묻기도 어려웠다. 자기 수명에 대해 질문을 하면 구처기가 답변을 회피한다는 것을 알았다. 종교에서 천기를 누설해서는 안 된다는 말을 들었지만 그래도 그는 하늘의 비밀을 간절히 알고 싶었다.

"그럼 짐이 어떻게 해야 됩니까?"

칭기즈칸은 정말 오래 살고 싶었다.

"대칸께 이미 아뢰었습니다. 색을 절제하고 사냥을 금하는 것입니다. 백성을 선하게 대하고 무고한 사람을 함부로 죽이지 않는 것입니다."

"짐이 정말 천하를 얻을 수 있습니까?"

구처기가 자신의 수명 문제에 정면으로 대답하지 않자 칭기즈칸은 할 수 없이 화제를 돌렸다.

"중원을 얻은 자는 천하를 얻는 것이고, 몽골인은 천하를 얻을 수 있는데, 그 전제는 백성을 선하게 대우하는 것입니다."

구처기는 매우 기교 있게 대답했다. 그의 말은 몽골 사람에 관한 것이었지 칭기즈칸에 대해 말한 것은 아니었다. 그러나 칭기즈칸은 크게 신경 쓰지 않았다.

"듣자 하니 도읍을 정하는 일이 매우 어렵다고 들었는데, 신선께서 짐에게 조언을 해주실 수 있습니까?"

칭기즈칸은 몽골인이지만 곁에 있는 신하들은 여러 민족 출신으로 한 나라의 수도가 어디에 있는가는 매우 중요한 일이었다.

"대칸께서는 정말 총명하십니다. 서행을 해서 대칸을 뵈러 오는 도중에 연경(금나라 중도, 현재 북경)에서 오랫동안 머물면서 연경의 풍수에 대해 진지하게 고찰했습니다. 연경은 몽골의 건국에서 빼놓을 수 없는 선택지입니다."

이것은 구처기가 칭기즈칸에게 준 후한 선물이었다. 훗날 칭기즈칸의 손자 쿠빌라이가 연경을 도읍으로 정한 것은 구처기의 이런 제안과 무관하지 않았다.

"신선의 말에 따르면 육체는 영생할 수 없지만 진성은 영생할 수 있다고 했습니다. 짐이 죽으면 하늘의 정원에 남을 것인지, 아니면 다시 돌아올 것인지 의문이 생깁니다."

칭기즈칸은 다시 구처기에게 하늘의 비밀에 대한 질문을 했다.

"대칸은 하늘 정원에 머무르고 싶습니까, 아니면 다시 돌아오고 싶습니까?"

구처기가 반문했다.

"짐은 하늘 정원을 경험한 적이 없습니다. 짐은 다시 돌아와서 완성하지 못한 정복의 임무를 완수하고 싶습니다."

"어떤 선택을 하든 대칸께서는 제 말을 단단히 명심하셔야 합니다. 그래야 미래가 있습니다."

"신선께서는 여전히 짐의 말에 대답하지 않았습니다."

"그럼 대칸께서 잘하겠다고 약속하시겠습니까?"

"신선의 말씀은 모두 그대로 처리할 것입니다."

"살아서 생활하는 곳이 있고, 죽어서 돌아가는 곳이 있습니다. 만고에 이름을 남겨 전 우주에 이름을 떨칠 수 있습니다."

구처기는 칭기즈칸의 얼굴을 마주할 때면 진실된 말을 하지 않을 수 없었다. 게다가 그는 칭기즈칸이 살육을 중지하는 문제를 진지하게 고려하고 있다고 느꼈다.

"몽골인들이 통치하는 왕조가 길지 않을까요?"

"중원 문화의 원류는 오래 이어져 왔고, 융합을 하면 오래 갑니다."

"짐이 체력을 빨리 회복할 수 있는 방법이 있습니까?"

칭기즈칸은 60대 중반으로 또래에 비해 건강은 좋지만 나이가 들수록 성생활의 횟수와 질이 낮아지고 있었다. 특히 체력을 회복하는 것이 문제였다.

구처기는 칭기즈칸을 보고 그가 무엇을 원하는지 알았다.

"대칸께서는 아직 남녀 교합을 생각하고 있습니까?"

구처기는 수염을 쓰다듬고 있었다.

"그……."

칭기즈칸은 구처기에게 자신의 마음을 숨길 수가 없었다.

"체력을 빨리 회복할 수 있는 방법은 많지만 대칸께는 가르칠 엄두가 나지 않습니다."

구처기는 칭기즈칸을 바라보았다.

"좋은 방법이 있는데 가르쳐줄 수 없다니요? 짐은 신선을 좋은 친구로 생각하고 있습니다."

칭기즈칸은 매우 초조했다.

"방법을 알지만 관리를 잘못하면 나중에 큰일이 생길 수 있습니다. 대 칸께서 터득한 방법은 오히려 본인을 해칠 것입니다. 저는 대칸의 장수를 기원합니다."

구처기는 계속 이끌어 갔다.

"신선의 말씀은 다 듣겠습니다. 잘 지키겠습니다."

칭기즈칸은 구처기 신선에게 분명히 방법이 있다는 것을 확신했고, 구 처기의 말도 잘 이해하고 있었다. 구처기는 칭기즈칸이 그 방법을 남녀의 성교에 악용할까 봐 걱정한 것이다.

칭기즈칸은 여자를 좋아했지만 생명과 여자 중 어느 것이 더 중요한 지는 알고 있었기 때문에 할 수 없이 남녀 간의 삶을 포기하고 장수를 위해 절제하려고 했다.

"비위는 후천의 근본이고 신장은 선천의 근본입니다. 여자가 공을 단련 하는 것은 두 유방과 관련이 있고, 적룡赤龍을 베는 데 있습니다. 남자가 공 을 단련하는 것은 외음부와 관련이 있고, 맹호猛虎를 잡는 데 있습니다."

구처기는 말을 마치고 맹호를 잡을 수 있는 방법을 가르쳐 주었다.

칭기즈칸은 구처기의 지도에 따라 반 시간도 채 지나지 않아 이미 정 신이 크게 진작되었다고 느꼈다. 칭기즈칸은 일어나서 가슴을 두드리며 말했다.

"신선께서 짐의 체력을 좀 보십시오. 오늘 밤 또 가능……."

"에이……."

구처기는 기뻐서 어쩔 줄을 모르는 칭기즈칸을 바라보았다.

"절욕합니다. 색욕을 절제하겠습니다."

칭기즈칸은 크게 웃으며 말했다.

구처기는 칭기즈칸에게 전도를 하는 과정에서 그에게 많은 수련 방법을 가르쳤다. 칭기즈칸의 몸은 이때부터 죽을 때까지 건강했고, 이는 모두 구처기가 전수해준 덕분이라고 할 수 있다. 훗날 뜻밖의 사건이 일어나지 않았다면 칭기즈칸은 오래도록 장수했을 것이다.

"짐은 신선이 말씀하신 것을 명심할 것입니다. 일부는 이해했고 일부는 아직 이해하지 못했습니다. 짐은 천천히 소화시킬 것입니다."

칭기즈칸은 늘 솔직했다. 그가 거짓말을 할 줄 모르는 것도 구처기가 그를 좋아하는 이유였다.

칭기즈칸이 접촉한 절대다수의 종교 지도자는 이론만 있을 뿐 방법이 없었다. 그래서 칭기즈칸은 그들을 존중했다기보다 그저 잘 대해주었다. 그러나 칭기즈칸은 구처기의 말을 모두 깨닫지는 못했지만 구처기는 명확한 방향을 제시했다. 칭기즈칸은 이런 이유로 구처기를 다른 종교 지도자보다 훨씬 높이 평가했다.

구처기가 칭기즈칸에게 제공한 수업은 그 가치를 헤아릴 수 없을 정도였다. 구처기는 죽음을 무릅쓰고 서쪽으로 가서 안 보이는 곳에서 수천만 명의 목숨을 구했다. 이것이 그의 명성이 만고에 자자한 이유다.

1222년 9월 19일과 9월 23일, 칭기즈칸은 두 차례 더 강의를 들었다. 그는 이 내용을 야율아해에게 몽골글자와 한자로 번역해서 기록하게 했고, 자신의 곁에 숨겨두어 비밀리에 간직하고 외부로 누설하지 못하게 했다. 훗날 야율초재가 저술한 《현풍경회록》은 아예 이 비밀을 다루지 않았다.

칭기즈칸은 자신의 수명에 매우 관심이 많았고, 분명히 구처기는 그 방법을 잘 알고 있을 것이라고 확신했다. 물론 구처기는 그 비밀을 잘 알고 있었지만 칭기즈칸에게 다 가르쳐줄 것인지는 결정하지 못했다.

제26장

칭기즈칸, 황금 호두패를 구처기에게 내리다

　　구처기 앞에서 칭기즈칸은 '말을 듣지 않는' 초등학생이었다. 그는 신선의 말을 고의로 듣지 않는 것은 아니지만 다년간 만들어진 습관을 하루아침에 고치기가 힘들었다.

　　칭기즈칸은 주변의 대신들에게 늘 구처기 신선의 말을 낭독시켜서 자기를 일깨우도록 했다. 또한 아들들과 대신들에게 구처기 신선의 강의 내용(비밀 부분)을 배우도록 했다. 이런 사실을 통해 칭기즈칸이 구처기의 말을 매우 중시했다는 것을 알 수 있다.

　　칭기즈칸의 대군은 동쪽을 향해 갔고, 구처기도 따라갔다. 구처기는 조용한 것을 좋아했기 때문에 번거로움을 피해서 군사 대열의 앞이나 혹은 뒤에서 따라갔다. 사마르칸트에 가서 그는 여전히 무함마드 왕궁에 머물렀고, 칭기즈칸은 성 밖에 주둔했다. 구처기는 굶주린 백성들을 외면할 수가 없어서 성안의 사람들에게 여분의 식량을 나누어 주었다. 1222년 10월 26일에 출발한 구처기 일행은 두 달 후인 12월 26일에 칭기즈칸의 진영에 도착했다.

1222년 12월 28일, 하늘에서 다시 심한 천둥이 울리자 칭기즈칸은 즉시 구처기 신선에게 이에 대해 물었다. 천둥이 치는 꿈을 꾸고 나서 사랑하는 손자 무투겐이 죽은 이후로 칭기즈칸은 천둥이 칠 때마다 약간의 두려움을 느꼈다.

"짐이 어젯밤에 또 천둥소리를 들었는데, 신선께서 무슨 뜻인지 알려주시겠습니까?"

칭기즈칸이 묻자 구처기가 대답했다.

"제가 듣기로 몽골 사람들은 여름에는 강에서 목욕하지 않고 옷도 빨지 않으며 펠트를 만들지 않는다고 합니다. 또한 균이 있는 야생물 채취를 금하고 하늘의 위세를 두려워한다고 하는데, 이것은 하늘의 도를 신봉하는 것이 아닙니다. 3천 개의 죄를 저지르는 것보다 불효를 하는 것이 더 엄중하고 이를 통해 하늘이 경고한다는 사실을 알게 되었습니다. 요즘 들어 부모에게 불효하는 자들이 많다고 하는데, 황제는 위엄과 덕으로 그런 것들을 경계할 수 있습니다."

그 말에 칭기즈칸은 매우 기뻐했다.

"신선의 말씀은 짐의 마음과 똑같습니다."

칭기즈칸은 좌우 사관에게 이를 위구르 문자로 기록하게 했다. 구처기가 이것을 몽골인들에게 전해달라고 부탁하자 칭기즈칸은 흔쾌히 응했다.

칭기즈칸은 또 태자, 제왕, 대신들을 불러 모아 말했다.

"한족들은 신선을 존경하고, 우리도 하늘을 공경한다. 짐은 구처기 신선이 진정한 하늘의 사람이라는 믿음이 강해졌다."

구처기가 칭기즈칸에게 신하들이 선행과 효도를 실행할 수 있도록 하늘의 도를 전해 줄 것을 요청하자 "하늘이 신선을 보내서 짐에게 이것을 말하게 했으니 너희들 각자가 마음에 새겨두도록 하라."고 했다.

1223년 1월 1일에는 장군, 장수, 의사 등이 잇달아 구처기를 알현했다. 1월 19일, 관리들은 향을 피워 구처기의 생신을 축하했다.

1223년 2월 7일, 구처기는 칭기즈칸에게 작별을 고했다.

"제가 산동을 떠날 때 약속하기를, 3년이면 돌아간다고 했는데 올해가 3년째라 다시 산동으로 가고자 합니다."

이에 칭기즈칸이 제안했다.

"짐도 동쪽으로 갈 예정이니 같이 가시는 것이 어떻습니까?"

"일단 제가 먼저 가는 것이 좋을 듯합니다. 이곳에 올 때 한족들이 제게 돌아올 기일을 묻기에 3년이라고 약속했습니다. 오늘까지 자문과 상담을 모두 마쳤으니 이만 길을 떠나려 합니다."

칭기즈칸이 다시 청했다.

"3~5일만 기다려 주시면 태자가 오는데 해결하지 못한 문제들을 짐이 해소하면 그때 가시기 바랍니다."

구처기는 이미 칭기즈칸이 이번 작별에 응하지 않을 것을 알았고 그도 떠날 생각이 없었다. 하지만 유비가 제갈량을 삼고초려해서 영입 허락을 받은 것처럼 구처기도 작별을 고한 것이다. 그리고 구처기가 몸소 처리해야 할 중요한 일이 있었는데, 이것은 하늘의 비밀과 관련된 것으로 쉽게 말할 수 없다.

다시 말하면 칭기즈칸이 색욕을 조심하고 사냥을 금지하라는 신선의 당부를 따를 수밖에 없도록 한 것이다. 하지만 대칸에게 이 두 가지는 정말 죽을 만큼 힘든 일이었다. 홀란 황후는 없지만 금국공주金國公主 등은 여전히 곁에 남아 있었다. 그렇다 해도 몸이 강건한 대칸의 성생활은 횟수가 많이 줄었고, 차츰 몸이 상쾌하게 느껴져서 매우 유익하다고 생각했다. 하지만 여러 날 사냥을 가지 못한 그는 손이 근질거렸지만 신선의 당부를 어기지 않았고 신중하게 행동했다.

1223년 2월 8일, 여러 날 동안 사냥을 하지 않았던 칭기즈칸은 마침 내 참지 못하고 치밀한 계획을 세운 후에 사냥을 나갔다.

이지상의 《장춘진인서유기》에는 다음과 같이 기록되어 있다.

8일에 사냥을 하러 동쪽 산의 아래로 내려갔다. 화살로 큰 돼지 하나를 쏘니 말이 넘어져 통제력을 잃었다. 돼지가 옆에 서서 감히 앞으로 나가지 못했다. 좌우에서 신하들이 말을 에워쌌고 마침내 사냥을 그만두고 행궁으로 돌아갔다. 스승이 이 소식을 듣고 간언하기를 "하늘은 생명을 좋아합니다. 이제 연세가 높으시니 사냥을 삼가셔야 합니다. 말에서 떨어지는 것은 하늘의 징벌입니다. 그리고 돼지가 앞에서 가만히 있었던 것은 하늘이 도우신 것입니다." 이에 황제가 말하기를 "짐은 이미 신선의 충고를 깊이 깨달았습니다. 우리 몽골 사람들은 어릴 때부터 기마와 활쏘기를 익혀서 비록 진실한 신선의 말씀이 있었지만 바로 습관을 중단하지 못했습니다." 이어 고개를 돌려 신하에게 "신선이 내게 권하니 앞으로 모두 이를 따르라."고 명령하고 그 이후 두 달 동안 사냥을 나가지 않았다.

매우 신중하게 집필한 《장춘진인서유기》에서 이 일을 백여 글자로 기술한 사실로 미루어 볼 때 이것이 얼마나 중요한 내용인지 짐작할 수 있다. 오직 구처기만 알고 책에 밝힐 수 없는 내용들도 있다. 구처기는 칭기즈칸의 수명을 연장하기 위해 살생을 금지하라고 했다.

사부님은 문으로 들어오시지만 수행은 개인이 한다는 옛말이 있다. 구처기는 칭기즈칸에게 사냥을 금지하도록 일깨운 이유를 말할 수 없었다. 칭기즈칸의 이번 사냥에서 구처기는 은신술을 사용해 따라갔다. 칭기즈칸의 말이 실족하는 바람에 그는 말에서 떨어졌다. 이때 마침 멧돼지가 공격하려고 하자 이미 구처기는 정신법定身法을 사용해서 멧돼지를 움직이지 못하게 했다. 따라서 멧돼지가 더 이상 앞으로 돌진할 수 없었던 것이다. 호위병들은 칭기즈칸을 에워싸고 황급히 궁으로 철수했다.

계미년癸未年은 1223년이다. 그해 2월 8일에 칭기즈칸이 낙마했는데, 1221년에 발생한 일식 이후로 아직 3년이 지나지 않았다.

칭기즈칸은 이번 '하늘이 내린 징벌'을 별로 중요시하지 않은 것이 확실하다. 이후 1226년에 다시 매우 심각한 낙마 사고가 발생했는데, 이것이 그의 생명을 앗아간 사건이 되었다. 이순풍이 말한 '사냥의 죄'[弋獵之咎]를 받은 것이다. 일대천교 칭기즈칸은 원나라의 개국 황제로서 금나라와 남송, 그리고 서하 등의 몇몇 군주들과는 큰 차이가 있다. 하지만 그는 무고한 생명을 마구 죽였기 때문에 결국 생명으로 대가를 치르게 되었다.

1223년 2월 23일에 구처기는 다시 칭기즈칸에게 작별을 고했다.

구처기가 말했다.

"대칸은 시원시원하신 분입니다. 저는 이미 양생의 도리를 알려드렸습니다. 모르는 것이 있으면 제가 돌아간 후에 편지를 주고받을 수 있습니다."

"신선께서는 아직 중요한 문제를 말해주지 않았습니다."

칭기즈칸이 의미하는 것이 바로 수명이라는 것을 구처기는 알았다.

"대칸께서는 양생의 도를 따르시면 됩니다."

"신선이 말한 것은 다 그대로 따르겠지만 정말 짐의 수명을 알고 싶습니다."

"대칸, 수명에 대한 것은 함부로 말해서는 안 됩니다. 그것은 천기에 속합니다."

"신선이 가면 짐에게 무엇을 주실 건가요? 그냥 며칠 더 머물러 주십시오."

칭기즈칸의 말은 명확하게 말하지 않으면 쉽게 놓아주지 않겠다는 뜻이었다.

3월 7일, 구처기는 또 칭기즈칸에게 작별을 고했다.

"신선께서는 잘 생각하셨습니까?"

"잘 생각했습니다."

"그럼 짐의 수명을 알려 주십시오."

"먼저 무고한 사람을 죽이지 않겠다고 약속하십시오."

"신선께서 매일 짐의 장수를 기원해 주실 수 있을까요?"

"대칸께서 무고한 사람을 마구 죽이지 않으시면 기도하겠습니다."

"짐은 신선에게 무고한 사람을 함부로 죽이지 않겠다고 약속합니다."

"그럼 대칸의 장수를 기원하겠습니다."

"신선께서 짐의 수명을 알려 주십시오."

"대칸과 저는 동일한 생년월일에 태어난 것은 아니지만 같은 해, 같은 달, 같은 날에 죽습니다."

구처기는 말을 마치고 칭기즈칸을 바라보았다. 이것은 심사숙고한 끝에 내린 결정이었다. 이 점만으로도 구처기는 천고에 이름을 남길 수 있는 분이다. 이런 결정은 신선 중에서도 최고의 경지[天仙壯元]에 이른 사람만 내릴 수 있는 것이다.

"신선의 수명은 길다고 했는데, 짐의 수명도 길겠습니까?"

칭기즈칸이 반문했다.

"빈도의 수명은 대칸의 은혜를 바라고 있습니다."

구처기는 칭기즈칸의 말에 정답을 하지 않았지만 이런 대답을 한 이유는 구처기가 자신의 수명이 단축될 것이라는 사실을 알고 있기 때문이었다.

여기서 구처기는 보통 사람들은 이해할 수 없는 커다란 희생을 치렀다. 구처기의 실제 수명은 길지만 창생을 구하기 위해 칭기즈칸과 타협한 것이다. 그 타협의 결과는 칭기즈칸과 같은 날에 죽는 것이다. 하지만 구처기는 아직도 해야 할 일이 많기 때문에 갈수록 시간이 촉박하다고 느꼈다. 칭기즈칸은 자신의 수명을 정확히 알지는 못했지만 구처기의 대답은 그를 흡족하게 했다. 신선은 실언을 하지 않는다는 확신이 있었기 때문에 그는 구처기가 하는 말을 모두 진심으로 믿었다. 그래서 그때부터 이상한 현상이 나타났다. 칭기즈칸이 구처기의 건강에 매우 관심을 갖게 된 것이다. 이에 대해서는 칭기즈칸이 구처기와 주고받은 서신에서도 명확하게 알 수 있다. 사람들은 칭기즈칸이 자신의 수명에 관심이 많은 것은 당연하다고 생각했지만 왜 구처기의 건강에 그토록 많은 관심을 갖는지는 몰랐다.

칭기즈칸은 구처기가 동쪽으로 돌아간 이후 관계가 소원해질까 봐 구처기의 제자 네 명을 남겨두고 상호간 소통을 책임지라고 요청했다. 구처기는 이에 응할 수밖에 없었다. 이것은 칭기즈칸과 구처기 두 사람 사이의 비밀이므로 사료에는 이에 대한 기록이 없다. 왕지명과 이름 모를 세 명의 무명 영웅들은 칭기즈칸의 곁에 남아서 두 사람 간의 소통을 책임졌다. 이런 중요한 비밀은 군사적인 문제도 포함되어 있었기 때문에 오직 구전으로만 전해져 내려왔다.

칭기즈칸은 원래 구처기를 시종일관 자기의 옆에 있게 하고 싶었지만 이렇게라도 조치를 취하니 마음이 놓였다. 구처기는 이미 자신의 거취를 결정했기 때문에 억지로 붙잡는 것이 어려웠다. 그래서 두 사람은 이렇게 타협을 한 것이다. 이때 칭기즈칸은 구처기가 떠난 후 다시는 그와 연락이 되지 않을까 봐 두려웠고 구처기의 제자 몇 명을 '인질'로 남겨두어 근심을 해소했다.

칭기즈칸이 구처기에게 소와 말 등을 하사하자 그는 받아들이지 않았

동쪽으로 귀환하는 구처기 조사

다.

"역참의 말이면 충분합니다."

칭기즈칸은 아리선에게 물었다.

"한족 지역에 신선의 제자가 몇 명인가?"라고 물었다.

아리선이 아뢰었다.

"아주 많습니다. 신선이 왔을 때 덕흥부 용양관 관아에서 그 제자들에게 세금을 독촉하는 것을 보았습니다."

이에 칭기즈칸은 "문하생들의 세금을 모두 면하라!"고 했다. 이 내용을 황제의 명령으로 기재하고 옥새를 찍어 명령을 내렸다. 그리고 아리선을 선차宣差로, 갈라팔해를 부선차로 임명해서 구처기가 동쪽으로 가는 여정을 호위하도록 했다.

3월 10일, 구처기 일행은 동쪽으로 돌아갔다. 칭기즈칸과 그 이하 모두가 포도주와 진귀한 과일을 대접하며 구처기를 배웅했다. 이별을 앞두고 모두 눈물을 흘렸다.

출발지에서 사이란성까지는 불과 3일 거리다. 구처기는 사이란성에 가서 자신의 제자인 조도견과 '끝을 맺으려'고 했다.

'끝을 맺다'는 도교 용어로서, 끝인 동시에 시작이다. 구처기는 과거의 조도견과 작별을 고하고 그와 새로운 정보를 주고받을 채널을 열고자 했다.

사이란성에 도착한 구처기는 밤에 정좌를 하고 조도견과 '결말'을 지었다. 집 안에 홀로 앉아 구처기는 제자를 기다리고 있었다. 조도견은 밤이 깊어 인적이 없을 때 바람처럼 도착해서 구처기 앞에 무릎을 꿇었다. 구처기가 급히 조도견을 일으켜 세웠다.

"이기고 돌아오신 것을 축하드립니다."

"내가 이기고 돌아온 걸 어떻게 아느냐?"

"사부님이 국사로 봉해지지 않았습니까?"

"내가 그 호칭을 좋아하지 않는 걸 알지 않느냐."

"왜 그러신가요?"

"나는 한족이다."

"사부님은 대중화^{大中華}를 말하지 않으셨습니까? 오늘은 왜 민족을 구분하십니까?"

"대중화는 필연적이지만 나는 한족이 천하를 다스리는 것이 더 마음이 편하다."

"천명을 거역할 수는 없습니다! 하지만 이번 사부님의 서행도 사실은 한족을 도우신 것 아닙니까?"

"그런데 한족들은 나를 어떻게 보느냐?"

"사부님은 저와는 달리 삼계 밖으로 뛰쳐나와 오행 중에 안 계시니 힘드실 겁니다."

"출세 수련은 쉬워도 입세 수련은 어렵다!"

"그래서 사부님 과위果位(수행한 공덕으로 깨달음을 얻은 지위)가 제일 높습니다."

구처기는 서행 과정에서 칭기즈칸을 만나기 전에 그를 항복시켜야 하는 것이 그가 해결해야 할 주요 모순이었다. 칭기즈칸을 정복한 이후 무고한 사람을 함부로 죽이지 말라고 설득한 것도 아이러니였다. 살육을 멈춘 것을 한인들에게 어떻게 이해시킬 것인가 하는 문제 역시도 모순이었다. 그래서 구처기는 국사라는 직함을 매우 '싫어'했고, 이것은 마음의 병이 되었다. 그는 이 병을 어떻게 치료해야 할지 몰랐고 오직 스스로 조절할 수밖에 없었다.

"칭기즈칸의 수명은 최장 얼마까지 갈 수 있다고 보느냐?"

구처기는 마음속으로 이미 알고 있었지만 제자를 통해 확인하고자 했다.

"4년을 넘기기가 어렵습니다. 지난번 낙마는 천계지수天戒之數(인식)와 일치하는데, 만일 사부님이 안 계셨으면 그마저도 장담할 수 없었을 것입니다."

조도견과 구처기가 칭기즈칸의 수명에 대해 서로 교류한 내용은 천기를 누설한 것인가? 소위 천기누설이란 하늘의 비밀을 외부에 알리거나 혹은 내용을 변형해서 외부에 누설하는 것을 말한다. 예를 들어 중앙정치국이 회의를 열어 내부에서 토론하는 것은 천기누설이 아니다. 이 내용을 외부인에게 전파하는 것이 천기누설이다. 그렇게 되면 반드시 응당한 처벌을 받게 될 것이다.

구처기가 제자 조도견에게 칭기즈칸의 수명을 증명해 달라고 부탁했는데 이것은 구처기 본인의 수명을 확인하는 것이기도 하다. 구처기가 먼 곳을 응시하는 모습은 마치 전 우주를 꿰뚫고 있는 것 같았다. 그는 무엇을 더 해야 할지 생각하고 있었다. 구처기와 조도견은 '끝맺기'를 마치고 나서 언제 어디서든 서로 '만남'을 주고받을 수 있게 되었다. 구처기는 제자의 도움이 필요했다.

보름(음력 15일)에 신도들이 교외로 나가 조도견의 묘에 제사를 지냈다. 대중들이 논의를 해서 조도견의 뼈를 지고 고향으로 가려고 하자 구처기는 "사대육신은 가짜이고 결국은 썩을 것이다. 오직 진성眞性만이 얽매임 없이 자유롭다."고 했다. 그러자 사람들은 토론을 멈추었다. 스승은 내일 떠날 것이다.

구처기는 사이란성에서 하룻밤 사이에 백발이 되었다. 백발의 원인은 오직 구처기 자신만이 알고 있었다.

1223년 4월 5일, 구처기 일행은 아리마성의 동쪽에 도착했다. 둘째 태자 차가타이의 어의御醫 장공은 태자의 명을 받들어 신선을 초청했다. 장공이 말했다.

"제자들 거처에 재단을 만들고 400여 명이 조석으로 예배를 드리는 것을 태만히 하지 않았습니다. 예배 수일 전에 자비로운 마음으로 강을 건너오시기를 엎드려 원하옵니다. 그리하면 대중들이 가르침을 얻게 되어 영광일 것입니다!"

구처기가 답을 했다.

"이미 남쪽에 가까이 있어서 길을 바꿀 수 없습니다."

장공이 구처기에게 계속 전도를 요청하자 구처기는 마지못해 "다른 일이 없으면 마땅히 가겠습니다."라고 했다.

이튿날 구처기가 기수를 동북쪽으로 돌리자 사람들은 말을 끌 수 없게 되었다. 장공은 이런 상황을 보고 "우리가 인연이 없으니 하늘이 허락하지 않는구나!"라고 하며 슬퍼했다.

구처기는 칭기즈칸의 아들들이 서로 화합하지 않는 것을 알고 각종 궁정 분쟁에 휘말리고 싶지 않았다. 그의 사명은 칭기즈칸만이 완수할 수 있는 것이기 때문에 다른 사람에게 시간을 낭비하고 싶지 않았다. 그래서 구처기는 이곳에서 작은 법술을 사용했다. 앞에서 서술한 사례에서 칭기즈칸의 동생이 폭설로 인해 약속했던 도에 대한 강의를 들을 수 없게 된 것도 구처기가 법술을 사용했기 때문이었다.

음산陰山에 도착하기 전날 밤에는 숙박을 했다. 이튿날 48개의 다리를 건너 개울을 따라 50리를 올라가 천지에 이르렀다. 동북쪽으로 가서 음산 뒷면을 돌아 이틀을 걸어가면 금산 남면 대하의 역로로 연결된다. 이어서 금산의 동남면을 거쳐 산을 따라 동북쪽으로 걸어갔다. 4월 28일에는 진눈깨비가 내렸고 다음 날 온 산이 하얗게 되었다.

다시 언급하자면 1221년 7월, 구처기가 서행하는 도중 진해성에 남겨두고 간 송도안을 비롯한 아홉 명의 제자가 이곳에서 도관을 짓고 전도를 하고 있었다. 전진해의 강한 지도력으로 도관은 한 달 남짓 만에 완성되었다. 진해성에는 여전히 외부 부족이 많았다. 비록 한족도 많았지만 대부분은 노예 신분으로 발언권이 없었다. 구처기와 전진해가 떠난 이후에는 전도하기가 쉽지 않았다.

송도안은 매달 초하루와 보름에 법회를 열었고 신자들이 날로 늘어나면서 다른 사람들의 시기와 질투를 받기도 했다. 그중 무의巫醫인 나생羅生은 송도안이 정법을 전하기 시작하자 날로 고객이 줄고 장사하기가 힘들어졌다. 주민들은 병이 나거나 재난을 겪게 되면 무녀 나생을 찾아갔고, 그것이 그녀의 수입원이었다. 송도안의 전도와 나생의 교활한 술수는 서로 상충되었다. 시장을 잃게 된 나생은 자신의 신자들에게 말했다.

"송도안이 전한 것은 사악한 법이다. 만약 도교를 믿는다면 요괴를 불러들이는 것이 된다."

신도들은 반신반의하였지만 그다음부터 진해성에는 이상한 현상이 나타나면서 신도들이 송도안이 개최한 법회에 참석하지 못하게 되었다.

밤에 눈이 번쩍거리는 요괴가 흰 가운을 입고 커다란 말에 올라타 거리를 돌아다니면서 "내 목숨을 돌려줘!"라고 외쳤다. 나생은 이 기회를 틈타 소문을 퍼뜨렸다.

"모두 도교에서 불러들인 요괴들이다."

군중들은 이것을 진짜로 믿었고 진해성 사람들의 마음이 흉흉해지면서 그동안 문전성시를 이루던 서하관栖霞觀은 썰렁해졌다.

송도안은 여러 사제들과 어떻게 하면 바른 법을 전할지 상의했다.

"사형, 무슨 요괴가 있습니까. 사람이 이상한 짓을 하는 것일 뿐입니다."

송덕방의 말에 이지상이 "그렇다면 우리가 요괴를 잡자."고 제안했다. 이에 "사제들의 의견은 내 뜻과 같다. 애초에 우리 조상들은 우리보다 전도가 더 어려웠으니 반드시 스승님의 믿음을 저버리지 말자."며 다짐을 했다. 밤에 이지상 등은 '요괴'를 잡아서 가면을 벗길 계획을 준비했다.

하룻밤 사이에 먹구름이 짙게 깔리자 과연 요괴가 나타났다. 커다란 말을 타고 흰옷을 머리에서 발끝까지 걸쳐 입었다. 핏빛의 혓바닥이 입에서 흘러내려 가슴까지 내려와 있었고, 눈이 이따금씩 번쩍거렸다. 말도 온몸에 흰 천을 걸쳤다. 고요한 밤에 "내 목숨을 돌려줘."라고 하는 소리는 유난히 음산하고 공포스러웠다. 이지상 등은 말 뒤를 따라다니면서 마지막으로 요괴가 어디로 돌아가는지 살펴보았다. 반 시진을 따라가 보니 흰옷을 입은 요괴가 말에서 내려 한적한 곳에서 소변을 보기 시작했다.

"요괴가 소변을 본다고? 그것도 앉아서?"

이지상과 사형들은 웃음을 터트렸다.

소변을 반쯤 보고 있던 '요괴'는 누군가 크게 웃는 소리를 듣고 깜짝 놀랐다. 바지를 올릴 겨를도 없이 요괴는 바로 말에 올라탔고 말 역시 당황해서 길을 분간하지 못하고 울부짖으며 달아났다.

"나쁜 것! 빨리 쫓아라."

이지상은 명령했다. 그들은 '요괴'가 도망치는 뒤를 따라갔다. 말을 타고 미행을 하면 노출되기가 쉽고 그렇다고 해서 인간의 다리가 아무리 강해도 말처럼 달릴 수는 없었다. 하지만 아무도 '요괴'가 소변을 볼 줄은 몰랐고, 요괴 자신도 예상하지 못했다. 소변의 결과가 이렇게 심각할 줄은 아무도 예상하지 못했다.

어떤 이유인지는 몰라도 '요괴'의 말이 서하관 앞으로 달려가 울부짖으며 앞발을 마구 쳐들자 요괴는 견디지 못하고 말 아래로 떨어졌다. 이지상과 여러 사형들이 쫓아와 보니 그 요괴는 다름 아닌 무녀 나생이었다. 그녀는 땅바닥에서 고통스럽게 신음하고 있었는데 다리뼈가 부러져 있었다. 게다가 소변을 다 보지 못한 상태로 말을 타고 달리다 보니 하반신이 축축하게 젖어 있었다. 이지상은 성안의 백성들을 불러 그 모습을 보여준 후 나생을 구제해 주었다. 나생은 부끄러움을 견디지 못해 천벌을 받았다고 생각하고 그 자리에서 여러 사람들에게 전진교에 입교하겠다고 말했다.

'요괴'가 모습을 드러내자 진해성은 평정을 되찾았다. 송도안 등의 교화로 진해성은 도둑질, 강도, 살인 등이 현저히 줄어들었고 백성들은 차츰 순박해졌다.

진해성은 후방에서 보급을 위한 중계소 및 기지로서 칭기즈칸의 서역 정벌 전쟁에서 중요한 역할을 담당했다. 그곳에서 빗물은 기름보다 귀했다. 충분한 비는 가을걷이를 위해 꼭 필요하다. 하지만 그해에는 땅이 갈라질 정도로 봄과 여름에 가뭄이 심했다. 사람들은 관개수로를 건설했지만 물이 부족해 곧 모가 말라 죽을 지경이었다.

송도안은 몇 차례 기우제를 올렸지만 모두 가랑비 정도만 내렸다. 어떻게 이런 급한 불을 끌 수 있을까?

송도안은 스승님이 며칠만 있으면 돌아오신다는 생각을 늘 하고 있었다. 이날 그는 방장의 침실에서 잠이 들었고 꿈에서 조도견이 하늘에서 내려오는 것을 보았다. 송도안은 깜짝 놀랐지만 기쁘게 물었다.

"사형, 사부님은 언제 돌아오십니까?"

조도견이 물었다.

"이곳에 무엇이 부족합니까?"

"비가 부족합니다."

"큰비가 내리면 사부님이 돌아오실 겁니다."

송도안은 천둥소리에 놀라 눈을 비볐지만 조도견은 보이지 않았다. 그는 어리둥절해서 꿈을 꾼 것이라고 생각했다. 그러나 그는 꿈속에서 조도견의 말을 생생하게 기억했고, 이때 천둥소리가 요란하게 들리자 송도안은 곧 깨달았다. 그는 여러 사제들에게 사부를 맞이하러 서쪽으로 가라고 했다.

구처기 일행은 아불한산(금산 동북쪽에 있다) 앞에 도착했다. 송도안 등 아홉 명의 제자들은 장춘옥화회長春玉花會의 회원들과 함께했고, 선차 곽덕전 등도 멀리 서하관에서 구처기를 영접했다.

구처기가 마차에서 내릴 때 큰비가 내리자 진해성의 주민들은 달려가서 알렸다.

"큰비와 함께 구처기 신선이 돌아오셨다."

"사형은 어떻게 사부님이 돌아오실 것을 알고 먼 길을 마중 나갔습니까?"

윤지평이 어리둥절해하며 묻자 송도안이 말했다.

"조도견 사형이 꿈에 나와서 사부님이 오실 것을 알려 주었습니다."

"조도견 사형은 왜 사부님을 따라오지 않았습니까?"

송도안이 묻자 윤지평이 대답했다.

"조도견 사형은 선종했습니다."

사람들은 모두 조도견의 선종을 안타까워하면서 그리워했다.

이번에 진해성에는 정말 많은 비가 내렸다. 모두 구처기의 높고 깊은 도법에 감사했지만 구처기는 웃기만 하고 아무 말도 하지 않았다.

아리선이 구처기에게 전방의 길은 대규모 말과 사람이 지나가기에 적합하지 않다고 알리자 구처기는 3개 조로 나누어 출발하기로 결정했다.

동쪽으로 떠나기 전에 구처기는 다음과 같은 시를 지었다.

관청의 말을 타고 만 리를 가서 삼 년 동안 옛 친구와 이별하였다.
전쟁이 아직 끝나지 않았는데 뜻밖에 도와 덕을 설명하였다.
계절은 가을밤이 되었고 늦봄이 되면 고향으로 돌아갈 수 있다.
고향에 가고 싶은 마음이 커지니 그리움 억누르기 힘들다.

1223년 5월 17일, 구처기는 병이 나서 더 이상 밥을 먹지 않고 탕국만 마셨다. 윤지평은 여러 제자들을 대표해 사부에게 물었다.

"몸이 아프신데 저희 제자들이 무엇을 할 수 있겠습니까?"

구처기가 답했다.

"내 병은 너희가 알 수 있는 것도 아니고 치료할 수도 없는 것이다. 나는 이런 시달림을 당연히 겪어야만 하니 너희들은 걱정할 필요 없다."

윤지평과 제자들은 스승의 건강을 매우 걱정했다. 이날 밤 조도견은 윤지평의 꿈에 나타나 안심하라고 말했다. 사부님의 병은 마음의 병이니 한족의 거주지에 도착하면 자연히 나을 것이라고 했다. 구처기는 중화민족의 다원성을 인정했지만 어떻게 한족에게 자기 행동을 이해시킬 것인지에 대해서는 영원히 풀 수 없는 마음의 매듭이 된 것 같았다.

1223년 6월 21일이 되어 어양관漁陽關(현재 내몽골 후허호트시 대청산 남쪽)에 도착했다. 이튿날 어양관을 지나 동쪽으로 50여 리를 지나 풍주豐州(현재 내몽골 후허호트시 동남쪽 백탑마을 부근)에 이르렀다.

구처기가 찾은 풍주는 경기도 관내에 있는 풍주(당시 한족의 주거지)였다. 도착 후 원수 이하의 모든 관원들이 성 밖으로 나와 영접했다. 선차 유공은 구처기를 자기 집으로 모셔와 구처기에게 뜨거운 탕면을 대접했다. 이때부터 구처기 입맛은 정상으로 돌아왔으니 이것은 윤지평의 꿈과 일치하는 것이었다.

당시는 이미 늦여름(음력 4월은 초여름, 5월은 한여름, 6월은 늦여름)이었고, 서늘한 바람이 불어와 유공이 글을 요청하자 구처기는 다음과 같은 시를 지었다.

몸에 욕심이 없으면 닭이 울 때까지 잔다.
많은 생각이 떠나지 않으면 한숨도 잘 수 없다.
구름이 걷히고 냇물이 맑으니 기운이 시원하고 계곡이 상쾌하다.
아침저녁 타좌를 한다고 해서 이룰 수 없고 수행의 공력은 활동으로 이룬다.

7월 1일, 구처기 일행은 다시 출발해서 3일 후에 진수(현재 내몽골 우란차부멍 남쪽 대해)에 도착했고, 성의 원수가 밖으로 나와 맞이했다. 원수는 구처기를 자신의 저택으로 모시고 가서 접대를 했고 매일 참배하러 오는 사람이 천여 명에 이르렀다. 원수가 구처기에게 기러기 3마리를 주자 7월 7일에 구처기는 기러기를 방생하면서 다음과 같은 시를 지었다.

너를 길러 주방에 주려고 하지만 나의 선한 마음은 요리로 만들지 않는다.

작은 배를 큰 파도에 보내 세 번의 가을이 지나면 커다랗게 자랄 것이다.

삼삼오오 사이 좋은 기러기 형제가 가을이 왔지만 날개를 달지 못했다.
푸른 창공 넓고 깊숙한 곳에 놓아주니 큰 물결이 일어 야생의 정취가 넘친다.

구처기는 이튿날 출발해서 7월 9일에 운중雲中(현재 산서 대동)에 도착했다.

선차 총관 아불합이 신자들과 함께 구처기를 마중 나와서 가마에 태우고 자기 집으로 모셔가 2층에 머물게 했다. 총관 이하 아랫사람들은 모두 구처기를 조석으로 참배하고 예를 올렸다. 어느 날 사대부 운중雲中이 가르침을 요청하자 구처기는 이곳에서 20여 일 동안 머물렀고 답례로 시를 지었다.

성지를 얻어 고향에 일찍 돌아가니 만물이 성장하는 봄이다.
초봄이 되니 천지간의 날씨가 부드럽고 온화하다.
역마로 가는 길에 구름 낀 산들이 첩첩이 이어진다.
경성까지 일만 리 길 다시 간들 어떠하리.

7월 13일에 아리선은 대칸의 성지를 받들고 산동으로 가서 투항을 받으려고 했고, 떠나기 전에 구처기를 만나고 싶어 했다. 아리선이 말했다.

"저는 대칸의 명을 받들어 산동으로 항복을 받으러 가려고 하는데, 성지의 내용은 신선의 제자 윤지평에게 수행하라는 명령입니다."

"하늘이 허락하지 않는데 간다고 해서 무슨 소용이 있겠는가?"

구처기는 이에 동의하지 않았다. 아리선은 다시 간청했다.

"만일 대칸이 큰 규모의 군사를 일으키면 반드시 살육이 벌어지니 원하건대 사부님의 한마디로 자비를 베풀어 주시기 바랍니다."

구처기는 한참 동안 생각하고 나서 말했다.

"그들의 목숨을 구할 수 없다면 그들이 죽는 것을 앉아서 보는 것과 같다."

구처기는 바로 윤지평에게 동행할 것을 허락하고 조서 두 폭을 썼다. 구처기는 선덕 이남에 신자가 많다는 것을 알았지만 모두를 도관에 수용할 수 없어서 걱정했다. 윤지평에게 떠나기 전에 계획을 잘 세워서 이런 상황이 되지 않도록 대비하라고 했다. 구처기는 친필 편지에서 당부했다.

"먼 길을 떠난 지 3년인데 얼마나 많은 도인들이 종횡무진했는가. 윤 공이 도착하면 은혜를 베풀고 교문의 전도에 방해가 되지 않도록 하라. 중생은 박복해서 이리저리 떠돌기 쉬운데 산에 오르기는 어렵고 내리막에서는 수월하다!"

이것이 바로 구처기가 가진 마음의 병이었다. 칭기즈칸은 구처기의 영향력을 빌려 중원에 발을 들여놓으려고 했고, 구처기는 오직 칭기즈칸에게 살육을 멈추게 하려는 것뿐이었다. 이는 마치 동전의 앞뒤처럼 구처기가 회피할 수 없는 문제였다.

선덕(현재 하북 선화현)의 원수 이자공移剌公은 운중에 특사를 파견해 구처기가 선덕으로 올 것을 요청했다. 그리고 마침내 허락을 받고 자신의 말을 구처기에게 내어주었다.

8월 초 구처기는 동쪽으로 가서 양하楊河를 지나 백등, 천성, 화안 등을 거쳐 훈강[渾河]을 건너 12일에 선덕에 도착했다. 원수 이자공은 장대한 군대를 도열시켜 구처기를 영접했다. 구처기는 성안의 조원관朝元觀에 거주했다. 여러 도우가 와서 경배하자 구처기는 즉흥적으로 다음과 같은 시를 썼다.

멀고 먼 중생을 떠돌며 삼 년간 고향을 떠났다.

돌이켜보면 이미 늙은 몸인데, 한 번의 꿈같은 인생이 어찌 길겠는가.

하늘은 드넓고 광활한데 어지러운 세상사가 끝이 없다.

강남에서 한랭한 북쪽까지 예나 지금이나 변화 없이 여전하다.

어떤 신자가 말했다.

"많은 사람들이 지난겨울 말을 끌고 성문으로 들어오는 허정 선생 조공(조도견)을 보고 마중을 나갔는데, 갑자기 사라졌습니다."

또한 덕흥과 안정에서도 많은 사람들이 허정 선생을 봤다고 했다. 이에 구처기는 말없이 웃었다.

현지의 명사와 신사가 모두 와서 글을 요청하자 구처기는 다음의 시로 답했다.

왕실은 평안하지 못하고 도문이 먼저 순조롭다.

도를 펼쳐 맺은 인연이 광대하고 무량하다.

뭇 사람의 우두머리가 되니 마음이 그곳으로 돌아간다.

몸을 나누지 못해 한스럽지만 대중의 바람을 이뤄주고 싶다.

11월 15일, 송덕방 등이 서쪽으로 가던 중 야호령의 백골들을 보고 발원을 했다. 이날 그는 태군太君 윤천억尹千億과 함께 덕흥의 용양관龍陽觀에서 외로운 영혼을 제도했다. 날씨가 추워서 제사를 지내려고 2박 3일을 기다렸더니 봄날씨처럼 훈훈해졌다.

그날 가창 원수가 선덕에 도착해서 다음과 같이 칭기즈칸의 성지를 전했다.

봄에 출발해서 여름이 되었습니다. 길에서 도적 떼를 만나기 쉬운데 음식과 수레는 괜찮습니까? 선덕 등에 가시면 먹고 자는 것을 신경 써주는 사람이 있을까 걱정됩니다. 지시할 아랫사람이 있습니까? 짐은 늘 신선을 생각하고 있으니 신선께서도 짐을 잊지 마십시오.

이 글을 보면 칭기즈칸은 항상 구처기 신선을 생각하고 있다는 것을 알 수 있다.

구처기는 많은 전쟁을 거친 후 도시와 촌락 모든 곳에서 예전의 번창했던 모습이 사라진 것을 보고는 마음이 슬퍼져서 다음과 같은 시를 지었다.

옛날에는 하늘을 찌를 듯한 숲으로 덮였는데, 지금은 마을 곳곳이 모두 평평하다.
시퍼런 칼날이 무한 창생에 임하니 황제의 거처 몇몇이 잿빛으로 변하였다.
호걸의 통곡과 신음이 천만 번인데, 고금에 몇 명이 될 것인가.
만물을 초월하고 자유자재하니 윤회를 벗어나 속세를 얻는다.

연경성(현재 북경)의 금자金紫[64] 석말공石抹公, 선차 유민劉敏 이하의 관리들은 사자를 파견해서 구처기 신선이 연경의 천장관天長觀에 머물도록 간청했다. 구처기의 승낙을 얻은 연경의 관원은 역마를 보내 구처기를 영접하고 거용관을 지나 남쪽으로 향했다. 연경의 신자들은 성의 남쪽 입구 신유관神遊觀으로 가서 구처기를 맞이했다.

이튿날 아침 일찍 사방에서 몰려온 신도들이 향기로운 꽃으로 길을

---

64 당, 송 시대의 관복과 패식. 높은 관리를 의미하는 말.

포장해서 구처기를 성안으로 인도했다. 길을 따라서 이어진 신도들의 영접 인파가 인산인해를 이루어 길이 막혔다.

처음에 구처기가 서행을 하려고 했을 때 신자들이 스승의 귀환 시기를 물었더니 "삼 년이 걸린다."고 했다. 오늘 그가 말한 대로 삼 년 만에 귀환을 하니 많은 사람들이 탄복했다.

1224년 2월 7일, 구처기는 천장관에 입주했고, 매일 공양하는 사람들이 천여 명에 이르렀다.

1224년 2월 15일, 신자들은 구처기에게 옥허관玉虛觀으로 올 것을 요청했다. 2월 25일, 칭기즈칸의 행궁으로부터 도착한 갈라噶刺는 다음과 같은 성지를 전했다.

신선이 한족의 땅에 이르러 청정함으로 사람들을 교화하고 매일 짐을 위해 경전을 독송하고 장수를 축원하니 정말 좋습니다. 하전을 잘 보호하여 몸 안에서 머물게 하라고 신선에게 교훈을 받았습니다. 아리선과 이야기하니 신선이 장수하도록 성지를 내려 잘 보호해야 한다고 했습니다. 신선은 짐의 옛말을 잊지 마시기 바랍니다.

한여름(음력 5월) 연경성의 석말공과 편의 유공은 세 번에 걸쳐 구처기에게 천장관에 입주해줄 것을 요청했다. 그달 22일에 구처기가 천장관으로 가려고 하자 하늘에서 선학仙鶴 몇 마리가 그를 안내했고, 도착한 후에는 서북쪽으로 날아갔다.

구처기가 옥허관에 머물거나 혹은 인가에서 재계를 올리는 동안 하늘에는 항상 두서너 마리의 선학이 날아다니며 울었다. 북방에는 도교를 믿는 사람이 매우 적었지만 하늘에 선학이 나타나면서 여러 사람을 교화시켰다. 사람들은 선학을 보면 꿇어 엎드려 절을 했고 점차 도교를 믿는 사람들도 많아졌다. 그에 따라 차츰 풍속도 변화했다. 옥허관 옆 우물 물은 예전에는 쓸쓸하고 양도 부족했는데, 1224년(갑신년) 이후 서방에서 명성을 듣고 찾아오는 신자들이 많아지면서 물맛이 달고 넉넉해졌다. 이 것은 모두 좋은 인연 덕분이다.

계하(음력 6월) 15일, 황제의 교지를 받은 선차 상공 찰팔^{札八}이 다음과 같은 성지를 전했다.

신선이 떠난 이후로 짐은 하루도 신선을 잊은 적이 없습니다. 신선은 짐을 잊지 마시고, 짐의 모든 땅에서 신선이 살고 싶은 곳에 거처하시기 바랍니 다. 도문이 항상 짐을 위해 경을 읽고 장수를 기원하니 행복합니다.

칭기즈칸의 장수에 대한 갈망과 구처기에게 의존하는 정도는 성지의 내용에 잘 나타나 있다.

1227년 5월 25일, 도인 왕지명이 진주(감숙 천수)에 도착해서 가져온 성지는 다음과 같았다.

북쪽의 궁선도^{宮仙島}를 만안궁^{萬安宮}으로 바꾸고, 천장관을 장춘궁^{長春宮}이라는 이름으로 바꾸라.

세상에서 출가한 선인을 모두 귀속시키라.

또한 금으로 만든 호두패를 하사하고, 도가의 모든 일은 신선이 처리하도록 하라.

이 성지의 무게는 매우 큰 것이었다.

첫째, 구처기는 모든 종교를 관리하는 천하의 종교 지도자가 된 것이 다.

둘째, 그는 모든 도교를 관리하는 도교의 지도자가 된 것이다.

셋째, 황금 호두패는 황제 다음의 권력을 의미했다. 따라서 황금 호두패는 황제를 보는 것과 같았고 사람의 생사를 결정할 수 있었다.

여기서 비밀 하나를 더하자면 왕지명은 구처기와 함께 동쪽으로 가지 않고 칭기즈칸의 곁에 남았다.

독자들은 애초에 유중록이 처음 구처기를 부르러 갔을 때도 대칸이 하사한 황금 호두패를 가져갔던 것을 기억할 것이다. 그러나 이 호두패는 그것과 다르다. 앞의 호두패는 병력을 이동하기 위한 것이다. 왜냐하면 구처기가 많은 한족 제자들을 데리고 서행을 했기 때문에 호두패는 몽골 부대를 습격하거나 교란하는 것을 막을 수 있고, 또한 임시로 병력을 이동시켜 전란 속에서 포위망을 뚫을 수 있게 했다. 어떤 의미에서 그것은 생명을 지키는 황금 호두패였다. 그러나 이번에 하사한 황금 호두패는 최고 권력을 상징하는 것으로 만호 이하를 관장하는 사람이라도 대칸에게 이런 봉상을 받을 수 없었다. 그만큼 이것을 가진 사람은 엄청난 특권을 가진 것이었다.

당시 칭기즈칸은 구처기에게 후한 상을 내렸는데, 요약하면 다음과 같다.

모든 도사에게 부여된 세금을 면제하고,

신선은 칸의 땅 어디에나 도관을 세울 수 있으며,

죄가 아무리 무겁더라도 전진교 용문파를 신봉하면 죽음을 면할 수 있다.(천하의 도교 용문파가 국토의 절반을 차지한 데는 이유가 있다)

천하의 종교를 총괄하고,

천하의 도교를 총괄하며,

비록 실권이 없는 국사이지만(물론 구처기는 실권을 갖지 말아야 하지만) 천하의 백성들은 모두 구처기가 황제의 스승임을 알고 있다.

손에 황금 호두패를 쥐고 있다면 귀족이 가진 최고 권력을 행사할 수 있다.

그러나 구처기는 창생을 구하고 전진교 용문파의 왕성한 발전과 견실한 기초를 다지는 것이 그가 추구하는 궁극적인 목표였다.

제27장

민생을 위해
무위법無爲法으로 기우제를 지내다

구처기는 칭기즈칸을 설득해서 살육을 멈추게 한 후 연경으로 돌아와 80세에 가까운 고령에도 불구하고 여러 차례 제사를 지냈다. 그는 살아 있는 동안 하늘과 소통해서 재해를 쫓고 비를 기원하며 백성을 구하기 위해 안간힘을 썼다.

현재의 과학 수준으로는 아직 도가의 재초齋醮를 설명할 수 없다. 혹자들은 무조건 과학으로 설명할 수 없는 현상을 모두 '미신'으로 여기지만 과학의 발전사는 이른바 미신을 현실로 변화시킨 역사라고 할 수 있다. 양자역학의 수준이 높아지면 우리가 오늘날 미신이라고 생각하는 것들이 모두 과학으로 바뀌는 날이 올 것이라고 생각한다. 따라서 가장 과학적인 방법은 어떤 것을 쉽게 인정하거나 부정하지 않는 것이다. 양자 붕괴나 양자 얽힘은 우리가 원래 알고 있던 물질관을 뒤집어 놓았다.

초醮는 도교 의식의 큰 분류이기도 하고, 또는 일반적인 각종 의식儀式을 지칭하기도 한다. 그리고 재齋와 합쳐서 재초齋醮라고 부르는데, 이는 모든 도교의 의식을 말한다.

재초는 곧 재법齋法과 초의醮儀를 의미하며, 속칭 타초打醮, 도장道場, 경참經懺 또는 법사法事라고 부른다. 재초에 포함되는 내용은 아주 많다. 이것은 제단 차리기, 재물 공양, 분향, 단 쌓기, 부적 쓰기, 주문 외우기, 북 울리기, 발로發爐65, 신내림, 영가迎駕66, 표장表章67, 독경, 찬송, 선사宣詞68, 보허步虛69 등이 있고, 여기에 촉등燭燈, 우보禹步70, 창례唱禮71, 음악 등을 배합한다. 이 의식을 통해 신령에게 제를 올려서 액을 막고 복을 빌며 망령을 제도한다.

도교는 창립 당시부터 재법齋法을 매우 중시하여 수도의 기초라고 찬양했다. 도를 배우는 사람은 재계齋戒72를 근본으로 한다. 경전 독송, 경전 연구, 경전 쓰기, 부적 쓰기, 단약 배합, 연단, 맑은 사유 등을 해야 하고, 스승에게 가르침을 받는다. 또한 질병을 없애고 재앙을 물리쳐 진인에 이르기 위해서는 반드시 재계해야 한다.

각종 초의醮儀 중에서 가장 유명한 것은 보천대초普天大醮와 주천대초周天大醮 그리고 나천대초羅天大醮인데, 이것을 합쳐서 삼천대초三天大醮라고 한다.

재법과 초의의 근본은 달랐지만 후에 서로 융합해서 수나라와 당나라 이후에는 '재초'齋醮로 통합해 부른다. 따라서 이는 오늘날까지 전해져

---

65 화롯불을 피우는 것.

66 신을 맞이하는 것.

67 기원문 등을 올리는 것.

68 제사를 거행하기 전에 선언문 등을 읽는 것.

69 보허(步虛)란 도사가 의식을 할 때 어장을 부르면서 법단의 신좌를 에워싸거나 마주 보면서 빙빙 도는 움직임을 말함.

70 우보(禹步)는 도사가 신에게 기도하는 의례를 할 때 자주 사용하는 걸음걸이 동작을 의미함. 중국의 하나라 우임금이 창안했다고 전해져 우보라고 함. 북두칠성이 늘어선 위치에 따라 걷는 것이 마치 별자리 28수의 하나인 두숙(頭宿)을 밟는 것 같다고 해서 보강답두(步罡踏斗)라고 함.

71 창례(唱禮)란 의식을 진행하기 위해 큰 소리로 의식의 차례를 말하는 것.

72 제사 의식을 거행하기 전에 몸과 마음을 깨끗하게 씻고 부정한 것을 멀리하는 것을 말함.

도교과의道敎科儀[73]의 대명사가 되었다. '재초과의'齋醮科儀란 일정한 법규를 근거로 해서 제사를 지내고 기원을 하는 활동을 말한다. 일반적으로 양사와 음사로 구분을 해서 청초淸醮와 유초幽醮로 나눈다. 청초淸醮는 복을 빌고 은혜에 감사하며 병을 물리치고 수명을 연장하는 것이다. 또한 국가의 명운과 복을 기원하고 청명과 비를 기원하며 액을 없애 장수를 기원하고 축하하는 것이다. 이는 태평초太平醮 종류에 속하는 법사法事다. 유초幽醮는 목욕도교沐浴度橋[74], 파옥파호破獄破湖[75], 연도시식煉度施食[76] 등이 있다. 이는 제유도망재초濟幽度亡齋醮 종류의 법사다.

재초를 할 때는 신이 올라가서 황제를 알현한다. 고대의 진인은 원신元神을 출현해서 하늘에 상소문을 올렸다. 이후의 종사宗師들은 모두 지상에서 보강步罡(도사가 별자리를 숭상하고 신령을 부르고 보내는 동작의 일종)으로 도움을 준다. 이는 사악함을 피해 신을 출현하고 북두칠성을 밟아 상소를 올리는 것이다. 여기에는 각종 보조적인 방법이 필요하고 천문天門의 개폐도 분명히 해야 한다. 이 방법은 전진교에서 구처기 대진인에게 전승되었고, 이후 다시 구처기 조사의 용문파에 전해졌다.

칠진七眞 중에서 구처기 외에 옥양자(왕처일 조사)도 재초로 유명하다.

초醮가 일반적인 제사와 다른 점은 제물의 내용에 있다. '초'는 제사의 다른 이름이기도 하다. 가축의 피와 음식을 제祭라고 하고, 채소와 과일의

---

73 과의(科儀)는 도교의 도장법사를 의미함. 과(科)는 동작을 하는 것을 말하고 정(程), 조(條), 본(本), 품(品) 등이 있음. 즉 과는 형식으로 일정한 절차에 따라 연기하는 것. 의(儀)는 법령 제도의 예절, 예법, 예식, 의례 등으로 예를 행하는 것.

74 망혼을 불러 다스리고 망자를 목욕시켜 저승으로 가는 다리를 건너게 하는 의식

75 망자가 지옥의 문을 부수게 하는 의식.

76 죽은 영혼들이 제도, 섭식, 연도 등 세 가지 과정을 통해 수련을 받고 갱생하게 하여 음경을 넘어 선한 것을 행하도록 돕는 것.

정수를 초醮라고 하는데, 모두 수명을 연장하고 영이 강림할 수 있게 한다.' 그러나 초를 지낼 때는 육포나 냄새가 강한 채소 등 추잡한 제물을 바쳐서는 안 된다. 만일 이런 것들을 사용한다면 삼관三官[77]이 도와주지 않는다.

전진도는 원나라 때부터 초의醮儀를 많이 지냈다.

'초'에는 '초법'醮法도 있다. 이른바 '초법'은 재초법齋醮法의 형식과 예절 등의 규칙을 가리킨다.

초는 일반적으로 광장에 단을 설치해야 하는데, 이를 초단醮壇이라고 한다. 제단 위에는 신위神位를 둔다. 옛날에 제단은 밖에 두었으나 지금은 실내에 간단하게 차린다. 초단은 초연醮筵이다. 초는 초의醮儀고, 연이란 좌석을 의미하므로 도교의 모든 신위를 말한다. 삼청좌三淸座가 설치된 장소는 중간은 높고 그 앞에 몇 척 정도 공간을 남겨두어 사람이 지나갈 수 있게 한다. 또한 일곱 개의 어좌御座의 각 자리마다 나무 위패[木器]를 두고 향기 나는 등을 놓아 법대로 공양을 한다. 대부분 옥청玉淸은 교파의 지존이고, 호천昊天은 삼계의 지존으로 각각 일렬로 두는데, 모두가 존귀하기 때문이다. 동쪽의 구고상제救苦上帝와 남쪽의 주릉대제朱陵大帝는 제도를 하고, 동쪽의 청현상제青玄上帝와 청화대제青華大帝는 액을 막는 기도를 드린다. 구고救苦는 곧 청현青玄이라고 하며 세상에 이름을 드러내는 것을 꺼린다. 좌우 반열은 성인의 위패를 올리고 그 이외의 지존에게는 위패를 세우지 않는다. 삼계의 등급 격차는 세간에서 측정하기 어렵다. 다만 강성降聖에게 맡겨 지위를 정하면 된다. 특별히 장초掌醮와 강성降聖 두 신위를 만들어서 신이 오도록 청하기 위해서다. 두 신위는 연이어 배열하고 향기 나는 등을 두고 법대로 공양한다. 안에서 밖으로 향을 놓는 탁자를 설치하는

데 제일 끝은 성인을 모시기 위한 것이고 두 번째는 길일을 기원하는 것이다. 마지막은 공양과 제사를 지내기 위한 것이다.

초의 종류는 매우 많은데 대부분 제사 지내는 신이나 기원하는 일의 이름을 딴 것으로 기우구룡초祈雨九龍醮, 정일전도초正一傳度醮, 나천대초羅天大醮, 두초斗醮, 구황수초九皇壽醮, 남북두동단탄생초南北斗同壇誕生醮 등이 있다.

기우구룡초는 비와 눈을 기원하는 제사라고도 한다. 초는 마땅히 국가와 백성을 위하고 비를 내리는 것이다.

나천대초의 주요 과의科儀는 분향焚香, 제단開壇, 청수請水, 양번揚幡78, 선방宣榜79, 탕예湯穢80, 청성請聖81, 섭소攝召82, 순성順星83, 상표上表84, 낙번落幡85, 송성送聖86 등이다. 독경을 하고 예배를 할 때 아름다운 도교 음악과 동작, 별을 밟는 우보의 변화무쌍한 대형이 함께 배합된다.

이지상 조사의《장춘진인서유기》에는 모두 33개의 '초'醮 자가 나오는데, 이는 황록초黃籙醮, 삼원초三元醮, 삼조초三朝醮, 소재초消災醮 등으로 초의 중요성을 알 수 있다.

황록초는 도교 의식 중의 하나로 망령을 제도하기 위한 도장 계열에 속한다. 황색은 모든 색의 근원이고 녹색은 모든 진리의 부호다.

삼원초三齋는 상·중·하 삼원三元 날에 천·지·수 삼궁三宮에 예를 드리는

---

78 깃발을 올리는 것.
79 법령 등의 낭독.
80 악습을 없애는 의식.
81 성인을 초청하는 의식.
82 귀신을 부르는 의식.
83 별자리를 따라가는 것.
84 상소를 올리는 것.
85 깃발을 내리는 것.
86 성인을 보내는 것.

것으로 자신의 죄를 참회한다. 천관^{天官}은 1월 15일 상원일^{上元日}, 지관^{地官}은 7월 15일 중원일^{中元日}, 수관^{水官}은 10월 15일 하원일^{下元日}이다.

삼조초는 즉 삼천초^{三天醮}다. 3일간 거행하는 초의^{醮儀}는 각계각층의 신도들이 거행하는 가장 보편적인 대형 재의^{齋儀}다.

평상시 3일 주야에 걸친 모든 절차는 다음과 같다. 첫째 날은 문서를 보내기, 깃발 올리기, 신막을 설치하기, 묘지 만들기를 하고 그 다음에는 상주문 올리기, 단 쌓기, 모든 경전과 글을 낭독한다. 밤에는 구양등^{九陽燈}을 끄고 귀신을 제도한다. 둘째 날에는 일찍이 스승에게 가르침을 받고 장막을 올리며 모든 촛불을 켠다. 정갈하게 신단을 만들고, 마음을 진정시켜 다듬으며 분향하고 예배한다. 오후에는 예고를 하고, 부적을 고지하며, 과에 따라 말과 행동을 조심해서 스스로 자기를 닦는다. 밤에는 불을 끄고 망자를 지옥에서 구제해 불러내어 목욕을 시키고 영을 위로한다. 이어 잿밥을 주고 고독한 귀신을 제도한다. 셋째 날은 회의를 열어 경전을 낭독하고 밤에는 망령을 연도^{煉度}한 다음 제사를 지내면 끝이다.

구처기가 거행했던 재앙을 물리치는 재초에 소요된 비용은 매우 적었다. 그는 "나는 당연히 도관의 소유물을 사용할 것이다. 나머지는 필요 없다."고 했으며, 단지 "관원들이 재계하고 재를 기다리면 족하다."고 했다. 이는 구처기 조사가 원신^{元神}을 사용해 직접 천정^{天庭}[87]에 상소할 수 있고 다른 매개체는 필요가 없었기 때문이다. 구처기가 장생천과 직접 소통할 수 있다는 칭기즈칸의 생각은 일리가 있었다. 그러나 몽골의 무당은 다른 매개체를 빌려 장생천과 소통할 수밖에 없다. '천정' 혹은 '장생천'이라고 하면 독자들은 미신이라고 생각하거나 이해가 잘 가지 않을 것이다. 이것

---

87   천정은 천신이 사는 곳이며 하늘을 의미함. 또한 천정은 얼굴의 양미간의 한 점을 말하기도 하
     는데 이는 원신이 드나드는 상전(上田)을 뜻함.

을 현대의 언어로 해석하면 바로 우주의 본원, 우주의 진실, 우주의 신비다.

1225년 음력 9월 초, 연경(현재 북경) 상공에서 화성이 28성수^{星宿}의 하나인 미숙^{尾宿} 부근에 머무르는 천문 현상이 발생했다. 고대 점성술에 의하면 이러한 현상은 불길한 일이었다.

백성을 돕고 위로하는 군자 왕집^{王檝}(자는 거천. 섬서 보계 사람으로 금나라와 원나라 시대의 관리)은 연경에 재해가 있을 것이라고 예측하고 구처기 신선을 불러 재초를 올리려고 했다.

"구 신선, 지금 하늘의 형혹^{熒惑}[88]이 미숙을 침범하고 있으니 연경에 반드시 재앙이 있을 것입니다. 신선께서 초를 올려 연경 백성의 어려움을 풀어 주십시오."

왕집은 구처기의 오랜 친구이기 때문에 예의를 차리지 않았다.

"왕 대인은 진심으로 백성들의 재난을 없애려는 것입니까?"

구처기가 질문했다.

"저뿐만 아니라 연경의 모든 관리들은 백성을 위해 정성을 다해서 재난을 쫓으려고 합니다."

양심적인 관리였던 왕집은 당연히 백성을 위하는 마음이 컸다.

"누구 한 사람이라도 안식처를 잃으면 우리는 모두 마음이 불편한데 하물며 연경 전역의 백성들이지 않습니까?"

구처기는 왕집의 부탁을 들어주기로 했다.

"그럼 이번 재초에는 비용이 얼마나 듭니까?"

왕집은 재초 비용이 부담스러웠다.

"최근 몇 년 동안 전쟁의 부역으로 인해 백성들은 살기가 어렵고 조정

---

88   화성(火星)의 옛 이름.

과 개인의 재력도 점차 고갈되고 있습니다. 나는 도관에 있는 재물로 법사를 거행할 것입니다. 단지 경성의 관리들로 하여금 재계하고 재초를 기다리게 하면 충분하니 그 외에는 아무것도 필요 없습니다."

구처기는 여태껏 백성들의 재물을 축낸 적이 한 번도 없었다.

그래서 왕집은 이틀 밤낮에 걸쳐 도장을 만들기로 구처기와 상의했다. 구처기는 연로했지만 친히 제단에 가서 기도했다. 재가 끝난 날 밤 왕집은 기뻐하며 구처기에게 "하늘의 형혹성이 이미 멀리 물러났으니 우리는 더 이상 걱정할 필요가 없습니다. 어르신의 깊은 덕행은 하늘과 신속하게 감응했습니다!"라고 축하했다. 구처기는 "제가 무슨 덕행이 있겠습니까. 이런 기도는 고대부터 있었지만 단지 사람들의 마음에 성의가 없기 때문에 어려운 것입니다. '정성을 다하면 천지를 움직인다'는 옛말은 바로 이런 이치입니다."라고 했다.

중양절에 먼 곳의 신도들이 와서 국화를 올리자 구처기는 다음과 같이 가사를 한 수 짓고 여기에 〈한환지〉恨歡遲라는 곡조를 넣었다.

어떤 식물은 특별해서 가을에 꽃이 피기를 기다린다.
흐드러지게 꽃이 피고 백억의 황금빛이 하늘을 밝게 비춘다.
청허한 중양절을 기다리니 방구석에 향기가 가득하다.
앉아서 바라보니 오래 갈 것 같다.
오래 보아도 시들지 않는 것을 한가로이 머무는 친구라 한다.

이어서 신자들이 비단을 들고 와서 구처기에게 친필로 글씨를 써달라고 요청하자 구처기에서는 그들을 위해 〈봉서오〉鳳棲梧를 써주었다.

휴식을 할 수 있으니 쉬어라.

소요함을 얻고 몸과 마음을 피곤하게 하지 마라.

얼마나 많은 영웅과 열사들이 허망한 포부를 가졌는가.

세상 만물의 변화는 끝이 없다.

어제 즐겁게 노래 불렀지만 오늘은 근심이 깊다.

오늘은 내일의 일을 모르는데 왜 사소한 일에 마음을 쓰는가?

어느 날 어떤 사람이 구처기에게 와서 옳고 그름에 대해 물었다. 구처기는 정면으로 답을 하지 않고 도의적으로 해석한 한 편의 송사를 내놓았다.

"덜어내고, 덜어내고 또 덜어내서 마음을 다해 한 가지도 없이 덜어내어 하나도 없는 마음이 되면 좋은 사람이고, 이것이 바로 신선과 부처다."

그 사람은 이 말을 듣고 부끄러워서 돌아갔다.

1226년 정월, 반산지구(현재 북경 동쪽)에서 구처기에게 3박 3일 간의 황로대초를 주관하도록 요청했다. 이날은 날씨가 맑고 화창해서 사람들의 마음은 즐거웠고, 추운 산골짜기가 마치 봄처럼 온화했다. 법사가 거행되는 저녁에 구처기는 다음과 같은 시 한 수를 써서 신도들에게 읊어주었다.

깊은 산에서 노래를 불러 정적을 깨니 산은 높고 손님은 즐겁다.

뭇 봉우리가 우뚝 솟아 경쟁하고 커다란 골짜기 수풀이 쓸쓸하다.

신선이 날아오르는 듯하지만 새의 울음소리조차 없다.

도사가 사흘 동안 초재를 지내니 수많은 백성들이 구경하러 왔다.

1226년 음력 5월, 연경에서 농사를 지을 수 없게 되자 사람들은 근심이 컸다. 관청에서 노점상을 옮기고 제단을 차려 기도하는데 반응이 없었다. 연경 행성에서는 관원을 파견해서 구처기에게 3일간 법회를 해달라고 요청했다. 그러자 구처기가 제단에서 기도를 하던 날 밤, 먹구름이 각 방향에서 모이더니 이윽고 비가 내리기 시작하면서 아침까지 멈추지 않았다. 연경 행성은 관리를 보내어 도관에 향불을 바치도록 하고 "연경의 오랜 가뭄으로 주변 들판에는 불이 날 것 같았고, 작물의 씨를 뿌리지 못해 백성들이 살기가 힘들었습니다. 지금 당신의 깊은 도는 하늘을 감동시켜 단비를 내려주니 백성들은 모두 '구처기 신선이 내린 비'라고 말합니다."라고 감사를 표시했다. 그러자 구처기는 "당신들의 정성을 다하는 마음이 천존을 감동시킨 것입니다. 여러 성인과 신선들이 진실로 자비로 생령들을 살려준 것은 저 때문이 아닙니다!"라고 답했다.

관리가 떠난 후 행성은 또 사람을 보내어 "비가 내렸지만 유감스럽게도 오랫동안 가뭄 탓에 이 비로는 수량이 부족합니다. 만일 한 번 더 비가 억수같이 쏟아진다면 이번 가뭄은 해소될 수 있으니 구처기 신선께서 한 번만 더 자비를 베풀어 기도해 주시기 바랍니다."라고 청했다.

이에 구처기는 "걱정하지 마십시오. 지극한 마음을 다하면 하늘의 신명을 감동시킬 수 있고 반드시 정성스럽게 보답할 것입니다. 큰비는 반드시 올 것입니다."라고 했다. 구처기의 말대로 법회가 끝나기도 전에 바다가 출렁이듯 세찬 빗줄기가 내렸고 대풍년이 들어 연경의 각계 인사들이 신선에게 시를 바쳐 감사했다.

하루는 오대경吳大卿(자는 덕명)이라는 사람이 네 수의 절구絶句를 가지고 와서 구처기를 알현했는데, 구처기는 이 시를 사용해서 운각을 넣어 합창을 했다.

제1수 :

연나라 섬공[89]이 이곳으로 와서 범속을 초월한 성인이 되니 여동빈의 오랜 벗이다.

한때 학이 봉래로 돌아갔는데 만겁 신선의 고향에서 언덕(구처기)이 나왔다.

제2수 :

본래 깊은 산속에 혼자 살고 있으니 천하의 누가 명예를 알겠는가.

헌원도사軒轅道士가 찾아오니 세속의 일을 논하지 않는다.

제3수 :

한가한 사람을 등한시해서는 안 되고 한가로이 욕심 없는 사람은 신선의 반열이다.

지금 오늘 마음을 열지 않으면 언제까지 기다려 보산寶山으로 갈 것인가.

제4수 :

혼돈은 자연에서 터를 잡았고 신령은 수명을 이어준다.

태어나고 죽는 내가 없어 과거를 뛰어넘어 오늘에 이르니 자유로운 신선이다.

구처기는 또 지중원支仲元에게 득일得一, 원보元保, 현소玄素 등 세 신선의 초상화를 그려주고 여기에 다음과 같이 글을 썼다.

세상에는 득도한 선인이 많지 않으니 세 신선은 어느 대에 자취를 드러낼까.

---

89 유해섬(劉海蟾). 도가 전진교(全眞敎)의 오양조사(五陽祖師) 또는 전진오조(全眞五祖) 중 한 명으로 여겨짐. 내단술(內丹術)인 연금술의 대가이며 도가의 팔선(八仙) 중 종리권, 여동빈 등과 관련이 있다고 전해 내려옴.

바르게 가르쳐 황실의 보물을 전수하니 인간 세상의 적송자[90]를 만났다.

이 외에 거사들이 와서 구처기에게 시를 지어달라고 요청하자 다음과 같은 칠언절구를 남겼다.

아침저녁으로 시간이 빨리 지나가니 어느새 양쪽 귀밑머리가 돋아났네.
만물 창조와 인간 활동 모두가 꿈인데 옳고 그름을 따져 무엇하리?

1227년에는 봄부터 여름까지 매우 가물었기 때문에 관청에서 여러 차례 기도했지만 좀처럼 비가 오지 않았다. 어느 날 연경 봉도회奉道會의 신도가 와서 구처기를 알현하고 기우제를 요청했다. 얼마 지나지 않아 또 소재회消災會가 와서 신선에게 초재를 요청했다.

구처기가 완곡하게 말하기를 "나도 법사法事를 할 작정이었는데 마침 당신들이 이런 제의를 하니 서로 약속이나 한 듯 정말 좋습니다. 그러니 당신들 두 단체가 부지런히 정성껏 준비해야 합니다."라고 했다. 그리고 5월 1일에 기우제를 지내고 3일에 감사제를 지내기로 약속했다. 이는 만일 이 3일 사이에 비가 오지 않고 그 이후에 비가 내린다면 이것은 재초 법사가 비를 내리게 한 것이 아니라는 뜻이다.

일각에선 구처기를 염려해서 "하늘의 뜻은 알 수 없다. 구처기 신선이 그들에게 이런 말을 해 놓고 만일 법회에서 비가 오지 않는다면 소인배들의 비웃음을 사지 않겠는가?"라고 했다. 이에 구처기는 "당신들은 이해하지 못한다."고 했다. 구처기는 이미 천지와 음양을 장악해서 도의 수준이 최고의 경지에 이르렀다.

---

90 신농(神農) 때 비를 내리는 신.

첫 번째 초재가 끝나자 과연 비가 내리기 시작했다. 이튿날에는 비가 한 자 이상 내렸다. 사흘이 지나 나흘째 되는 날 비로소 날이 개자 감사제를 거행했다. 전체 재초 법회가 구처기의 말대로 성사되어 많은 사람들이 탄복하지 않을 수 없었다.

도교는 인체를 소우주로, 우주를 대인체^{大人體}로 여긴다. 수련자가 오랜 기간 수련을 통해 사람과 하늘의 합일^[人天合一], 하늘과 사람의 합일^[天人合一]의 경계에 도달하면 자연과 충분한 소통을 할 수 있다.

하늘과 사람의 상응을 통해 체현되는 것 중 가장 중요한 것은 '기'^氣에 합치하는 것이다. 중의학 《소문·미지대론》^{素問·微旨大論}에서는 '기교'^{氣交}의 개념을 제시했다.

"하늘을 논하는 사람은 근본을 구하는 것이고, 땅을 논하는 사람은 지위를 구하는 것이고, 사람을 논하는 사람은 기교^{氣交}를 원하는 것이다. 기교란 무엇인가? 위와 아래의 중간에 기교가 있고 그곳은 인간이 존재하는 곳이다."

천지인^{天地人} 삼자는 하나의 기^氣가 서로 다른 영역에 분포한 결과물이다.

"하늘은 위^上이고 천기^{天氣}가 주인이다. 하늘 아래^下는 지기^{地氣}가 주인인데 이렇게 기가 나뉘어서 사람의 기^[氣交]가 이것을 따르고 만물이 여기서 생기는 것이다."

사람과 만물은 천지의 기교에서 태어나고, 인간의 기는 이를 따라 법칙이 생겨나서 자라나고 늙는 것이다. 만물은 이런 법칙으로 생겨나고 자라서 보존된다. 인간은 자신의 특수한 운동 방식을 가지고 있지만 그 기본 형식은 오르내리고 드나들며 왕래하는 것으로 천지 만물도 이와 같고 서로 통한다.

제28장

도처에 도관을 세우니
세상에 정이 두루 넘치다

구처기는 천신만고 끝에 3년에 걸쳐 만 리를 가서 좋은 성과를 거두었다. 히말라야에서 일대종사 구처기와 일대천교 칭기즈칸의 대결은 전 인류에게는 하나의 복음이었다. 구처기가 우위를 점한 후에야 비로소 평등한 '담판'을 할 수 있었고 쌍방 모두가 승자였다. 여기서 가장 이익을 본 것은 천하 창생이었고, 이는 구처기의 초심이기도 했다.

구처기가 서행을 하고 돌아오자 모든 사람들이 존경했다. 특히 몽골 관리들이 구처기를 대하는 태도(현지 최고 권력자의 영접)는 전진교를 발전시키는 데 커다란 영향을 끼쳤고, 그 역시도 천만 명의 생명을 구하는 데 매우 중요한 역할을 했다. 구처기는 칭기즈칸이 준 특권을 이용해서('신선은 거주하고 싶은 좋은 땅에 거주하고', '짐의 소유지 중 원하는 곳에 거주하라') 중화대지(연경, 산동, 산서, 하북, 하남, 섬서 등에서 감숙 등지까지) 전역에 도관을 건설했다.

당시 도관은 전진교를 전파하는 기지가 되었고, 가난과 고통을 구제하는 자비로운 장소였으며, 인명을 구할 피난처가 되었다.

구처기가 서행을 하는 과정에서 진해성에 서하관이 세워졌다. 1223년 6월, 구처기는 수행 제자들에게 말했다.

"전쟁이 난 후부터 오늘날까지 백성들은 도탄에 빠져 살 곳과 먹을 것이 없다. 이를 똑바로 인식하고 백성을 구제하는 것이 최우선 임무라는 것을 명심해라. 이 기회를 놓쳐서는 안 된다."

구처기 일행이 동쪽으로 돌아오는 길에 그는 제자들에게 백성을 제도하기 위한 대규모 궁관宮觀을 세우도록 지시했다.

1223년 8월, 구처기 일행이 선덕에 도착했을 때 학대통郝大通은 재전제자再傳弟子(제자의 제자) 이지유李志柔를 보내 조원관에서 구처기를 영접하도록 했다. 이에 구처기는 이지유에게 동진자同塵子라는 도호를 내렸다. 이지유는 대중들의 기대를 저버리지 않고 장춘관, 봉천관, 서진관 등을 차례로 건립했다. 이후 이지유는 널리 제자들을 받아들였고 또한 그 제자들이 도관 300여 채를 세웠다.

선덕에서 왕처일의 제자 유지원劉志源은 구처기의 계획대로 백성을 제도하기 위해 도관을 100여 곳 이상의 지역에 세웠고, 거둔 사람이 100여명이 넘었다.

연경에서는 마옥의 재전제자 조지연趙志淵이 구처기의 가르침을 듣고 하북의 대명, 자주(현재 하북성 자현)와 하남의 상주(현재 하남성 안양) 등지에 도관 10여 채를 세워 수백 명의 제자를 받아들였다.

구처기가 천장관天長觀으로 온 이후에 신도가 날로 늘어나 더 이상 받아들일 수 없게 되자 그는 제자들에게 천장관을 보수, 증축할 것을 권했다. 본래의 성위, 전각, 상주, 당우는 낡았고 전당 내부는 수평이 맞지 않았다. 그들은 낡은 문과 창문을 모두 제거해서 교체하고 계단을 다시 깔았다. 지붕도 보수를 했고 바닥을 평평하게 만들었다. 또한 외벽과 내벽에 칠을 해서 천장관 전부를 새롭게 단장했으며 새로 40칸의 방을 지어서 신자들을 접대했다.

구처기는 밤에 재계하고 북궁원北宮園 연못(원래 금나라 경화도 행궁, 현재 북경의 북해공원 경화도)에 가서 산책하는 습관이 있었다. 항상 16~17명이 수행을 해서 소나무 사이에서 정좌를 하고 차를 마시며 시를 짓느라 시간이 흐르는 것도 잊곤 했다. 행성의 선차 찰팔扎八 상공은 구처기가 이곳을 좋아한다는 사실을 알고 북궁원의 연못과 그 부근 수십만 평의 땅을 구처기에게 바쳤다. 구처기는 이곳에 도관을 건설해서 많은 사람들을 제도하기로 했다. 구처기는 처음에는 받아들이지 않으려 했지만 선차가 계속 고집하자 후의를 거절하기 어려워 그의 뜻을 수용했다. 이어서 선차는 칭기즈칸에게 허락을 받아 이곳의 나무를 베지 못하게 하는 벌목 금지령을 내렸다. 제자들이 북궁원을 보수해서 1226년에 완공했고 구처기는 좋은 날이면 반드시 이곳에 왔다. 이듬해 5월, 칭기즈칸은 이곳을 만안궁萬安宮으로 바꾸라는 지시를 내렸다.

옥천관玉泉觀은 감숙 천수성 북쪽의 천정산 기슭에 건설되었다. 그러나 실제 이 도관은 구처기 시대보다 앞선 당나라 고종 때 지어진 것으로, 그 역사가 매우 오래되었다. 송나라 시대에는 한때 흥성했지만 후에 북송 말기에 금나라와의 전쟁 때 파괴되었다. 송나라 말기에서 원나라 초기 사이에 이르러서야 구처기의 제자 양지통梁志通이 이곳에서 운유하다가 그 풍경에 매료되어 옥천관을 재건하고 여기서 수련했다.

율청천汩淸泉에서 유래된 옥천관이라는 이름은 사실 1천 년 동안 이어졌다. 전설에 의하면 이 샘물은 산 중앙의 깊은 곳에서 흘러온 것인데 '환자가 이 물을 마시고 기도하면 병이 낫는다'고 한다. 옥천의 샘물은 특이해서 짠맛, 단맛, 쓴맛 등 하루에 세 가지 맛이 난다고 한다. 이 샘물을 직접 마셔본 호사가들의 말로는 옅은 짠맛이 난다고 하니 명불허전이라고 할 수 있다.

산동성 제남지구 최대 규모의 고건축 단지인 화양궁華陽宮은 오래된 도교 궁관 중 하나다. 약 500여 평방미터에 걸친 고대 벽화를 보유하고 있다. 주변에는 면화전棉花殿, 용왕묘龍王廟, 삼황궁三皇宮, 삼원궁三元宮, 관제묘關帝廟, 태산행궁泰山行宮 등의 도관과 정토암淨土庵 등의 불교사찰이 있다. 전각이 많고 신상神像이 제각각이어서 옛사람들은 제남거관濟南巨觀이라고 불렀다.

화양궁의 고대 건축물들 중에서 가장 가치가 있는 것은 사계전四季殿 내부 기둥에 있는 반룡부조盤龍浮雕다. 이는 마치 푸른 용이 바다를 탐사하는 기세로 대들보에서 내려오는 모습이며, 용을 새긴 부조물 중에서도 아주 진귀한 작품이다. 그리고 역대 유명인들이 쓴 현판, 영련楹聯[91], 벽화, 비문 등이 있고, 정토암 안에는 향장목 조각상 등이 즐비하다. 그리고 구불거리며 감아 도는 나뭇가지를 가진 측백나무 100여 그루가 힘차고 울창하게 하늘로 솟아 있다. 또한 사계전 뜰에만 800년 이상 된 열일곱 그루의 나무가 있다.

태원의 순양궁純陽宮은 유명한 도교 궁관으로, 산서성 태원시의 오일광장 서북쪽 모퉁이에 있다. 여기는 전국의 중요 문화재보호 지역 중 한 곳으로 일명 여조묘呂祖廟(여동빈 조사의 묘)라고도 한다. 원나라 때 창건되어 명나라 만력 연간(1573~1620)에 중수되었고, 청나라 건륭 연간(1736~1795)에 보수와 증축이 있었다. 궁의 앞에는 네 기둥을 한 3층 나무 패방牌坊[92]이 있다. 내부의 주요 건축물로는 여조전呂祖殿, 회랑정回廊亭, 외각巍閣, 별채, 벽돌동굴[磚券窯洞], 관공정關公亭 등이 있다. 본관인 여조전은 세 칸의 넓이로 웅장하고 내부에는 여동빈의 소상塑像(흙으로 만든 상)이 봉안되어 있다. 여

---

91 건물의 문이나 기둥에 붙여둔 글. 도교의 사상이나 의미를 담은 문구, 한시를 쓰거나 도사들의 수행이나 의식을 상징하기도 함.

92 공로자, 효자 및 효부 등 모범적인 사람을 표창하고 기념하기 위해, 혹은 미관을 위해 세운 문짝 없는 문을 말함.

조전 뒤 두 개의 뜰에는 높낮이가 엇갈리고 굴곡이 심한 독특한 모양의 누각식 건축물이 있다. 마당 가운데 우뚝 솟은 누각은 순양궁 안에서 가장 높은 건물로 누각에 오르면 주변의 모든 풍경을 사방으로 조망할 수 있다. 궁관 지붕 네 귀퉁이에는 각각 팔각으로 된 뾰족한 정자 모양을 하나씩 세웠다. 예로부터 순양궁은 태원에서 유명한 도교 궁관 중 하나다.

호천관昊天觀은 도교의 명산인 용산龍山(산서성 태원시에서 남서쪽으로 20킬로미터)에 위치하고 있다. 용산은 여양산呂梁山의 지맥이다. 산에는 숲이 무성하고 화초가 잘 자라며 늦가을에는 단풍이 화려해서 경치가 좋다.

산봉우리 정상에 도교에서 조성한 동굴 두 개를 송덕방이 발견했다. 송덕방은 원나라 태종 6년(1234년)에 이곳에 석굴 다섯 동을 뚫어 호천관을 건립했다. 이후 어떤 사람이 다시 한 동을 더 만들었지만 현재 도관은 훼손되고 동굴만 남아 있다. 각 동굴마다 조각상이 달라서 허황감虛皇龕, 삼청감三淸龕, 와여감臥如龕, 삼천법사감三天法師龕, 삼황감三皇龕, 현진감玄眞龕, 피운자감彼云子龕, 칠진감七眞龕 등 서로 다른 이름으로 봉양하고 있다. 각 감실 내부에 있는 조각상의 숫자는 일정하지 않지만 8개의 동굴에 모두 78개의 존상이 있고 대부분 잘 보존되어 있다. 존상의 조각은 소박하고 옷차림은 장중하며 선이 간결한 독특한 풍격을 가지고 있다. 석굴 꼭대기에는 용과 봉황 등의 문양만 있고 양쪽과 앞 벽 위에는 원나라 시대의 글이 남아 있어 도교 석굴의 예술과 역사를 연구할 수 있는 귀중한 실물 자료다. 이곳은 도교의 중요문화재이기 때문에 국가의 중요문화재 보호지역으로 지정되었다.

불교 세력은 원나라 시대에 지위를 잃었지만 도교는 오히려 융성해졌다. 그러나 전란으로 인해 남아 있는 도교의 조각 작품은 보기 힘들다. 호천관의 삼청상은 불교의 조각상을 모방한 형식으로 선이 유려하고 조형이 간략해서 원나라 시대 조각의 풍모를 짐작할 수 있다.

산동 제남 장구구章丘區에서 고대 도관이 발견되었고 연대가 매우 오래된 비석이 하나 있다. 그러나 무엇을 기념하기 위해 만든 것이고 또한 어떤 역사적 인연으로 인해 땅속 깊이 묻힌 것인지 알 수 없다. 물론 이러한 의문은 비석에 적힌 글의 내용을 통해 어느 정도 추측 가능하다. 비문에는 '온전한 진인'全眞之人과 '욕정을 끊음'[絶情去欲], '원초적인 성실함과 소박하고 후덕한 사회기풍을 회복함'[返朴還淳], '형을 기르고 성을 단련함'[養形煉性], '정을 아끼고 명을 지킴'[嗇精固命] 등의 도교 교리가 쓰여 있다. 이런 문구를 근거로 종합해 볼 때 장구章丘는 전진파의 주둔지였고 여기서 선교를 했다는 사실을 알 수 있다.

이러한 역사적 배경에 비추어 볼 때 비문에 언급된 구처기의 제자 충허대사沖虛大師 우지녕于志寧, 통미대사通微大師 장지전張志全, 진지충陳志忠 등의 존함과 '도관 관계자'라는 단어가 언급된 것 등의 정보를 종합해 보면 구처기의 제자가 이곳에 도관을 짓고 전진교를 발전시켰다고 볼 수 있다. 그리고 1302년 이후에 세워진 것으로 추측되는 이 비석이 훼손된 이유는 원나라 무종(1308~1311)의 훼불운동毁佛運動 때문일 것이다. 이때 전진교는 전국적으로 퍼져 교세가 절정에 이르렀다. 따라서 제자들이 매우 많아지자 통치자들은 그 세력을 두려워하게 되어 도관을 마구 허물어버린 것이다.

이 비석은 '훼불운동'으로 파괴되어 해체되었을 가능성이 높고 건립에서 파괴되기까지 불과 10년도 되지 않았다. 긴 역사의 세월 속에서 10년은 단지 눈 깜빡할 정도의 짧은 시간으로 '그 시작도 순간이고, 그 멸망도 갑작스러워' 매우 개탄스럽다. 이후 오랫동안 비석은 여러 조각으로 해체되어 물밑이나 땅속 깊이 묻혔다.

청나라 강희康熙 연간에 이르러 어떤 이유인지는 알 수 없지만 비석들 중 하나가 발굴되었는데, 그 뒷면에 '강희비좌'康熙碑座라는 글자 등이 새겨진 것으로 미루어 보아 당시 사람들은 이것을 다른 비석의 받침으로 생각했을 것이다. 그 후 새롭게 출토된 비석들도 이후 다시 훼손되어 어디로 갔는지 알 수 없게 되었다. 또한 '강희비좌'라는 글이 새겨진 비석 받침도 다시 땅속 깊이 묻히게 되었는데, 결국은 후대의 건축 공사 과정에 다시 세상에 나왔다.

어떤 사람이 비문에 '갑오년 시작'[始歲甲午], 그리고 '임인년 가을'[壬寅秋]이라는 글자가 있다고 주장했다. 즉 임인년 가을은 바로 원나라 성종(테무르) 대덕大德 6년인 1302년이다. 바로 이 기간이 전진교의 전성기였다. 사서에 따르면 송나라와 금나라 그리고 원나라 시대에 도교 전진파 구처기가 '18제자'를 이끌고 멀리 서역으로 가서 칭기즈칸을 만나 총애를 받고 작대종사爵大宗師로 봉해져 천하의 도교를 관장하게 되자 전진파가 커지기 시작했다고 기록되어 있다. 이에 더 나아가 원나라 세조 쿠빌라이는 통일을 위해 전진교를 국교로 삼았다.

전진도의 3대 조정祖庭은 산서 영제永濟의 영락궁永樂宮(여동빈 조사)과 섬서 후현戶縣의 중양궁重陽宮(왕중양 조사), 그리고 북경의 백운관白雲觀(구처기 조사)이다.

구처기가 서행 만 리에서 돌아온 이후부터 도관 건립은 일종의 기풍이 되었다. 많은 도관이 현재에도 남아 있지만 대부분 역사의 먼지 속에 묻혀 발굴이 필요한 실정이다. 전쟁 때문에 낡아버린 도관들은 버려진 불교 사찰을 기반으로 세워진 것들이 많았다. 이는 결과적으로 후에 불교와 도교의 투쟁을 유발하기도 했다.

도교의 궁관에 대해 이야기하자면 보편적으로 반드시 시방총림十方叢林의 개념을 알아야 한다. 불교와 도교 모두 시방총림이라는 용어가 있기 때문에 먼저 불교의 시방총림에 대해 설명할 것이다.

백운관(白雲觀)

　불교의 사찰에는 서로 다른 특성을 가진 두 종류가 있다. 하나는 자손사찰[子孫廟]93이고, 다른 하나는 시방상주[十方叢林]다. 시방상주十方常住는 시방총림이라고도 하며, 계를 전할 수 있는 특권이 있어서 비공식적으로는 제자를 받지 못한다.

　시방총림과 같은 사찰과 궁관은 전국의 종교인들이 공유한다. 불교에서 계를 받은 출가자는 계첩과 신분증을 소지하고 사찰의 객당客堂에 가서 1~3일 동안 기거할 수 있다. 만약 상주하려면 신청해서 허락을 받으면 된다.

93　자손사찰[子孫廟]은 자손총림이라고도 함. 단 그 규모가 시방총림보다는 작고, 재산은 한 승려나 한 계통의 승려가 소유하고 주지 계통의 사제들이 물려받음. 자손사찰은 선종이 일어나면서 생긴 명칭.

시방총림은 일종의 사찰을 관리하는 제도다.

10방이란 동, 남, 서, 북, 남동, 남서, 북서, 북동, 상 및 하를 의미하고 총림은 보통 선종의 사원을 가리킨다. 승려들이 모여 도를 닦는 곳을 지칭하기도 하고 선종의 사원을 의미하기도 하므로 선림禪林이라고도 불렀지만 후대에 교敎와 율律 등의 여러 사원에서도 선림 제도를 본떠 총림이라고 불렀다.

인도에서는 원래 승려들의 거처를 그렇게 불렀다.

불교가 사원을 세운 이후 일반적으로는 사찰[佛寺]을 의미한다. 고대 인도에서 불교는 원래 '하나의 발우와 세 벌의 옷'[三衣一鉢], '하루에 한끼'[日中一食], '나무 아래에서 하룻밤'[樹下一宿] 등을 규칙으로 했다. 불교가 중국에 전래되기 시작할 때 처음에는 '율법에 따라 거주[依律而住]하는 것을 본받았지만 이는 양식을 생산하지 않는 제도라서 중국의 사회생활에는 맞지 않았다. 따라서 점차 스님들의 일상적인 업무, 설법, 보청普請(노동)94 등의 규칙이 수립되었다. 중국은 일찍이 동진에서 도안화상道安和尙이 관련 규범을 만들었다.

당나라 백장선사百丈禪師는 유명한 〈백장청규〉百丈淸規를 제정했다. 이는 승려가 수도를 하는 것과 동시에 반드시 농업생산에 참여해서 '하루 일을 하지 않으면 하루 먹지 않는다'는 농선農禪 생활을 규정한 것이다.

중국 선종총림은 조계혜능曹溪慧能(1562~1636)에서 4대를 거쳐 회해선사懷海禪師에게로 전래되었다. 거의 100여 년 동안 선승들은 오직 도만을 전수했고 대부분 암굴에 은거하거나 율종律宗사원에 기거했다. 당나라 정원貞元과 원화元和 기간 사이에 이르러서는 선종이 날로 번성해져 여러 사람

---

94 보청이란 일반적으로 초대를 의미함. 불교 용어로 대중을 모으는 것으로 당나라 회해선사(懷海禪師)가 창시한 승려들의 집단 노동을 집합하는 농선(農禪) 제도를 지칭함.

이 한곳에 모여 도를 닦고 선을 이루기 위해 수행했다. 강서 봉신의 백장산은 회해선사가 선승을 모아 신분을 구분하지 않고 설법을 했으며 규제에 얽매이지 않았다. 따라서 대승과 소승의 경율을 절충하고 기존과는 다른 선승집단을 고안한 것이다. 이것이 바로 총림의 시작이다. 처음에는 초목이 어지럽게 자라지 않고 규율과 법도가 있다는 의미로 총림이라고 명명했다.

총림은 주지가 전승하는 방식이 다르기 때문에 '자손총림'과 '시방총림' 두 가지로 나눌 수 있다. 자손총림은 자신이 지도한 제자들이 돌아가며 일을 주관한다. 이것은 스승의 자질을 계승하는 세습제이기 때문에 머리를 깎고 출가하는 체도총림剃度叢林이라고도 한다. 시방총림에서는 종종 저명하고 연공이 많은 주지를 초청하는데 물론 정부 관리가 선거를 감독해야 한다. 신해혁명 이전에는 황실총림도 있었다.

도교의 시방총림은 다음과 같다.

도교의 궁관에도 두 가지 다른 속성의 차이가 있다. 하나는 자손사당[子孫廟]95이고, 다른 하나는 시방상주[十方叢林]다.

자손사당은 제자를 받아 대대로 세습해서 전해 내려오는데, 이는 사당의 규모가 아무리 크다고 해도 단지 사당일 뿐 상주라고 할 수 없다. 더욱이 종판鐘板을 걸어서는 안 된다. 일상 업무를 종판으로 처리하면 반드시 반시방半十方의 특성을 가진 곳으로 변해야 하며, 주변의 대중을 모아 시방도우를 배치하고 상응하는 직무를 부여해야 한다.

자손사당이 종판을 걸어 승격하면 자손상주子孫常住로 불린다. 시방상주十方常住는 시방총림十方叢林이라고도 하며, 계를 전할 수 있는 특권이 있어

---

95 도관 이외에도 묘(廟)라고 해서 일반인들이 간단한 예배와 기도를 하는 시설을 말함.

사사롭게 제자를 받을 수 없다. 이러한 궁관은 성격상 전국의 도교 신도가 공유하는 것으로 동서남북을 구분하지 않고 정일파, 전진파 등의 파벌도 구분하지 않는다. 모든 도교 신도는 이곳에 거주할 권리가 있고 동시에 보호할 의무를 갖는다. 전국의 3산 5악三山五岳[96]의 시방총림에는 각 종파가 있고, 상주하는 도우, 호방, 객당 등에서는 신분증을 등록해야 하고 후에 집사로 전환될 수 있다.

무릇 시방상주는 인근에 편리한 작은 사당이나 집을 마련한다. 예를 들면 북경 백운관의 외다방外茶房, 산동 제녕 상청관常淸觀의 청하동靑霞洞, 하남 남양 현묘관玄妙觀의 장방庄房, 섬서 팔선암八仙庵의 유방油房, 누관태樓觀台의 순전암巡田庵, 호북 우창 장춘관의 안가만安家灣 장방庄房 등이 있다. 이곳은 경전이 생소한 일부 도우들이 잠시 머물며 경전을 익힐 수 있도록 마련해 놓은 거처다. 임시로 머무는 것을 도교의 용어로는 '차단'借單이라고 한다. 시골이나 다른 현에서 온 도우들이 성에서 편리하게 일을 할 수 있는 장소들이다.

전통적인 중국의 자손사당은 천산千山의 무량관無量觀, 산동의 운몽산 백운암白雲巖, 하남의 중악묘中岳廟, 섬서의 용문동龍門洞, 사천 청성산의 천사동天師洞, 무당산의 자소궁紫霄宮, 항주 옥황산의 복성관福星觀, 천태산의 동백궁棟柏宮 등이 있었다. 해방 전 중국 시방상주는 심양의 태청궁太淸宮, 산동의 상청관常淸觀, 북경의 백운관白雲觀, 하남의 현묘관玄妙觀, 섬서의 팔선궁八仙宮, 누태관樓台觀, 장량묘張良廟, 사천의 이선암二仙庵, 호북의 장춘관長春觀, 강소 소주의 현묘관玄妙觀, 상해의 백운관白雲觀, 영파의 우성관佑聖觀 등이다.

시방총림(시방상주)의 '총림'이란 울창한 산림을 비유한 말이고, 도교

---

96 삼산오악(三山五嶽)의 삼산은 황하강 유역의 이름난 세 산을 가리키는데, 봉래산·방장산·영주산을 말함. 중국에서는 이 산들을 천산·곤륜산·백두산이라고도 함. 오악은 동쪽의 태산, 서쪽의 화산, 남쪽의 형산, 북쪽의 환산, 중앙의 숭산(嵩山)을 일컬음.

사찰의 대문을 흔히 산문山門이라고 한다. 깊은 산속 오래된 산림에는 종종 도를 닦는 신선이 은거했고 상주 역시도 세속에 물들지 않은 덕망 있는 선비들이 적지 않았다. 깊은 산속 오래된 산림에는 만물이 무성하고 도인들이 모인다. 따라서 상주를 총림이라고 지칭하게 된 것이다.

시방상주의 일상적인 업무 및 행동거지에는 모두 절제된 규칙과 규범이 있다. 이곳은 품성을 만들고 도교의 법규와 위용을 배우는 장소다. 따라서 구처기 조사는 도인은 암자에 거주해야 한다고 주장했는데, 그것은 '상주'를 말한다.

상주常住라는 명칭은 금나라와 원나라 시대 도사의 저술에서 흔히 볼 수 있다. 상주에는 민주주의와 공평무사를 기반으로 세워진 일련의 체계적인 관리제도 및 방법이 있다. 따라서 이것이 바로 시방총림이 수백 년 동안 계승될 수 있었던 이유다. 또한 감원監院(감사) 및 도관都管(관리책임자)은 품행이 단정하고 계를 엄격히 지키는 사람(물론 직무에 적합하지 않은 사람도 있음)으로 선임한다.

능력을 감추고 은거하는 선비는 평소에는 어수룩하고 자신의 지혜와 용맹함을 드러내지 않는다. 그러나 감원과 집사가 해결할 수 없는 일을 신도들과 의논하게 되면 그는 임무를 맡아 어려움을 무릅쓰고 두려워하지 않으며 곤경을 넘겨 상황을 태평무사하게 만든다. 그러나 조금도 교만하지 않고 이곳저곳을 운유하며 영원히 자신의 공덕을 과시하지 않는다. 이런 사례들은 전국 시방상주의 역사에 드러나 있다.

방장方丈은 하늘에서 온 교주이자 세속을 초월한 종사다. 용문의 정법을 발전시키고 고통의 바다에 있는 중생을 자비심으로 제도하며 항상 어진 마음을 전한다. 평소 인색하지 않고 도의를 베풀어 전진의 모범이 되고 율문의 강령이 되어 대도를 밝힌다.

덕으로써 사람을 깨우치고 공을 쌓으며 선행을 다하니 하늘과 사람이 공경한다. 모두가 공경해서 도가 있는 스승이 아니면 방장으로 세울 수 없다. 반드시 삼당육계三堂六戒를 받고 율사律士의 '법法'을 받은 도사만이 방장方丈이라고 불릴 수 있고, 수계를 내림으로써 율사라고 한다.

'법'法은 곧 법통法統이다. 법통이란 역대 율사들의 이력으로 수계하는 횟수와 시간을 의미한다. 각 당에서 천자호天子号라는 도호를 받은 자는 당연히 법을 계승하는 사람이지만 반드시 덕과 능력을 측정해야 한다. 예를 들어 조건과 능력이 부족해서 계승할 수 없으면 다른 계자戒者가 법을 받을 수 있게 한다. 법을 받은 후에 전하지 않으면 하늘의 벌을 받는다.

감원監院은 중요한 집안 업무를 맡아 처리하여 속칭 당가當家라고 한다. 감원은 상주의 대들보이며 대중을 지도한다. 도덕을 갖추고 인의를 겸비해야 하며, 재능과 지혜가 있는 사람으로 엄숙하고 장중해야 한다. 도에 능통하고 밝은 덕을 갖추어 대중을 겸손하게 대해야 한다. 도량이 넓고 관대하며 자기를 뒤로하고 타인을 먼저 보호해야 한다. 유연하고 선량하며 죄와 복의 인과를 밝히고 공적이 완비된 사람만이 이러한 대임을 맡을 수 있다. 만일 현명하게 일 처리를 하지 못하면 도관과 총리는 조사를 명백히 해서 방장에게 보고하고 규칙에 따라 공론화해야 한다. 가벼운 일이면 징벌을 내려 재계하도록 하고 중대한 일이면 의논을 해서 교체한다.

감원은 상주 전체 대중의 선출로 임명되는데 해당 상주에 이러한 인재가 없다면 다른 상주나 작은 사찰에서 초빙할 수 있다. 임기는 3년이고 한 번 연임할 수 있다. 임기 동안 중대한 과실을 범하면 언제든지 대중을 초청해서 과실을 밝히고 시비를 가려 면직, 교체할 수 있다. 이때 사회적인 세력을 이용해서 대중을 협박해서는 안 된다.

상주집사常住執事와 감원監院 이하는 모두 '3도, 5주, 18두'로 포괄한다. 객, 요, 고. 장, 경, 전, 당, 호 등의 집사다. 상주에 따라 집사 명칭을 따로

두는 경우도 있는데, 이는 소수에 불과하다.

3도^{三都}는 도관^{都管}, 도강^{都講}, 도주^{都廚}다. 도관이란 상주를 통솔하고 대중의 모범이 된다. 도강은 원당^{圓堂}, 발당^{鉢堂}을 관리하고 모든 경을 위엄 있게 강의하는 일을 주관한다. 도주는 주방의 여러 가지 일을 배정하고 매일 대중의 세 끼 식사를 관리한다.

5주^{五主}는 당주^{堂主}, 전주^{殿主}, 경주^{經主} 화주^{化主}, 정주^{靜主}다.

18두^{十八頭}는 고두^{庫頭}, 장두^{庄頭}, 당두^{堂頭}, 종두^{鐘頭}, 고두^{鼓頭}, 문두^{門頭}, 차두^{茶頭}, 수두^{水頭}, 화두^{火頭}, 판두^{板頭}, 채두^{菜頭}, 창두^{倉頭}, 마두^{磨頭}, 년두^{碾頭}, 원두^{園頭}, 청두^{圊頭}, 조두^{槽頭}, 정두^{淨頭} 등이다.

객^客, 요^寮, 고^庫, 장^賑, 경^經, 전^{點, 典}, 당^堂, 호^号 등을 '8대 집사^{執事}'라고 한다. 이것은 전국의 모든 상주에서 공통이다.

객은 객당^{客堂}이자 상주에서는 커다란 요충지다. 객당의 집사를 지객^{知客}이라고 한다. 요^寮는 요사채이자 커다란 요충지로서 요사채의 집사를 순료^{巡寮}라고 한다. 고^庫는 창고이며, 그 책임자를 고두^{庫頭}라고 한다. 장^賑은 회계를 맡은 부서이고, 집사의 명칭은 장방^{帳房}이다. 경^經은 경당이며, 경당의 집사를 경사^{經師}라 한다. 경사의 최고 책임자는 고공^{高功}이다. 전^{點, 典}은 전조^{典造}(어떤 상주에서는 점좌^{點座}라고 부르기도 함)라고 하며, 대주방^{大廚房}의 우두머리다. 당^堂은 시방당^{十方堂}이며, 어떤 상주에서는 운수당^{雲水堂}이라고 한다. 북경 백운관은 일찍이 시방당과 운수당 두 개를 설치했다. 홀수 날에 의탁하는 도우는 운수당으로 보내고 짝수 날에 의탁하는 도우는 시방당으로 보냈다. 시방당이나 운수당의 집사를 당주^{堂主}라고 한다. 호^号는 호방^{号房}, 즉 접수실이며, 의탁하는 도우가 처음으로 거치는 곳이다. 호방은 또한 영빈^{迎賓}이라고도 한다. 이곳에서 일하는 집사도 호방 혹은 영빈으로 부른다.

도관^{都管}, 총리^{總理}, 순조^{巡照}, 규찰^{糾察}, 객료^{客寮} 등을 총칭해서 수령집사^首

^{領執事}라고 하며, 내방객의 요구에 응대하는 모든 일을 통칭 과차집사^{果茶執事}라고 한다. 객, 요, 고, 장 등을 내사요^{內四寮}라고, 경, 전, 당, 호 등을 외사요^{外四寮}라고 한다.

구처기 조사의 《율단집사행위방》^{律壇執事行爲榜}에 의하면 "원래 온 천하에서 행각하는 대중들이 모여들어 제자가 되었다고 들었다. 이들은 반드시 모범이 되어야 하고 공덕과 행실을 모두 갖추어야 하므로 성현과 다름없다. 지금 여기에 우리가 모여 도를 얻기 위해 스승을 만나 조언과 지도를 받으면 깨달음을 얻는다. 출가해서 가족을 떠났으니 최선을 다해 수련해야 한다. 이것이 바로 신선이 될 수 있는 활동과 유사하다. 조심하지 않아 후회한들 무슨 소용이 있겠는가. 무릇 모든 집사들은 서로 격려해야 한다."라고 쓰여 있다.

당시 칭기즈칸의 관할 구역에는 수많은 도관들이 우뚝우뚝 솟아 있었다. 이 도관들 바깥에는 모두 시주처가 있어서 신도들이 간단히 죽을 만들어 가난한 사람들에게 제공했다. 동시에 이 도관들은 금나라 여진족 장수와 귀족들의 피난처가 되기도 했다. 도관에 들어가면 아무리 큰 죄를 지어도 죽임을 면할 수 있기 때문이다. 그래서 칭기즈칸은 몽골 병사들이 도관(구처기 신선의 지역)에 들어가는 것을 허락하지 않았다.

어느 날 구처기가 후당에서 쉬고 있는데 갑자기 이지상이 흥분해서 뛰어왔다.

"사부님, 오랜 친구분이 뵙기를 청합니다."

"오랜 친구?"

"신선께서는 잘 지내셨습니까!"

그와 동시에 우렁찬 목소리에 덩치가 큰 무사가 힘차게 걸어 들어왔다.

"오, 영웅이시군요!"

구처기는 급히 일어나 장세웅을 맞이했다.

장세웅은 여전히 불같은 성격을 갖고 있어 이지상의 보고가 끝나기를 기다리지 못하고 그를 뒤따라 들어왔다. 장세웅은 구처기 신선에게 절을 했다.

"서역에서 한 번 뵙고 제 혼이 신선을 따라갔습니다. 신선께서 연경에 오셨다는 것을 알고 제가 이렇게 급히 왔습니다."

장세웅은 히말라야산에서 구처기와 대결한 이후부터 공력이 크게 향상되었지만 더 이상 발전하지 못해 항상 구처기 신선에게 가르침을 요청하려고 했다.

"큰 영웅께서 명리를 바라지 않으시니 탄복합니다."

구처기도 장세웅을 진심으로 좋아했다.

"신선께서는 저를 제자로 받아주십시오."

장세웅은 다짜고짜 구처기 앞에 무릎을 꿇었다.

"대영웅은 안 됩니다."

구처기가 장세웅을 일으켜 세웠다.

"신선이 저를 받아주지 않는데 제가 어떻게 연마를 해서 천하제일이 될 수 있겠습니까?"

장세웅은 막무가내였다. 그의 마음속에는 천하제일밖에 없었고, 그것을 이루고 나면 무엇을 할지는 생각이 없었다.

"대영웅은 이미 천하제일입니다."

구처기가 장세웅을 위로했다.

"신선께서 이렇게 연로하신데도 이길 수 없으니 저는 천하제일이라고 말할 수 없습니다."

장세웅은 구처기를 겪고 나서야 하늘 밖에 하늘이 있다는 말이 무엇인지 알았다.

"우리 도가 사람들은 서로 다투지 않습니다."

구처기는 세속의 무술시합은 하지 않는다는 사실을 장세웅에게 분명히 알려주었다.

"그래서 신선께서 저를 제자로 받아들이지 않는 것입니까?"

"천하제일이 되려는 마음을 버리지 않는 한."

"아……."

장세웅은 멍하니 서 있고 구처기에게 어떻게 대답해야 할지 몰랐다. 그는 일평생 무림의 천하제일이 되는 것 이외에는 자기가 무엇을 해야 할지 몰랐다.

"그러나 대영웅의 후손들은 저와 인연이 있습니다. 장씨 가문의 후손들은 도문의 종사가 될 것입니다."

장세웅의 난처한 모습을 보고 구처기가 말했다.

"내 후손이 신선과 인연이 있다고 하셨습니까? 제 후손 중에 도문의 종사가 나온다고요……?"

장세웅은 여전히 멍하게 구처기를 바라보고 있었다.

"우리 이런 얘기는 그만하고, 대영웅 무술의 진보를 봅시다."

구처기는 그의 특이한 무술을 좋아했다. 장세웅은 마치 겨룰 기회를 놓치지 않으려고 하는 바둑의 고수와 같았다. 하지만 구처기는 겨룬다기보다 장세웅을 지도할 수 있는지 살펴보려는 것이다.

"감사합니다. 저를 제일 잘 아는 분은 신선입니다!"

장세웅은 기뻐서 얼굴이 밝아졌다. 그는 구처기의 지도를 받게 되어 평생의 소원을 이루었다.

장세웅은 구처기의 처소에서 한 달 동안 머물렀다. 그는 구처기가 밤낮으로 고생하는 것을 보고 자기가 신선을 방해한다는 생각이 들어 결국 아쉬운 이별을 했다.

구처기 신선이 예상한 대로 장씨 가문은 이후 장삼풍張三豊이라는 도교 종사를 배출해서 삼풍파를 창시했다. 역사 기록에 따르면 장삼풍은 구처기를 찾아 직접 도를 전수받았다고 하는데, 이는 구처기가 선종한 후 거의 100년이 지난 일이다.

<연조한유오구장춘수동유서산>燕趙閑游晤丘長春邃同游西山 **-장삼풍**張三豊

날씨가 춥고 밝은 날 고요한 고을 연경에서 옛 주막을 다시 찾는다.
새로운 학문에 빠져 취객이 되니 옛 친구 호걸은 이미 없어졌다.
술병에 비친 해처럼 짧은 시간에 비천한 목숨이 물거품처럼 쉽게 사라진다.
우연히 진인을 만나 대도를 논하니 맑게 갠 서산에서 함께 노닌다.

100년 후 공을 전했다는 사실과, 구처기의 의발이 전해진 조도견에 대해서도 다시 알아보자.

용문 율종律宗은 구처기 조사 때부터 공개적으로 전래되었다가 이후에 다시 비밀 전수로 변화해서 용문 밀종龍門密宗이라고도 부른다.

용문 율종은 조도견 조사를 용문 율종의 1대 율사로 삼았다. 구처기 조사가 언제 조도견 조사에게 계를 전했는지에 대해 《금개심법》金盖心法에는 '조사는 원나라 지원至元 경진년庚辰年에 초진계初眞戒를 받았다'고 기록되어 있다. 그러나 이 설명은 정확하지 않다. 조도견 조사는 구처기 조사가 서행하는 도중에 이미 우화등선羽化登仙[97]했다. 또한 지원은 원나라 세조인 쿠빌라이의 연호이며, 경진년은 1280년으로 구처기 조사와 조도견 조사 모두가 이 세상에 없었던 시기다. 분명한 사실은 조도견 조사가 구처기

---

97 신선이 되는 것. 즉 사람이 죽음.

조사의 서행 중간에 계를 받았다는 점이다.

조도견 조사는 구처기 조사의 큰 제자로 가장 오랫동안 구처기 조사를 따라다녔으며, 용문 율종 제1대 율사로 가장 설득력이 있고 압도적인 권위가 있었다. 그리고 구처기 조사의 많은 제자들 가운데 조도견 조사의 도호는 용문파의 제 일자 항렬[一子輩]이며, '도'道'자 항렬이 없는 다른 사람들은 여기에 해당되지 않는다.

구처기 조사를 따라 서행한 것이 조도견의 가장 큰 임무였고, '3령'三令이 손에 있는 조도견에게는 당연히 대를 이을 임무가 있었다.

그러나 조도견 조사가 선종한 지 100년 만에 어떻게 2대 율사 장덕순張德純 조사에게 율법을 전했는가도 하나의 공안公案98이다. '현현지공'과 '현화지공'에 대해 조금이라도 아는 사람은 조도견이 장덕순에게 어떻게 전도했는지 이해할 수 있을 것이다. 종리권 조사와 여동빈 조사도 왕중양 조사에게 이런 방법을 사용했다.

《발감》鉢鑑, 《금개심등》 등에는 다음과 같이 기록되어 있다. 용문의 제2대 율사는 장덕순 조사이며 호는 벽지璧芝다. 출가한 지는 30여 년이다. 용문의 의발이 이미 조도견 조사에게 전해졌다는 소식을 듣고 허정虛靜(조도견) 율사의 제자로 따라다녔지만 오랜 세월 동안 아무런 지도를 받지 못했다. 그러나 정성을 다하고 스승을 공경하며 마음이 변치 않으니 조도견은 그가 도문의 인물임을 알아보고 심법을 전한다. 장덕순은 이후 화산에 은거해서 수십 년 동안 율교를 가르쳤다. 1367년(원나라 지정 정우 말년)에 이르러 장덕순 조사는 진통미陳通微 조사에게 의발을 물려주었지만 이

---

98 공안이란 불교 선종의 조사들이 만든 공부의 안독이라는 뜻. 공안은 불변의 법문으로서 부처의 가르침을 체험하고 깨달음을 얻기 위한 수단으로 화두라고도 함. 공안은 약 1,700여 가지가 전해지고 있으며 언어나 논리로 풀 수 없는 의문이며 참구하다가 가슴에서 확 풀리면 성불할 수 있다고 함.

후 행적은 알 수 없다.

진통미 조사의 이름은 치중致中, 호는 충이자沖夷子이고, 산동의 회창會昌 사람이다. 원래는 정일파正一派의 도사였지만 후에 화산에 가서 장덕순 조사를 만나 '무릎을 꿇고 가르침을 청하여' 삼계를 받았다. '조심스럽게 오묘한 덕을 행하고 신묘한 공덕을 품으며' 진奏나라와 진晉나라 사이를 돌아다니며 가르쳤지만 깨달을 만한 재목을 찾지 못해 청성산으로 들어갔다.

구처기 조사 이후 전진도는 장교掌敎 전승과 율종律宗 전승에 관련된 기록이 전혀 없다. 이는 당시 구처기 조사가 미래 사회의 복잡함을 알고 치밀하게 계획한 것이다. 참고로, 이 책의 저자인 왕역평은 율종의 법맥을 이어받은 것이지 장교를 물려받은 것이 아니다.

위에서 열거한 몇 가지는 사후에 전해진 사례다. 이것이 가능한 일인가? 인자한 독자는 인자함을 볼 수 있고, 지혜로운 독자는 지혜를 볼 수 있을 것이다. 그러나 이것을 알려면 먼저 한 방을 맞고 죽어야만 한다. 우리는 여기에서 이 문제를 전개하지도 토론하지도 않을 것이다.

제29장

같은 날 함께 죽는다는
약속을 웃으며 지키다

구처기는 자신과 칭기즈칸의 수명을 한데 '묶음'으로써 칭기즈칸으로부터 '벗어날 수' 있었다. 그는 자격을 갖춘 종교 지도자였지만 스스로 국사라는 직위에는 걸맞지 않는다고 생각하고 물러났다. 그는 이런 영광스러운 자리가 주어졌는데도 왜 황제 곁에 남지 않았을까? 구처기는 명예나 이익을 싫어했고 창생을 구하고 전진교를 발전시키고자 하는 목적뿐이었다. 앞으로 다가올 어려운 문제들 때문에 그는 급히 돌아와야 했고 아직 해야 할 일도 많았다.

칭기즈칸의 관할구역에서 커다란 토목 공사를 벌여 도관을 세우는 것 외에도 그는 노고를 마다하지 않고 직접 여러 차례의 재초齋醮 활동을 조직했다. 신도들은 크게 증가했고, 그는 백성을 제도하고 구했다. 이때 전진교의 영향력은 역사상 그 전례가 없는 일이었다.

이 모든 그림은 구처기의 마음속에 있었다. 심지어 사형인 마단양과 사부 왕중양의 심중에도 있었다. 그러면 이전에 구처기의 오랜 적수이자 현재의 친구인 칭기즈칸은 무엇을 하고 있을까?

칭기즈칸은 구처기를 떠나 보내는 것을 원하지 않았다. 구처기를 만난 이후부터 칭기즈칸은 영혼의 반려자를 만난 듯 그에게 의존했다. 특히 구처기는 칭기즈칸의 수명과 관련된 문제에 대해서 아직 명확한 답을 주지 않았다. 구처기 신선이 칭기즈칸을 위해 매일 기도해 주겠다고 했지만 대칸은 여전히 자신이 없었고 하늘로부터 500년을 더 빌리고 싶었다. 이때 칭기즈칸은 서하, 금나라를 이기는 것보다 자신의 수명에 더 관심이 있었다. 칭기즈칸은 62세였고, 당시 사람들의 평균 수명을 감안하면 이미 고령이었다.

구처기와 칭기즈칸은 같은 날 죽기로 약속했다. 칭기즈칸은 구처기 신선이 식언을 하지 않는다는 것을 알고 있었기 때문에 두 가지 일에 관심을 가졌다. 하나는 구처기의 건강 상태이고, 다른 하나는 구처기가 대칸의 장수를 위해 기도하는지 여부였다. 그래서 신선이 동쪽으로 돌아간 이후 칭기즈칸은 성지를 보낼 때마다 반드시 위의 두 가지 질문을 던졌고 또한 구처기 신선을 위한 일이라면 무엇이든 해주었다. 먼저 모든 도사에게 세금을 면제해 주고 이어서 구 신선에게 도교 및 모든 종교의 지도자를 맡겼다. 대칸이 관할하는 구역의 어느 곳에나 마음대로 도관을 건설할 수 있었고 구처기에게 금으로 만든 호두패를 주었다.

구처기가 동쪽으로 돌아온 후 칭기즈칸도 군사를 이끌고 '동쪽으로 돌아왔는데' 그는 대군을 이끌고 느긋하게 승리의 열매를 즐겼다. 그는 몽골로 돌아가지 않고 막내아들 톨루이를 곁에 남겨두었다. 또 다른 아들들과 장군들 몇 명이 아직 서역에서 전쟁을 치르는 중이라서 다음 사냥감을 찾고 있었다.

칭기즈칸은 아들 주치에게 이르티시강을 점령하고 강 하구에서 사람들을 몰아내게 해서 어떤 미인을 웃게 했는데, 이 미인이 바로 그의 황후 홀란이었다. 홀란은 대칸이 이르티시강 근처로 보내 요양을 하고 있었다.

칭기즈칸은 무슬림 상인인 야라와치를 서아시아의 총독으로 임명해서 모든 일을 위임하고 각 점령지에 진수관鎭守官을 설치했다.

1224년 초여름, 칭기즈칸은 일부 부하들을 거느리고 이르티시 강변에 와서 황후 홀란을 만났다. 홀란은 대칸이 온 것을 알고 십리 밖으로 나가 맞이했다. 대칸의 수염과 머리카락이 희끗희끗해진 것을 보고 그녀는 매우 슬퍼했다.

"신첩이 대칸을 공손히 맞이합니다."

홀란이 땅바닥에 무릎을 꿇자 칭기즈칸은 얼른 마차에서 내려 그녀를 일으켜 세웠다. 칭기즈칸의 화려한 몽골 장막(몽골파오)은 16필의 말이 끄는 수레로 옮겼다.

"황후 일어나시오. 짐은 밤낮으로 황후를 그리워했소. 황후는 건강하시오?"

"제 몸은 처음과 같이 회복되었지만 대칸께서는 매우 바쁘고 피곤하실 텐데 신첩이 곁에 없으니 신하들이 잘 보필해 드렸는지 걱정입니다."

"장생천의 가호가 있으니 황후는 걱정을 하지 마시오. 짐은 아직 황소처럼 건장하오."

칭기즈칸은 그렇게 말하며 어깨를 뻗었다. 확실히 주름살이나 희끗희끗한 머리카락 때문에 나이를 감출 수는 없었지만 그는 여전히 원기 왕성했다.

"구처기 신선께서 지나가시다가 이곳에 들러 대칸이 사냥을 하다가 말에서 떨어진 소식을 전해주셨는데, 그 일 때문에 신첩은 몹시 걱정했습니다."

"괜찮소, 괜찮아. 짐은 장생천이 보호하고 있소."

"대칸께서는 앞으로 사냥을 하시지 말아야 합니다."

"짐이 좀 더 주의를 기울이면 되오. 황후께서는 안심하시오."

칭기즈칸은 구처기 신선의 말을 기억하고 있었지만 그 문제를 대수롭
지 않게 생각하고 있었다.

홀란은 칭기즈칸을 기다리는 동안 직접 정성을 다해 빚은 좋은 술을
맛보게 했다.

"이것이야말로 순수한 몽골의 술맛이오."

칭기즈칸은 칭찬을 아끼지 않았다.

"폐하께서는 고향이 그립지 않으십니까?"

홀란은 마음속의 생각이 있었다.

"왜, 황후는 고향이 그립소?"

칭기즈칸은 홀란의 마음을 물었다.

"구처기 신선께서 대칸께 빨리 집으로 돌아가시라고 했습니다."

홀란은 순진해서 말을 감출 줄 몰랐다.

"우리가 집에 가는 길 아니었소?"

칭기즈칸은 병사들 모두가 향수병을 앓고 있다는 사실을 알았고 구
처기 신선이 그에게 들려준 효도에 대한 강의도 명심하고 있었다.

그날 밤 칭기즈칸과 홀란은 애틋한 감정을 나누었다.

다음날 칭기즈칸은 '득인산得仁山 점장대点将台'에 올라 감개무량함을 느
꼈다. 4년 전 그는 이곳에서 출병해서 불과 1년도 안 되는 기간 동안 강
대한 호라즘을 물리쳤다. 그가 보르칸·칼둔 성산에서 맹세한 것은 '일출
의 땅에서 출발해서 일몰의 땅에 도달해 야영을 한다'는 다짐이었다.

득인산은 신장 북부의 북둔시에 소재하며, 일대천교 칭기즈칸의 서역
정벌 전쟁의 출발점으로 장춘진인 구처기와 거란의 야율초재가 '득인자
가 천하를 얻는다'고 간언한 곳으로 유명하다.

칭기즈칸의 목표는 여전히 원대했다. 서하, 금나라, 남송……, 그의 시
야에 들어오는 모든 땅이 그의 말을 방목하는 곳이 될 것이라는 생각을

하고 있었다. 지구상에 단 하나의 대칸, 바로 그 사람이 칭기즈칸이다. 그는 장생천의 외아들로(구처기를 만나면서 그런 자신감이 줄었지만) 그의 국사는 신선이고, 이 신선은 기도를 해서 그를 도와주겠다고 약속했다.

칭기즈칸은 이곳에 황궁을 세우기 위해 여러 대신들의 의견을 듣고자 했다. 그러나 이곳은 전란으로 인해 안정되지 않았고 백성들도 살기가 쉽지 않아 토목 공사를 크게 할 수가 없었다. 게다가 이전에 구처기 신선이 수도를 정하는 문제에 대해 조언을 해주었기 때문에 공식적인 수도를 이곳에 세우는 것은 맞지 않다고 생각했다. 그는 호라즘 황궁을 보고 감동을 받아 훌란 황후에게 선물을 주고 싶었던 것이다.

"우리의 대칸은 온 천하의 대칸이니 당연히 호라즘 황궁보다 크고 호화로운 궁궐을 세워야 합니다."

"세상에서 가장 호화로운 궁전을 지어야 대칸의 영예와 어울릴 것입니다."

"황금으로 땅을 깔고 옥돌로 침대를 만들며 온 천하의 보물을 대칸의 궁전으로 모아야 합니다."

......

칭기즈칸은 서글픈 얼굴로 사람들을 내보내고 야율초재만 남도록 했다.

"경은 짐의 궁전을 어떻게 지어야 할지 말해 보시오."

"대칸께서는 이곳에 도읍을 세우려고 하십니까?"

"왜 그런 말을 묻는가?"

"칸께서는 이곳에 도읍을 세우실 생각이 없으신 것 같습니다."

"어째서?"

칭기즈칸은 야율초재의 말에 눈이 빛났다.

"대칸의 목표는 서역에 있지 않은데 어떻게 여기에 도읍을 짓겠습니까?"

"그럼 내 목표는 어디에 있는가?"

"대칸의 마음속에 있고 마음이 크시면 경계가 큽니다."

야율초재는 수염을 쓰다듬었다.

"우리 몽골은 구처기 신선 같은 유능한 사람이 부족한데 신선이 짐을 위해 기도를 하고 있는지 모르겠다."

칭기즈칸은 먼 곳을 바라보다가 다시 구처기 신선을 그리워하기 시작했다. 그는 거대한 국가를 관리하는 것이 얼마나 어려운지 뼈저리게 느끼고 있었다.

야율초재는 구처기를 질투하지 않았고 자기 스스로도 신선과는 많은 차이가 난다는 것을 잘 알고 있었다. 다행히 구처기는 정치에 관여하지 않았지만 만일 그렇지 않았다면 그에게 경쟁상대가 되었을 것이다. 물론 야율초재도 칭기즈칸 주변의 인재 중에서도 이견이 없는 중요한 기둥이었지만 다만 구처기 신선의 후광 아래서는 미미하기만 했다.

1225년 봄 칭기즈칸은 몽골 대초원으로 귀환해서 툴라강변(몽골고원의 헨티산에서 발원하여 몽골의 오르혼강으로 흘러감)으로 돌아와 대알이타^{大斡耳朶}에 있는 그의 조강지처 보르테에게 돌아갔다.

독자들이 쉽게 읽을 수 있도록 먼저 '알이타'^{斡耳朶}를 잠깐 소개하겠다.

알이타는 돌궐-몽골어 ordo(오르도)의 음역으로, 궁장 또는 궁전을 의미한다. 이 용어는 당나라의 고대 돌궐 비석의 글에서 처음 발견되었다. 요나라, 금나라, 원나라 시대에는 알이타, 알리타^{斡里朶}, 올로타^{兀魯朶}, 와리타^{瓦里陀} 등 다르게 번역되었다. 《요사·영위지·상》^{遼史·營衛志上}에는 '궁은 알로타^{斡魯朶}'라고 되어 있다.

유목민족인 거란의 군주는 장막과 들판에 오래 머물며 수레와 말을 집으로 삼고 수시로 돌아다닌다. 견고한 성곽이 없고 도랑과 궁실도 없다. 따라서 궁정 장막의 조성, 관리, 경호 및 공급 등에는 이에 적합한 고유한 시스템이 있다. 요연씨遙輦氏(거란이 요나라를 세우기 전 마지막 부족 연맹)의 여러 통치자들은 궁宮이나 장帳을 두었는데, 모두 9궁 또는 9장으로 나누었다. 이것이 바로 9알로타다.《요사·영위지·궁위》遼史·營衛志·宮衛에는 '요나라의 법은 천자가 되면 궁의 호위를 두고 주와 현으로 나누어 부족을 분리해 관부를 설치한다. 그리고 호적에 올려 병마를 준비한다'고 쓰여 있다.

몽골과 요나라의 알이타는 실질적인 차이가 없다. 칭기즈칸은 많은 처와 첩을 대알이타, 제2알이타, 제3알이타, 제4알이타로 나누어 각각 보르테, 홀란, 예수이, 예수게 등에게 관리하도록 했다. 황제와 황후가 죽은 후 대알이타는 어린 아들 툴루이의 가족이 계승한다. 원나라가 건국된 후 칭기즈칸의 4대 알이타는 4개의 총관부와 1개의 도총관부를 차례로 설치했고, 그 산하에 제거사提擧司, 장관사長官司, 각종 조작장국造作匠局 등 20여 개의 기관을 관할했다. 민간에 속하는 장인과 사냥꾼은 대도(현재 북경), 상도(과거 개평부로 불림. 서하의 수도이며 현재 내몽골의 수도로 정람기 동쪽에 위치함), 보정, 동평, 창덕, 태안, 하간 등지에 널리 퍼져 있다. 이 4대 알이타는 복리腹里(중서성이 관할하는 현재의 하북, 산서, 산동과 내몽골 일부 지역)의 9만 가구에게 5호사(원나라 조세의 일종으로 5가구당 한 근의 비단을 징수)를, 감주의 수만 가구에게 강남 호초(원나라 조세의 종류 중 하나)를 징수했다. 또한 매년 조정으로부터 대량의 은, 견직물 등의 세비를 받아 거액의 부를 축적하고 소비했다. 원나라 조정은 종왕宗王 감마라甘麻剌와 그의 자손을 진왕晉王으로 봉하고 고비사막 이북을 지키며 4대 알이타를 관리하도록 했는데, 이를 '수궁'守宮이라고 한다. 원나라 세조 쿠빌라이도 많은 부와 인구를 점유한 4대 알이타가 있었다. 다른 황제들도 모두 자신의 알이타가 있었고, 사후에 후비가 수궁을 계승했고 개별적으로 백성을 거느렸다.

원나라 성종(테무르), 무종, 인종(아유르바르와다), 영종(시디발라), 명종, 영종 등이 죽자 원나라는 각각 장경사, 장추사, 승휘사, 장녕사, 영휘사 등 3품 관아를 두어 이들의 알이타를 관리했다.

보르테는 칭기즈칸의 본처다. 비록 칭기즈칸이 후에 많은 황후와 결혼했지만 보르테를 다른 사람과 대체할 수는 없었다. 칭기즈칸의 많은 여자들 중에서 보르테는 유일하게 테무진이 칭기즈칸으로 성장하는 모든 과정을 지켜본 사람으로 그동안 생사를 같이하며 무수한 난관에도 굴복하지 않았다. 보르테는 칭기즈칸이 계속해서 다른 여자들을 찾는 것이 불편했다. 그러나 동시에 대칸의 황후로서 이를 묵인하고 용인한 것은 대칸의 마음은 항상 자기에게 있다는 사실을 굳게 믿었기 때문이다.

그녀는 남자에게는 그만의 공간을 주어야 하고 어차피 자기가 어찌할 수 없는 일도 있다는 것을 잘 알고 있었다. 그녀는 남편의 건강과 장수에만 관심을 기울였다.

보르테는 충동적인 나이가 지났지만 대칸이 곧 돌아올 것을 알고 매우 흥분해서 정성스럽게 단장했다. 대칸이 서역 전쟁을 하는 동안 그녀는 매일 대칸을 걱정하며 그를 위해 기도했다. 그녀는 대칸이 얼마나 많은 땅을 정복했는지에는 관심이 없었고 그의 무사귀환만을 기원했다.

보르테는 감정을 억제하지 못하고 두 손자인 쿠빌라이와 훌라구(모두 툴루이의 아들)를 보내 할아버지를 맞이하게 했다. 전령은 쿠빌라이와 훌라구를 데리고 예밀리 강가에서 칭기즈칸과 만났다. 아홉 살 훌라구는 마치 어린 호랑이처럼 건장했고, 11세의 쿠빌라이는 온화하고 점잖은 가운데 강단이 있어 보여 칭기즈칸은 쿠빌라이를 보는 순간 어리둥절해졌다. 그는 쿠빌라이에게 또 다른 손자 무투겐을 발견한 느낌이 들었다.

예밀리^{也密里}는 예밀립^{也密立}, 예미리^{也迷里}, 예만^{業鞨} 등으로 번역할 수 있다.

칭기즈칸과 네 명의 황후

여기에는 두 가지 의미가 있다. 하나는 강의 이름, 즉 신장의 액민강^{額敏河}이고, 다른 하나는 액민현 남동부 액민강의 남쪽 해안이다.

이곳은 몽골 역사에서 매우 중요한 위치를 차지하고 있다. '예밀리'의 역사를 알아야 칭기즈칸 이후의 역사에 대해 이해할 수 있기 때문이다.

야율대석은 거란군을 이끌고 서천으로 가서 서요를 건립하고 서역을 통일했다. 그는 1132년 이곳에 성을 쌓았는데, 이를 국아한^{菊兒汗}이라고 한다. 신장 액민현의 예밀리 고성^{古城}은 당연히 일대 왕조의 '임금이 나는'^[龍興] 땅으로 간주되어야 한다.

비록 서요가 후에 중앙아시아의 발라사군으로 천도를 했지만(후에 호사알이타로 변경) 예밀리는 서요 왕조에 매우 중요한 도시로, 몽골 대군이 서역으로 온 후에도 여전히 중요한 지위를 가지고 있었다. 예밀리는 대칸의 후계자인 오고타이에게 분봉되어 4대 칸국의 하나인 오고타이칸국의 수도가 되었지만 아무도 이것이 예밀리 고성의 마지막 영광이 될 것이라고 예상하지 못했다.

칭기즈칸의 네 아들

　수도가 된 지 50년도 채 되지 않아 예밀리 성은 뜻밖에도 원나라 몽골 정권 스스로의 내분으로 파괴되었고, 그 후 다시는 본연의 모습을 회복하지 못했다. 수백 년이 지난 현재 신장위구르자치구 액민현 경내에 있는 옛 성의 흔적은 완전히 소실되었다. 폐허가 된 황토 더미에서만 먼 역사의 연운을 회상할 수밖에 없다. 그 멸망도 갑작스러운 것이었다…….

　칭기즈칸의 몽골 정권이 출현해서 쿠빌라이가 정식으로 원나라를 세울 때까지 오고타이칸국은 일찍이 킵차크칸국, 차가타이칸국, 이리칸국과 함께 몽골의 4대 칸국으로 불렸다.

　이 중 킵차크칸국과 차가타이칸국은 칭기즈칸이 큰아들 주치와 둘째 아들 차가타이에게 준 봉지를 바탕으로 건립되었다. 이리칸국은 넷째 왕자 툴루이의 아들 훌라구가 만든 칸국이다. 넷째 아들 툴루이는 몽골 본토를 계승할 뿐만 아니라 중원 왕조의 군정 대권을 겸직하고 있었다. 또한 툴루이는 줄곧 칭기즈칸의 장막을 호위했기 때문에 그가 관장하는 군사의 수는 형들보다 많았다. 훗날 오고타이칸국의 건국은 다른 세 칸 국과 큰 차이가 있었다. 그것은 정벌과 약탈을 통해 형성되었으며 처음부 터 끝까지 오고타이 가문의 자손들이 생존을 위한 전쟁의 불길을 일으 켜 만들었다. 따라서 예밀리는 오고타이칸국의 수도로 줄곧 화약연기가 나는 세월 속에 우뚝 서 있었다. 오늘날 폐허가 된 옛 성을 바라보면 아 마도 이미 소멸이라는 운명이 정해져 있었던 것은 아닌가 하는 특별한 감 회에 젖는다.

이 역사적 비극의 시초는 분명히 셋째 오고타이와 막내 툴루이 사이 의 미묘한 관계에서 시작되었다. 오고타이는 자기를 칸의 계승자로 추대 한 쿠릴타이 회의에서 다음과 같이 말했다.

"선친의 뜻이 나에게 있었음에도 불구하고 큰형과 숙부들, 특히 동생 인 툴루이가 더 많은 권한을 갖고 일을 담당한다. 또한 몽골인의 규례와 풍습에 따라 막내아들은 집안의 '부뚜막을 지키는 사람'이기 때문에 아 버지의 영지와 장막을 관장하고 시도 때도 없이 밤낮으로 아버지 곁을 지키면서 규칙과 법령을 모두 알고 있는데, 내가 어떻게 그들의 면전에서 대칸의 자리에 오를 수 있겠는가?"

이 말에서 당시 툴루이의 지위를 알 수 있다. 칭기즈칸은 직접 툴루이 에게 군대의 조직과 장비 건설을 맡기고 "너는 많은 군대를 갖게 될 것이 며, 네 아들들도 다른 왕들보다 더 독립적이고 강할 것이다."라고 선언했다.

오고타이는 툴루이가 장악한 군대가 위협적이라는 것을 일찍이 깨달 았다. 심지어 칭기즈칸이 승하하고 오고타이가 정식으로 칸의 자리에 오 르기 전, 당시 툴루이는 태도가 분명하지 않았다. 그러나 둘째 형인 차가 타이가 솔선해서 동생 오고타이에게 먼저 무릎을 꿇고 영접하는 등 여러 가지 방법으로 예의를 표하기 시작하면서 오고타이는 가문에서 인정받는 지존의 지위를 얻게 되었다.

그런데 칭기즈칸이 오고타이에게 하사한 봉지(몽골어로 우로스라고 함)는 아주 애매모호해서 황제의 후계자라는 지위에 걸맞지 않았고 다소 '민망'해 보이기까지 했다. 칭기즈칸의 조카뻘 되는 페르시아의 저명한 역사학자 아타 말릭 주베이니는 자신의 저서 《세계정복자의 역사》에서 애초에 칭기즈칸이 분봉한 몇몇 대칸국大汗國의 지리적 경계를 다음과 같이 설명했다.

"하이야리(현재 카자흐스탄의 타니디쿠르간)와 호라즘(아랄해의 남쪽 해안) 지역에서부터 볼가강 하류 서해안 국경까지 뻗어나가 그 방향을 향해 타타르(중국 고대 북방의 여러 유목민족을 총칭)까지 말발굽이 닿는 곳을 장자 주치에게 하사했다. 차가타이가 받은 영역은 위구르부터 시작해서 사마르칸트(현재 우즈베키스탄의 사마르칸트)와 부하라(현재 우즈베키스탄의 부하라)에 이르렀고, 그의 거주지는 알리마리(현재 신장 휘청) 경내에 있는 후아스다. 황태자 오고타이의 도읍은 부친이 통치했던 시기에 예밀리(현재 신장 액민)와 휘보(현재 신장과 부커쎌) 지역에 있던 위얼티(땅의 일부)에 있었다. 그러나 오고타이가 즉위한 후 도읍을 거란과 위구르 사이의 본토로 옮겼고 여기는 툴루이의 영지 부근으로 이들 제국의 중심지였다."

이 기록으로 볼 때 오고타이가 당시 예밀리 주변의 땅을 차지했음을 분명히 알 수 있다.

오고타이는 분명히 몽골 대칸의 후계자로 확정되었지만 주치, 차가타이, 툴루이 등 세 왕자에 비해 영지의 기반이 넓지 않을 뿐만 아니라 그 경계도 모호했다. 주베이니와 라시드 앗 딘[99]이 지은 《집사》集史에는 모두

---

[99] 중세 사서 중 가장 중요한 고문헌 중 하나인 《집사》(集史)의 저자. 《집사》는 역사에 관한 방대한 분량의 백과사전으로 전 세계 역사에 관한 지식을 집대성한 것임.

그의 봉지가 예밀리와 훠보 일대에 있음을 가리키고 있으며, 다른 세 왕자들처럼 명확한 범위가 정해지지 않았다고 기록되어 있다. 게다가 예밀리 주변도 단지 좁은 초원에 불과해서 다른 형제들의 영토에 비하면 훨씬 작았다. 그래서 또 다른 역사학자들은 그의 봉지가 알타이산과 액민강 사이까지 포함된다고 추측했는데, 이곳은 원래 나이만 부족의 영토에 속했다. 그럼에도 불구하고 당당한 일대천교인 칭기즈칸의 후계자라는 신분과는 어울리지 않았다.

이번 분봉은 몽골 대군의 호라즘 정복이 완성된 1225년 전후의 시기에서 일어난 것이다. 그런데 분봉의 근거와 의도는 무엇이었을까?

점차 늙어가는 칭기즈칸은 자신의 사후 평안한 몽골 정권을 만들기 위해 기본적으로 씨족 전통(모든 사람은 봉지를 취득할 권리가 있음)을 따르도록 처리했다. 확정된 후계자는 오고타이이며, 그는 다른 세 왕자와는 신분이 달랐다. 왜냐하면 오고타이는 장차 몽골제국 영토의 소유자가 될 것이기 때문이다. 그는 몽골제국의 수도인 카라코룸에서 국정을 주관하면서 대칸의 권력을 이용해 다시 분봉 문제를 조정할 수 있기 때문에 칭기즈칸은 오고타이와 그의 후손의 봉지는 걱정할 필요가 없다고 생각한 것이다. 칭기즈칸은 서하를 멸망시키기 위한 전쟁을 치르던 중에 사망했다. 차가타이에 의해 황제로 추대된 오고타이는 아버지의 뒤를 이어 13년간 몽골의 대칸을 지내면서 칭기즈칸의 동정서토^{東征西討}의 패업을 완성했고, 몽골제국에서는 그다지 별일이 없는 듯했다.

둘째 형의 추대에 의지해 오고타이가 즉위하자 막내는 말을 아꼈다. 독자들은 혹시 오고타이의 능력에 한계가 있는 것은 아닌가 하는 의문이 들겠지만 결코 그렇지 않았다. 칭기즈칸이 생전에 심사숙고해서 승인한 후계자인 만큼 그는 대칸의 자리를 감당할 능력이 있었고 결코 평범한 사람이 아니었다. 사실 오고타이의 정치력은 상당히 출중해서 몽골 정권을 한층 더 공고히 하는 데 큰 기여를 했다. 예를 들면 야율초재 같은 인재의 가치를 알아본 것도 그의 지도자적 역량을 드러낸 것이라고 할 수 있다. 황제와 신하의 관계인 이 두 사람은 함께 몽골 왕정을 봉건화하는 데 박차를 가해 수도 카라코룸을 조성했다. 또한 예밀리를 장남인 귀위크(훗날 원나라 정종. 그러나 그는 오고타이의 '장자 출정 제도'를 이행하느라 바투칸의 웅대한 서역 정벌 전략을 따라갔지만 예밀리로 가지 않고 경계에 있었다)에게 주고 차남 코도안에게 양주(현재 감숙 무위)를 하사했다. 그리고 오고타이는 칭기즈칸이 생전에 툴루이에게 나누어준 세리드부와 술레두스부 등의 총 3만 호의 목축민들을 이곳으로 데려와 코도안의 이름하에 두었다. 오고타이의 이러한 처리는 그가 당초에 형제들과 견줄 만한 면적의 봉지를 받지 못했음을 입증하는 것이다. 따라서 그가 대칸이 된 후에야 비로소 자신의 세력을 합병, 확대하기 시작했음을 알 수 있다.(또한 오고타이 후손의 봉지도 온전하지 않았다) 당당한 칭기즈칸의 후계자가 대칸이 된 후에 다시 자기 기반과 세력을 확장해야만 한다는 사실을 믿기 어렵겠지만 이러한 상황은 당시 몽골 부족의 정치적인 관습과 관련이 있다. 이런 전통적인 이유로 오고타이에게는 한계가 있었다는 것을 알 수 있을 뿐만 아니라 그의 개인적인 역량도 이해할 수 있다. 예를 들어 오고타이는 몽골의 천하 통일을 완성하는 대업을 위해 툴루이와 함께 금나라를 징벌하러 갔고, 이로 인해 툴루이가 일찍 죽게 되자 다시 각 가문들에 '장자 출정'을 명령하는 등 정치적 수완을 드러냈다.

오고타이는 1225년에 '태자'로 봉해져서 예밀리를 분봉 받은 후 당시 옛 서요의 성터를 새로운 '오고타이칸국'의 도성으로 만들기 위해 한 차례 수리했다.

오고타이가 가장 잘한 것은 성을 쌓고 가문의 모든 역량을 결집해서 한족의 법으로 나라를 다스린 것이다. 그의 통치하에 몽골은 최초로 제국의 규모를 갖추게 되었고, 서역의 예밀리 성도 수리를 해서 서요의 번영기 모습을 회복했다. 거란인, 몽골인, 나이만인, 돌궐인, 위구르인, 한족 등은 모두 정상적인 생활을 했고 생산, 방목 등과 장사를 할 수 있었다. 몽골 대군의 서역 정벌의 먼지는 점차 걷혀갔다…….

오고타이는 서역에서 예밀리 재건에 심혈을 기울였기 때문에 아버지 칭기즈칸의 승하(영하의 고원성 동남쪽 육반산六盤山에서 사망) 소식을 듣고도 막북의 장막으로 가는 데만 몇 달이 걸렸다. 게다가 가문에서 정식으로 황제 즉위를 선언하는 쿠릴타이 대회가 개최되기 이전에 사방에서 왕후들이 오는 시간 역시 수개월이 걸렸기 때문에 이 기간 동안 가문의 권력은 툴루이에게 넘겨져 감국監國[100]이 시행되었다.

그러니 오고타이와 아들 귀위크 부자가 예밀리에서 경영한 것은 아직 진정한 의미의 오고타이칸국이 아니었다. 진정한 오고타이칸국은 그의 손자인 카이두(오고타이의 다섯째 아들인 허시의 아들)가 거병한 이후였다. 카이두의 오고타이칸국은 한때 서역과 중앙아시아 지역을 통치했지만 몽케와 쿠빌라이 형제의 몽골 원나라 정부 대군과 40여 년 동안이나 대립을 지속하다가 1309년에 이르러서야 비로소 완전히 소멸되었다. 예밀리성은 가장 짧은 전쟁 중에 가장 최단 시간 동안 운영된 몽골 칸국이었다는 사실을 증명한 셈이다. 또한 이 고성의 마지막 영광의 시간이기도 했다. 그리고 이 전쟁은 몽케가 대칸으로 즉위하던 해부터 시작되었다.

1251년 툴루이의 장남 몽케(원나라 헌종)가 대칸에 올랐다. 겉으로 평온해 보이는 권력의 과도기였지만 보이지 않는 곳에서는 불안정한 파도가 출렁이고 있었다.

---

100 감국이란 중국 고대의 정치제도의 일종. 보통 황제가 외출할 때 중요인물(대부분은 황태자)을 궁정에 남겨두고 국사를 대신 처리하는 것을 말함. 즉 군주가 친정을 하지 않고 타인이 대행하는 것.

몽케가 대칸의 자리를 계승할 수 있었던 것은 그의 어머니이자 툴루이의 아내인 소르칵타니의 세밀한 전략 덕분이었다. 앞에서도 언급했듯이 비록 툴루이의 지도력이 뛰어나고 휘하의 군대가 가장 많았지만 어쨌든 나이가 어렸기 때문에 가족 간 분쟁을 피하기 위해서는 아버지의 유언에 복종하고 형들의 말을 따르며 오고타이의 황위 계승을 따라야 했다. 줄곧 툴루이를 두려워했던 오고타이는 툴루이와 연합군을 만들어 금나라를 없애려는 계획을 세웠다. 툴루이의 부대는 칭기즈칸의 군대를 계승했고 몽골 대군의 주력부대이기 때문에 연이은 전쟁에서 많은 소모가 있었다.

1232년 아직 완전히 소멸되지 않은 금나라와의 전쟁에서 막북으로 돌아오던 툴루이가 급작스럽게 사망했다. 《원사·예종전》元史·睿宗傳, 《원사비사》元史祕史와 《집사》에는 다음과 같이 서술되어 있다.

"툴루이가 오고타이를 대신해서 무당이 부정을 제거한 물을 한 잔 마셨다."

이 기록 때문에 많은 연구자들은 툴루이가 세상을 일찍 떠났다고 추측했다. 즉 오고타이 대칸이 간계를 꾸미고 툴루이는 자발적으로 그를 대신해서 독이 든 물을 마셨다는 것이다.

툴루이의 아내 소르칵타니는 남편의 죽음에 대해 감히 화를 내거나 항의할 수 없었고 표면적으로는 담담하게 행동했다. 오고타이는 양심의 가책을 받았으나 이런 동생의 아내를 더욱 존중했다. 대칸은 더 이상 아무런 핑계도 댈 필요도 없이 툴루이 가문의 군권을 삼켰고, 또한 툴루이 가문의 힘을 줄이기 위한 다양한 방법을 구사했다. 소르칵타니는 이런 상황을 참고 인내하면서 잊지 않았다. 그녀는 회한이 교차했다. 즉 툴루이가 수족들 때문에 할 수 없이 오고타이를 대칸으로 인정했을 때 이런 상황을 미리 예측하지 못한 것에 대한 후회였다. 툴루이는 스스로 자립해서 왕이 될 수 있는 실력이 충분히 있었기 때문이다. 소르칵타니는 이런 생각을 할수록 더욱 저항심이 생겨 자기가 살아 있는 동안 툴루이 가문이 반드시 대칸의 자리를 빼앗겠다고 맹세했다.

소르칵타니는 계략이 뛰어난 여성이었다. 구처기 조사를 만났을 때 황위를 차지하려면 반드시 인내해야 한다는 당부를 그녀는 확실히 기억하고 있었다. 구처기 조사가 강조한 것은 인내하고, 인내하고, 또 인내해야 한다는 세 마디 말이었다. 여기서 인내란 바로 10년 동안의 인내를 의미한다. 오고타이가 병으로 죽은 후 정종 귀위크는 대칸의 자리에 올랐고 기회를 기다렸다.

오고타이 대칸 당시 바투[101]가 서역 정벌 전쟁을 할 때 귀위크는 바투 가족의 형제들과 뜻이 맞지 않았다. 1239년 승리 축하연에서 바투는 군의 통수권자로서 자신의 공로가 제일 크다고 생각하고 먼저 술을 마셨다. 그러나 귀위크는 바투가 대칸의 장남인 자기를 무시했다고 생각했다. 두 사람은 연회에서 크게 싸우기 시작했고 오가는 말이 거칠었다. 심지어 귀위크는 주치가 황금가문의 핏줄이 아니라는 예민한 말을 꺼내기까지 했다. 축하연이 끝난 후 귀위크와 몽케는 수도로 돌아와 이 일을 오고타이에게 보고했다. 귀위크는 아버지가 자신을 지지해 줄 것이라고 생각했다. 그러나 오고타이는 대로해서 아들을 매우 꾸짖었다. 오고타이 대칸은 아들에게 "이 천박한 놈아, 누구의 나쁜 꼬드김에 넘어가 감히 동생에게 함부로 지껄여 대느냐? 지금 너는 못된 새알에 불과하다! 아직 동생의 품에서 깨어나지도 못했는데, 감히 이렇게 동생을 적대시 하느냐! 너를 최전방 군관에게 보내 말을 찾아 높은 성벽을 오르게 해서 열 개의 손톱이 뭉그러지게 해야겠다."며 크게 나무랐다. 또한 다시는 대칸을 개

---

101 칭기즈칸의 장남인 주치의 아들.

인적으로 알현하지 못하게 했다. 몽케와 다른 사람들이 귀위크의 편을 들었기 때문에 오고타이는 아들을 처벌하지는 않았지만 바투에게 상을 주고 위로하라는 명령을 내렸다. 오고타이는 바투의 실력을 과소평가해서는 안 된다는 생각을 하고 있었던 것이다. 그러나 이번일로 귀위크와 바투는 서로 뿌리 깊은 원한을 갖게 되었다.

귀위크는 대칸의 자리를 계승한 후에도 아버지의 '장자 출정' 전략을 계속 유지했지만 바투처럼 전공이 혁혁하고 명성이 자자한 가문의 형제들은 귀위크를 거역했고 병을 핑계로 더 이상 군대를 이끌지 못한다고 했다. 귀위크는 바투가 고의로 대칸을 멸시했다고 생각하고 비밀리에 군사를 이끌고 바투를 토벌하려고 했다. 소르칵타니는 아들 몽케가 바투의 서역 정벌에 따라갔을 때 줄곧 바투와 좋은 관계를 유지하고 그의 말을 잘 듣도록 일렀다. 한편 몽케가 귀위크를 따라 서역 전쟁에 나가서 돌아와 오고타이를 알현하러 왔지만 몽케는 귀위크를 위해서 대칸에게 중립적인 시각을 가지고 이야기했기 때문에 양쪽 모두의 미움을 사지 않았다. 그는 "조부님께서 살아 계실 때 군대의 일은 바깥에서 결정하고 집안 일은 집에서 결정한다고 하셨습니다. 따라서 귀위크 등의 일은 군대에 속하므로 바투가 결정하는 것이 마땅합니다."라고 했다.

이 말은 오고타이가 귀위크를 처벌하는 일에 있어 곤란하지 않게 해준 것이고, 동시에 바투의 체면도 세워준 것이었다. 실제 서역 정벌의 총사령관인 바투는 이 언쟁으로 황제의 아들인 귀위크를 징벌할 수 없었다. 이 일을 처리하는 모습을 볼 때 몽케의 정치적 역량은 조금도 손색이 없다는 것을 알 수 있다. 당시 귀위크가 예밀리로 가서 요양을 한다는 핑계로 대칸의 호위군을 이끌고 출발하자 소르칵타니는 즉시 바투에게 사람을 보내 대칸이 나쁜 의도를 품고 있으니 대비하라고 통지했다. 바투는 군대를 소집하고 예밀리로 가서 귀위크를 물리치려고 했다. 이들 가족

간의 내분은 폭발 직전이었다. 1248년 3월, 귀위크가 비슈발리크 부근에 이르렀을 때 돌연 사망했다. 그의 사망 이유는 바투가 파견한 첩자가 독살했다는 설과, 결전 전에 바투 형제 샤이반과 술을 마시고 그에게 맞아 죽었다는 설 등 두 가지가 있다. 귀위크의 갑작스러운 죽음은 소르칵타니에게 재기할 기회를 주었다.

툴루이 가문을 황위에 오르게 하기 위해 바투는 몽골 풍습을 따랐다. 귀위크의 본처인 카미실 황후가 섭정을 하게 되었고, 예밀리에 장막을 세웠다. 이후 바투는 가문의 맏형으로서 각 부족에게 서역으로 가서 새로운 대칸을 선출하는 쿠릴타이 대회에 참가하도록 요청했다. 자기는 나이가 많고 다리가 아파서 자신의 근거지인 하이야리에서 대회를 개최할 것이라는 명분을 세웠다. 소르칵타니는 몽케에게 주치 가문으로 가서 동맹을 요청하라고 했다. 물론 이는 세력 균형을 맞추기 위한 것이기도 했고, 툴루이 가문이 바투에게 원한이 없었기 때문에 가능했다. 그리고 소르칵타니는 줄곧 바투를 매우 존중했다. 그녀는 바투가 이제 은혜를 갚을 때가 왔다고 생각하고 몽케를 계속 전진하게 했다. 바투가 이렇게 의욕적으로 계획을 세워 준비한 이유는 아버지 주치에 대한 친자 논란이 오랫동안 전체 가문의 골칫거리였고, 따라서 자기의 전공이 아무리 크다고 해도 대중을 복종시킬 수 없다는 것을 알고 있었기 때문이다. 그래서 전략을 바꾸어 주치 가문과 친한 툴루이의 후손을 추대할 상황을 만든 것이다. 결국 순리대로 몽케는 수면 위로 부상했다.

오고타이에게 대항해서 얻게 되는 두 가문의 공동이익을 위해 몽케는 바투의 지지를 받아냈다. 바투는 몽케를 호위하기 위한 군대를 파견했다. 대칸을 계승하는 쿠릴타이 대회에 참가할 수 있도록 몽케를 보호한 것이다. 그리고 몽케가 즉위할 수 있었던 또 하나의 요인은 어려서부터 몽케는 오고타이의 양육을 받았고 어른이 되어서야 어머니 곁으로 돌아왔기 때문에 오고타이의 몇몇 친족들과 가까웠고 결국 황제로 받아들여질 수 있었다. 그의 즉위는 몽골의 대칸이 오고타이 가문에서 툴루이 가문으로 이전되었다는 사실을 확인시켰다. 구소련의 저명한 중앙아시아역사 전문가인 바르토드가 평가한 바와 같이 이 시기 몽골 세계는 툴루이 가문의 몽케와 주치 가문의 바투에 의해 완전히 재편되었고, 두 가문의 관계는 매우 두터웠다. 몽케가 제3차 서역 정벌을 수행할 때 바투는 자신의 다섯째 동생인 샤이반의 아들 바라한을 출정하게 했고, 이와 마찬가지로 몽케의 셋째 동생이자 뛰어난 재능을 가진 홀라구의 지휘로 현재의 바그다드를 공략했다. 1256년 킵차크칸국의 대칸인 바투가 지병으로 죽자 몽케는 사람을 보내 바투의 아들 사르다크를 영접해서 그가 도착하기도 전에 이미 그를 킵차크칸국의 계승자로 책봉했다. 그러나 사르다크는 오는 도중 병이 나서 죽었다. 몽케는 바투의 또 다른 아들 우라크치를 후계자로 책봉했다.

제국은 표면상으로는 평온했고 순탄했지만 이후 커다란 분쟁에 휩싸였다. 그 이유는 오고타이와 그의 후손들이 의지할 우로스(봉지)가 없었기 때문이다. 몽케는 즉위한 그해에 오고타이가 사용했던 방법으로 그 가문을 처리했다. 그는 '정변을 꾀한다'는 이유로 오고타이 가문을 엄중히 단속했고, 적지 않은 군대를 장악하고 있던 제왕들을 각각 변방의 황무지로 유배시켰다. 예를 들면 시레먼(오고타이의 손자), 카단(오고타이의 여섯째 아들), 토그타(오고타이의 손자) 등이며, 그중 오고타이의 적손자인 카이두를 멀고 황량한 하이야리로 보냈다. 이곳은 바투 가문에 속한 지역으로 주치 가문의 감시를 받는 것과 다름없었다. 이는 몽케가 왕정 주변에서 오고타이의 세력을 없애기 위한 조치였다.

당시 카이두는 겨우 16세로, 항렬로 볼 때 몽케 대칸의 조카가 되었다. 그는 생김새가 호방하고 우람한 체격과 비할 데 없는 힘을 가지고 있다. 카이두는 유년 시절에 칭기즈칸의 장막에서 자랐다는 설이 있지만 사실이 아니다. 왜냐하면 칭기즈칸은 카이두가 태어나기 몇 년 전에 사망했기 때문이다. 아마도 이는 오고타이의 장막이 비교적 안전했다는 뜻일 것이다. 1241년에 오고타이가 죽었을 때 카이두는 6~7세 정도였다. 요컨대 카이두는 젊은 나이에 먼 중앙아시아의 배후지로 유배된 초라한 왕손이었지만 재기해서 예밀리 일대의 오고타이 및 귀위크의 봉지를 차례로 병합했다. 또한 쿠빌라이가 대칸에 오른 후인 1268년에 정식으로 전쟁을 일으켜 원나라의 중앙정부에 오랫동안 대항하면서 '오고타이칸국'을 재건했다. 또한 후에 그는 시리지, 나얀 등의 반란 왕족과 함께 서북지역을 침략했고, 쿠빌라이는 자신의 치세 전후 40여 년 동안 그를 처리하지 못했다. 이 굴곡진 제국의 과거는 많은 역사책에서 '카이두의 난'이라는 짤막한 단어로만 남았다. 이 역사는 몽케의 즉위처럼 간단해 보이지만 배후에 원나라 조정 전체, 몽골제국, 서역의 역사 등 다중적인 관계가 얽혀있어 사실상 매우 중요한 사건이자 심지어 예밀리가 멸망한 근본 원인이라고 할 수 있다.

'카이두의 난'의 원인은 바로 몽케가 몽골의 대칸이 된 것에 있다. 당시 형세에 눌려 카이두 역시 백부인 몽케를 황제로 인정했지만 마음속으로는 대칸의 자리가 오고타이 가문에서 툴루이 가문으로 옮겨졌다고 생각했다. 그의 이런 생각은 자기가 오고타이의 적손이기 때문만은 아니고 언젠가는 '칸'을 되찾아오겠다는 야망이 있었기 때문이다. 여기서 중요한 것은 애초에 오고타이가 즉위했을 때 전체 몽골부족의 종왕宗王들이 쿠릴타이 총회에서 "오고타이 칸의 자손에서 나온 것이라면 썩은 고기 한 점이라도 우리는 그를 칸으로 받아들이겠다."고 맹세한 사실이다. 훗날 귀위크가 즉위한 쿠릴타이 대회에서 제왕들은 이와 유사한 선서를 했다.

그해에 이러한 '피의 맹약'이 있었기 때문에 카이두는 툴루이의 후손이 대칸을 차지한 것은 완전히 불법이며, 쿠릴타이 대회의 맹세를 저버린 것이라고 생각했다. 따라서 두 백부에게 저항할 생각을 품게 되었다. 1256년, 몽골 대칸은 시텐린을 사자로 파견해서 하이야리에서 카이두를 만나도록 했지만 뜻밖에 사자는 카이두에게 억류되었고, 이 행동으로 인해 그의 반감이 만천하에 드러났다.

카이두는 머나먼 하이야리로 위배되었지만 바투는 황제를 추대해서 즉위하게 만든 공로로 드넓은 북서쪽 산하를 받았다. 따라서 바투의 킵차크칸국은 그 지반이 매우 컸다. 이후 바투의 형제와 아들들은 몇 개의 칸국을 더 세웠지만 돌볼 여력이 없었고 카이두는 암암리에 군대를 모집하기 시작했다. 당시 오고타이의 후손들은 일찍이 몽케에게 군대를 빼앗겼고 비록 종왕이라는 귀족의 신분이 남아 있었지만 권력도 세력도 없었다. 카이두는 서서히 그 지역에서 각 민족의 병마를 소집할 수밖에 없었다. 온갖 고생을 다했지만 결과적으로 모은 군사는 겨우 2~3천 명 정도에 불과했다. 그러나 군대는 카이두의 훈련 아래 통일되었고, 상벌이 엄격하고 단련되었다. 오랜 세월 동안 이어진 작업에서 카이두의 지도력뿐만 아니라 군대의 전투력도 드러났다. 이런 실력을 쌓기 위해 카이두는 다양한 노력을 기울였다. 첫째는 각자 정치를 하는 오고타이 계열의 제왕들을 끌어들이고, 둘째는 주치 후대의 제왕들과 교류를 하는 것이었다. 특히 바투 가문이 그를 감시하고 있었기 때문에 카이두는 반드시 돌파구를 마련해야만 했다.

원래 몽케가 재위한 몇 년 동안은 몽골 제왕들에 대한 방비가 철저했기 때문에 카이두는 숨어서 반대만 할 뿐 큰 행동을 실행하기가 쉽지 않았다. 몽케는 비록 정치적인 역량은 약하지 않았지만 군사적인 면에서 능력이 부족했다. 남송과의 전쟁에서 그는 중원 대로로 가지 않고 앞뒤가 막힌 사천에서 우회전술을 하려다가 작은 합천현의 조어성釣魚城 아래에서 향년 51세의 나이로 전사했다. 이후 1260년부터 쿠빌라이와 아리크부카 두 형제 사이에 황위를 다투는 전쟁이 벌어졌는데, 이는 카이두가 몇 년 동안 힘들게 기다려온 기회였다.

원나라 세조 쿠빌라이는 개평부(이후 상도로 바뀌었고, 현재는 내몽골 두룬 부근)에서 즉위했다. 당시 쿠빌라이는 46세였다. 조카뻘인 카이두는 하이 야리에서 이 소식을 듣자마자 넷째 아리크부카와 둘째 쿠빌라이가 황위 쟁탈전을 벌이는 것에 대해 공개적으로 자신의 생각을 표명했다. 많은 연구자들은 카이두와 아리크부카 모두 몽골의 전통적인 유목생활 방식을 유지할 것을 주장했고, 툴루이 후대에 몽골 정권이 한족화한 것에 반대했다고 한다. 이는 당연히 당시 한인을 중용한 쿠빌라이의 실정을 비판한 것이다. 예를 들면 쿠빌라이가 막 즉위했을 때 한족의 왕조처럼 중국 계통의 연호를 정한 것이다. 그러나 카이두의 주장은 단지 명분이었고 그의 진정한 의도는 쿠빌라이와 아리크부카 두 형제의 내홍 속에서 자신의 역량을 최대한 확장하는 것이었다.

아리크부카와 쿠빌라이의 황위 다툼에서 카이두는 사실 아리크부카를 실질적으로 지원한 것이 없다. 그는 단지 몇 년의 시간을 벌어서 힘을 키우려고 했다. 이 외에도 카이두는 다방면에서 지지를 얻었다. 예를 들어 오고타이의 황후 투올리가나의 여동생과 서역에서 세력이 비교적 큰 대명왕 허후禾忽(원나라 정종인 귀위크의 막내아들)의 지지를 차례로 끌어냈다. 그들은 오고타이 가문의 구성원으로서 귀위크 및 카미실 황후와 함께 예밀리에서 살았다. 원래 허후는 쿠빌라이를 선호했었지만 태도를 바꾸었는데, 이는 카이두에게 영향을 받았기 때문이다. 따라서 카이두는 호방한 사람이면서 모략이나 정치적 선견지명도 겸비하고 있었다는 사실을 알 수 있다.

《집사》에서 "그(카이두)는 그동안 간사한 모략을 활용해 정권을 탈취하고 정쟁을 벌여 오고타이 칸의 일부 우로스를 손에 쥐었다."고 기록되어 있다. 역사책에서 '일부'라고 기재된 것은 분명히 오고타이의 후손들이 이때까지도 완전한 영지가 없었음을 증명하는 것이다. 또한 멀리 하서회랑의 코도안(오고타이의 차남, 귀위크의 동부이모 형제)과 그 후손들, 오고타이에게 속한 경성京城과 임원林原은 알이타(예밀리성을 지칭)에 모두 들어 있지 않았다. 또한 카이두의 봉지인 하이야리도 킵차크칸국의 동남쪽 경계 선상에 위치하고 있었고, 서쪽에는 주치의 다섯째 아들 샤이반이 초강[楚河]에 봉지가 있어 이를 남장칸국藍帳汗國이라고 불렀다. 또한 북쪽 근방에 주치의 장자인 오르다는 이르치스강 서안 해안에 봉지가 있어 이를 백장칸국白帳汗國이라고 불렀다. 첫째 오르다는 둘째 동생 바투의 웅대한 지혜와 전략을 알고 있기 때문에 기꺼이 가문의 영도권을 바투에게 넘겨주었고, 따라서 백장칸국과 남장칸국은 모두 킵차크칸국에 종속되어 있었다. 카이두는 차례로 그들과 적극적으로 친교를 맺어 훗날 킵차크칸국의 베르케칸[102](베르케는 셋째 아들이며, 바투를 계승해 왕에 올랐고 이후 킵차크칸국의 칸 중에서 첫 번째 이슬람교도가 되었다)과 '두터운 우정'을 맺었다. 베르케는 결정적인 순간에 어느 편에 섰을까? 카이두에게 포섭되었을까? 쿠빌라이와 아리크부카는 모두 툴루이의 아들이었지만 처음에 베르케는 아리크부카의 편에 서서 쿠빌라이를 상대했다. 물론 몽골 정권의 한 족화에 반대했기 때문이다. 이후 베르케는 아리크부카가 실패하자 킵차크칸국의 세력을 유지하기 위해서, 또한 세력이 급격히 팽창하는 차가타이칸국 및 이리칸국을 상대하기 위해서도 카이두를 적극적으로 돕기 시작했다.

---

[102] 칭기즈칸의 장자 주치의 3남으로 훗날 킵차크칸국의 3대 왕으로 등극함.

여전히 1260년 아리크부카는 일찍이 자신의 심복인 차가타이의 손자 아루후(바이다르의 아들)를 서역으로 보내 차가타이칸국의 칸위를 계승하도록 했다(실제로 아루후는 칸위를 빼앗은 것인데, 이는 동시에 쿠빌라이도 사람을 보냈기 때문이다). 아루후는 후아스(바로 차가타이칸국의 도읍인 아리마리 부근)에 가서 당시 섭정을 하던 사촌 형수 오르키나(사촌형인 카라훌라구의 미망인)를 아내로 삼았고, 아리크부카의 명령을 빌려서 대칸 왕정이 중앙아시아에 파견한 군대를 삼키고 쿠빌라이에게 항복을 해서 아리크부카를 크게 실망시켰다.

1262년(원나라 중통 3년) 아리크부카가 서역으로 가서 아루후를 무찌르자 아루후는 카스와 카텐 부근으로 퇴각했다. 이 변고는 카이두의 능력을 확충하게 된 역사적인 계기가 되었다. 이후 카이두는 점차 하이야리에서 북서쪽의 우룬구호 일대까지 뻗어 나가 사방이 장방형으로 펼쳐진 초원지대에 정식으로 자신의 세력을 구축했다. 진정한 오고타이칸국의 모태가 된 것이다.

1264년(중통 5년) 형제 간 대칸의 자리를 차지하기 위한 전쟁이 끝나자 아리크부카는 둘째 형 쿠빌라이에게 투항했다.(2년 후 쿠빌라이의 감독하에 있던 아리크부카가 이유 없이 죽자 당연히 후손들은 그가 독살 당했다고 의심함) 원나라가 정식으로 세워졌지만 서북쪽 커다란 사막 깊숙한 곳에서 카이두는 점점 오고타이 가문에 속한 제왕들의 우두머리가 되어가고 있었다. 사막 이북과 이남의 세력을 모두 통일한 쿠빌라이는 당연히 자신이 몽골 제국 전체의 계승자라고 생각했지만 아직 모두가 인정할 수 있는 전례가 부족했다. 그래서 그는 카이두를 포함한 각 우로스에 사신을 보내 몽골 초원에서 쿠릴타이 대회를 다시 열도록 계획했다. 이렇게 한 이유는 쿠빌라이가 중통 원년 3월 개평부에서 황급하게 즉위를 하느라 당초 칭기즈 칸이 제정한 자사(법률)에 부합하지 못한 점을 고려했기 때문이다. 따라서 전통 관례에 의거해 선조의 발상지인 오논강 강변에서 각 가문의 종왕과 귀족 인척들이 참석하는 쿠릴타이 대회를 개최하고 몽골제국 전체에 자신의 지위를 재정립하려고 했다.

킵차크칸국의 베르케, 차가타이칸국의 아루홀과 이리칸국의 훌라구(쿠빌라이의 셋째 동생) 등은 모두 동쪽으로 오기로 약속했지만 점점 날개가 커지는 카이두는 강골을 드러내며 3년 연속 대칸에 대한 참배를 거절했다. 그는 "우리 가축이 말랐으니 살찌운 후에 명령을 따르겠다."는 핑계를 댔다. 결과적으로 여러 해 동안 쌓인 가족의 원한이 마침내 칼날과 검으로 변해서 피가 강물이 되어 흘렀다. 따라서 쿠빌라이가 계획한 이 대회는 예정대로 개최되지 못했고, 그 후 1년여 동안 아루후, 훌라구, 베르케 등 세 명의 칸도 차례로 세상을 떠났다. 쿠빌라이는 당시 송나라를 멸망시키기 위한 전쟁을 계속해야 했기 때문에 서역을 돌아볼 여력이 없었다. 체면상 자기가 이미 몽골제국 전체를 계승했다는 명분을 드러내기 위해 매년 카이두에게 은화와 선물을 하사하고 또한 변량의 채주(현재 하남성 경내)를 영지로 나누어 주는 등 자신의 관대함을 표시했다. 또한 약간의 금은패를 봉상으로 내리기도 했다. 그러나 한편으로는 중원의 차가타이의 손자인 바라크를 차가타이칸국으로 보내 칸의 지위를 탈취하게 해서 카이두를 견제했다.

《원사》 63권에 의하면 지원至元(1264년 쿠빌라이가 국호를 지원으로 개칭) 5년(1268년) 카이두가 비슈발리크를 공격했고, 이는 쿠빌라이에 대항해서 몽골 각부를 움직이게 한 일대 참변의 개막전이라고 기록되어 있다. 즉 "지원 5년 카이두가 배반을 해서 거병을 하고 남쪽으로 오니 세조가 역공을 해서 북정北庭에서 패배시켰다. 카이두를 아리마리로 쫓아가니 그는 다시 2천여 리나 멀리 달아났다. 더 이상 쫓아가지 말라는 명령이 내려왔는데, 황자 북평왕은 군의 통수권자가 되어 아리마리에서 진압하고 승상 안동安童에게 보필하라고 했다."

'북정'이라고도 불리는 비슈발리크는 신장의 지무싸얼 부근에 있다. 역사책은 카이두의 거병 상황을 매우 분명하게 기록한 것 같지만 그 내용이 모호해서 명확히 짚고 넘어가야 할 필요가 있다. 사실 원나라 세조는 평생 북정에 가본 적이 없고 심지어 신장의 땅도 밟지 못했다. 또한 북평왕 나무한(쿠빌라이의 넷째 아들)은 '지원 8년에 카라코룸의 아리마리 북쪽에서 장막을 세웠다'고 했고, 승상 안동은 원나라 지원 12년이 되어서야 북평왕 군영의 본거지에 왔다.

실제로 《원사》에서 카이두가 제1차 전투를 일으킨 '북정'은 지무싸얼의 비슈발리크가 아니라 원나라의 상도인 카라코룸(현재 몽골의 오르혼강 동쪽 해안 부근)을 의미한다고 기록되어 있다.

《집사》에 따르면 카이두가 반란 초기에 공격한 것은 원나라의 관할 하에 있던 몽골부족인 나링부족이었다. 이들은 이르치스강 상류 부근의 알타이산에 분포해서 거주했기 때문에 카이두가 카라코룸으로 진출하는 길을 막았다. 그런데 카라코룸을 원나라 때는 북정이라고 불렀다. 예를 들어 《원조명신사략평장염문정왕전·염희헌전》元朝名臣事略平章廉文正王傳·廉希憲傳에 '헌종(몽케)은 남쪽을 정벌하고, 막내 동생 아리크부카를 북정에 남겨놓고 수비하게 했다'고 기재되어 있다. 이는 바로 아리크부카가 카라코룸에 남아 있다가 쿠빌라이가 그를 물리칠 때까지 카라코룸에서 칸의 자리를 차지했기 때문이다. 또 하나 지정 5년에 카라코룸을 지킨 사람은 북평왕 나무한이다. 당시 황제의 형제들이나 아들[親王]이 카라코룸을 지키는 것이 원나라의 전통이었기 때문이다. 나무한은 지정 3년(1266년)에 북평왕에 봉해졌다. 《원사·토토합전》元史·土土哈傳에는 "종왕 카이두가 반란을 꾀하자 세조는 국가의 근본을 지키기 위해 황태자 북평왕에게 제왕의 진영을 지키도록 명령했다."고 기재되어 있다. 원나라에서 카라코룸 이외에 어느 곳도 몽골의 '국가 근본지역'이라고 할 수 없기 때문에 북평왕이 카라 코룸에서 출진했음을 알 수 있다.

당시 오고타이칸국의 능력은 몽골 왕정에 대항하기에는 부족했다. 때문에 1268년 이전만 해도 카이두는 주로 중앙아시아에서 각축을 벌였다. 그곳의 가장 부유한 지역은 차가타이칸국(신장 일부 지역 포함)의 통제하에 있었다. 그 전체 범위는 동쪽에서는 이리강 상류에서 시작해서 서쪽으로는 아무다리야강의 동쪽 해안, 신장 남쪽의 카스와 카텐 일대에 이르렀다. 카이두가 세력을 확장하려면 필연적으로 차가타이칸국과 충돌해야만 한다. 1266년(지원 3년) 카이두는 차가타이칸국의 무바라크샤(카라홀라구와 오르키나의 아들)를 이용해 즉위했다. 아직 통치가 안정되지 않았을 때 갑자기 기습을 해서 전선을 끊임없이 차가타이칸국의 깊숙한 곳까지 확장하고 넓은 영토를 빼앗았다. 《집사》에서 카이두가 침탈한 지역은 "타라즈(현재 카자흐스탄 남부), 켄제크, 오트라르, 카슈가르 및 아무다리야강 너머의 전체 지역을 포함한다."고 쓰여 있다.

적어도 시르강 동쪽 해안 지역은 오트라르 등 아루후가 강탈한 킵차크칸국의 지역까지 포괄하는데, 카이두는 이곳을 차례로 점거했다. 이렇게 해서 카이두의 오고타이칸국의 영토는 알타이산 서북쪽에서 시르강 동쪽 해안까지 확장되어 초보적인 경계를 갖게 되었다. 이후부터 전체 황금가문의 그 누구도 감히 그를 무시할 수 없었다. 카이두는 오고타이 가문을 대표하는 큰 세력이 되었다.

넷째 아리크부카가 항복한 후 원나라 세조 쿠빌라이는 마침내 북서쪽에 관심을 갖기 시작했다. 그는 당시 몽케와 바투가 연합을 해서 다른 지역의 영토를 마구 쪼개버렸다는 것을 깨달았다. 이는 현재 몽골정권이 매우 어려운 상황에 처하게 된 근본 원인이 되었고, 대칸 왕정이 큰 권력을 포기한 것과 마찬가지였다. 이제 쿠빌라이는 이전의 몽골 대칸이 중앙아시아 지역을 직접 관할했던 국면으로 회복하기를 원했다. 따라서 얼마 지나지 않아 원나라 군대는 계속해서 서역으로 쳐들어갔다.

1265년(지원 2년) 원나라 세조는 칙서를 내려 "진해, 백팔리, 겸겸주의 여러 장인들과 백성들은 중도(연경, 현재 북경)로 가라."고 명령했다. 백팔리는 독산성獨山城의 음역(신장 무레이)이다. 그리고 코탄발리크(카텐)가 세워졌는데, 이는 원나라가 아리크부카를 무찌르고 점차 이 지역을 장악했다는 사실을 증명한다. 쿠빌라이는 중앙아시아를 견고하게 장악하기 위해서 차가타이의 손자 바라크를 차가타이칸국으로 보내 오르키나 황후가 독단적으로 칸으로 옹립한 무바라크샤를 교체했다. 오르키나 황후의 아들 무바라크샤는 전 남편 카라훌라구의 소생이었고, 나중에 아루후에게 재가했다. 카라훌라구는 명목상 차가타이칸국의 두 번째 칸이자 차가타이의 손자다. 차가타이는 임종하기 전에 카라훌라구에게 칸의 자리를 물려주기로 결정했지만 결과적으로 귀위크 대칸과 차가타이의 다섯째 아들인 예수몽케는 서로 매우 단단한 관계였기 때문에 대칸의 권력을 이용해 예수몽케를 칸으로 임명했다. 1251년이 되어 몽케가 대칸으로 즉위한 후에 비로소 카라훌라구가 칸에 복귀하는 것을 지지했지만 그는 다시 후아스로 돌아가는 길에 사망했다.

앞에서 언급된 바라크의 이야기로 다시 돌아가 보자. 그는 칭기즈칸 차남 차가타이의 증손자이자 카라훌라구의 조카다. 바라크는 예밀리에 도착한 후에(이때 예밀리는 차가타이칸국이 차지했다) 무바라크샤칸의 자리가 이미 확고한 것을 보고 몰래 대칸의 성지를 숨겼다. 소위 대칸의 '성지' 한 장으로 어떻게 무바라크샤를 축출할 수 있을까? 바라크도 둔하지 않기 때문에 자기 나름의 계획을 가지고 있었다. 그는 대중들 앞에서 무바라크샤 칸에 대해 칭송을 아끼지 않았다. 이미 대의는 자신의 우로스와 가문을 떠난 지 오래되었고 부속민들은 유랑을 하면서 온갖 고난을 다 겪고 있기 때문에 그는 계속 칸에게 자신의 가문을 위해 부속민들을 모아야 한다고 설득하고 요청하면서 영원히 무바라크샤 칸을 따를 것이라고 맹세했다. 그는 요란하게 아첨을 떨어가며 칸을 기쁘게 했고 결국 이곳에 남아 자신이 하고 싶은 일을 하도록 허락받았다. 바라크는 재빨리 신임을 얻었고 칸의 주변에 있는 문신 및 무장들과 단결했다.

무바라크샤는 차가타이칸국에서 첫 번째로 이슬람화된 사람이다. 그는 많은 몽골 부족들을 강으로 이동시켰고, 그들의 돌궐화를 가속화했다 (후에 서방세계를 뒤흔든 소위 절름발이 티무르라고 불리는 사람의 조상은 바로 이 시기에 중앙아시아로 이주했다). 1266년 그는 군대의 최고 통수권자인 비두치와 결탁해서 바로 차가타이칸국의 칸의 자리를 빼앗았다.

아리크부카와 쿠빌라이의 황위 투쟁은 빛나던 통일 몽골제국의 종말을 상징하는 것이다. 이 시기부터 중앙아시아의 칸국들은 서서히 각자의 우로스를 독립시키는 국면으로 들어섰다. 따라서 바라크가 칸의 지위에 올라 자기 자리를 굳건히 하려면 반드시 국가를 수호해서 이익을 지켜야만 했다. 그러나 이는 쿠빌라이가 중앙아시아의 칸국들을 통제해서 대통합을 회복하려는 취지와 충돌하는 것이었다. 당시 바라크가 예밀리에서 명분을 내세워 순조롭게 차가타이칸국의 칸의 자리에 오른 이후 그는 양떼를 이끌고 원나라에서 관리하는 신장 남쪽의 카텐 지역을 차지했다. 이 때는 아직 쌍방의 예속 관계가 깨지지 않았지만 이미 차가타이칸국도 원나라 쿠빌라이 정부로부터 점차 벗어날 것을 표명하고 있었다. 다만 쿠빌라이는 중앙아시아에서 자신이 우뚝 설 수 있으려면 지금 이 교활한 바라크가 카이두를 견제해 주어야만 체면이 깎이지 않는다고 생각했을 것이다. 오고타이칸국과의 경쟁에서 바라크와 쿠빌라이의 목표는 완전히 일치했다. 《집사》에는 "쿠빌라이가 이를 위해(카이두가 조정으로 들어오는 것을 거부한 일) 바라크를 보내 카이두를 반격하게 했다. 바라크는 이 조서에 의거해 역량을 결집한 후 군대를 이끌고 카이두를 공격했다."고 기재되어 있다. 양측은 여러 차례 교전을 벌였는데, 그중에서도 시르강 전투가 가장 치열했다. 쌍방의 군대가 시르강 강가에 이르자 바라크는 카이두의 대군을 격파했다.

카이두 역시 바라크가 야심이 많은 인물이라는 것을 이미 알고 있었다. 게다가 바라크는 오고타이 가문의 상징적인 영지인 예밀리성을 차지하고 있었으며, 그의 군대는 원나라의 지원을 받아 매우 강했다. 카이두가 이번 전쟁에서 패배하는 바람에 바라크의 차가타이칸국은 계속 서쪽으로 확대되는 추세에 있었다. 카이두는 전략을 짜서 즉시 원병을 요청했는데, 그게 누구였을까? 얼마 지나지 않아 카이두는 킵차크칸국의 맹케티무르를 부추겨 대대적으로 전쟁에 뛰어들게 했다. 이때 베르케가 사망하자 그 후임으로 바투의 손자 맹케티무르가 칸으로 즉위했다. 그는 킵차크칸국의 다섯 번째 칸으로 용맹하지만 각 종족에게 매우 관대했다. 1268년 맹케티무르의 도움을 받아 힘을 얻은 카이두는 마침내 역전승을 거두었다.

바사프는 그의 책에서 이번의 천지를 뒤흔든 전쟁에 대해 다음과 같이 언급했다. 즉 이번 전쟁으로 차가타이칸국은 유례없는 손실을 입게 되었고, 바라크의 군대는 시르강에서 계속 서쪽을 지나 강의 일대(현재 사마르칸트 부근)까지 궤멸되었다. 따라서 그의 세력은 오랫동안 회복하기 어려웠고 심지어 바라크는 현재의 우즈베키스탄의 사마르칸트와 부하라 두 곳을 약탈할 계획까지 세웠다. 그는 이슬람 세계의 번영한 두 도시로 와서 세력을 회복하려다가 현지 백성들의 거센 저항에 부딪쳤다. 이 사건은 카이두와 그의 오고타이칸국의 운명을 결정짓는 중요한 전환점이 되었으며, 이 전투를 통해 오고타이칸국의 서부 전선은 시르강을 넘어섰다.

1269년(지원 6년) 어김없이 봄이 찾아오니 산과 강은 해빙되고 중앙아시아의 초원도 생기를 되찾았다. 이때 카이두는 몽골 역사상 전례가 없는 대담한 계획을 떠올렸다. 그는 자발적으로 맹케티무르와 바라크를 만나 삼자 간에 화의를 제안했다. 조카인 맹케티무르는 동맹이니 당연히 동의하겠지만 바라크와는 이미 서로 수차례 전쟁을 치렀는데 어떻게 그를 설득해서 화의를 할 것인가? 당연히 카이두는 이런 상황을 대비했고 마음의 준비도 되어 있었다. 그는 가족 중 달변가인 형제 킵차크를 파견해서 다음과 같이 바라크를 설득했다.

"오늘날 당신들의 지역 기반은 완전히 새로운 것이다. 주치와 오고타이의 가문 모두 상대방에 대한 핍박을 원하지 않는다. 우리는 모두 칭기즈칸의 자손으로 단결해야 한다. 이 지역에 대한 소유권은 서로 상의해서 결정하는 것이 좋다. 쿠빌라이는 아리크부카를 공격해서 불법으로 권력을 빼앗았다. 그는 비록 몽골 동방의 소유자이지만 우리 서쪽의 종왕들을 간섭할 권한이 없기 때문에 나는 창검을 직접 원나라로 돌렸다."

바라크는 카이두의 말이 부드럽지만 강경함이 있다고 생각했다. 이제 그들 두 가문이 계속 생존하려면 화해하는 것이 중요했다.

몽골의 세 종왕이 만나기로 약속한 봄날, 이들은 각각 1만여 명의 정예 기병을 이끌고 카이두가 장악하고 있는 타라즈 강가에서 만나 역사적으로 유명한 타라즈 쿠릴타이를 개최했다. 타라즈(현재 카자흐스탄 잠빌주의 주도)는 중앙아시아에서 유명한 도시로, 당나라 시대에는 '다로스'라고 불렀으며, 석국石國[103]의 대진영이 있는 곳이다. 현장법사가 경전을 얻기 위해 일찍이 이곳을 거쳐 갔고, 후에 이곳은 호라즘에 속하게 되었다.

---

103 현재 타슈켄트를 말함. 중국의 남북조 시대부터 수나라와 당나라 시대까지 불린 명칭.

타라즈 쿠릴타이의 주최자인 카이두의 장막 앞에는 채색기가 펄럭였고, 8일 동안의 대회기간 동안 노래와 춤으로 경축하면서 술잔치가 벌어졌다. 카이두와 서북 지역의 두 종왕은 이번 대회에서 호쾌하게 중앙아시아의 아무다리야강 이북의 땅을 세 구획으로 나누었다. 이 넓은 지역은 과거의 어떤 대 우로스에도 속하지 않은 새로운 영토였다. 바라크는 이번에 차가타이칸국의 대부분이 카이두에게 점령당했기 때문에 자기가 이 새로운 영토를 보유할 수만 있으면 된다고 생각했다. 바라크의 연설은 매우 감동적이었다.

"나는 차가타이의 후손이고, 차가타이 역시 칭기즈칸의 아들이다. 주치, 오고타이, 툴루이 등은 모두 한 그루의 나무에 맺힌 열매다. 오늘날 비록 나의 처지가 매우 초라하지만 이 지위에 걸맞은 우로스를 얻어야 한다."

그는 이 대회에서 카이두에게 쿠빌라이에 대항하자는 연설을 했다. 또한 자신은 한때 양 끝에 서 있었지만 그다지 신경을 쓰지 않는다고 했다. 카이두는 바라크의 말을 이해하고 지반 구획에 대해 이야기를 한 후 시종에게 왕의 장막 중앙에 거대한 서역 지도를 펼쳐 놓으라고 명령했다. 카이두는 앞으로 나아가서 차고 있던 검으로 시원시원하게 지도에 있는 땅의 3분의 2를 긋고 이를 바라크의 몫으로 제시했다. 그 나머지 3분의 1은 맹케티무르와 자기 지분이었다.

바라크는 이 제의에 완전히 만족하지는 않았지만 만일 차가타이칸국이 더 확대되려면 반드시 아바카(훌라구의 아들)가 통치하는 이리칸국伊利汗國의 땅을 빼앗아야 한다는 사실을 알고 있었다. 그리고 카이두와 맹케티무르도 표면적으로는 이것을 지지한다고 했다. 이때부터 차가타이칸국은 완전히 카이두의 오고타이칸국에 속하게 되었다.

카이두는 두 종왕과 함께 약속을 했다. 그 내용은 각자의 나라에서 칭기즈칸이 남긴 몽골전통과 유목민의 생활 방식을 단호히 유지하는 것

외에 새로운 철혈맹약을 맺는 것이다. 즉 모두가 툴루이 가문의 원나라 조정과 아바카의 이리칸국에 반대하는 맹약을 한 것이다. 이렇게 되자 원래 세력이 다소 약했던 카이두와 그의 오고타이칸국은 가장 큰 수혜자로 탈바꿈하게 되었다. 이번 쿠릴타이는 칭기즈칸 이래 처음으로 몽골 대칸의 동의 없이 개최된 대회였다. 카이두는 공식적으로 원나라 세조 쿠빌라이의 명령을 무시할 것을 선언했고, 이로 인해 그는 서북쪽에 위치한 종왕들 전체의 맹주가 되었다. 또한 서북쪽 부족을 쿠빌라이에게 대항하도록 선동하는 데 완전히 성공해서 여러 칸국들이 몽골제국에서 분열되어 나가는 계기를 만들었다.

쿠빌라이가 아리크부카를 평정한 후 원나라 대군은 여전히 동남쪽에 있는 남송의 소규모 조정들을 소멸시키는 데 힘썼기 때문에 서북쪽에 많은 병력을 투입하지 않았다. 그러나 카이두 등은 몽골의 대칸을 무시하고 타라즈에서 쿠릴타이를 열어 그를 강하게 흔들어 놓았고, 황제의 존엄성을 심각하게 손상시켰다. 따라서 대칸은 군사를 모아 다시 서역으로 진군하려고 했다. 이는 1271년 북평왕 나무한이 아리마리를 점령한 그 서역 정벌 전쟁이다. 《원사》 7권에는 다음과 같이 쓰여 있다.

'지원 7년 6월에 황자 나무한에게 말 6천, 소 3천, 양 1만을 하사하고 북쪽의 변방을 지키는 군마 2만, 소 1천, 양 5만을 하사한다.'

같은 해 세조 쿠빌라이는 오고타이칸국의 동쪽 경계 부근인 칭카이稱海(진해鎭海라고도 하며, 현재 몽골국 서부의 하일우우반호 부근)에 왔다. 1271년(지원 8년) 원나라 군대는 아리마리를 점령했다.

그 이전 해인 1270년은 매우 더운 여름이었다. 황량한 벌판에 바람이 거의 없는 날 이리칸국의 아바카칸과 차가타이칸국의 바라크는 한차례 충돌했다. 결국 바라크는 대패하고 돌아왔고, 그해 말 부하라로 철수했다. 전쟁에 연거푸 패하여 바라크의 부하들이 배반을 하자 야심찬 카이두는 이 기회를 틈타서 바라크를 완전히 떨어내고자 했다. 그는 사람을 보내 바라크를 지원할 군대를 출병하겠다는 서신을 보냈지만 상대방의 답변은 기다리지 않았다. 즉시 카이두는 대군을 이끌고 서쪽으로 가서 바라크의 진영을 포위했고, 그날 밤 바라크는 죽었다(스스로 놀라고 두려워서 죽었다는 설과 카이두의 부하가 살인을 했다는 두 가지 설이 있다). 이때부터 카이두는 바라크의 잔여세력을 완전히 삼키고 차가타이칸국을 합병했다. 이제 중앙아시아에서 그의 위신은 하늘을 찌를 듯했다.

1271년부터 1276년까지 서역으로 대거 진출한 북평왕 나무한(쿠빌라이의 넷째 아들)은 한때 오고타이칸국의 중심지인 이리강 계곡을 5년 동안 점령했다. 원나라가 아리마리에 대 본영을 세운 것도 일시적으로 천산 남북 쪽의 정세를 반전시키고, 카이두가 서쪽으로 점차 세력을 축소하도록 압박하려는 이유였다. 이 줄다리기는 원나라의 통제 범위를 확대시켰다. 원나라 조정은 위구르 지역을 대본영의 후방으로 삼으면서 동시에 차가타이칸국으로부터 타림분지 남쪽 일대의 오아시스를 되찾아 지원 8년 6월에 '하서河西, 우단斡端(카텐), 안지허昻吉呵 등의 주민을 모집'했다. 지원 11년에 '우단, 예얼창鴉兒看(야르칸 강)의 두 도시에 14개 수역水驛[104]을 세웠고' 원나라는 이때 신장 전역을 대부분 장악했다. 이전에 카이두를 지지했던 대명왕 허후禾忽 등은 이미 모두 패배했고, 원나라 군대와 카이두의 세력의 경계는 이미 이리강과 초강 사이까지 밀려갔다.

바라크가 죽은 후 카이두는 차가타이칸국을 통제하면서 동부 지역의 손실을 서쪽(강 일대 지역)에서 보상받았다. 그리고 차가타이칸국이 붕괴된 이후 소속된 대부분의 몽골 종왕들, 나얀那顔[105], 이미異密(몽골어로 천호

---

104 배를 주요 교통수단으로 하는 역참.

105 몽골과 원나라의 국가 체제. 전국의 백성과 토지를 95개 천호로 나누어 공신이나 귀족에게 세습적으로 다스리도록 했음. 따라서 천호를 다스리는 귀족.

를 받은 수령과 장수를 뜻함)[106] 등은 모두 카이두에게 귀속되었지만 저항하는 사람들도 있었다. 특히 바라크의 넷째 아들인 두아와 아루후의 두 아들은 연합을 맺어 카이두를 강 일대에서 쫓아내려고 계획했다. 그러나 이때 카이두는 20년 전의 감시를 받는 초라한 왕손이 아니었다. 한번 외치면 수많은 사람들의 호응을 이끌어 낼 수 있는 카이두는 쌍방 간에 공평한 결전을 벌이기로 했다. 결국 카이두는 강에서 단번에 적수를 물리쳤다. 이때 그는 중앙아시아의 몽골 제왕들 중 지존의 지위를 누리는 종왕이 되었다. 카이두가 쿠빌라이와 대적하기에 충분한 또 다른 몽골의 '대칸'이라는 사실을 의심하는 사람은 아무도 없었다. 이때 카이두의 나이는 40여 세에 불과했고 뼈에 사무치는 원한 관계가 있는 툴루이 가문의 숙부 황제인 쿠빌라이보다 스무 살이 어렸다.

카이두의 오고타이칸국의 세력은 아직 이리강을 건널 수 없었고, 천산 남북쪽의 광대한 지역은 원나라의 통제하에 있었다. 이런 상황은 1275년(지원 12년)까지 유지되었다. 지원 12년 여름의 어느 날 북평왕 나무한 휘하의 나얀과 같은 몇몇 왕족과 시리지(몽케칸의 넷째 아들), 타타티무르[107] 등이 여름 사냥을 하며 비밀리에 모의를 했다. 그들은 아리마리성 전선에서 북평왕 나무한과 승상 안동을 납치한 후 시리지를 대칸으로 추대하기로 약속했다. 그 후 타타티무르는 보추오(툴루이의 손자)의 손자 야후두를 추대하고자 했지만 성공하지 못했다. 다음해 초에 바로훈 장군이 군사를 거느리고 도망치는 일이 발생하자 야후두는 나무한의 명령을 받고 성 밖으로 나가 추격을 했다.

---

106 중앙아시아 몽골, 원나라 등의 직함. 원래는 아랍의 통수권자를 지칭하는 칭호였지만 지금은 일국의 국가원수나 세습군주를 의미함.

107 수거두(歲歌都)의 아들. 수거두는 툴루이의 다른 비첩의 서자이자 형제 서열의 가장 막내아들임.

이번 위기가 발생한 주된 원인은 아리마리에 있는 북평왕 나무한의 수하들 모두가 툴루이 가문의 사람들이었기 때문이다. 이들은 아리크부카의 패장들이거나, 야무홀, 밍리티무르처럼 아리크부카의 아들들이었다. 쿠빌라이는 이런 상황이 불편했다. 시리지 같은 인물은 이미 마음속으로 계산이 있고, 아버지 몽케칸이 승하한 후 자식들은 자기들 차례가 되었다는 생각을 하고 있었기 때문이다.

이때 소문이 돌자 시리지 등은 일을 길게 끌면 문제가 생길 것이 두려워 되도록 빨리 손을 쓰기로 했다. 이들은 1276년 어느 날 밤 갑자기 군사를 일으켜 북평왕 나무한과 그의 형제 영왕 쿠쿠추를 체포해서 킵차크칸국의 맹케티무르칸에게 보냈고, 승상 안동 역시 체포해서 카이두에게 송환했다. 시리지는 카이두와 맹케티무르에게 사자를 보내 다음과 같이 말했다.

"당신들은 우리에게 큰 덕을 베풀었고 우리는 이것을 잊지 않고 있다. 지금 당신들을 공격하려는 쿠빌라이의 종왕과 이미들을 당신들에게 보내니 우리 서로 연합해서 적을 물리치자."

이렇게 되자 원나라 정부가 고심해서 운영하던 서북방어선이 일시에 붕괴되었고, 카이두와 쿠빌라이가 원래 대치하던 서역의 형세는 경천동지할 역전극을 맞이했다.

서역에서 차가타이칸국과의 전투가 시작된 이후 카이두는 동시에 원나라의 대군을 상대할 힘이 없어 세력이 점차 신장 경내로 수축해 들어가 하이야리로 퇴진했다. 이후에 연거푸 수년 동안 다시 동부 지역으로 돌아갈 기회를 찾지 못하고 있다가 갑자기 이 기쁜 소식을 들은 것이다. 당시 카이두는 초원에서 말을 타며 사냥을 하고 있었는데 이 소식을 보고받자 놀라서 말고삐를 잡지 못하고 낙마를 했다. 그의 용맹한 딸 아지야니티[108]와 주변의 호위들 모두는 이 모습을 보고 매우 의아했다. 카이두는 어려서부터 온갖 고난을 다 겪어내고 비할 바 없는 강한 의지력을 갖고 있는 사람이었다. 또한 활쏘기와 말타기에 능숙한 용맹무적의 사나이였기 때문에 납득할 수 없는 실수를 했던 것이다. 그러나 카이두는 전혀 개의치 않고 장막으로 달려가 시리지의 사자를 접견하고 다음과 같이 이야기했다.

"우리는 당신들에게 매우 감사하고 있고 당신들이 이렇게 해주기를 바라고 있으니 그곳에 머물러 주시기를 청합니다. 왜냐하면 그곳의 풀들이 아주 좋기 때문입니다."

이 소식을 접한 카이두는 매우 기뻤지만 결코 안심하지 않았다. 왜냐하면 시리지가 출전을 해서 갑자기 창을 거꾸로 들었기 때문이다. 물론 그들의 수가 많았지만 상황도 복잡했다. 카이두는 많은 사람을 받아들이지 않았고 섣불리 진격하라는 명령도 없이 오직 데려온 안동에게 직책을 주었다. 그는 원래 오고타이칸국의 속지인 아리마리에 시리지를 머물게 했다. 그리고 다시 군사동맹을 맺어 한편으로는 시리지가 쿠빌라이와 맞붙도록 만들고, 다른 한편으로는 툴루이 가문이 서로 죽이도록 해서 어부지리를 챙겼다.

시리지의 반전은 계속해서 카이두의 군사력과 정치적 영향력을 조장했다. 약 6년 정도가 흘러 시리지는 쿠빌라이에게 항복했지만 여전히 아

---

108 아지야니티란 몽골어로 '빛나는 달'이라는 의미다. 카이두는 그녀를 '공주'라고 존칭했다. 그녀는 젊고 예쁘고 무예가 뛰어나 시집보낼 가문을 찾기 어려웠다. 원래 카이두는 딸을 차가타이의 후손들에게 주어 남의 영토를 삼킨 원한을 잠재울 계획이었다. 그러나 아지야니티가 자기보다 더 뛰어난 무예를 가진 용사를 찾겠다고 하자 카이두는 그녀를 위해 무예를 겨룰 사람을 모집해 혼인을 시키려고 했다. 그러나 초원에는 그녀의 적수가 없었다. 후에 카이두가 출정할 때면 그녀가 수행을 했고 무수한 전공을 세웠다. 그녀는 줄곧 카이두의 곁에서 함께했고 결혼하지 않았다. 종국에 그녀가 어떻게 되었는지는 알 수 없다.

리크부카의 어린 아들 밍리티무르를 포함한 많은 사람과 군대는 카이두를 따르기로 했다. 쿠빌라이의 막내아들 나무한, 쿠쿠추, 승상 안동은 몇 년 후에야 중원으로 송환될 수 있었다. 북평왕 나무한은 봉호가 북안왕으로 바뀌었고, 안동은 카이두에게 벼슬을 받아 한때 쿠빌라이를 매우 화나게 했다. 일찍이 이들과 함께 카이두의 곁에 억류되었던 쿠빌라이의 사신 시탄린은 승상 안동을 대변했다. 즉 그들이 카이두에게 봉직한 것은 그가 칭기즈칸의 자손이기 때문이며, 이것은 적에게 투항한 것이 아니라고 변명을 했다. 그러자 쿠빌라이는 오랜 시간이 지나서야 서서히 화를 가라앉혔다.

이렇게 해서 카이두는 점차 후방을 안정시키는 동시에 기회를 틈타 다시 세력을 이리강 계곡으로 확산시키고자 했다. 그는 새로운 연합군이 신장 남북 방향으로 진격해서 신장 북쪽 예밀리와 비슈발리크(현재 신장의 지무살)를 탈환하는 것이 목적이었다. 카이두는 이번 진군을 위해 충분한 준비를 갖추지 못했기 때문에 원나라 내부의 난을 틈타 동진하기로 했다. 불과 반년 남짓한 1278년(지원 15년)에 잔혹한 전쟁을 거쳐 원나라 군대는 다시 비슈발리크를 탈환했다. 쿠빌라이는 위구르 지역을 확실히 점령하기 위해 원나라의 수비 병력을 계속 증강시켰다. '처음 위구르 분지에 제형안찰사提刑按察司[109]를 세웠고', 지원 17년에는 '만호인 기공직綦公直에게 비슈발리크를 수호하라'고 명령했다. 또 처음으로 위구르 경계에 북정도호부를 두었다. 동시에 신장 남쪽 타림분지의 상황도 악화되기 시작했다. 역사책에는 1279년(지원 16년) '유은劉恩이 몽골 및 한족 군인 1만 명을 거느리고 오단斡端을 정복했다. 또한 우훈차兀渾察도 군대를 이끌고 오단을

---

109 제형안찰사는 원나라, 명나라, 청나라 3대에 걸쳐 성급에 설치된 사법기관. 성의 소송과 형명을 결정하는 등의 업무를 주관함. 안찰사라고 부르기도 함.

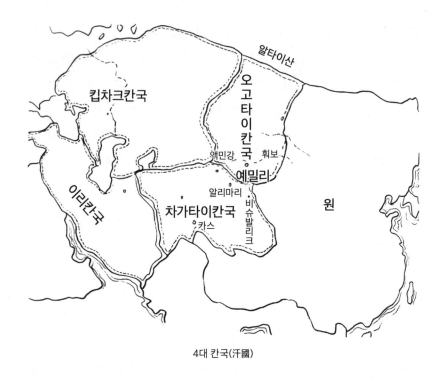

4대 칸국(汗國)

정벌했다'는 기록이 있다. 이는 카텐과 카스가 한때 오고타이칸국에 점령을 당했다는 사실을 말해준다. 쌍방의 교전 규모가 작지 않아서 몽골군은 왔다 갔다 하면서 전투를 했다. 따라서 이렇게 서역 일대에서 전쟁이 계속되자 현지 백성들과 성의 진영, 부락 등은 막대한 손실을 입었다.

그 후 몇 년 동안 원나라와 오고타이칸국은 당시 신장 남부 지역인 카텐 일대에서 격렬한 전쟁을 벌였고, 지원 17년에 '예한이 오단을 정복했다.' 지원 18년에 '(유은에게)명령을 내려 오단으로 진군을 해서 카이두의 장수 우룬치사가 이끄는 1만 명의 병사와 싸웠다.' 지원 19년에 '총사령관 망구는 군사를 이끌고 오단으로 가서 반역왕 우루 등과 싸웠다.' 1282년(지원 19년)까지 양측의 전선은 모두 카텐 일대에 있었고, 전체 타림분지의 서부지역은 대부분 오고타이칸국에 의해 통제되었음을 알 수 있다.

　칭기즈칸 이후의 역사는 매우 복잡하다. 위에 언급한 것은 단지 일부만을 소개했을 뿐이다. 칭기즈칸은 하늘의 '항성'과 같아서 그가 살아 있는 동안 다른 '위성'들은 모두 그를 둘러싸고 규칙적인 운행을 했다. 그러나 일단 이 '항성'이 궤멸하자 '위성'들은 원래의 운행 법칙을 잃고 새로운 '항성'이 나타나기를 기다렸다. 그게 아니면 '위성'들은 스스로를 '항성'으로 생각했다.

　'현현지공'顯現之功을 품은 구처기는 일찍이 칭기즈칸 후세의 난리 상황을 알고 있었기 때문에 칭기즈칸의 동생들과 왕자들에게 설교하지 않았다. 그는 권력투쟁에 휘말리고 싶지 않았고 자기의 본분을 잘 수행하려고 했다.

　1225년 2월이 되어 칭기즈칸은 고향땅으로 돌아왔고, 근래 7년간의 전쟁에서 큰 성과를 거두었다. 그는 위구르(현재 신장 천산의 북남쪽), 아랄로(현재 발하스호수 일대), 서요(현재 이리강 유역에서 타림강 유역까지), 호라즘(현재 카스피해 동쪽, 아랄해 서쪽, 시르강 남쪽), 펑야수(카스피해 서쪽, 흑해 북쪽), 캉글리(현재 카스피해 동북쪽), 킵차크(현재 카스피해 서쪽과 남쪽), 아라사(현재 볼가강 유역의 서쪽인 모스크바, 키프 일대) 등을 정복해서 오늘날의 중앙아시아, 서아시아, 유럽 동부까지, 그리고 현재 이란 북쪽의 많은 지역을 점령했다. 칭기즈칸은 이렇게 유라시아 대륙에 걸친 방대한 몽골제국을 건설했다.

　이튿날 칭기즈칸은 다시 한 번 보르칸·칼둔 성산에 올라갔다. 그 목적의 하나는 자신의 어머니와 아버지의 묘소를 찾아 기도하기 위해서였다. 그는 구처기 신선의 조언을 듣고 늦었지만 효도를 하려고 했다. 두 번째 목적은 장생천에게 기도해서 은혜를 구하고 장수를 기원하는 것이다. 마지막으로 그는 다음 상대인 서하를 멸망시킬 수 있도록 도와달라고 요청했다.

칭기즈칸은 수행원들을 동원해 부모의 묘지를 찾으려고 했지만 결국 찾지 못했다. 칭기즈칸은 마음속으로 커다란 죄책감을 느꼈다. 부모에 대한 사랑이 너무 적었던 것, 특히 어머니가 임종할 때 곁에 있지 못했던 것을 생각하니 눈물이 흘렀다. 칭기즈칸은 어머니의 몸과 영혼이 보르칸·칼둔 성산에 녹아들어 있다고 확신했다. 어머니가 살아계실 때 효도를 다하지 못했으니 이제라도 잘 모시고 싶었다.

칭기즈칸은 원한을 반드시 갚는다. 그는 호라즘을 공격하기 전에 서하에서 받은 모욕을 잊지 못했다. 우선 하늘 높은 줄도 모르는 경솔한 서하를 혼내주고 서요의 귀족 아샤감부를 직접 죽이려고 했다.

1226년 봄, 칭기즈칸은 서하를 공격하라는 명령을 내렸다. 칭기즈칸의 대장들은 모두 능력이 출중했지만 그는 반드시 자기가 직접 군대를 이끌고 전장에 나가야 한다고 생각했다. 그래서 자기를 모욕한 아샤감부를 면전에서 무릎을 꿇리고 자기가 받은 그대로 모욕을 돌려주어야 한다고 생각했다.

칭기즈칸은 오고타이와 툴루이, 예수이 황후 등을 대동하고 9만 대군과 함께 서하로 진군했다. 그들은 허란산賀蘭山을 넘어 또 한 차례의 정복 여행을 시작했다. 칭기즈칸에게 정복 전쟁은 마치 여행하는 것과 같았고, 그의 인생에서 가장 즐거운 일이었다.

구처기 신선이 그에게 사냥을 금지한 이후 오랫동안 사냥을 하지 않았지만 이때 칭기즈칸은 다시 손이 근질거리기 시작했다.

"이렇게 큰 숲과 많은 동물이 있는데, 어떤 몽골의 사내가 사냥을 하지 않겠는가?"

칭기즈칸은 다시 사냥에 대한 욕망이 일어났다.

"대칸, 안 됩니다, 구처기 신선이 사냥을 하지 말라고 여러 번 주의를 주었고, 대칸께서는 몇 년 전 낙마했던 사건을 잊지 마십시오."

야율초재가 말했다.

"그건 짐이 조심하지 않아서 그런 것이오. 나도 신선의 말을 기억하고 있어!"

칭기즈칸은 단념하지 않았다.

"부왕께서는 산에 들어가지 않으셔도 됩니다. 우리가 산에서 동물을 쫓아낼 테니 부왕께서는 쏘시기만 하면 됩니다."

오고타이는 아버지를 막을 수 없다는 것을 알고 이런 방법을 생각해냈다.

칭기즈칸은 이렇게 하면 사냥에 대한 흥이 떨어질 것을 알았지만 여러 사람이 설득하고, 특히 구처기 신선의 당부가 있었기 때문에 아들의 제안을 받아들였다.

오고타이와 툴루이는 군사를 이끌고 산으로 들어가 동물들을 숲 밖으로 쫓아냈고 칭기즈칸은 산 입구의 평지에서 기다리고 있었다. 반 시진도 안 되어 무리를 이룬 야생 당나귀들이 쏟아져 나오는 진풍경을 보니 칭기즈칸은 흥분했고 활을 당나귀에게 겨누었다.

바로 이때 칭기즈칸의 군마가 소리를 지르며 두 다리를 일으켜 세우자 그는 갑자기 군마에서 뒤집혀 바닥으로 내동댕이쳐졌다. 칭기즈칸의 말은 오랫동안 전쟁터를 거쳤기 때문에 사나운 동물을 상대할 때를 제외하고는 이런 행동을 하지 않았다. 사람들은 갑작스런 군마의 행동을 예상하지 못했고, 칭기즈칸은 시위대에 의해 왕의 장막으로 급하게 실려 들어갔다.

칭기즈칸은 상처가 위중했다. 멀리 연경에 있는 구처기 신선은 마음이 아팠고 밤새 잠을 이루지 못했다. 자신의 수명과 칭기즈칸의 수명을 한데 묶었기 때문에 칭기즈칸의 수명에 무관심하지 않았고 칭기즈칸을 위해 기도를 드리고 있었다. 구처기는 모든 방법을 다 강구했지만 세상에는 바꿀 수 없는 일도 있는 법이다.

칭기즈칸은 고열이 나서 온몸에 땀을 흘렸고 힘이 없었다. 장병들은 사령관이 이렇게 되었으니 철군을 하고, 대칸의 병이 다 나으면 다시 전쟁을 해야 한다고 생각했다. 그러나 칭기즈칸은 이를 거부하고 장병들에게 용기를 고취시켜 서하를 겁주는 한편, 사자를 서하로 보내 담판을 짓게 했다. 전쟁을 하지 않고 굴복을 시키려는 의도였다.

칭기즈칸이 보낸 사자는 서하의 국왕인 조덕왕趙德王에게 항복을 요구했다. 조덕왕은 놀라 벌벌 떨면서 말도 잘하지 못했다. 서하국의 대장 아샤감부는 화를 내지 않고 이렇게 말했다.

"전쟁을 치르고자 하면 우리는 허란산 아래에서 기다리겠다. 금은보화를 원하면 그가 와서 나의 칼에게 승낙할지 말지를 물어보라!"

칭기즈칸의 군대가 전진했고 아샤감부는 허란산 아래에서 몽골군이 오기를 기다리고 있다고 했다. 양쪽 군대는 한바탕 크게 싸웠고 결과적으로 몽골이 승리를 거두자 이에 승승장구해서 영주(현재 닝샤 오충시)까지 쫓아갔다. 영주에서 또 한 차례 격렬한 전투가 있었고 군사들은 용감하게 저항해서 많은 몽골군을 죽였지만 역부족이었기 때문에 대부분이 사망했다. 이후 서하국은 더 이상 힘이 없게 되었다.

1227년 1월에 몽골군은 서하의 도성인 중흥부(현재 닝샤 회족자치구 은천시)를 반년 동안 포위했다. 6월에 칭기즈칸은 육반산으로 피서를 갔다. 바로 이때 중흥부에서 강한 지진이 발생해 가옥이 무너지고 역병이 돌았다. 성안에는 식량이 없고 매우 궁핍한 지경에 이르렀다. 서하의 새로운 왕 이현李晛은 칭기즈칸에게 투항할 수밖에 없었고 공물을 준비하고 이재민을 안치하기 위해 한 달만 시간을 주면 자기 스스로 직접 만나러 가겠다고 요청했다.

칭기즈칸은 병이 나날이 심각해져 며칠을 버티지 못할 것 같아 뒷일을 준비했다. 막내아들 툴루이를 불러 곁에 두고 오고타이를 대칸으로 세워 형제들이 하나로 뭉칠 것을 거듭 강조했다(이때 주치는 이미 사망했다). 칭기즈칸은 구처기 신선이 알려준 "중원을 얻은 자는 천하를 얻고 연경을 도읍으로 정한다."는 비밀을 막내아들인 툴루이에게 알렸다. 후일 툴루이의 아들 쿠빌라이가 연경을 도읍으로 정한 것도 이와 무관하지 않다.

칭기즈칸은 툴루이와 밀담을 나눈 후 장군들을 불러오게 했다. 그는 툴루이와 장군들에게 다음과 같이 당부했다.

"금나라의 정예군대는 모두 동관潼關에 있다. 이곳은 지세가 험준해서 수비는 용이하지만 공격을 하기는 어려우니 공격하지 말아라. 송나라와 금나라는 대대로 우리의 원수다. 너희들은 송나라와 연합해서 개봉을 공격해야 한다. 그러면 반드시 승리할 수 있을 것이다."

후에 오고타이는 이런 방어 전략에 따라 마침내 1234년에 금나라를 멸망시켰다.

한편 칭기즈칸은 자신이 죽으면 서하가 항복하지 않을 것을 걱정해서 장수들에게 자신의 죽음을 알리지 말라고 명령하고 서하의 왕 이현이 인사를 하러 오면 그와 중흥부의 모든 사람을 죽이라고 했다. 이후에 이런 칭기즈칸의 계획들은 모두 성사되었다.

구처기 역시 후일을 준비했다. 그는 먼저 화장실에 가서 체내의 더러운 것들을 깨끗이 배출했다. 그리고 제자 몇 명을 숙소로 불러들여 송도안, 윤지평, 이지상을 순서로 장문을 이어가라고 당부하고 송덕방에게는 《도장》道藏을 편찬하도록 했다. 그런 다음 구처기는 이시상을 따로 남겨놓고 향후 시의적절한 대책을 직접 지시했다…….

1227년 7월 9일, 구처기는 신도들과 약속한 대로 보광당에 올라가 오

같은 날에 사망한 구처기와 칭기즈칸

후에 향년 80세를 일기로 선종했다.

　칭기즈칸은 막 마지막 남은 숨을 고르고 있었다. 거의 임종할 즈음 그는 구처기가 생각났다. 이때 갑자기 구처기가 그의 앞으로 다가왔다.

　"신선이 오셨습니까. 신선은 짐이 보고 싶지 않았습니까? 짐은 한순간도 신선을 잊지 않았습니다. 신선은 나를 위해 기도했습니까?"

　"대칸을 잊지 않았고 제가 할 일은 다 했습니다."

　"신선의 몸은 이렇게 좋은데, 짐은 안 될 것 같습니다."

　"저는 이미 7월 9일에 하늘로 돌아갔고, 오늘은 특별히 대칸을 뵈러 왔습니다."

　"뭐라고요……?"

칭기즈칸은 어리둥절했다.

"우리 둘은 같은 날 죽기로 하지 않았습니까?"

구처기가 엄숙하게 말했다.

"신선은 무슨 말을 하시는 것입니까. 짐은 아직도 신선이 내 자손들을 보호해 주기를 바랍니다!"

"맹세가 어찌 어린애 장난이란 말입니까."

"내가 죽을 때 신선이 배웅해 주기를 기대했는데……."

칭기즈칸은 말끝을 흐리며 슬퍼했다.

히말라야산에서 두 사람이 만난 이후 구처기와 칭기즈칸은 같은 해, 같은 달, 같은 날에 죽기로 약속했다. 이것은 칭기즈칸에게는 큰 위안이 되었다. 그는 구처기 신선은 반드시 약속을 지킨다는 것을 알고 있었지만 막상 약속을 지키자 매우 안타까웠다. 그는 생각을 바꾸어 구처기가 잘 살기를 기원했고 자신의 자손들과 자기의 강산을 보호해 주기를 바랐다.

1227년 음력 7월 12일, 양력 8월 25일에 칭기즈칸은 육반산에서 66세의 나이로 사망했다.

칭기즈칸의 죽음에 대한 추론은 다음의 네 가지 버전이 있다. 우선 《몽골비사》에 따르면 서하로 출정하기 1년 전에 이미 칭기즈칸의 몸에 문제가 생겼다고 기록되어 있다. 즉 사냥을 하다가 말에서 떨어져 고열이 났다고 한다. 당시 서하에 대한 침공은 이미 계획되어 있었지만 칭기즈칸은 몸이 불편해서 퇴병을 고려했다. 그러나 사신 교섭 과정에서 서하의 장수(이샤감부)가 불손한 말을 하자 칭기즈칸이 크게 노한 탓으로 몸이 상했고, 병이 난 채로 출정했다. 결국 서하를 멸망시켰지만 칭기즈칸도 병영에서 죽었다. 또 하나의 버전은 다음과 같다. 즉 일찍이 13세기 40년대에 몽골에 파견되었던 로마 교황청 사절 존 프란노 가비니는 자기 저서에서 칭기즈칸이 천둥과 번개에 맞아 죽었다고 썼다. 그리고 세 번째 추론은 유명한 이탈리아 여행가 마르코 폴로가 남긴 기록에 칭기즈칸이 성을 공격하다 화살에 맞아 죽었다고 기재되어 있다. 마지막 버전은 가장 기이한 이야기다. 즉 청나라 조정에서 편찬한 《몽골원류》蒙古源流에 의하면 칭기즈칸이 포로로 잡은 아름다운 서하의 황후가 칭기즈칸의 잠자리 시중을 들 때 칭기즈칸을 칼로 찌른 후 황하에 투신해서 스스로 목숨을 끊었고 칭기즈칸도 죽었다고 기록되어 있다. 그러나 현재 사학계와 고고학계는 대부분 《몽골비사》에 기록된 것을 지지하는 추세다.

칭기즈칸 무덤의 위치도 다음과 같은 네 가지 지역으로 추측되고 있다. 하나는 몽골 국경의 헨티산 남쪽과 커루룬강 북쪽, 다른 하나는 내몽골 오르도스시 오트크배너 경내, 세 번째는 신장 북부 알타이산, 네 번째는 닝샤 경내에 있는 육반산이다. 700년이 지나도록 칭기즈칸의 능을 찾지 못한 주된 이유는 원나라 황실이 실시한 밀장제도, 즉 제왕의 능묘나 매장지에는 표지를 세우거나 공표하지 않고 기록하지도 않는다는 규정 때문이다.

그런데, 여기서 한 가지 의문이 생긴다. 칭기즈칸과 구처기는 같은 해, 같은 달, 같은 날 죽기로 약속했는데, 왜 3일의 차이가 났을까? 또한 칭기즈칸의 묘지는 도대체 어디에 있을까?

제30장

영원한 최고의
신선 장춘진인

　구처기는 천문을 우러러보고 땅을 두루 살피며 세상일을 꿰뚫어 본
다. 또한 하늘의 변화, 땅의 변화, 사람의 변화를 보고 칭기즈칸과 그 후
손들이 중국을 통일할 것을 미리 알았고, 칭기즈칸이 죽는 날을 정확하
게 계산해 냈다. 당시 구처기와 전진교 전체가 칭기즈칸에게 중요했다면
칭기즈칸은 임종할 즈음 반드시 구처기에게 자기의 장례식을 주관해서
가장 성대하게 도교의 제사를 거행하라는 명령을 내렸을 것이다. 이것은
구처기 조사가 가장 원하지 않는 정치적 행동이었다.

　당시 구처기 조사는 이미 고령이었지만 지극히 높은 공력으로 인해
머리카락은 여전히 검은색(서행에서 칭기즈칸을 만나고 동쪽으로 돌아갈 때 하
룻밤 사이에 백발이 되었다가 연경에 이르러 다시 검게 변함)이었고 신체는 건강
했다. 구처기에게는 그때가 가장 운이 좋은 때였음을 알 수 있다. 요컨대
구처기의 수명은 칭기즈칸을 훨씬 능가했기 때문에 아직 죽을 때가 아니
었다는 말이다. 하지만 구처기는 칭기즈칸의 장례식에 참석하지 않기 위
해 보통사람이라면 결코 하기 힘든 생사의 결단을 내렸다. 즉 칭기즈칸보

다 먼저 죽어야 하지만 칭기즈칸이 죽은 이후에는 안 되는 것이다. 따라서 적지도 많지도 않은 소갑자^{小甲子}의 반, 즉 30시진^{時辰}을 먼저 간 것이다.

《장춘진인서유기》에는 다음과 같이 기록되었다.

스승은 병이 나서 이미 보현당에서 휴양을 했고, 숨어서 하루하루 수련을 했다. 제자들에게는 들어오지 말라고 하시면서 스승이 이르기를, "너희들을 힘들게 하고 싶지 않고, 그대들은 아직 해야 할 일이 따로 있다. 나는 잠시 쉬고 휴식을 하는 것뿐이다."

이 글을 읽은 거의 모든 학자들은 구처기 조사가 설사를 하고 탈진해서 세상을 떠났다고 결론을 지었다. 그러나 구처기 조사의 수준을 볼 때 이런 결론은 너무나 경솔한 것이다. 이지상 조사는 위의 글에 바로 이어서 다음과 같이 기록했다.

"마침내 보광당에 오르시어 입적하시니 특이한 향기가 방에 가득 찼다."

이 말은 그저 함부로 쓰여진 것인가?

구처기 조사의 몸에서 특이한 향이 났다는 것에 대해 현대의 학자들은 설사를 했기 때문이고, 그래서 죽었다고 결론을 내렸다. 그러나 이는 도교의 생사에 관한 많은 비밀을 알지 못하기 때문이다. 위의 '이향만실'^{異香滿室}(특이한 향기로 가득찬 방)이라는 네 글자는 큰 비밀을 담고 있다.

원나라 우집^{虞集}은 《도원학고록》^{道園學古錄} 제46권 《백운관기》^{白雲觀記}에서 일찍이 불교와 도교의 다툼으로 원나라 세조의 박해를 당했던 전진교의 장교 종사 기지성^{祁志成}에 대해 다음과 같이 묘사했다.

운주(연운십육주의 하나)의 서쪽에는 금각이라고 부르는 산(현재 하북성 장가구시 적성현 북쪽 금각산)이 있는데, 혜안이 밝은 기 진인^{祁眞人}이 좋은 장소를 택하여 수련을 했다…… 지원 6년(1269년), 승상 안동이 운주(현재 하북성 적성현 운주 북쪽)를 지나가다가 그 고을의 나이가 많은 어른에게 "여기 도가 높은 사람이 있습니까?"라고 물었다.

많은 사람들이 진인이 있다고 대답했다. 승상이 말을 타고 찾으러 가는데…… 태정 원년(1324년) 5월에 운주를 건너가 말을 갈아타려는데, 도중에 특이한 향기가 수십 리에 걸쳐 끊임없이 퍼져 이상하게 생각했지만 알 수 없었다. 그 후 4년이 지나 마침 현교 하 진인^{夏眞人}(3대 장교 하문영)을 우연히 만났다. 하진인은 "기 진인이 이 산에 사는데 본래 도술이 있고 죽었지만 죽지 않은 사람이다."라고 했다…… 천력 2년(1329년) 6월 상도^{上都}에 불려갔다가 다시 지나가다 동료 관리에게 옛날 일을 들었는데, 여전히 향기가 퍼져 있었다. 이를 수십 명이 함께 듣고 찬탄했다. 금각에서 이 일을 글로 쓰려고 했지만 쓰지 못했고 모두가 다 알게 되었다. 이때 보고 있던 사람들은 이 밝은 지혜를 가진 사람이 신령한 자라는 것을 알았다. 이 이치에 합당하니 족히 도인이지 않겠는가.

원나라의 이겸^{李謙}이 기지성을 위해 지은 묘비명에 따르면 기지성은 지원 30년(1293년)에 선종했다. 만약 이 시간을 《도원학고록》의 시간과 대비시킨다면 독자들은 기지성이 수련한 곳에서 36년이 지난 세월에도 여전히 특이한 향기가 난다는 사실에 놀랄 것이다.

노자는 "그것을 잃지 않는 자는 오래 살고, 죽어도 죽지 않고 장수한다."고 했다. 하문영은 현교^{玄敎}의 도인으로 아주 청초했다. 이런 상황이 발생한 것은 기지성이 실제로 죽지 않았기 때문이며 그래서 그가 우집에게 '기지성은 없는 것이지 죽은 것이 아니다'라고 한 것이다. 여기서 우리가 밝혀낸 도가의 비밀은 만약 어떤 사람이 몸에서 향내가 난다면(공개적으로 어떻게 선언하든 어떤 명칭을 사용하든 간에) 그는 실제로 죽지 않고 비승하기 전에 몸을 분해하는 특수한 수련 방법을 수행한 것이다. 향기가 난 후에야 이 사람이 우화등선^{羽化登仙}[110]한 것임을 알 수 있다.

전진교의 장교 종사를 역임한 순서로 보면 기지성과 구처기 조사 간에는 5대를 사이에 두고 있으며, 도가의 내부 항렬로 따져도 구처기 조사는 기지성의 스승이다. 기지성이 이런 능력을 가졌으니 구처기 조사의 공력은 논할 필요가 없다. 구처기 조사가 설사를 하다가 죽었다고 이해한 학자들은 표면적으로 드러난 허상에 완전히 현혹된 것이다. 실제로 칭기즈칸의 죽음을 계산하고 사생결단을 내린 구처기 조사는 곡기를 끊고 많은 양의 설사를 시작했다. 물론 이는 몸속의 좋지 않은 것들을 배출하고 원형을 그대로 유지하기 위한 것이다.

따라서 구처기 조사가 화장실에서 '쓰러져서 갔다'는 말은 실제 사실 중 지극히 사소한 일부다. 진실은 구처기 조사가 쓰러지지도 않았고, 죽지도 않았으며, 몸에서 떨어내야 할 물질을 모두 흘려버린 것이다. 이지상을 비롯한 제자들은 구처기 조사의 몸을 깨끗이 씻긴 후 1년 내내 석관 속에 넣어두었다.

이지상이 대중들의 만류를 강력하게 뿌리치고 구처기 조사의 관을 열어 대중에게 보여준 까닭은 무엇인가?

이지상은 구처기 조사가 죽지 않았다는 비밀을 알고 있는 유일한 제자이자 구처기 조사의 의붓아들이기 때문이다. 구처기 조사가 석관에 누워 있는 한 해 동안 윤지평은 이미 장교 종사가 되어 구처기를 위해 백운관 내에 전당을 짓는 커다란 역사를 진행하고 있었다. 도중에 자금난에

---

110   신선이 되어 하늘에 오름.

부딪히기도 했지만 유중록의 지원과 전국적인 모금을 통해서 공사는 순조롭게 완성되었다.

1년이 지나 마침내 구처기 조사를 위해 재를 올리는 큰 의식을 치를 때 이지상은 모든 사람을 깜짝 놀라게 하는 행동을 했다. 그는 장례를 크게 지내고자 '먼 곳이나 가까운 곳에 있는 왕의 관리들, 사대부와 서민들, 비구와 비구니들' 수만 명을 초청해서 의례를 참관하도록 했다. 또한 '구처기 조사의 석관을 열어 모든 사람들이 유해를 참배하도록 하라'고 명령했다. 윤지평을 비롯한 모든 제자들은 구처기 조사가 죽지 않았다는 사실을 몰랐기 때문에 이지상이 미쳤다고 생각했다. 만약 구처기 조사가 정말 죽었다면 그의 유해는 이미 석관 속에 1년 동안 방치되어 있었기 때문에 아무리 보관 상태가 좋다고 해도 기껏해야 백골에 불과했을 것이다. 만일 잘못 방치했다면 백골조차도 없어지고 의관만 남았을 것이다. 물론 어떤 경우이든 간에 고관대작이나 귀족, 그리고 승려와 백성들에게 유해를 보게 하는 것은 체면이 깎이는 일이었고, 심지어 황당하기 짝이 없는 일이었다. 그러나 이지상은 구처기 조사의 의붓아들이기 때문에 개관을 요구할 권리가 있었고, 장교 윤지평이라고 할지라도 막을 방법이 없었다. 그래서 다른 제자들과 도사들이 이지상에게 애걸복걸하면서 부디 관을 열지 말라고 요청했지만 이지상은 들은 척도 하지 않고 관을 열라고 고집을 부렸다. 뿐만 아니라 하늘이 보여준 각종 상서로운 일들이 일어났고 '재가 끝나고 대전에 시신을 두었는데, 향기가 짙어서 시간이 오래 지나도 흩어지지 않았다'고 한다.

이런 사실을 통해서 볼 때 이때까지도 구처기 조사는 사망하지 않았음을 알 수 있다. 이때 비로소 이지상의 놀라운 행동은 의도된 것임을 알게 되었다. 이지상은 이전에 구처기 조사가 행한 도술과 법술들, 칭기즈칸을 처음 만났을 때 보여준 분신술, 황후를 치료해 살린 일 등은 모두 사소한 법술일 뿐이었다는 것을 세상에 알리고 싶었다. 사람이 석관 속에서 꼬박 1년을 살아 있는 상태를 유지한다는 것은 그야말로 최고 수준의 도라고 할 수 있다!

구처기 조사는 석관 안에서 무엇을 하고 있었을까? 구처기 조사는 이미 수명을 다했으니 그에 대한 이야기는 여기까지 일단락 지을 수 있을 듯하다. 그러나 예민한 독자들은 '구처기 조사는 1년 동안 석관에서 도대체 무엇을 했을까?'라고 물을 것이다.

우리는 구처기 조사가 매우 어렸을 때 부모를 여의고 고아가 되어서 여러 사람들에게 밥을 동냥해 먹으면서 자랐고, 약관이 되기 전에 왕중양 조사를 따라 도문에 들어갔다는 것을 알고 있다. 그러므로 도교의 표현에 따르면 구처기 조사는 자기가 어떻게 태어났는지 몰랐고 아무도 그에게 알려준 사람이 없었다.

산동에서 하남으로, 하남에서 산서로, 산서에서 다시 산동으로 돌아온 구처기 조사는 평생 이 문제의 답을 찾았다. 산동으로 돌아왔을 때 그의 수련은 상당히 높은 수준에 도달해 있었고 본래 자신이 어떻게 태어났는지에 대한 해답을 찾기 위해 전심전력을 다하려고 했다. 그러나 고요한 나무에 바람 잘 날이 없는 것처럼 당시 천하는 대혼란을 겪는 중이었고, 세상은 그가 용문에서 폐관수련을 하던 때처럼 수련에만 집중하는 것을 허락하지 않았다. 그리고 곧 이어서 만 리 길 서행을 하게 된 것이다. 칭기즈칸을 만나고 난 후 시국은 어느 정도 안정되었지만 칭기즈칸은 자신의 몸을 혹사해서 일찍 세상을 떠났다. 따라서 구처기 조사는 자신이 추구해야 하는 문제를 석관으로 옮겨야 했다.

우리는 앞에서 구처기 조사가 칭기즈칸보다 3일 먼저 사망한 역사의 수수께끼를 간략하게 언급했다. 이제 도교의 시각에서 구처기 조사가 이런 행동을 한 이유의 배경을 좀 더 자세하게 밝히고자 한다.

구처기 조사가 칭기즈칸을 만나기 위해 길을 돌아간 것은 도대체 무엇 때문인가?

대부분의 역사책에 의하면 구처기 조사는 연경(현재 베이징)에서 출발해서 아프가니스탄으로 가서 칭기즈칸을 만났다고 한다. 즉 그는 고대 실크로드를 통해서 가지 않았다고 기록되어 있다. 고대 실크로드의 경로는 감숙의 탕구트 지역(당시의 서하의 영토), 투르판과 위구르의 쿠차 지역을 차례로 지나 상인들이 이용하는 타림분지로 이어진다. 그러나 구처기 조사는 연경에서 줄곧 북상해서 막북을 크게 한 바퀴를 돌고 나서 칭기즈칸을 만났다. 역사학자들은 구처기가 이렇게 한 근본적인 이유는 당시 탕구트와 칭기즈칸 사이에 갈등이 생겨 감숙으로 가기 어려웠기 때문이라고 생각한다. 확실히 그런가?

칭기즈칸은 호라즘과 전쟁을 하기 위해 서하에게 출병해서 도우라는 요구를 했지만 서하는 이를 거절했다. 그러나 이런 일은 통상적으로 볼 때 불구대천의 원수를 삼을 정도의 문제는 아니다. 게다가 당시 구처기 조사는 천하에 이름이 널리 알려져 있었고 민중에게도 명망이 높은 중립적인 종교인이었다. 따라서 비록 탕구트 사람들이 전진교 신자는 아니더라도 구처기가 칭기즈칸의 귀빈이라는 것을 알고 있기 때문에 그를 해칠 수 없었다. 그래서 서하와 몽골 사이의 약간의 갈등 때문에 고희를 넘긴 구처기 조사가 쓸데없이 몇 배의 길을 돌아가지는 않았을 것이다. 그렇다면 구처기 조사는 막북으로 관광을 간 것인가?

일단 구처기 조사의 서행노선을 살펴보자. 구처기 조사 일행은 연경(현재 북경)을 출발한 이후 대흥안령大興安嶺의 서부를 따라 둬룬에서 베이얼호수 일선까지 가서 현재 내몽골의 대초원으로 들어갔다. 그리고 곧장 북쪽으로 가서 베이얼호수 동쪽의 하라하강 강변에 도착했다. 과거 18년 전 여기 하랄하강 근처에서 칭기즈칸은 케레이트부와 전쟁을 한 사실이 있다. 하랄하강 강변에 도착한 구처기 일행은 강 북쪽 해안 부근에 있는 칭기즈칸의 막내 동생 테무게의 영지에 도착했다. 이때 테무게는 칭기즈 칸이 군사를 이끌고 호라즘을 공격하는 동안 본영을 지키라는 명령을 받았다.

그리고 이후 구처기 조사는 칭기즈칸의 고향인 커루룬강 계곡을 따라 올라가 옛 케레이트부의 왕한王罕의 영토에 도달했다. 왕한은 칭기즈칸이 성장하는 초기에 결정적인 역할을 한 사람이다.

이후 몽골의 성산 헨티산 능선의 남쪽 기슭을 따라 구처기 일행은 툴라강 상류 계곡과 그 지류인 하랄하강 유역에 진입했고, 아울러 오르혼강 상류 유역이자 당시 몽골의 중심부에 도달했다.

위에서 언급한 지역들은 칭기즈칸의 일생에서 매우 중요한 장소인데, 특히 헨티산에 주목해야 한다. 헨티산은 당시 보르칸·칼둔 산이라고 불렸고, 오늘날까지 몽골인들에게 매우 중요한 성산이다. 몽골인들은 자신들이 믿는 최고의 신들이 여기에 영원히 깃들어 있다고 생각한다. 칭기즈칸은 모든 중대한 결정, 즉 인생의 중요한 전환점이나 대규모 전쟁을 앞두고 항상 이곳에 와서 장생천의 계시와 가호를 빌었다.

곧이어 구처기 일행은 서쪽으로 돌아 항애산抗愛山과 옛 나이만부의 소재지를 거쳐 험준한 알타이산을 넘어 남하해서 마침내 아프가니스탄 경내에 있는 칭기즈칸 대본영에 도착했다.

독자들에게 이렇게 장황하게 설명한 지역들은 실제 칭기즈칸의 출생, 성장, 출가에서부터 몽골 각부를 통일하고 몽골의 대칸이 되기까지의 전 과정과 관련된 장소들이며, 구처기 조사가 일부러 이곳을 모두 거쳐 갔다는 사실을 알 수 있다.

구처기 조사는 왜 그렇게 했을까?

사실 구처기 조사가 이렇게 둘러 다닌 진짜 원인은 서하의 방해를 피하기 위해서가 아니라 그렇게 하고 싶었기 때문이다. 따라서 탕구트와 칭기즈칸 사이의 갈등은 오히려 구처기 조사가 우회하기에 좋은 명분이 되었다.

필자(저자 왕역평)도 어린 시절에 큰 스승님과 사부님들과 함께 화산의 주봉인 낙안봉 꼭대기 태상천太上泉에서 정좌를 하고 장을 확장시켜 고대 전쟁터에서 벌어진 일들과 펄럭이는 깃발을 보았던 적이 있다. 구처기 조사는 도교의 방법을 통해 칭기즈칸의 일생을 '복원'했으며, 특히 칭기즈칸에게 가장 중요한 보르칸·칼둔 산을 실제로 조사했다. 따라서 칭기즈칸 정신의 기반을 찾아내어 그가 훗날 칭기즈칸과 왕래할 수 있는 중요한 토대를 마련했다.

게다가 칭기즈칸의 최종 안장지는 오늘날까지 천고의 수수께끼(오르도스에 있는 칭기즈칸의 능은 그의 의관을 묻은 무덤)다. 훗날 몽골인의 전설에 따르면 칭기즈칸은 결국 그의 마음속에서 가장 신성한 보르칸·칼둔 산에 묻혔다고 한다.

구처기 조사의 서행은 칭기즈칸의 명에 따라 그의 사후 안장지를 선택하기 위한 것인가? 또는 칭기즈칸에게 가장 중요한 '상견례 선물'을 주기 위한 것인가? 물론 앞에서 기술한 이야기에 따르면 후자일 가능성이 더 크다.

구처기 조사는 연경(현재 북경)에서 서쪽으로 가는 대신 먼저 북쪽을 향해 거의 시베리아에 이르렀다. 그의 이런 행위는 전진도에게 매우 중요한 일이다. 산서든 산동이든(이 지역들은 왕중양, 마단양, 구처기 등이 득도를 했고 전도를 했던 지역) 이곳은 기본적으로 모두 북위 35도, 36도 정도에 위치하기 때문에 그들의 내적인 체험 역시 이 위도에 근거한다.

그래서 구처기 조사가 북쪽으로 간 세 번째 중요한 이유는 고위도에서 수련을 체험해 보고 싶었기 때문이다. 그가 마지막으로 도달한 최고 위도는 거의 북위 55도였고, 이로 인해 그는 전진교 내단 이론을 매우 풍부하게 했다. 독자들은 구처기 조사가 본질적으로 산도山道라는 것을 잊지 말기 바란다. 다만 교문의 이익을 위해 '부득이하게' 가도家道가 된 것이다. 인체와 천체에 맞는 수련법을 실증적으로 연구하는 것이 산도의 주된 역할이다.

연경으로 돌아온 후 구처기 조사는 줄곧 무엇을 하고 있었을까? 다시 한 번 그의 정신세계에 대해 설명한다.

《장춘진인서유기》에 따르면 칭기즈칸이 구처기와 처음 만나기로 약속한 것은 임오년 4월 14일이다. 흥미롭게도 4월 14일은 바로 여동빈 조사의 탄신일이고, 이런 것을 볼 때 칭기즈칸은 매우 세심한 사람임을 알 수 있다.

칭기즈칸을 만나고 연경으로 돌아온 후 구처기 조사는 매일 고관대작과 귀족의 초대를 받아 이곳저곳을 돌아다니는 한가한 모습으로 보였다. 그리고 서역에서 막 돌아왔을 때 하얗게 변했던 머리카락도 얼마간의 수련과 양생을 하자 다시 검은색으로 돌아왔고 건강도 회복되었다. 하지만 구처기는 남들이 보는 것처럼 그렇게 걱정 없는 사람이 아니었다.

칭기즈칸과의 만남은 매우 성공적이었고, 그는 종교 지도자에게는 전례가 없던 높은 지위에 이르렀다. 심지어 과거 칭기즈칸의 대관식을 주도했던 샤머니즘 주술사인 쿠쿠추를 훨씬 능가했다. 그래서 구처기 조사는 이 중요한 계기를 통해 몽골 정부로부터 많은 자금을 얻었고, 몽골 점령지에 궁관을 세워 신도를 받아들였다.

그러나 그는 변화에 잘 대응하는 도가의 수장이지만 왕성하게 뻗어가는 전진교에 대해 위기감이 들었다. 칭기즈칸은 여러 해 동안 군사적인 일로 바쁘고 여기저기서 전쟁을 해왔다. 게다가 처첩의 무리가 많아져서 마음껏 색과 가무를 즐길 수 있고 여전히 사냥에 관한 충고를 듣지 않았다. 구처기는 칭기즈칸의 쇠약해진 근육이 나날이 나빠져서 위험에 처해 있다는 것을 잘 알고 있었다.

일단 칭기즈칸이 일찍 죽으면 통일의 대업은 영향을 받게 될 것이고, 천하 창생이 좋은 날을 맞이하기란 요원할 것이다. 둘째, 칭기즈칸이라는 후원자를 잃으면 후계자가 그와 같이 전진의 발전을 지원할지는 미지수였다. 결국 전진은 필연적으로 큰 영향을 받을 것이며, 그 발전 속도는 정체하거나 혹은 후퇴하는 위험에 직면하게 될 것이다.

칭기즈칸은 일찍이 말에서 두 번이나 떨어져 구처기 조사를 불안하게 했다. 칭기즈칸이 처음 말에서 떨어질 때는 구처기 조사가 함께 있었다.

《장춘진인서유기》에는 '말이 넘어져 통제력을 잃다'라고 표현했다. 말 등에서 사는 초원 민족이, 그것도 칭기즈칸처럼 활을 크게 구부려 쏘는 강하고 야심찬 인물이 이러한 모습을 보인 것은 칭기즈칸의 건강 상태가 낙관적이지 않음을 나타낸 것이다. 또 다른 한편으로는 하늘이 칭기즈칸에게 주는 중요한 신호이기도 했다. 구처기 조사는 즉시 칭기즈칸에게 "낙마는 하늘의 경고이고, 돼지가 감히 덤벼들지 못한 이유는 하늘이 보호했기 때문이다."라고 했다.

그러나 장생천의 보호를 믿는다는 칭기즈칸은 구처기 조사의 권고를 듣지 않았다. 그리고 두 번째 낙마 사건이 발생했다. 그래서 구처기 조사는 항상 칭기즈칸의 몸 상태를 주시하지 않을 수 없었다. 칭기즈칸의 곁에 남아 있는 왕지명과 다른 밀사 몇 명을 제외하고 구처기에게 정보를 줄 수 있는 것은 천상天象(천체현상)이었다.

갑신년(1224년)부터 정해년(1227년)까지 4년에 걸쳐 연이어 나타난 다양한 하늘의 현상들을 살펴보자.

《장춘진인서유기》에 따르면 칭기즈칸의 몸 상태에 대한 정보가 처음으로 나타난 천상은 갑신년 한여름(음력 5월)이라고 한다. 그 원문은 다음과 같다.

한여름에 행성의 금자 석말공, 편의 유공 등은 논의하여 스승을 모시고 대장천관을 주재했다. 20일에 스승이 초청에 응해 오셔서 하늘의 학 몇 마리를 이끌고 서북쪽으로 갔다.

이미 알고 있듯이 중국 문화에서는 죽음에 대해 완곡한 표현이 많다. '학을 타고 서쪽으로 가다' 역시 그중 하나로 자주 사용된다. 그리고 연경(현재 북경)에서 서북쪽은 당시 칭기즈칸이 있던 위치이기도 했다.

그래서 을유년(1225년) 4월에 구처기 조사는 선무공宣撫公 왕거천王巨川과 이야기를 나눌 때 비로소 "이제 늙었으니 돌아갈 때가 왔다." 그리고 "하늘의 명이 이미 정해졌으니 사람이 이에 자유로울 수 있는가."라는 예언을 했다. 물론 "돌아갈 때가 올 것이다."라는 말은 그와 칭기즈칸 두 사람을 암시한 것이다.

곧이어 을유년(1225년) 9월에 연경 상공에 '화성이 미수를 침범하는' 현상이 나타났다. 고대 사람들에게 이런 천상은 대재앙이 곧 발생할 것이라는 강력한 징조였다.

병술년(1226년)에 이르러 구처기 조사는 어떤 사람에게 다음과 같은 절구 네 수를 주었다.

연나라 섬공이 이곳으로 와서 범속을 초월한 성인이 되니 여동빈의 오랜 벗이다.
한때 학이 봉래로 돌아갔는데, 만겁의 신선의 고향에서 언덕(구처기)이 나왔다.

본래 깊은 산속에 혼자 살고 있으니 천하의 누가 명예를 알겠는가.

헌원 도사가 찾아오니 세속의 일을 논하지 않는다.

평범한 사람을 등한시해서는 안 되고 한가한 사람은 욕심 없는 신선의 반열이다.

지금 여기 오지 않으면 언제까지 기다려 보물산으로 갈 것인가.

혼돈은 자연에서 터를 잡았고 신령은 수명을 이어준다.

나고 죽는 데는 내가 없어 과거를 뛰어넘어 오늘에 이르니 자유로운 신선이다.

구처기 조사의 시를 보면 그는 이미 후사를 정해서 인계하기 시작했음을 알 수 있다. 그는 자기에게 전해진 도는 헌원 황제, 여동빈 조사, 유해섬 조사 등으로부터 왔음을 표명했다. 또한 여동빈 조사와 유해섬 조사가 왕중양 조사에게 전도했을 뿐만 아니라 구처기 조사에게도 전도했다는 사실을 알 수 있다. 그리고 구처기 조사가 용문산에서 수행을 할 때 이 두 조사들도 나타났고 유해섬 조사와 헌원 황제도 나타났음을 알 수 있다.

그의 또 다른 시의 절구에는 "이른 아침 어느새 갑자기 모양이 변했는데, 검은 양 쪽 귀밑머리가 바뀌었다."라고 되어 있는데, 이것은 구처기 조사의 머리카락과 양쪽 귀밑머리가 희끗희끗해졌음을 나타낸 것이다.

병술년(1226년) 10월, 칭기즈칸이 다시 사냥을 하다가 말에서 떨어졌을 때 그를 놀라게 한 짐승은 멧돼지가 아니고 야생 당나귀였다. 칭기즈칸은 신음을 하면서 괴로워하며 밤새 잠을 못 자고 뒤척였고 고열이 내리지 않았다.

그리고 《장춘진인서유기》에는 다음과 같이 묘사되어 있다.

시월에 보현당을 떠나 방호에 거주했다. 매일 군중들이 모였다. 스승께서는 순리에 따라 좌석을 배치하셨다. 고상하고 오묘한 도를 끊임없이 논하고 밤새도록 잠을 이루지 못하신다. 한겨울 13일 새벽에 스승이 옷을 걸치고 일어나서 중정을 거닐다가 다시 방으로 들어와 오언율시를 지으셨다.

"만상이 넓은 하늘에 가득 찼고 삼경에 앉아 힘들인다.

서쪽 산으로 내려가니 동이 터서 별이 보이지 않는다.

대세를 막을 수 없고 하늘 아래 숨을 곳이 없다.

누가 세상을 주재할 수 있을까?

억겁은 스스로 견고함을 지킨다."

이 글을 보면 칭기즈칸의 두 번째 낙마는 명확히 병술년(1226년) 10월 13일에 발생했다는 것을 알 수 있으며, 그 이전에 구처기 조사는 이미 이런 일이 일어날 것을 예지했기 때문에 "밤새 잠을 자지 못했다."고 기록되어 있다. 그리고 사고가 발생한 날 밤 칭기즈칸이 밤새 앓고 있을 때 구처기 조사는 잠을 이루지 못하고 천상의 변화를 주의 깊게 관찰하면서 칭기즈칸을 걱정했음을 알 수 있다. '대세가 그러하니 어찌할 도리가 없다'는 것을 알면서도 그는 여전히 일말의 희망을 갖고 있었다. 그래서 정해년(1227년) 봄과 여름에 가뭄이 들었을 때 기우祈雨, 하우賀雨, 사우謝雨라는 이름으로 제사를 지내면서 실제로는 칭기즈칸의 명복을 빌었다. 그리고 당시 제자가 왜 제사 날짜를 정확하게 정해야 하느냐고 물었을 때 그는 "이것은 네가 알 수 있는 일이 아니다."라고 답했다.

그해(1227년) 어느 여름날의 기록이다.

저녁 큰비가 북쪽에 내려서 천둥과 번개가 치고 동서쪽이 요란하다. 스승께서 이르기를 이 도를 얻은 자는 위세가 커서 어디에나 있고 천둥과 번개는 필적할 수 없다. 밤이 깊어 모두 흩어지고 스승께서는 초당에서 누워 휴식을 취하셨다. 갑자기 비바람이 몰아치고 천둥번개가 크니 창문이 거의 깨졌다. 소리가 줄어들자 모든 사람이 탄성을 질렀다.

이후 오래지 않아 왕지명은 다음과 같은 칭기즈칸의 성지를 가지고 왔다.

'북궁 선도仙島를 만안궁으로, 천장관을 장춘궁으로 개명하고 천하의 출가인 모두가 예속되도록 해라. 그리고 금호패를 하사하니 도가의 일은 신선에게 일러 처리하도록 하라'는 내용이다.

이어서 다음과 같이 기재되었다.

6월 21일 병으로 인해 외출하지 않으시고 궁의 동쪽 계곡에서 목욕을 하셨다. 23일 정오에 천둥소리가 크게 울리고 태액지의 남쪽 기슭이 무너져 물이 동호東湖로 들어갔는데, 수십 리까지도 그 소리가 들렸다. 연못에 물고기와 자라가 다 사라지고 물이 말라 북구산도 부서졌다. 스승께서 그 말을 듣고 처음에는 아무 말도 하지 않더니 한참 웃으시며 말하였다. "산이 부서지고 연못이 말라 버리니 나도 그와 함께 있게 되는가?"

구처기 조사의 마지막 희망은 사라졌다.

왜 그는 칭기즈칸보다 앞서 가야만 했고 그것도 많지도 적지도 않은 딱 3일을 먼저 간 것인가?

구처기 조사는 모든 선후배들 중에서 가장 힘들게 살았다고 말할 수 있다. 사부와 사형들은 이미 신선이 되어서 떠났다. 그러나 구처기 조사는 나이도 어리고 왕중양 조사로부터 3령을 받았기 때문에 반드시 전진도 도문의 번영을 책임져야 했다. 그러나 종교는 정부의 엄격한 관리에서 벗어날 수 없었기 때문에 그는 정치적 후원자를 찾는 데 고심했다.

한편으로 구처기 조사는 한족이고 칭기즈칸은 몽골인이다. 그렇기 때문에 구처기 조사는 도리에 맞게 남송정권을 지지했어야 한다. 실제로 그도 남송을 지지하기 위해 큰 노력을 했었다. 그렇지 않았다면 애초에 칭기즈칸의 자객을 맞지도 않았을 것이다. 또한 칭기즈칸은 농업이나 사회의 지도자로서의 관리 경험이 없었기 때문에 몽골 군대는 가는 곳마다 살육을 해서 피로 인한 빚이 많았다.

후에 구처기 조사는 직접 검증을 통해 칭기즈칸이 중국을 통일하고 창생을 구할 수 있는 유일한 통치자라는 결론을 내렸다. 게다가 칭기즈칸은 학습 능력이 뛰어났고 야율초재 등 도시와 농촌을 관리한 경험이 풍부한 관리들을 임용한 후 점차 살육을 줄였다. 따라서 구처기 조사는 칭기즈칸에게 희망을 가졌고 칭기즈칸 역시 이런 의도를 잘 알고 있었다.

그러나 세상에 완벽한 일은 없다. 칭기즈칸은 자신의 몸을 함부로 관리해서 구처기 조사를 조마조마하게 만들었고 슬프게도 다시 타오르는 희망을 조금씩 사라지게 했다. 왕지명의 밀서에 의하면 구처기는 계속해서 천상을 관찰하면서 판단했고 결국 칭기즈칸보다 조금 일찍 죽는 '유일한' 선택을 했다.

왜 유일한 선택이라고 하는 것인가?

칭기즈칸은 충성과 약속, 맹세를 목숨보다 더 중요시 하는 군주다. 칭기즈칸의 마음속에서 구처기 조사는 평범한 사람이나 일반적인 종교 지도자가 아니었다. 그는 자신의 스승이자 친구였고 선배였다. 심지어 구처기는 장생천이 자기를 보호하러 파견한 사자였다고 생각했다.

만일 칭기즈칸이 먼저 죽었다면 이렇게 중요하게 생각하는 인물에 대한 유언을 빠뜨리지 않을 것이고 명확하게 지시했을 것이다. 칭기즈칸은 분명히 유언장에 구처기 조사가 와서 자신의 초재를 주재하도록 명령했을 것이다. 만약 결말이 이렇게 났다면 구처기 조사는 어떻게 처신을 할 것이며 자신의 동포들을 어떻게 대할 것인가?

당시 구처기 조사가 선종했다는 소식이 병상에 있는 칭기즈칸에게 전해졌을 때 그는 구처기 조사가 이렇게 한 이유를 알고 매우 슬퍼했다. 그는 자신이 구처기 조사에게 마음을 털어놓았다고 생각했지만 구처기 조사는 기다리지 않았고 칭기즈칸이 임종할 때 배웅하지 않았다.

구처기 조사가 3일 먼저 떠난 것에 대해서 설명하자면 중국에서 하루는 12시진이고, 5일은 정확히 60시진이다. 그리고 5일을 1후候 또는 1소갑자小甲子라고 한다. 그런데 구처기 조사는 정해년 7월 9일 오후에 선종했으니 9일이 반쯤 지났을 때라고 할 수 있다. 시간으로 따지면 칭기즈칸이 죽은 시간과의 차이는 30시진 정도로 1소갑자의 반쯤 될 것이다. 이것은 구처기 조사가 선택할 수 있는 가장 짧은 시간 차이였다.

칭기즈칸의 장례식에서 무당이 낭독한 칭기즈칸의 유언장에는 구처기 조사에 대한 미련과 애틋함, 그리고 약간의 원망이 남아 있었다고 한다.

마지막으로 한 가지 사실을 제시하면 칭기즈칸은 말년을 육반산六盤山에서 보냈다. 이 육반산의 남단을 농산隴山[111]이라고도 부른다. 이곳은 바로 구처기 조사가 수행해서 득도한 곳이다.

---

111 중국 섬서성 농현 북서쪽에 있는 산.

구처기 대사기
丘處機大事記

어린 시절

1148년(금나라 황통 8년) 음력 1월 19일, 구처기는 산동성 등주 서하霞夏에서 출생했다. 어려서 양친을 여의고 온갖 고난을 겪었다. 어리지만 신선을 동경해서 수련을 하고 싶었다. 소년 시절에 잠시 머물던 마을 북쪽의 공산公山에서 가난하게 살았다. 소위 "송화松花가 떨어져 머리에 쌓이고 잣을 주워 먹으면서 소나무와 달을 벗 삼아 송풍을 맞는 빈곤한 삶을 살았다." 전설에 따르면 자신의 의지를 연마하기 위해 동전을 절벽 위에서 관목 숲으로 던져버린 후 찾기를 여러 번 반복했다고 한다.

아홉 살에 출가해서 영해의 곤유산崑崳山(현재 옌타이시 경내. 곤륜산과는 다름)으로 갔다.

1167년(금나라 대정 7년)에 도를 배우기 시작했다.

1168년(금나라 대정 8년)에 전진도 조사 왕중양을 스승으로 모셨다. 왕중양은 그의 이름을 처기處機, 자는 통밀通密, 호는 장춘자長春子로 지었다.

1168년에서 1170년까지 구처기는 왕중양을 따라 산동과 하남에서 포교했다.

　1169년(금나라 대정 9년) 왕중양은 제자 4명을 데리고 서쪽으로 가던 도중에 변량성에서 득도해서 비승을 하고 "처기의 공부를 단양에게 맡긴다."고 당부했다. 이때부터 구처기는 마단양의 가르침 아래 지식을 습득하고 수도가 빠르게 성장했다. 그리고 그의 다른 사형, 사제들은 단양자 마옥, 장진자 담처단, 장생자 유처현, 옥양자 왕처일, 광영자 학대통, 청정산인 손불이(마옥의 처) 등으로 장춘자 구처기를 포함한 이들 모두를 전진칠자全眞七子라고 부른다. 전진칠자는 왕중양과 함께 도교 전진파를 확장·발전시켰다. 왕중양이 신선이 된 후 구처기는 반계磻溪의 동굴에 들어가 6년에 걸쳐 수련을 하고 도롱이와 삿갓을 가지고 다녔기에 사람들은 그를 '도롱이 삿갓 선생'이라고 불렀다. 후에 다시 요주의 용문산(현재 보계)에 가서 7년 동안 은거하며 수련을 했고, 전진도 용문파의 창시자 중 하나가 되었다.

　1170년(금나라 대정 10년) 봄에 왕중양이 하남의 변량에서 승천하자 구처기는 동문인 마옥, 담처단, 유처현을 따라 섬서 종남산으로 가서 왕중양의 친구를 방문하고 이후 1172년에 왕중양의 유해를 종남산으로 이장했다.

명성을 크게 떨치다

　1174년(금나라 대정 14년) 8월 구처기는 반계(현재 섬서 보계 경내)에서 6년간, 또한 농주 용문산에서 7년간 은거하면서 수련했다. 이 기간 동안 그는 '밥 짓는 연기 한 번 오르지 않고 그릇과 바가지도 없었다.' 그리고 '누더기를 덮어쓰고 추운 공간에 홀로 앉아서' 극도로 청빈한 생활을 했지만 '잡념을 잊고 고요히 사유하며 단경을 깊게 연구'하는 등 양생학 및 도학 연구에 몰두했다. 또한 현지 문인 및 학사들과 널리 교제하여 풍부한 역사와 문화에 대한 지식을 얻었다.

1188년(대정 28년) 3월, 구처기는 금나라 세종의 부름에 응하고 왕중양의 거처에서 중도(현재 북경)로 갔다. 그는 황제의 명을 받들어 궁관에 왕중양과 마단양(당시 이미 세상을 떠남)의 동상을 만들었다. 또한 고공^{高功}을 겸직하고 만춘절^{萬春節} 초재를 주관했다. 황제에게는 "가진 것을 지키고 이룬 것을 유지하라."는 조언을 했다. 이때 이미 세상에는 구처기의 명성이 자자했다.

1191년(금나라 명창 2년) 가을에 구처기는 동쪽으로 가서 수도를 위한 장소를 마련했다. 금나라 장종이 태허관^{太虛觀}이라는 현판을 하사했고, 이것은 후에 태허궁이 되었다. 이 궁관은 서하의 빈도리^{濱都里} 마을에 있었기 때문에 서하 사람들은 대부분 이를 빈도궁이라고 부른다.

노산^{嶗山}으로 가다

구처기는 여러 차례 노산을 방문하고 전진도교의 '용문파'를 창건했다. 《태청궁지》^{太淸宮志}에는 다음과 같이 기록되어 있다. "송나라 경원 원년 을묘일에 진인 구장춘……, 7진이 노산으로 왔다. 본궁에 머물러 도를 강의하고 현묘함을 전하며 교의를 널리 밝히니 대중이 깨닫고 각각 계율을 받았다." 태청궁 삼황전 뒤편의 큰 바위에 그의 글 10수가 새겨진 석각이 있다.

1206년(금나라 태화 6년) 구처기는 영해로 돌아와 마단양의 생가를 현도관^{玄都觀}으로 바꾸었다.

1208년에 그는 내서^{萊西}의 영진관^{永眞觀}으로 간 후 다시 노산으로 돌아와 비교적 오랫동안 이곳에서 수련을 했다. 현재 백룡동(앙구 지역)에는 그의 글 20수를 새긴 석각이 있다. 그는 '뢰산'^{牢山}이라는 이름이 감옥을 의미하기 때문에 좋지 않다고 생각했다. 또한 이 산은 바닷가에 큰 자라가 엎드려 있는 것처럼 보여서 자라를 의미하는 또 다른 명칭인 오산鼇山이라는 이름이 붙었다. 따라서 이후 명나라 때 이곳 산기슭에 '위성'衛城을지어 '오산위'鼇山衛라는 명칭으로 부르게 되었다. 여기 바닷가를 '오산만'鼇山灣이라고 하는데, 청도靑島에서 매우 중요한 지역이다. 이후 구처기는 다시청도로 와서 상청궁上淸宮에 '시'와 '글'을 많이 썼다.

노산에서는 구장춘의 글, 시문, 시 등을 석각에 새길 수 있게 했다. 후세 사람들이 상석에 새긴 글씨는 상청궁에 구장춘이 쓴 《청옥안》靑玉安과동일하고, 그 내용은 다음과 같다. "장춘진인은 금나라 대안 기사년에 교서膠西(청도 서쪽)에서 제사를 지냈고, 신자들이 이 산으로 초청해서 남천문에 이르렀다. 그는 황관사黃冠士에게 〈공동보허〉空洞步虛를 연주하도록 명하고 가사 한 수를 지어 그 이름을 〈청옥안〉이라고 했다." 백룡동에 새긴 시20수는 노산에서 가장 큰 석각이다.

장교掌敎 시기

1203년(금나라 태화 3년) 유처현이 사망하자 구처기는 전진도 제5대 장교가 되었다. 구처기가 장교를 맡은 기간은 24년에 달하는데, 그동안 그는 정치·사회적으로 자신의 영향력을 적극적으로 발휘해서 전진도는 물론 도교 전체가 융성기에 들어서게 했다.

1203년부터 1219년(원나라 태조 14년)까지 구처기는 산동 봉래蓬萊, 지양芝陽, 액현掖縣, 북해北海, 교서膠西 등지에서 선교했다.

1214년(원나라 태조 9년) 산동성에서 양안아가 봉기를 일으키자 금나라의 부마도위 복산조은仆散朝恩이 구처기에게 난을 무마해 주기를 요청했다. 따라서 구처기의 명성에 힘입어 등주와 내주는 빠르게 안정을 되찾았다.

1216년(원나라 태조 11년) 금나라 선종은 조서를 내려 동평군 왕정옥王庭玉을 보내 구처기를 변량으로 초청했지만 구처기는 금나라 황제에게 '불인지악'不仁之惡(어질지 않은 악)이 있다고 생각해서 거절하고 가지 않았다.

1219년(원나라 태조 14년) 송나라 영종은 장군 이전李全과 팽의빈彭義斌에게 조서를 내려 구처기에게 임안으로 올 것을 정중히 요청했다. 그러나 구처기는 남송의 황제에게 '실정의 죄'[失政之罪]가 있다고 생각해서 가지 않았다.

1219년 5월, 칭기즈칸은 조서를 내려 사자 유중록 등을 산동으로 보내 구처기를 몽골제국으로 초청했다. 그해 12월, 산동 내주 호천관昊天觀에 도착한 유중록이 구처기 신선을 몽골제국으로 초청하라는 칭기즈칸의 명령을 받았다고 하자 이에 "나는 하늘의 순리를 따라 하늘이 가라는 곳을 감히 거스를 수 없으니" 흔쾌히 가겠다고 했다.

1220년(원나라 태조 15년) 음력 정월, 73세의 구처기는 용문의 제자 조도견, 송도안, 윤지평, 이지상 등 18명(실제 21명)을 선발해서 산동 호천관을 떠나 서쪽으로 갔다. 몇 달 후 구처기 일행은 대몽골국이 통치하는 연경(과거 금나라 중도, 1215년 5월 31일 몽골제국이 함락시킨 후 연경으로 개명)에 도착해서 옥허관에 입주하고 현지 관리들의 융숭한 접대를 받았다.

이때 구처기는 칭기즈칸이 1219년 6월에 서역 정벌을 통해 중앙아시아의 호라즘을 이겼다는 사실을 알았다. 그러나 칭기즈칸에게 자기는 고령인 데다 모래바람이 부는 사막을 가기 힘들기 때문에 연경에서 만나자는 내용으로 진정표陳情表를 썼다. 유중록은 수하인 갈라에게 급히 이 서신을 칭기즈칸에게 보고하도록 했다. 그러나 칭기즈칸은 서역 정벌 전쟁으로 분주해서 동쪽에 있는 연경으로 갈 수 없다는 회신을 다시 갈라에게 보내 구처기를 오게 했다.

구처기는 연경에서 만나는 것이 불가능하다는 것을 알고 1221년(원나라 태조 16년) 봄에 서행을 계속했다. 당시 유중록이 칭기즈칸에게 처녀를 골라주려고 하자 구처기는 즉시 이를 그만두게 하고 다음과 같이 말했다. "춘추시대에 제나라 경공景公은 노나라를 약화시키기 위해 미녀 80명을 뽑아 노나라 정공定公에게 주었다. 정공과 정승 계씨季氏는 온종일 즐거워했고 조정은 날로 쇠약해졌다. 그러자 공자는 정공을 다음과 같이 비난했다. 군주와 정승이 오락과 색에 빠져 있으니 나라가 어찌 강해지겠습니까?" 이에 칭기즈칸은 모든 상황을 보고받고 그만두도록 했다.

1221년 4월, 구처기 일행은 거용관에서 나와 사막의 남쪽과 중앙아시아를 거쳐 사막의 북쪽 초원에서 칭기즈간의 막내 동생 테무게 옷치긴을 만났다. 이후 줄곧 서쪽으로 가서 진해성을 경유했을 때 전진해의 건의를 받아들여 송도안, 이지상 등 9명의 제자를 남겨놓고 서하관을 건설하도록 했다. 이후 위구르성回紇城, 창팔라성昌八刺城, 아리마성阿里馬成, 사이란성塞藍城 등을 거쳐 그해 겨울 사마르칸트에 도착했다.

말 한마디로 살생을 막다[一言止殺]

1222년(원나라 태조 17년) 4월, 구처기는 철문관을 거쳐 대설산(현재 히말라야산 혹은 힌두쿠시산) 팔로만八魯灣 행궁에서 칭기즈칸을 만나니 비로소 용과 말이 회동(칭기즈칸은 말띠, 구처기는 용띠)하는 소위 '용마회'龍馬會가 성사되었다. 칭기즈칸은 구처기를 '신선'이라고 불렀다. 같은 해 가을과 겨울에 칭기즈칸은 구처기를 세 번 불러 나라를 다스리는 일과 양생하는 방법에 대해 질문했다. 이에 구처기는 하늘을 공경하고 백성을 사랑[敬天愛民]하라고 했다. 또한 살상을 줄여서 마음을 맑게 하고 과욕하지 말라고 답했다. 이후 칭기즈칸은 야율초재에게 조서를 내려 이 몇 차례의 대화를 《현풍경회록》으로 편집하라고 했다.

1223년(원나라 태조 18년) 봄, 구처기는 칭기즈칸에게 작별을 고했다. 칭기즈칸은 조서를 내려 전진도의 부역을 면제하고 호위군이 구처기 일행을 호송하도록 해주어 겨울에 선덕부에 도착했다. 구처기를 따라 서행한

18명의 제자 중 하나인 이지상李志常은 이 서행의 과정을 《장춘진인서유기》長春眞人西遊記라는 책으로 집필했고, 이는 중요한 사료적 가치로 남았다.

1224년(원나라 태조 19년) 봄에 구처기는 연경 관리의 간절한 요청으로 천장관의 주지를 맡았다.

1227년(원나라 태조 22년) 칭기즈칸은 천장관을 장춘궁(현재 북경 백운관)으로 개명하도록 명령하고 구처기에게 '금호패'를 내려 "도가의 업무 일체를 '신선'에게 처리하도록 하라."고 명령했다. 이는 구처기에게 천하의 도교를 관장하도록 요청한 것이다.

1227년(원나라 태조 22년) 음력 7월 9일, 구처기가 장춘궁의 보현당에서 80세의 나이로 승하하자 온 경성에는 상서로운 향기가 3일간 자욱했고, 세인들은 이를 보고 기이하게 생각했다. 구처기 서거 1주기에 그의 제자가 장춘궁의 처순당處順堂에 안장했다.

원나라 세조는 구처기에게 장춘연도주교진인長春演道主敎眞人이라는 존호를 추서했다. 천하의 백성들은 '구처기 신선'의 무량한 공덕을 기리기 위해 그의 생일인 1월 19일을 연구절燕九節로 정하고 지금까지 계속 이날을 기리고 있다. 현재 연구절은 북경과 천진 일대에서 전해오는 풍속 중 하나다.

칭기즈칸 대사기
成吉思汗大事記

　　역사의 영웅을 노래한 시처럼 칭기즈칸의 일생은 세계사에 짙은 필묵을 남겼다.

　　그는 고난에서 걸어 나와 강력한 몽골 기병을 만들고 몽골초원의 여러 적들을 차례로 멸망시켜 왕조를 세웠다. 이후 군대를 이끌고 금나라와 서하를 공격해 눈부신 전적을 거두었다. 심지어 서쪽의 강대한 호라즘 왕국을 멸망시켜 몽골 철기병의 명성을 천하에 떨쳤다. '칭기즈칸'은 '바다의 사방을 가진 대 추장'이라는 뜻이다. 그는 세계사에서 출중한 정치가이자 군사가다. 그는 1162년 사막 이북의 초원 오논강 상류 지역에서 태어나 테무진이라는 이름을 얻었다.

　　장기간의 정복 전쟁은 그를 뛰어난 군 통수권자로 단련시켰고, 역사는 칭기즈칸에 대해서 "깊은 전략을 갖고 있으며 용병술이 신과 같다."고 기록했다. 그는 병사들을 민첩하게 기동시켜 먼 곳과 가까운 곳을 동시에 공략하고 전투를 하기 전에 적의 정세를 자세히 탐구하는 등 풍부한 작전 경험을 쌓았다. 또한 상황에 따라 적을 분할해서 포위하기도 하고 적을 유인해 내는 전략 전술을 실행했다. 당시 시대적 상황은 그가 위업을 달성하는 데 일조했던 측면도 있었다. 즉 갑자기 몽골국이라는 새로운 세력이 나타났을 때 주변 국가들은 이미 봉건사회의 위기를 맞고 있었기 때문에 칭기즈칸이 대규모 군사 확장을 하기에 유리한 조건을 갖고 있던 셈이다. 그래서 그는 전대미문의 기세로 중앙아시아와 유럽을 원정하고 후계자에게 길을 열어줄 수 있었다.

칭기즈칸이 세상의 이목을 집중시킨 원인은 바로 그가 유라시아를 휩쓴 군사적 성과 덕분이다. 그러나 칭기즈칸은 천하를 다스리는 데에도 뛰어난 재능이 있었다.

칭기즈칸은 천호제千戶制를 만들어 통치를 공고히 했다. 천호는 낙후된 씨족 부락제를 대체하는 군사 및 지방의 행정 단위다. 이렇게 칭기즈칸이 보여준 명석함은 다른 제왕들이 따라갈 수 없었다. 그는 공신에게 은혜를 베푸는 한편 각 천호의 아들을 호위대라는 명분으로 볼모로 삼았다. 이는 실질적으로 공신에 대한 통제를 강화하기 위함이었다.

칭기즈칸은 인재 채용에 있어서 계급과 민족의 한계를 타파했고, 능력이 있는 사람이라면 모두 등용했다. 그의 정복 전쟁을 위해 큰 공을 세운 '4걸'四傑, '4구'四狗도 모두 평민 혹은 노예였고, 심지어 페르시아인과 아랍부족 출신도 있었다. 야율초재 역시 금나라에서 투항해 온 신하다. 칭기즈칸은 민주적인 선거로 선출된 첫 번째 칸이었다. 그는 유훈에서 칸의 선거는 쿠릴타이의 결정을 거쳐야 한다고 못박았다. 원래 부락회의였던 쿠릴타이는 칭기즈칸 때 종친 왕들의 의결기구가 되었다. 쿠릴타이에는 중요 인물들이 모두 참석해야 하고, 대칸은 반드시 만장일치로 선출되어야 한다. 이런 과정은 선출된 대칸에게 권력 이양을 원활하게 할 수 있도록 보장해 주는 장치다. 칭기즈칸의 몇몇 후계자들은 모두 이런 방식으로 대칸에 즉위했다. 칭기즈칸은 몽골인들을 위해 문자를 만들었고, 끊임없이 보완·개혁해서 오늘날까지 사용하고 있다.

1162년(금나라 대정 2년) 5월 31일, 칭기즈칸은 사막 이북 초원의 오논 강 상류 지역에서 태어났다. 그의 아버지 예수게이는 타타르 부족과의 1차 전쟁에서 타타르부의 수령인 테무진 우거를 포로로 잡았고, 이때 마침 아내 호엘룬이 낳은 아들에게 보르지긴 테무진이라는 이름을 지어주었다. 태어날 때부터 테무진은 얼굴이 붉고 오른손에는 소로정蘇魯錠(삼지창 모양의 고대 병기로, 몽골과 전쟁의 신을 상징)의 모습과 같은 핏덩어리를 쥐고 있었다.

1170년(금나라 대정 10년), 테무진이 8세가 되자 예수게이는 며느리를 찾기 위해 그를 데리고 친구 집에 갔다. 테무진은 친구의 딸인 보르테가 마음에 들었고, 아버지 예수게이는 테무진을 친구의 집에 남겨두고 혼자 귀가했다. 그러나 그가 집으로 돌아가는 길에 연회를 벌이고 있던 원수 타타르족을 만났다. 그중 누군가가 그를 한눈에 알아보고 연회에 초대했다. 이곳에서 예수게이는 독을 넣은 음식을 먹고 죽임을 당했다.

1172년(금나라 대정 12년), 테무진이 10세가 되자 그의 집안은 몽골 부족에게 버림을 받았다. 테무진은 어머니, 형제들과 함께 사냥을 하고 산나물을 캐며 과일을 따먹는 등 힘든 삶을 살았다.

1178년 (금나라 대정 18년), 테무진은 16세에 타이치오드부족 사람에게 납치되어 처형당할 위기에 처했다. 그러나 다행히 그는 소르칸 시라 일가에 의해 구출되었다.

1180년(금나라 대정 20년), 테무진은 18세에 보르테와 혼인했고, 같은 해에 아내 보르테가 메르키트부족 사람에게 납치를 당했다. 당시 테무진은 메르키트에 대항할 능력이 없었기 때문에 도움을 얻기 위해 자무카와 토오릴 칸의 연맹을 찾아갔다. 그렇지만 테무진은 보르테를 구하기 위해 메르키트부와 전쟁을 하려면 병력이 충분해질 때까지 기다려야 했다.

1181년(금나라 대정 21년), 테무진이 19세가 되자 마침내 때가 무르익었다. 그는 9개월간 인고의 시간을 보낸 끝에 메르키트부를 공격해서 보르테를 구출하고 메르키트인을 죽였다. 이때 임신을 한 보르테를 보고 테무진은 미안함을 느꼈고 이후 더욱 아내를 아꼈다. 같은 해에 장남 주치가 태어났다.

1183년(금나라 대정 23년), 테무진이 21세가 되자 몽골 키야트부의 칸으로 추대되었고, 둘째 아들 차가타이가 태어났다.

1186년(금나라 대정 26년), 테무진이 24세가 되자 셋째 아들 오고타이가 태어났다.

1190년(금나라 명창 원년), 테무진이 28세 되던 해 '13익전'^[十參翼之戰]이 발발했고 테무진은 패배했다. 그러나 자무카가 포로들을 잔인하게 살해해서 부하들의 불만을 사게 되자 자무카의 부하들은 테무진에게 의탁해 그의 군대는 확대되었고 역량도 증강했다.

1193년(금나라 명창 4년), 테무진이 31세에 넷째 툴루이가 태어났다.

1196년(금나라 승안 원년), 34세의 테무진은 케레이트부의 토오릴 칸과 협력해서 금나라가 타타르부를 공격하는 것을 도왔다. 금나라가 타타르부를 대파하자 조정에서는 토오릴 칸을 '왕'으로 봉했고, 테무진을 '차오커루'(커루룬강 지역의 왕자)로 임명했다.

1199년(금나라 승안 4년), 테무진은 37세에 왕한을 도와 나이만부를 물리치고 왕한을 복위시켰다.

1200년(금나라 승안 5년), 테무진이 38세가 되자 왕한과 연합을 해서 타이치오드부를 격파했다.

1201년(금나라 태화 원년), 테무진은 39세에 자무카의 연합군을 격파하고 타이치오드부를 멸망시켰다.

1202년(금나라 태화 2년), 테무진은 40세가 되어 타타르부를 치고 평정했다. 쿠이텐에서 왕한과 연합작전을 펼쳐 부이루칸 연합군을 격파했다.

1203년(금나라 태화 3년), 테무진이 41세가 되던 해 왕한과 결별했다. 카라 칼지드 전쟁. 발조나 호수의 맹세. 케레이트부 멸망.

1204년 (금나라 태화 4년), 42세의 테무진은 나이만부를 정벌했다. 타이양 칸의 아들 쿠출루크가 서쪽으로 도망갔다. 자무카 사망.

1205년(금나라 태화 5년), 테무진은 43세에 최초로 서하를 공격했다.

1206년(원나라 태조 원년), 테무진은 44세에 몽골을 통일하고 대몽골국을 건국해서 칭기즈칸(바다의 사방을 가진 대추장)으로 추대되었다.

1207년(원나라 태조 2년), 칭기즈칸은 45세에 제2차로 서하를 침공했다.

1208년(원나라 태조 3년), 칭기즈칸은 46세에 수부타이에게 타타르와 쿠출루크를 추격하게 했다. 타타르는 멸망했고, 쿠출루크는 서요로 도망을 갔다.

1209년(원나라 태조 4년), 칭기즈칸은 47세에 서하를 세 번째로 침공했다. 위구르부가 귀순을 해왔다. 이후 서하를 다시 침공해서 강물을 끌어들여 중흥부를 잠기게 하고 공물로 여자를 헌납할 것과 화의를 요청했다.

1211년(원나라 태조 6년), 칭기즈칸은 49세에 알리마리와 하라루를 항복시켰다. 같은 해 10만 대군을 이끌고 남하해서 금나라를 정벌했고, 야호령 전투에서 금나라 군사 40만 명을 죽이고 중원의 문을 열었다.

1212년(원나라 태조 7년), 칭기즈칸은 50세에 남하해서 제2차로 금나라 공격을 시행했고 제베가 동경을 함락했다.

1213년(원나라 태조 8년), 칭기즈칸은 51세에 금나라를 세 번째로 정벌했다. 금나라에서는 정변이 일어나 선종을 황제로 세웠다.

1214년(원나라 태조 9년), 칭기즈칸은 52세로 금나라와 화의를 하고 철군했다. 금나라는 기국공주 및 대량의 금과 비단을 헌납하고 중도를 복위했다.

1215년(원나라 태조 10년), 칭기즈칸은 53세에 중도를 함락시켰다. 야율초재가 귀의했다.

1216년(원나라 태조 11년), 칭기즈칸은 54세에 금나라에서 커루룬 강가로 돌아갔다.

1217년(원나라 태조 12년), 칭기즈칸은 55세에 무칼리를 태사와 국왕으로 임명했고, 금나라 공격을 지휘했다.

1218년(원나라 태조 13년), 칭기즈칸이 56세에 호라즘 국왕 무함마드가 십자군을 공격하고, 또한 몽골 상단과 사신을 죽였다.

1219년(원나라 태조 14년), 칭기즈칸은 57세에 오고타이를 대칸의 후계자로 확정하고, 직접 대군을 이끌고 서쪽으로 가서 호라즘을 정벌했다. 같은 해 음력 5월, 칭기즈칸은 사자 유중록 등에게 조서를 보내 산동의 구처기를 모셔오도록 했다.

1220년(원나라 태조 15년), 칭기즈칸은 58세에 오트라르, 부하라, 사마르칸트 등을 공격했다. 무함마드가 죽고 그의 아들 잘랄 웃딘이 왕위를 계승했다.

1221년(원나라 태조 16년), 칭기즈칸은 59세에 우르겐치 등의 성을 함락했다. 잘랄 웃딘은 인도로 도망갔다.

1222년(원나라 태조 17년), 칭기즈칸은 60세에 동쪽 몽골로 돌아갔다. 무칼리는 병사했고, 그의 아들 보로는 아버지를 계승해서 금나라를 공격했다.

1224년(원나라 태조 19년), 칭기즈칸은 62세로 동쪽으로 돌아가 예얼의 쉬허石河에 주둔했다.

1225년(원나라 태조 20년), 칭기즈칸은 63세에 몽골로 돌아갔고 사신을 보내 서하를 압박했다.

1226년(원나라 태조 21년), 칭기즈칸은 64세로 친히 군사를 이끌고 서하로 가는 도중에 낙마로 부상을 입었다.

1227년(원나라 태조 22년), 칭기즈칸은 65세로 감숙의 육반산^{六盤山}에 주둔했고, 같은 해 청수현^{淸水縣}에서 병사했다.

노자의 '도'道와
세계관에 대한 초론初論

　노자는 인류사에서 보기 드문 가장 영향력 있는 사상가이자 철학자 중 한 사람이다. 중국에서 노자철학에 관한 연구는 매우 중요하며, 그 성과도 크다. 세계적으로 유명한 사상가들은 고대 동양문화와 현대과학이 상호 보완적이며 아름다운 평행성을 가진다고 한다. 현재 많은 과학자, 철학자, 뜻있는 지식인들은 고대 동양문화를 연구하면서 그 속에서 우주의 열쇠를 찾고 지혜의 보물을 발굴하고 있다. 그런데 중국의 과학기술 분야에서 노자 학설에 대한 연구는 외국보다 상대적으로 무시당하고 있다. 동양문화에 대한 연구는 마땅히 우리의 책무가 되어야 한다.

　5천여 자에 이르는 노자의 《도덕경》道德經은 중국 전통문화의 중요한 부분이며, 최고의 지혜가 깃든 학설이다. 노자는 가장 먼저 '도'道를 발견한 사람이다. 그가 제시한 '도'라는 개념은 노자 철학 체계의 핵심이다. 세계 철학사에서 노자의 경지에 도달한 사람은 매우 적다. 많은 사상가들은 오직 상대적인 것만 존재하는 현상계 안에 머물러 있을 뿐 절대적인 경지를 알지 못한다. 노자는 두려워하지 않고 그의 지혜로 정상으로 올라가 마침내 우주의 본체에 도달했는데, 바로 그것이 '도'다.

노자의 '도'는 무엇인가? 노자는 다음과 같이 말했다. "도라고 설명할 수 있는 도는 영원한 도가 아니다." 또한 "나는 그 이름을 알지 못해 글로 도라고 쓰고 억지로 그 이름을 '대'^大라고 한다."

여기서 노자의 '도'는 언어나 문자로 표현할 수 없다는 것을 알 수 있다. 도는 이름을 붙일 수도 없고 당연히 말할 수도 없는 것이다. '도'를 발견한 노자의 가장 큰 공로는 천지 만물과 만상을 초월해서 '도'라는 고위 개념을 추상해 낸 것이다. 이 '도'의 성질은 소리와 모양이 없는 무형무질^{無形無質}이며, 또한 어떤 구체적인 사물의 구속을 받지 않고 독자적으로 존재한다. 따라서 천지만물보다 먼저 생겨나서 천지만물의 사이를 주행하면서 그 끝과 시작을 총괄한다. 도는 가히 말로 표현할 수 없지만 그것을 이해하기 위해서는 부득이 묘사하지 않을 수 없다.

이 '도'를 어떻게 묘사할 것인가? 다음의 그림은 '도'를 3차원 및 네 가지 상태로 나눈 것이다.

1. 우주의 형질 : 3차원 네 가지 종류(상태)

1) 무형무질^{無形無質}

'무형무질'은 최고 상층이며, 가장 높은 차원이자 가장 높은 상태다. 노자는 다음과 같이 이야기했다.

"눈에 보이지 않으니 그 이름을 이^夷라고 한다. 들으려고 해도 듣지 못하니 그 이름을 희^希라고 한다. 잡으려고 하지만 잡히지 않으니 그 이름을 미^微라고 한다. 이 세 가지로는 밝힐 수 없는 혼돈한 일체다. 그 위는 밝지 않고 그 아래로는 어둡지 않다. 계속해서 이어지니^[繩繩] 그 이름을 댈 수 없으며 무물^{無物}의 상태로 돌아가니 이것을 상태가 없는 상태, 즉 무물의 상^[無物之象]이라고 한다. 이 상태를 황홀하다고 한다. 앞에서 그 머리를 볼

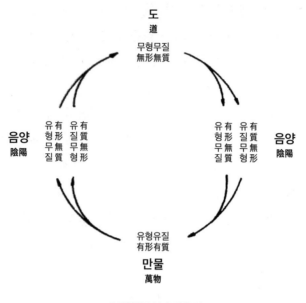

도
道

무형무질
無形無質

음양
陰陽

유有 유有
형形 질質
무無 무無
질質 형形

음양
陰陽

유有 유有
형形 질質
무無 무無
질質 형形

유형유질
有形有質

만물
萬物

우주형질도(宇宙形質圖)

수 없고 그 뒤로는 끝이 보이지 않는다. 옛날의 도를 잡아 지금의 유有를 다스린다. 고시古始를 아는 것을 도기道紀라고 한다." 《도덕경》 제14장

노자가 이 장에서 묘사한 도를 무형무질이라고 한다. 이에 관해서 이해할 수 있도록 아래와 같이 설명한다.

① 인간의 감각기관이나 여러 가지 방법을 사용해서도 발견하지 못하는 것으로, 이 세상에 존재하는 고유의 물질과 경계다.

② 어떤 물질이 물질이 아닌 것(비물질)과 물질이 없는 것(무물질)으로 전환하는 능력과 에너지다. 예를 들면 원자 에너지가 발견되어서 실제로 물질이 그 심층구조에서 에너지로 전환하는 것이 가능하다는 사실은 증명되었다. 그렇다면 비물질의 능력과 에너지가 물질

로 변화할 수 있다는 사실을 상상할 수 있는가? 예를 들어 햇빛으로 물질을 만들 수 있는지, 혹은 지구, 달, 달의 자전, 공전, 위치에 너지를 사용해서 물질을 만들 수 있는지 상상해 보라!

③ 일종의 사유, 정신이 만든 경지다.

④ 우주의 진공 공간은 사용하지 못했지만 사용이 가능한 곳이다. 이는 우주와 물질 사이에 존재하는 진공 공간으로 크게 활용될 수 있는 곳이다.

2) 유형무질有形武質과 유질무형有質無形

'유형무질'과 '유질무형'은 중간 차원에 함께 있다. 이런 존재 상태는 음양의 구분이 있다. 노자는 다음과 같이 말했다.

"커다란 덕은 오직 도만을 따르는 모습을 하고 있다. 도는 황惚하고 홀惚하다. 홀하고 황하니 그 가운데 상象이 있다. 황하고 홀하니 그 가운데 물物이 있다. 요窈하고 명冥하지만 그 가운데 정精이 있다. 그 정은 매우 진실하고 그 안에 신神이 있다. 예로부터 현재까지 그 이름은 없어지지 않고 만물의 근원을 통솔한다. 나는 무엇으로 만물 근원의 실상을 아는가? 바로 이로써 아는 것이다."《도덕경》 제21장

이 장에서 노자가 묘사한 '도'를 '유형무질'과 '유질무형'의 두 가지 상태로 이해할 수 있다.

① 인간은 감각기관과 각종 방법을 사용해 물질의 존재를 발견했지만 그 이치를 설명하지 못한다. 단지 내용만 알았지 왜 그런 내용이 되었는지 그 이유를 알 수 없는 물질 및 경지다.

② 인간은 물질의 존재를 발견했지만 그 구조가 불완전하고 모양이 형성되지 않아 이름을 정할 수 없는 상태다.

③ 인간은 우주 속에 있는 유형무질의 물질 및 경지를 발견했다. 예를 들면 사유, 사상, 온도, 일광, 지구, 달, 태양의 자전, 공전의 궤도 및 규율 등이다.

④ 인간은 어떤 물질이 인체, 물질, 우주 등의 내외에서 운행하고 있다는 사실을 발견했다. 그러나 그것은 볼 수 없고 만질 수도 없는 유물무상(물질은 존재하나 형상이 없는)의 물질 및 경계다.

⑤ 인간은 이전 사람들이 발견하지 못한 새로운 물질과 새로운 경지를 탐구하기 위해 노력한다.

3) 유형유질有形有質

'유형유질'은 가장 아래 차원에 존재한다. 이는 흔히 말하는 만물의 세계다. 노자는 이에 대해 다음과 같이 말했다.

"뒤섞여 이루어진[混成] 물物이 천지보다 앞서서 생겨났다. 고요하고 텅 비었으니[寂寥] 독립해서 변함이 없고 두루 행하여도 멈춤이 없어 가히 천하의 어머니라고 할 수 있다. 나는 그 이름을 몰라서 '도'라고 부르고 억지로 그것을 대大라고 한다. 크면 가고 가면 멀어지고 멀면 돌아온다."
_《도덕경》 제25장

이 장에 묘사된 노자의 '도'는 '유형유질'의 상태라고 한다.

① 인간이 감각기관과 각종 방법을 이용해 파악할 수 있는 물질 및 경지다.

② 이 세상에 실제로 존재하는 물질 및 경지다.

③ 인간의 사유와 정신으로 만들어냈고 또한 물질의 수단으로 도달 가능한 상태 및 경지다.

앞에서 제시한 그림 1은 우주 존재의 3차원을 제공할 뿐만 아니라 3차원과 네 가지 상태라는 형식을 통해 상호관계 및 운행노선을 설명한다. 즉 '무형무질'이 둘로 나뉘어 '유형무질'과 '유질무형'의 두 가지 상태를 낳았다. 이 두 가지 상태는 음양을 통해 서로 생성 및 변화를 이루면서 오행 속에서 만물, 즉 유형유질의 세계를 생성한다. '유형유질'의 만물은 다시 분화를 거쳐 '유형무질'과 '유질무형'의 두 가지 상태로 변화된다. 이 두 가지 상태는 다시 '무형무질'의 상태로 승화된다. 이렇게 운행해서 한 바퀴를 돌고 다시 반복된다. 천지 만물의 생성을 총괄하는 법칙이 바로 '도'다. 따라서 그림 1을 '우주의 생성공식'이라고 한다. 노자는 이에 대해 다음과 같이 말했다.

"도는 기氣 하나를 낳고, 이 하나는 둘[陰陽]을 낳고, 둘은 셋[物]을 낳는다. 만물은 음을 지니고 양을 안으며 기氣의 작용으로 조화를 이룬다."

이 말은 기가 만물의 에너지원이라는 것을 설명하는 것이다. 이 세상에서 가장 큰 에너지의 근원은 '기'라고 할 수 있다. 우주에 기氣가 없으면 만물이 생기지 않고, 기炁가 없으면 만물이 운행하지 못하고, 기炁가 없으면 만물이 일정하지 못하게 된다.

기氣 : 우주에서 인류가 있기 전부터 이미 존재했고 천지보다 먼저 생겨난 것.

기炁 : 물질의 내부에서 운행하는 기.

기炁 : 물질이 외부로 방사되어 배출하는 기.

'도'는 이렇게 오묘한데 어떻게 말로 표현할 수 있을까? 그래서 노자는 "도라고 설명할 수 있는 도는 영원한 도가 아니고, 이름을 붙일 수 있는 이름은 영원한 이름이 아니다. 무無는 천지의 시작이고, 유有는 만물의 어머니이다."라고 했다.

'무'는 천지의 시작이고 '유'는 만물의 근원이다. 유무 이 둘은 '도'의 운동 방향을 나타낸다. 따라서 '도'는 '유형유질'에서 '무형무질'로 운동하고 '무형무질'에서 '유형유질'로 간다. 이렇게 반복해서 주행하면서 규율이 존재하지만 양은 같지 않아서 그 운동을 예측하거나 파악하기 어렵다. 노자는 다음과 같이 말했다.

"상반된 방향으로 변화하는 것은 도의 움직임이고, 유약하다는 것은 도의 작용이다. 천하 만물은 유에서 생겨났고 유는 무에서 생겨났다." _《도덕경》제40장

2. 우주의 3차원

위에서 우주의 형질을 3차원 네 가지 상태로 묘사한 그림 1을 통해 노자의 '도'의 승화 과정과 운동 방향을 설명했다. 또한 노자는 "도는 크고, 하늘도 크고, 땅도 크고, 인간도 크다. 이렇게 세계는 네 가지 큰 것이 있는데, 인간도 그중의 하나다."라고 했다. 노자의 이러한 논술에 근거하여 우주를 삼계三界로 나눈다. 그리고 그림 1의 3차원 네 가지 상태와 서로 대응시킨다.

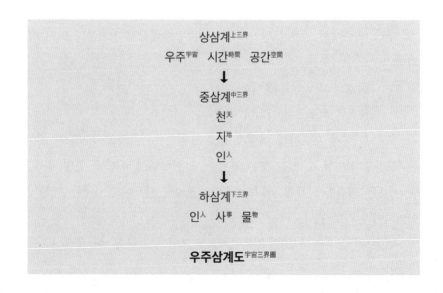

상삼계上三界
우주宇宙 시간時間 공간空間
↓
중삼계中三界
천天
지地
인人
↓
하삼계下三界
인人 사事 물物

우주삼계도宇宙三界圖

'삼계'는 도대^{道大}로 총론할 수 있다.

이 '삼계'의 존재 형식과 상태는 한 단계씩 높아지는 것이고, 이는 노자가 만물(인류를 포함)에 대해 정신, 사유, 사상, 품격, 인격, 성격 등으로 분할한 것이다. 이것은 위의 그림에서 그림 1의 '3차원 네 종류'의 형식과 서로 대응되어 존재한다.

완전한 인간의 존재는 당연히 '하삼계'부터 상삼계로 올라가고 다시 '상삼계'에서 '하삼계'로 돌아오는 것이다. 이렇게 반복 주행해서 끊임 없이 변화하면서 새로운 생명을 추구한다. 노자는 다음과 같이 말했다.

"사람은 땅을 본받고, 땅은 하늘을 본받고, 하늘은 도를 본받고, 도는 자연을 본받는다."

이처럼 노자는 인간의 생존과 발전 방식, 의의와 방향에 대해 분명히 말하고 있다. 이제부터 인간의 사유 범위에서 삼계를 논하겠다.

1) 하삼계 : 인^人, 사^事, 물^物

'하삼계' 수준의 사유로 세상을 보면 매우 이해하기 쉽다. 이것은 우리가 흔히 알고 있는 일반적인 존재이며 일반 철학에 상응하는 개념이다. '하삼계'에서 인간은 눈에 보이는 사물의 객관적인 존재만을 강조한다. 따라서 사물을 보는 인간은 피동적이다. 직접 감각하는 사물에 대해서는 인정하지만 그렇지 못한 사물에 대해서는 그 존재를 인정하지 않는다.

여기에는 장점과 단점이 있다. 장점은 '하삼계'에 존재하는 사물에 대한 판단의 기준이 과학기술 발전의 기초가 되었다는 것이다. 또한 단점은 '하삼계'에 존재하는 인간 감각기관에 한계가 있다는 것이다. 인간은 고정적인 포착구간을 가지고 있기 때문에 외계 사물의 존재방식이 이 구간을 초월하게 되면 감각기관은 그것들을 감지할 수가 없다. 혹은 느끼더라도 두뇌에서 그 정보에 대해 정확한 처리를 할 수 없기 때문에 명확한 결론을 얻을 수 없다. 어떻게 보면 과학적 수단은 하삼계에 존재하는 인간의 감각기관의 결함을 보완한 것이다. 마찬가지로 과학은 발전과정에서 스스로 한계를 가지고 있다. 어떤 의미에서 과학적 수단은 인간의 감각기관보다 더 큰 결함을 가지고 있다. 측정되거나 보이지는 않지만 실제로 존재하는 사물에 대한 인정을 거부하는 것은 인류문명의 진보에 커다란 장애물이다. 예를 들어서 공기 중의 산소는 냄새가 없는 기체이지만 산소 원자 세 개로 구성된 오존O_3은 악취가 난다. 그렇다면 이 악취는 어디에서 오는 것일까? 첫 번째 원자에서 오는 것인가 아니면 두 번째와 세 번째 원자에서 오는 것인가? 사실로 증명되었듯이 모든 산소 원자에는 악취가 없다. 이 냄새는 외부로부터도, 중간으로부터도 오는 것이 아니다. 이 악취는 실제로 체성이 없지만 객관적으로 존재한다. 이는 '하삼계'에서 사유하는 사람은 설명할 수 없다.

2) 중삼계 : 하늘^天, 땅^地, 사람^人

인간이 '중삼계' 수준의 사유로 세계를 바라보면 우주만물에 대한 견해와 시각이 하삼계의 인간과 달라진다. 즉 문제를 제기하는 방법도 다르고 결론도 다르다. 소위 '하삼계'에서 '중삼계'로 상승하는 것은 바로 사물을 보는 견해가 달라지는 것이다. 즉 사물의 외부 연계에서 사물의 내부에 이르기까지, 그리고 사물 외부의 큰 환경, 큰 계통으로 확대해서 총체적인 안목으로 부분적인 사물의 존재와 변화법칙을 바라보게 된다. 또한 부분적인 변화법칙으로 사물 존재의 전 과정과 총체적인 변화에 대한 영향을 본다. 그리고 한 단계 깊이 들어가 사물 내부의 세밀한 구조와 메커니즘을 보는 것이다.

'중삼계' 인간은 사물을 능동적으로 보고 그가 보는 사물은 수동적이다. 그는 사물과 하늘, 땅, 사람의 변화법칙을 유기적으로 결합시켜 하늘의 변화, 땅의 변화, 인간의 변화를 가져온다. 그는 항상 '무'에서 사물의 본질을 보고 '유'에서 사물의 겉모습을 본다. '하삼계'와 '중삼계'에는 모두 '인간'이 존재한다. 그러나 이 인간은 각각 질이 다른 인간이다. 한 인간이 하삼계에서 중삼계로 상승하려면 본질적인 변화의 과정을 거쳐야 한다. 이 변화에는 총체적인 질적 변화와 부분적인 질적 변화가 있다.

3) 상삼계 : 시간^{時間}, 공간^{空間}, 우주^{宇宙}

'상삼계'는 인간 사유의 최고경지다. 여기서 말하는 우주는 흔히 우리가 일반적으로 말하는 우주가 아니다. 이는 무한한 우주이며 많은 우주이고 어느 곳에나 존재하는 우주다.

여기서 말하는 공간은 우리가 흔히 알고 있는 공간이 아니다. 이 공간은 무한한 공간이고 많은 공간이며 어느 곳에나 존재하는 공간이다.

여기서 말하는 시간도 보통 우리가 알고 있는 시간이 아니다. 이 시간은 무한의 시간이고 변화하는 시간이며 일정하지 않은 많은 시간이다. 또한 어느 곳에나 존재하는 시간이다. 1963년 천문학자들에 의해 '발견'된 사실을 예로 들어본다. 지구의 북쪽으로 수십만 광년 떨어진 커다란 공간에 '규사'^{頻沙}라고 불리는 매우 거대한 분사식 행성계가 있다. 발견 후 20여 년 동안 관찰한 결과 그것이 계속 빠르게 축소되고 있다는 것을 알았다. 그러나 방사능파는 크게 감소하지 않았다. 이 기이한 현상은 천문학계와 우주학자들의 격렬한 논쟁을 불러일으켰다. 미국 캘리포니아공과대학의 천문학자인 마르텐 슈미트 박사는 이 행성계를 발견한 사람 중 하나다. 그는 20여 년 동안 관찰한 결과 '규사'가 축소된 것이 아니라 멀어진 것이라고 생각하고 그 속도를 계산했는데 거의 광속의 32배에 달했다. 지금까지 사람들은 흔히 가장 빠른 속도를 광속이라고 알고 있었지만 실제로 광속은 우주에서 결코 가장 빠른 속도가 아니었다.

'도'는 이렇게 심오하고 넓으며 현묘해서 표현할 방법이 없다. 그래서 노자는 '도'는 천지와 우주만물의 생성 근원이며, 지고무상至高無上하고 독자적이라 대적할 것이 없다고 했다. 노자는 이 전례 없는 경지를 발견하고 반드시 이것을 세상에 알려야겠다고 생각했다. 말로 표현하기 위해 노자는 이 황홀하고 심원한 최고의 경지를 '대도'大道라고 이름 지었다.

2,500여 년 전에는 생활이 소박했고 물질적인 조건도 보잘것없었는데 노자는 어떻게 이렇게 위대하고 놀라운 발견을 할 수 있었을까? 단지 노자 개인의 지식과 지혜에 의한 것인가? 아니면 또 다른 오묘함이 있었는가? 한 시대의 학술과 사상을 반영했을 뿐만 아니라 고금을 초월한 그의 위대한 발견은 결코 우연히 얻을 수 있는 것이 아닐 것이다. 그렇다면 노자는 어떻게 그런 사실을 발견했을까?

우리는 노자가 춘추시대 사람이라는 것을 알고 있다. 당시 주나라 왕실은 다른 민족들을 업신여겼고, 제후들은 강대해서 서로 전쟁을 했다. 세금은 나날이 늘어만 갔고 백성들의 생활은 너무 비참해서 산다는 것 자체가 고통이었다. 정치 제도와 사회 환경은 모두 혼란에 빠져 있었다. 어떤 정권은 오랑캐를 배격하고 군대를 정비해서 무력으로 안정과 정치를 추구했다. 노자는 주나라 왕실의 수장사守藏史로서 전적典籍을 관장하고 있었다. 그는 오랫동안 주나라에서 머물면서 차마 주나라의 멸망을 보고만 있을 수 없다고 생각해서 근본적인 해결 방법을 찾으려고 했다. 그는 깊이 사유하고 관찰하면서 드러난 삼라만상의 복잡한 현상계에서 한 걸음씩 위를 향해 탐색했다. 노자는 '하삼계'에서 '중삼계'의 사람과 사람, 사람과 사물, 사람과 일, 사람과 우주, 사람과 하늘, 사람과 땅 등 각종 관계에 도달했다. 그리고 다시 위로 올라가 '상삼계'인 우주, 시간, 공간으로 진입했다.

그는 우주를 파악했고 모든 현상이 형성되고 변화하는 이유를 알게 되었다. 그는 자신의 탁월한 지혜를 운용해서 최초의 만물이 형성되기 시작했을 때부터 전혀 만물이 존재하지 않고 음양이 시작되는 시점, 그리고 최초의 천지개벽을 깨달았다. 다시 천지가 열리기 전 음양이 나누어지지 않고 대기가 혼돈했던 시기를 깨달았다. 그는 더 위로 올라갈수록 마음을 가라앉히고 그 실체를 느꼈으며 명상과 관조를 통해 우주, 공간, 시간 밖으로 나와 세상을 보았다. 그래서 기가 시작되기 전의 구역을 넘어 여태까지 사람이 발견하지 못한 경지로 뛰어들었다. 그는 무궁무진하고 밝은 것 같으면서 어두운 것 같고, 있는 듯하지만 없는 듯하고, 법칙이 있으나 측정할 수 없고, 양이 있지만 동일하지 않고, 질이 있어도 형태가 없고, 그 모양을 예정할 수 없는 것 등이 황홀하게 운행하고 변화한다는 사실을 알게 되었다. 그래서 노자는 다음과 같이 말했다.

"눈에 보이지 않으니 그 이름을 이夷라고 한다. 들으려고 해도 듣지 못하니 그 이름을 희希라고 한다. 잡으려고 하지만 잡히지 않으니 그 이름을 미微라고 한다. 이 세 가지로는 밝힐 수 없는 혼돈한 일체다. 그 위는 밝지 않고 그 아래로는 어둡지 않다. 계속 이어지니[繩繩] 그 이름을 댈 수 없으며 무물無物의 상태로 돌아가니 이것을 상이 없는 상태, 즉 무물의 상[無物之象]이라고 한다. 이 상태를 황홀하다고 한다. 앞에서 그 머리를 볼 수 없고 그 뒤로는 끝이 보이지 않는다. 고대의 도를 잡아 지금의 유有를 다스린다. 고시古始를 아는 것을 도기道紀라고 한다."

그러나 노자는 또 이 황홀하고 오묘함이 다 비어 있는 것이 아니라 어디에도 다 들어 있다는 것을 느꼈다. 그래서 그는 다음과 같이 말했다.

"황恍하고 홀惚하지만 그 가운데 상象이 있다. 황하고 홀하지만 그 가운데 물物이 있다. 요窈하고 명冥하지만 그 가운데 정精이 있다. 그 정은 매우 진실하고 그 가운데 신神이 있다."

이외에도 노자는 이 경지에 확실히 물과 질이 존재한다고 여겼다. 그래서 그는 이렇게 말했다.

"뒤섞여 이루어진[混成] 물物이 천지보다 앞서서 생겨났다. 고요하고 텅 비었으니[寂寥] 독립하여 변함이 없고 두루 행하여도 멈춤이 없어 가히 천하의 어머니라고 할 수 있다. 나는 그 이름을 몰라서 글로 '도'라고 부르고 억지로 그것을 대*라고 한다."

그러나 노자는 마침내 그 안에 매우 심오하고 현묘한 것이 깃들어 있다는 것을 느꼈다. 그는 많은 묘사를 했고 억지로 그것에 이름을 붙였지만 여전히 설명하지 못한 것들과 설명할 수 없는 더욱 많은 것들을 말로 표현할 수 없었다. 그래서 그는 세상 사람들이 그 이름에 집착해서 오히려 진리를 잃게 될까 봐 두려워했다. 따라서 5천여 자에 이르는《도덕경》을 저술할 때 후세 사람들이 추리와 생각을 통해서는 표현할 수 없고 의식이 도달할 수 없는 미묘한 상황을 깨닫게 한 것이다. 이것은 결국 황홀하고 심오해서 하삼계나 중삼계의 인간은 잡을 수도 없고 이해할 방법도 없는 것이다. 그래서 노자는《도덕경》의 첫머리에서 다음과 같이 말했다.

"도라고 설명할 수 있는 도는 영원한 도가 아니고, 이름을 붙일 수 없는 이름은 영원한 이름이 아니다. 무는 천지의 시작이고 유는 만물의 어머니를 가리킨다. 그러므로 항상 무에서 그 묘妙를 보아야 하고, 항상 유에서 그 요徼를 보아야 한다. 이 두 가지는 같은 곳에서 나와 그 이름을 달리한다. 한 가지로 말하면 현玄이라고 한다. 현하고 또 현하니 이는 중묘衆妙의 문門이다."

이 책을 쓰고 나서 마음이 오랫동안 진정되지 않았다. 우리의 상념은 항상 무의식중에 12, 13세기의 옛 전쟁터로 뛰어들어 천군만마 속에서 피비린내 나는 체험을 했고, 항상 선조들의 가르침을 경청했다. 그리고 몽골 용사들과 함께 마시고 노래하며 춤을 추기도 했다. 또한 금나라, 남송의 유식자들과 환담하며 슬픔이 그치지 않았다.

비록 우리가 그 복잡한 시대를 완벽하게 해석하지 못했고 조상의 사적을 충분히 표현하기 힘들다는 것을 알고 있지만 양심에 거리낌은 없다. 우리는 최선을 다했고 앞으로도 영화와 드라마에서 더욱 상세하게 해석될 것이다.

우리가 만든 이야기는 역사를 소재로 한 것이다. 우선 역사를 환원해서 역사의 진실을 존중해야 한다는 전제하에 적절한 예술적 가공을 시도했다. 우리는 등장인물이 먼저 진실에 부합해야 한다는 생각을 했고, 그다음 인물의 성격을 완벽하게 만들기 위해 보충을 했다. 이렇게 해서 역사적 인물의 이미지가 점차 풍만해지기를 기대했다. 우리는 결코 역사를 벗어나지 않았고 흥미를 위해 역사를 왜곡하지도 않았다.

요즘 어떤 사람들은 칭기즈칸이 중국인인지 아닌지에 대해 함부로 말하고 종종 원나라와 청나라가 중국 역사에 속하지 않는다는 논쟁을 벌인다. 이런 부정적인 관점을 가진 사람들 중에는 중국인도 적지 않다. 그러나 그들의 몸에는 칭기즈칸의 유전자가 여전히 남아 있을 것이다. 이런 편협한 민족주의의 폐해는 너무 크고 끝도 없다.

12세기와 13세기의 요나라, 서하, 대리, 금나라, 남송 등이 중화에 속한다는 사실에 대해서는 논란의 여지가 없다. 북쪽의 몽골부족은 처음에는 금나라의 속국이었다가 후에 다시 '각국'을 통일했다. 역사적 기원에 비추어 볼 때 위에서 언급한 '국가'는 모두 중화의 법리와 국제관례에 부합한다.

이 문제에 있어서 우리는 어느 민족의 인물이 제왕이 되었는가를 기준으로 삼을 수 없고, 또한 어느 민족이 중화대지를 일시적으로 통치한 것인지에 대해서도 간단하게 결론내릴 수 없다. 국경의 구분에는 역사적 변천 과정이 있다. 칭기즈칸은 의심할 여지없이 신장지역을 개척해서 중화민족의 국경 형성에 지대한 영향을 미쳤다.

중화민족의 형성 과정은 다민족의 융합 과정이며 포용성은 역사의 발전과정에서 유감없이 발휘되었다. 유교·불교·도교 문화는 중국 문화의 핵심을 구성하며 중국 문화의 침투성은 우리의 상상을 초월한다.

혹자들은 원나라 문화가 중화 문화의 범주에 속하지 않는다고 하지만 그것은 역사에 대해 단지 반만 알고 있기 때문이다. 칭기즈칸의 측근이었던 야율초재는 중원 문화를 몽골에 보급했고 칭기즈칸도 점차 이를 받아들였다. 그 손자인 쿠빌라이는 왕조를 원나라로 정했다. 그리고 원나라의 '원元'자는 《주역》에서 차용한 것으로, 이는 중원 문화의 핵심이다. 원나라의 국가 체제도 기본적으로 금나라와 남송의 체제를 답습했다. 원나라가 철저하게 '한족화'되지 않은 이유는 통치 기간이 너무 짧았기 때문이다.

12, 13세기에 서역의 이슬람 문명이든 중화 오지의 어떤 문명이든 몽골문명보다는 훨씬 앞서 있었다. 그래서 어떤 사람들은 당시 몽골을 야만인이라고 불렀다. 물론 당시 문자조차 없던 민족이었기 때문에 확실히 뒤처진 것은 맞다. 그렇다면 어떻게 뒤처진 하등한 문명이 고급 문명을 이겼을까? 사람들은 이 문제를 이해하지 못한다.

몽골족의 승리는 말 덕분이라는 견해도 있다. 그러나 금나라 여진족도 말을 잘 타는 민족인데 왜 금나라의 40~50만 대군은 몽골의 10만 대군의 공격을 막아내지 못했는가? 이는 말이 주요 원인이 아니기 때문이다. 모택동 주석의 말처럼 전쟁의 승패를 좌우하는 열쇠는 사람에게 있다. 그렇다면 몽골 '야만인'은 어떤 점이 뛰어났을까?

우리가 몽골인을 '야만인'이라고 부르는 것 자체가 무식한 것인지도 모른다. 일반적으로 당시의 이슬람 문명, 중원 문명을 고등 문명이라고 하는 것 자체가 정확한 것이 아닐 수도 있다. 어떤 면에서 이런 앞선 문명은 자연의 법칙을 무시하고 있는지도 모른다. 그리고 우리가 야만이라고 부르는 것이 소박한 우주의 의미를 더 많이 담고 있는 것일 수도 있다. 이슬람 이맘이 인용한 《코란》에는 다음과 같이 쓰여 있다.

"(교파의 부패로 인해) 언젠가 누군가는 하늘의 채찍으로 악을 매질할 것이다."

우리는 더 높고, 더 빠르고, 더 강한 것을 추구한다. 인간의 욕망은 무한히 팽창하고 끝없는 성장 욕구를 충족시키기 위해 과학기술의 궁극적인 발전을 추구하고 있다. 언젠가 과학기술의 끝은 인류의 멸망일 수도 있다. 이것은 결코 과장이나 겁을 주려는 말이 아니다. 어쩌면 우리 인간은 필사적으로 스스로의 무덤을 파고 있는지도 모른다.

칭기즈칸은 매우 지혜로운 사람으로 뿔뿔이 흩어져 있던 몽골의 여러 부족을 통합시켜 거대하고 거센 주먹을 만들었다. 그는 용기와 지략이 있고 솔직하며 총화에 능했다. 또한 은혜와 원한은 반드시 갚고 움직임 속에서 전투의 기회를 포착하는 능력이 대단했다. 그는 세계 전쟁사에서 수많은 사람들에게 칭송받는 왕 중의 왕이다.

칭기즈칸의 지혜는 가장 원시적인 소박한 문명과 당시의 소위 고급문명이 융합되어 타의 추종을 불허하는 몽골제국을 건설했다는 점에서 드러난다.

독자들은 이 책을 읽고 김용의 소설이 빚어낸 구처기 조사의 허구적 이미지에서 벗어나서 구처기에 대한 진실하고 전면적인 이해를 새롭게 갖기 바란다.

하늘의 명을 따르고 세상과 창생을 구하는 것이 구처기 조사의 사명이었다. 사람들은 누가 구처기 조사에게 이런 사명을 주었냐고 물을 것이다. 하늘인가? 도교의 종사들인가? 아니면 천하의 창생인가? 또는 구처기 자신인가? 모든 독자는 자신만의 해답을 가지고 있을 것이다.

불교는 내세에, 도교는 현생에 더 관심이 있다는 것이 두 종교의 가장 큰 차이점이다. 당시 도교 전진파의 수장이었던 구처기 조사가 난세를 외면했을 리는 없다. 그래서 그는 반드시 어떤 일을 했거나 또는 하지 않았을 것이다.

문제를 해결하기 위해서 구처기 조사가 중요하게 선택했던 착안점은 칭기즈칸을 꽉 붙잡는 것이었다. 칭기즈칸을 통해서만 자신의 사명을 완수할 수 있기 때문이다. 한 시대의 종사가 '5관'(다섯 단계의 시험)을 넘어 한 세대의 천교를 진정시켰다. 구처기는 황후 홀란을 치료했고, 수도의 위치와 황제의 묏자리를 정해주는 등 칭기즈칸에게 커다란 선물을 주어 고마운 마음을 갖게 했다. 특히 구처기 조사는 살육을 멈추기 위한 발판을 마련하기 위해 한 세대의 천교와 자신을 함께 묶어 같은 날 죽기로 약속했다. 그렇지 않았다면 안하무인 칭기즈칸을 '항복'시킬 수 없었을 것이다.

칭기즈칸이 없었다면 원나라도 없다. 원나라는 중국의 대통일을 이뤄냈다. 이후 명나라, 청나라 양 조정은 현재 중국의 판도를 형성할 수 있는 토대를 마련했다. 뿐만 아니라 원나라의 대통일은 화하문화가 남북을 융합할 수 있는 풍부한 토양을 제공했다. 또한 화하문화와 서역의 이슬람 문화의 융합에도 활력을 불어넣은 것이다. 다시 말하면 화하문화의 전파를 위한 광활한 세계를 제공한 것이다. 화하문화는 중화민족의 재도약을 위한 포석을 마련하기 위해 몽골인의 몸에 혈액을 주입한 것과 같다.

구처기 조사와 칭기즈칸은 단지 그 시대뿐만 아니라 현재에도 미래에도 존재한다. 또한 중국뿐만 아니라 세계에도 존재한다.

이 책의 내용은 매우 오랜 기간에 걸친 이야기고 관련된 역사적 인물도 아주 많다. 만일 잘못된 것이 있다면 많은 전문가와 독자들께서 귀중한 의견을 제시해 주시기 바란다.

2021년 5월 15일

장춘진인서유기

제1판 1쇄 인쇄   2024년 8월 8일
제1판 1쇄 발행   2024년 8월 12일

지은이   왕역평 · 두효군
옮긴이   이화영 · 전관화
펴낸이   김덕문
책임편집   손미정
영업책임   이종률
디자인   블랙페퍼디자인

펴낸곳   더봄
등록일   2015년 4월 20일
주소   인천시 중구 흰바위로 59번길 8, 1013호(버터플라이시티)
대표전화   02-975-8007 ‖ **팩스** 02-975-8006
전자우편   thebom21@naver.com
블로그   blog.naver.com/thebom21

한국어 출판권 ⓒ 더봄, 2024
ISBN 979-11-92386-28-7 03900